U0924630

Jiaotong Hangye Biaozhun Huibian

交通行业标准汇编

·道路运输卷·

本 社 汇 编

人 民 交 通 出 版 社

内 容 提 要

本书是《交通行业标准汇编》之道路运输卷。它收录了2007年底前发布的、目前在用的道路运输行业标准。本书的内容分为两大部分，即比较重要的国家标准18种，交通行业标准45种(其中，综合类标准7种，客运类标准14种，货运类标准10种，挂车类标准10种，驾驶员培训类标准4种)。

本书是道路运输单位的从业人员必备的工具书。

图书在版编目（CIP）数据

交通行业标准汇编. 道路运输卷／人民交通出版社编.
北京：人民交通出版社，2008.7
ISBN 978-7-114-07252-9

Ⅰ. 交… Ⅱ. 人… Ⅲ. ①交通工程-标准-汇编-中国
②公路运输-标准-汇编-中国 Ⅳ. U-65 U4-65

中国版本图书馆CIP数据核字（2008）第094742号

书　　名：交通行业标准汇编·道路运输卷·
著 作 者：本社汇编
责任编辑：李　萍
出版发行：人民交通出版社
地　　址：(100011)北京市朝阳区安定门外外馆斜街3号
网　　址：http://www.ccpress.com.cn
销售电话：(010) 59757969，59757973
总 经 销：北京中交盛世书刊有限公司
经　　销：各地新华书店
印　　刷：北京密东印刷有限公司
开　　本：880×1230　1/16
印　　张：58.75
字　　数：1742千
插　　页：1
版　　次：2008年8月第1版
印　　次：2008年8月第1次印刷
书　　号：ISBN 978-7-114-07252-9
印　　数：0001—2000册
定　　价：160.00元

目　录

第一部分　国家标准

第二部分　行业标准

综　合　类

客　运　类

货　运　类

挂　车　类

驾驶员培训类

第一部分
国家标准

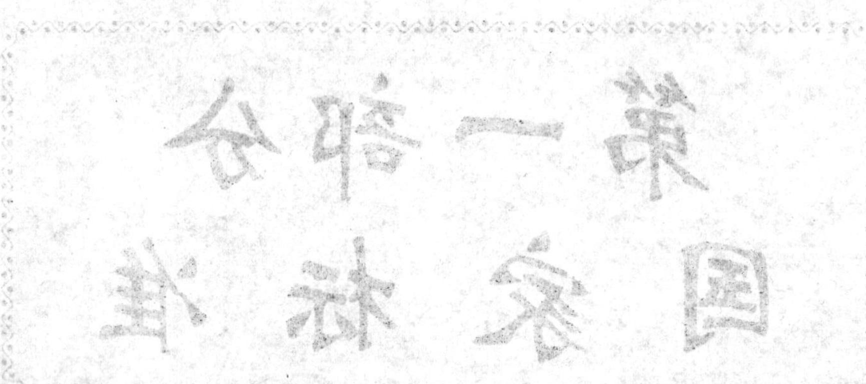

中华人民共和国国家标准

公路运输术语

Highway transportation terminology

GB 8226—87

1987－10－04 发布　　　　1988－07－01 实施

本标准规定了公路运输生产和行业管理的常用或专用名词术语及其定义或说明。

1　公路运输

1.1　公路运输

highway transportation

在公路上使用汽车和其他运输工具从事旅客或货物的运输，也称城乡道路运输。

1.2　运输种类

mode of transportation

按不同的运输对象或运输工具对公路运输的分类。

1.2.1　旅客运输

passenger transportation

用汽车或其他运输工具在公路上运送旅客。

1.2.2　货物运输

freight transportation

用汽车或其他运输工具在公路上运送货物。

1.3　运输形式

types of transportation

按运输作用、组织方法或运营范围的不同，对公路运输的划分。

1.3.1　生产过程运输

transportation in the production process

在工厂、矿山、林区、油区、工地和农田等生产过程内的货物运输。

1.3.2　流通过程运输

transportation in the circulation process

生产过程以外，在流通领域内的货物运输。

1.3.3　营业性运输

commercial transportation

以各种方式收取运费的运输。

1.3.4　计划运输

planned transportation

列入国家指令性计划、指导性计划或由托运人提出托运计划，经承运人认可的旅客、货物运输。

1.3.5　专营运输

exclusive transportation service

由指定的经营者在特定的范围或条件内,专责经营的旅客或货物运输。

1.3.6　**共营运输**

shared transportation service

由两个及以上的经营者在一定范围或条件内,共同负责经营的旅客或货物运输。

1.3.7　**干线运输**

trunk road transportation

在国道、省道、大中城市之间干线道路上的运输。

1.3.8　**支线运输**

branch road transportation

在县道、县乡和乡间等支线道路上的运输。

1.3.9　**直达运输**

through transportation

从始发站或起运地不经中转将旅客、货物送达终点站或卸货地的运输。

1.3.10　**班车运输**

scheduled transportation service on fixed route

由始发站至终点站定线、定站、定班运行和停靠的旅客和货物运输。

1.3.11　**涉外运输**

transportation for foreign trade

进出国境车辆及涉外活动中组织的旅客和货物的运输。

1.3.12　**拖挂运输**

truck-trailer/tractor-trailer transportation

牵引车拖带挂车装载旅客或货物的运输。

1.3.13　**甩挂运输**

trailer dropped and picked up transportation

牵引车拖带挂车至货物到达站甩挂后,重新牵引装货挂车起运至相应到达站的运输。

1.3.14　**合理运输**

rational transportation

在运输过程中,根据取得较佳经济效益的原则,选择合理的线路、车型、营运形式和组织方式的运输。

1.3.15　**对流运输**

counter-flow transportation

同一品种、规格或实效完全相同的货物,在同一线路的全线或部分路段上相向运输。

1.3.16　**迂回运输**

round about route transportation

不按最短线路运送旅客和货物的运输。

1.3.17　**重复运输**

repetitive transportation

货物运达卸货地后,又重新运回起运地的运输。

1.4　**运输线路**

transportation route

1.4.1　**营运线路**

operation route

已开办营运业务的路线。一般指已由交通主管部门规定列入营运路线图的运输路线。

1.4.2　班车线路

regular service route

营运客、货汽车按规定的班次、站点、时间运行和停靠,并已开办班车运输的线路。也称班线。

1.4.3　分流线路

diverting route

在与铁路和水路同向的线路,增开旅客和货物车辆,把铁路、水路运量分由分路承运的线路。

1.4.4　专营线路

exclusive route

由指定的运输经营者专门经营的旅客或货物运输的线路。

1.4.5　共营线路

shared route

由两个及以上的运输经营者共同经营的旅客或货物运输的线路。

1.5　公路运输量

highway transportation volume

在公路上使用汽车或其他运输工具运送旅客或货物的客、货运量和旅客、货物周转量的总称。

1.5.1　运量

volume

在一定时间内运送旅客或货物的数量。计量单位以人或吨表示。

1.5.2　周转量

ton-kilometerage volume

在一定时期内运送的旅客或货物数量与运送里程的乘积。计量单位以人公里或吨公里表示。

1.5.3　换算周转量

equivalent ton-kilometerage volume

客车附带载货或货车附带载客,按规定比例换算成同一的计量单位,综合反映货车或客车全部完成的周转量。

旅客周转量与货物周转量的换算比例是10人公里等于1吨公里。

1.5.4　运距

haul distance

运送旅客或货物的距离,以公里表示。

1.5.5　平均运距

average haul distance

在相应的时期和范围内运送旅客或货物的平均距离,以公里表示。

2　公路旅客运输

2.1　旅客

passenger

2.1.1　客流

passenger flow

在一定时间内,一定数量的旅客沿公路的某一方向,乘坐汽车或其他客运工具,实现位移所形成的人流。客流包括旅客流量、流向和流时。

2.1.2　客源

passenger source

在一定时期及一定区域内需要运送的人员,是公路客运对象的来源。

2.1.3 客源调查

passenger source survey

对在一定区域内计划旅行的人员数量、旅行时间、旅行方式和旅行要求等情况进行的调查研究。

2.1.4 客源组织

passenger source organization

对客源按流量、流向、流时进行组织,以便运送旅客的业务活动。

2.1.5 旅客运输量预测

prediction of passenger volume

通过调查研究,采用科学预测方法,对未来某个时期的旅客运输量进行的分析和测算。

2.1.6 旅客平均日发送量

daily dispatched number of passenger

在一定时期内,车站每日平均发送旅客的数量。

2.1.7 旅客最高聚集人数

maximum gather passenger

一年中旅客发送量偏高的一定期间内,每天最大的同时在站人数的平均值。

2.1.8 旅客波动系数

passenger number fluctuation factor

一年中最繁忙的运输季(月)度旅客运量与各季(月)度平均运量的比值,即旅客运输在时间上的不平衡程度。

2.1.9 客流密度

intensity of passenger flow

在单位时间内,一定线路或区段上旅客向同一方向流动的人数。

2.2 客运形式

mode of passenger transportation

根据客流构成、线路长短等方面的情况,对旅客运输采取的各种组织方法。

2.2.1 长途客运

long-distance passenger transportation

班线平均运距在25 km及以上或班线长度在30 km及以上的旅客运输。

2.2.2 短途客运

short-distance passenger transportation

班线平均运距在25 km以下或班线长度在30 km以下的旅客运输。

2.2.3 区间客运

local passenger transportation

在班线客流密度较大区段开行班车的运输。

2.3 客运组织

passenger transportation management

根据运行计划,对客车运行所做的安排、平衡、协调和控制等组织工作。

2.3.1 班车

regular bus

按班线营运的客车。

2.3.2 班次

number of runs

根据运行作业计划,对班车在一定线路、一定时间内运行所作的编排。

2.3.3 车次

serial number of bus run

根据运行作业计划和班次,编排班车运行的序号。

2.3.4 班次密度

intensity of runs

在单位时间内,班线上发出的班次数。

2.3.5 正班

scheduled service

按照班次时刻表的要求,班车在规定时间内发车和运行。

2.3.6 误班

delayed service

班车没有按照班次时刻表的要求发车和运行。

2.3.7 加班

additional service

由于客流量突然增加,临时增开班车。

2.3.8 顶班

substituting service

当班客车因故停驶或中途故障不能继续行驶,改派其他客车顶替运行。

2.3.9 正点

on schedule

班车在允许误差时间范围内,按照规定的时间发车、运行、中途停靠及到达。

2.3.10 班线阻滞

regular line obstruction

由自然灾害、交通肇事等原因,使班车线路不能畅通。

2.3.11 客运网

passenger transportation network

以城市为中心,车站为结点,客运线路为网线的相互连接,所形成的运输网络。

2.3.12 运行计划

operation plan

运输企业有关部门编制的,下达给车队或车站在一定时期内所要完成的运输任务、运行线路和班次等方面的计划。

2.3.13 运行作业计划

plan of work

车队或车站根据运行计划,对每辆营运客车在一定时期内所要运行的线路、班次、产量和营收任务等所编制的具体计划。

2.3.14 运行周期

cycle of run

班车自始发站驶出,按规定线路、站点运行后又回到始发站所需要的时间。

2.3.15 运行周期表

graph of operation cycle

根据客车运行作业计划,将客车班次、运行线路和司乘人员的安排等情况绘制成周期不同的运行图表。

2.3.16 大循环运行

full circulating operation

根据营运范围内的班次、车型和道路等状况,将营运区内的班线统一编排成循环线路,安排客车按顺序运行的调度方法。

2.3.17 小循环运行

partial circulating operation

根据营运范围内的班次、车型和道路等不同情况,将部分班线分别编排成循环线路,使班车在一定范围内循环运行的调度方法。

2.3.18 套班运行

package run

为提高车辆利用率,而采取将长、短途班次搭配,组织客车运行的调度方法。

2.4 客运业务

operation of passenger transportation

从发售客票到将旅客运送至终点站并出站的旅客运输全过程所进行的经营管理和服务工作。

2.4.1 行包业务

luggage service

根据运输规定,为旅客办理行包运输的业务。

2.4.2 行包

luggage

旅客随身携带或托运的物品,也称行李、包裹。

2.4.3 一般行包

normal luggage

每件行包重量在 30 kg 及以下,每公斤重量体积不超过 4 dm^3,且无特殊装卸要求的行包。

2.4.4 轻浮行包

light luggage

每公斤重量体积超过 4 dm^3 的行包。

2.4.5 计件行包

piece luggage

按件折重计费的行包,如自行车、缝纫机、残废人座车、儿童脚踏车、儿童座车等。

2.4.6 自理行包

hand luggage

按托运行包计费,但在运送过程中由旅客自行保管的行包。

2.4.7 无法交付行包

un-delivered luggage

行包运达后,超过规定领取期限仍无人领取的行包。

2.4.8 行包托运

luggage registration

旅客委托承运人运送行包并办理托运手续。

2.4.9 行包受理

luggage acceptance

承运人为旅客办理行包托运的有关手续。

2.4.10 行包承运

acceptance of luggage consignment

承运人接受行包托运，办理行包承运手续。

2.4.11 行包保管

luggage retention

行包在托运受理后或到站交付前由车站负责保管的过程。

2.4.12 开启查验

luggage opening for inspection

车站会同旅客对有疑义的行包进行检查。

2.5 客运单证

document of passenger transportation

旅客运输使用的各种单据、票据和凭证。

2.5.1 客票

passenger ticket

旅客乘坐客车的凭证，分全票、儿童票、残废军人票等。

2.5.2 定站客票

fixed ticket

票面上印有指定起止站点和相应票价的客票。

2.5.3 定额客票

valued ticket

票面上印有固定金额，但没有起止站点的客票。

2.5.4 补充客票

additional ticket

票面上没有固定起止站点，但印有多个里程和相应档次票价的客票。

2.5.5 有效客票

valid ticket

未超过票面规定乘车有效日期、车次和发到站与持票人身份相符的客票。

2.5.6 无效客票

invalid ticket

超过规定的日期、车次和发到站，且未经签证改乘，与持票人身份不符，残缺不可辨认，自行涂改或伪造的客票。

2.5.7 客运包车票

charter bill

用户包用客车的乘车凭证。

2.5.8 行包运输单证

document of luggage transportation

行包运输使用的单据、票据和凭证。

2.5.9 行包运输货票

luggage voucher

旅客托运和提取行包的计费凭证。

2.5.10 行包标签

luggage label

系在行包上的签条，标有品名、票号、起止站点、托运人或收货人姓名等内容。

2.5.11 装车清单

luggage bill

填有运输行包品名、件数、重量、票号等相互交接、签章等内容的单据。

2.5.12　遗失清单

tracing form

旅客填写遗失行包内装物品的品名、数量、新旧程序及价值等项内容的单据。

3　货物运输

3.1　货物

goods

3.1.1　普通货物

general goods

对运输、装卸、保管没有特殊要求的货物,按规定分为一、二、三等。

3.1.2　特种货物

special goods

对运输、装卸、保管有特殊要求的货物。包括长大笨重货物、危险货物、贵重货物和特殊鲜活货物。

3.1.3　长大、笨重货物

heavy and bulky goods

凡具备长度超过 6 m,高度超过 2.7 m,宽度超过 2.5 m,质量超过 4t 中一个及以上条件的货物。

3.1.4　危险货物

dangerous goods

具有燃烧、爆炸、腐蚀、毒害、放射射线等危险性质,在运输、装卸、保管过程中能引起人身伤亡和财产毁损而需要特别防护的货物。

3.1.5　贵重货物

valuable goods

价格昂贵,承运方须承担较大经济责任的货物。如贵重金属、精密仪器、高档电器、古玩古画等。

3.1.6　鲜活货物

fresh and living goods

在运输过程中,需要采取措施,防止腐烂变质或病残死亡、枯萎的货物。

3.1.7　包装货物

packed goods

用容器、包装物盛装或包扎的货物。

3.1.8　散装货物

bulk goods

不加包装的块状、颗粒状、粉末状货物。

3.1.9　件货

piece goods

按件托运和承运的成件货物。

3.1.10　轻浮货物

light goods

每公斤重量其体积超过 4 dm^3,或每立方米其重量不足 250 kg 的货物。

3.1.11　重点货物

priority goods

关系国计民生的重要物资及需要紧急运输的抢险、救灾、战备等物资。

3.1.12 禁运货物

contraband goods

按国家法律和有关规定,禁止运输的货物。

3.1.13 限运货物

restricted goods

按国家法律和有关规定,对流向、流量有一定限制,超越限制须经主管机关批准并出具相应证明方能运输的货物。

3.1.14 运输包装

packing for transportation

以运输储存为主要目的的包装。它具有保障产品的安全,方便储运装卸,加速交接、点验等作用。

3.1.15 运输标志

marking of freight transportation

以文字、符号和图形等形式表示货物运输特性,装卸、运输、保管注意事项,收货、发货方名称和地址的标记。

3.1.16 包装储运标志

indicative mark

在储存、运输过程中,为使存放、搬运适当,按规定的标准以简单醒目的图案和文字表明在包装物一定位置上的标志。

3.1.17 收发货标志

shipping mark

通常由简单的几何图形和字母、数字及文字组成,表明在运输包装物的一定位置上,主要供收发货人识别产品的标志。

3.1.18 货物标签

label

注明货物件号,发、收货人名称和起讫站名的运输标志。

3.1.19 货流

freight flow

在一定时期内,一定数量的货物通过公路运输沿某一方向移动所形成的物流。货流包括货物流量、流向和流时。

3.1.20 货源

source of freight

在一定时期及一定区域内,需要运送的货物,是公路货运对象的来源。

3.1.21 货源调查

freight survey

对一定区域内需要运输货物的品种、流量、流向、流时及影响其变化因素进行的调查研究。

3.1.22 货源组织

freight management

运输企业和经营者承揽货源、落实托运计划等业务工作。

3.1.23 货物运输量预测

prediction of freight volume

通过调查研究,采用科学预测方法对未来某个时期的货物运输量进行的分析和测算。

3.2 货运形式

mode of freight transportation

根据货源的构成及托运人的要求，组织各种货物运输的方法。

3.2.1 普通货物运输

transportation of general goods

对运输、装卸、保管无特殊要求的普通货物运输。

3.2.2 特种货物运输

transportation of special goods

对运输、装卸、保管需要采取特殊措施的货物运输。

3.2.3 整车货物运输

truck-load transportation

根据规定批量按整车货物办理承托手续、组织运送和计费的货物运输。

3.2.4 零担货物运输

less-than-truck-load transportation

根据规定批量，按零担货物办理承托手续、组织运送和计费的货物运输。

3.2.5 成组运输

transportation of unitized load

采用托盘、网络、集装袋、绳扣等成组器具将件货或散装货物集零成组后，进行装卸、运送的货物运输。

3.2.6 集装箱运输

container transportation

以集装箱为承载货物容器，由汽车载运的货物运输。

3.2.7 快件货物运输

express service

按快件货物办理承托手续，在限定时间内运达的货物运输。

3.2.8 保价运输

insured transportation

按保价货物办理承托手续，在发生货物赔偿时，按托运人声明价格及货物损坏程度予以赔偿的货物运输。

3.2.9 合同运输

contract transportation

按《公路货物运输合同实施细则》，承托双方有书面经济契约，在合同有效期内，当事各方负有规定的权利和义务的货物运输。

3.2.10 集中运输

transportation by regular carriers

对港站、仓库、货场及其他货物集散点，由运输单位集中包运的货物运输。

3.3 货运业务

operation of freight transportation

公路货物运输从受理、承运到交付全过程中的经营管理工作。

3.3.1 托运计划

consignment plan

托运人向承运人提交运送货物的书面要求，是公路运输部门编制货运计划和协调平衡运输的主要依据。

3.3.2 发货人

consignor

把货物交承运人运送的物资单位、个人及其代理人。

3.3.3 收货人

consignee

在货物运单上载明的收货单位、个人及其代理人。

3.3.4 托运人

shipper

提送托运计划或直接办理托运手续的单位、当事人及其代理人。

3.3.5 承运人

carrier

承运货物的运输企业、当事人或代理人。

3.3.6 托运

consignment

托运人按照规定办法委托承运人运送货物的行为。

3.3.7 承运

acceptance of consignment

承运人按规定办法接受托运人委托承担运送货物的行为。

3.3.8 验货

inspection of goods

根据运单,对运输货物的数量、尺码、特性、包装和存放地点等进行查验。

3.3.9 理货

tallying of cargoes

在货物储存、装卸过程中,对货物的分票、计数、清理残损、签证和交接等作业。

3.3.10 验道

road inspection

根据运输需要,对道路、桥涵等通过限界的勘察工作。

3.3.11 发运

pre-departure operation

货物在起运前所进行的作业活动。

3.3.12 运行管理

operation management

对运行车辆的指挥、监督、检查以及处理商务事故等工作。

3.3.13 押运

escorting

根据需要,由托运人派员随车同行,负责对运输途中的动物、植物、贵重货物、军械弹药、爆炸品等货物的保管、照料。

3.3.14 运输阻滞处理

elimination of hold-up

货物运输过程中,因自然灾害、道路障碍等需要对货物作出不同处理的业务活动。

3.3.15 变更运输

modification of consignment

对已托运或已起运的货物,变更到达地点或收货人等的业务活动。

3.3.16 取消运输

cancellation of consignment

对已经办理承托手续尚未发运的货物撤销托运的业务活动。

3.3.17 货物运输时限

agreed duration of freight transport

承托双方商定的,从交货到卸货地的最长期限。

3.3.18 到达交付

delivery on arrival

货物运抵卸货地后,承运人与收货人办理货物交接手续。

3.3.19 逾期交付

delayed delivery

承运人超过规定运输时限交付货物。

3.3.20 逾期提货

delayed pick-up

收货人超过车站规定时限的提货。

3.3.21 无法交付货物

undelivered goods

已通知收货人提取或找不到货主,超过三个月无人提取的货物。

3.4 货运调度

dispatching of freight transportation

根据货物运输计划或任务,各级调度机构以指令形式组织生产和指挥车辆运行的工作。

3.4.1 计划调度

planned dispatching

根据运力与运量制定平衡方案,编制和调整车辆运行计划,并检查执行情况的调度工作。

3.4.2 值班调度

routine dispatching

根据车辆运行作业计划,组织、指挥、监督车辆运行和处理车辆运行中有关问题的调度工作。

3.4.3 现场调度

site dispatching

在装卸现场组织、监督车辆装货、卸货、交接及处理有关问题的调度工作。

3.4.4 环形调度法

loop dispatching method

将若干相接或相近的货物装卸点,组成一个环形货流图,以选择最优方案,安排车辆运行的调度方法。

3.4.5 交叉循环调度法

intersected circulation dispatching method

将若干成交叉形货运线路的装卸点,组织成交叉循环货流图,以选择最优方案,安排车辆运行的调度方法。

3.4.6 图上作业法

graphic dispatching method

按货物流量、流向,利用作图法,调整求出最优调运方案的调度方法。

3.4.7 表上作业法

table dispatching method

按货物流量、流向,利用制表法,调整求出最优调运方案的调度方法。

3.4.8 回程系数

return factor

在一定时期内,同一线路上回程与去程货物运量的比值。它表明公路货物运输量在流向上的均衡状况。

3.4.9 不平衡系数

unbalance factor

一个季度(或月份)运输量与全年各季度或各月份平均运输量的比例,是运输量在时间上的不均衡程度。

3.4.10 调度命令

dispatching order

调度人员以书面或口头形式,派车执行任务的命令。

3.4.11 调度日志

dispatching log

调度人员在日志本上,对调度工作情况、问题和意见等所作的记录。

3.5 运输单证

freight document

公路货物运输生产经营管理工作中,使用的单据、票据和凭证的总称。

3.5.1 货物运单

bill of lading

托运人向承运人委托运送货物的书面凭证,是承托双方办理承托手续的依据。

3.5.2 货票

freight bill

记载货物品名、数量、运程、计费和收、发货人等事项的凭证。一式五联,包括存根、收据、报单、统计和回执联。

3.5.3 交接清单

list of delivery order and receipt

起运站记录每车次所装货物的品名、数量、件号等的清单,是承运人与收货人办理交接的依据。

3.5.4 提货通知单

consignment notice

货物到达站向收货人发出的提货通知证明。

3.5.5 禁限运货物运输证明书

certificate of transportation of contraband and restricted goods

国家有关主管部门批准运输禁运、限运物资时出具的凭证。

3.5.6 危险货物运输证明书

certificate of transportation of dangerous goods

托运爆炸品、化工危险品、牲畜尸体和放射性物品时,按《公路危险货物运输规则》规定办理的运输凭证。

3.5.7 危险货物技术鉴定书

technical appraisal of dangerous goods

托运《公路危险货物运输规则》未列名的危险货物时,提交经有关主管部门签认的技术鉴定文件。

4 汽车运输站场设施

4.1 汽车运输站场设施

terminal and yard facilities of motor transportation

汽车运输车站、库场及其附属设备的总称。

4.2 客运站

bus terminal

接待旅客,办理客运业务,组织旅客运输的场所。

4.2.1 停靠站

bus stop

在客运线路上,供班车停靠、旅客上下车并设有简易设施的场所,又称招呼站。

4.2.2 代办站

agency

运输经营者委托班线沿途有关单位或个人代办发售、退补客票、组织旅客上下车等客运业务,具有一定车站职能的场所。

4.2.3 车站设施

terminal facilities

为组织、完成客运任务而设置的站房、候车室、售票处、发车位、停车场(库)、站前广场、保修车间及生产辅助设施的统称。

4.2.4 班次时刻表

time table

公布客运班次及发车时刻的图表。

4.2.5 行包价目表

tariff for luggage

公布行包运价率的图表。

4.2.6 里程票价表

mileage/ticket price table

公布车站经营班线各站点间里程及票价的图表。

4.2.7 营运线路图

map of operational lines

营运区域内班线和站点的示意图。

4.3 货运站

freight terminal

办理货物运输业务,进行货物装卸、中转换装、仓储保管等业务的场所。

4.3.1 货运枢纽站

key terminal

具有办理货物运输的多种业务,设备配套,吞吐量大,在运输网络中起中心作用的货运站。

4.3.2 零担货运站

less-than-truck load terminal

专门办理零担货物运输业务,具有相应设施及仓储能力的货运站。

4.3.3 集装箱中转站

container terminal

专门办理汽车集装箱运输业务,设有集装箱堆场和装卸集装箱的专用机械设备,并具有装箱、拆箱能力的货运站。

4.3.4 货物仓库

warehouse

储存和保管货物的建筑物，它设有车辆停靠的通道及便于货物搬捣、装卸的设施。

4.3.5 通用仓库

ordinary warehouse

储存和保管普通货物，一般不需要配置专用设施的货物仓库。

4.3.6 专用仓库

special warehouse

储存和保管特种或特定货物，并配有相应设施的货物仓库。如粮食仓库、冷藏仓库、危险货物仓库。

4.3.7 货场

freight yard

储存和保管货物，并具有车辆进出通道和货物装卸作业条件的场地。

4.3.8 货位

freight lot

在仓库或货场内按货物种类和流向堆放货物的位置。

4.3.9 车位

loading/unloading lot

在仓库或货场专门用于车辆装卸货物的位置。供一部汽车装卸货物的位置称一个车位。

5 装卸

5.1 装卸

material handling

利用人力或机械将货物装上或卸下车辆及其相关作业的总称。

5.1.1 人力装卸

manual handling

主要由人力装卸货物的作业。

5.1.2 机械装卸

mechanical handling

主要由机械装卸货物的作业。

5.2 装卸业务

handling operation

从装卸受理到装卸完毕所进行的经营管理工作。

5.2.1 装卸能力

handling capacity

装卸企业或装卸机械在一定时期内，所能完成的最大货物装卸量，以吨表示。

5.2.2 装卸条件

handling conditions

装卸作业所必须具备的装卸场地、汽车进出车道、装卸机具、照明设施等的总称。

5.2.3 装卸作业计划

plan of handling

装卸企业或班组安排每个班组或个人的月、旬、日内的生产计划。

5.2.4 装卸作业时间

duration of handling

从车辆到达现场准备装卸到装卸完毕的全部工作时间。

5.2.5 额定待装时间

specified waiting time for loading

车辆按约定时间到达指定装货地点至装车前允许等待的时间。

5.2.6 额定待卸时间

specified waiting time for unloading

车辆到达指定卸货地点至卸车前允许等待的时间。

5.2.7 自理装卸

self-handling

由收、收货人自行安排的装卸作业。

5.2.8 随车装卸

escort handling

装卸工人随车到收、发货点进行的装卸作业。

5.2.9 装卸距离

handling distance

在装卸作业范围内,规定可不别计收货物搬运费的运距。

5.3 装卸工艺

handling techniques

在一定条件下,装卸、搬运不同货物的操作方法和工作程序。

5.3.1 装卸过程

handling process

从货物装卸准备、装车卸车、出入库场、站及辅助作业的全部工作过程。

5.3.2 装卸工序

handling sequence

按装卸作业过程所进行的操作顺序。如装卸车、搬运、进出库,拆、堆垛。

5.3.3 装卸质量标准

handling standard

统一规定的货物装卸质量指标和要求。

5.3.4 辅助装卸作业

supplementary handling

装卸过程中对货物进行的捆绑、加固、稳关等作业。

5.3.5 混装

mixed loading

在同一车内装载不同种类的货物。

5.3.6 超远

over-distance

超过规定装卸距离的货物搬运距离。

5.3.7 超高作业

overheight stacking up/down

超过规定高度部分的堆码和拆垛的作业。

5.3.8 库场作业

operation in storage

在仓库或货物内进行货物搬捣、堆垛、拆垛、分拣等作业。

5.3.9 堆垛

stacking up

按照货物运输和保管要求,将货物堆齐码好的作业。

5.3.10 转垛

adjusting storage area

在同一库场内,将货垛进行全部或部分调整货位的搬捣作业。

5.3.11 捣垛

stack transfer

将货垛翻动和重新堆码的作业。

5.3.12 分拣作业

sorting operation

按品种、流向、出入先后将货物分别放置到规定货位的作业。

5.4 装卸作业指标

indices of handling operation

反映装卸作业量和工作效率的指标。

5.4.1 货物装卸量

loading/unloading volume

一定时期内实际完成的装卸货物数量。以自然吨表示。

5.4.2 货物操作量

tonnage of cargo handled

一个完整操作过程所进行的装卸、搬运货物的数量。以操作吨表示。

5.4.3 工序吨

unit operation ton

在一个装卸工序中完成一吨货物的操作最为一个工序吨。它是装卸作业量的计算单位之一。

5.4.4 装卸机械作业量

volume handled by mechanical means

在装卸作业中,用装卸机械操作完成的货物数量。

5.4.5 机械装卸作业比重

percentage of mechanical handling

在装卸作业中,机械作业工序吨占全部操作工序吨的比重。

5.4.6 装卸定额

quota of handling

单位时间应完成的装卸货物数量。

5.4.7 装卸工时定额

hourly quota of handling

规定装卸每吨货物需要的工时数。

5.4.8 装卸工班

handling shift

从事装卸工作时间达到每日法定工作时间时为一个工班,一般以装卸八小时计算一个工班。

5.4.9 装卸工班定额

handling shift quota

规定每个装卸工班应完成的货物装卸作业量。

5.4.10 装卸工班效率

shift efficiency

平均每个装卸工班实际完成的货物吨数，计算单位：操作吨/工班。

计算公式：

$$装卸工班效率 = \frac{操作量(操作吨)}{装卸工作数(工班)}$$

5.4.11 装卸工时产量

hourly volume of handling

每一装卸工人平均1小时所完成的装卸货物数量，计算单位：操作吨/工时。

计算公式：

$$装卸工时产量 = \frac{装卸货物数量(操作吨)}{装卸作业工时总数(工时)}$$

6 运输质量

6.1 质量管理

quality management

在运输过程中，对运输质量实行的控制、监督、检查和考核等工作。

6.1.1 质量标准

quality standard

对运输质量需要达到的要求所作的具体规定。

6.1.2 质量控制

quality control

为达到运输质量标准所采取的组织、技术、经济措施和监督管理的办法。

6.1.3 质量事故

accident due to poor quality of service

在承运责任期内，由于承运人责任所造成的各种客、货运输障碍和问题。根据造成的后果，可划分为不同的等级。

6.1.4 运输延误

delayed transportation

由于承运人责任造成的行包、货物超过规定运输时限运达卸货地。

6.1.5 商务查询

commercial inquiry

收货人对逾期未到的行包或货物向车站查询。

6.1.6 索赔

claim for damages

承托双方中受经济损失方向责任方提出赔偿经济损失的要求。

6.1.7 理赔

compensation handling

承托双方中造成经济损失的一方向对方提出的经济赔偿要求所作的处理。

6.1.8 赔偿

compensation

承托双方中理赔方对索赔方所受经济损失的补偿。

6.1.9 索赔时限

valid period of claim

理赔方规定提出索赔要求的有效时间。

6.1.10 金额赔偿

amount of compensation

理赔方按行包或货物实际损失程度,参照当地国营商店同类物品的价格,向索赔方支付的现金赔偿。

6.1.11 收回赔偿

recovery of compensation

承运方找回丢失的全部或部分行包或货物后,通知索赔方领取,并收回全部或部分赔偿费。

6.2 客运质量

quality of passenger transportation

反映旅客运输在安全、及时、方便、舒适、经济和服务工作等方面的优劣程度。

6.2.1 站务管理

terminal administration

车站在服务工作、运行组织、票据营收等方面所进行的管理工作。

6.2.2 车容

appearance of vehicle

客车车厢内外的整洁、卫生、美观等状况。

6.2.3 站容

appearance of terminal

车站内外设施、环境及卫生等状况。

6.2.4 仪容

appearance of staff

客运工作人员服装、修饰状况及精神风貌。

6.2.5 标志服装

uniform

客运站务、乘务人员穿着的具有统一标志的服装。

6.2.6 服务证章

badge

客运站务、乘务人员佩带的服务标记,如胸章、臂章等。

6.2.7 载客限额

rated passenger capacity

客车车厢及货车驾驶室内规定的载客人数。

6.2.8 脱班

behind schedule

班车未按规定的班次发出。

6.2.9 漏乘

(to) miss (a bus)

旅客由于自身延误,无法按所购客票规定车次乘车。

6.2.10 错乘

(to) take a wrong bus

旅客乘坐与所持客票规定的路线、车次不符的班车，也称误车。

6.2.11 甩客

denial of passenger

司机提前发车或在客车有空位的情况下，不按规定站点停靠，有意阻止旅客上车，造成旅客无法上车的行为。

6.2.12 旅客意外伤害

unexpected injury of passenger

旅客在候车或乘车过程中，因自然灾害、战争或遭受意处打击而使身体受到的损害。

6.2.13 旅客意外伤害保险

insurance of unexpected injury of passenger

国家规定为补偿旅客遭受意外伤害所进行的保险。

6.2.14 行包丢失

loss of luggage

行包在保管、运输过程中发生的全部或部分遗失。

6.2.15 行包损坏

damage of luggage

行包在保管、运输过程中的各种损坏。

6.3 货运质量

quality of freight transportation

反映货物运输安全、及时、方便和经济等方面的优劣程度。

6.3.1 货物灭失

loss of goods

货物在运输、装卸、保管过程中，由于不正常原因造成的实质性的毁灭或丢失。

6.3.2 货差

shortage of goods

货物在运输、装卸、保管过程中出现的票货不符、数量溢缺等差错。

6.3.3 货损

damage of goods

货物在运输、装卸、保管过程中发生的残缺、破损、污染等质量上的损坏。

6.4 质量指标

quality index

反映公路客、货运输质量的技术经济指标。

6.4.1 客车正班率

rate of on-schedule runs

客车正班次与计划班次的百分比。

6.4.2 定站停靠率

rate of stops at fixed bus stops

客车实际停靠站数与规定停靠站数的百分比。

6.4.3 发车正点率

rate of on-time runs

客车正点班次与总班次的百分比。

6.4.4 旅客正运率

rate of regular transport of passenger

旅客正运人数与发送总人次数的百分比。

6.4.5 售票差错率

rate of ticket errors

车站发售差错票数与发售总票数万分比。

6.4.6 行包正运率

rate of regular transport of luggage

行包正运件数与发送件数的百分比。

6.4.7 行包赔偿率

rate of luggage compensation

行包责任赔偿金额与行包营业收入的千分比。

6.4.8 旅客意见处理率

rate of treatment of passenger's comments

旅客意见、建议处理件(条)数与总件(条)数的百分比。

6.4.9 原始记录完备率

rate of adequacy of original records

原始记录表已记录表数与规定记录表数的百分比。

6.4.10 货运质量事故频率

frequency of accidents due to poor quality of service

考核期内,百万吨公里货物周转量发生质量事故的次数。

6.4.11 货损率

rate of damage of goods

考核期内,货物运输中的货损吨数与货运量总吨数的比率。

6.4.12 货差率

rate of shortage of goods

考核期内,货物运输中的货差吨数与货运量总吨数的比率。

6.4.13 赔偿率

rate of freight compensation

货运质量事故实际赔偿金额与货运营业收入总金额的比率。

6.4.14 运输及时率

rate of timely freight transportation

考核期内,按合同要求时间完成货运量吨数与完成总货运量吨数的比率。

6.4.15 装卸质量合格率

rate of compliance in loading and unloading

考核期内,抽样检查装卸质量合格车次与抽查总车次的比率。

7 汽车及挂车运用情况指标

7.1 汽车及挂车运用情况指标

performance parameters of motor vehicles and trailers

反映汽车及挂车在静态和动态等不同状态下的数量、装载能力和运用效率等情况的指标。

7.2 数量指标

quantitative index

汽车和挂车所处状态和运转情况用绝对数反映的总量指标。

7.2.1 **车辆数量**

number of vehicles

车辆的实有数量。

7.2.2 **总车日**

total vehicle-days

在一定时期内,每天在用营运车辆数量的累计。

7.2.3 **完好车日**

serviceable vehicle-days

每天在用营运车辆中技术状况完好,不经过保养和修理即能参加运输的车辆数量的累计。

7.2.4 **工作车日**

working vehicle-days

每天完好车辆中,已经参加工作的车辆数量的累计。

7.2.5 **停驶车日**

non-operative vehicle-days

每天完好车辆中,由于各种原因没有整日参加运输的停驶车辆数量的累计。

7.2.6 **车辆装载能力**

loading capacity of vehicle

每天所有的工作车辆,按规定能最大限度载货或载客数量的累计。

7.2.7 **吨(客)位**

rated tonnage(seat)

对车辆规定或核定的载货标记吨位或载客标记客位。

7.2.8 **重车吨(客)位**

rated tonnage(seat) of loaded vehicle

已载货或载客车辆的吨位或客位。

7.2.9 **总车吨(客)位日**

total vehicle-ton(seat)-days

在一定时期内,每天在用营运车辆吨(客)位数量的累计。

7.2.10 **行程**(车公里)

kilometrage(vehicle-kilometer)

车辆在工作过程中行驶的里程。

7.2.11 **总行程**(总车公里)

total kilometrage(total vehicle-kilometer)

在一定时期内,所有车辆在工作过程中行驶里程的累计,包括重车行程和空车行程,不包括进出保、修厂(场)及试车的行程。

7.2.12 **重车行程**(重车公里)

loaded kilometrage(loaded vehicle kilometer)

载货或载客的工作车辆行程的累计。

7.2.13 **空车行程**(空车公里)

unloaded kilometrage(empty vehicle-kilometer)

没有载货或载客的工作车辆行程的累计。

7.2.14 **总行程载重量**(总车吨、客位公里)

total payload kilometrage(total vehicle-ton(seat)-kilometer)

在一定时期内,按工作车辆吨(客)位与行程乘积计算的吨(客)位公里的累计。它是车辆在总行程中的载运能力。

7.2.15 重车行程载重量(重车吨、客位公里)

payload kilometrage of loaded vehicle(loaded vehicle-ton(seat)-kilometer)

载货或载客的工作车辆按吨(客)位与重车行程乘积计算的重车吨(客)位公里累计。它是重车在总行程中的载运能力。

7.3 技术经济指标

technical and economic index

在一定时期内,用平均数和相对数反映的所有工作车辆在运行中的技术经济效果。

7.3.1 平均车数

average number of vehicles

在一定时期内平均每天拥有的车辆数。

7.3.2 平均总吨(客)位

average total tonnage(seats)

在一定时期内,平均每天拥有车辆的总吨(客)位数,是全部车辆平均每天的总载运能力。

7.3.3 每车平均吨(客)位

average tonnage(seats)per vehicle

在一定时期内,平均每辆车的吨(客)位数,是每辆车平均每天的载运能力。

7.3.4 完好率(车辆技术完好率)

serviceability rate(technical serviceability rate of vehicle)

全部营运车辆的总车日中完好车日所占的比重。反映了车辆的技术状况、技术管理和车辆保修工作水平。

7.3.5 工作率

working rate

全部营运车辆的总车日中工作车日所占的比重,反映完好车辆的利用程度。

7.3.6 停驶率

unoperating rate

全部营运车辆的总车日中,停驶车日所占的比重,反映完好车辆未能利用程度。

7.3.7 修理率

maintenance rate

全部营运车辆的总车日中,处于修理、保养、待修、待养车日所占的比重。反映由于车辆技术状况达不到要求,使车辆不能利用的程度。

7.3.8 平均车日行程

average kilometrage per vehicle-day

在一定时期内,全部工作车辆中平均每辆车每日行程。

7.3.9 营运速度

operating speed

车辆在出车时间内平均每小时的行程。

7.3.10 技术速度

technical speed

车辆在运行时间内平均每小时的行程。

7.3.11 里程利用率

load factor

在全部工作车辆的总行程中,重车行程所占的比重,反映车辆行驶里程的利用程度。

7.3.12　**总行程载重(客)量利用率**(吨、客位里程利用率)

utilization factor of total payload kilometrage(rate of tonnage(seat)-kilometrage)

在全部工作车辆总行程载重量中,载重行程载重量所占的比重。反映各种不同吨(客)位车辆行驶里程的利用程度。

7.3.13　**重车载重(客)量利用率**(吨、客位利用率)

utilization factor of payload of loaded vehicle(rate of tonnage or seats)

全部工作车辆完成的主车自载换算周转量占重车行程载重量的比重,反映重车吨(客)位公里的利用程度。

7.3.14　**实载率**(载重、客量利用率)

rate of actual loading(utilization factor of payload or seats)

全部工作车辆完成的主车自载换算周转量点总行程载重量的比重,反映总行程载重量的利用程度。

7.3.15　**行驶平均吨位**

average ton-kilometrage

在一定时期内,按全部工作车辆的总行程载重量与总行程之商计算的每车平均吨(客)位,是每辆运行车平均每天的载运能力。

7.3.16　**拖运率**

rate of ton-kilometrage cf trailer

在一定时期内,挂车完成运输周转量占主挂车完成运输周转量的比重,反映挂车利用效率。

7.3.17　**挂车配比**

rate of trailer provision

在一定时期内,挂车配备数量占可以拖挂挂车的主车数量的比重,反映挂车配备程度。

7.3.18　**单车产量**

single-vehicle output

在一定时期内,每辆车平均完成的换算周转量。按主车综合或主、挂车分别计算,是反映汽车单车运用的综合效率指标。

7.3.19　**车吨(客)位产量**

out-put per tonnage(seat)

在一定时期内,车辆平均每个吨(客)位完成的换算周转量,按主车综合或主、挂车分别计算,是反映每个吨(客)位运用情况的综合效率指标。

8　汽车运价

8.1　汽车运价

rate structure of motor transportation

汽车运输价值的货币表现,是货物和旅客运输的价格。

8.2　计价标准

rate-making standard

对计算汽车运价的计费质量、计费里程、运价单位和基本运价等的统一规定。

8.2.1　**计费重量**

charged weight

计算运价时所确定的货物或行包重量。一般按毛重计算,轻浮或不便过磅货物有重量换算率的按体积和件数换算计重;不便过磅没有重量换算率的按承托双方协议计重。

8.2.2　**换算重量**

conversion weight

以货物或行包的体积或件数按规定换算的计费重量。按体积换算的如:砖、瓦、沙、石、矿产品、木材等;按件换算的如:成包、成件规格统一的同种货物、未拆散的自行车、缝纫机等。

8.2.3 计费里程

charged distance

计算运价的里程。根据当地交通主管部门核定的营运里程图(表)所标定的里程计算,包括货物运输计费里程、货物装卸里程和旅客运输计费里程。

8.2.4 包干计费里程

charged distance of chartering

在一定区域或同一线路进行多点运输时,按承托双方协议确定的平均计费里程。

8.2.5 运输里程

run distance

客、货实际运输里程。

8.2.6 装卸里程

special distance for handling

车辆从站、驻地至装货点或从卸货点返回就近站、驻地的空驶里程。

8.2.7 计价单位

unit of rate

运价率和运费尾数取整的单位。运价率单位按计时、计程不同,分为元/吨(人)公里;元/箱公里;元/吨(座)位小时;元/公斤公里。

8.2.8 基本运价

basic rate

按照规定的车辆、道路、营运方式、货物、箱型等运输条件,所确定的旅客、货物和集装箱运输的计价基准,是运价的计价尺度。

8.2.9 价目

classification of rates

对不同车辆、道路、营运方式以及货物、箱型等不同运输条件实行的运价分类。

8.2.10 运价率

transportation rate

计算运费的单位价格。

8.2.11 运价加成

rate addition

对某些条件下或有特殊要求的运输,规定的价外加成率。

8.2.12 运价减成

rate reduction

对某些条以下的运输,规定的价外减成率。

8.2.13 递近递增运价

increasing rate for decreasing distance

在规定的一定里程范围内,随着运距递近相应提高运价率的运价。

8.2.14 递远递减运价

decreasing rate for increasing distance

在规定的一定里程范围内,随着运距递远相应降低运价率的运价。

8.2.15 差别运价

differential rates

对不同车辆、道路、营运方式、货种、箱型等运输条件采用不同运价率计价。

8.2.16 **运价比差**

rate ratio

不同价目的运价率与基本运价的比率。

8.2.17 **固定比差**

fixed ratio

相应的价目运价率与基本运价保持的固定比率。

8.2.18 **幅度比差**

flexible ratio with in the range

相应的价目运价率与基本运价保持在一定幅度范围内的比率。

8.2.19 **上限比差**

upper-limit ratio

相应的价目运价率与基本运价保持在上限以下,下限不计的比率。

8.2.20 **下限比差**

lower-limit ratio

相应的价目运价率与基本运价保持在下限以上,上限不计的比率。

8.3 **旅客运价**

charge of passenger transport

计算营业性汽车旅客运输时的客票价格。

8.3.1 **旅客票价**

ticket price

旅客从乘车站至到达站的客票价格。

8.3.2 **全票票价**

full price

全额支付的客票票价,持全票乘车的旅客是指成人和身高超过规定高度的儿童。

8.3.3 **半票票价**

half price

半额支付的客票票价,半票乘车的旅客是指身高在规定高度以内的儿童和持“革命残废军人抚恤证”的残废军人。

8.3.4 **旅客区域运价**

zoning rate of passenger

在一定区域内的旅客运价。旅客区域运价以基本运价为基础,在规定的上限或下限幅度内定价。

8.3.5 **普通客票价**

ordinary ticket price

普通大型客车的客运班车票价,按基本运价定价。

8.3.6 **宽座客票价**

wide-seat ticket price

宽座客车的客运班车票价。宽座车客票票价可在基本运价的基础上规定的幅度内定价。

8.3.7 **高级客车票价**

ticket price of luxurious bus

高级客车的客运班车票价。以基本运价为基础,在规定的调加上限幅度内定价。

8.3.8 **城乡公共客车票价**

ticket price of inter-city bus

城乡公共汽车的客票价。

8.3.9 小型客车票价

ticket price of mini bus

小型客车的客票票价。按不同车型、车辆标记吨位和舒适性分等计价。5~15座小型客车票价以基本运价为基础，在规定的上调幅度内定价。

8.3.10 代客车票价

ticket price of make-shift bus

货车代客车参加旅客运输的客票价。以基本运价为基础，在规定的下调幅度内定价。

8.3.11 行包运价

rates of luggage transport

运输行李、包裹的价格，按照普通行包、轻浮行包和计件行包分类定价。

8.3.12 行包折价

equivalent rate of luggage

以旅客基本运价折算的行包运价，其折算率：

行李：百公斤公里行李运价 = 1 人公里运价；

包裹：百公斤公里包裹运价 = 1.5 人公里运价。

8.4 货物运价

charge of freight transport

计算营业性汽车货物运价时，承、托运双方的结算价格。

8.4.1 长途运价

long-haul rate

货物运距在 25 km 及以上的汽车运价。按基本运价定价。

8.4.2 短途运价

shoft-haul rate

货物运距在 25 km 以下的汽车运价。按照递近递增的原则，采用里程分段运价率或基本运价加吨次费的办法定价。

8.4.3 整车运价

truckload rate

一次托运货物的批量在规定重量以上，按整车货物运输计费的运价。以基本运价定价。

8.4.4 零担运价

less-than-truckload tate

一次托运货物的批量在规定重量以下，按零担货物运输计费的运价。以基本运价为基础，在规定的调加幅度内定价。

8.4.5 普通货物分等运价

rates for general goods

按普通货物的性质、类别划分等级的运价。普通货物分三等：一等货物运价按基本运价定价；二、三等货物分别在一等货物运价的基础上，按一定的调加比例定价。

8.4.6 特种货物运价

rate for special goods

长大笨重、危险、贵重品和特种鲜活货物的运价，不包括排除故障、拆除建筑物、加固桥梁、整修道路、随车护路和专为特种货物运输服务的费用。以基本运价为基础，在规定的调加幅度内定价。

8.4.7 特种车辆运价

rate for special purpose vehicle

罐车、冷藏车和其他专用车运输特定货物的运价。特种车辆运输普通货物时,按普通货物定价:40t及以上的特种车辆运输普通货物时,运价低于普通货物运价。

8.4.8 小型车运价

rate for small vehicle

1t 至 2.5t 汽车的运价。在基本运价的基础上,规定的调加幅度内定价。

8.4.9 货物区域运价

zoning rate of goods

在一定区域范围内实行的货物运价。以基本运价为基础,在规定的上调和下调幅度内定价。

8.4.10 计时包车运价

charter rate by time

以车辆使用时间计算的运价。按计费时间、车辆的标记载重量和吨位小时运价率定价。

8.4.11 包车时间

time of chartering

从车辆到达包用地点起,至包用完毕止的全部时间。

8.4.12 计程包车运价

charter rate by distance

以车辆行程计算的运价。按包用车辆的行程、车辆标记载重量和计程运价率定价。

8.5 集装箱运价

rate of container transport

汽车运输集装箱的价格。

8.5.1 重箱里程

loaded container kilometrage

汽车载运装货集装箱的行程。集装箱内不论装有多少货物均为重箱。

8.5.2 空箱里程

empty container kilometrage

汽车载运未装货集装箱的行程。空箱里程分对流空箱里程与非对流空箱里程。

8.5.3 对流空箱里程

balanced distance of empty container

汽车在同一线路对同一货主载运回程空箱里程等于或小于重箱里程的里程。

8.5.4 非对流空箱里程

unbalanced distance of empty container

汽车专运空箱行驶或在同一线路对同一货主载运的回程空箱里程大于重箱里程的里程。

8.5.5 同费区间里程

free distance

规定收取相同运费的里程区段。

8.5.6 重箱运价

rate of loaded container

汽车运输集装箱重箱和不对流空箱的运价。单程重箱按基本运价计价;双程重箱回程以基本运价为基础,在规定的调低幅度内定价。

8.5.7 空箱运价

rate of empty container

汽车运输集装箱空箱运价。

8.5.8 包箱运价

charter rate by number of containers

以包运集装箱箱数计算的运价。按包运箱数、运输里程和计程运价率定价。

8.5.9 一吨箱运价

rate of one-ton container

国内一吨集装箱汽车运价。以基本运价为基础,在规定的调价幅度内定价。托运数量在三箱及以下时,分别按托运箱数分档次加价。

8.5.10 小型车集装箱运价

rate of small container truck

使用2.5t以下汽车载运集装箱的运价。按小型车运价定价。

8.5.11 专用集装箱运价

rate of special container

使用冷藏式专用集装箱载运贵重品和特殊鲜活易腐品的运价。以基本运价为基础,按规定的调加幅度定价。

8.5.12 箱次费

per container charge

短途运输中在基本运价处按每一箱次增收的运费。

8.5.13 危险品运价

rate of dangerous goods

装有危险品的国际集装箱和国内专用集装箱的运价。危险品运价以基本运价为基础,在规定的限额幅度内实行加价。易燃、易爆、剧毒和放射性的烈性危险品加价高于一般危险品。

8.6 装卸费收

handling charge

货物装卸或集装箱装卸、集装箱掏装和一切辅助性装卸作业费收的总称。

8.6.1 装卸费率

rate of handling

计算货物或集装箱装卸费的单价价格。分计重、计箱和计时装卸费率。

8.6.2 装卸基本费率

basic rate of handling

在规定装卸条件下,以标准操作能力的装卸机械对单位装卸量进行作业所确定的装卸费率,是计算不同装卸费率的基准费率和计费的尺度。

8.6.3 装卸费率比差

difference of handling rates

不同货物或箱型的装卸费率和装卸基本费率的比率。

8.6.4 装卸机械走行费

travel expense of handling equipment

装卸机械由场、站至装卸点作业往返行驶的费收。

8.6.5 装卸机械延滞费

demurrage of handling equipment

由于托运人或承运人一方责任引起的装卸机械待装、待卸或停滞、延误造成损失时,由责任人对另一方补偿的费收。

8.6.6 掏装箱费

container loading charge

掏装集装箱货物的费收。

8.6.7 辅助装卸费

charge of supplementary handling work

货物或集装箱的辅助性装卸作业费收。

8.6.8 装卸机械计箱装卸费

equipment handling charge by piece

使用装卸机械装卸集装箱,按不同箱型和重、空箱的计箱装卸费率计算的费收。

8.6.9 装卸机械计时包用费

equipment handling charge by time

使用装卸机械装卸货物、集装箱按包用时间、不同装卸机械类别和计时装卸费率计算的费收。

8.7 其他费收

miscellaneous charges

从事与运行无关的作业和其他业务的费收,以及由于托运人或承运人责任造成对方损失时,责任方对另一方的补偿的费收。

8.7.1 堆存费

retention charge

货物或集装箱在装卸前后存放和保管的费收。

8.7.2 搬移费

moving charge

对集装箱搬移作业(不含前方堆场和中转第一次落箱的搬移拆箱、翻箱)按不同箱型分段、分次计算的费收。

8.7.3 熏体检修费

container maintenance charge

对集装箱进行检查和维修作业的费收。

8.7.4 清洗费

cleaning charge

对车辆和集装箱进行排污、清洗等作业的费收。

8.7.5 熏蒸费

steaming charge

对集装箱进行消毒、熏蒸作业的费收。

8.7.6 预冷费

pre-refrigeration charge

对冷藏集装箱式冷藏车进行预冷作业的费收。

8.7.7 服务手续费

service fee

代办客、货运输或集装箱运输服务业务的费收。

8.7.8 中转劳务包干费

charge of transfer labor

对中转过程的货物、集装箱进行劳务作业实行全额包干的费收。

8.7.9 延滞费

demurrage

由于托运人或承运人一方责任引起的车辆或集装箱待装待运或停滞延误造成损失时,由承托双方中责任方对另一方补偿的费收。

8.7.10 装货(箱)落空损失费

compensation for failure of loading

由于托运人或收货人的责任造成车辆装货(箱)落空,补偿承运人损失的费收。

8.7.11 过渡费

ferry charge

对车辆通过渡口、桥梁、隧道或货物过渡倒装的费收。

8.7.12 人工损失费

labor compensation

由于托运人责任造成货物或集装箱劳务作业的延误或停顿,补偿承运人损失的费收。

8.7.13 包车取消费和包车空驶损失费

compensation for cancellation of charter and empty run

旅客或托运人取消包车以及造成车辆空驶时,补偿承运人损失的费收。

8.7.14 包车停歇延滞和供车延误费

demurrage of charter vehicle

包运人或承运人责任引起的包用车辆或旅客、货物运输延误时,责任方补偿另一方损失的费收。

8.7.15 车辆处置费

vehicle adaptation charge

为运输特种货物或特种集装箱,改装、拆卸和清理车辆的费收。

8.7.16 货物处置费

material treatment charge

对货物商检、检疫、防疫、货物运输前进行特殊处理作业的费收。

8.7.17 保管费

retention fee

货物或集装箱到达车站或卸货地后,对收货人在规定期限内未能提货的费收。

8.7.18 调车费

compensation for mobilization

托运人对调车过程中车辆空驶和车辆延滞使用补偿承运人损失的费收。

8.7.19 停运费

compensation for stoppage

货物在运输过程中,由于自然灾害、路阻等特殊原因,造成运输中断,对托运货物就近卸存、绕道行驶或改变到达地点的费收。

8.7.20 旅客运输杂费

miscellaneous charges for passenger transportation

办理补票、退票、行李包裹变更手续、保管或寄存小件物品的费收。

9 公路运输企业及生产人员

9.1 公路运输企业

highway transportation enterprises

专门从事公路运输生产或直接为运输生产服务、实行独立经济核算的企业。

9.1.1 区域汽车运输企业

regional motor transportation enterprises

在一定的经济区域、行政区域内从事汽车运输的企业。

9.1.2 线路汽车运输企业

motor transportation enterprises on exclusive lines

在指定的线路上,从事客、货运输的汽车运输企业。

9.1.3 公用汽车运输企业

public service vehicle transport enterprises

为社会提供客货运输服务的汽车运输企业。它包括交通专业汽车运输企业、城市公共汽车运输企业、出租汽车运输企业、旅游汽车运输企业和个体或联户运输业者。

9.1.4 部门汽车运输企业

sectoral motor transportation enterprises

为本部门、本系统服务的汽车运输企业。它包括商业、粮食、外贸、林业、建筑、物资、工业等部门的运输(储运)企业。

9.1.5 专用汽车运输企业

specialized motor transportation enterprises

使用专用车辆或特种车辆,专门经营集装箱、特种货物或某些种类货物运输的汽车运输企业。

9.1.6 汽车运输联营企业

joint-venture motor transportation enterprises

由不同的隶属关系、不同的所有制形式、不同的运输方式以及不同的产、运、销企业之间实行联合经营的企业

9.1.7 运输服务企业

transportation service enterprises

经营运输委托、代办运输业务、组织客货源等业务的企业。

9.1.8 装卸企业

material handling enterprises

经营公路运输搬运、装卸业务的企业。

9.1.9 汽车运输企业规模

scale of motor transportation enterprise

以汽车、设备、设施和职工人数及状况综合反映汽车运输企业的生产能力。我国现行划分汽车运输企业的规模,以拥有营运汽车辆数的多少来表示企业规模的大小。

9.1.10 大型汽车运输企业

large motor transportation enterprises

所有营运汽车全年完成换算周转量在10 000万吨公里及以上、车辆保有量在600辆有以上的汽车运输企业。

9.1.11 中型汽车运输企业

medium-sized motor transportation enterprises

所有营运汽车全年完成换算周转量在2 000万吨公里及以上至10 000万吨公里、车辆保有量在600辆以下的汽车运输企业。

9.1.12 小型汽车运输企业

small motor transportation enterprises

所有营运汽车全年完成换算周转量在2 000万吨公里及以下的汽车运输企业。

9.2 汽车运输生产人员

production personnel of motor transportation enterprise

从事汽车客、货运输、车辆、设备、机械操作和维修,以及在场库、站为汽车运输服务的生产人员。

9.2.1 调度员

dispatcher

具有车辆调度专业能力、担负汽车调度工作的人员。

9.2.2 装卸工

loader

从事汽车装卸、搬运作业的工人,包括驻站(场)和随车装卸工,以及装卸机械操作工。

9.2.3 站务员

terminal attendant

从事车站客、货运输业务和服务的人员。

9.2.4 乘务员

bus attendant

在旅客班车上售票和在途为旅客服务的人员。

9.2.5 行包员

luggage attendant

为旅客托运、中转、存储和交付行包服务的人员。

9.2.6 库管员

warehouse keeper

在站(场)仓库管理货物分类、储存和进库、出库的人员。

9.2.7 理货员

tally clerk

从事货物分拣、签证等理货业务的人员。

9.2.8 稽查员

inspector

在客、货运输中,专门对客货票证及违纪违章行为进行查验的人员。

9.2.9 安全员

safety man

专门从事运输安全宣传教育、检查安全设施和处理安全事故的人员。

10 公路运输行政管理

10.1 公路运输行政管理

administration of highway transportation

各级政府交通主管部门对公路运输行业的统筹、指导、协调、监督和服务工作。

10.2 公路运输管理部门

management department of highway transportation

各级政府行使公路运输行政管理职能机关的统称。即:国务院的交通部和地方各级交通厅、局及其设置的公路运输管理机构。

10.3 公路运输行业

highway transport industry

从事公路运输生产及直接为其服务的企事业单位和个人的统称。主要包括客货运输业、搬运装卸业、汽车维修业和运输服务业。

10.4 公路运输行业管理

regulation of highway transport industry

对公路运输行业事务的管理工作。

10.5　营业性车辆

commercial vehicle

从事营业性运输的车辆，包括公用运输企业、部门运输企业、个体运输户（联户）的营运车辆和企事业单位参加营业性运输的车辆。

10.6　开业审批

entry licensing

对申请从事公路营业性运输业的单位和个人，按有关规定进行的审批工作。

10.7　车辆管理

registration of vehicles

办理车辆注册登记、制发营运标志及控制车辆的布局、增减和构成等管理工作。

10.8　货源管理

coordination of freight sources

对运输的重点货物、大宗货物、港站集散货物、特种货物等进行的统筹协调、合理组织等工作。

10.9　线路管理

administration of operational lines

按经济合理、统筹兼顾的原则，对客货营运线路、班次、站点进行合理安排和监督实施等工作。

10.10　运输市场管理

transportation market control

按照国家的方针、政策、法规、制度，对营业性运输活动进行的检查、监督和管理工作。

10.11　客运稽查

inspection of passenger transportation

对旅客运输中的售票、购票、收费标准、运行纪律和文明服务质量等进行的检查监督和违章违纪查处工作。

10.12　货运商务监督

supervision of freight transportation

对货物运输中的商务活动、运输价格、统一单票证进行的检查监督和查处违章违纪行为等工作。

10.13　经营协调

coordination of operation

公路运管部门协调行业内外经济关系、经营活动、调解运输纠纷、推动发展横向经济联系和专业化协作等工作。

10.14　登记注册

registration book

经营公路运输业的单位和个人，在开业、停业、歇业和变更经营范围、增减车辆时，按规定向当地公路运管部门办理行业登记和车辆注册手续。

10.15　统一单票证

uniform documents

国家有关主管部门规定，从事公路运输必须使用的统一票据、单证和管理凭证的统称。

10.16　行车路单

waybill

国家有关主管部门统一规定从事公路运输必须使用的记录驾驶人员担负运输任务和车辆运行事项的行车凭证。也是进行运输统计和考核车辆运用情况的依据。

10.17　经营许可证

business certificate

经营公路客、货运输,搬运装卸,汽车维修,运输服务业的单位和个人,按规定办理登记和审批手续后领取的许可营业的凭证。

10.18 营运证

operation certificate

领有经营许可证和工商营业执照的单位或个人,由当地公路运管部门核发给每辆车的合法营运凭证,也是监督车辆运行和考核运管费缴纳情况的依据。

10.19 营运标志

operation signs

公路运管部门规定营运车辆必须喷涂的文字、图案和挂置的营运线路牌等标记。

10.20 公路运输管理费

administration fee of highway transportation

根据国家规定向从事营业性公路客、货运输,搬运装卸,运输服务的单位和个人,征收用于公路运输管理的事业经费。

11 公路运输法规

11.1 公路运输法规

law of highway transportation

由国家机关制定的关于公路运输方面的规范性法律文件的总称。

11.2 公路运输管理条例

regulation of highway transportation

由交通部和国家经委联合发布。是关于国内公路运输行业管理的一项基本法规。对从事公路客、货运输,搬运装卸,汽车维修,汽车服务业者的营业审批、营运管理以及营业性、非营业性运输的划分等所作的政策性规定。

11.3 公路货物运输合同实施细则

detailed rules of highway transportation contract

由国务院批准,交通部发布。是根据《中华人民共和国经济合同法》的原则,对公路货物运输合同各方的权利、义务关系等所作的统一规定。

11.4 公路汽车旅客运输规则

rules of passenger transportation on highway

交通部制定发布。是对公路汽车旅客运输中旅客和承运双方的权利义务关系以及业务程序所作的统一规定。

11.5 公路汽车客运站务管理办法

management methods of inter-city bus terminal

由交通部制定发布。是公路汽车旅客运输内部客运管理工作的一项业务规章;是对汽车客运站运行组织和站务管理等所作的统一规定。

11.6 公路汽车客运站级别核定和建设要求

classification and construction requirements of inter-city bus terminal

交通部制定发布的一项部级标准,是对汽车客运站站级划分、建设规模、设备设施和人员配备等所作的统一规定。

11.7 公路汽车货物运输规则

rules of freight transportation on highways

交通部制定发布。是根据《公路货物运输合同实施细则》的规定,对汽车货物运输承托双方的权利、义务、责任以及业务程序所作的统一规定。

11.8 公路危险货物运输规则

rules of transportation of dangerous goods on highways

交通部制定发布。是根据国家关于危险货物的分类和运输包装标准,对公路危险货物运输、装卸、保管、交付、监督管理以及承托双方的权利、义务等所作的统一规定。

11.9 公路汽车零担货物运输管理办法

management methods of less-than-truckload transportation

交通部制定发布。根据《公路汽车货物运输规则》,对零担货物班线运行,承托双方的权利、义务以及业务程序所作的实施办法。

11.10 公路汽车零担货物运输站务管理办法

management methods of less-than-truckload terminal

交通部制定发布。对公路汽车零担货运站的分级及设施、运行组织和站务管理等所作的统一规定。

11.11 汽车货物运输质量管理办法

methods on the quality control of motor freight transportation

交通部制定发布。是对汽车运输企业货运质量管理的基本任务、组织领导、运输生产过程各环节的质量管理、事故处理以及考核评比等所作的统一规定。

11.12 公路运输管理费征收和使用的规定

rules on the collection and usage of administration fee of motor transportation

交通部、财政部联合发布。是对公路运输管理费征收的范围、经费使用和管理所用的统一规定。

11.13 公路运输统一单证使用和管理的规定

rules on the use and management of unified motor transportation documents

交通部制定发布。是对公路运输的经营许可证、客货票证、行车路单等的使用和管理办法所作的统一规定。

11.14 公路运输管理部门工作条例

working regulations of the administrative bodies of motor transportation

交通部制定发布。是对各级公路运输管理部门的机构设置和职责等所作的统一规定。

11.15 公路运价管理暂行规定

provisional regulations of rate control of motor transportation

交通部和国家物价局联合发布。是根据国务院的《物价管理条例》,对公路运价管理范围、职权划分、运价形式、检查监督和奖励惩罚等所作的统一规定。

11.16 汽车运价规则

regulations of rates of motor transportation

交通部制定发布。是对国内汽车客、货运输计费办法所作的统一规定。

11.17 国际集装箱汽车运输费收规则

regulations of rates of motor trtansporation of international containers

交通部制定发布。是对国际集装箱汽车运输计费办法所作的统一规定。

11.18 国内集装箱汽车运输费收规则

regulations of rates of motor transportation of domestic containers

交通部制定发布。是对国内集装箱汽车运输计费办法所作的统一规定。

11.19 汽车货运站费收规则

regulation of freight terminal charges

交通部制定发布。是对汽车货运站办理货运业务、货物仓储、装卸作业等计费办法所作的统一规定。

附 录 A
汉语拼音索引
（参考件）

D

E

F

G

H

J

K

L

R

S

T

W

X

Y

Z

附　录　B
英文索引
（参考件）

A

B

M

Q

R

T

U

V

W

附加说明：

本标准由中华人民共和国交通部提出，由交通部标准计量委员会归口。

本标准由交通部公路科学研究所、交通部公路局负责起草。

本标准主要起草人吴国庆、赵永铮、周友才、张文惠、郭生海、何坚、王毅。

中华人民共和国国家标准

GB/T 5620—2002
idt ISO 611:1994

道路车辆 汽车和挂车制动名词术语及其定义

代替 GB/T 5620.1～5620.2—1985

Road vehicles—Braking of automotive vehicles and their trailers—Vocabulary

2002-08-29 发布　　2003-01-01 实施

1 范围

本标准规定了汽车和挂车的制动及制动装备的主要名词术语,并给以定义。规定的名词术语可用以表明制动系统或部件以及制动过程的整个或部分的特性参数。规定的名词术语可用于汽车、挂车和汽车列车。

2 引用标准

下列标准所包含的条文,通过在本标准中引用而构成为本标准的条文。本标准出版时,所示版本均为有效。所有标准都会被修订,使用本标准的各方应探讨使用下列标准最新版本的可能性。

ISO 3833:1977 道路车辆 类型 术语和定义

3 制动装备和制动系 Braking equipment and systems

3.1

制动装备 braking equipment

车辆装设的所有制动系统的总称。其功能是使行驶中的车辆减速或停驶,或使已停止行驶的车辆保持不动。

3.2

行车制动系 service braking system

供驾驶员直接或间接地使正常行驶中的车辆减速或停止行驶且具有可调节作用的所有零部件的总称。

3.3

应急制动系 secondary braking system

在行车制动系失效的情况下,供驾驶员直接或间接地使行驶中的车辆减速或停止行驶且具有可调节作用的零部件的总称。

3.4

驻车制动系 parking braking system

使停驶的车辆(包括坡道停车及驾驶室无人时)以机械方式保持其不动的零部件的总称。

3.5

辅助制动系 additional retarding braking system

供驾驶员直接或间接地使行驶中的车辆(特别是下长坡的车辆)减速或保持恒速的零部件的总称。

3.6

自动制动系　automatic braking system

自动地使行驶中的车辆制动的零部件的总称。

例如:当挂车与牵引车因人为或偶发事件使它们分离时,自动制动系即产生制动。

4　组成部件　Constituent elements

制动系由供能装置、控制装置、传能装置和制动器等组成,必要时也包含牵引车上供挂车制动用的附加装置。

4.1

供能装置　energy-supplying device

制动系中供给和调节制动所需的能量(必要时还可改善传能介质状态)的部件。它终止于传能装置的起始点,即保护制动系各回路(见5.2,如果有辅助回路,也包括在内)中的能量不流向供能装置,也不在各回路间流动的部位。

注:本定义同样适用于汽车列车。

4.2

制动能源　braking energy source

供能装置中产生能量的部分。

注:制动能源可以置于车辆之外(例如挂车气压制动的压缩空气源),也可以是人的体力。

4.3

控制装置　control device

制动系中开始实施制动操纵且控制制动效果的部件。

在驾驶员(或其他人员)直接操纵的情况下,控制装置始于施力点。

在驾驶员间接操纵或无需任何动作即起作用的情况下,控制装置始于控制信号输入制动系的部位。

控制装置终止于产生作用力所需能量的部位。

注:

1　在控制装置内控制信号可以采用机械、气压、液压或电力等方式进行传递,包括使用辅助能源。

2　控制装置可以采用下列方式进行操作:

——通过一只手或脚直接进行操作;

——由驾驶员间接操纵,或无需任何动作(仅对挂车而言);

——当牵引车制动系的控制装置动作或失效时,通过牵引车与挂车之间的连接管路内压力变化或连接电缆中的电流变化来进行操作;

——由车辆的惯性力或车辆及某一组成部件的重力来操作(如牵引车与挂车的接近或分离,或某一组成部件的位置下降)。

4.4

传能装置　transmission device

制动系中传递由控制装置分配的能量的部件。

传能装置始于控制装置或供能装置的终止点,终止于制动器的起点。

注:传能装置的型式可以是机械式、液压式、气压式、真空式、电力式或组合式(例如液压-机械式、液压-气压式)。

4.5

制动器　brake

制动系中产生阻止车辆运动或运动趋势的力的部件。

4.5.1　摩擦式制动器　friction brake

由于对安装在车辆固定部位的部件施加作用力,使其抵靠于连接在车轮上的一个或几个部件上产生制动作用的制动器。

注:由于摩擦力引起作用力增加的摩擦式制动器称作自动增力式制动器(self-servo type brake)。

4.5.1.1 鼓式制动器 drum brake

摩擦力产生于同车辆固定部位相连接的部件与制动鼓内表面或外表面之间的摩擦式制动器。

4.5.1.2 盘式制动器 disc brake

摩擦力产生于同车辆固定部位相连接的部件与一个或多个制动盘表面之间的摩擦式制动器。

4.5.2 刚性接合式(锁止式)制动器 positive engagement brake(lock)

用刚性接合的方法,通过车辆上不旋转的部件来阻止其连接在车轮或车轮总成上的旋转部件运动的制动器。

注:刚性接合式制动器只能在车辆处于静止状态时使用。

4.5.3 缓速器 retarder

用以使行驶中的车辆(特别是下长坡时的车辆)减速或保持恒速,又不使车辆停驶的机构。

4.5.3.1 发动机缓速器 retarder by combustion engine

利用与驱动轮连接的发动机对行驶中的车辆产生缓速作用的缓速装置。这种作用是通过对发动机减少供油、节流进气、节流排气或变更气门的开启时间等产生的。

4.5.3.2 电机缓速器 retarder by electric traction motor

利用与驱动轮连接的电动机对行驶中的车辆产生缓速作用的缓速装置,这种作用是通过把电动机变为发电机来实现的。

4.5.3.3 液力缓速器 hydrodynamic retarder

利用与一个或多个车轮相连的部件或与车轮连接的传动系部件的作用,而获得缓速作用的装置。

4.5.3.4 空气缓速器 aerodynamic retarder

利用增加空气阻力(例如,增加迎风面积的可张式机械装置)以获得缓速作用的装置。

4.5.3.5 电磁缓速器 electromagnetic retarder

利用连接车轮或传动系的旋转金属盘在磁场作用下产生的电涡流、磁滞,而获得缓速作用的装置。

4.5.3.6 摩擦缓速器 friction retarder

利用安装在车辆固定部位的部件与连接车轮或传动系的部件之间的摩擦力,而获得缓速作用的装置。

4.6

牵引车上用于挂车的附加装置 supplementary device on towing vehicle for towed vehicle

专指为用于对挂车制动系进行供能和控制,但装置在牵引车上的制动系部件。由牵引车供能装置和供能管路连接头、牵引车传能装置和控制管路连接头之间的部件(包括供能管路连接头和控制管路连接头)组成。

5 制动系分类 Definitions of braking systems relating to nature of constituent devices

5.1

按供能方式分类(按 4.1 的意义判定) **Definitions of braking systems relating to energy-supplying device**

5.1.1 人力制动系 muscular energy braking system

产生制动力所需的能仅由驾驶员的体力提供的制动系。

5.1.2 助力制动系 energy/power-assisted braking system

产生制动力所需的能是由驾驶员的体力和一个或多个供能装置共同提供的制动系。

例如:

真空助力制动系(带真空助力器) vacuum-assisted braking system(with vacuum booster);

空气助力制动系(带空气助力器) (compressed)air-assisted braking system(with air booster);

动力液压助力制动系(带液压助力器) power hydraulic-assisted braking system(with hydraulic booster)。

5.1.3 动力制动系 non-muscular energy/full-power braking system

产生制动力所需的能是由一个或多个供能装置(不包括驾驶员的体力)提供的制动系。

例如:

气制动系 full-air braking system;

液压动力制动系 full-power hydraulic braking system;

气顶液制动系 air over hydraulic braking system。

注:本定义不包括在供能失效情况下,驾驶员依靠作用在本系统上的操纵力也能增加制动力的制动系。

5.1.4 惯性制动系 inertia braking system

产生制动力所需的能是由于挂车向其牵引车靠近的惯性作用而产生的制动系。

5.1.5 重力制动系 gravity braking system

产生制动力所需的能是靠挂车的某一组成部件下降时的重力供给的制动系。

5.1.6 弹簧制动系 spring braking system

产生制动力所需的能是靠起储能器作用的一个或多个弹簧供给的制动系。

5.2

按传能装置连接方式分类 Definitions of braking systems relating to arrangement of transmission device

5.2.1 单回路制动系 single-circuit braking system

传能装置仅有一条回路组成的制动系。

注:若传能装置一处失效,便不能传递产生制动力的能。

5.2.2 双回路制动系 dual-circuit braking system

传能装置由两条回路组成的制动系。

注:若传能装置一处失效,则仍能部分或全部传递产生制动力的能。

5.2.3 多回路制动系 multi-circuit braking system

传能装置是由两条以上回路组成的制动系统。

注:若传能装置一处失效,则仍能部分或全部传递产生制动力的能。

5.3

汽车列车制动系分类 Definitions of braking systems relating to vehicle combinations

5.3.1 单管路制动系 single-line braking system

牵引车的制动系通过一条管路对挂车制动系统供能并进行控制的制动系。

5.3.2 双管路或多管路制动系 two-line of multi-line braking system

牵引车的制动系通过两条或多条管路独立且同步地对挂车制动系统供能和进行控制的制动系。

5.3.3 连续制动系 continuous braking system

具有下列全部特征的汽车列车制动系:

a) 驾驶员在其驾驶座椅上,可以通过单一动作可调节操作牵引车上的一个直接操作装置和挂车上的一个间接操作装置;

b) 汽车列车各部分用于制动的能是由同一能源供给的(该能源可以是驾驶员的体力);

c) 汽车列车的各部分应同步或以适当的相位进行制动。

5.3.4 半连续制动系 semi-continuous braking system

具有下列全部特征的汽车列车制动系:

a) 驾驶员在其驾驶座椅上,可以通过单一动作可调节操作牵引车上的一个直接操作装置和挂车上的一个间接操作装置;

b) 汽车列车各部分用于制动的能是由至少两种不同的能源供给的(其中之一可以是驾驶员的体力);

c) 汽车列车各部分应同步或以适当的相位进行制动。

5.3.5 非连续制动系统 non-continuous braking system

既不是连续式又不是半连续式的汽车列车制动系。

6 附加定义 Additional definitions

6.1

电缆、电线 cable;wire

传递电能的导体。

6.2

传能管路 Energy transmission lines

6.2.1 管子 pipe

传递液能或气能的柔性或刚性管路。

6.2.1.1 刚性管 rigid pipe

连接两个相对固定的零部件其形状永久不变的管路。

注:由这种连接所产生的任何变形都是永久的。

6.2.1.2 半刚性管 semi-rigid pipe

连接两个相对固定的零部件其形状是可变的管路。

6.2.1.3 柔性管 flexible pipe

连接两个彼此间有相对移动的零部件,其形状可变的管路。

注:螺旋管(coiled pipe)是一种特殊型式的柔性管。

6.2.2 制动管路按功能分类 Lines of braking equipment defined according to function

6.2.2.1 供给管路 feed line

连接制动能源或储能器与控制装置(如制动阀)的管路。

注:此定义不适用于汽车列车中两车间的连接管路。

6.2.2.2 工作管路 actuating line

连接控制装置(如制动阀)到将介质能转化为机械能的装置(如制动气室)间的管路。

6.2.2.3 操纵管路 pilot line

连接一个控制装置(如制动阀)到另一个控制装置(如继动阀)间的管路。所传递的能仅起控制另一控制装置的作用。

注:此定义不适用于汽车列车中两车间的连接管路。

6.2.3 汽车列车中连接车辆间制动装置的管路 Line connecting braking equipment of vehicle is in vehicle combination

6.2.3.1 供能管路 supply line

从牵引车向挂车储能器传递制动能的专用管路。

6.2.3.2 控制管路 control line

把控制所需的能从牵引车传输给挂车制动控制装置的专用操纵管路。

6.2.3.3 供能控制共用管路 common supply and control line

既用作供能也用作控制的管路。

注:此定义仅适用于单管路制动系。

6.2.3.4 应急管路 secondary line

由牵引车向挂车传送挂车应急制动所需能的专用控制管路。

6.3

可调节制动 modulatable braking

在制动控制装置的正常操作范围内,驾驶员能够运用控制装置随时增加或减小制动力至适宜的大小。控制装置向一个方向动作时制动力增大,而向相反方向动作时制动力减小。

6.4

压力 Pressures

6.4.1 制动衬片开始作用时的压力 threshold pressure for application of brake linings

使制动器开始产生制动力矩时所需要的工作介质的压力(见图1)

6.4.2　报警压力　warning pressure

报警装置开始作用时的压力。

6.4.3　保护压力　protection pressure

当制动装备或其附件的某一部分损坏后,另一部分所维持的稳定压力。

6.4.4　制动衬片开始放松时的压力　release pressure of brake linings

使制动器的制动力矩开始减小时工作介质的压力(见图1)

6.4.5　制动渐近压力　asymptotic pressure of braking

制动控制装置完全应用后的稳定制动压力;一旦达到了制动渐近压力,则实际上该压力要保持5 s不变。

6.4.6　释放压力(弹簧制动缸)　hold-off pressure(spring brake actuator)

使制动器开始产生制动力矩所需要的工作介质的压力(见图2)

6.4.7　开始放松压力(弹簧制动缸)　commencement of release pressure(spring brake actuator)

使制动器的制动力矩开始减少时所需的工作介质的压力(见图2)

6.4.8　制动完全放松压力(弹簧制动缸)　full brake release pressure(spring brake actuator)

制动力矩达到零时,弹簧制动缸弹簧压缩腔内工作介质的压力(见图2)

6.4.9　弹簧完全压缩压力(弹簧制动缸)　full spring compression pressure(spring brake actuator)

把弹簧压缩到极限位置时所需的弹簧制动缸弹簧压缩腔内工作介质的压力(见图2)

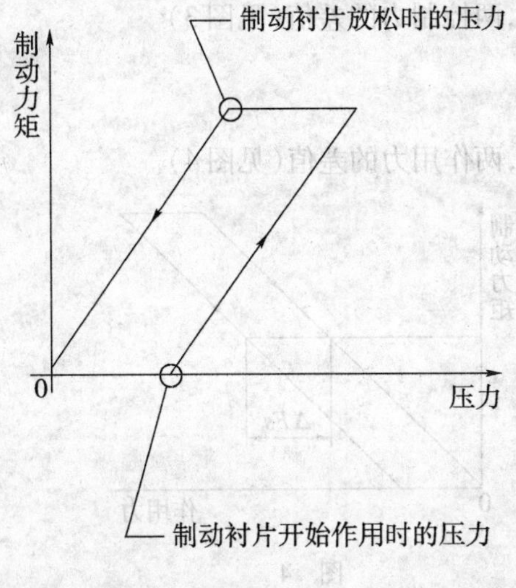

图　1

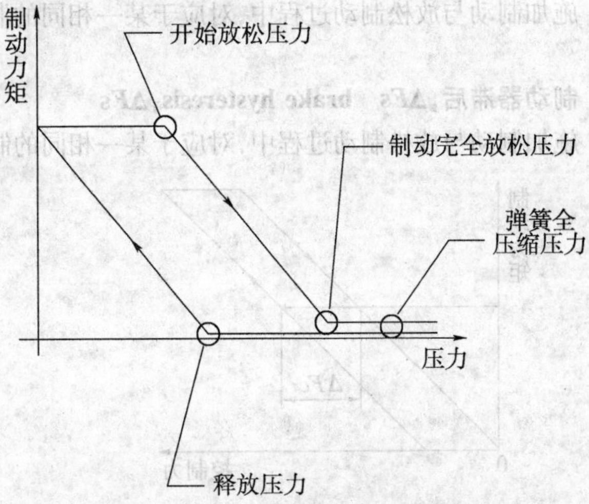

图　2

6.5

报警装置　warning device

当制动系某种工作条件变成临界或需要维持的工况时,用以警告驾驶员的声、光装置。

6.6

作用机构　application mechanism

把工作元件(如汽缸)连接到制动器上的传递装置的所有机械构件。

6.7

磨损补偿装置　wear compensation device

制动间隙调节器　brake adjuster

自动地或以其他方式补偿摩擦式制动器中(鼓式或盘式)制动衬片磨损的装置。

6.8

辅助放松装置(弹簧制动缸)　**auxiliary release device**(spring brake actuator)

当供给弹簧制动缸的压力下降到低于制动完全放松压力时(例如失效时),能够消除制动力的装置。

6.9

制动力比例调节装置　braking force proportioning device

能自动地或以其他方式改变制动力的装置。

6.9.1　感载装置　load-sensing device

能依照汽车车轮上的静态或动态载荷自动调节汽车上一个或多个车轮制动力的装置。

6.9.2　感压装置　pressure-sensing device

能依照输入该装置的压力,自动调节汽车上一个或多个车轮制动力的装置。

6.9.3　减速度感受装置　deceleration-sensing device

能依照汽车的减速度,自动调节汽车上一个或多个车轮制动力的装置。

7　制动力学　Braking mechanics

7.1

制动力学　braking mechanics

从控制装置开始作用至制动动作结束之间发生的力学现象。

7.2

制动系滞后,Δ*F*c　braking system hysteresis,Δ*F*c

施加制动与放松制动过程中,对应于某一相同的制动力矩,两控制力的差值(见图3)。

7.3

制动器滞后,Δ*F*s　brake hysteresis,Δ*F*s

施加制动与放松制动过程中,对应于某一相同的制动力矩,两作用力的差值(见图4)。

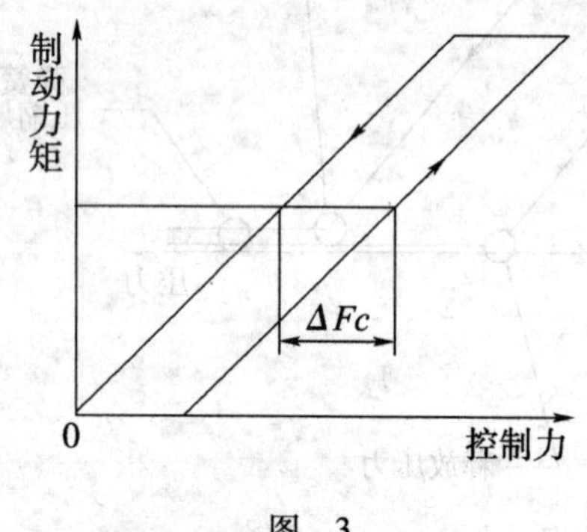

图　3

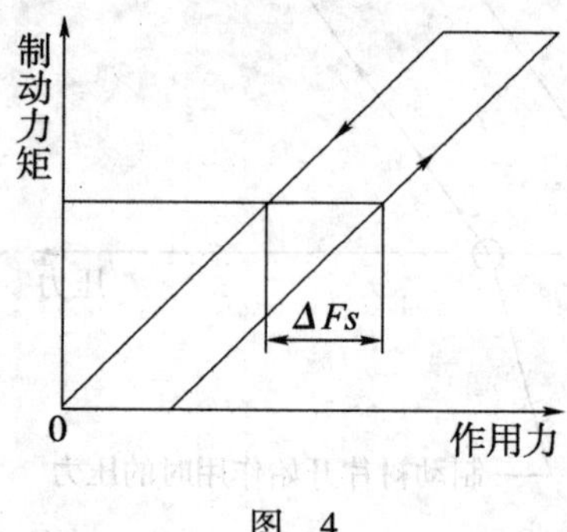

图　4

7.4

力、力矩　forces,torque

7.4.1　控制力,*F*c　control force,*F*c

施加于控制装置上的力。

7.4.2　作用力,*F*s　application force,*F*s

在摩擦式制动器中,施加于一个制动衬片(块)总成上的总力。它通过摩擦作用产生制动力。见附录A(标准的附录)中的典型实例。

7.4.3　总制动力,*Ff*　total braking force,*Ff*

通过制动系的作用,产生在全部车轮与地面接触面之间,并与车辆运动或运动趋势方向相反的制动力总和。

7.4.4　制动力矩　braking torque

在制动器中,由作用力而产生的摩擦力与其作用点到旋转轴线之间距离的乘积。

7.4.5　制动拖滞　brake drag

在控制装置回到放松位置后，制动力矩仍继续存在的现象。

7.4.6 制动力分配比 braking(brake fore) distribution; braking ratio

每一轴上的制动力与总制动力之比用百分数表达的值(例如前轴60%，后轴40%)。

7.4.7 制动器放大因数 brake amplification factors

7.4.7.1 制动器外部因数，C brake factor(external)，C

制动器的输出力矩/力与输入力矩/力之比值。

7.4.7.2 制动器内部因数，C^* brake factor(internal)，C^*

制动器有效半径上的总切向力与作用力 Fs 之间的比值。

注

1 C^* 只有在等作用力情况下才为制动蹄因数之和。

2 典型制动器 C^* 值与摩擦系数 μ 的函数关系见图5。C^* 的计算实例见附录A。

7.4.7.3 制动蹄片因数，SF shoe factor，SF

蹄片总成的表面切向力与其作用力之比。

7.4.7.4 制动蹄平均因数，MSF mean shoe factor，MSF

制动器制动蹄因数之和与其制动蹄总成数量之比。

7.5

时间 time

参照图6中的理想化曲线对不同的时间概念进行定义。

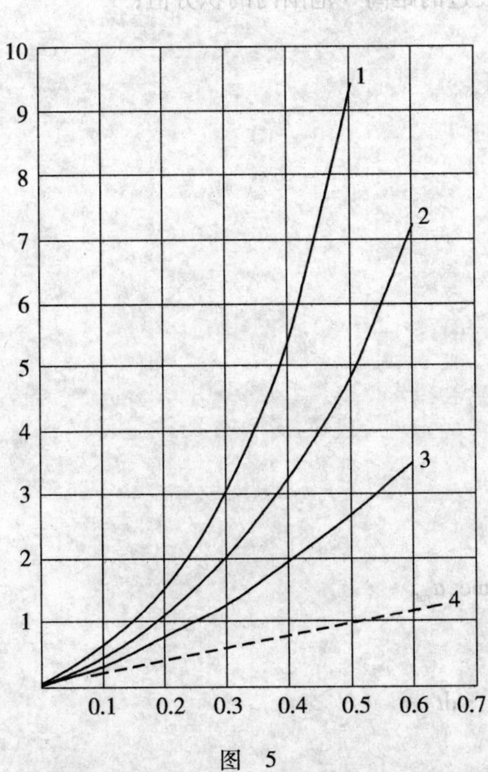

图 5

1-增力式制动器 servo brake；2-双领蹄式制动器 duplex brake；3-领从蹄式制动器 simplex brake；4-盘式制动器 disc brake

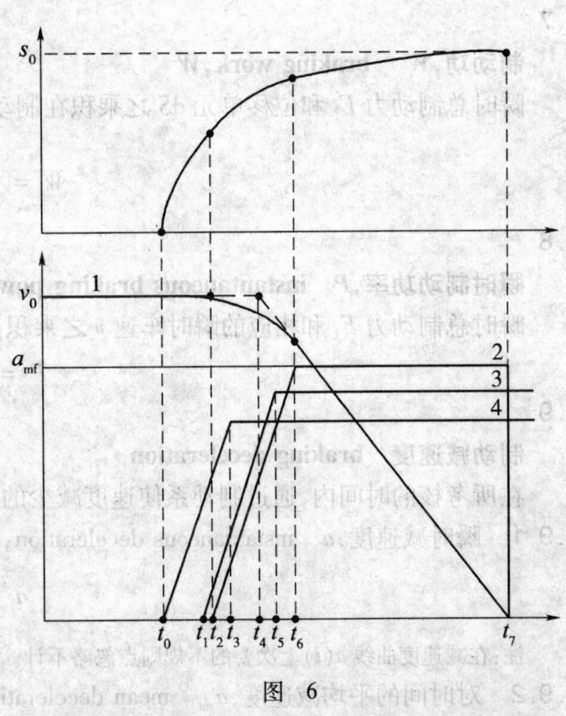

图 6

1-车辆速度 vehicle speed；2-减速度 deceleration；3-管路压力 line pressure；4-控制行程 control travel t_0-驾驶员开始促动制动装置即控制装置开始移动的瞬时；t_1-管路压力开始上升的瞬时；t_2-减速度开始产生的瞬时；t_3-控制装置达到制定位置的瞬时；t_4-汽车两速度直线相交的瞬时(如图示)；t_5-管路压力达到稳定值的瞬时；t_6-减速度达到稳定值的瞬时；t_7-汽车停止的瞬时

7.5.1 控制装置作用时间 control device application time

从 t_0 至 t_3 经过的时间。

7.5.2 开始响应时间 initial response time

从 t_0 至 t_1 经过的时间。

注:在 ECE R13 法规(关于汽车制动型式认证的统一规定)的 06 号修正案中,上述术语称作“调节响应时间(regulatory response time)”。

7.5.3 增长时间 buildup time

从 t_1 至 t_5 经过的时间。

7.5.4 有效制动时间 active braking time

从 t_2 至 t_7 经过的时间。

7.5.5 总制动时间 total braking time

从 t_0 至 t_7 经过的时间。

7.6

距离 distance

7.6.1 有效制动距离,S_1 braking distance,S_1

车辆在有效制动时间期间驶过的距离。

7.6.2 制动距离,S_0 stopping distance,S_0

车辆在总制动时间期间行驶的距离,即驾驶员开始促动控制装置的瞬时至车辆停下来的瞬时之间车辆驶过的距离。

7.7

制动功,W braking work,W

瞬时总制动力 F_f 和位移单元 dS 之乘积在制动期间所驶过的距离 S 范围内的积分值:

$$W = \int_0^s F_f \cdot dS$$

7.8

瞬时制动功率,P instantaneous braking power,P

瞬时总制动力 F_f 和相应的瞬时车速 v 之乘积:

$$P = F_f \cdot v$$

7.9

制动减速度 braking deceleration

在所考核的时间内,通过制动系使速度减少的量。

7.9.1 瞬时减速度,a instantaneous deceleration,a

$$a = \frac{dv}{dt}$$

注:在减速度曲线 $a(t)$ 上次要的不规则点忽略不计。

7.9.2 对时间的平均减速度,a_{mt} mean deceleration over time,a_{mt}

在 t_B 和 t_E 两个时间点之间的减速度。

$$a_{mt} = \frac{1}{t_B - t_E} \cdot \int_{t_B}^{t_E} a(t) \cdot dt$$

计算结果:

$$a_{mt} = \frac{v_E - v_B}{t_E - t_B}$$

v_B 和 v_E 分别为汽车在 t_B 和 t_E 时的速度。

注:上式可用来评价缓速器制动性能。

7.9.3 对距离的平均减速度,a_{ms} mean deceleration over distance,a_{ms}

在 S_B 和 S_E 两点之间的减速度。

$$a_{ms} = \frac{1}{S_E - S_B} \cdot \int_{S_B}^{S_E} a(s) \cdot ds$$

计算结果:

$$a_{ms} = \frac{v_E^2 - v_B^2}{2(S_E - S_B)}$$

v_B 和 v_E 分别为汽车在 S_B 和 S_E 点的速度。

7.9.4 对制动距离的平均减速度,a_{ms0} mean deceleration over stopping distance,a_{ms0}

对于"停车"这种特殊情况(即 $v_B = v_0$,v_0 为 t_0 时的速度;$v_E = 0$ km/h,$S_B = 0$ 和 $S_E = S_0$)。平均减速度用下式计算:

$$a_{ms0} = \frac{-v_0^2}{2S_0}$$

7.9.5 充分发出的平均减速度,a_m mean fully developed deceleration,a_m

"充分发出的平均减速度"来源于ECE-R13制动性能的计算方法,减速度 a_m 是在某一特定条件下,根据7.9.3计算的一个平均减速度,由于法规上只允许 a_m 是正值,所以调换了分母中速度 v_E 和 v_B 的前后顺序。

$$a_m = \frac{v_B^2 - v_E^2}{2(S_E - S_B)}$$

限定条件:

$v_B = 0.8v_0$

$v_B = 0.1v_0$

注:为了建立制动距离和充分发出的平均减速度的联系,所测平均减速度必须按相对距离的函数关系进行测量。

充分发出的平均减速度的估算方法见附录B(提示的附录)。

7.10

制动强度,Z rate of braking;braking rate,Z

a) 车辆轴上总制动力 F_f 与其轴上同静态总质量相关的力 G_s 之比。

$$Z = \frac{F_f}{G_s}$$

b) 车辆减速度 a 与重力加速度 g 之比,半挂车除外。

$$Z = \frac{a}{g}$$

8 防抱装置(防抱制动系,ABS) Antilock device(Antilock Braking System,ABS)

8.1

防抱装置 antilock device

制动过程中,能自动控制车辆的一个或多个车轮在其旋转方向上的滑移程度的装置。

8.2

防抱系统部件 components of antilock system

8.2.1 传感器 sensor

用于感受车辆的运动状态或车轮的旋转状态,并把这些信息传递给控制器的部件。

8.2.2 控制器 controller

用于处理传感器供给的信息,并发出指令给调节器的部件。

8.2.3 调节器 modulator

用于按收到的控制器指令调节产生制动力的制动压力的部件。

8.3

车轮控制型式 types of wheel control

8.3.1 单轮控制 individual wheel control

对每个车轮上产生制动力的制动压力进行各自独立调节的控制。

8.3.2 多轮控制 multi-wheel control

对一组车轮上产生制动力的制动压力是用同一指令进行调节的控制。

8.3.2.1 轴控制 axle control

用同一指令来控制同一轴上车轮的多轮控制。

8.3.2.2 边控制 side control

用同一指令来控制车辆同一边车轮的多轮控制。

8.3.2.3 对角控制 diagonal control

用同一指令来控制车辆对角车轮的多轮控制。

8.3.2.4 组合式多轴控制 combined multi-axle control

用同一指令来控制多轴组合的所有车轮的多轮控制。

8.3.3 系统控制用传感器的选择

8.3.3.1 可变选择 variable selection

8.3.3.1.1 低选 select-low

在多轮控制中,以首先趋向抱死的车轮信号来控制该组车轮的防抱系统。

8.3.3.1.2 高选 select-high

在多轮控制中,以最后趋向抱死的车轮信号来控制该组车轮的防抱系统。

8.3.3.2 预选 predetermined selection

8.3.3.2.1 轮选 selection by wheel

在多轮控制中,以预先选定的一个车轮的信号来控制该组车轮的防抱系统。

8.3.3.2.2 均选 average selection

在多轮控制中,以数个车轮的瞬时速度平均值作为信号来控制该组车轮的防抱系统。

8.4 **有关控制作用的术语**

8.4.1 最低控制速度 minimum control speed

当车速低于此速度时,防抱系统将不再控制由驾驶员向制动器传递的控制力。

8.4.2 传感器信号 sensor signal

由传感器供给的信息。

8.4.3 脉冲式车轮速度传感器的分辨率 resolution of impulse wheel speed sensor

车轮旋转一圈,车轮速度传感器所发出的脉冲数。

8.4.4 控制周期 control cycle

从车轮一次临近抱死至下一次临近抱死,为防抱系统的一个完整的工作周期。

8.4.5 控制频率 control frequency

在同一性质的路面上,每秒钟所产生的控制周期数。

9 制动器部件和制动衬片的试验 Brake components and tests of brake linings

9.1

制动衬片(块)总成 brake lining assembly

鼓式或盘式制动器的部件,分别压靠在制动鼓或制动盘而产生摩擦力的部件。

9.1.1 制动蹄总成 lined shoe assembly

鼓式制动器的制动衬片总成。

9.1.1.1 领蹄总成 leaking shoe assembly

通过转动的制动鼓与制动衬片之间产生的摩擦力使作用力效果增加的制动蹄总成。

9.1.1.2 从蹄总成 trailing shoe assembly

通过转动的制动鼓与制动衬片之间产生的摩擦力使作用力效果减少的制动蹄总成。

9.1.2 衬块总成 pad assembly

盘式制动器的制动衬片总成。

9.2

固定(承载)件 attachment(carier)

制动衬片(块)总成的部件,用于安装制动衬片或制动衬块。

9.2.1 蹄铁 shoe

制动蹄片总成的部件,用于安装制动衬片。

9.2.2 背板 backplate

制动衬块总成的部件,用于安装制动衬块。

9.3

制动衬片 brake lining

制动衬片总成的摩擦材料部件。

9.4

衬片轮廓 lining profile

沿衬片(块)摩擦表面周边的连线。

9.5

制动衬片的表面状态 surface appearance of brake linings

9.5.1 打光 glazing

类似镜面的一种制动衬片(块)表面现象。

注:打光意味着摩擦系数减小,通常是由于使用轻负荷制动造成的。

9.5.2 分离 detachment

衬片材料从它的安装部件上分离开的现象。

9.5.3 龟裂 crack

衬片表面深而窄的裂纹,但尚不足以使衬片材料破裂成两块或多块。

9.5.4 表面龟裂 surface crack

衬片表面上的浅小裂纹,以同一块衬片(块)上的裂纹数量来表示。

9.5.5 剥落 flaking

衬片材料细小碎片的脱落。

9.5.6 刮痕 scoring

衬片表面上的沟槽,一般平行于摩擦方向。

9.6

制动衬片试验 tests of brake linings

9.6.1 衬片(块)磨合 lining bedding;lining burnishing(US)

以一定的程序,使制动衬片(块)表面与制动鼓或制动盘之间几何形状的配合和理化性能达到某一规定的要求。

9.6.2 冷态试验 cold lining test

为了评价制动衬片(块)在制动初始温度(低于某一预定值)时的制动效能,按给定程序进行的试验。

9.6.3 热态试验 hot lining test

为了评价制动衬片(块)在某一制动初始温度(高于预设值但低于一给定的最大值)时的制动效能,按给定程序进行的试验。

9.6.4 衰退试验 fade test(of lining effectiveness)

为了加热制动衬片(块)按照由一次或多次制动组成的给定程序所进行的试验。

注:衬片衰退不同于由于制动鼓膨胀等因素引起的性能损失。

9.6.5 恢复试验 recovery test(of lining effectiveness)

为了评价制动衬片通过衰退试验的温度影响后的恢复能力,按包括一系列制动作用的给定程序进行的试验。

9.6.6 衰退和恢复后的衬片效能试验 lining effectiveness test after fade and recovery

为了评价制动衬片在热衰退和恢复试验后的冷态制动效能,按给定程序进行的试验。

9.6.7 衬片(块)磨损试验 lining wear test

为了评价制动衬片的耐磨性,按给定程序进行的试验。

10 车辆制动现象 Vehicle braking behaviour

10.1

不稳定制动 uneven braking

在持续制动过程中,车辆向左或右偏离直线行驶路线的现象;或在一次制动过程中车辆所显示出的行驶方向不定的现象。

10.2

跑偏 pulling(right or left)

制动过程中,车辆或左或右偏离直线行驶路线的现象。

10.3

振动和噪声 vibration and noise

10.3.1 振抖 judder

由制动过程引起的驾驶员能够感受到的车辆低频振动,但未必伴有噪声。

10.3.2 发啃 grabbing

突发的、未必能听到的、不规则制动力矩现象。

10.3.3 尖叫声 squeal

接近纯正的高音,但实际声频恒定。

10.3.4 鸟叫声 chirp

中频到高频的噪声,频率是变化的。

10.3.5 喊喳声 twitter

中高频噪声,与鸟叫声相似,但断断续续的,且其频率比鸟叫声高。

10.3.6 刺耳的摩擦声 grating

非纯正的高频噪声。

注:这是铁轨与车辆典型的制动噪声。

10.3.7 隆隆声 growl;groan(US)

相等于低频噪声来说是不纯正的而短促的。

附 录 A
(标准的附录)
制动器放大因数实例

A.1 符号(见表 A.1)

表 A.1

符 号	说 明
F_S	在蹄端上的作用力
F_{SL}	在领蹄蹄端上的作用力
F_{ST}	在从蹄蹄端上的作用力
F_{SD}	在盘式制动器制动衬块上的作用力
F_W	在楔型制动器楔块上的作用力
F_{TL}	领蹄的圆周力
F_{TT}	从蹄的圆周力
F_{TP}	初级蹄的圆周力
F_{TS}	次级蹄的圆周力
F_{TD}	制动衬块有效半径的切向力
T_{OUT}	制动器的输出力矩
T_{IN}	制动器凸轮轴输入力矩
R	制动盘有效半径

A.2 制动器放大因数实例(见表 A.2)

表 A.2

制动器型式	图 例	制动器内部因数 C^* (7.4.7.2)	平均制动蹄因数 MSF (7.4.7.4)	制动器外部因数 C (7.4.7.1)
领从蹄式 simplex	F_{TL}, F_S, F_S, F_{TT}	$C^*=\frac{F_{TL}+F_{TT}}{F_S}$ 典型值 2.2	$MSF=\frac{F_{TL}+F_{TT}}{2F_S}$ 典型值 1.1	—

表 A.2(续)

制动器型式	图 例	制动器内部因数 C^* (7.4.7.2)	平均制动蹄因数 MSF (7.4.7.4)	制动器外部因数 C (7.4.7.1)
双领蹄式和双向双领蹄式 duplex and duo duplex	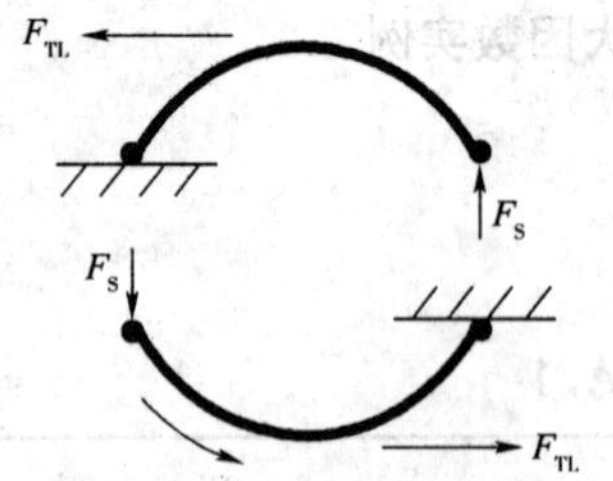	$C^*=\frac{2F_{TL}}{F_S}$ 典型值 3.4	$MSF=\frac{F_{TL}}{F_S}$ 典型值 1.7	—
盘式 disc	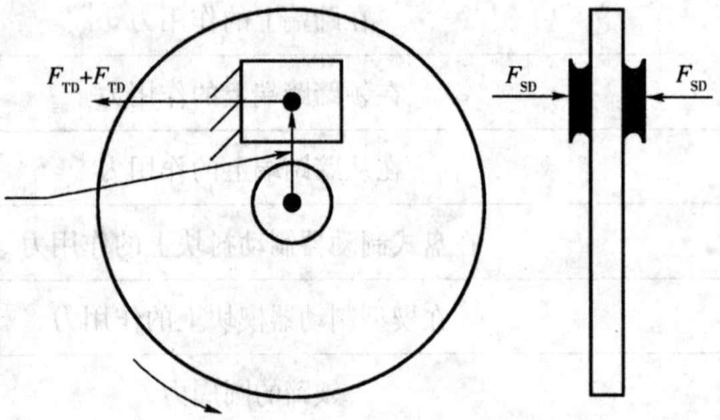	$C^*=2\mu=\frac{F_{TD}}{F_{SD}}$ 典型值 0.8	—	—
单向/双向自动增力式 uni/duo servo	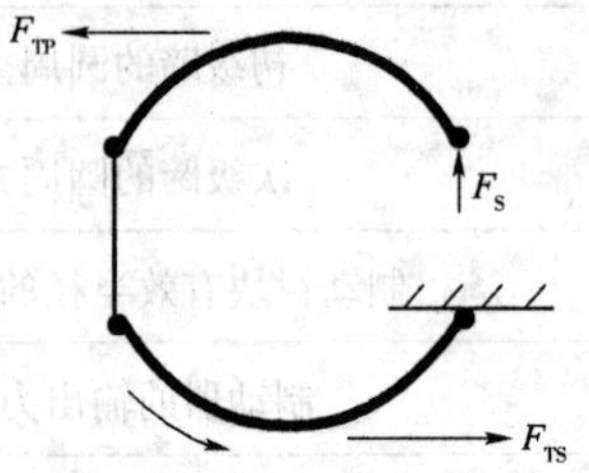	$C^*=\frac{F_{TP}+F_{TS}}{F_S}$ 典型值 5.5	—	—
"S"凸轮式 "S" cam	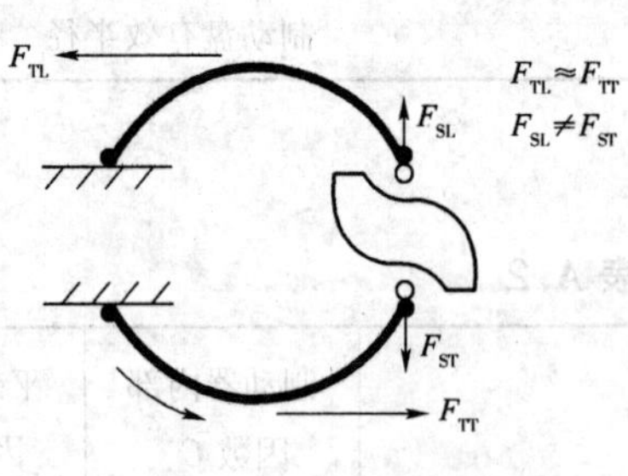	$C^*=\frac{2(F_{TL}+F_{TT})}{F_{SL}+F_{ST}}$ 典型值 2	—	$C=\frac{T_{OUT}}{T_{IN}}$ 典型值 10
领从蹄式楔型制动器 simplex wedge	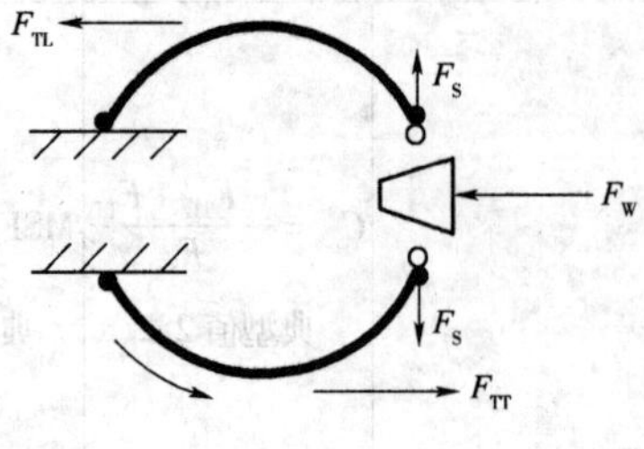	$C^*=\frac{F_{TL}+F_{TT}}{F_S}$ 典型值 2.2	$MSF=\frac{F_{TL}+F_{TT}}{2F_S}$ 典型值 1.1	$C=\frac{F_{TL}+F_{TT}}{F_W}$ 典型值 14

表 A.2(续)

制动器型式	图 例	制动器内部因数 C^* (7.4.7.2)	平均制动蹄因数 MSF (7.4.7.4)	制动器外部因数 C (7.4.7.1)
双向双领蹄式楔型制动器 duo du plex edge	F_{TL} F_S F_W F_W F_S F_{TL}	$C^*=\frac{2F_{TL}}{F_S}$ 典型值 3.4	$MSF=\frac{F_{TL}}{F_S}$ 典型值 1.7	$C=\frac{2F_{TL}}{F_W}$ 典型值 20

1)"simplex"称作领从蹄鼓式制动器(leading-trailing drum brakes)。
"duplex"称作双领蹄鼓式制动器(tow-leading drum brakes)。
"uni"为制动鼓单向旋转时。
"duo"为制动鼓双向旋转时。
2)在表中给出的典型值是指制动衬片的摩擦系数约为 0.4 时的值。

附　录　B
（提示的附录）
充分发出的平均减速度的估算

根据充分发出的平均减速度 a_m 的定义，下列公式适用于估算。

当按时间序列记录减速度时，充分发出的平均减速度 a_m 按下列公式进行估算：

$$a_m = \frac{\left(\int_{t_B}^{t_E} a(t)\,dt\right)^2}{2\left[(t_B - t_E)\int_{t_B}^{t_E} a(t)\,dt + \int_{t_B}^{t_E}\int_{t_B}^{t} a(\tau)\,d\tau dt\right]} \tag{B.1}$$

使用梯形公式把数学积分转换成对各单元求和，可获得在数字计算机上进行估算的一个近似解：

$$a_m = \frac{\frac{1}{2} \times \left(\sum_{i=B+1}^{E} \frac{a_{i-1} + a_i}{2}\Delta t\right)^2}{(t_B - t_E)\sum_{i=B+1}^{E} \frac{a_{i-1} + a_i}{2}\Delta t + \sum_{i=B+1}^{E}\sum_{j=B+1}^{i} \frac{a_{j-1} + a_j}{2}\Delta t^2 - \sum_{j=B+1}^{E} \frac{a_{i-1} + a_i}{4}\Delta t} \tag{B.2}$$

如果测量间隔 Δt 取得足够小，近似值与公式(1)的一致性就主要取决于数据的测量精度。

如果采用手工计算，则在估算范围 t_B 至 t_E 内把测量曲线 $a(t)$ 用一直线分成近似的曲线，由下列计算的充分发出的平均减速度实际上将为一个足够精确的近似值。

$$a_m = 0.75 \times \frac{(a_E + a_B)^2}{2a_E a_B} \tag{B.3}$$

式中：a_B——直线形近似曲线在 t_B 时的减速度；

a_E——直线形近似曲线在 t_E 时的减速度。

附 录 C
(提示的附录)
汉语拼音索引

附 录 D
(提示的附录)
英 文 索 引

A

B

G

H

I

J

L

M

中华人民共和国国家标准

GB 7258—2004

机动车运行安全技术条件

代替 GB 7258—1997

Safety specifications for power-driven vehicles operating on roads

2004-07-12 发布　　2004-10-01 实施

1 范围

本标准规定了机动车的整车及主要总成、安全防护装置等有关运行安全的基本技术要求及检验方法。本标准还规定了机动车的环保要求及消防车、救护车、工程救险车和警车的附加要求。

本标准适用于在我国道路上行驶的机动车。

2 规范性引用文件

下列文件中的条款通过本标准的引用而成为本标准的条款。凡是注日期的引用文件,其随后所有的修改单(不包括勘误的内容)或修订版均不适用于本标准,然而,鼓励根据本标准达成协议的各方研究是否可使用这些文件的最新版本。凡是不注日期的引用文件,其最新版本适用于本标准。

GB 1589—2004　道路车辆外廓尺寸、轴荷及质量限值

GB/T 3181　漆膜颜色标准

GB 4094　汽车操纵件、指示器及信号装置的标志

GB 4599　汽车前照灯配光性能

GB 4785　汽车及挂车外部照明和信号装置的安装规定

GB 5948　摩托车白炽丝光源前照灯配光性能

GB 8108　车用电子警报器

GB 8410　汽车内饰材料的燃烧特性

GB 9656　汽车安全玻璃

GB 10395.1　农林拖拉机和机械　安全技术要求　第1部分:总则(GB 10395.1—2001,eqv ISO 4254-1:1989)

GB 10396　农林拖拉机和机械、草坪和园艺动力机械　安全标志和危险图形　总则(GB 10396—1999,eqv ISO 11684:1995)

GB/T 11381—1989　客车顶部静载试验方法

GB 11567.1　汽车和挂车侧面防护要求

GB 11567.2　汽车和挂车后下部防护要求

GB/T 12428　客车装载质量计算方法

GB 13057　客车座椅及其车辆固定件的强度

GB 13392　道路运输危险货物车辆标志

GB/T 13594　机动车和挂车防抱制动性能和试验方法

GB 13954　特种车辆标志灯具

GB 15084　机动车辆后视镜的性能和安装要求

GB 15365　摩托车操纵件、指示器及信号装置的图形符号(GB 15365—1994,eqv ISO 6272:1981)

GB 16735　道路车辆　车辆识别代号(VIN)

GB 17352　摩托车和轻便摩托车后视镜及其安装要求

GB/T 17676　天然气汽车和液化石油气汽车　标志

GB 18100　两轮摩托车及轻便摩托车照明和光信号装置的安装规定

GB/T 18411　道路车辆产品标牌

GB 18565　营运车辆综合性能要求和检验方法

GB/T 18697—2002　声学　汽车车内噪声测量方法(eqv ISO 5128:1980)

GB/T 19056　汽车行驶记录仪

GB 19151　机动车用三角警告牌

GB 19152　轻便摩托车前照灯配光性能

GA 406　车身反光标识

QC/T 659—2000　汽车空调(HFC-134a)用标识

3　术语和定义

下列术语和定义适用于本标准。

3.1

机动车　power-driven vehicle

由动力装置驱动或牵引、在道路上行驶的、供乘用或(和)运送物品或进行专项作业的轮式车辆,包括汽车及汽车列车、摩托车及轻便摩托车、拖拉机运输机组、轮式专用机械车和挂车等,但不包括任何在轨道上运行的车辆。

3.2

汽车　motor vehicle

由动力驱动,具有四个或四个以上车轮的非轨道承载的车辆,主要用于:

——载运人员和/或货物;

——牵引载运货物的车辆或特殊用途的车辆;

——特殊用途。

本术语还包括:

a)　与电力线相联的车辆,如无轨电车;

b)　整车整备质量超过 400 kg 的三轮车辆。

3.2.1

乘用车　passenger car

在其设计和技术特性上主要用于载运乘客及其随身行李和/或临时物品的汽车,包括驾驶员座位在内最多不超过 9 个座位。它也可以牵引一辆挂车。

[GB/T 3730.1—2001 的 2.1.1]

3.2.2

客车　bus

在其设计和技术特性上主要用于载运乘客及其随身行李的商用车辆,包括驾驶员座位在内座位数超过 9 个。客车有单层的或双层的。

3.2.2.1

卧铺客车　sleeper coach

专门设计和制造供全体乘客卧睡的长途客车。

3.2.2.2

公共汽车　public city-bus

专门设计和制造供公众就坐或站立,有固定的线路和车站的城市客车。

3.2.3

半挂牵引车　semi-trailer towing vehicle

装备有特殊装置用于牵引半挂车的商用车辆。

[GB/T 3730.1—2001 的 2.1.2.2]

3.2.4

货车　goods vehicle

一种主要为载运货物而设计和装备的商用车辆,它能否牵引一辆挂车均可。

[GB/T 3730.1—2001 的 2.1.2.3]

3.2.4.1

三轮汽车(原"三轮农用运输车")　tri-wheel vehicle

最高设计车速小于等于 50 km/h 的,具有三个车轮的货车。

3.2.4.2

低速货车(原"四轮农用运输车")　low-speed goods vehicle

最高设计车速小于 70 km/h 的,具有四个车轮的货车。

3.2.5

专用作业车　special motor vehicle

在其设计和技术特性上用于特殊工作的车辆。例如:道路清洁车辆、垃圾车、汽车起重机等。

3.2.6

气体燃料汽车　gaseous fuel vehicle

装备以液化石油气、天然气或煤气等气体为燃料的发动机的汽车。

3.2.7

两用燃料汽车　bi-fuel vehicle

具有两套相互独立的燃料供给系统,一套供给天然气或液化石油气,另一套供给天然气或液化石油气之外的燃料,两套燃料供给系统可分别但不可共同向汽缸供给燃料的汽车,如汽油/压缩天然气两用燃料汽车、汽油/液化石油气两用燃料汽车等。

3.2.8

双燃料汽车　dual-fuel vehicle

具有两套燃料供给系统,一套供给天然气或液化石油气,另一套供给天然气或液化石油气之外的燃料,两套燃料供给系统按预定的配比向汽缸供给燃料,在缸内混合燃烧的汽车,如柴油—压缩天然气双燃料汽车,柴油—液化石油气双燃料汽车等。

3.2.9

电动汽车　electric vehicle

纯电动汽车、混合动力(电动)汽车和燃料电池电动汽车的总称。

3.3

挂车　trailer

就其设计和技术特性需由汽车或拖拉机牵引,才能正常使用的一种无动力的道路车辆,包括中置轴挂车、牵引杆挂车和半挂车,用于:

——载运货物;

——特殊用途。

3.3.1

中置轴挂车　centre axle trailer

牵引装置不能垂直移动(相对于挂车),车轴位于紧靠挂车的重心(当均匀载荷时)的挂车。这种挂车只有较小的垂直载荷(不超过相当于挂车最大设计总质量的 10% 或 10 000 N,两者取较小者)作用于牵引车,其中一轴或多轴可由牵引车来驱动。

3.3.2

牵引杆挂车　draw-bar-trailer

至少有两根轴的挂车,包括牵引杆货车挂车、通用牵引杆挂车和专用牵引杆挂车,具有:

——一轴可转向;

——通过角向移动的牵引杆与牵引车联结;

——牵引杆可垂直移动,联结到底盘上,因此不能承受任何垂直力。

3.3.3

半挂车　semi-trailer

车轴位于车辆重心(当车辆均匀受载时)后面,并且装有可将垂直力和/或水平力传递到牵引车的联结装置的挂车,包括货车半挂车、专用半挂车和旅居半挂车。

3.4

汽车列车　combination vehicles

由一辆汽车(三轮汽车和低速货车除外)牵引一辆挂车组成的机动车,包括乘用车列车、货车列车和铰接列车。

3.4.1

乘用车列车　passenger/car trailer combination

乘用车和中置轴挂车的组合。

3.4.2

货车列车　goods road train

货车和牵引杆挂车或中置轴挂车的组合。

3.4.2.1

牵引杆挂车列车　draw-bar tractor combination

全挂拖斗车

货车和牵引杆挂车的组合。

3.4.2.2

中置轴挂车列车　centre axle trailer combination

货车和中置轴挂车的组合。

3.4.3

铰接列车　articulated vehicle

半挂牵引车和具有角向移动联结的半挂车的组合。

3.5

摩托车　motorcycle

无论采用何种驱动方式,其最高设计车速大于 50 km/h,或若使用内燃机,其排量大于 50 mL 的两轮或三轮车辆,包括两轮摩托车、边三轮摩托车和正三轮摩托车(边三轮摩托车和正三轮摩托车可合称为三轮摩托车)。

3.6

轻便摩托车　moped

无论采用何种驱动方式,其最高设计车速不大于 50 km/h,且若使用内燃机,其排量不大于 50 mL

的两轮或三轮车辆,包括两轮轻便摩托车和三轮轻便摩托车,但不包括最高设计车速不大于 20 km/h 的电驱动的两轮车辆。

3.7

拖拉机运输机组　tractor towing trailer for transportation

由拖拉机牵引一辆挂车组成的用于载运货物的机动车,包括轮式拖拉机运输机组和手扶拖拉机运输机组。

注1:本标准所指的拖拉机是指最高设计车速不大于 20 km/h、牵引挂车方可从事道路货物运输作业的手扶拖拉机和最高设计车速不大于 40 km/h、牵引挂车方可从事道路货物运输作业的轮式拖拉机。

注2:手扶拖拉机运输机组还包含手扶变型运输机,即发动机 12 h 标定功率不大于 14.7 kW,采用手扶拖拉机底盘,将扶手把改成方向盘,与挂车连在一起组成的折腰转向式运输机组。

3.8

轮式专用机械车　roller mobile machinery shop for special purpose

有特殊结构和专门功能,装有橡胶车轮可以自行行驶,最高设计车速大于 20 km/h 的轮式工程机械,如装载机、平地机、挖掘机、铲车、推土机等,但不包括叉车。

4 整车

4.1 整车标志

4.1.1 机动车在车身前部外表面的易见部位上应至少装置一个能永久保持的商标或厂标。

4.1.2 机动车应至少装置一个能永久保持的产品标牌,该标牌的固定、位置及型式应符合 GB/T 18411 的规定,组成拖拉机运输机组的拖拉机的标牌的固定、位置及型式应符合相关标准的规定;若使用符合 QC/T 659—2000 附录 A 规定的特殊情况下的标识和标签系统(柔性标牌),则其项目内容应采用蚀刻方式,使用的粘接剂应为压力敏感型。产品标牌的具体位置应在产品使用说明书中指明。改装车不应拆改原底盘的产品标牌。

机动车均应在产品标牌上标明品牌、整车型号、制造年月、生产厂名及制造国,各类机动车产品标牌应标明的其他项目见表1。产品标牌上标明的内容应规范、清晰耐久且易于识别,项目名称均应有中文名称。

表1　各类机动车产品标牌应补充标明的项目

机动车类型		应补充标明的项目
汽车[a]	乘用车[b]、客车[c]	车辆识别代号、发动机型号、发动机排量、发动机最大净功率或额定功率、最大设计总质量(以下简称为“总质量”)、乘坐人数(乘员数)
	货车[d]	车辆识别代号、发动机型号、发动机最大净功率或额定功率、总质量、整车整备质量(以下简称为“整备质量”)、最大设计牵引质量
	半挂牵引车	车辆识别代号、发动机型号、发动机最大净功率或额定功率、整备质量、牵引座最大设计静载荷、最大设计牵引质量
摩托车及轻便摩托车[e]		车辆识别代号、发动机型号、发动机排量或最大净功率、整备质量
组成拖拉机运输机组的拖拉机		出厂编号、发动机型号、发动机标定功率、使用质量、最大设计牵引质量
轮式专用机械车		车架号、发动机型号、发动机标定功率、整备质量、最高设计车速
挂车		车辆识别代号[f]、总质量、整备质量

注:a. 电动汽车还应标明电动动力系统净功率和直流或交流标称电压。

b. 乘用车具备牵引功能时还应标明最大设计牵引质量。

c. 客车可不标发动机排量。

d. 货车没有牵引功能时可不标最大设计牵引质量。

e. 正三轮摩托车还应标明装载质量或乘坐人数,两轮摩托车及轻便摩托车可不标车辆识别代号。

f. 牵引杆挂车和中置轴挂车在未采用统一的车辆识别代号之前应标明车架号。

4.1.3 汽车、摩托车及轻便摩托车、半挂车必须具有车辆识别代号，其内容和构成应符合 GB 16735 的规定；应至少有一个车辆识别代号打刻在车架（无车架的机动车为车身主要承载且不能拆卸的部件）上，打刻位置应尽量位于前部右侧，如受结构限制也可打刻在其他部位。打刻的车辆识别代号应易见且易于拓印，其字母和数字的字高不应小于 7.0 mm，深度不应小于 0.3 mm；对于摩托车及轻便摩托车，打刻的车辆识别代号的字母和数字的字高不应小于 5.0 mm，深度不应小于 0.2 mm。

其他机动车应在相应位置打刻易见且易于拓印的整车型号和出厂编号，型号在前，出厂编号在后，在出厂编号的两端应打刻起止标记；打刻的整车型号和出厂编号字高为 10.0 mm，深度不应小于 0.3 mm。

车辆识别代号（或整车型号和出厂编号）打刻的具体位置应在产品使用说明书中指明，一经打刻不允许更改、变动。同一辆机动车的车架（无车架的机动车为车身主要承载且不能拆卸的部件）上，不允许既打刻车辆识别代号，又打刻整车型号和出厂编号；同一辆车上标识的所有车辆识别代号内容应相同。

4.1.4 发动机型号和出厂编号应打刻（或铸出）在汽缸体上且应能永久保持，在出厂编号的两端应打刻起止标记（没有打刻起止标记的空间时可不打刻）；若打刻（或铸出）的发动机型号和出厂编号不易见，则应在发动机易见部位增加能永久保持的发动机型号和出厂编号的标识；若采用符合 QC/T 659—2000 附录 A 规定的特殊情况下的标识和标签系统（柔性标签），则其项目内容应采用蚀刻方式，使用的粘接剂应为压力敏感型。摩托车及轻便摩托车应在发动机的易见部位铸出商标或厂标，发动机出厂编号应打刻在曲轴箱易见部位，在出厂编号的两端应打刻起止标记（没有打刻起止标记的空间时可不打刻）。发动机出厂编号的具体位置应在产品使用说明书中指明。

4.1.5 道路运输危险货物车辆的标志应符合 GB 13392 的规定。

4.2 外廓尺寸

汽车及汽车列车、挂车的外廓尺寸应符合 GB 1589—2004 的规定，摩托车及轻便摩托车、拖拉机运输机组的外廓尺寸限值见表 2。

表 2 摩托车及轻便摩托车、拖拉机运输机组外廓尺寸限值 单位：m

机动车类型		长	宽	高
摩托车及轻便摩托车	两轮摩托车	≤2.50	≤1.00	≤1.40
	边三轮摩托车	≤2.70	≤1.75	≤1.40
	正三轮摩托车	≤3.50	≤1.50	≤2.00
	两轮轻便摩托车	≤2.00	≤0.80	≤1.10
	三轮轻便摩托车	≤2.00	≤1.00	≤1.10
拖拉机运输机组	轮式拖拉机运输机组	≤10.00[a]	≤2.50	≤3.00[a]
	手扶拖拉机运输机组	≤5.00	≤1.70	≤2.20
注：a. 对标定功率大于 58kW 的运输机组长度限值为 12.00 m，高度限值为 3.50 m。				

4.3 后悬

客车及封闭式车厢（或罐体）的机动车后悬不允许超过轴距的 65%。对于专用作业车和轮式专用机械车，在保证安全的情况下，其后悬可按客车后悬要求核算，其他机动车后悬不允许超过轴距的 55%。机动车的后是均不应大于 3.5 m。

注：对于多轴机动车，其轴距按第一轴至最后轴的距离计算（对铰接客车按第一轴至第二轴的距离计算），后悬从最后一轴的中心线往后计算。对于客车，后悬以车身外蒙皮尺寸计算，如后保险杠突出于后背外蒙皮，则以后保险杠尺寸计算，不计后尾梯。

4.4 轴荷和质量参数

4.4.1 汽车及汽车列车、挂车的轴荷和质量参数应符合 GB 1589—2004 的规定。

4.4.2　机动车在空载和满载状态下,整备质量和总质量应在各轴之间合理分配,轴荷应在左右车轮之间均衡分配。

4.4.3　边三轮摩托车处于空载及满载状态时,边车车轮轮荷应分别为整备质量及总质量的35%以下。

4.5　**核载**

4.5.1　质量参数核定:

4.5.1.1　机动车最大允许总质量依据发动机功率、最大设计轴荷、轮胎的承载能力及正式批准的技术文件进行核算后,从中取最小值核定。

4.5.1.2　机动车在空载和满载状态下,转向轴轴荷(或转向轮轮荷)与该车整备质量和最大允许总质量的比值不允许小于:

——乘用车:30%;

——三轮汽车、正三轮摩托车:18%;

——其他机动车:20%。

注:对于铰接列车,应在空载和满载状态下对牵引车部分进行核算;对于铰接客车,应在空载和满载状态下对前车进行核算。

4.5.1.3　汽车或汽车列车驱动轴的轴荷不允许小于汽车或汽车列车最大允许总质量的25%。

4.5.1.4　货车列车的挂车的最大允许装载质量不允许大于货车的最大允许装载质量。

4.5.1.5　轮式拖拉机运输机组的挂拖质量比(挂车最大允许总质量与拖拉机使用质量之比)不允许大于3。

4.5.2　乘用车乘坐人数核定:

4.5.2.1　前排座位按乘客舱内部宽度(系指驾驶员两侧门窗下缘,并在车门后支柱内侧量取)不小于1 200 mm时核定2人,不小于1 650 mm时核定3人。

4.5.2.2　除前排座位外的其他排座位,按座垫中间位置测量的乘客舱内部宽度,在能保证与前一排座位的间距不小于650 mm且座垫深度不小于400 mm时,每400 mm核定1人。

4.5.3　客车乘员数核定:

4.5.3.1　按乘员质量核定:按GB/T 12428确定。

4.5.3.2　按座垫宽和供站立乘客用的地板面积核定:座垫宽按每1人不小于400 mm核定;按站立乘客用的地板面积计算:城市公共汽车及无轨电车按每1人不小于0.125 m^2核定,其他城市客车按每1人不小于0.15 m^2核定,长途客车和旅游客车及车长不大于6 m的客车不允许核定站立人数。设立席的客车供乘客用的地板面积按GB/T 12428确定。

注:城市公共汽车是指仅在城市道路上运营使用的公共汽车。

4.5.3.3　按卧铺铺位核定:卧铺客车的每个铺位核定1人。

4.5.3.4　以4.5.3.1、4.5.3.2及4.5.3.3计算的乘员数取最小值核定乘员数。

4.5.4　有驾驶室机动车的驾驶室乘坐人数核定(摩托车及轻便摩托车除外):

4.5.4.1　驾驶室内只有一排座位或双排座位的前排座位,按驾驶室内部宽度(系指驾驶室门窗下缘,并在车门后支柱内侧量取)不小于1 200 mm时核定2人,不小于1 650 mm时核定3人。

4.5.4.2　驾驶室内双排座椅的后排座椅,按座垫中间位置测量的车身内部宽度,在能保证与前排座椅的间距不小于650 mm且座垫深度不小于400 mm时,每400 mm核定1人。

4.5.4.3　对带卧铺的货车,其卧铺铺位均不核定乘坐人数。

4.5.4.4　对有驾驶室的拖拉机运输机组和三轮汽车,除驾驶员外可再核定乘坐一名副驾驶员,但其座垫宽不应小于400 mm,座椅深不应小于400 mm,且座椅不应增加拖拉机运输机组或三轮汽车的外廓尺寸;不具备上述条件时,只允许乘坐驾驶员1人。

4.5.4.5　货车驾驶室乘坐人数不允许超过6人。

4.5.5　摩托车及轻便摩托车乘坐人数核定:

4.5.5.1 两轮摩托车除驾驶员外，有固定座位的可再乘坐1人。

4.5.5.2 边三轮摩托车除驾驶员外，主车和边车有固定座位的各乘坐1人。

4.5.5.3 正三轮摩托车驾驶室核定乘坐驾驶员1人；车厢在有纵向布置（与机动车前进方向相同）的固定座椅（该固定座椅的座垫深度不应小于400 mm且其与驾驶员座椅的间距不应小于650 mm）时，按座垫宽度每400 mm核定1人，但最多为2人；不具备上述条件时，车厢不允许乘坐人员。

4.5.5.4 轻便摩托车核定乘坐驾驶员1人。

4.6 比功率

三轮汽车、低速货车及拖拉机运输机组的比功率不应小于4.0 kW/t，除无轨电车外的其他机动车的比功率不允许小于5.0 kW/t。

注：比功率为发动机量大净功率（或0.9倍的发动机额定功率或0.9倍的发动机标定功率）与机动车最大允许总质量之比。

4.7 侧倾稳定角及驻车稳定角

4.7.1 机动车在空载、静态状态下，向左侧和右侧倾斜最大侧倾稳定角不允许小于：

——三轮机动车（包括三轮汽车和三轮摩托车，下同）：25°；

——双层客车：28°；

——总质量为整备质量的1.2倍以下的机动车：30°；

——卧铺客车、总质量不小于整备质量的1.2倍的专用作业车和轮式专用机械车：32°；

——其他机动车（两轮摩托车及轻便摩托车除外）：35°。

4.7.2 两轮摩托车和轻便摩托车在用撑杆支撑时，向左、向右、向前的驻车稳定角分别不应小于9°、5°、6°；在用停车架支撑时，向左、向右、向前的驻车稳定角均不应小于8°。

4.8 图形和文字标志

4.8.1 汽车（三轮汽车和装用单缸柴油机的低速货车除外）、摩托车及轻便摩托车应分别按照GB 4094和GB 15365的规定设置操纵件、指示器及信号装置的图形标志。

4.8.2 三轮汽车和装用单缸柴油机的低速货车的变速杆、手柄和开关等操纵机构，除作用非常明确的外，应在操纵机构上或其附近用耐久性标志明确标明其功能、操作方向等。标志用操作符号应与背景有明显的色差。产品使用说明书中应给出所有操纵机构的浅显易懂且详细的操作说明。

4.8.3 机动车的警告性文字均应有中文标注。

4.8.4 气体燃料汽车、两用燃料汽车和双燃料汽车应按GB/T 17676的规定标注其使用的气体燃料类型。

4.8.5 专门用于运送易燃和易爆物品的道路运输危险货物车辆，应在车身两侧喷有明显的“禁止烟火”字样或标记。

4.8.6 三轮汽车、低速货车和拖拉机运输机组应对需要提醒人们注意的安全事项设置相应的安全警示标志。安全警示标志应符合GB 10396的规定。

4.9 外观

4.9.1 机动车外观应整洁，各零部件应完好，联结紧固，无缺损。

4.9.2 车体应周正，车体外缘左右对称部位高度差不允许大于40 mm。

4.9.3 两轮摩托车和轻便摩托车的方向把和导流板等左右对称的零部件离地面高度差不应大于10 mm；正三轮摩托车的驾驶室和车厢等左右对称的零部件离地面高度差不应大于20 mm。

4.10 漏水检查

在发动机运转及停车时，水箱、水泵、缸体、缸盖、暖风装置及所有连接部位均不应有明显渗漏现象。

4.11 漏油检查

机动车连续行驶距离不小于10 km，停车5 min后观察，不应有明显渗漏现象。

4.12　车速表指示误差(最高设计车速不大于40 km/h 的机动车除外)

车速表指示车速 V_1(单位:km/h)与实际车速 V_2(单位:km/h)之间应符合下列关系式:

$$0 \leqslant V_1 - V_2 \leqslant (V_2/10) + 4$$

车速表指示误差的检查方法见附录A。

4.13　行驶轨迹

汽车列车和轮式拖拉机运输机组在平坦、干燥的路面上直线行驶时,挂车后轴中心相对于牵引车前轴中心的最大摆动幅度,对铰接列车、乘用车列车和中置轴挂车列车不应大于110 mm,对其他列车不应大于220 mm。其他机动车直线行驶时,其前后轴中心的连线与行驶轨迹的中心线应一致。

4.14　其他要求

专用作业车和轮式专用机械车的特殊结构和专用装置不允许影响机动车的安全运行。

5　发动机

5.1　发动机应动力性能良好,运转平稳,怠速稳定,无异响,机油压力正常。发动机功率不允许小于标牌(或产品使用说明书)标明的发动机功率的75%。

5.2　发动机应有良好的起动性能。汽车(三轮汽车和装用单缸柴油机的低速货车除外)发动机应能由驾驶员在座位上起动。

5.3　柴油机停机装置必须灵活有效。

5.4　发动机点火、燃料供给、润滑、冷却和排气等系统的机件应齐全,性能良好。

6　转向系

6.1　汽车(三轮汽车除外)的方向盘必须设置于左侧,其他机动车的方向盘不允许设置于右侧;专用作业车按需要可设置左右两个方向盘。

6.2　机动车的方向盘(或方向把)应转动灵活,操纵方便,无阻滞现象。机动车应设置转向限位装置。转向系统在任何操作位置上,不允许与其他部件有干涉现象。

6.3　机动车(两轮和三轮的机动车、手扶拖拉机运输机组除外)转向轮转向后应能自动回正,以使机动车具有稳定的直线行驶能力。

6.4　机动车方向盘的最大自由转动量不允许大于:

a)　最高设计车速不小于100 km/h 的机动车:20°;

b)　三轮汽车:45°;

c)　其他机动车:30°。

6.5　汽车(三轮汽车除外)应具有适度的不足转向特性。

6.6　三轮汽车、摩托车及轻便摩托车的转向轮向左或向右转角不允许大于:

a)　三轮汽车、三轮摩托车、三轮轻便摩托车:45°;

b)　两轮摩托车、两轮轻便摩托车:48°。

6.7　机动车在平坦、硬实、干燥和清洁的道路上行驶不应跑偏,其方向盘(或方向把)不应有摆振、路感不灵或其他异常现象。

6.8　机动车在平坦、硬实、干燥和清洁的水泥或沥青道路上行驶,以10 km/h 的速度在5 s之内沿螺旋线从直线行驶过渡到直径为24 m 的圆周行驶,施加于方向盘外缘的最大切向力不应大于245 N。

6.9　机动车转向轴最大设计轴荷大于4 000 kg 时,应采用转向助力装置。装有转向助力装置的机动车,行驶时其转向助力功能不允许出现时有时无的现象,当转向助力装置失效时,仍应具有用方向盘控制机动车的能力。装有电动转向助力装置的汽车,行驶时应保证转向助力装置的电能供应。

6.10　汽车和汽车列车(不计具有作业功能的专用装置的突出部分)、轮式拖拉机运输机组必须能在同一个车辆通道圆内通过,车辆通道圆的外圆直径 D_1 为25.00 m,车辆通道圆的内圆直径 D_2 为10.60 m。

汽车和汽车列车、轮式拖拉机运输机组由直线行驶过渡到上述圆周运动时，任何部分超出直线行驶时的车辆外侧面垂直面的值(外摆值)不应大于0.80 m(对铰接客车和铰接式无轨电车外摆值不允许大于1.20 m)，其试验方法见GB 1589—2004附录A。

6.11 汽车(三轮汽车除外)的车轮定位应符合该车有关技术条件，车轮定位值应在产品使用说明书中标明。对前轴采用非独立悬架的汽车，其转向轮的横向侧滑量，用侧滑台检验时侧滑量值应在±5 m/km之间。检验方法见附录B。

6.12 转向节及臂，转向横、直拉杆及球销不允许有裂纹和损伤，并且球销不应松旷。对机动车进行改装或修理时横、直拉杆不允许拼焊。

6.13 三轮汽车、摩托车及轻便摩托车的前减振器、上下联板和方向把不应有变形和裂损。

7 制动系

7.1 基本要求

机动车应设置足以使其减速、停车和驻车的制动系统或装置。

7.1.1 机动车应具有完好的行车制动系。

7.1.2 汽车(三轮汽车除外)应具有应急制动功能。

7.1.3 机动车(两轮、边三轮摩托车和轻便摩托车除外)应具有驻车制动装置。

7.1.4 行车制动的控制装置与驻车制动的控制装置应相互独立。

7.1.5 制动系应经久耐用，不允许因振动或冲击而损坏。

7.1.6 某些零件，如制动踏板及其支架、制动主缸及其活塞、制动总阀、制动主缸和踏板、制动气室、轮缸及其活塞和制动臂及凸轮轴总成之间的连接杆件应视为不易失效的零部件。这些零部件应易于维修保养。若这些零部件的失效会导致汽车无法达到应急制动规定的性能，则这些零部件都必须用金属材料或具有与金属材料性能相当的材料制造，并且在制动装置正常工作时不应产生明显的变形。

7.1.7 制动系统的各种杆件不允许与其他部件在相对位移中发生干涉、摩擦，以防杆件变形、损坏。

7.1.8 制动管路应为专用的耐腐蚀的高压管路。它们的安装必须保证其具有良好的连续功能、足够的长度和柔性，以适应与之相连接的零件所需要的正常运动，而不致造成损坏；它们必须有适当的安全防护，以避免擦伤、缠绕或其他机械损伤，同时应避免安装在可能与机动车排气管或任何高温源接触的地方。制动软管不允许与其他部件干涉且不应有老化、开裂、被压扁等现象。其他气动装置在出现故障时不允许影响制动系统的正常工作。

7.2 行车制动

行车制动必须保证驾驶员在行车过程中能控制机动车安全、有效地减速和停车。行车制动必须是可控制的，且必须保证驾驶员在其座位上双手无须离开方向盘(或方向把)就能实现制动。

7.2.1 汽车(三轮汽车除外)、摩托车及轻便摩托车、挂车(总质量不大于750 kg的挂车除外)的所有车轮应装备制动器。

7.2.2 行车制动应作用在机动车(三轮汽车、拖拉机运输机组及总质量不大于750 kg的挂车除外)的所有车轮上。

7.2.3 行车制动的制动力应在各轴之间合理分配。

7.2.4 机动车(两轮、边三轮摩托车和轻便摩托车除外)行车制动的制动力应在同一车轴左右轮之间相对机动车纵向中心平面合理分配。

7.2.5 制动器应有磨损补偿装置。制动器磨损后，制动间隙应易于通过手动或自动调节装置来补偿。制动控制装置及其部件以及制动器总成应具备一定的储备行程，当制动器发热或制动衬片的磨损达到一定程度时，在不必立即作调整的情况下，仍应保持有效的制动。

7.2.6 采用真空助力的行车制动系，当真空助力器失效后，制动系统仍应能保持规定的应急制动性能。

7.2.7 行车制动系制动踏板的自由行程应符合该车有关技术条件。

7.2.8 行车制动在产生最大制动效能时的踏板力，对于乘用车不应大于500 N；对于其他机动车不应大于700 N。摩托车及轻便摩托车（正三轮摩托车除外）行车制动系产生最大制动效能的踏板力不应大于400 N，手握力不应大于250 N。

7.2.9 液压行车制动在达到规定的制动效能时，踏板行程不应大于踏板全行程的四分之三；制动器装有自动调整间隙装置的机动车的踏板行程不应大于踏板全行程的五分之四，且乘用车不应大于120 mm，其他机动车不应大于150 mm。

7.2.10 液压行车制动系不允许因制动液对制动管路的腐蚀或由于发动机及其他热源的作用形成气阻而影响行车制动系的功能。

7.2.11 总质量大于12 000 kg的长途客车和旅游客车、总质量大于16 000 kg允许挂接总质量大于10 000 kg的挂车的货车及总质量大于10 000 kg的挂车必须安装符合GB/T 13594规定的防抱制动装置。

注：本条中半挂车的总质量是指半挂车在满载并且和牵引车相连的情况下，通过半挂车的所有车轴垂直作用于地面的静载荷，不包括转移到牵引车牵引座的静载荷。

7.2.12 汽车列车行车制动系的设计和制造应保证挂车最后轴制动动作滞后于牵引车前轴制动动作的时间不大于0.2 s。

7.3 应急制动

7.3.1 应急制动应保证在行车制动只有一处管路失效的情况下，在规定的距离内将汽车停住。

7.3.2 应急制动可以是行车制动系统具有应急特性或是与行车制动分开的系统。

7.3.3 应急制动应是可控制的，其布置应使驾驶员容易操作，驾驶员在座位上至少用一只手握住方向盘的情况下，就可以实现制动。它的控制装置可以与行车制动的控制装置结合，也可以与驻车制动的控制装置结合。

7.4 驻车制动

7.4.1 驻车制动应能使机动车即使在没有驾驶员的情况下，也能停在上、下坡道上。驾驶员必须在座位上就可以实现驻车制动。对于汽车列车和轮式拖拉机运输机组，若挂车与牵引车脱离，挂车（由轮式拖拉机牵引的装载质量3 000 kg以下的挂车除外）应能产生驻车制动。挂车的驻车制动装置应能够由站在地面上的人实施操纵。

7.4.2 驻车制动应通过纯机械装置把工作部件锁止，并且驾驶员施加于操纵装置上的力：手操纵时，乘用车不应大于400 N，其他机动车不应大于600 N；脚操纵时，乘用车不应大于500 N，其他机动车不应大于700 N。

7.4.3 驻车制动的控制装置的安装位置应适当，其操纵装置应有足够的储备行程（开关类操作装置除外），一般应在操纵装置全行程的三分之二以内产生规定的制动效能；驻车制动机构装有自动调节装置时允许在全行程的四分之三以内达到规定的制动效能。棘轮式制动操纵装置应保证在达到规定驻车制动效能时，操纵杆往复拉动的次数不允许超过三次。

7.4.4 采用弹簧储能制动装置做驻车制动时，应保证在失效状态下能快速解除驻车状态；如需使用专用工具，这种工具应作为随车工具。

7.5 采用液压制动的机动车，在保持踏板力为700 N（摩托车及轻便摩托车为400 N）达到1 min时，踏板不允许有缓慢向前移动的现象。

7.6 采用气压制动的机动车，在气压升至600 kPa且不使用制动的情况下，停止空气压缩机3 min后，其气压的降低值不应大于10 kPa。在气压为600 kPa的情况下，将制动踏板踩到底，待气压稳定后观察3 min，汽车气压降低值不应大于20 kPa，汽车列车、铰接客车及铰接式无轨电车、轮式拖拉机运输机组气压降低值不应大于30 kPa。

7.7 采用气压制动的机动车，发动机在75%的额定转速下，4 min（汽车列车为6 min，铰接客车和铰接式无轨电车为8 min）内气压表的指示气压应从零开始升至起步气压（未标起步气压者，按400 kPa计）。

7.8 气压制动系统应装有限压装置，以确保贮气筒内气压不超过允许的最高气压。

7.9　汽车(三轮汽车除外)的行车制动应采用双回路或多回路,当部分管路失效后,剩余制动效能仍应能保持原规定值的30%以上。

7.10　机动车在运行过程中不允许有自行制动现象。当挂车(由轮式拖拉机牵引的装载质量3 000 kg以下的挂车除外)与牵引车意外脱离后,挂车应能自行制动,牵引车的制动仍应有效。

7.11　贮气筒

7.11.1　压缩空气与真空保护:装备贮气筒或真空罐的机动车均应采用单向阀或相应的保护装置,以保证在筒(罐)与压缩空气源(真空源)连接失效或漏损的情况下,由筒(罐)提供的压缩空气(真空度)不致全部丧失。

7.11.2　贮气筒的容量应保证在调压阀调定的最高气压下,且在不继续充气的情况下,机动车在连续五次踩到底的全行程制动后,气压不低于起步气压(未标起步气压者,按400 kPa计)。

7.11.3　贮气筒应有排污阀。

7.12　制动报警装置

7.12.1　采用液压制动的机动车,其储液器的加注口必须易于接近,从结构设计上必须保证在不打开容器的条件下就能很容易地检查液面。若不能满足此条件,则必须安装制动液面过低报警装置。

7.12.2　采用液压制动的汽车(三轮汽车和装用单缸柴油机的低速货车除外),若液压传能装置任一部件失效,应通过红色报警信号灯通知驾驶员,该信号灯不应迟于促动控制装置发亮。只要失效继续存在且点火开关处在开(运行)的位置,该信号灯应保持发亮。但也允许采用当储液器内液面低于制造厂规定值时点亮的红色信号灯。报警信号灯即使在白天也应很醒目,驾驶员在其座位上应能很容易地检查报警信号灯工作是否正常,该装置的失效不应导致制动系统完全丧失制动效能。

7.12.3　采用气压制动的机动车,当制动系统的气压低于起步气压(未标起步气压时按400 kPa计)时,报警装置应能连续向驾驶员发出容易听到或看到的报警信号。

7.12.4　安装具有防抱制动装置的汽车,当防抱制动装置失效时,报警装置应能连续向驾驶员发出容易听到或看到的报警信号。

7.13　路试检验制动性能

机动车行车制动性能和应急制动性能检验应在平坦、硬实、清洁、干燥且轮胎与地面间的附着系数不小于0.7的水泥或沥青路面上进行。检验时发动机应脱开。

7.13.1　行车制动性能检验

7.13.1.1　用制动距离检验行车制动性能

机动车在规定的初速度下的制动距离和制动稳定性要求应符合表3的规定。对空载检验的制动距离有质疑时,可用表3规定的满载检验制动距离要求进行。

制动距离:是指机动车在规定的初速度下急踩制动时,从脚接触制动踏板(或手触动制动手柄)时起至机动车停住时止机动车驶过的距离。

制动稳定性要求:是指制动过程中机动车的任何部位(不计入车宽的部位除外)不允许超出规定宽度的试验通道的边缘线。

表3　制动距离和制动稳定性要求

机动车类型	制动初速度/(km/h)	满载检验制动距离要求/m	空载检验制动距离要求/m	试验通道宽度/m
三轮汽车	20	≤5.0		2.5
乘用车	50	≤20.0	≤19.0	2.5
总质量不大于3 500 kg的低速货车	30	≤9.0	≤8.0	2.5
其他总质量不大于3 500 kg的汽车	50	≤22.0	≤21.0	2.5

表3(续)

机动车类型	制动初速度/(km/h)	满载检验制动距离要求/m	空载检验制动距离要求/m	试验通道宽度/m
其他汽车、汽车列车	30	≤10.0	≤9.0	3.0
两轮摩托车	30	≤7.0		—
边三轮摩托车	30	≤8.0		2.3
正三轮摩托车	30	≤7.5		2.5
轻便摩托车	20	≤4.0		—
轮式拖拉机运输机组	20	≤6.5	≤6.0	3.0
手扶变型运输机	20	≤6.5		2.3

7.13.1.2　用充分发出的平均减速度检验行车制动性能

汽车、汽车列车在规定的初速度下急踩制动时充分发出的平均减速度及制动稳定性要求应符合表4的规定,且制动协调时间对液压制动的汽车不应大于0.35 s,对气压制动的汽车不应大于0.60 s,对汽车列车、铰接客车和铰接式无轨电车不应大于0.80 s。对空载检验的充分发出的平均减速度有质疑时,可用表4规定的满载检验充分发出的平均减速度进行。

充分发出的平均减速度 MFDD:

$$\mathrm{MFDD}=\frac{V_b^2-V_e^2}{25.92(S_e-S_b)}$$

式中:MFDD——充分发出的平均减速度,单位为米每平方秒(m/s^2);

V_b——$0.8V_0$,试验车速,单位为千米每小时(km/h);

V_0——试验车制动初速度,单位为千米每小时(km/h);

V_e——$0.1V_0$,试验车速,单位为千米每小时(km/h);

S_b——试验车速从 V_0 到 V_b 之间车辆行驶的距离,单位为米(m);

S_e——试验车速从 V_0 到 V_e 之间车辆行驶的距离,单位为米(m)。

制动协调时间:是指在急踩制动时,从脚接触制动踏板(或手触动制动手柄)时起至机动车减速度(或制动力)达到表4规定的机动车充分发出的平均减速度(或表6所规定的制动力)的75%时所需的时间。

表4　制动减速度和制动稳定性要求

机动车类型	制动初速度/(km/h)	满载检验充分发出的平均减速度/(m/s^2)	空载检验充分发出的平均减速度/(m/s^2)	试验通道宽度/m
三轮汽车	20	≥3.8		2.5
乘用车	50	≥5.9	≥6.2	2.5
总质量不大于3 500 kg的低速货车	30	≥5.2	≥5.6	2.5
其他总质量不大于3 500 kg的汽车	50	≥5.4	≥5.8	2.5
其他汽车、汽车列车	30	≥5.0	≥5.4	3.0

7.13.1.3　进行制动性能检验时的制动踏板力或制动气压应符合以下要求:

a)　满载检验时

气压制动系:气压表的指示气压　≤额定工作气压;

液压制动系:踏板力,乘用车　≤500 N;

其他机动车　≤700 N。

b)　空载检验时

气压制动系:气压表的指示气压　　≤600 kPa;

液压制动系:踏板力,乘用车　　≤400 N;

其他机动车　　≤450 N。

两轮、边三轮摩托车和轻便摩托车检验时,踏板力不应大于400 N,手握力不应大于250 N。

三轮汽车、正三轮摩托车和拖拉机运输机组检验时,踏板力不应大于600 N。

7.13.1.4　汽车、汽车列车在符合7.13.1.3规定的制动踏板力或制动气压下的路试行车制动性能若符合7.13.1.1或7.13.1.2,即为合格。

7.13.2　应急制动性能检验

汽车(三轮汽车除外)在空载和满载状态下,按表5所列初速度进行应急制动性能检验,应急制动性能应符合表5的要求。

表5　应急制动性能要求

机动车类型	制动初速度/(km/h)	制动距离/m	充分发出的平均减速度/(m/s^2)	允许操纵力不应大于/N	
				手操纵	脚操纵
乘用车	50	≤38.0	≥2.9	400	500
客车	30	≤18.0	≥2.5	600	700
其他汽车(三轮汽车除外)	30	≤20.0	≥2.2	600	700

7.13.3　驻车制动性能检验

在空载状态下,驻车制动装置应能保证机动车在坡度为20%(对总质量为整备质量的1.2倍以下的机动车为15%)、轮胎与路面间的附着系数不小于0.7的坡道上正、反两个方向保持固定不动,其时间不应少于5 min。对于允许挂接挂车的汽车,其驻车制动装置必须能使汽车列车在满载状态下时能停在坡度为12%的坡道(坡道上轮胎与路面间的附着系数不应小于0.7)上。

检验时操纵力按7.4.2规定。

注:在规定的测试状态下,机动车使用驻车制动装置能停在坡度值更大且附着力符合要求的试验坡道上时,应视为达到了驻车制动性能检验规定的要求。

7.14　台试检验制动性能

7.14.1　行车制动性能检验

7.14.1.1　汽车、汽车列车在制动检验台上测出的制动力应符合表6的要求。对空载检验制动力有质疑时,可用表6规定的满载检验制动力要求进行检验。

摩托车及轻便摩托车的前、后轴制动力应符合表6的要求,测试时只允许乘坐一名驾驶员。

表6　台试检验制动力要求

机动车类型	制动力总和与整车重量的百分比		轴制动力与轴荷[a]的百分比	
	空载	满载	前轴	后轴
三轮汽车	≥45		—	≥60[b]
乘用车、总质量不大于3 500 kg的货车	≥60	≥50	≥60[b]	≥20[b]
其他汽车、汽车列车	≥60	≥50	≥60[b]	—
摩托车	—	—	≥60	≥55
轻便摩托车	—	—	≥60	≥50

a　用平板制动检验台检验乘用车时应按动态轴荷计算。

b　空载和满载状态下测试均应满足此要求。

检验时制动踏板力或制动气压按7.13.1.3的规定。

7.14.1.2　制动力平衡要求(两轮、边三轮摩托车和轻便摩托车除外)

在制动力增长全过程中同时测得的左右轮制动力差的最大值,与全过程中测得的该轴左右轮最大制动力中大者之比,对前轴不应大于20%,以后轴(及其他轴)在轴制动力不小于该轴轴荷的60%时不应大于24%;当后轴(及其他轴)制动力小于该轴轴荷的60%时,在制动力增长全过程中同时测得的左右轮制动力差的最大值不应大于该轴轴荷的8%。

7.14.1.3　汽车的制动协调时间,对液压制动的汽车不应大于0.35 s;对气压制动的汽车不应大于0.60 s;汽车列车和铰接客车、铰接式无轨电车的制动协调时间不应大于0.80 s。

7.14.1.4　汽车车轮阻滞力要求:进行制动力检验时各车轮的阻滞力均不应大于车轮所在轴轴荷的5%。

7.14.2　驻车制动性能检验

当采用制动检验台检验汽车和正三轮摩托车驻车制动装置的制动力时,机动车空载,乘坐一名驾驶员,使用驻车制动装置,驻车制动力的总和不应小于该车在测试状态下整车重量的20%(对总质量为整备质量1.2倍以下的机动车为不小于15%)。

7.14.3　当机动车经台架检验后对其制动性能有质疑时,可用7.13规定的路试检验进行复检,并以满载路试的检验结果为准。

7.15　机动车制动性能检验方法见附录C。

7.16　汽车制动完全释放时间(从松开制动踏板到制动消除所需要的时间)不应大于0.80 s。

8　照明、信号装置和其他电气设备

8.1　基本要求

机动车的灯具应安装牢靠、完好有效,不允许因机动车振动而松脱、损坏、失去作用或改变光照方向;所有灯光的开关应安装牢固、开关自如,不允许因机动车振动而自行开关。开关的位置应便于驾驶员操纵。除转向信号灯、危险警告信号及消防车、救护车、工程救险车和警车安装使用的标志灯具外,其他外部灯具不允许闪烁。

8.2　照明和信号装置的数量、位置、光色和最小几何可见度

8.2.1　汽车(三轮汽车和装用单缸柴油机的低速货车除外)及挂车的外部照明和信号装置的数量、位置、光色、最小几何可见度应符合GB 4785的规定。

8.2.2　两轮摩托车和轻便摩托车的照明和信号装置及其安装应符合GB 18100的规定。

8.2.3　三轮机动车、装用单缸柴油机的低速货车及拖拉机运输机组应设置前照灯、前位灯、后位灯、制动灯、后牌照灯、后反射器和前、后转向信号灯,正三轮摩托车还应设置后雾灯。照明和信号装置的光色应符合GB 4785有关规定,其数量、位置、最小几何可见度等参照GB 4785执行。

8.2.4　其他机动车的外部照明和信号装置的数量、位置、光色、最小几何可见度等参照GB 4785执行。

8.2.5　机动车必须装置后反射器。挂车及车长大于6 m的机动车应安装侧反射器和侧标志灯。反射器应与机动车牢固连接,且应能保证夜间在其正后方150 m处用汽车前照灯照射时,在照射位置就能确认其反射光。

8.2.6　空载高大于3.00 m或宽度大于2.10 m的机动车均应安装示廓灯。

8.2.7　总质量不小于12 000 kg的货车和总质量大于3 500 kg的挂车应在后部设置车身反光标识,后部的车身反光标识应能体现机动车后部宽度。车长不小于10rn的货车和总质量大于3 500 kg的挂车都应在侧面设置车身反光标识,车身反光标识的长度不应小于车长的50%。

8.2.8　车身反光标识的粘贴技术规范及车身反光标识材料应符合GA 406的规定。

8.2.9　牵引杆挂车应在挂车前部的左右各装一只前白后红的标志灯,其高度应比牵引杆挂车的前栏板高出300 mm~400 mm,距车厢外侧应小于150 mm。

8.2.10　附加的灯具、反射器或附属装置不允许影响本标准规定安装的灯具和信号装置的性能且不应对其他的道路使用者造成不利影响。

8.3　照明和信号装置的一般要求

8.3.1　机动车(手扶拖拉机运输机组除外)的前位灯、后位灯、示廓灯(若安装)、侧标志灯(若安装)、挂车标志灯(若安装)、牌照灯和仪表灯应能同时启闭,当前照灯关闭和发动机熄火时仍应能点亮。汽车和挂车的电路连接应保证前位灯、后位灯、示廓灯(若安装)、侧标志灯(若安装)和牌照灯只能同时打开或关闭,但当前位灯、后位灯、侧标志灯作为驻车灯使用(复合或混合)时,则上述情况不适用。

8.3.2　机动车的前、后转向信号灯、危险警告信号及制动灯白天在距其 100 m 处应能观察到其工作状况,侧转向信号灯白天在距 30 m 处应能观察到其工作状况;前、后位置灯、示廓灯、挂车标志灯夜间好天气时在距其 300 m 处应能观察到其工作状况;后牌照灯夜间好天气时在距其 20 m 处应能看清牌照号码。制动灯的发光强度应明显大于后位灯。

8.3.3　对称设置、功能相同的灯具的光色和亮度不应有明显差异。

8.3.4　机动车照明和信号装置的任一条线路出现故障,不允许干扰其他线路的正常工作。

8.3.5　驾驶区的仪表板应采用不反光的面板或护板,车内照明装置及其在风窗玻璃、视镜、仪表盘等处的反射光线不应使驾驶员眩目。

8.3.6　仪表板上应设置仪表灯。仪表灯点亮时,应能照清仪表板上所有的仪表且不应眩目。

8.3.7　汽车(三轮汽车和装用单缸柴油机的低速货车除外)仪表板上应设置与行驶方向相适应的转向指示信号和蓝色远光指示信号。

8.3.8　汽车(三轮汽车除外)和轮式拖拉机运输机组均应具有危险警告信号装置,其操纵装置不应受灯光总开关的控制。对于牵引挂车的汽车,危险警告信号控制开关也应能打开挂车上的所有转向信号灯,即使在发动机不工作的情况下,仍应能发出危险警告信号。危险警告信号和转向信号灯的闪光频率应为 1.5 Hz ± 0.5 Hz,起动时间不应大于 1.5 s。

8.3.9　客车应设置车厢灯和门灯。车长大于 6 m 的客车应至少有两条车厢照明电路,仅用于进出口处的照明电路可作为其中之一。当一条电路失效时,另一条仍应能正常工作,以保证车内照明。车厢灯和门灯不应影响驾驶员的视线和其他机动车的正常行驶。

8.4　前照灯

8.4.1　在正常使用条件下,机动车前照灯光束照射位置应保持稳定。

8.4.2　装有前照灯的机动车应有远、近光变换装置,并且当远光变为近光时,所有远光应能同时熄灭。同一辆机动车上的前照灯不允许左、右的远、近光灯交叉开亮。

8.4.3　前照灯的远、近光灯上下并列设置时,近光灯应位于上侧,其他情况下近光灯应位于外侧。

8.4.4　所有前照灯的近光都不允许眩目。

8.4.5　汽车(三轮汽车除外)、摩托车及轻便摩托车装用的前照灯应分别符合 GB 4599、GB 5948 及 GB 19152 的规定。

8.4.6　远光光束发光强度

机动车每只前照灯的远光光束发光强度应达到表 7 的要求。测试时,其电源系统应处于充电状态。

8.4.7　光束照射位置要求

8.4.7.1　在检验前照灯近光光束照射位置时,前照灯照射在距离 10 m 的屏幕上时,乘用车前照灯近光光束明暗截止线转角或中点的高度应为 $0.7H \sim 0.9H$(H 为前照灯基准中心高度,下同),其他机动车(拖拉机运输机组除外)应为 $0.6H \sim 0.8H$。机动车(装用一只前照灯的机动车除外)前照灯近光光束水平方向位置向左偏不允许超过 170 mm,向右偏不允许超过 350 mm。

8.4.7.2　轮式拖拉机运输机组装用的前照灯近光光束的照射位置,按照上述方法检验时,要求在屏幕上光束中点的离地高度不允许大于 $0.7H$;水平位置要求,向右偏移不允许超过 350 mm,不允许向左偏移。

表 7 前照灯远光光束发光强度最小值要求 单位为坎德拉

机动车类型		检查项目					
		新注册车			在用车		
		一灯制	两灯制	四灯制[a]	一灯制	二灯制	四灯制[a]
三轮汽车		8 000	6 000	—	6 000	5 000	—
最高设计车速小于 70 km/h 的汽车		—	10 000	8 000		8 000	6 000
其他汽车		—	18 000	15 000	—	15 000	12 000
摩托车		10 000	8 000		8 000	6 000	
轻便摩托车		4 000	—	—	3 000	—	—
拖拉机运输机组	标定功率＞18kW	—	8 000	—	—	6 000	—
	标定功率≤18kW	6 000[b]	6 000	—	5 000[b]	5 000	—

a 四灯制是指前照灯具有四个远光光束；采用四灯制的机动车其中两只对称的灯达到两灯制的要求时视为合格。

b 允许手扶拖拉机运输机组只装用一只前照灯。

8.4.7.3 在检验前照灯远光光束及远光单光束灯照射位置时，前照灯照射在距离 10 m 的屏幕上时，要求在屏幕光束中心离地高度，对乘用车为 $0.9H \sim 1.0H$，对其他机动车为 $0.8H \sim 0.95H$；机动车（装用一只前照灯的机动车除外）前照灯远光光束水平位置要求，左灯向左偏不允许超过 170 mm，向右偏不允许超过 350 mm，右灯向左或向右偏均不允许超过 350 mm。

8.4.7.4 前照灯光束照射位置检验方法见附录 D。

8.5 其他电气设备和仪表

8.5.1 喇叭性能要求

8.5.1.1 机动车（手扶拖拉机运输机组除外）应设置具有连续发声功能的喇叭，其工作应可靠。

8.5.1.2 机动车喇叭声级在距车前 2 m、离地高 1.2 m 处测量时，其值对发动机最大净功率为 7kW 以下的摩托车及轻便摩托车为 80dB（A）～112dB（A），对其他机动车为 90dB（A）～115dB（A）。

8.5.2 发电机技术性能应良好。蓄电池应能保持常态电压。电器导线应具有阻燃性能，所有电器导线均应捆扎成束、布置整齐、固定卡紧、接头牢固并有绝缘套，在导线穿越孔洞时应装设绝缘套管。

8.5.3 三轮汽车、装用单缸柴油机的低速货车和轮式拖拉机运输机组应装有机油压力表（或机油压力指示器）、水温表（蒸发式水冷却系统除外）、电流表或充电指示器；其他汽车应装有水温表或水温报警灯、电流表（或电压表、充电指示灯）、燃料表（对气体燃料汽车为气量显示装置，对电动汽车为动力蓄电池电量显示装置）、车速里程表和机油压力表（或油压报警灯）等各种仪表及开关，并应保持灵敏有效。采用气压制动系统的机动车，还应装有气压表。摩托车及轻便摩托车应装有车速里程表。

8.5.4 车长大于 6 m 的客车应设置电源总开关，个别未经过电源总开关的线路（如危险警告信号线路）应设置保险装置。

8.5.5 长途客车和旅游客车、半挂牵引车、总质量不小于 12 000 kg 的货车应安装具备记录、存储、显示、打印车辆行驶速度、时间、里程等车辆行驶状态信息的行驶记录装置；安装数字式电子记录装置，其技术要求应符合 GB/T 19056 的有关规定。

8.5.6 无轨电车的电器要求

8.5.6.1 无轨电车在正常操作下，应能起动平稳、加速均匀。

8.5.6.2 牵引电动机在各种工况下，换向器上的火花等级最大不允许超过 1.5 级，无异响，绝缘性能良好。当周围空气相对湿度在 75%～90% 时，无轨电车的总绝缘电阻值不应小于 3 MΩ；相对湿度在 90% 以上时不应小于 1 MΩ。

8.5.6.3 集电头应动作灵活，当距地面高度在 4.2 m～6.0 m 时，集电器应能正常工作。当集电头脱离触线时,驾驶室应发出音响信号。集电头自由升起的最大高度距地面不应大于7.0 m。集电头与集电杆之间应有耐水电气绝缘,并应有带绝缘子的安全绳箱或其他安全措施。当集电杆与线网两根触线非正常接触时,应能防止短路。

8.5.6.4 线网在标准高度时,集电头对触线网的压力应能在80 N~100 N范围内调节,行驶中集电头在触线上滑行不应产生火花;经分、并线器及交叉器等时,不应产生严重火花。

9 行驶系

9.1 轮胎要求

9.1.1 轮胎胎冠花纹深度:乘用车、摩托车及轻便摩托车和挂车轮胎胎冠上花纹深度不允许小于1.6 mm,其他机动车转向轮的胎冠花纹深度不允许小于3.2 mm;其余轮胎胎冠花纹深度不允许小于1.6 mm。

9.1.2 轮胎胎面不允许因局部磨损而暴露出轮胎帘布层。轮胎不允许有影响使用的缺损、异常磨损和变形。

9.1.3 轮胎的胎面和胎壁上不允许有长度超过25 mm或深度足以暴露出轮胎帘布层的破裂和割伤。

9.1.4 同一轴上的轮胎规格和花纹应相同,轮胎规格应符合整车制造厂的出厂规定。

9.1.5 机动车转向轮不允许装用翻新的轮胎。

9.1.6 机动车所装用轮胎的速度级别不应低于该车最高设计车速的要求。

9.1.7 双式车轮的轮胎的安装应便于轮胎充气,双式车轮的轮胎之间应无夹杂的异物。

9.1.8 乘用车用轮胎应有胎面磨耗标志。乘用车备胎规格与该车其他轮胎不同时,应在备胎附近明显位置(或其他适当位置)装置能永久保持的标识,以提醒驾驶员正确使用备胎。

9.2 轮胎负荷不应大于该轮胎的额定负荷,轮胎气压应符合该轮胎承受负荷时规定的压力。具有轮胎气压自动充气装置的汽车,其自动充气装置应能确保轮胎气压符合出厂规定。

9.3 车轮总成的横向摆动量和径向跳动量

总质量不大于3 500 kg的汽车不应大于5 mm;摩托车及轻便摩托车不应大于3 mm;其他机动车不应大于8 mm。

9.4 最高设计车速大于100 km/h的机动车,其车轮的动平衡要求应符合有关技术条件的规定。

9.5 轮胎螺母和半轴螺母应完整齐全,并应按规定力矩紧固。

9.6 悬架系统各球关节的密封件不允许有切口或裂纹,稳定杆应连接可靠,结构件不允许有变形或残损。钢板弹簧不允许有裂纹和断片现象,同一轴上的弹簧形式和规格应相同,其弹簧形式和规格应符合产品使用说明书中的规定。中心螺栓和U形螺栓应紧固、无裂纹且不允许拼焊。钢板弹簧卡箍不允许拼焊或残损。

9.7 减振器应齐全有效,减振器不允许有明显渗漏油现象。

9.8 最高设计车速大于100 km/h且轴荷不大于1500 kg的乘用车,其悬架特性应符合GB 18565的有关规定。

9.9 车架不应有变形、锈蚀和裂纹,螺栓和铆钉不应缺少或松动。

9.10 前、后桥不应有变形和裂纹。

9.11 车桥与悬架之间的各种拉杆和导杆不应变形,各接头和衬套不应松旷或移位。

10 传动系

10.1 离合器

10.1.1 机动车的离合器应接合平稳,分离彻底,工作时不允许有异响、抖动或不正常打滑等现象。

10.1.2 踏板自由行程应符合整车技术条件的有关规定。

10.1.3 离合器彻底分离时,踏板力不应大于300 N(拖拉机运输机组不应大于350 N),手握力不应大于200 N。

10.2 变速器和分动器

10.2.1 换挡时齿轮应啮合灵便,互锁、自锁和倒挡锁装置应有效,不允许有乱挡和自行跳挡现象;运行中应无异响;换挡杆及其传动杆件不应与其他部件干涉。

10.2.2 在换挡杆上应有驾驶员在驾驶座位上即可容易识别变速器和分动器挡位位置的标志。若换挡杆上难以布置,则应布置在换挡杆附近易见部位。

10.2.3 有分动器的机动车,应在挡位位置标牌或产品使用说明书上说明连通分动器的操作步骤。

10.2.4 如果电动汽车是通过改变电机旋转方向来实现倒车行驶,且前进和倒车两个行驶方向的转换仅通过驾驶员的一个操作动作来完成,应通过设计保证只有在车辆静止或低速时才能够实现转换。

10.3 传动轴

传动轴在运转时不允许发生振抖和异响,中间轴承和万向节不允许有裂纹和松旷现象。发动机前置后驱动的客车的传动轴在车厢地板的下面沿纵向布置时,应有防止传动轴滑动连接(花键或其他类似装置)脱落或断裂等故障而引起危险的防护装置。

10.4 驱动桥

驱动桥壳、桥管不允许有变形和裂纹,驱动桥工作应正常且不允许有异响。

10.5 车速受限车辆的特殊要求

三轮汽车和低速货车等车速受限车辆应在设计及技术特性上确保其实际最大行驶速度在满载状态下不会超过其最高设计车速,在空载状态下不会超过其最高设计车速的110%。

注:实际最大行驶速度是指车辆在平坦良好路面行驶时能达到的最大速度。

11 车身

11.1 车身的技术状况应能保证驾驶员有正常的工作条件和客货安全。

11.2 车身和驾驶室应坚固耐用,覆盖件无开裂和锈蚀。车身和驾驶室在车架上的安装应牢固,不能因机动车振动而引起松动。对于可翻转驾驶室,应有驾驶室锁止装置(如安全钩),并且在翻转操纵机构附近易见部位应有提醒驾驶员如何正确使用该操纵机构的文字。

11.3 客车顶部应能承受相当于总质量的均布静载荷,但最大试验载荷不应大于10 000 kg。对于铰接客车应对前、后车分别按此规定考核,其试验方法应按 GB/T 11381—1989 进行。

11.4 车身外部和内部乘员可能触及的任何部件、构件都不应有任何可能使人致伤的尖锐凸起物(如尖角、锐边等)。

11.5 汽车驾驶室和乘客舱所用的内饰材料应采用阻燃材料,其阻燃性应符合 GB 8410 的规定。

11.6 车门和车窗

11.6.1 车门和车窗应启闭轻便,不允许有自行开启现象,门锁应牢固可靠。门窗应密封良好,无漏水现象。

11.6.2 采用动力开启的乘客门,在有故障的情况下,仍应能简便地靠手动来开关,对长途客车和旅游客车还应有醒目的标志和使用方法。

11.6.3 机动车的门窗必须使用符合 GB 9656 规定的安全玻璃。汽车和有驾驶室的正三轮摩托车的前风窗玻璃应采用夹层玻璃或塑玻复合材料,不以载人为目的的机动车(如货车)可使用区域钢化玻璃,最高设计车速小于40 km/h 时可使用钢化玻璃;其他车窗可采用夹层玻璃、钢化玻璃、中空安全玻璃或塑玻复合材料。作为安全窗的车窗不允许使用夹层玻璃,应使用可砸碎的安全玻璃。

11.6.4 机动车驾驶室必须保证驾驶员的前方视野和侧方视野,前风窗玻璃及风窗以外玻璃用于驾驶员视区部位的可见光透射比不允许小于70%。所有车窗玻璃不允许张贴镜面反光遮阳膜。

注:风窗以外玻璃驾驶员视区部位是指驾驶员驾驶时用于观察后视镜的部位。

11.6.5 客车除驾驶员门和安全门外,不允许在车身左侧开设车门。但对只在沿道路中央车道设置的公共汽车专用道上运营使用的公共汽车,由于公交站台位置的原因须在车身左侧上下乘客时,允许在车身左侧开设乘客门;此类公共汽车不允许在车身右侧开设车门。

11.6.6　装有电动门窗的机动车,其控制装置应确保车窗玻璃在上升过程中能在任意位置可靠停住或遇障碍可自动下降。

11.7　驾驶员座椅应具有足够的强度和刚度,固定可靠,汽车(三轮汽车除外)驾驶员座椅的前后位置应可以调整。驾驶区各操作机件应布置合理,操作方便,其具体要求应符合有关规定。

11.8　乘用车和客车的乘员座椅应合理分布。客车同向座椅的座间距不允许小于650 mm,相向座椅的座间距不允许小于1 200 mm。长途客车和旅游客车的乘员座椅应纵向布置(与机动车前进方向相同)。客车车身及地板应密合并有足够强度,座椅及其车辆固定件的强度应符合 GB 13057 的规定。

11.9　卧铺客车的卧铺应纵向布置(与机动车前进方向相同),卧铺宽度不应小于450 mm,卧铺纵向间距不应小于1 400 mm,相邻卧铺的横向间距不应小于350 mm,卧铺双层布置时上铺高不应小于780 mm、铺间高不应小于750 mm。

11.10　客车应设置乘客通道,通道的宽度和高度应保证符合规定的通道测量装置能顺利通过。

11.11　车长大于7.5 m的客车不允许设置车外顶行李架。其他客车需设置车外顶行李架时,行李架高度不允许超过300 mm、长度不允许超过车长的三分之一。客车车内行李架应能防止物件跌落,其承载能力不应小于40 kg/m^2。

11.12　车长大于6 m的城市客车和无轨电车的乘客门的一级踏步高不应大于400 mm;若采用钢板悬架,则后乘客门的一级踏步高不允许大于430 mm。车长大于6 m的长途客车和旅游客车乘客门的一级踏步高不应大于430 mm。

11.13　货箱应安装牢固可靠,货箱的栏板和底板应规整且具有足够的强度。

11.14　两轮摩托车、两轮轻便摩托车和边三轮摩托车的主车前后轮中心平面允许偏差不应大于10 mm。

11.15　乘用车应装有护轮板,挂车后轮应有挡泥板,其他机动车的所有车轮均应有挡泥板。

11.16　机动车应设置能满足号牌安装要求的号牌板(架)。前号牌板(架)应设于前面的中部或右侧(按机动车前进方向),后号牌板(架)应设于后面的中部或左侧。

12　安全防护装置

12.1　汽车安全带

12.1.1　乘用车的所有座椅(第三排及第三排以后的可折叠座椅除外)均应装置汽车安全带,座位数不大于20(含驾驶员座位,下同)或者车长不大于6 m的客车及最高设计车速不小于100 km/h的货车和半挂牵引车的前排座椅应装置汽车安全带。长途客车和旅游客车的驾驶员座椅、前面没有座椅的座椅及前面护栏不能起到必要防护作用的座椅应装置汽车安全带;当(同向)座椅的座间距大于1 000 mm且座垫前面沿座椅纵向不大于600 mm的范围内没有能起到防护作用的护栏或其他物体时,也应装置汽车安全带。

12.1.2　卧铺客车的每个铺位均应安装两点式汽车安全带。

12.1.3　汽车安全带应可靠有效,安装位置应合理,固定点应有足够的强度。

12.2　车外后视镜和前下视镜

12.2.1　机动车(挂车除外)应在左右至少各设置一面后视镜。汽车后视镜的性能和安装要求应符合 GB 15084 的规定,摩托车及轻便摩托车后视镜的性能和安装要求应符合 GB 17352 的规定。机动车(不带驾驶室的摩托车及轻便摩托车除外)外后视镜的安装位置和角度应保证驾驶员能看清车身左右外侧、车后50 m以内的交通情况。

12.2.2　车长大于6 m的平头货车和平头客车车前还应至少设置一面前下视镜,前下视镜应保证驾驶员能看清风窗玻璃前下方长1.5 m、宽3 m范围内的情况。

12.2.3 车外后视镜和前下视镜应易于调节，并能有效保持其位置。

12.2.4 安装在外侧距地面 1.8 m 以下的后视镜，当行人等接触该镜时，应具有能缓和冲击的功能。

12.3 前风窗玻璃刮水器

12.3.1 机动车的前风窗玻璃应装备刮水器，其刮刷面积应确保驾驶员具有良好的前方视野。

12.3.2 刮水器应能正常工作。

12.3.3 刮水器关闭时，刮片应能自动返回至初始位置（拖拉机运输机组除外）。

12.4 汽车驾驶室内应设置防止阳光直射而使驾驶员产生眩目的装置，且该装置在汽车碰撞时，不应对驾驶员造成伤害。

12.5 乘用车前风窗玻璃应装有除雾、除霜装置。

12.6 安全出口

12.6.1 车长小于 6 m 的客车，在乘坐区的两侧应具有紧急时乘客易于逃生或救援的侧窗。

12.6.2 车长不小于 6 m 的客车，如车身右侧仅有一个供乘客上下的车门时，应设置安全门或安全窗。长途客车和旅游客车应设置车顶安全出口。卧铺客车的卧铺布置为上、下双层时，侧窗布置应为上下双排。使用安全门时应保证不用其他器具即可将其向外推开。安全出口的数量、位置应符合有关规定。

12.6.3 安全门应满足下列要求：

12.6.3.1 安全门的净高不应小于 1 250 mm，净宽不应小于 550 mm。

12.6.3.2 门铰链应在门前端，向外开启角度不应小于 100°，并能在此角度下保持开启，同时还应设有开启报警装置。若在安全门打开时能提供不小于 550 mm 的自由通道，则开度不小于 100° 的要求可不满足。

12.6.3.3 通向安全门的通道宽度不应小于 300 mm，不足 300 mm 时，允许采用迅速翻转座椅等方法加宽通道。

12.6.3.4 安全门应有锁止机构且锁止可靠。安全门关闭时应能锁止，且在车辆正常行驶情况下不会因车辆振动、颠簸、冲撞而自行开启。

12.6.3.5 安全门不用工具应能从车内外很方便地打开车门，门外手柄应设保护套，且离地面高度（空载时）不应大于 1 800 mm。

12.6.4 安全窗应满足下列要求：

12.6.4.1 安全窗和安全顶窗的面积不应小于 $(3\times10^5)\ \mathrm{mm}^2$，且能内接一个 400 mm × 600 mm（对车长不大于 7 m 的客车为 330 mm × 500 mm）的椭圆；若安全窗位于客车后端面，则其面积不应小于 $(4\times10^5)\ \mathrm{mm}^2$，且应能内接一个 500 mm × 700 mm 的矩形。

12.6.4.2 安全窗应采用易于迅速从车内、外开启的装置；或采用安全玻璃，并在车内明显部位装备击碎玻璃的手锤。

12.6.4.3 安全顶窗应易于从车内、外开启或移开。安全顶窗开启后，应保证从车内外进出的畅通。弹射式安全顶窗应能防止误操作。

12.6.5 标志

12.6.5.1 每个安全出口应在其附近设有“安全出口”字样。

12.6.5.2 乘客门和安全出口的应急控制器应在其附近标有清晰的符号或字样，并注明其操作方法，字体高度不应小于 20 mm。

12.7 燃料系统的安全保护

12.7.1 燃料箱及燃料管路应坚固并固定牢靠，不会因振动和冲击而发生损坏和漏油现象。

12.7.2 燃料箱的加油口及通气口应保证在机动车晃动时不漏油。

12.7.3 机动车（摩托车和轻便摩托车及装用单缸柴油机的汽车除外）的燃料系统不允许用重力或虹吸方法直接向化油器或喷油器供油。

12.7.4 燃料箱的加油口和通气口不允许对着排气管的开口方向，且应距排气管的出气口端 300 mm

以上,否则应设置有效的隔热装置。燃料箱的加油口和通气口应距裸露的电气接头及外部可能产生火花的电气开关200 mm以上。车长大于6 m的客车的燃料箱的加油口和通气口应距排气管的任一部位300 mm以上。

12.7.5 汽车燃料箱各部分不允许前伸至前置汽油发动机的前端面。车长大于6 m的客车燃料箱距客车前端面不应小于600 mm,距客车后端面不应小于300 mm。不允许用户加装燃料箱。

12.7.6 机动车燃料箱的通气口和加油口不允许设置在有乘员的车厢内。

12.8 气体燃料专用装置的安全防护

12.8.1 气体燃料的供给系统应有有效的安全保护结构措施,以防止气体泄漏,如高压过流保护装置。

12.8.2 对于两用燃料汽车,应设置燃料转换系统并安装燃料转换开关。在燃料控制上,应具有当发动机突然停止运转时,即使点火开关打开也能自动切断气体燃料供给的功能。燃料转换开关的安装位置应便于驾驶员操作,其档位标记应明显,能分别控制供油、供气两种状态。气体燃料和汽油电磁阀的操作均应由燃料转换开关统一控制;当电流被切断时,电磁间应处于"关闭"位置。

12.8.3 车用压缩天然气气瓶应符合相关标准规定,压缩天然气管路应采用不锈钢管或其他车用高压天然气专用管路;车用液化石油气气瓶应符合相关标准规定,高压管路应采用液化石油气专用管路。

12.8.4 气瓶应被安全地固定在车上,安装气瓶的固定座应具有阻止气瓶旋转、移动的能力,固定座应便于拆装工作。气瓶安装后其强度和刚度不允许下降,车架(车身)结构强度也不应受影响。

注:车用压缩天然气气瓶和车用液化石油气气瓶等统称为"气瓶"。

12.8.5 气瓶安装位置应远离热源,必要时应采取隔热措施。在任何情况下,气瓶及其所有高压管路和高压接头与发动机排气管和传动轴的任何部位之间的距离不允许小于75 mm;当两者的距离在75~200 mm之间时,应设置固定可靠的隔热装置。

12.8.6 气瓶应安装在通风位置或采取有效的通风措施。

12.8.7 气瓶与汽车后轮廓边缘的距离不应小于200 mm。气瓶安装在汽车车架下时,气瓶下方应采取有效防护措施且气瓶及其附件不允许布置在汽车前轴之前。

12.8.8 气瓶不允许直接安装在驾驶室、载人车厢和货箱内。当不得不安装在上述部位时,必须设置防护罩并将气瓶与驾驶室或载人车厢有效分离。隔离装置应有很强的防护功能,当车辆受到冲撞时,隔离装置应能有效地防止气瓶冲入驾驶室或载人车厢或货箱内。

12.8.9 气瓶的安装和保护罩的设置,应能保证气瓶集成间的正常操作和检查。

12.8.10 手动截止阀和调压器应符合有关规定。手动截止阀应安装在气瓶到调压器之间易于操作的位置,阀体不允许直接安装在驾驶室内。

12.8.11 气瓶至调压器之间应安装滤清装置,并易于检查、清洗和更换。

12.8.12 高压管路的特殊部位(如相对移动的部件之间)应采用柔性管线,其余部位应采用刚性管线。

12.8.13 刚性高压管路应排列整齐、布置合理、固定有效,不允许与相邻部件碰撞和摩擦,所有高压管路和高压管接头应得到有效的保护,高压管接头应安装在能看得见且操作者易于接近的位置。

12.8.14 所有管路接头处均不应出现漏气现象,检验方法见附录E。

12.9 机动车发动机的排气管口不允许指向车身右侧。

12.10 专门用于运送易燃和易爆物品的道路运输危险货物车辆,应在驾驶室上方安装红色标志灯,车上应备有消防器材并具有相应的安全措施。排气管应装在车身前部,机动车尾部应安装接地装置。

12.11 客车应装备灭火器,灭火器在车上应安装牢靠并便于取用。

12.12 汽车(三轮汽车除外)应装备符合GB 19151规定的三角警告牌,三角警告牌在车上应妥善放置。

12.13 乘用车和车长小于6 m的客车前后部应设置保险杠,货车(三轮汽车除外)应设置前保险杠。

12.14 机动车的货箱或其他载货装置,其构造应保证安全、稳妥地装载货物。

12.15 货车货箱(自卸车、装载质量1 000 kg以下的货车除外)前部应安装比驾驶室高至少70 mm的安全架。

12.16 无驾驶室的三轮汽车货箱前部应安装具有足够强度的安全架，其高度应高出驾驶员座垫平面至少 800 mm。

12.17 驾驶员和货物同在一个车厢内的厢式车，在最后排座位的后方应安装具有足够强度的隔离装置。

12.18 牵引车与被牵引车的连接装置。

12.18.1 连接装置应坚固耐用。

12.18.2 牵引车和被牵引车连接装置的结构应能确保相互牢固的连接。

12.18.3 牵引车和被牵引车的连接装置上应装有防止机动车在行驶中因振动和撞击而使连接脱开的安全装置。

12.19 汽车和挂车侧面及后下部防护装置。

12.19.1 总质量大于 3 500 kg 的货车和挂车应提供防止人员卷入的侧面防护，其技术条件应符合 GB 11567.1 的规定。

12.19.2 货车列车的货车和挂车之间应提供防止人员卷入的侧面防护。

12.19.3 除半挂牵引车和长货挂车以外的总质量大于 3 500 kg 的货车和挂车的后下部必须装备符合 GB 11567.2 规定的后下部防护装置，该装置对追尾碰撞的机动车必须具有足够的阻挡能力，以防止发生钻入碰撞。

注：长货挂车是指为搬运无法分段的长货物而专门设计和制造的特殊用途车，如运输木材、钢材棒料等货物的车辆。

12.20 两轮摩托车和边三轮摩托车主车的客座应设座垫、扶手（或拉带）和脚蹬。

12.21 三轮汽车按产品使用说明书正常起动和运行过程中可能触及的，且在环境温度为(23 ±3)℃下测定温度大于 80℃的热表面应有永久性联结或固定（不使用工具无法拆卸）的防护装置或挡板。

12.22 三轮汽车和拖拉机运输机组的传动皮带、风扇、起动爪和动力输出轴等外露旋转件应加防护罩，并应符合 GB 10395.1 的规定。三轮汽车的踏板、脚踏板必要时应采取防滑措施。

13 消防车、救护车、工程救险车和警车的附加要求

13.1 消防车的车身颜色应为符合 GB/T 3181 规定的 R03 大红色。

13.2 救护车的车身颜色应为白色，左、右侧及车后正中应喷符合规定的图案。

13.3 工程救险车的车身颜色应为符合 GB/T 3181 规定的 Y07 中黄色，其车身两侧应喷工程救险字样。

13.4 警车的车身颜色应符合有关规定。

13.5 消防车、救护车、工程救险车和警车应装备与其功能相适应的装置，各装置应布局合理、固定可靠。

13.6 消防车、救护车、工程救险车和警车安装使用的警报器应符合 GB 8108 的规定，安装使用的标志灯具应符合 GB 13954 的规定，警报器和标志灯具应固定可靠。

14 机动车环保要求

14.1 机动车排气污染物排放应符合相关标准的规定。

14.2 机动车车外噪声应符合相关标准的规定。

14.3 汽车（三轮汽车和低速货车除外）驾驶员耳旁噪声声级不应大于 90 dB(A)，其检验方法见附录 F。

14.4 三轮汽车和低速货车的驾驶员耳旁噪声声级应符合相关标准的规定。

14.5 客车以 50 km/h 的速度匀速行驶时，客车车内噪声不应大于 79 dB(A)，其检验方法按 GB/T 18697—2002 的规定执行。

附 录 A
（规范性附录）
车速表指示误差检验方法

A.1 车速表指示误差的检验宜在滚筒式车速表检验台上进行。对于无法在车速表检验台上检验车速表指示误差的机动车（如全时四轮驱动汽车、具有驱动防滑控制装置的汽车等）可路试检验车速表指示误差。

A.2 将被测机动车的车轮驶上车速表检验台的滚筒上使之旋转，当该机动车车速表的指示值（V_1）为 40 km/h 时，车速表检验台速度指示仪表的指示值（V_2）为 32.8 km/h ~ 40 km/h 范围内为合格。

当车速表检验台速度指示仪表的指示值（V_2）为 40 km/h 时，读取该机动车车速表的指示值（V_1），当 V_1 的读数在 40 km/h ~ 48 km/h 范围内时为合格。

附　录　B

（规范性附录）

转向轮横向侧滑量检验方法

B.1　转向轮横向侧滑量的检验应在侧滑检验台上进行。

B.2　将汽车对正侧滑检验台,并使方向盘处于正中位置。

B.3　使汽车沿台板上的指示线以 3 km/h ~5 km/h 车速平稳前行,在行进过程中,不允许转动方向盘。

B.4　转向轮通过台板时,测取横向侧滑量。

附 录 C
(规范性附录)
制动性能检验方法

C.1 路试制动性能检验方法

C.1.1 路试检验制动性能应在平坦(坡度不应大于1%)、干燥和清洁的硬路面(轮胎与路面之间的附着系数不应小于0.7)上进行。

C.1.2 在试验路面上画出表3规定宽度的试验通道的边线,被测机动车沿着试验车道的中线行驶至高于规定的初速度后,置变速器于空挡(自动变速的机动车可置变速器于D挡),当滑行到规定的初速度时,急踩制动,使机动车停止。

C.1.3 用制动距离检验行车制动性能时,采用速度计、第五轮仪或用其他测试方法测量机动车的制动距离,对除气压制动外的机动车还应同时测取踏板力(或手操纵力)。

C.1.4 用充分发出的平均减速度检验行车制动性能时,采用能够测取充分发出的平均减速度(MFDD)和制动协调时间的仪器测量机动车充分发出的平均减速度(MFDD)和制动协调时间,对除气压制动外的机动车还应同时测取踏板力(或手操纵力)。

C.2 台试制动性能检验方法

C.2.1 用滚筒式制动检验台检验

滚筒式制动检验台滚筒表面应干燥,没有松散物质及油污,滚筒表面当量附着系数不应小于0.75。

驾驶员将机动车驶上滚筒,位置摆正,置变速器于空挡。启动滚筒,在2 s后测取车轮阻滞力;使用制动,测取制动力增长全过程中的左右轮制动力差和各轮制动力的最大值,并记录左右车轮是否抱死。

在测量制动时,为了获得足够的附着力,允许在机动车上增加足够的附加质量或施加相当于附加质量的作用力(附加质量或作用力不计入轴荷)。

在测量制动时,可以采取防止机动车移动的措施(例如加三角垫块或采取牵引等方法)。当采取上述方法之后,仍出现车轮抱死并在滚筒上打滑或整车随滚筒向后移出的现象,而制动力仍未达到合格要求时,应改用本标准中规定的其他方法进行检验。

C.2.2 用平板制动检验台检验

制动检验台平板表面应干燥,没有松散物质及油污,平板表面附着系数不应小于0.75。

驾驶员将机动车对正平板制动检验台,以5 km/h~10 km/h的速度(或制动检验台制造厂家推荐的速度)行驶,置变速器于空挡(自动变速的机动车可置变速器于D挡),急踩制动,使机动车停止,测取7.14所要求的参数值。

C.3 检验方法的选择

机动车安全技术检验时机动车制动性能的检验宜采用滚筒反力式制动检验台或平板制动检验台检验制动性能,其中前轴驱动的乘用车更适合采用平板制动检验台检验制动性能。

不宜采用制动检验台检验制动性能的机动车及对台试制动性能检验结果有质疑的机动车应路试检验制动性能。

对满载/空载两种状态时后轴轴荷之比大于2.0的货车和半挂牵引车,宜加载(或满载)检验制动性能,此时所加载荷应计入轴荷和整车重量。加载至满载时,整车制动力百分比应按满载检验考核;若未加载至满载,则整车制动力百分比应根据轴荷按满载检验和空载检验的加权值考核。

附　录　D
（规范性附录）
前照灯光束照射位置检验方法

D.1　屏幕法:在屏幕上检查

检查用场地应平整,屏幕与场地应垂直。被检验的机动车应空载、轮胎气压正常且只乘坐一名驾驶员。将机动车停置于屏幕前,并与屏幕垂直,使前照灯基准中心距屏幕 10 m,在屏幕上确定与前照灯基准中心离地面距离 H 等高的水平基准线及以机动车纵向中心平面在屏幕上的投影线为基准确定的左右前照灯基准中心位置线。分别测量左右远近光束的水平和垂直照射方位的偏移值。

D.2　用前照灯检测仪检验

将被检验的机动车按规定距离与前照灯检测仪对正(宜使用车辆摆正装置),从前照灯检测仪的显示屏上分别测量左右远、近光束的水平和垂直照射方位的偏移值。

D.3　检验方法的选择

机动车安全技术检验时宜采用前照灯检测仪检验前照灯光束照射位置。

附 录 E
（规范性附录）
气密性检验方法

E.1 压缩天然气汽车和汽油/压缩天然气两用燃料汽车气密性检验

E.1.1 检验内容

储气系统的气密性检验包括(3~5)MPa天然气低压检漏检验和20 MPa天然气高压气密性检验。

E.1.2 (3~5)MPa天然气低压检漏检验

可任选下列两种方法之一进行低压检漏检验：

a) 检漏液检验

用肥皂泡沫或其他非腐蚀性的发泡水涂于所有管路接头上，待消除附着的表面气体后，观察有无气泡发生。

b) 气体检漏仪检验

使用气体检漏仪检查所有管路接头，不应出现漏气现象。

在气体检漏仪发现泄漏后，应采用检漏液检验法证实泄漏的存在和确定泄漏的地方。

E.1.3 20MPa天然气高压气密性检验

低压检漏检验确认无泄漏后，进行20 MPa天然气高压气密性检验，5 min内不允许有气体泄漏现象。

如发现管路有气体泄漏，应关闭集成阀，待管路中的气体排出后，再拧紧卡套或接头。不许带压紧固。

E.2 液化石油气汽车和汽油/液化石油气两用燃料汽车气密性检验

储气系统的气密性检验可任选检漏液检验、气体检漏仪检验和压力计检验三种方法之一进行。

压力计检验的方法为：将压力计与管路连接，当在额定工作压力2.2 MPa下，观察1 min，压力表不允许有降压现象。

检漏液检验法和气体检漏仪检验法见E.1.2。

附 录 F
（规范性附录）
驾驶员耳旁噪声检验方法

测量驾驶员耳旁噪声时：

F.1 汽车空载，处于静止状态且置变速器于空挡，发动机应处于额定转速状态，门窗紧闭。

F.2 测量位置应符合 GB/T 18697—2002 的规定。

F.3 环境噪声应低于被测噪声值至少 10 dB(A)。

F.4 声级计置于“A”计权、“快”挡。

附 录 G
（资料性附录）
四种类型机动车技术条件要求对应一览表

表 G.1 四种类型机动车技术条件要求对应一览表

标准条款编号	三轮汽车	其他汽车及汽车列车	摩托车及轻便摩托车	拖拉机运输机组
4.1.1～4.1.4	√	√	√	√
4.1.5	—	√	—	—
4.2	√	√	√	√
4.3	—	√	—	√
4.4.1	√	√	—	√
4.4.2	√	√	√	√
4.4.3	—	—	√	—
4.5～4.7	√	√	√	√
4.8.1	—	√	√	—
4.8.2	√	√	—	—
4.8.3	√	√	√	√
4.8.4,4.8.5	—	√	—	—
4.8.6	√	√	—	√
4.9.1,4.9.2	√	√	√	√
4.9.3	—	—	√	—
4.10,4.11	√	√	√	√
4.12	—	√	√	—
4.13	—	√	—	√
4.14	—	√	—	—
5.1,5.2	√	√	√	√
5.3	√	√	—	√
5.4	√	√	√	√
6.1,6.2	√	√	√	√
6.3	—	√	—	√
6.4	√	√	√	√
6.5	—	√	—	—
6.6	√	—	√	—
6.7	√	√	√	√

表 G.1(续)

标准条款编号	三轮汽车	其他汽车及汽车列车	摩托车及轻便摩托车	拖拉机运输机组
6.8	√	√	—	√
6.9	—	√	—	—
6.10	—	√	—	√
6.11	—	√	—	—
6.12	—	√	√	√
6.13	√	—	√	—
7.1.1	√	√	√	√
7.1.2	—	√	—	—
7.1.3~7.1.8	√	√	√	√
7.2.1~7.2.3	—	√	√	√
7.2.4~7.2.10	√	√	√	√
7.2.11,7.2.12,7.3	—	√	—	—
7.4,7.5	√	√	√	√
7.6~7.8	—	√	—	√
7.9	—	√	—	—
7.10	√	√	√	√
7.11	—	√	—	—
7.12.1	√	√	√	—
7.12.2	—	√	—	—
7.12.3	—	√	—	√
7.12.4	—	√	—	—
7.13.1	√	√	√	√
7.13.2	—	√	√	—
7.13.3	√	√	√	√
7.14	√	√	√	—
7.15	√	√	√	√
7.16	√	√	—	—
8.1	√	√	√	√
8.2.1	—	√	—	—
8.2.2	—	—	√	—
8.2.3	√	√	√	√
8.2.4	—	—	—	—
8.2.5	√	√	√	√
8.2.6	—	√	—	√

表 G.1(续)

标准条款编号	三轮汽车	其他汽车及汽车列车	摩托车及轻便摩托车	拖拉机运输机组
8.2.7~8.2.9	—	√	—	√
8.2.10,8.3.1~8.3.6	√	√	√	√
8.3.7	—	√	—	—
8.3.8	—	√	—	√
8.3.9	—	√	—	—
8.4.1,8.4.2	√	√	√	√
8.4.3	—	√	—	—
8.4.4	√	√	√	√
8.4.5	—	√	√	—
8.4.6,8.4.7	√	√	√	√
8.5.1~8.5.3	√	√	√	√
8.5.4~8.5.6	—	√	—	—
9.1~9.3	√	√	√	√
9.4	—	√	—	—
9.5~9.7	√	√	√	√
9.8	—	√	—	—
9.9~9.11	√	√	√	√
10.1,10.2.1,10.2.2	√	√	√	√
10.2.3,10.2.4	—	√	—	—
10.3,10.4	√	√	√	√
10.5	√	√	—	—
11.1~11.2	√	√	√	√
11.3	—	√	—	—
11.4	√	√	√	√
11.5	—	√	—	—
11.6.1	√	√	√	√
11.6.2	—	√	—	—
11.6.3,11.6.4	√	√	√	√
11.6.5,11.6.6	—	√	—	—
11.7	√	√	√	√
11.8~11.12	—	√	—	—
11.13	√	√	√	√
11.14	—	—	√	—
11.15,11.16	√	√	√	√

表 G.1(续)

标准条款编号	三轮汽车	其他汽车及汽车列车	摩托车及轻便摩托车	拖拉机运输机组
12.1	—	√	—	—
12.2	√	√	√	√
12.3	√	√	√	√
12.4~12.6	—	√	—	—
12.7.1,12.7.2	√	√	√	√
12.7.3	√	√	—	√
12.7.4	√	√	√	√
12.7.5	—	√	—	—
12.7.6	—	√	—	√
12.8	—	√	—	—
12.9	√	√	√	√
12.10~12.13	—	√	—	—
12.14	√	√	√	√
12.15	√	√	—	—
12.16	√	—	—	—
12.17	—	√	—	—
12.18,12.19	—	√	—	√
12.20	—	—	√	—
12.21	√	—	—	—
12.22	√	—	—	√
13.1	—	√	√	—
13.2,13.3	—	√	—	—
13.4~13.6	—	√	√	—
14.1,14.2	√	√	√	√
14.3	—	√	—	—
14.4	√	√	—	—
14.5	—	√	—	—
注:表中“√”表示这一类型机动车应符合该项条款的要求;“—”表示这一条款不适用于该类机动车。				

参 考 文 献

[1] 美国联邦机动车安全法规 49CFR393—Parts And Accessories Necessary For Safe Operation
[2] 美国联邦机动车安全法规 49CFR570—Vehicle In Use Inspection Standards
[3] 日本《机动车安全标准》
[4] 俄联邦国家标准《汽车安全行驶对技术状况的要求 检测方法》(FOCT25478－91)
[5] 欧盟指令《on the approximation of the laws of the Member States relating to roadworthiness tests for motor vehicles and their trailers》(96/96/EC)
[6] GB/T 3730.1—2001 汽车和挂车类型的术语和定义
[7] GB 12676—1999 汽车制动系统结构、性能和试验方法
[8] GB 13094—1997 客车结构安全要求
[9] GB/T 15089—2001 机动车辆及挂车分类
[10] GB 18320—2001 农用运输车 安全技术要求
[11] GB/T 18437.1—2001 燃气汽车改装技术要求 压缩天然气汽车
[12] GB/T 18437.2—2001 燃气汽车改装技术要求 液化石油气汽车
[13] JT/T 426—2000 汽车列车性能要求及试验方法
[14] 中华人民共和国公安部文件《公安部关于印发(机动车登记工作规范)的通知》(公通字[2001]37号)
[15] 国家质量技术监督局国家标准统一宣贯教材 GB 7258—1997《机动车运行安全技术条件》宣贯材料(试用)

GB 7258－2004《机动车运行安全技术条件》国家标准第1号修改单

本修改单经国家标准化管理委员会于2006年8月22日批准,自2006年11月1日起实施。

标准名称:GB 7258—2004《机动车运行安全技术条件》

一、删除第8.4.3条。

二、第8.4.7.3条中的“在检验前照灯远光光束及远光单光束灯照射位置时”改为:“在检验前照灯远光照射位置时,对于能单独调整远光光束的前照灯”。

GB 7258—2004《机动车运行安全技术条件》国家标准第2号修改单

本修改单经国家标准化管理委员会于2007年6月22日批准，自2007年9月1日起实施。

标准名称：GB 7258—2004《机动车运行安全技术条件》

一、增加第3.2.10条和第3.2.10.1、3.2.10.2、3.2.10.3、3.2.10.4条：

“3.2.10

校车　school bus

用于运送不少于5名幼儿园、小学、中学等教育机构的学生及其照管人员上下学的客车和乘用车。按乘坐对象分为幼儿校车、小学生校车和其他校车，按车辆属性分为专用校车和非专用校车。

3.2.10.1

幼儿校车　school bus for infants

运送3岁以上学龄前幼儿上下学的校车。

3.2.10.2

小学生校车　school bus for schoolchildren

运送小学生上下学的校车。

3.2.10.3

专用校车　special school bus

设计和制造上专门用于运送学生的校车。

3.2.10.4

非专用校车　non-special school bus

设计和制造上不是专门用于运送学生的校车。”

二、将第4.5.2.2条修改为：

“除前排座位外的其他排座位，在能保证与前一排座位的间距不小于600 mm且座垫深度不小于400 mm(对第二排以后的可折叠座椅座间距不小于570 mm且座垫深度不小于350 mm)时，按座垫中间位置测量的乘客舱内部宽度每400 mm核定1人。但上述座位作为儿童座位使用时，对于幼儿校车座间距不小于420 mm时按每280 mm核定1人，对于小学生校车座间距不小于500 mm时按每350 mm核定1人。

注1：可折叠座椅是指靠背、座垫铰接且折叠在一起后能完全收起的座椅。

注2：儿童座位是指幼儿校车上专门供幼儿乘坐的座位和小学生校车上专门供小学生乘坐的座位。

注3：座间距应在通过(单人)座椅中心线的垂直平面内，在座垫上表面最高点所处平面与地板上方620 mm高度范围内水平测量。测量时，座椅座垫和靠背均不应被压陷；驾驶员座椅应处于滑轨中间位置(可取最前和最后两个位置测量值的平均值)，其他可调节座椅的前后位置可根据需要调整以使相关座椅的座间距均能满足要求；靠背角度可调式座椅的靠背角度及座椅其他调整量应处于制造厂规定的正常使用位置。”

三、将第4.5.3.2条中的“座垫宽按每1人不小于400 mm核定；”修改为：

“长条座椅(指座垫靠背均为条形的供两人或多人乘坐的座椅)按座垫宽每400 mm核定1人，但作为儿童座位使用时，对幼儿校车按每280 mm核定1人，对小学生校车按每350 mm核定1人；单人座椅座垫宽不小于400 mm时核定1人，但可折叠的单人座椅不得作为儿童座位核定人数。”

四、将第4.5.3.2条中的“长途客车和旅游客车及车长不大于6 m的客车不允许核定站立人数。”

修改为：

“长途客车和旅游客车、专用校车及车长不大于6 m的客车不允许核定站立人数，非专用幼儿校车和非专用小学生校车运送学生时也不允许核定站立人数。”

五、将第4.5.3.4条修改为：

“幼儿校车和小学生校车按4.5.3.2核定乘员数，其他客车以4.5.3.1、4.5.3.2及4.5.3.3计算的乘员数取最小值核定乘员数。”

六、增加第4.8.7条：

“4.8.7　专用校车应喷涂有符合规定的外观标识，非专用校车运送学生时应在前风窗玻璃右下角和后风窗玻璃适当位置各放置一块可以从车外清楚识别的标牌。”

七、在第11.1条的最后增加：

“车长小于6 m的专用校车的车身应为两厢式车身，且一半以上的发动机长度应位于车辆前风窗玻璃最前点以前。”

八、在第11.6.4条的条文后，条文注之前增加：

“校车所有车窗玻璃的可见光透射比均应不小于50%，且不应张贴有不透明和带任何镜面反光材料之色纸或隔热纸。幼儿校车、小学生校车的侧窗下边缘距其下方座椅上表面的高度应不小于250 mm，否则应加装防护装置。”

九、将第11.8条修改为：

“乘用车和客车的乘员座椅应合理布置，无特殊要求时应尽可能均匀分布。长途客车和旅游客车的乘员座椅、校车的儿童座位应纵向布置（与车辆前进的方向相同）；校车的儿童座位椅垫面不应前倾，靠近通道的儿童座位还应在通道一侧设置平行于椅垫面的座椅扶手。幼儿校车和小学生校车儿童座位的座间距应分别不小于420 mm和500 mm；其他客车同方向座椅的座间距应不小于650 mm，相向座椅的座间距应不小于1 200 mm。客车车身及地板应密合并有足够强度，座椅及其车辆固定件的强度应符合GB 13057的规定。”

十、在第12.1.2条的最后增加：

“专用校车的每一个儿童座位均应装置安全带。”

中华人民共和国国家标准

GB/T 20839—2007

智能运输系统　通用术语

Intelligent transport systems—General terminology

2007-03-19 发布　　2007-05-01 实施

1　范围

本标准规定了智能运输系统领域中的通用术语，包括：基本术语、交通管理、客运管理、货运管理、交通信息服务、智能公路与辅助驾驶、紧急事件与安全、电子收费、专用通信。

本标准适用于智能运输系统及其相关领域的信息服务、信息处理和信息交换。

2　基本术语

2.1

智能运输系统　intelligent transport systems(ITS)

又称智能交通系统，是在较完善的交通基础设施之上，在先进的信息、通信、计算机、自动控制和系统集成等技术前提下，通过先进的交通信息采集与融合技术、交通对象交互以及智能化交通控制与管理等专有技术，加强载运工具、载体和用户之间的联系，提高交通系统的运行效率，减少交通事故，降低环境污染，从而建立一个高效、便捷、安全、环保、舒适的综合交通运输体系。

2.2

智能运输系统体系框架　ITS architecture

为规划、设计、集成 ITS 系统提供一个共用的体系架构。它是对 ITS 这一复杂大系统的整体描述，决定了 ITS 大系统如何构成，定义了 ITS 的功能需求以及承载这些功能需求的物理实体，并通过信息流把这些功能需求和物理实体联系起来。通常来说，智能运输系统体系框架由用户服务、逻辑框架、物理框架和标准组成。

2.3

交通综合信息平台　comprehensive transport information platform

整合与 ITS 相关的各部门的公共信息资源，对多来源渠道的交通相关信息进行有效集成、数据融合和综合管理，实现部门间信息资源的共享，为各个 ITS 应用系统的有效集成提供基础和支持，为政府部门的科学决策提供依据，并以该平台为依托，面向企事业单位和社会公众提供综合性的交通信息服务。

2.4

先进的交通管理系统　advanced transport management systems(ATMS)

为改善路网运行状况，提高道路的有效利用率，减少拥挤程度，降低交通事故的影响，降低油耗，以及减少废气排放等，而建立的一套系统。它利用计算机技术、通信技术、传感器技术、数据管理和融合技术，通过对道路交通设施及其运行状况的监测，掌握交通系统的状况，按照交通系统运行状况和特殊需求（例如，公交优先、预案控制等），生成交通管理及控制方案，通过信号系统、可变信息标志、交通广播等相应的发布设备对交通流进行管理、调节和诱导。

2.5

先进的出行者信息系统　advanced traveler information systems(ATIS)

为了方便出行者制定和调整出行所使用的交通方式、出行路线和出行时间等,提供包括出行前信息、行驶中驾驶员信息、途中公共交通信息、个性化信息、路径诱导及导航信息等服务。

2.6

先进的公共交通系统　advanced public transport systems(APTS)

将现代通信、信息、电子、控制、计算机等高科技技术,集成应用于公共交通系统,实现公共交通调度、运营、管理的信息化、现代化和智能化,为出行者提供更加安全、舒适、便捷的公共交通服务,从而吸引出行者采用公交出行。

2.7

营运车辆管理　commercial vehicle operations(CVO)

利用现代通信、信息、电子、控制、计算机等技术,实现车辆运行状态安全监测、车队运营组织管理、危险品应急响应和电子通关等服务,提高管理效率,减少延误,提高运输生产效率,保障营运车辆的安全。

2.8

先进的车辆控制系统　advanced vehicle control systems

利用车载传感器、车载计算机和控制装置以及安装在路侧或路表的设备,实现车与路之间以及车与车之间的信息交换来检测周围行驶环境的变化情况,进行部分或完全的自动驾驶控制,以达到行车安全和充分利用道路通行能力的系统。

2.9

紧急事件管理　emergency management(EM)

通过先进的技术手段,对发生的紧急事件进行人工或自动检测、处置和管理。根据确认后的紧急事件属性,协调各相关部门,调动救援资源,使道路恢复其通行能力、减少其影响范围。

2.10

智能运输系统成本效益分析　ITS benefit-cost analysis

对智能运输系统项目的经济合理性、技术可行性、社会效益、环境影响和风险做出评价,为项目的可行性研究、实施效果以及方案比较、选择和优化、决策提供科学依据。

3　交通管理

3.1

城市交通管理与控制　urban traffic management and control(UTMC)

运用计算机、通信、传感器和视频等技术对城市道路网络的交通状况、道路状况、气象等进行监测,生成并不断更新交通信息数据库,分析这些交通相关信息,生成交通管理与控制方案,通过信号系统、可变情报板、交通广播等发布设备,对交通流做出相应的管理和诱导的系统。

3.2

高等级公路综合管理　comprehensive high-class highway traffic management

将现代通信、信息、电子、控制、计算机和运筹学等技术有效地集成应用于高等级公路的管理及交通运输服务的收费、监控、通信、路政、紧急事件管理、路面及桥梁管理等相关业务,从而使交通基础设施发挥出最大的效能,降低高等级公路管理成本,提高信息化水平和管理效率。

3.3

交通监控中心　traffic control and surveillance center

通过设置在道路路网中的检测设备及ITS相关系统,采集交通流量、速度、占有率、视频图像等相关的交通数据,生成并更新交通信息数据库,在此基础上对交通信息进行处理和分析,得出交通管理与控制策略;同时,它还负责交通事件和事故的检测和识别,统一指挥事件的处理,降低对交通流的干扰等。

3.4

区域交通控制　area traffic control

将一定区域内(包括城市道路和公路)的全部交通监测和控制,综合为一个控制中心统一管理下的整体控制系统,根据历史数据及实时检测数据,以区域的全局最优为出发点,以交通信号、可变情报板、车道控制器等为控制手段,实施面向区域的交通协调控制。

3.5

智能交通信号控制　advanced traffic signal control

是区域交通控制的一部分,以提高区域内的车流运行效率,降低交叉口总延误,保障行人过街安全为目标,交通信号灯为手段,实施智能化的控制技术与策略,对该区域或整个城市路口的信号灯进行协调控制。

3.6

自适应信号控制　adaptive signal control

由中央处理计算机依据一定的交通模型,以减少延误时间、停车次数、拥挤程度及油耗等为优化目标函数,对检测器实时传输的交通数据进行分析处理,并进行预测,对各路口信号灯进行配时参数优化,执行交通信号控制。

3.7

公交信号优先　public transport priority

根据公交线路上的车辆和交通情况,在到达交叉口前提出优先通过申请,交通控制系统根据收到的优先通过申请和实时交通状况,为公交车辆提供优化的信号配时,保障公交车辆能优先通过,减少在交叉口的等待延误时间。

3.8

匝道控制　ramp metering

在高速公路、快速道路匝道处以信号控制的方式,通过有效的控制策略最大限度地保障高速公路、快速路的运行服务水平以及事件条件下的安全和快速救援需求。

3.9

特殊车辆监控　special vehicle surveillance and control

按照一定的交通管理要求和车辆运营要求,能够实时监视危险品运输车、超大车辆、超限车辆、海关监管车等特殊车辆的运行情况,了解其位置、运行状态、行驶轨迹等,必要时能够对车辆进行实时调度和控制。

3.10

停车管理　parking management

根据停车设施使用的历史数据和实时情况,对某区域内停车需求进行一定的预测,并依据预测数据给出停车设施的使用方案。在停车设施的运营管理中,利用先进的监控设施和检测设备,了解停车设施的使用情况,并根据这种实时情况对停车资源的利用做出一定的组织,以便更加有效地利用停车资源;对违反规定的停车行为进行监测并记录相关信息。

3.11

公铁交叉口协调管理　highway-rail intersection operations coordination

根据铁路部门提供的列车运行时刻表和维修计划等历史信息,以及实时的列车运行信息,对公铁交叉口进行监控,向驾驶员实时提供安全隐患警告或潜在紧急事件的警告,自动为道路交通提供交叉口关闭信息。

3.12

尾气排放监管　emissions monitoring

通过采取源头控制,加强车辆尾气排放检查力度,禁止排放超标车辆上路;沿途设置尾气排放检测点实时采集尾气排放数据,检测出排放超标的车辆;在车上安装尾气排放检测器,在排放超标时采取出自动报警等监测与控制措施。

4　客运管理

4.1

智能公交调度　intelligent transit dispatch and schedule

利用全球定位系统定位技术、无线通信技术、优化调度技术、系统集成技术等,通过对公交车辆监视,确定公交车辆的位置、运行状态和载客数量等情况,以及当前时刻的交通和道路状况,实现对公交运营车辆的实时监控和可视化调度,提高车辆的满载率和公交系统的运输能力。

4.2

公共交通应急协调调度　coordinated emergency transit dispatch

在紧急情况(例如,自然灾害、气候突变、军事攻击等)下,利用先进的信息、通讯和监控等技术实现救援请求信号的接收和响应,实现公交救援车辆调度并提供接续服务,同时协调各种城市公共交通运输方式(包括轨道交通)之间的联合运输,以保证安全、及时地运送乘客。

4.3

大容量快速公交　bus rapid transit

利用现代公交技术配合智能交通控制和运营管理,为大容量的公交车辆提供专用道路,在交叉口为车辆提供信号优先,保障公交车辆能快速地运送乘客。这是一种介于传统的轨道模式和公交模式之间的新型的地面公交运输系统。

4.4

公交一卡通　E-ticket

为代替现金付费方式,乘客只需要一张电子付费卡,就能在多种交通方式间(例如,公交、轮渡、地铁、轻轨和出租车)以及在停车等相关服务中支付费用。

4.5

电子站牌　electronic bus stop display

设置在公交车站,向候车乘客动态显示正在向本站行驶的运营车辆的状态及当前位置,预计到达时间、换乘信息以及其他公交运营信息的发布栏或显示载体。

4.6

多模式协调　multi-modal coordination

为旅客提供多种公交运输方式(例如,公共汽车、公共电车、地铁、有轨电车等)间和同种运输方式间的时间、地点等换乘信息,利用先进的通信、电子和多媒体网络技术,在路边、公交车站或站台上及公交车辆上等载体,为出行者提供交通信息服务,以方便旅客对其出行路线、方式和时间做出恰当的选择,能顺利地完成公交换乘。

4.7

旅客联运服务　inter-modal passengers transport

为长距离出行的旅客提供联运服务(包括公路、铁路、水运、航空运输等运输方式),包括提供联运旅行规划、联运旅行途中信息服务等内容。

4.8

出租车运营管理　taxi operation and management

利用先进技术,出租车公司和交通管理部门监视在道路系统中运营的出租车的位置、轨迹和载客的等运营情况,为出行者提供出租车呼叫服务,并具备遇险自动报警、管理者远程控制等功能。

5 货运管理

5.1

电子通关 electronic clearance

安装了电子标签或其他电子应答系统的载货汽车在行驶状态下接受对其安全状况、注册情况及重量等的检查,对性能安全、注册合法且无明显故障迹象的车辆获准通过检查关卡或卡车称重的通关手续。

5.2

货运车辆自动检测 truck automatic inspection

管理中心、路侧设施接收、处理车辆状况传感器输入的信息以及车辆的自检信息,对货运车辆及其所载货物信息的自动检测。

5.3

动态称重 weigh-in-motion

在不影响车辆正常运行的情况下,测量车辆的实际载重量,为交通管理机构、收费机构、执法机构以及路政机构等提供必要的数据。

5.4

集装箱运输管理 container transport management

根据采集的信息和交通管理要求,对集装箱运输进行管理。根据货源的情况,合理地对货运车辆进行安排和调度,制定完备的运营计划,提高货运的效率和安全,并专门制定对特种货物的运营计划,进行登记申请,对可能发生的紧急事件做预案处理的集装箱运输管理系统。

5.5

货物联运服务 inter-modal freight transport

通过集中收集公路、铁路、水运、航空运输等的货运资源、运输能力等动态信息,为货物的联运提供实时信息服务。

5.6

危险品运输管理 hazardous materials transport management

根据采集的信息和交通管理要求,对危险品运输进行的管理包括:危险品运营计划的制定,运输过程的实时跟踪,事故的预案等管理。

5.7

危险货物自动检测 hazardous cargo automatic inspection

能接收和处理货物状况传感器检测到的信息,向驾驶员、道路使用者与道路管理者发出所装危险品性质及运输路线信息公告,及时发现危险品运输过程中发生的紧急事件,并能发出相应通告信息。

6 交通信息服务

6.1

出行前信息服务 pre-trip information service

利用先进的信息技术,使出行者在出行前可通过多种信息终端,查询当前道路交通及公共交通的相关信息,如出行路径、出行方式、出行时间等,为出行者提供出行建议信息,为出行者的出行提供支持。

6.2

途中驾驶员信息服务 en-route driver information service

在出行途中,通过车载信息单元或者路侧动态交通信息显示装置,为驾驶员提供包括驾驶操作提示、实时交通状况、可选路线、路径诱导、车辆运行状态、事故警告等有助于驾驶员出行的信息服务,并可通过路径诱导系统对车辆进行定位和导航，为驾驶员提供最优行驶路线和辅助驾驶指令。

6.3

途中公共交通信息服务　en-route public transport information service

利用先进的通信、电子和多媒体网络技术，使处在出行途中的出行者在路边、场站内、站台上及车辆内，通过电子站牌、车内电子显示屏、语音提示系统、公交咨询服务电话、个人查询终端等多种媒体获取实时公交出行信息服务，以方便出行者在出行途中能够对出行路线、方式和时间做出恰当的调整。

6.4

个性化信息服务　customized information service

出行者通过交通咨询电话、互联网、手机以及个人便携装置等信息查询方式，提出用户特定的信息需求，得到定制化的、全面的、综合性的交通信息。

6.5

可变情报板　variable message sign，changeable message sign(VMS，CMS)

可变情报板是指设置在道路沿线，动态显示文字、数字或符号，向驾驶员发布最新交通运行状况、道路条件、交通设施使用状况、提供路径诱导、气象和环境条件等交通信息的外场显示板式信息设备。

6.6

可变标志　variable sign

一种显示图案可变的交通标志，包括可变车道控制标志及可变限速标志等。

6.7

路径引导　route guidance

利用先进的信息技术，为驾驶员提供交通管制信息、拥堵信息、道路施工情况、附近停车场、加油站等出行信息，提出建议行驶路线，引导驾驶员选择最佳路径，减少车辆在路网中的滞留时间，从而缓解交通压力。

6.8

车辆导航　vehicle navigation

在应用地理信息系统(GIS)技术、通信技术构造的路网数字化地图的基础上，运用定位技术进行车辆定位，确定最优行驶路线，为出行者提供静态的或实时的最优出行路线信息，并在出行过程中对驾驶员适时地进行路线指引。

6.9

交通广播　traffic broadcast

由广播电台发布，向出行者提供各种诱导信息、气象信息、定位信息等交通信息的无线电广播。

7　智能公路与辅助驾驶

7.1

智能公路系统　intelligent highway system

以公路系统智能化为基础，遵循道路基础设施与车载系统智能协调合作的理念，集成应用现代通信技术、自动控制技术、传感技术以及交通流理论等，实现驾驶员辅助驾驶以及特定条件下自动驾驶功能的系统，从而减少由于人工驾驶引起的交通问题，提高公路系统的安全性和运行效率。

7.2

辅助驾驶　driving assistance

利用传感探测技术、自动控制技术和通信技术，通过车载装置和路边设施的智能探测以及车-车和车-路通信手段，为驾驶员提供信息服务与支持、紧急情况下的预警和控制干预支持等功能，提高驾驶员出行安全和效率。

7.3

自动驾驶 automatic driving

利用传感探测技术、自动控制技术、通信技术和交通流理论等,通过车载装置和路边设施的智能探测、车-车和车-路通信手段、车辆自动操纵控制装置,在特定的道路上实现车辆自动运行。

注:自动驾驶也称为无人驾驶。

7.4

车路协作 vehicle-infrastructure cooperation

从系统的观点出发,基于无线通信技术、传感探测等技术进行车路间信息交互和共享,实现智能在车辆和基础设施之间的合理分配和平衡、车载装置和路上设施的智能协同和配合,达到优化利用系统资源、提高道路交通安全性以及智能公路系统整体功能的目标。

7.5

磁诱导 magnetic guidance

通过车载磁传感器实时检测车辆相对于磁性路标的相对位置和磁性路标编码信息,实现对车辆行驶线路的引导或控制。

7.6

车载雷达 in-vehicle radar

安装在车辆上的,用来探测车辆周边一定距离内静目标或动目标信息的传感器,种类包括毫米波雷达、激光雷达、红外线传感器、超声波传感器等。

7.7

车-车通信 vehicle-vehicle communication

利用现代通信技术实现行驶或静止车辆间的无线信息传输,为车辆间的信息交互、信息共享以及动作协调配合提供支持。

7.8

车-路通信 infrastructure-vehicle communication

利用现代通信技术,实现车载系统与路上设施间的无线信息传输,为实现车路协作提供基本的技术支持。

7.9

横向控制 lateral control

在自动驾驶车辆中,通过调节转向机构,对车辆在车道中的横向位置运动进行的自动控制,包括车道保持和车道变换控制等。

7.10

纵向控制 longitudinal control

对车辆在道路上的纵向运动进行的自动控制,包括车速和制动控制等。

7.11

车道保持 lane keeping

利用先进的车辆导航与诱导技术进行道路标识的有效可靠识别,综合运用车辆横向、纵向的自动控制技术等,实现车辆沿当前车道稳定行驶。

7.12

车道变换 lane changing

基于现代传感、信息和自动控制技术,通过对道路标识和相邻车辆的有效探测识别以及车辆横向、纵向的自动控制技术的综合运用,使车辆从当前车道自动驶入相邻车道。

7.13

车距保持 headway control

基于现代传感、信息和自动控制技术,通过对车辆速度和车辆间距的探测以及车辆纵向运动的自动控制,保持安全、合理的车辆间距行驶。

7.14

自适应巡航控制　adaptive cruise control

按照与前车的距离、自车的运动状态以及驾驶员的操作指令,通过对本车发动机、传动系统或制动器的控制实现与前车保持适当距离,为车辆在公路自由流交通状态下的运行提供纵向控制功能。

7.15

视野增强　vision enhancement

利用车载设备、运输信息和控制技术,通过对车辆周围特殊环境(如在黄昏黑夜、大雾或雾天等环境造成难以看清的障碍物等)的探测并以一定的形式提示告知驾驶员,可以加强驾驶员视觉的可知性,大大提高驾驶员对路况的观察及判断力。

7.16

纵向防撞　longitudinal collision avoidance

利用车载和道路基础设施探测技术、无线通信技术等,探测车辆前后方潜在的碰撞隐患或即将发生的碰撞事件,为驾驶员和周围车辆提供预警等辅助驾驶措施或纵向控制等自动驾驶措施,保持安全的车辆间距,防止车辆间、车辆与其他障碍物间的正面或追尾碰撞。

7.17

横向防撞　lateral collision avoidance

利用车载和道路基础设施探测技术、无线通信技术等,自动识别行车环境(如道路状况、路旁设施、其他车辆等),当车辆变换车道或发生横向偏离时,判别发生横向碰撞的危险程度,为驾驶员和周围车辆提供预警等辅助驾驶措施或横向控制等自动驾驶措施,保持安全的车辆横向间距,防止车辆间、车辆与其他障碍物间的侧面碰撞或侧面刮擦。

7.18

交叉路口防撞　intersection collision avoidance

在车辆即将进入或者通过有信号控制的交叉路口时,利用车载设备及通信系统所获取的信息,及时地将交叉路口的交通状况通知驾驶员,并根据需要辅助驾驶员对车辆进行控制或车辆自动执行防撞措施(其中包括纵向防撞、横向防撞以及纵横向综合防撞)。

7.19

自动公路系统　automated highway system

应用现代传感技术、通信技术、自动控制技术以及检测技术等装备车辆及公路系统,并通过车-路通信和车-车通信,达到自动控制车辆方向、速度、车间距等,从而使汽车以自由个体或编组形式自动行驶在专用车道内。

7.20

车辆自动编队　automated vehicle platoon

利用传感探测技术、自动控制技术和通信技术,通过车载和路边传感装置的智能探测及车-车通信和车-路通信,以及车辆自动操纵控制装置的自动控制,实现车辆间近距离组队跟踪的自动驾驶运行。

8　紧急事件与安全

8.1

交通事件　traffic incident

交通事件是指由于人、车辆、设施、环境之间的不协调导致正常交通秩序的突发性混乱的事件。

8.2

交通事件管理　traffic incident management

通过各种道路流量检测、监视和通信手段,及时获取发生交通事件的信息,协调道路使用者、道路运营管理部门、道路交通管理部门、紧急救援中心、消防队等对事件做出快速响应,避免对道路交通产生过大的影响,从而使损失降为最低的管理。交通事件管理主要包括如下过程:事件的预防、事件的检测、事件的确认、事件的响应、事后管理、事件的记录等。

8.3

紧急事件　emergency

在道路上非周期性、突然发生的使道路通行能力下降或影响交通安全或公共安全的事件,它具有突发性、破坏性和不可预见的特点,主要包括交通事故、车辆故障、货物散落、道路损坏和自然灾害等。

8.4

紧急事件识别　emergency identification

利用安全监控、自动检测等手段,对交通事故、车辆故障、道路损坏、自然灾害等紧急事件进行识别,获取紧急事件状态、事故车辆位置等信息。

8.5

紧急事件通告　emergency notification

紧急事件发生后,系统获取紧急事件信息,并向周围区域、车辆、相关部门及人员等发送的信息。

8.6

紧急事件响应　emergency response

利用现代通信和信号控制技术,在紧急事件发生时,根据当前采集到的实时信息(如紧急车辆的位置、交通状况、事件发生的位置及性质等),由紧急事件管理中心对紧急车辆进行合理调配,并通过控制信号为其提供适当的优先通行信息和路线诱导信息,从而使紧急车辆按最优行驶路线快速、安全到达现场,进行紧急救援活动等的管理。

8.7

危险品应急响应系统　hazardous materials emergency response system

危险品运输车辆发生事故时,能立刻确定事故的性质、地点及所运的危险品种类,估计出可能造成的影响,为执法和应急人员提供及时、准确的危险品种类的信息,以便对事故进行正确处理的系统。

8.8

紧急呼叫　emergency call

当发生紧急事件时,通过车载通讯系统、路侧紧急电话以人工或自动方式向监控中心发送紧急求援信号。

8.9

营运车辆安全监控　CVO safety surveillance and control

通过安装在路侧或营运车辆上的安全检测设备,对轮胎、制动系统、车灯等运营车辆状态、错位、滑移等货物装载以及疲劳、紧张等驾驶员的状况进行监测和分析,在危险的时候,提出预警信号,并在必要的时候进行自动控制。

9　电子收费

9.1

电子收费　electronic toll collection(ETC)

应用先进的技术手段,自动完成电子收费交易,实现在不停车条件下自动收取道路通行费。

9.2

组合式电子收费系统　combined ETC system

采用“两片式电子标签 + 双界面 CPU 卡”技术,将 CPU 卡作为带有 IC 接口的两片式电子标签的扩展存储介质并兼有通行券及支付介质的功能,从而使电子收费系统与人工非现金收费相结合的一种道路收费系统。该系统中,在设置有电子收费车道的站点,用户可以利用两片式电子标签以不停车的方式通过;在仅设置人工收费车道的站点,用户可以利用双界面 CPU 卡刷卡付费,以停车的方式通过。

9.3

单车道电子收费　single-lane ETC

在用收费岛或其他设施隔离出来的收费车道,应用电子收费技术自动完成对依次通过车辆的收费处理。

9.4

自由流电子收费　free-flow ETC

在没有物理隔离设施的收费公路上,应用电子收费技术自动完成对多条车道上自由行驶车辆的收费处理,此种方式称为自由流电子收费方式,也称为多车道电子收费方式或全电子收费方式。

9.5

自动车辆分类　automatic vehicle classification

利用安装在车道内和车道周围的各种传感装置测定过往车辆的特性参数,自动判别车辆类型。

9.6

视频稽查系统　video enforcement system

以抓拍图像的方式进行稽查的系统。

9.7

车载单元　on-board unit(OBU)

又称为电子标签、车载设备。安装在车辆内部(风挡玻璃或仪表台上)并且支持利用专用短程通信与路侧设备进行信息交换的设备,分为单片式和双片式电子标签。

9.8

路侧单元　roadside unit(RSU)

又称为电子标签读写器、路侧读写天线、ETC 天线、路侧设备。安装在收费车道门架上或收费岛立柱上的用于同过往车辆上的车载设备进行通信的天线及相应的控制设备。

9.9

用户卡　subscriber card

又称为非现金支付卡。在道路收费系统中,作为通行费支付手段的集成电路(IC)卡。根据应用方式的不同可以分为记账卡、储值卡和信用卡等类型。记账卡中记有用户标识等基本信息,每张卡在后台系统中有一对应的账户,电子收费交易时用户可用此卡在收费车道先行记账,消费后相应金额将从用户预付的账户中扣除(预付方式),或在约定时间与用户一并结算(后付方式)。储值卡在对应的用户账户中预存一定金额,卡中记有用户标识和储值信息。用户可用此卡在收费车道直接支付通行费用,其消费金额将从卡中扣除,同时修改用户后台备份账户中的余额。

9.10

黑名单　black list

禁止通过收费车道的非现金支付卡列表。当用户的预付款余额已经低于其最低使用限额,或其该卡已超过规定的透支限额时,该非现金支付卡将被列入黑名单。持有黑名单非现金支付卡的用户将禁止通过收费车道。

9.11

交易　transaction

在道路收费设施(路侧设备)与用户(车载设备)之间通过专用短程通信进行的,为完成一次电子收费操作所必需的全部信息交换过程。

9.12

电子收费服务提供商　ETC service provider

接受用户的付费并提供相应的电子收费服务给用户的公司、机构或抽象实体。

10 专用通信

10.1

专用短程通信 dedicated short range communication(DSRC)

专门用于道路上行驶中的车辆的、车与车或车与道路之间的、通信距离有限的通信方式,主要包括车载单元与路侧单元以及车载单元之间的信息交换,它是智能运输系统领域中的基础通信技术之一。

10.2

窗口 window

物理媒体被路侧设备分配给路侧设备使用(下行链路窗口)或车载设备使用(公共或专用上行链路窗口)的时间段。路侧设备发送信息的时段称为下行链路窗口;车载设备可以发送信息的时段称为上行链路窗口。

10.3

专用上行链路窗口 private uplink window

路侧设备分配给一个特定的预先寻址到的车载设备发送信息的时间段。

10.4

公共上行链路窗口 public uplink window

允许任何车载设备传送信息的时段。在该时段内,各个移动设备按照一定规则相互竞争来发送信息。

10.5

信标服务表 beacon service table(BST)

信标服务表定义了车载设备与路侧设备通信所必需的参数集。这些参数包括:传输媒体特征、帧长度、帧间隔长度、上行链路窗口长度、定时参数、计数器参数等。信标服务表由应用层(数据链路层用户)维护。

10.6

车辆服务表 vehicle service table(VST)

车辆服务表是车载设备的初始化内核对信标服务表的应答,它包括信标服务表中提供且已在车载设备中注册的所有服务的标识和进一步通信所使用的配置。

汉语拼音索引

英 语 索 引

中华人民共和国国家标准

GB/T 20606—2006

智能运输系统　数据字典要求

Intelligent transport systems—Requirements for data dictionaries

2006-11-07 发布　　　　2007-04-01 实施

1　范围

本标准规定了智能运输系统(以下简称 ITS)数据字典的术语、定义和缩略语、ITS 数据字典基本概念、ITS 数据字典的元属性以及一致性要求。

本标准用于指导 ITS 数据字典开发者和用户建立 ITS 数据字典。

2　规范性引用文件

下列文件中的条款通过本标准的引用而成为本标准的条款。凡是注日期的引用文件,其随后所有的修改单(不包括勘误的内容)或修订版均不适用于本标准,然而,鼓励根据本标准达成协议的各方研究是否可使用这些文件的最新版本。凡是不注日期的引用文件,其最新版本适用于本标准。

GB/T 18391.1—2002　信息技术　数据元的规范与标准化　第 1 部分:数据元的规范与标准化框架

GB/T 18391.5　信息技术　数据元的规范和标准化　第 5 部分:数据元的命名和标识原则(GB/T 18391.5—2001,idt ISO/IEC 11179-5:1995)

3　术语、定义和缩略语

3.1　术语和定义

下列术语和定义适用于本标准。

3.1.1

数据字典　data dictionary

涉及其他数据应用和结构的数据的数据库,即用于存储元数据的数据库。[GB/T 18391.1—2002,定义 3.13]

3.1.2

数据登记簿　data registry

对某一领域所有数据元素和该领域已经正式列入和建立应用的其他数据概念的逻辑上集中的登记。是该领域的共享数据参考。数据登记簿可包含在任何应用系统中不直接表示为数据元素但有助于信息交换和数据再利用的抽象数据概念,这种信息交换和数据再利用既来自用户的观察,也用于数据元素的转换。

3.1.3

功能域数据字典　functional-area data dictionary

用于标准化同一功能域和同一功能域内应用领域的数据元素句法和语义的数据字典。

注:功能域数据字典的内容包含从特定应用数据字典中提取或合成的内容,主要是以逻辑应用数据元素的形式。

3.1.4

特定应用数据字典　application-specific data dictionary

用于规范特定 ITS 应用的数据字典。

3.1.5

外来数据字典　foreign data dictionary

非 ITS 领域开发的数据字典。

3.1.6

数据　data

对静态或动态对象的形式化表示,适用于人或机器进行通信、解释或处理。

3.1.7

概念　concept

在一组实体的共性基础上抽象出来的思想。[GB/T 18391.1—2002,定义 3.10]

3.1.8

数据概念　data concept

能以数据形式表示,且与任何特定的表示法无关的一种概念。[GB/T 18391.1—2002,定义 3.15]

3.1.9

数据元素　data element

用一组属性描述定义、标识、表示和允许值的数据单元。[GB/T 18391.1—2002,定义 3.14]

示例:"路线.公交_车站_位置"。

3.1.10

数据元素概念　data element concept

能用物理方式表示的与值域无关的数据元素中所含相关概念的表达。

示例:"路线.公交_车站"。

3.1.11

通配特性域　generic property domain

一个特性和一个值域的配对表达,与任何使之关联的实体类型无关。

示例:"车站_位置"。

3.1.12

实体　entity

任何具体或抽象的事物,包括事物间的联系。[GB/T 18391.1—2002,定义 3.30]

3.1.13

实体类型　entity type

ITS 数据字典中用于表示一个实体的结构。

3.1.14

特性　property

实体的所有个体所共有的某种性质。[GB/T 18391.1—2002,定义 3.48]

示例:"车站",该特性可能与以下实体类型相关:"路线.公交"和"路线.出行者"。

3.1.15

值域　value domain

允许值的集合。[GB/T 18391.1—2002,定义 3.75]

示例:"高速公路车道数",数据类型为整型,有效值范围是 1~99。

3.1.16

属性 attribute

实体的一种特性。

3.1.17

元 meta

表示所述实体的上一层抽象的词。

3.1.18

元属性 meta-attribute

数据概念的文档特征。

3.1.19

元数据 metadata

定义和描述其他数据的数据。

3.1.20

数据类型 data type

基于能在数据元素上进行的操作对用于采集编码数据元素值的字母、数字和(或)符号的分类。

示例:"整型"。

3.1.21

名称 name

人们用作识别数据元素和其他数据概念的手段的索引词。

3.1.22

分类方案 classification scheme

基于实体的共性将其排列或分组。

3.1.23

标识符 identifier

与语言无关的指向特定数据概念的手段。

3.1.24

实例 instance

属于特定实体类型的某一实体的个体值。

3.1.25

语义学 semantics

有关词义注释的语言学分支学科(韦氏)。[GB/T 18391.1—2002,定义 3.64]

3.1.26

句法 syntax

语言表述的结构,以及支配语言结构的规则。字符或字符间的各种关系,这些关系与字符或字符组的含义、解释和使用方式无关。[GB/T 18391.1—2002,定义 3.70]

3.1.27

ASN.1 类型赋值 ASN.1 TypeAsignment(::=)

ASN.1 赋值语句。表示::=左边的项被赋予::=右边的定义。

示例:见附录 D。

3.2 缩略语

下列缩略语适用于本标准。

ASC——自适应信号控制器 actuated signal controller

AVI——自动车辆识别 automated vehicle identification

AVL——自动车辆定位　automated vehicle location

DMS——动态信息标志　dynamic message sign

DSRC——专用短程通信　dedicated short range communications

EMS——紧急事件管理系统　emergency management system

ETTM——电子收费和交通管理　electronic toll and traffic management

GIS——地理信息系统　geographic information system

GPS——全球定位系统　global position system

HAR——高速公路咨询广播　highway advisory radio

ITS——智能运输系统　intelligent transport systems

4　ITS 数据字典基本概念

4.1　数据元素

数据元素构成数据字典的基本内容,数据元素应由以下 3 种数据概念组成,见图 1,从其他应用领域中引入的数据元素应进行转换以符合本标准:

——实体类型;

——特性;

——表示类术语。

示例:"路线.公交_车站_位置"。

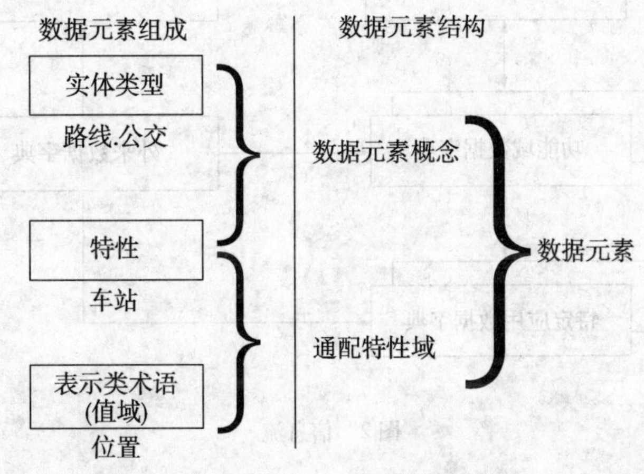

图 1　数据元素组成与结构

4.2　各种数据字典及其之间的关系

4.2.1　通则

本标准确定 3 种数据字典,包括特定应用数据字典,功能域数据字典和 ITS 数据登记簿。

数据字典之间的不同与内容的广泛度和深度、用于描述内容的元属性的数量和形式以及各种数据字典中数据管理与控制水平和程度有关。技术上的区别在于数据字典的目的和用途。

4.2.2　特定应用数据字典

一个基于特定应用的数据字典包括在其物理操作环境下和与其他应用进行交换的 ITS 应用数据元素,例如交通管理功能域中的交通信号控制系统可能有对应于其特定的应用背景的数据元素名称、表示格式等。特定应用数据字典定义的至少是数据元素元属性的最小集合。

注:来自外来数据字典的数据元素可通过相关的 ITS 特定应用数据字典引入 ITS 标准化程序。

4.2.3　功能域数据字典

功能域数据字典应规范给定功能域上应用的数据元素句法和基本语义,功能域数据字典是特定应用数据字典内容上的提取合成,还包括诸如数据元素概念和实体类型的规范。功能域数据字典要求具有本标准所规范数据元素的必选元属性的完整集合。

注:来自外来数据字典的数据元素可通过相关的ITS功能域数据字典引入ITS标准化程序。

4.2.4 ITS数据登记簿

ITS数据登记簿是对所有ITS数据元素和ITS领域已经正式列入和建立应用的其他数据概念的逻辑上集中的登记,是ITS领域的共享(共有)数据参考。ITS数据登记的目的是通过记录数据概念的准确定义支持ITS功能域(即在相关的ITS子系统及其应用系统中)数据和数据概念的准确交换和再利用。

ITS数据登记簿包括所有数据元素和属于各种功能域数据字典主题的其他任何数据概念,以及跨越几个ITS功能域的任何一般数据概念。数据登记簿包含对功能域数据字典和一些特定应用数据字典中内容的制定。数据登记簿的内容遵守严格的注册和结构管理过程,以保证其数据内容的质量和完整性。对特定应用数据字典而言,采用和再利用数据登记簿中的数据概念非常有益。

图2描述的是以下(数据字典之间的)信息(即数据概念)交换:

——在数据登记簿、功能域数据字典和特定应用数据字典之间;

——在从特定应用数据字典通过功能域数据字典到数据登记簿的信息流中,包含ITS数据字典中的外来数据元素;

——在ITS数据登记簿和外来数据登记簿的协调(配合)中。

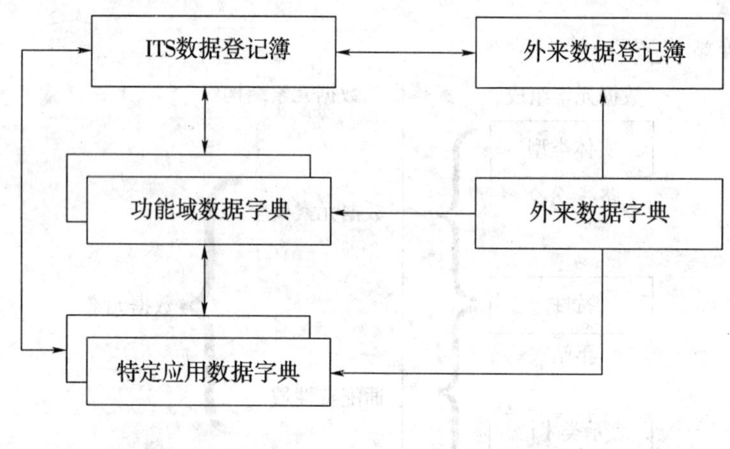

图2 信息流

5 ITS数据字典的元属性

5.1 导言

本章是所有ITS数据字典中数据概念所要求的元属性的形式规范。元属性(如叙述名)和数据概念(如数据元素、数据元素概念、实体类型、特性、值域)的对应关系见5.2.2和5.3.3中的表1和表2。

本章是对适合功能域数据字典的元属性的标准规范,每个元属性有一个正式定义加可选的非规范性描述文本、特性说明和非规范性示例(必要或有用时),对各组定义之后,用一张摘要表列出其所用于的数据概念以及这些元属性是否必备、可选、条件选或指定条件选等符号标注。

5.2 基本元属性

这些元属性是在功能域数据字典层次上用于描述所有ITS数据概念的基本描述性元属性。

5.2.1 基本元属性规范说明

5.2.1.1 叙述名

定义:用于标识一个数据概念的一个或一组词。

描述:叙述名表明数据概念的意义以便理解其语意,叙述名的构造应遵守附录 A 的规定。

示例:事件＿响应计划类型_代码。

5.2.1.2 叙述名语境

定义:指定与该叙述名相关的 ITS 应用领域。

描述:该元属性的合法值为以下 ITS 应用领域名称:管理交通,管理运输,管理紧急事件服务,管理商用车辆,提供驾驶员和出行者服务,提供电子付费,提供车辆监控以及系统规划支持与实施等。如果一个元属性与一个以上的应用领域相关,则将其叙述名语境定为“ITS”。

示例:提供驾驶员和出行者服务。

5.2.1.3 定义

定义:以通俗的语言表达数据概念的本质意义并帮助人们区分其他数据概念的叙述。

示例:术语“事件_响应计划类型_代码”的定义是“用于标识确定为响应公路事件的计划类型的代码”。

5.2.1.4 公式

定义:以数学形式表示数据概念的语意的规则或其他表达式,有时是确定一个值域的合理值的机制。

示例:速度 = 距离/时间。

5.2.1.5 来源

定义:数据概念的来源。

描述:数据元素或其他数据概念的初始来源。

5.2.1.6 类名

定义:将数据元素进行有意义的归类而确定的组名。

描述:对于数据元素的分类(类别),类名的有效值应为附录 B 中所列名称,附录 B 还包括为此而开发的分类方案,其他分类方案作为该方案的补充来使用(如在通信领域中可能有将数据元素作为对象的其他分类方案),每个类名都应有确定此名称的一个分类方案名和相应的分类方案版本,多分类名称的使用规则在附录 B 中给出。

示例:交通控制。

5.2.1.7 分类方案名称

定义:包含类名的分类方案的标识符(如名称或数字)。

示例:ITS 分类方案。

5.2.1.8 分类方案版本

定义:包含类名的分类方案的版本号。

示例:第一版。

5.2.1.9 数据概念类型

定义:对数据概念的分类。

描述:数据概念类型的有效值为:实体类型,特性,值域,数据元素概念,通配特性域和数据元素。

示例:数据元素。

5.2.1.10 关键词

定义:用于搜索、获取或检索一个数据概念的标志词。

描述:关键词来自数据概念的定义,叙述名,类名或与该数据概念相关的其他元属性。

示例:线路,路段,结点。

5.2.1.11 相关数据概念

定义:以某种方式与所述数据概念相关的其他数据概念名称。

示例:与数据元素“事件_响应计划类型_代码”相关的一个数据概念为数据元素“事件_响应计划类型_文本”。

5.2.1.12 关系类型

定义:表达一个数据概念与其相关数据概念的关系实质的词或短语。

描述:对关系的非正式描述信息。

示例:实体类型"事故"和更一般的实体类型"事件"之间的关系类型为"其中一种"或"子类"。

5.2.1.13 备注

定义:与数据概念相关的注释或其他信息。

描述:该元属性的文本内容不受限制。

5.2.1.14 符号名

定义:在应用程序中使用的数据元素名称。

示例:数据元素叙述名"事件_安全_代码"在应用集中的符号名为"INCDNT_Svrty_cd"。

5.2.1.15 符号名惯用法

定义:符号名所对应的应用名称。

示例:交通管理事件监控器。

5.2.1.16 ASN.1 名称

定义:用 ASN.1 和命名规则表示的数据元素名称,在 ITS 业界应是唯一的。

描述:数据元素的报文规格名称。

示例:线路_方向。

5.2.1.17 表示格式

定义:数据元素,通配特性域或与数据交换相关的表示类术语(和适当的值域参考)的逻辑表示形式。

描述:详细的格式依赖于值域的数据类型。

注:用 ASN.1 语法确定最小和最大值。

示例 1:"旅行_起航_时间"(数据类型为 IA5 字符串)的表示格式为"HHMMSS.ssss",其中"HH"为"时"(24 h 制),"MM"为"分","SS"为"秒",".ssss"为小数秒要求到几位。在"分"的精度适当的情况下,小数秒或小数秒和秒可以省略,"分"不能省略,但可以为零值。

示例 2:"事件_响应计划类型_代码"的表示格式可以是非负整型(0~255)。

5.2.1.18 约束

定义:本标准的其他元属性未明确表明的任何限制的任意文本叙述。

描述:可以包括应用硬件和软件约束。

示例:"事件_响应计划类型_代码"应包含可印刷字符。

5.2.1.19 值域

定义:关于数据元素或通配特性域值的一个规范而明确的物理表示格式。

描述:该元属性用来提供值域参考或规范明确的格式。推荐的 ITS 值域参见附录 C。

示例:表示类术语日期可按值域"YYYY-MMDD"表示,其中"YYYY"为年,"MM"为月(01 到 12),"DD"为月中的日(01 到 28,29,30 或 31),根据月份的不同而不同。

5.2.1.20 数据类型

定义:为数据交换规定的数据的类型。

描述:该元属性须为以下数据类型之一:

——布尔型;

——整型;

——位串型;

——八位字符型;

——无效值(空);

——对象标识符型;

——对象描述符型;

——实数型;

——枚举型;

——序列型；

——字符—UTF8 字符型；

——字符—数字字符型；

——字符—IA5 字符型；

——字符—BMP 字符型。

5.2.1.21　表示类术语

定义:某类值域的名称。

描述:推荐的 ITS 表示类术语规范参见附录 C。

示例:"日期"是表示类术语,其值域表示为"YYYY-MMDD"表示,其中"YYYY"为年,四位数,"MM"为月,两位数,"DD"为日,两位数。

5.2.1.22　有效值规则

定义:在应用表示格式(形式)和数据类型等的约束中,表达数据元素,通配特性域,或值域的许可合理实例规则的自然语言文本定义。

描述:有效值规则可以是"从…到…"的范围,也可以是一张表,一个函数或算法。

对于表来说,有效值的集合通过表中所列实例值(如名称,定义或数字)的枚举来确定。

示例 1:

交通_咨询_代码::=枚举{

事故　(1)

拥堵　(2)

封闭　(3)

弯道　(4)

警察干预　(5)

天气　(6)

}

示例 2:

路线_方向_代码::=IA5String("北"|"南"|"东"|"西"|"未知")。

示例 3:"天气_城市缩写词_文本"的有效值规则是"城市名称缩写为三个字母"。由于对城市名称的三字母缩写词没有相应的标准或表示类术语(和值域)参考,所以这是一个须由该数据元素实例创造者自行判断的规则。

示例 4:"线路.公路_平均速度公里每小时_比率"的有效值范围是 0~100,用 ASN.1 语法表示为:线路.公路_平均速度公里每小时_比率::=整数(0~100)。

5.2.2　基本元属性摘要表

表 1 定义了 ITS 功能域数据字典中的数据概念所要求的 5.2.1 中给出的基本元属性。功能域数据字典主要是记录数据元素。一个有效的功能域数据字典须并入集合中每个数据元素的所有必选元属性。此外,功能域数据字典还要包含其他数据概念的记录,如实体类型,特性,值域,通配特性域或数据元素概念。

表中第二列给出了元属性定义对应的条款号,接下来的六列给出了可在功能域数据字典中表述的数据概念,最后一列是有关该元属性及其与每个数据概念关系的注释。

在表的每个格中都有一个代码,表示特定行的元属性对于特定列的数据概念属于必选、可选、条件选或指定条件选。这些代码是:

"M"=必选。

"O"=可选。

"C"=条件选。条件选元属性依赖于可选元属性的使用。在使用它们所依赖的可选元属性时,需要条件选元属性。

"I"=指定条件选。指定条件选元属性依赖于独立于其他元属性的"如果"条件。若"如果"条件适用,则有“I”代码的元属性是必选的,否则不适用。

“N/A” = 不适用。

表1的注释列解释了每个条件选元属性或指定条件选元属性的性质,并提供了其他解释信息。

表1 基本元属性

元属性	子条款	数据概念						注释
		数据元素	数据元素概念	通配特性域	实体类型	特性	值域	
叙述名	5.2.1.1	M	I	I	I	I	I	“I” = 若数据字典中不包含数据元素数据则需要
叙述名语境	5.2.1.2	M	C	C	C	C	C	“C” = 子条款5.2.1.1选定时需要
定义	5.2.1.3	M	C	C	C	C	C	“C” = 子条款5.2.1.1选定时需要
公式	5.2.1.4	O	O	O	N/A	O	O	—
来源	5.2.1.5	O	O	O	O	O	O	
类名	5.2.1.6	M	O	O	O	O	O	数据元素至少需要一个附录B中的类名,允许有多个,规则见附录B
分类方案名称	5.2.1.7	M	C	C	C	C	C	“C” = 子条款5.2.1.6选定时需要。允许有多个
分类方案版本	5.2.1.8	M	C	C	C	C	C	“C” = 子条款5.2.1.6选定时需要。允许有多个
数据概念类型	5.2.1.9	I	I	I	I	I	I	“I” = 若数据字典中不包含数据元素数据则必选
关键词	5.2.1.10	O	O	O	O	O	O	允许有多个
相关数据概念	5.2.1.11	I	I	I	I	I	I	“I” = 若确定了相关数据概念则必选允许有多个
关系类型	5.2.1.12	C	C	C	C	C	C	“C” = 子条款5.2.1.11有值时需要。允许有多个
备注	5.2.1.13	O	O	O	O	O	O	—
符号名	5.2.1.14	O	N/A	N/A	N/A	N/A	N/A	允许有多个
符号名惯用法	5.2.1.15	C	N/A	N/A	N/A	N/A	N/A	“C” = 子条款5.2.1.14选定时需要。允许有多个
ASN.1名称	5.2.1.16	M	N/A	N/A	N/A	N/A	N/A	
表示格式	5.2.1.17	M	N/A	I	N/A	N/A	I	“I” = 若数据字典中有通配特性域或值域则需要
约束	5.2.1.18	O	N/A	N/A	N/A	N/A	N/A	—
值域	5.2.1.19	M	N/A	O	N/A	N/A	N/A	推荐值域参见附录C.2
数据类型	5.2.1.20	M	N/A	I	N/A	N/A	I	“I” = 若数据字典中有值域或通配特性域则需要。数据类型值见5.2.1.20
表示类术语	5.2.1.21	M	N/A	O	N/A	N/A	O	推荐表示类术语参见附录C.3
有效值规则	5.2.1.22	M	N/A	C	N/A	N/A	C	有效值规则可表示为范围,表,函数或算法
注:每个元属性只允许有单一值,有“允许有多个”特定标注的除外。								

5.3 管理元属性

5.3.1 导言

本条包含 ITS 数据字典所有管理元属性的定义,包括关于登记、结构管理和管理事务的元属性,用于 ITS 数据登记的所有内容。当来自某个功能域的数据概念提交上来进行 ITS 数据登记时,应将该数据概念的特定管理元属性列入该功能域数据字典中,以保证功能域数据字典与 ITS 数据登记簿之间的一致性和可追溯性。此外,相应功能域数据字典权威部门应选择使用合适的管理元属性来管理其功能域内的数据,这不仅用于数据元素,还用于作为功能域数据字典内容的其他数据概念。5.3.3 中的表 2,是对各种管理元属性的使用要求的规范说明。

5.3.2 管理元属性规范说明

5.3.2.1 数据概念标识符

定义:一个顺序分配的阿拉伯数字标识符,除序列概念之外无任何其他相关语义。

示例:39371。

5.3.2.2 数据概念版本

定义:表示数据概念的修订或改进的参考,一般不改变数据概念的语义内容或表示格式。

描述:建立的版本用来记录数据概念管理上的或次要的、非语义的/表达上的改变。

示例:第三版。

5.3.2.3 安全等级

定义:与数据概念相关的,使信息免受未经授权者访问的保护级别。

描述:这种保护与允许访问的数据概念的级别有关。

注:大多数安全问题是在特定应用环境中使用数据元素的情况下规范的,但如果是与数据元素或其他数据概念相关的一般安全问题,则安全信息可用该元属性来规范。

示例:用户自主保护级、系统审计保护级、安全标记保护级、结构化保护级、访问验证保护级等。

5.3.2.4 登记状态

定义:按数据概念在管理等级中的状态(或质量级别之间的临时管理状态)对数据概念指定的管理或质量级别。

描述:质量等级的登记状态的合法值为草案、临时认证、认证、临时推荐、推荐,功能域数据字典登记状态的合法默认值为“未登记”。

示例:未登记(未注册)。

5.3.2.5 登记日期

定义:数据概念最初登入 ITS 数据登记簿的日期,不管登入时它的登记状态如何,功能域数据字典登记日期的合法默认值为“未知”。

示例:19980913。

5.3.2.6 最新变更日期

定义:ITS 数据登记簿中所记录的数据概念的最新版本日期。功能域数据字典最新变更日期的合法默认值为“未知”。

示例:19981210。

5.3.2.7 最新变更者

定义:对数据概念进行最新变更者的访问名。功能域数据字典最新变更者的合法默认值为“未知”。

5.3.2.8 登记组织

定义:登记该数据概念的组织介绍。

描述:当功能域数据字典重复使用外来数据字典的一个数据概念时,此元属性记录外来数据概念的来源组织,若功能域数据字典已在 ITS 数据登记簿中记录,该元属性则记录 ITS 数据登记组织。其他情况下该元属性置空。功能域数据字典登记组织的合法默认值为“置空”。

示例:ITS 登记簿。

5.3.2.9 登记员电话号码

定义:经授权的登记员的电话号码[国家码、地区码(若有的话)、电话号码]。

描述:当一个包含于功能域数据字典的数据概念是已注册数据概念时,该元属性一般是 ITS 登记员的电话号码;但当在功能域数据字典中重复使用外来数据字典中的数据概念时,该元属性中记录外来数据概念登记员的电话号码。功能域数据字典登记员电话号码的合法默认值为“置空”。

示例:(+86)-10-66888866。

5.3.2.10 管理组织名称

定义:负责该数据概念的组织(机构)。

描述:负责管理所定义的数据主题域内数据概念的指定组织。

示例:ITE ATMS 工作组。

5.3.2.11 管理员电话号码

定义:经授权的数据管理员的电话号码[国家码(若有的话)、地区码(若有的话)、电话号码]。

示例:(+86)-10-66888866。

5.3.2.12 提交组织名称

定义:负责提交数据概念登记建议的组织。

描述:负责对数据概念进行确定、证明(表述)和提出登记建议的指定组织。

示例:交通管理数据字典项目组。

5.3.2.13 提交人电话号码

定义:提交人所在组织的电话号码[国家码(若有的话)、地区码(若有的话)、电话号码]。

示例:(+86)-10-66888866。

5.3.2.14 用户

定义:被授权访问数据字典者的访问名。

5.3.2.15 视域

定义:按照数据的主题域或应用领域对数据字典内容进行的逻辑分组。

示例:电子付费服务。

5.3.2.16 配置基准

定义:为进行数据概念的管理、控制和处理而正式建立的一个数据概念配置项集合。

描述:配置基准控制着数据概念的预备和分发的变化。功能域数据字典配置基准的合法默认值为“置空”。

5.3.2.17 别名

定义:与叙述名不同,但表示同一数据概念的名称。

注:只有必要时才引入别名,可能会非常有用,比如,当多个功能域数据字典并入 ITS 数据登记簿时,同一数据元素(由其语义或含义判断)可能会在不止一个功能域数据字典中出现,但却具有不同的叙述名,这时有必要从中选择一个(或创造一个中性名称)作为主要叙述名,再从剩下的名称中选择一个或几个名称作为别名。

示例:实体类型“小汽车”的一个别名为“轿车”。

5.3.2.18 别名语境

定义:与别名相关的应用领域的确定(指定)。

描述:该元属性的合法值为以下 ITS 应用领域名称:管理交通,管理运输,管理紧急事件服务,管理商用车辆,提供驾驶员和出行者服务,提供电子付费,提供车辆监控以及系统规划支持与实施。如果一个元属性与一个以上的应用领域相关,则将其叙述名语境定为“ITS”。

示例:提供车辆监控。

5.3.2.19 相关团体

定义:数据元素或其他数据概念的变更会影响的 ITS 功能域管理者(组织)。

示例:与数据元素 222948 相关的 ITE TMDD,电话:(+86)-10-66888866。

5.3.3 管理元属性摘要表

表2给出了ITS功能域数据字典数据概念的管理元属性要求。管理元属性在表的行中给出。表的第二列是定义每个元属性的条款号。接下来的六列是可在功能域数据字典中表述的数据概念,最后一列是有关该元属性及其与每个数据概念关系的注释。

在表的每个格中都有一个代码,表示特定行的元属性对于特定列的数据概念属于必选、可选、条件选或指定条件选。这些代码的释义见5.2.2。

表2的注释列解释了每个条件选元属性或指定条件选元属性的性质,并提供了其他解释信息。

表2 管理元属性

元属性	子条款	数据概念						注释
		数据元素	数据元素概念	通配特性域	实体类型	特性	值域	
数据概念标识符	5.3.2.1	O	O	O	O	O	O	—
数据概念版本	5.3.2.2	O	O	O	O	O	O	—
安全等级	5.3.2.3	O	O	O	O	O	O	—
登记状态	5.3.2.4	O	O	O	O	O	O	—
登记日期	5.3.2.5	O	O	O	O	O	O	—
最新变更日期	5.3.2.6	O	O	O	O	O	O	—
最新变更者	5.3.2.7	O	O	O	O	O	O	—
登记组织名称	5.3.2.8	I	I	I	I	I		“I”=若来源是外部登记簿则需要
登记员电话号码	5.3.2.9	I	I	I	I	I	I	“I”=若来源是外部登记簿则需要
管理组织名称	5.3.2.10	I	I	I	I	I	I	“I”=若数据概念的注册等级是“认证”或更高则需要
管理员电话号码	5.3.2.11	O	O	O	O	O	O	—
提交组织名称	5.3.2.12	O	O	O	O	O	O	—
提交人电话号码	5.3.2.13	O	O	O	O	O	O	—
用户	5.3.2.14	O	O	O	O	O	O	允许有多个
视域	5.3.2.15	O	O	O	O	O	O	—
配置基准	5.3.2.16	I	I	I	I	I	I	“I”=若数据概念在ITS数据登记簿中的处于以下登记状态:“临时认证、认证、临时推荐或推荐”则需要
别名	5.3.2.17	O	O	O	O	O	O	—
别名语境	5.3.2.18	C	C	C	C	C	C	子条款5.3.2.17选定时“C”=需要
相关团体	5.3.2.19	I	I	I	I	I	I	“I”=数据字典的变化会影响到其他的ITS功能域数据字典时需要

6 一致性

任何依据本标准的数据字典都应该执行第5章和附录A、附录B、附录C中所列出的元属性。功能域数据字典应遵循本标准。

在特定应用数据字典、功能域数据字典和ITS数据登记簿中,只要任何附加的元属性不与本标准中所列出的元属性重复,允许使用附加的元属性,见附录D。这种扩展不会影响ITS数据字典或ITS数据登记簿的一致性。

附 录 A
(规范性附录)
命名要求

A.1 命名

叙述名的表述应与数据元素或其他数据概念的定义结合进行。本附录叙述了确定数据元素和其他数据概念的叙述名、组成部分及其缩略语的要求。这些要求适用于整个ITS数据领域,并且与GB/T 18391.5推荐的命名要求一致。

叙述名是代表数据元素的业务含义的名称。叙述名经常是数据元素定义的梗概。缩略名称主要用作物理名称,亦指应用数据库环境中和应用程序接口或报文中的符号名称、内部名称或访问名称。

A.2 数据概念叙述名格式

A.2.1 制定规则

首先明确表述数据概念组成部分的名称。即,实体类型术语为实体类型名称,特性术语为特性名称(有时指"属性",如果没有明确的值域,属性经常与特性和表示类别混淆),表示类术语用于明确的表示格式。谨慎的表述数据概念或数据元素组成部分的名称(和其他元属性)可促进数据概念叙述名的一致性,有助于防止数据概念叙述名的重复确定(即对相同的数据元素或数据概念有不同的名称)。叙述名应是唯一的。

对数据概念叙述名,其命名规则有很多要求:固有名词、地名和连词都不能在叙述名中出现,在数据概念叙述名中不使用缩略语,除非名称有最大长度参数的要求。

A.2.2 实体类型术语

实体类型术语表示与数据元素相关的实体类型。实体类型是给定语域中需要(用数据元素)表示其信息的事物(如人、地点、过程、特性、对象、概念、关联、状态、事件等)。对于叙述名中的实体类型部分,推荐采用附录B分类方案表(表B.1)中的内容或采用功能域数据字典管理机构制定和保持的较低级别分类法中的内容。

数据元素名称的实体类型结构为:

实体类型.修饰词.修饰词

其中"实体类型"为实体类型名称,"修饰词"为修饰词或进一步对实体类型分类的词。尽管上述结构示例仅给出了两个修饰词,但是可使用任意数量的修饰词。例如,实体类型词"雇员.非全日"是实体类型非全日雇员的名称。

A.2.3 特性术语

特性术语表示所关注的数据元素相关实体类型的信息(即对实体类型"关注的某事")。所关注的信息可为关于实体类型的事实、命题或观察。

数据元素名称特性的结构为:

修饰词+特性

其中"特性"为关注信息的根特性词,"修饰词"为修饰词或对关注信息的基本性质进一步分类的词。特性术语可使用任意数量的修饰词。

A.2.4 表示类术语

表示类术语是明确指示数据元素实例值的格式及句法形式的词。

数据元素名称表示类术语须为附录C.2推荐的特定表示类名。表示类术语不得包含任何修饰词,例如,表示类术语"date"是日期的特定指示形式和格式的名称。

推荐的表示类术语和相关值域的引用文件在附录C中列出。对于给定的表示类术语,如果附录C只明确列出了一个值域引用文件(例如,数据元素中包含表示类术语"日期",且附录C对表示类术语"日期"只列了一个值域引用文件),则表示类术语"日期"即指特定的值域。对在附录C中没有对表示类术语规定单一值域的情况,在每个数据元素或通配特性域的值域元属性中,应当用这种表示类术语明确地标识出值域。如果在附录C中没有数据元素或通配特性域所需的表示类术语和相关值域,可使用用户定义的表示类术语及相关值域引用文件。新的表示类术语及相关值域和附录C的已有内容之间不得重复(如,对"日期"不得另行引入值域引用文件,也不得有与日期概念相同的其他表示类术语)。

A.2.5 数据元素名称格式

数据元素名称由实体类型、特性和表示类术语组成。

数据元素名称的结构为:

实体类型.修饰词.修饰词_特性_表示类术语

首先是实体类型,然后是特性(实体类型与特性之间用下划线分隔),再后是表示类术语(特性与表示类术语之间用下划线分隔)。

例如,数据元素名称"雇员.非全日_税前年薪_金额"是记录一位非全日雇员税前年薪的数据元素名称。

注:在报文规范(用ASN.1语法)中出现的数据元素的命名规则不同于ITS数据字典中数据元素叙述名的命名要求。ASN.1名称是数据元素的必选元属性。

A.2.6 数据元素概念名称格式

数据元素概念名称由实体类型和特性组成。

数据元素概念名称的结构为:

实体类型.修饰词.修饰词_特性

首先是实体类型,后跟特性(实体类型与特性之间用下划线分隔)。例如,数据元素概念名称"雇员.非全日_税前年薪"是一位非全日雇员税前年薪的数据元素概念名称。这种数据元素概念可与不同的表示类术语一同使用。例如,确定的值域与表示类术语"文本"或"代码"结合可产生不同的数据元素。

A.2.7 通配特性域名称格式

通配特性域名称由特性与随后的表示类术语组成。

通配特性域名称的结构为:

特性_表示类术语

首先是特性,后跟表示类术语(特性与表示类术语之间用下划线分隔)。例如,通配特性域"税前年薪_金额"是带有表示类术语金额的税前年薪额名称。该通配特性域可用于任何合适的实体类型(如退休人员、顾问等)。

A.3 缩略语

名称往往需要有缩略语,当叙述名长度需要减少形成符号名以适应特定的软件工具或约束环境(例如,计算机辅助软件工程工具,编程语言,数据库管理系统)时,就要用到缩略语规则的补充要求。

缩略语应是唯一的,即一个缩略语应只表示一个数据概念(即数据元素或数据元素名称的组成部分)。这样,如果缩略语的使用导致缩略语与已有缩略语相同,但表示不同的数据概念,则应变更其中一个(或变更两个)缩略语。表示类术语不得缩略。

缩略语不得为普通词。如果缩略语的首字母形成普通词,则应加减字母形成非普通词的缩略语。在名称缩略语中可使用首字母缩合词,首字母缩合词不得进一步缩略并须全部大写。

附 录 B
（规范性附录）
ITS 分类方案

表 B.1 列出了 ITS 分类方案中的类别。表格下面按每个类别在表格中的出现顺序给出了这些类别的简要叙述。至少每个数据元素均应将其中一个类作为其类名元属性（见 5.2.1.6）的值。ITS 本身应作为 0 级。功能域数据字典可在 3 级之下创建附加分类级别，但类名元属性应从本附录中出现的分类方案中取得。如果有多个分类适用于一个数据元素，则应对数据元素规定多个类名。当在 ITS 数据登记簿中加入数据元素的新类名时，应当有新的数据概念版本号（不是新的数据概念标识符或新的数据元素）、最新变更日期、新提交人（如果与以前的提交人不同）。

表 B.1 ITS 的类别

0 级	1 级	2 级	3 级
ITS	运输网络	路网描述/性能	路段
			结点
			交叉口
			干道
			多边形
			空间数据
			交通模型
			其他
		事件	—
		警报通告	—
		其他	—
	交通设施	公交设施	—
		交通管理设施	交通控制设备
			通信网络
			控制中心
			其他
		商用车设施	—
		应急设施	—
		停车设施	—
		设施管理机构	—
		其他	—
	用户信息	出行者信息	交通消息
			非交通性咨询
			天气
			污染状况

表 B.1(续)

0级	1级	2级	3级
ITS	用户信息	出行者信息	航空/铁路信息
			公交乘客信息
			高速公路咨询广播(HAR)
			用户反馈
			其他
		出行引导	路径
			其他
		黄页	—
		其他	—
	系统管理	交通管理	交通控制
			自适应信号控制器(ASC)
			动态信息标志(DMS)
			交通检测器
			匝道调节器
			门控制器
			环境传感器
			摄像头
			视频切换与监测器
			其他设备
		紧急事件救援管理(EMS)	响应
			状态
			应急协调
			呼救信号
			其他
		城市公共交通运营管理	行车时刻表
			(公交运营)控制中心
			公交事件
			场站管理
			其他
		客运管理	—
		货运管理	—
		交通基础设施管理	—
		其他	—
	交通收费	公共交通	收费
		电子收费	电子收费和交通管理(ETTM)专用短程通信(DSRC)
		其他	—

表 B.1(续)

0 级	1 级	2 级	3 级
ITS	车辆	客车	—
		公交车辆	车辆管理(车辆对象)
		车辆探测数据	—
		车辆自动定位数据(AVL)	—
		车辆自动识别数据(AVI)	—
		其他	—
	其他	—	—
注:“—”表示可以根据实际需求在该级附加分类。			

下面叙述了可能分到给定类别中的数据元素类型。但并不意味着对表中所用的 ITS 基本术语给出定义。

a) 运输网络:该类别包括运输设施的地理信息系统及路网的所有数据。

1)网络描述/性能:该数据包括地理信息系统层以及路网特征的性能属性(如路段速度),地理信息系统层描述运输网络的所有特征。

i)路段:该属性描述路段及其性能。

ii)结点:该属性描述结点及其性能。

iii)交叉口:该属性描述道路交叉口。

iv)干道:该属性描述道路。

v)多边形:该属性描述区域。

vi)空间数据:该数据表示路网的位置属性。

vii)交通模型:该元素用于交通路网运行建模。

viii)其他:描述运输网络的其他特征。

2)事件:该数据元素与事件描述有关。

3)警报通告:该数据元素与路侧装置发出的警报有关。

4)其他:运输网络中的其他数据。

b) 交通设施:该类别包括设施的地理信息系统特征。

1)公交设施:公交设施的 GIS 特征(如公交车站位置)。

2)交通管理设施:交通管理设施(如线圈位置)的 GIS 特征。

i)交通控制设备:该装置处理用于协调各交通管理中心的控制信息。

ii)通信网络:通常含义上的通信网络。

iii)控制中心:该对象与公交车与公交控制中心间的接口有关。

iv)其他:其他交通管理设施。

3)商用车设施:商用车设施的 GIS 特征。

4)应急设施:应急设施的 GIS 特征。

5)停车设施:停车设施的 GIS 特征。

6)部门(机构):该数据元素与机构识别及来源识别有关。

7)其他:其他设施数据。

c) 用户信息:该类别为向出行者提供和用户反馈的信息。

1）出行者信息：该类别为出行者相关信息。

i）交通消息：经信息服务提供商处理的有关交通的信息，因而在某种程度上不同于交通管理系统发出的信息。

ii）非交通性咨询：（可能是信息服务提供商）向用户发送的关于非交通原因的事件信息，以及如何对事件做出反应的信息。

iii）天气：关于目前和未来天气状况的信息。

iv）污染状况：关于当地或地区广泛污染的信息。

v）航空/铁路信息：关于航空/铁路时刻表和/或目前正点状况的信息。

vi）公交乘客信息：该数据元素为对车辆自动定位和编排时刻表的基本输入进行处理得到的乘客信息。

vii）高速公路咨询广播：通过高速公路咨询广播向出行者提供信息。

viii）用户反馈：从交通信息服务的用户反馈给信息服务提供者的信息。

ix）其他：交通信息服务的其他相关信息。

2）出行引导：个性化旅行引导。

i）路径：个性化路径。

ii）其他：其他出行引导信息。

3）黄页：各种形式的黄页数据，静态和实时的。

4）其他：其他信息。

d） 系统管理：该类别为中心子系统创建和使用的信息。

1）交通管理：从交管系统向路侧装置或其他交管系统传送的数据。

i）交通控制：用于交管中心之间协调的控制信息。

ii）自适应信号控制器：传入和传出自适应信号控制器的数据。

iii）动态信息标志：来自和发向动态信息标志的数据。

iv）交通检测器：来自和发向交通检测器的数据。

v）匝道调节器：来自和发向路侧匝道调节器的数据。

vi）门控制器：来自和发向门控制器的数据。

vii）环境传感器：来自和发向环境传感器站点的数据。

viii）摄像头：该数据用于控制闭路监控。

ix）视频切换与监测器：来自和发向视频切换及监测设备的数据。

x）其他设备：来自和发向其他路侧装置的数据。

2）紧急事件救援管理：包括与紧急事件详情对应的协调数据，如响应和状态。以及出入紧急事件救援管理子系统接口的相关数据。

i）响应：事件响应的相关数据元素。

ii）状态：事件状态而不是其上述详情的相关数据元素。

iii）应急协调：紧急事件救援管理系统、交通管理系统或城市公共交通管理系统等之间的协调数据。

iv）呼救信号：传给用户的和用户传出的呼救信号状况相关数据。

v）其他：其他紧急事件救援管理相关数据。

3）城市公共交通运营管理：该类别为从公交管理子系统传给其他子系统的数据。

i）行车时刻表：包括公交时刻表非实时计算和公交系统运行的相关数据。

ii）（公交运营）控制中心：包括公交车辆至公交控制中心接口的相关对象。

iii）公交事件：包括与公交相关的独特的事件信息。

iv）场站管理：包括传入和传出公交场站管理系统的数据。

v）其他：城市公交运营管理的其他相关信息。

4）客运管理：包括客运管理的所有数据。

5)货运管理:包括货运管理的所有数据。

6)交通基础设施管理:传入和传出交通基础设施管理子系统的数据。

7)其他:其他系统管理数据。

e) 交通收费:该类别为电子支付的相关信息。

1)公共交通:该类别为公共交通的电子支付。

收费:收费与电子费用数据处理的相关对象。

2)电子收费:该类别为费用的电子支付。

电子收费和交通管理专用短程通信:包括电子收费和交通管理的专用短程通信数据。

3)其他:其他交通收费数据。

f) 车辆:该类别为所有车辆运营状态数据的相关信息。

1)客车:客车的相关信息(如车辆识别)。

2)公交车辆:公交车辆的相关信息。

车辆管理:公交车辆状态和性能参数的相关对象。

3)车辆探测数据:数据元素,比如车辆定位。

4)车辆自动定位数据。

5)车辆自动识别数据。

6)其他:其他数据。

g) 其他:其他信息。

附 录 C
(资料性附录)
ITS 值 域

C.1 总则

在本标准中用明确的抽象(即非物理)枚举法来规定值域,物理表示则通过对抽象枚举内容运用预选的编码规则获得。值域也是通过表示类术语来分类。本附录规定了某些通用值域的引用文件,这些文件应在 ITS 业界中使用。本附录还规定了用于 ITS 业界的数据互换的表示类术语及其缩略语的约束表。

定义:在 ITS 领域中对事物的某些信息的特定而明确的表示值的表达。

C.2 表示类术语及其值域

C.2.1 下列列出了表示类术语(见 5.2.1.21)及其缩略语应用于规范数据元素或通配特性域的值域,也用于命名值域本身。应避免使用任何其他表示类术语。表示类术语的缩略语不得进一步缩略。

C.2.2 某些表示类术语的描述中附有其通用值域的物理表示、编码、含义和/或格式的引用文件源。值域引用文件应用于所述值域的所有相关信息的互换。如果本附录对数据元素的值域未规定合适的引用文件,则可以使用任何合适的值域引用文件。在另外的值域引用文件与下面列出的值域引用文件之间不得有重复(例如,对值域“日期”不得使用另外的值域引用文件):

——金额(amt):以货币单位(如元和分)表达的货币值的数量。该表示类术语的明确值域应为 $$$$.cc,这里$$$$表示元所需的有效数字数目,cc 表示分。对非货币数值,使用表示类术语“数量”。

——代码(cd):由字母和数字组成的字符或符号(或字符串或符号串),表示特定的意义,例如,“T”表示“真”,“F”表示“假”。对使用该表示类术语的数据概念或通配特性域,在其值域元属性中应规定适用的明确的值域。

——日期(dt):用数字格式表达的特定日历日。对日期所规定的值域应符合 GB/T 7408,对日期表示类术语不得使用其他值域。

——标识符(id):用来对实体实例进行唯一标识的值。

——图像(img):图示或图片,诸如地图、示意图、图画、动画或图标。对使用该表示类术语的数据概念或通配特性域,在其值域元属性中应规定适用的明确的值域(例如,jpeg,mpeg,gif)。

——位置(ictn):地表、地上或地下的三维地理点。对纬度/经度/高度所规定的值域应符合 GB/T 16831,对位置表示类术语不得使用其他值域。

——号码(nbr):非计算性数字字符串或字母和数字组成的字符串,用来指定数据项,例如,序列号码、电话号码、街道号码、房间号码、社会安全号码。

——百分比(pct):用十进制数乘以 100 的数字格式表达的两数量之比。“百分比”表示类别的明确值域为 999.999,当然,数字整数部分和小数部分都需要有许多有效数字。这种百分比为正整数或负整数。

——数量(qty):用来进行计算操作的非货币性数值。“数量”表示类别的明确值域为所有实数或虚数的集合。

——比率(rt):以一个数量与另一个数量之比表达的数量计量单位,例如,“公里/小时”,“加仑/小时”,“美元/日”。“比率”的明确值域为正整数或负整数。在有效值规则元属性中,应规定使用该表示类术语的数据元素或通配特性域的特定比率。

——声音(snd):有明确的起止点的音频序列。在其值域元属性中,应规定使用该表示类术语的数据元素或通配特性域所适用的明确值域,如“wav.”。

——文本(txt):文字、字母、数字、字符串(格式化或未格式化),如街道名,或文件、报文、其他文档的内容。

——协调世界时(utc):在日历日中基于协调世界时的时间特定点,以术语小时、分以及(可选)秒、(可选)十分之一秒表达。

——GPS 时间校正(gps):在日历日中的卫星定位系统时间的特定点,从 1980 年 1 月 5 日夜/1980 年 1 月 6 日晨的 0 时开始,以术语秒表示。它可以与协调世界时不同,因为协调世界时是用跳动的秒的整数定期校正的。

附 录 D
（资料性附录）
ASN.1 信息对象规范

本标准定义了一些（特别是适用于功能域数据字典的）数据概念及其相应的元属性。功能域数据字典应以一致的格式来表述此信息，以方便读者。保证这种一致性的一种方法是将每一个元属性表述为 ASN.1 信息对象。为促进不同的功能域数据字典向一致性文件格式的转换，本附录提供了数据元素信息对象的形式规范，见图 D.1。其他数据可使用类似的信息对象规范表达，在这种规范中，类语句标识数据概念（例如，“VALUE-DOMAIN :: = CLASS”等）。

在本标准发布后，鼓励使用本信息对象规范作为文件编制的基础来开发功能域数据字典。在第 6 章中认可并指出，功能域数据字典可以包含其管理机构为满足本功能域的特殊需要而附加的元属性，任何这种标准元属性的扩充都应添加到规范的结尾。

```
DATA-ELEMENT :: = CLASS
{
    &descriptiveName                 IA5String(SIZE(0..162)),
    &descriptiveNameContext          IA5String(SIZE(0..64)),
    &definition                      IA5String((SIZE(0..65535)),
    &formula                         UTF8String(SIZE(0..255))OPTIONAL,
    &source                          IA5String(SIZE(0..255))OPTIONAL,
    &className                       IA5String((SIZE(0..255)),
    &chassificationschemeName        IA5String(SIZE(0..64)),
    &classificationschemeVersion     NumericString(SIZE(0..8)),
    &dataConceptType                 IA5String("Data Element")OPTIONAL,
    &keyword                         IA5String(SIZE(0..255))OPTIONAL,
    &relatedDataConcept              IA5String(SIZE(0..255))OPTIONAL,
    &relationshipType                IA5String(SIZE(0..255))OPTIONAL,
    &remarks                         IA5String(SIZE(0..65535))OPTIONAL,
    &symbolicName                    IA5String(SIZE(0..162))OPTIONAL,
    &symbolicNameUsage               IA5String(SIZE(0..64))OPTIONAL,
    &aSNName                         IA5String(SIZE(0..64)),
    &representationLayout            IA5String(SIZE(0..65535)),
    &constraints                     IA5String(SIZE(0..65535))OPTIONAL,
    &valueDomain                     IA5String(SIZE(0..64)),
    &DataType,
    &representationClassTerm         IA5String(SIZE(0..64)),
    &validValueRule                  IA5String(SIZE(0..65535)),
—the following meta-attributes may be documented for registration within a functional-area data dictionary:
    &dataConceptIdentifier           INTEGER      UNIQUE     OPTIONAL,
    &dataConceptVersion              INTEGER                 OPTIONAL,
    &securityClass                   IA5String(SIZE(0..255)) OPTIONAL,
    &registrationStatus              IA5String(SIZE(0..64))  OPTIONAL,
    &dataRegistered                  NumericString(SIZE(8))  OPTIONAL,
    &lastChangeData                  NumericString(SIZE(8))  OPTIONAL,
    &lastChangeUser                  IA5String(SIZE(0..255)) OPTIONAL,
```

图 D.1

```
        &registrarorganization              IA5String(SIZE(0..255))      OPTIONAL,
        &registrarPhoneNumber               NumericString(SIZE(0..20))   OPTIONAL,
        &steWardOrganizationName            IA5String(SIZE(0..255))      OPTIONAL,
        &steWardPhoneNumber                 NumericString(SIZE(0..20))   OPTIONAL,
        &submitterOrganizationName          IA5String(SIZE(0..255))      OPTIONAL,
        &submitterPhoneNumber               NumericString(SIZE(0..20))   OPTIONAL,
        &user                               IA5String(SIZE(0..64))       OPTIONAL,
        &view                               IA5String(SIZE(0..255))      OPTIONAL,
        &configurationBaseline              IA5String(SIZE(0..255))      OPTIONAL,
        &synonymousDescriptiveName          IA5String(SIZE(0..64))       OPTIONAL,
        &synonymousDescrNameContext         IA5String(SIZE(0..255))      OPTIONAL,
        &relevantGroups                     UTF8String(SIZE(0..64))}     OPTIONAL,
}
WITH SYNTAX
{
        DESCRIPTIVE NAME                                    &descriptiveName
        DESCRIPTIVE NAME CONTEXT                            &descriptiveNameContext
        DEFINITION                                          &definition
        [FORMULA                                            &formula]
        [SOURCE                                             &source]
        CLASS NAME                                          &className
        CLASSIFICA TION SCHEME NAME                         &classificationschemeName
        CLASSIFICATION SCHEME VERSION                       &classificationschemeVersion
        [DATA CONCEPT TYPE                                  &dataConceptType]
        [KEYWORD                                            &keyword]
        [RELATED DATA CONCEPT                               &relatedDataConcept
        [RELATIONSHIP TYPE                                  &relationshipType]
        [REMARKS                                            &remarks]
        [SYMBOLIC-NAME                                      &symbolicName]
        [SYMBOLIC-NAME-USAGE                                &symbolicNameUsage]
        ASN NAME                                            &aSNName
        REPRESENTATION LAYOUT                               &representationLayout
        [CONSTRAINTS                                        &constraints]
        VALUE DOMAIN                                        &valueDomain
        DATA TYPE                                           &dataType
        REPRESENTATION CLASS TERM                           &representationClassTerm
        VALID VALUE RULE                                    &validValueRule
        [DATA-CONCEPT-IDENTIFIER                            &dataConceptIdentifier]
        [DATA-CONCEPT-VERSION                               &dataConceptVersion]
        [SECURITY CLASS                                     &securityClass]
        [REGISTRATION STATUS                                &registrationStatus]
        [DATE REGISTERED                                    &dataRegistered]
        [LAST CHANGE DATE                                   &lastChangeDate]
        [LAST CHANGE USER                                   &lastChangeUser]
        [REGISTRAR-ORGANIZATION-NAME                        &registrarorganization]
        [REGISTRAR-PHONE-NUMBER                             &registrarPhoneNumber]
        [STEWARD-ORGANIZATION-NAME                          &steWardOrganizationName]
        [STEWARD-PHONE-NUMBER                               &steWardPhoneNumber]
        [SUBMITTER-ORGANIZATION-NAME                        &submitterOrganizationName]
        [SUBMITTER-PHONE-NUMBER                             &submitterPhoneNumber]
```

图 D.1(续)

```
[USER                                 &user]
[VIEW                                 &view]
[CONFIGURATION BASE LINE              &configurationBaseline]
[SYNONYMOUS-DESCRIPTIVE-NAME          &synonymousDescriptiveName]
[SYNONYMOUS-NAME-CONTEXT              &synonymousDescrNameContext]
[RELEVANT GROUPS                      &relevantGroups]
}
```

图 D.1(续)

参 考 文 献

[1] GB/T 2260—1999 中华人民共和国行政区划代码
[2] GB/T 2261.1—2003 个人基本信息分类与代码 第1部分:人的性别代码
[3] GB/T 2659—2000 世界各国和地区名称代码
[4] GB/T 4880—1991 语种名称代码
[5] GB/T 7408—1994 数据元和交换格式 信息交换 日期和时间表示法
[6] GB/T 10114—1988 县级以下行政区划代码编制规则
[7] GB/T 12406—1996 表示货币和资金的代码
[8] GB 13000.1—1993 信息技术 通用多八位编码字符集(UCS) 第一部分:体系结构与基本多文种平面
[9] GB/T 14395—1993 城市地理要素 城市道路、道路交叉口、街坊、市政工程管线编码结构规则
[10] GB/T 16831—1997 地理点位置的纬度、经度和高程的标准表示法
[11] GB/T 18391.1—2002 信息技术 数据元的规范和标准化 第1部分:数据元的规范和标准化框架(ISO/IEC 11179-1:1999,IDT)
[12] GB/T 18391.2—2003 信息技术 数据元的规范和标准化 第2部分:数据元的分类(ISO/IEC 11179-2:2000,IDT)
[13] GB/T 18391.3—2001 信息技术 数据元的规范和标准化 第3部分:数据元的基本属性(ISO/IEC 11179-3:1994,IDT)
[14] GB/T 18391.4—2001 信息技术 数据元的规范和标准化 第4部分:数据定义的编写规则与指南(ISO/IEC 11179-4:1995,IDT)
[15] GB/T 18391.6—2001 信息技术 数据元的规范和标准化 第6部分:数据元的注册(ISO/IEC 11179-6:1997,IDT)
[16] IEEE 智能运输系统数据字典指南草案,V0.0.2 1997.10.12
[17] IEEE SI 10—1997 使用国际单位制的 IEEE/ASTM 标准
[18] ISO 3166-2:1998 国家及其分区名称的表示代码 第2部分:国家分区代码
[19] ISO 3166-3:1999 国家及其分区名称的表示代码 第3部分:国家曾用名称代码
[20] ISO/IEC FDIS 8824-2:1999 信息技术 抽象语句表示法一:信息对象规范(第2版)
[21] ISO/IEC FDIS 8824-3:1999 信息技术 抽象语句表示法一:约束规范(第2版)
[22] ISO/IEC FDIS 8824-4:1999 信息技术 抽象语句表示法一:ASN.1 规范的参数化(第2版)
[23] SAE J1761-1995 信息报告,ITS 名词和定义
[24] 韦氏新大学词典

中华人民共和国国家标准

智能运输系统　体系结构　服务

GB/T 20607—2006

Intelligent transport systems—Architecture—Services

2006－11－07 发布　　　　2007－04－01 实施

1　范围

本标准规定了智能运输系统的主要服务领域及服务的一般要求、参考模型及主要内容。

本标准适用于智能运输系统领域的开发、应用和实施，城市轨道、货物联合运输等方面可参照执行。

2　术语和定义

下列术语和定义适用于本标准。

2.1

智能运输系统体系结构　ITS system architecture

描述智能运输系统构成，确定功能模块，模块间交换的信息及通信协议和接口，亦称智能运输系统体系框架，或智能运输系统体系构架。

2.2

智能运输系统用户　ITS user

直接或间接接收或提供智能运输系统服务的人、系统或监测中的环境，可为ITS系统受益者、ITS系统使用者、ITS系统生产或运营者、利用ITS系统的交通管理者。

2.3

智能运输服务主体　ITS service providers

服务的提供者，它与智能运输系统用户是服务与被服务的关系。

2.4

智能运输系统子服务　ITS sub-service

面向一特定智能运输系统用户的产品或行为。

2.5

智能运输系统服务　ITS service

提供于智能运输系统用户的一个或多个相近或互补的子服务。

2.6

智能运输系统服务领域　ITS service domain

包含一个或多个服务的特定应用领域。

3　一般要求

3.1　ITS 服务领域

在执行过程中，ITS系统会因某区域机构而变化或可因参与者理解不同而变化。

ITS服务领域是ITS体系结构的最高概括，不描述与ITS系统应用相关的技术和功能。

例如ITS服务领域有：交通管理、交通信息服务、运输管理等。

3.2 ITS 服务

一项服务领域包含一个或多个类别的 ITS 服务。每类 ITS 服务可包含相关服务的多个实例，这些相关 ITS 服务实例的组合称为 ITS 服务。一个 ITS 服务由一个或多个提供给 ITS 用户的相近或互补子服务组成。

下面给出 ITS 服务特征及所含子服务内容：

a） 每项 ITS 服务均为与道路交通网络管理或信息相关的一特定行为，应从用户、运输方式的角度来划分子服务；

b） 服务的名称应反映所支持行为的类型（如出行前信息）；

c） 服务中的子服务应兼顾服务行为和服务对应的用户或运输方式的性质（如出行前公共交通信息）；

d） 层次表中每一级应在划分水平上保持一致。

3.3 ITS 子服务

ITS 子服务由面向一特定 ITS 用户的产品或行为组成，是 ITS 体系结构/系统的基本组成部分。

在构建 ITS 体系结构时，应采用统一的方式详细描述 ITS 子服务。通过分解 ITS 服务可得到子服务的详细描述。不同的角度可得到不同的描述结果。

4 ITS 体系结构服务层次参考模型

表 1 为 ITS 体系结构服务层次参考模型。

表 1 ITS 体系结构服务层次参考模型

服务领域	服务
1 交通管理	1.1 交通动态信息监测
	1.2 交通执法
	1.3 交通控制
	1.4 需求管理
	1.5 交通事件管理
	1.6 交通环境状况监测与控制
	1.7 勤务管理
	1.8 停车管理
	1.9 非机动车行人通行管理
2 电子收费	2.1 电子收费
	2.2 电子收费整合
3 交通信息服务	3.1 出行前信息服务
	3.2 行驶中驾驶员信息服务
	3.3 途中公共交通信息服务
	3.4 路径诱导及导航
	3.5 交通综合信息服务
	3.6 个性化信息服务
4 智能公路与安全辅助驾驶	4.1 智能公路信息提供
	4.2 安全辅助驾驶
	4.3 车辆自动驾驶
	4.4 车队自动运行

表1(续)

服务领域	服务
5 交通运输安全	5.1 紧急事件救援管理
	5.2 运输安全管理
	5.3 非机动车、行人安全保护
	5.4 交叉口安全管理
6 运输管理	6.1 运政管理
	6.2 公交运营管理
	6.3 长途客运运营管理
	6.4 轨道交通运营管理
	6.5 出租车运营管理
	6.6 货物运输运营管理
	6.7 特种运输管理
7 综合运输	7.1 客货运联运管理
	7.2 旅客联运服务
	7.3 货物联运服务
8 交通基础设施管理	8.1 交通基础设施监控与维护
	8.2 路政管理
	8.3 施工区管理
	8.4 高等级公路综合信息管理
9 ITS数据管理	9.1 数据采集与接入
	9.2 数据检验与存储
	9.3 数据加工处理
	9.4 数据共享与交换
	9.5 数据应用支持
	9.6 历史数据管理
	9.7 数据维护与更新
	9.8 数据安全

5 ITS服务领域

下面列出了9项ITS服务领域及简要描述:

——交通管理服务领域:对道路路网上车辆、出行者的行为进行有效管理。

——电子收费服务领域:以电子化方式收取交通相关费用。

——交通信息服务领域:以多种信息服务方式向用户提供全方位、综合性交通信息服务。

——智能公路与安全辅助驾驶服务领域:通过向用户提供报警和辅助驾驶或控制车辆运行等措施,加强车辆运行安全和效率。

——交通运输安全服务领域:对如交通事故、自然灾害、恐怖袭击等紧急事件做出响应;保护交通使用者安全,包括弱势人群。

——运输管理服务领域:通过对运输行业,包括城市公共交通、长途客运、货运等的行业管理、运营管理,加强政府行业监管能力,提高客货运输效率与服务水平。

——综合运输服务领域:加快多种运输方式间客/货运衔接转换,可包括对客货联运业务管理、旅客联运服务支持、货物联运支持等内容。

——交通基础设施管理服务领域:通过先进的监测、信息管理等手段,加强交通基础设施运营、管理效率,可包括路政管理、交通基础设施监测与维护、施工区管理、高等级公路综合信息管理等内容。

——ITS 数据管理服务领域:为 ITS 体系结构的数据中心,按一定标准规范对 ITS 多源异构数据进行接入、存储、处理、交换、分发,并面向应用服务,为实现部门间信息交换共享、信息服务提供支持。

ITS 体系结构的内容应适于最终使用,上述 9 项 ITS 服务领域的分类并不意味 ITS 体系结构均应遵循此分类,可根据特定需求进行调整。

6 各服务领域的 ITS 服务

ITS 服务是对第 5 章服务领域各部分的进一步描述,特别强调一项服务领域中行为类别的不同。下面按照各服务领域进行描述的服务不必强调特定的用户、运输方式或行为的对象;而体系结构的详细程度由服务所包含的子服务决定,以“子服务示例”的形式体现。这不仅使交通运营者可选择与其需求相关的子服务,而且还可定义更切合特定需求的项目或系统的体系结构。

6.1 交通管理服务领域

交通管理服务领域主要强调人、车、物在道路路网上的正常运行,可包括动态监测、基于道路路网实时事件信息的交通控制等决策(自动或人工),以及需求管理、交通执法、勤务管理、停车管理、非机动车及行人管理等内容。

6.1.1 交通动态信息监测

本服务包括利用先进的监测手段,收集道路交通相关信息,为交通管理、交通执法和科学研究等提供数据支持。

子服务例如:

——交通流数据检测;

——交通违章信息监测。

6.1.2 交通执法

本服务包括针对违反交通法规的事件信息,如闯红灯、超速、违章停车等,在不影响交通正常运行的前提下自动或人工执行相应的处理措施。

子服务例如:

——停车法规执行;

——车辆限载;

——环境保护法规执行;

——驾驶员和车辆牌照的管理。

6.1.3 交通控制

本服务包括利用技术和管理手段对交通流进行诱导与控制。包括对城市(如主干道、快速路)和城间(如公路、高速公路)道路等相关设施的控制。如控制方式有信号灯实时控制、感应式快速路/高速公路进出匝道控制、围绕交通事件或施工的动态路线调整、拥堵或交通事件情况下进行潮汐交通流控制(交通流车道方向控制)、可变车速控制。还可包括公共交通车辆和紧急车辆的优先通行控制,道路与铁路交叉口的监控等。

子服务例如:

——交通信号控制;

——特殊车道管理;

——快速路进出口控制;

——匝道控制；

——车速控制；

——区域性交通控制策略的制定和实施；

——交通控制和路线诱导的集成；

——特殊车辆信号优先控制。

6.1.4 需求管理

本服务包括影响出行需求的管理和控制策略的开发和应用。

通过一定的政策策略，如通过价格策略、地区访问控制和区域出入控制等，影响公众的出行需求水平和对不同运输方式的相对需求，以合理调节交通需求增长、出行方式结构和交通流的时空分布。

子服务例如：

——交通需求预测；

——可达性控制管理；

——拥挤价格管理；

——停车的动态控制和价格管理；

——交通环境质量管理。

6.1.5 交通事件管理

本服务根据获取的交通事件信息及道路实时信息，采取相应的交通管理措施，并与相关单位协调，减少事件对道路交通的影响，降低损失。

子服务例如：

——交通事件预防；

——交通事件检测；

——交通事件鉴别；

——应急交通管理措施实施及交通事件信息发布；

——交通事件事后管理；

——交通事件记录。

6.1.6 交通环境状况监测与控制

本服务对道路空气质量进行监测，可包括检测车辆尾气排放、空气质量等，并对超标车辆进行记录管理，其数据可为需求管理提供依据。

子服务例如：

——车辆排放检测与控制；

——交通总体污染控制。

6.1.7 勤务管理

本服务为满足特定活动的交通需求，如国事访问、大型活动等，实行特定的交通管理。可包括执行特殊的交通管制措施，保证特定车辆的顺利、安全通行，同时通知其他出行者，减小交通管制的影响。

子服务例如：

——勤务任务接收；

——勤务管理方案制定；

——勤务任务执行。

6.1.8 停车管理

本服务可包括通过停车需求预测、停车使用监测，管理并有效利用停车资源；记录违反法规的停车行为的相关信息，为执法提供依据。

子服务例如：

——停车设施的监控；

——停车需求的预测；

——停车资源的组织利用；

——违反停车规定的车辆监测。

6.1.9 非机动车、行人通行管理

本服务为根据行人和非机动车的通行特点和需求，结合机动车的通行需求，对行人和非机动车的通行进行一定的优先控制和限制。

子服务例如：

——非机动车、行人优先通行控制；

——非机动车、行人通行限制；

——非机动车、行人违章处罚。

6.2 电子收费服务领域

电子收费服务领域强调以非现金方式为主支付交通服务及设施的使用费用。

6.2.1 电子收费

本服务可包括以电子化的交易方式，向用户收取交通相关费用，如道路、桥梁和隧道通行费用，道路拥堵费用，有偿交通信息服务费用，停车费用，公共交通乘车费用等。

子服务例如：

——路桥隧不停车电子收费；

——路桥隧停车电子收费；

——泊车电子收费；

——公共交通电子收费；

——城市道路拥挤电子收费；

——增值交通信息服务电子收费。

6.2.2 电子收费整合

本服务可包括整合不同区域、不同运输模式间交通相关电子收费业务。

子服务例如：

——高速公路联网电子收费；

——公共交通"一卡通"收费。

6.3 交通信息服务领域

交通信息服务领域强调向出行者提供出行前、出行中所需的全方位、综合性信息。可包括提供静态和动态的交通网络相关信息、合乘计划、出行计划、车辆导航等服务。

6.3.1 出行前信息服务

本服务包括出行者出行前在家、单位、旅店和主要公共场所如购物中心等，通过多种信息终端获取道路交通及公共交通的相关信息，如当前交通状况信息、道路气象信息、主要的交通法规信息、收费信息、与出行者位置相关的公共交通车辆运行状况及位置信息、出行规划信息、合乘信息等。

子服务例如：

——出行规划服务；

——出行参考信息服务；

——合乘信息服务。

6.3.2 行驶中驾驶员信息服务

本服务包括向途中驾驶员提供交通相关信息，可包括施工区、收费、停车、事件、气象及其他运输方式信息等。

子服务例如：

——路网可达性信息服务；

——动态交通状况信息服务；

——停车信息服务；

——途中出行参考信息服务。

6.3.3 途中公共交通信息服务

本服务包括出行者在路边、公交车站、公交场站及公交车辆上，通过多种信息终端获取实时公交服务信息，如公共交通换乘信息等。

子服务例如：

——公共交通换乘信息服务；

——公共交通车辆运行信息服务。

6.3.4 路径诱导及导航

本服务包括向团体或个人提供至终点的最佳路线信息。最佳路线可考虑路网交通信息、公共交通信息并综合多种运输模式信息。

子服务例如：

——路径诱导；

——静态路径导航；

——动态路径导航；

——混合模式路径导航。

6.3.5 交通综合信息服务

本服务包括向出行者提供全面的、综合性的交通信息，可包括多种运输方式信息，与交通相关的停车、运输企业、车辆维修设施、餐饮、住宿、名胜古迹、购物中心等服务信息，交通法律、法规、政策规划及交通常识等。

子服务例如：

——车辆维修设施信息；

——交通法律法规信息。

6.3.6 个性化信息服务

本服务包括提供满足出行者定制需求的信息。其内容可涵盖6.3.1～6.3.5服务。同时能基于个人账户对服务所涉及的各项事宜进行管理。

子服务例如：交通信息短信服务。

6.4 智能公路与安全辅助驾驶服务领域

智能公路与安全辅助驾驶服务领域主要包括通过路侧和车载探测、通信和控制装置、驾驶员辅助支持、车辆运行控制等，加强车辆运行安全与效率。

6.4.1 智能公路信息提供

本服务包括利用道路基础设施和车载探测、通信和控制设备，采集并实时发布相关信息，如交通流、交通事件、车队状态、车辆安全状况、驾驶员身心状态、道路基础设施状态、气象条件等。

子服务例如：

——智能公路交通流状态监测；

——智能公路交通事件监测；

——智能公路车队状态监测；

——智能公路车辆安全状况监测；

——智能公路驾驶员状态监测；

——智能公路基础设施状况监测；

——智能公路气象条件监测；

——智能公路信息发布。

6.4.2　安全辅助驾驶

本服务包括利用道路基础设施、智能通信与信息系统、车辆智能控制系统，对车辆的横向防撞、纵向防撞、交叉口防撞、驾驶员视野拓展、碰撞前乘员保护、邻近车辆预警等提供支持。

子服务例如：

——横向防撞；

——纵向防撞；

——交叉路口防撞；

——视野拓展；

——碰撞前的危险监测及乘员保护；

——邻近车辆预警。

6.4.3　车辆自动驾驶

本服务包括通过道路基础设施、智能通信与信息系统、车辆智能控制系统的支持，实现车辆车道跟踪、车距保持、换道、巡航、定位停车等操作的自动化。

子服务例如：

——车道自动跟踪；

——车距自动保持；

——自动换道；

——自动巡航；

——自动定位停车。

6.4.4　车队自动运行

本服务包括在智能公路信息提供和车辆自动驾驶的基础上，实现多辆车的编组运行，并具备车辆自动核查进入及退出等功能。

子服务例如：

——自动核查进入；

——车辆编组运行；

——自动校验退出。

6.5　交通运输安全服务领域

交通运输安全服务领域强调加强道路路网上的安全管理，包括紧急事件救援管理、客货运输安全管理、非机动车及行人安全管理以及交叉口安全管理等。

6.5.1　紧急事件救援管理

本服务包括利用先进的检测设备和技术手段获取紧急事件信息，协调各部门迅速调集救援资源，实施救援。同时发出警告信息，避免二次事故发生。本服务可与“6.1.3　交通控制”服务相协调。

子服务例如：

——紧急救援请求；

——救援请求响应；

——紧急事件通告；

——紧急车辆调度与优先通行；

——紧急事件跟踪管理。

6.5.2　运输安全管理

本服务包括对交通运输实行过程监控，减少安全隐患；重大事故发生时可自动进行报警，同时提供自救方案；还包括对超载超限、危险品运输进行安全管理。

子服务例如：

——运输车辆及相关设施的安全监控；

——驾驶员的安全监控；

——运输途中紧急事件的报警；

——危险品运输管理；

——超载超限管理。

6.5.3　非机动车、行人安全保护

本服务着重于加强交通弱势群体（如非机动车、行人，特别是老年人、残疾人等）的安全保护，降低其受伤害的机率。本服务可与“6.1.9　非机动车、行人通行管理”服务相协调。

子服务例如：

——无障碍通行和自动引导；

——个人救援请求；

——车辆逼近报警。

6.5.4　交叉口安全管理

本服务通过交叉口监测和警示等设备和手段，如信号控制，减少交叉口的车辆碰撞事故发生，加强出行安全。

子服务例如：

——道路铁路交叉口安全管理；

——道路交叉口安全管理。

6.6　运输管理服务领域

运输管理服务领域强调通过对客货运输、城市公共交通运输的管理，包括行业管理、运营管理等，提高行业监管能力和客货运输效率及服务水平。主要包括运政管理、城市公共交通管理、长途客运管理、货运管理等内容。

6.6.1　运政管理

本服务主要包括整合政府各职能部门功能，实现申请审批、各职能部门间数据交换、异地车辆稽查、各种统计报表上报等，指导交通运输行业发展。

子服务例如：

——道路客运管理；

——道路货运管理；

——道路运输服务管理；

——车辆维修与检测管理；

——运政稽查管理。

6.6.2　公交运营管理

本服务主要强调通过各种技术和手段，加强对城市公交的运营管理。可包括：获取车辆实时位置和状态信息，以调整运行计划；监控公交车辆状态，如乘客实载率、发动机运行状况、轮胎压力等；利用公交计划系统保证不同运输模式（如公交车辆和轻轨）可靠、便捷衔接；对运营人员、运营费用进行管理。还包括提供用户实时租车、叫车服务等。

子服务例如：

——公交基础设施的监视维护；

——公交调度管理；

——公交车辆运行状况监视；

——公交经营计划（如人员管理等）；

——公交线网优化调整。

6.6.3　长途客运运营管理

本服务主要强调利用先进技术加强长途客运的运营、管理，可包括异地售票、网络化售票、客运车辆的遇险警示、警报通报等。

子服务例如：

——长途客运站站务管理；

——旅途中旅客信息服务。

6.6.4 城市轨道交通运营管理

本服务主要包括城市轨道交通的自动售检票、列车自动化控制等智能化管理。

子服务例如：

——轨道交通自动售检票；

——轨道交通列车自动化控制。

6.6.5 出租车运营管理

本服务主要包括利用先进技术，进行出租车预约、出租车的安全管理等。

子服务例如：

——出租车预约服务；

——出租车跟踪和安全管理。

6.6.6 货物运输运营管理

本服务主要强调对货物运输的管理。如及时通报货源的情况，合理调度货运车辆，制定完备的运输计划；提供货物查询；加强运输安全等。

子服务例如：

——货物的组织和管理；

——货运车辆组织与调度；

——货运场站的运营管理。

6.6.7 特种运输管理

本服务主要包括对特种运输的管理。如制定特种货物（如危险品以及超重、超大货物）的运输计划，跟踪运输过程，对可能出现的事故及时通报。本服务可与"6.5.2 运输安全管理"服务相协调。

子服务例如：

——路线的事先选定和登记；

——紧急事件的处理预案准备；

——特种运输监测；

——自动通告紧急事件。

6.7 综合运输服务领域

综合运输服务领域主要为客货多式联运提供支持，加快多种运输方式间客/货运衔接转换。

6.7.1 客/货运联运管理

本服务包括在道路、铁路、水运、航空或管道等多种运输方式间进行旅客/货物的数据交换处理，确定客货联运方案，开展客货联合运输；还包括提供客货联运途中运输应急替换方案。

子服务例如：

——旅客联运管理；

——货物联运管理；

——联运替代方案支持。

6.7.2 旅客联运服务

本服务包括为旅客出行提供道路、铁路、水运、航空等多种运输方式联运服务，如提供旅客联运规划服务、途中出行信息服务等。

子服务例如：

——旅客联运旅行规划；

——旅客联运途中信息服务。

6.7.3 货物联运服务

本服务包括为货物提供道路、铁路、水运、航空、管道运输等多种运输方式联运服务，如货物联运计划制定、途中货物跟踪查询等。

子服务例如：

——货物联运计划支持；

——货物联运途中动态跟踪查询。

6.8 交通基础设施管理服务领域

交通基础设施管理服务领域主要包括对交通基础设施建设、运营、维护等进行管理，提高交通基础设施运营、管理效率。

6.8.1 交通基础设施监测与维护

本服务主要对道路路基路面、桥梁隧道基础结构与附属设施、交通工程设施等交通基础设施进行监控维护管理，制定并实施管理维护计划。还包括对影响交通出行的气象及环境条件进行监测，如检测道路气象条件，包括雾、冰、雪、风、雨等；检测交通网络环境条件，如洪水、泥石流、落石等。

子服务例如：

——日常维护保养；

——专项工程养护；

——大修工程管理；

——意外情况下的抢修及应急恢复；

——绿化与环境保护；

——交通工程设施的维护管理（如机电设施、标识标志、交通管理控制设备等）；

——交通气象检测。

6.8.2 路政管理

本服务主要包括采用各种技术和手段加强路产、路权维护管理，进行公路路政的执法。

子服务例如：

——路产保护；

——路权维护；

——路政管理信息通报。

6.8.3 施工区管理

本服务主要包括施工区信息发布，引导施工作业区前后的车流；监控施工范围，对施工作业有效的组织和管理。本服务可与“6.1.3 交通控制”服务相协调。

子服务例如：

——施工区作业标志及设施管理；

——施工区内、外交通监控；

——施工区的信息发布。

6.8.4 高等级公路综合信息管理

本服务主要实现对高等级公路规划建设、综合养护、路政管理、运营管理等主要业务数据库的有效集成，向高等级公路管理的各类用户提供公用管理平台界面。

子服务例如：

——基础设施业务信息共享；

——基础设施业务数据操作；

——发布决策信息。

6.9 ITS 数据管理服务领域

ITS 数据管理服务领域强调对 ITS 多源异构数据进行管理，实现 ITS 数据共享交换，为应用服务提供数据支持。

6.9.1 数据采集与接入

本服务主要包括利用外场设备和其他数据采集设施获取需要的数据，并从政府管理部门、交通运输企业等 ITS 数据源接入数据。

子服务例如：

——交通流信息采集；

——交通气象信息采集。

6.9.2 数据检验与存储

本服务主要对多源数据的格式、内容等进行自动检验，鉴别错误数据，确保数据完整性，同时按一定标准规范进行存储。

子服务例如：

——数据预处理与校验；

——数据格式规范化。

6.9.3 数据加工处理

本服务主要运用数据分析工具对存储数据进行进一步加工处理，如数据统计、趋势预测、综合分析等，也可根据需要进行特殊的深层次加工处理，提高数据的饱满度和可用性。

子服务例如：

——数据融合；

——数据综合分析。

6.9.4 数据共享与交换

本服务主要为用户提供一定权限的数据交换通道和共享途径。

子服务例如：

——数据共享；

——数据交换。

6.9.5 数据应用支持

本服务主要针对特定应用需要，提取相关数据进行分析处理，为特定应用提供数据支持。

子服务例如：

——交通宏观战略决策数据支持；

——交通管理数据支持；

——公共交通数据支持；

——交通规划数据支持；

——紧急事件管理数据支持；

——交通信息服务数据支持；

——科学研究数据支持。

6.9.6 历史数据管理

本服务主要对需要长期保存的数据进行分类、归档，如交通流量历史数据、道路属性信息、交通管制、公交线路历史数据、客货运历史数据等。

子服务例如：

——历史数据分类；

——历史数据归档。

6.9.7 数据维护与更新

本服务主要包括定期对数据进行检查、修复、备份、补充新数据等常规性维护更新工作,保证数据的完整性、可用性和时效性。

子服务例如:

——数据维护;

——数据更新。

6.9.8 数据安全

本服务主要包括通过用户访问权限控制、身份认证、信息加密等安全保障技术,防止数据丢失、泄密、恶意修改,保证 ITS 数据的保密性、可用性、完整性和可靠性。

子服务例如:数据加密。

中华人民共和国国家标准

GB/T 20610—2006/
ISO/TS 14904:2002

道路运输与交通信息技术电子收费(EFC)参与方之间信息交互接口的规范

Road transport and traffic telematics—Electronic fee collection(EFC)—Interface specification for clearing between operators

2006-11-07 发布　　2007-04-01 实施

1 范围

本标准是关于道路运输和交通信息技术电子收费(EFC)中参与方之间信息交互接口,及其相关的公共消息结构框架和数据元素的规范。本标准制定的目的在于实现电子收费(EFC)中不同收费系统之间和不同运营方(如收费代理方、清分服务方和服务提供方)之间收费相关业务的数据交流。

本标准支持不同的应用:

——不同的付费模式(例如:预付费,后付费);

——多种运输种类和运输相关的服务(公路通行费、停车费、渡口、桥梁和隧道通行费、公共运输费、路径引导服务费及其他付款);

——各种运营服务(参与方间的协作);

——涉及上述不同收费应用的数据的安全性和保密性。

本标准不包括对监管过程及组织结构的定义,不适用于更高级别标准。

本标准不涉及非直接参与方,如政府,执法、立法等国家机构。

本标准运营模型是通用的,实际运营系统可在本标准中选择相应的接口框架。

2 规范性引用文件

下列文件中的条款通过本标准的引用而成为本标准的条款。凡是注日期的引用文件,其随后所有的修改单(不包括勘误的内容)或修订版均不适用于本标准,然而,鼓励根据本标准达成协议的各方研究是否可使用这些文件的最新版本。凡是不注日期的引用文件,其最新版本适用于本标准。

GB/T 17902.1—1999　信息技术　安全技术　带附录的数字签名　第1部分　概述

ISO/IEC 8825-1　信息技术　ASN.1 编码规则:基本编码规则(BER)、标准编码规则(CER)和差别编码规则(DER)的规范。

3 术语和定义

下列术语和定义适用于本标准。

3.1

分账　apportionment

服务提供方依照所提供的服务量,获得用户所支付的相应服务费用。例:公共汽车经营者根据运送客户的数量而获得相应的服务费用。

3.2

连锁服务　chained services

多种相关服务组合在一起形成连锁服务。连锁服务中对某些消费服务提供优惠或特权。优惠的前提通常基于用户先前消费服务的累积结果。

3.3

清分 clearing

清分是由清分服务方提供的一种服务:在一个收费系统中按照账目拆分原则和清算规则,将从用户处收取的服务费用,分配给各服务提供方。它体现了参与方间的商业协议关系。例如:服务提供方通过清分得到发行方收取用户的服务费用中应得的部分。

3.4

清分服务方 clearing operator(CO)

清分服务方收集一个或多个的服务提供方的交易信息,将单个服务提供方应得的交易金额划拨到该服务提供方,将多个服务提供方共同产生的交易金额在它们之间进行分账。

3.5

收费代理方 collection agent(CA)

收费代理方负责向用户介绍和推广付费的方式,并向用户收取服务费用以及收集用户的相关数据和信息。

3.6

合同 contract

两个或更多的参与方在一个收费系统中或若干个收费系统之间合作协议的说明。例如,用户合同是用户和服务提供方在有偿服务系统中的关系,在这种情况下合同确定了用户可使用的服务和应支付的费用。

3.7

电子钱包 electronic purse

货币的一种电子形式,以电子信息的形式存储在IC卡里,可以以安全认证的方式操作和储存,用于代替现金付款。

3.8

电子收费 electronic fee collection

又称自动收费,在服务提供方和用户之间的服务与付费过程不直接用现金进行交易,而是通过数据交换实施的,可以是现场实施的,如使用电子钱包;也可以是后台清分,如银行转账服务等。

3.9

监管方 enforcement operator

追查服务提供方所检举的违规行为。

3.10

收费系统 integrated payment system

涉及运营模型的金融系统,在这个系统框架中运营方之间和收费系统之间进行资金划拨和信息交换。

3.11

发行方 issuer(IS)

发行方是负责将服务提供方提供的各种服务销售给用户的实体,设计付款方法并向用户陈述、宣传,代理开户业务并收集与用户相关的用户特征信息。

3.12

参与方 operator

对各种实体如:清分服务方,收费代理方,服务提供方,监管方和可信任第三方的总称。

3.13

付费手段 payment means

通过发行方(或收费代理方)与用户之间的服务销售合同,规定的用户支付所获得服务费用的方法。如通过银行账户划拨服务费用或使用电子钱包现场付费等。

3.14

付费方式　payment method

付费手段、付费模式和付费范围的合称。

3.15

付费模式　payment mode

根据用户支付服务费用的时间分为预付费和后付费。

3.16

付费范围　payment scope

由服务提供方提供,由用户享受的交通运输或与交通运输相关部分的有偿服务范围,如全国或区域范围。

3.17

收费系统　payment system

包括从发行、收费、清分和交易整个业务流程在内的财务系统。

3.18

服务提供方　service provider(SP)

直接为终端用户提供服务,并且通过服务获得商业收益的实体,可以是个体的人、公司、公共资产所有者、运营方。如道路所有者将道路提供给车辆使用并收取通行费,个体出租车司机为乘客提供服务收取车资等。服务使用费在一些情形中可能为零,例如在紧急情况下的紧急交通工具。

3.19

清算　settlement

清算是由金融服务平台提供的一种服务,根据清分服务方提供的清分结果,将用户交付的服务费用,分配到各服务提供方的收款账户中,或者在多个收费系统中划拨资金。

3.20

可信任第三方　trusted third party

负责运营监管,系统和安全评估(包括安全密钥管理),以及发放许可。

3.21

用户　user(US)

根据合同条款享受服务提供方的各种服务并支付相应的费用的实体。用户一般通过收费代理方获取服务并支付费用。

4　参与方之间的清分接口

本标准规定了收费系统运营方之间的基本接口,见表1。(参见附录A和附录B)

表1　本标准涉及的参与方接口

参　与　方	本标准不适用的范围	本标准适用的范围
运营方与运营方	×	—
用户与服务提供方	—	×
收费代理方与用户	—	×

注:本标准所定义的接口规范可允许增设用于不同收费系统间整合或运行时所需的参与方之间的通信通道。

5 接口规范

5.1 目的

本节定义在各个参与要素之间进行数据交换时采用的通用消息格式。通用消息结构参见附录C中详细说明。

注：如果未对消息类、消息类型、发送ID、接收ID、消息ID进行特别说明，它们将采用标准定义。

5.2 消息结构

消息结构传输可遵从本标准定义，也可采用其他通信协议定义，如TCP/IP，XML/EDIFACT。

图1是电子收费(EFC)的相关协议数据单元的数据结构的一个范例。其中的数据对象可进行全局或单独加密。

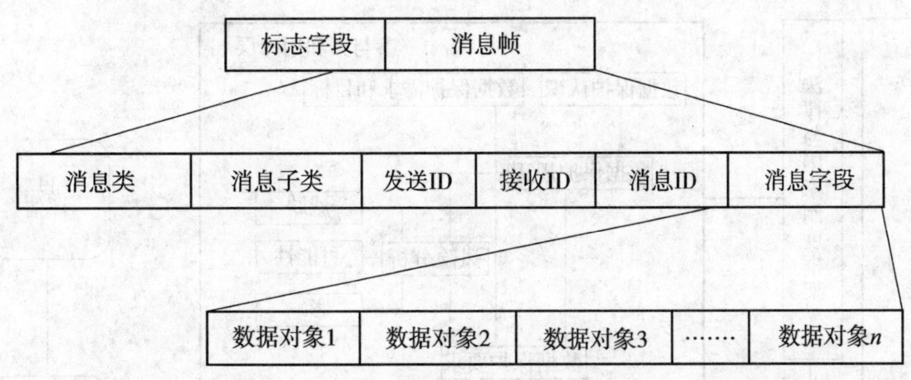

图1 消息结构

5.3 标志字段

标志字段是消息的开始部分，标志字段包含有版本号。版本号以数字类型表示，它标识了消息所采用的通讯协议版本。因为它存在于消息的第一个部分，接收方根据它判断传输数据所使用的协议版本。

注：ENV ISO 14904：1997 定义了消息通讯协议第一版。

5.4 消息帧

按照图1定义，参见附录C中详细说明。

5.5 数据安全

电子收费(EFC)系统的数据保密体系主要用于保护各参与方的利益，保证数据的可用性、机密性、完整性和不可抵赖性并防止泄露用户隐私。

系统中各参与方的相关数据对于其自身利益有着重要的意义。为达到涉及多个参与方的封闭系统的安全要求，本标准的接口规范考虑了在更高一级的收费系统中能适用，并且便于以后对规范的安全保密等相关项目进行补充。

消息中的保密数据和保密数据对象构成了保密数据体系。相关的数据安全特性如下：

机密性　　敏感数据应只可被授权方使用。除了易于修改的财务交易数据外，一些在同一接口进行传输的信息如交易量、运营类型、网络参数等也是敏感信息。在目前对保密要求越来越高的情况下这些信息也很敏感。

完整性　　数据应是完整的，能够侦测到任何未经授权的修改。(内容和消息顺序的完整)

认证　　数据和数据收发双方是经过认证的。(消息源认证、消息目标认证、对等实体认证)

不可抵赖性　　数据操作者参与了全部或部分数据交流后是能够确认的，不可否定的。应提供以下3个层次的确定性：

——确认发送方；

——确认正确传输；

——确认提交操作的操作者。

可用性　　授权用户可以得到所需数据。

审计　　通过使用时间变量参数,防止对数据的恶意破坏。能够说明数据的流程,如提供管理性的操作历史记录。

5.6 安全性和保密性

安全收费(EFC)系统强调数据的安全性和保密性,其体系结构中专门进行了数据保密体系设计。涉及用户个人的隐私资料在系统内部和系统之间(如参与方之间的清分)存储和处理的过程中不会泄露。

5.7 数据保护体系

图2所示模型阐述了数据保护模块的设计和运行主要元素之间的基本关系。

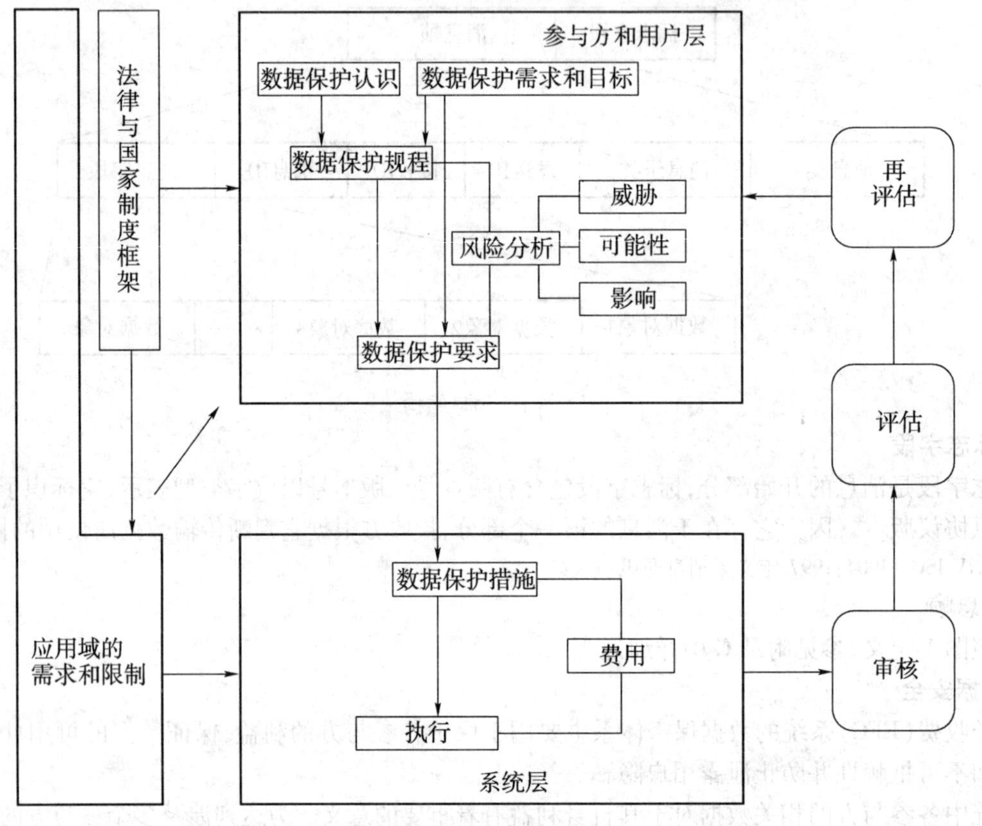

图2　EFC系统数据保护体系模型

图2中参与方和用户层的数据保密政策是根据系统总体需求、运营方和用户的要求、风险分析以及基本的数据保密原则制定的。

风险分析主要由对以下3部分的评估所构成:EFC系统数据安全的威胁要素,发生的可能性和发生的后果。它和数据保密措施、总体要求及目标一起详细定义了总体保密要求。

这些要求用来解决EFC系统中出现的问题,消除其影响。定义这些相应措施时按均衡原则考虑了应用域的限制和外部要求与执行这些措施的成本之间的关系。

确定系统数据保密政策和数据保密要求时要充分考虑法律法规、制度框架和应用域的限制和外部要求。

最后,在再评估过程中,对系统的运行进行审计,对风险及其可能性和影响形成评估报告。

5.8 数据保护方法

图3给出了数据保护的方法。

5.9 密钥及密钥管理

本节给出的密钥及密钥管理规则在结算过程中具有重要作用,应符合 GB/T 17902.1—1999 的规定。

5.9.1 密钥

在依赖于加密技术的电子收费系统中应保证密钥不被泄露、更改或删除。

一般而言,密钥以树型结构保存。上一级的密钥用于保护下一级的密钥;最下层的密钥用于提供安全服务。安全系统一般包含两类密钥:

a) 用于加密数据的密钥;

b) 用于加密密钥的密钥。

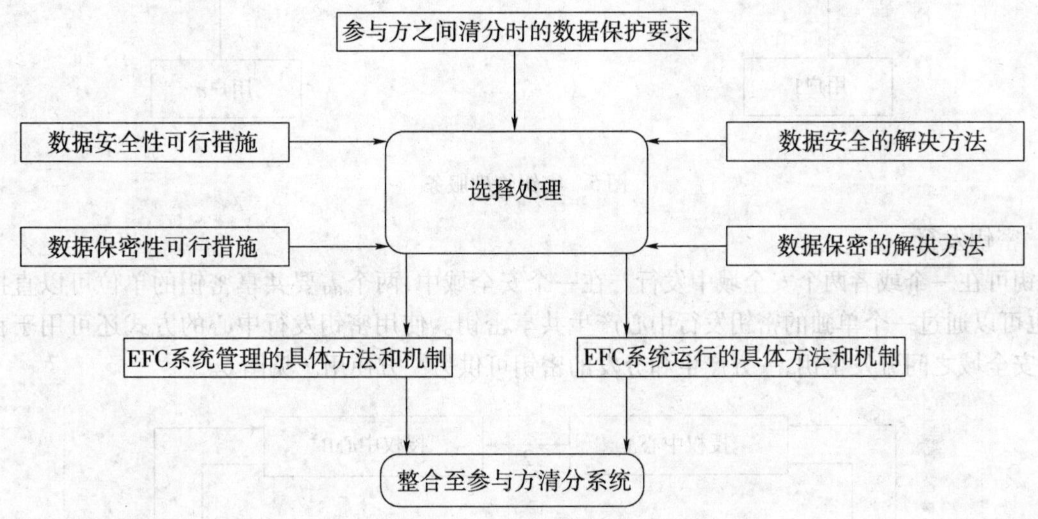

图3 数据保护方法说明

通常第二类密钥比第一类更加重要。安全应用模型(SAM)会对提供密钥安全储备。

密钥的生命周期见图4。

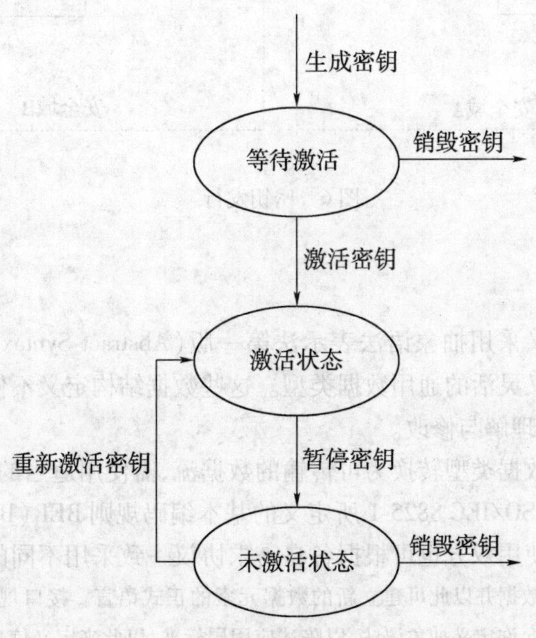

图4 密钥的生命周期

5.9.2 密钥管理

密钥管理的目标是对密钥管理服务的过程提供安全保障,它主要包括密钥生成、密钥注册、密钥验证、取消密钥注册、密钥发行、密钥保存、密钥存档、密钥恢复、密钥删除、密钥派生、销毁密钥等。

系统的各组成元素，如服务提供方、可信任第三方等，可根据其身份使用不同的密钥管理服务。密钥管理见图5。

密钥在生命周期内处于何种状态是由其采用的安全保密系统所决定的，这意味着密钥管理使用对称和非对称技术。

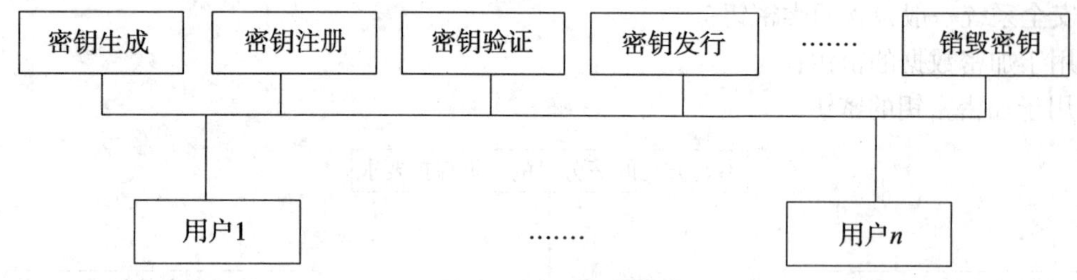

图5　密钥管理服务

5.9.3　密钥发行

密钥可在一个或者两个安全域中发行。在一个安全域中，两个需要共享密钥的单位可以直接共享密钥，也可以通过一个单独的密钥发行中心产生共享密钥。使用密钥发行中心的方式还可用于在相互信任的安全域之间分发密钥，一方产生和分发的密钥可供另一方使用。见图6。

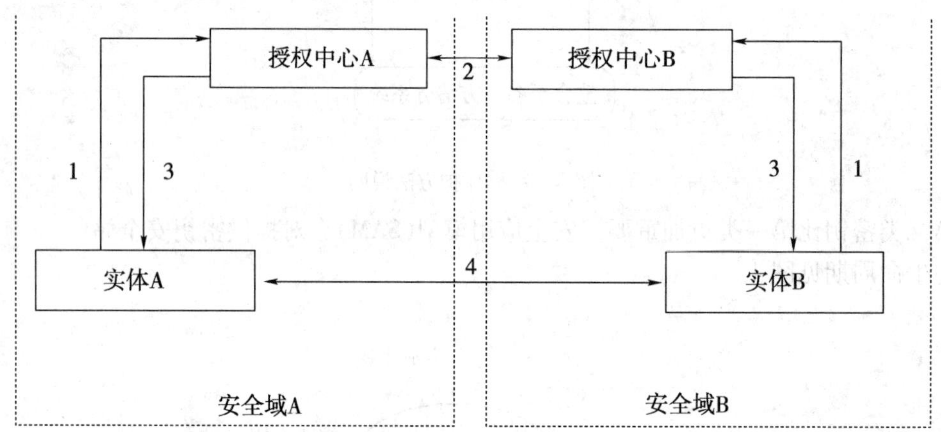

图6　密钥发行

6　消息定义方法

接口消息的数据结构定义采用抽象语法表示法第一版(Abstract Syntax Notation One，ASN.1)。使用该表示法可以定义明确而又灵活的通用数据类型。这些数据结构定义不依赖于任何一种特定的编程语言，从而使用各参与方均可理解与修改。

将通过抽象方法定义的数据类型转换为可传输的数据流，需使用适当的编码规则。

抽象语法符号采用根据ISO/IEC 8825-1所定义的基本编码规则BER(Basic Encoding Rules)来规定接口消息的数据结构。接口使用双方也可根据各自需求协议一致采用不同的编码规则。

注1：ASN.1是一个定义基础数据并以此可建立新的数据元素的正式语言。接口规范中所用的数据类型都是采用ASN.1所定义。ASN.1允许定义抽象语法，以陈述应用层标准，以此来定义信息传输的类型。

注2：BER是可以使ASN.1转化成为一种所有数据类型都可由标签、长度、数值来定义的编码规则。

注3：由于所有数据类型都是由ASN.1统一定义，所以它们可采用不同的编码规则来实现转换。目前最为常用的编码规则有两种：基本编码规则BER(Basic Encoding Rules)和分组编码规则PER(Packed Encoding Rules)。

本消息定义方法包括了接口双方所需所用的基本数据元素,也可根据实际进行增加额外的数据元素。本标准以外的参与方也可利用本协议进行通信。

7 消息

消息类型包含不同运营要素间交换的所有数据。详细说明见5.2、5.3和附录C。

```
Message::=
    SEQUENCE{
        version
            INTEGER              {version1(1),
        data                      version2(2)}
            ProtocolDataUnit
    }
```

每条消息以表示通讯协议版本号的整形数字开始。版本号后是数据部分。因为消息的第一个元素一定是表示版本号的数字,所以接收方可以直接得到当前消息使用的通讯协议版本,以便后续处理。本标准定义为版本1。

ProtocolDataUnit可以有两种组成方式:

```
ProtocolDataUnit::=
    CHOICE{
        EFCrelated[0]
            EFCRelated-PDU,
        other
            EXTERNAL
    }
EFCRelated-PDU::=
    CHOICE{
        globallySecuredEFCData
            EXTERNAL,
        locallySecuredEFCData
            LocallySecuredEFCData
    }
```

注:LocallySecuredEFCData决定数据对象是否与安全对象关联,它可以单独设定和解除数据对象的保密状态。

LocallySecuredEFCData参见附录D。

外部数据类型用于本系统中引用其他标准定义的数据结构。例如,两个运营方之间已使用了一种通讯协议,在加入以本标准实施的系统后仍想使用原有协议交换部分数据,便可以将原有协议的数据结构包含在本标准的数据结构中。

对于外部数据类型的数据,本标准不予说明。外部数据类型通过标识来声明包含了哪些数据类型。哪些数据类型为外部由双方协商而定,或采用全局的对象标识。本标准未对标识进行定义。

附 录 A
(资料性附录)
概 念 模 型

本标准定义的规范基于对一般收费系统现实模型及其关系进行抽象而得的概念模型。这个概念模型有以下特点:

a) 严格按本标准设定;

b) 对大多数情况有效,适用从简单的只有一项服务的本地运输系统到涉及多种服务,包括有服务提供方、收费代理方、发行方和清分服务方等的复杂系统;

c) 适用多种组织模型;

d) 兼容财务系统内使用的模型。

图 A.1 中所示的概念模型用抽象实体灵活有效地反映了现实中的组织结构。当前和未来运输系统的组织结构渐趋复杂,使用概念模型更能灵活高效地阐述说明各种类型的系统组成。

概念模型中的各项实体是抽象的,并不一定能直接构成现实组织。

这样会出现以下结果:

a) 概念模型中的抽象实体并不一定有对应完成这些功能的独立单位,这只取决于现实中组织的结构设定情况,如清分服务方和收费代理方就在现实中对应存在;

b) 概念模型中不考虑如何盈利;

c) 概念模型对现实运输系统模拟较为完善,并与财务系统中的模型兼容。

概念模型定义了图 A.1 所示的运营参与要素,它们构成链状合同逻辑关系。

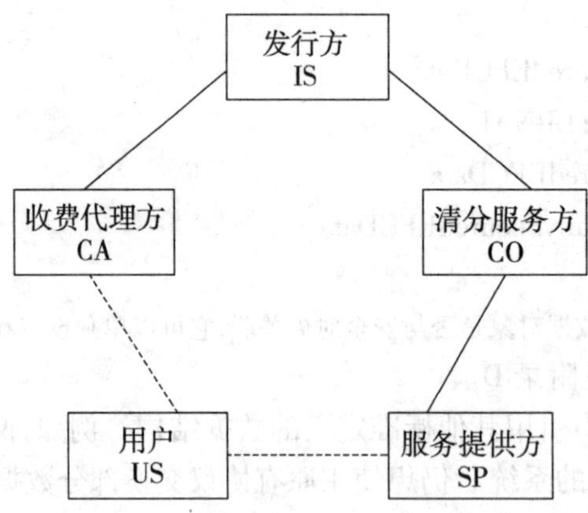

图 A.1 概念模型

这个概念模型结合了财务和运输系统的收费系统特点,支持预付费和后付费。

注 1:本概念模型中的要素与现实中的实体对应。(参见附录 B)

注 2:本标准定义信息交互接口规范主要应用于图 A.1 中以实线连接的各参与方。但在一定条件下,该规范也可应用于以虚线连接的各参与方。

在 prENV ISO 17573 道路运输与交通信息技术 EFC 车辆运输服务系统框架模型中对收费系统模型有更为详细的描述。

附 录 B
（资料性附录）
概念模型与现实运营要素间的关系

本附录将提供实例讲解概念模型与现实运营要素间的关系。

目前的电子收费(EFC)系统中还不存在一个能适用于任何情况的通用的组织结构。根据自治优先原则，本概念模型对收费系统及不同收费系统之间参与方的组织结构要求未作过于严格的限定。

为使适用范围更为广泛，本概念模型完全采用抽象实体来描述现实的组织结构。有些抽象实体并不一定在现实组织中有对应的独立单位，如有些收费系统并没有清分服务方或收费代理方。

概念模型通过采用通用的抽象实体把现实的收费系统的组织结构进行了抽象并建立一个通用的模型。这使得模型抛开了收费系统的技术因素，只考虑其业务流程和财务运作的因素，从而适用于更广泛的范围。

通过这样的抽象概括，概念模型中的抽象实体通过不同的组合能体现现实付费系统中的组织结构的工作运作过程。同时这意味着现实收费系统中的一个独立单位就能实现概念模型中的一个或多个抽象实体的功能，如某个收费系统用一个独立单位来行使发行方和清分服务方的功能。

一个独立实体具体实现概念模型中哪些抽象实体的单独或组合功能是由实际情况决定的，可以是一个抽象实体对应一个独立实体，如某独立实体只负责提供硬件设备或提供付费手段，或只提供服务等情况；也可以是组合除用户外的抽象实体的功能。

示例说明见图 B.1。为简化模型，可信任第三方和监管方未予列出。监管方通常就是服务提供方。而可信任第三方则通常是一个对安全(如密钥安全)负责的外部的公司或部门。所以可信任第三方被看成是独立于示例中五个要素之外的实体。

示例中，IS 表示发行方，CO 表示清分服务方，CA 表示收费代理方，US 表示用户，SP 表示服务提供方。

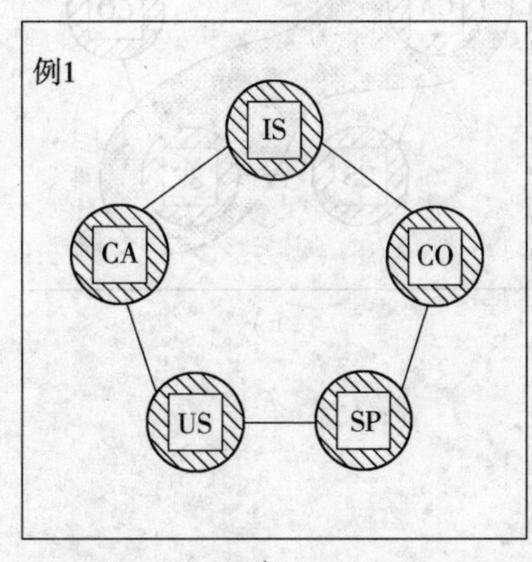

a)

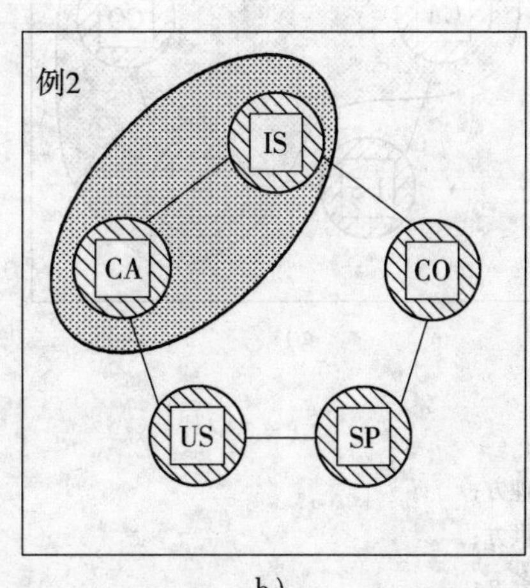

b)

图 B.1 概念模型中与现实实体相对应的抽象实体组合

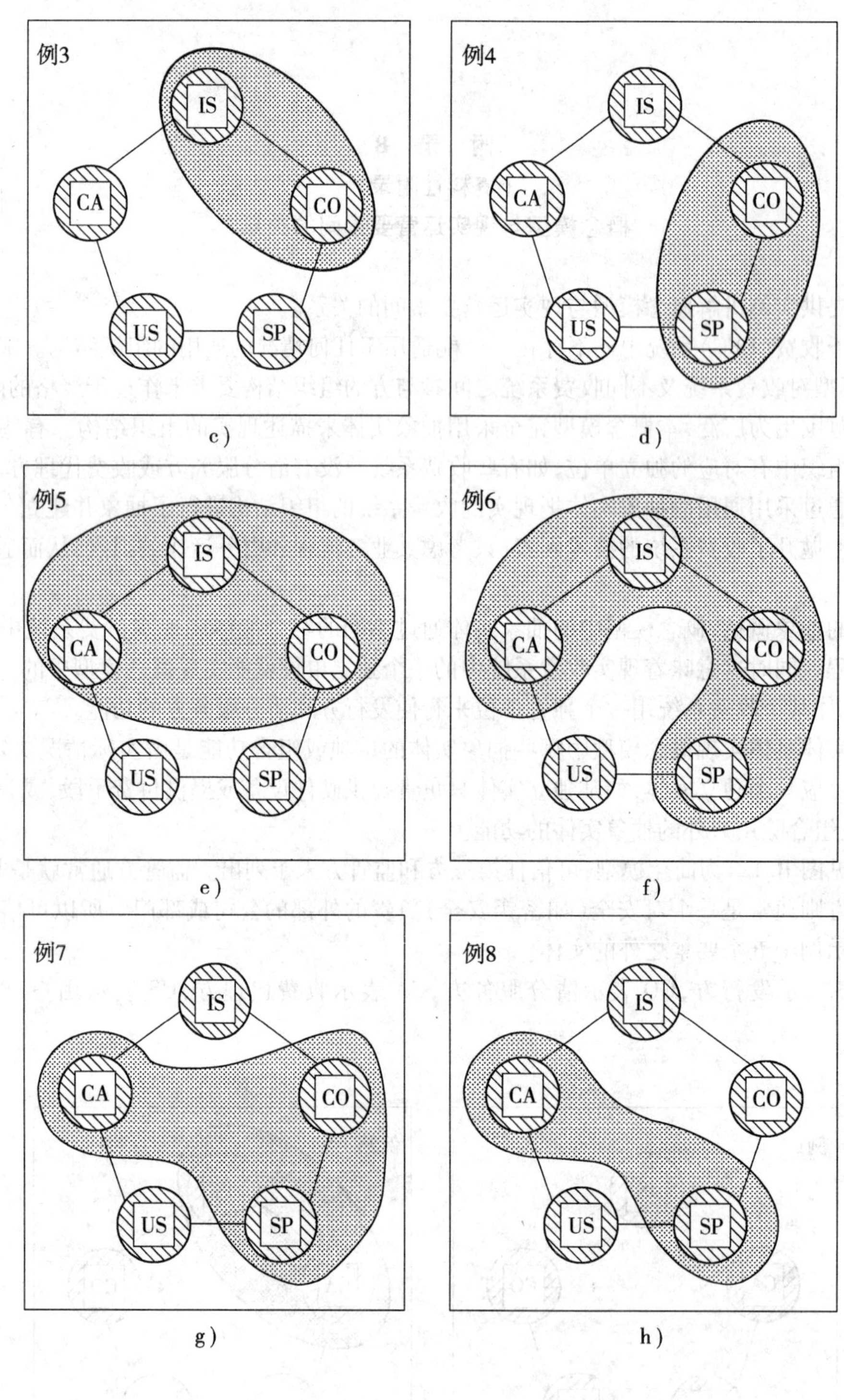

IS——发行方；

CA——收费代理方；

SP——服务提供方；

CO——清分服务方；

US——用户。

图 B.1(续)

图 B.1a)表示组成整个系统的5个要素分别由独立的实体构成。每个实体只负责对应系统要素所需承担的工作，各实体在功能上没有交叉。服务提供方只负责提供服务，由其他实体来向用户收取费用。

图 B.1b)表示一个实体即负责发行方的工作又承担收费代理方的角色,其他实体各自负责对应系统要素的工作。服务提供方只负责提供服务,由其他实体来向用户收取费用。

图 B.1c)表示一个实体承担发行方以及清分服务方的工作,其他实体负责与系统要素对应的职责。在这情况下不必设立清分服务方,而仅需保留其功能。服务提供方只负责提供服务,由其他实体来向用户收取费用。

图 B.1d)表示一个实体执行清分服务方与服务提供方的工作,其他实体负责与系统要素对应的职责。如现实情况中服务提供方为发行方提供数据。

图 B.1e)表示一个实体负责发行方、收费代理以及清分服务方的工作,由另一个实体负责为用户提供服务。在这情况下不必设立清分服务方,而仅需保留其功能。这个实体承担了收费的全部工作。服务提供方只负责提供服务,由其他实体来向用户收取费用。

图 B.1f)表示一个实体负责收费的所有工作。这常见于只有一个服务提供商的封闭系统。

图 B.1g)表示一个实体承担服务提供方、收费代理方和清分服务方的工作。在这情况下不必设立清分服务方,而仅需保留其功能。如实际中的多种服务的使用费用由发行方使用同一张收费卡进行收取。

图 B.1h)表示一个实体承担服务提供方和收费代理方的工作。如运输公司提供运输服务和票务发行。

图 B.2 所示为多个单独收费系统组成的多收费系统模型。其中可信任第三方和监管方未列出。

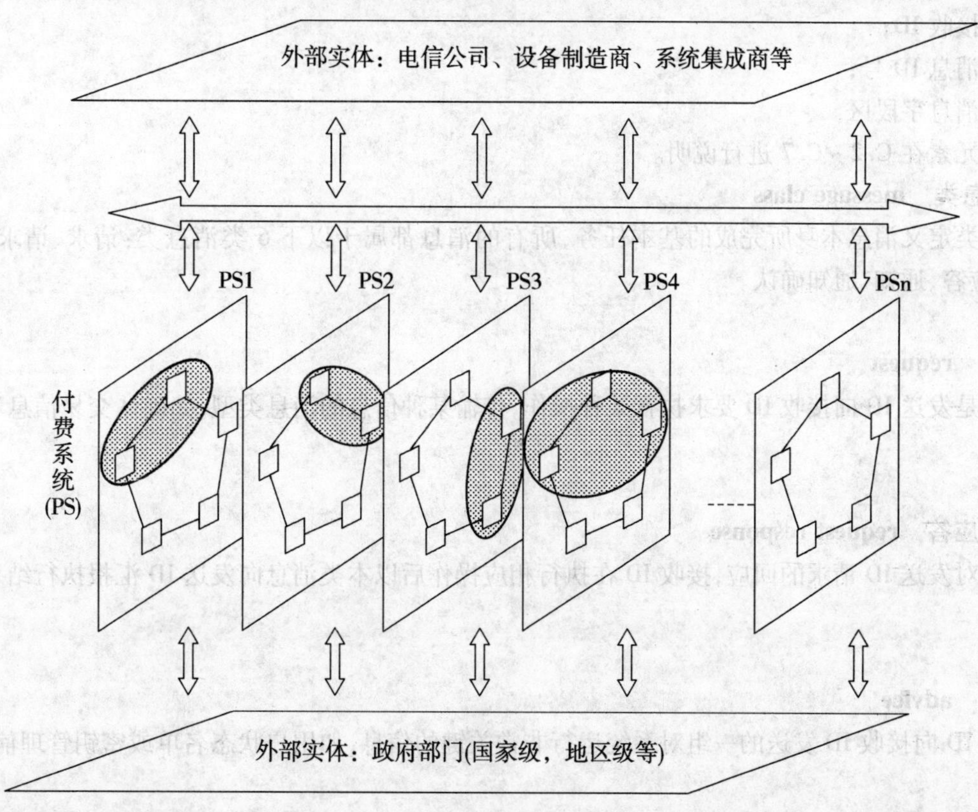

图 B.2　多收费系统模型

图 B.2 的概念模型所示的是独立收费系统之间以及它们和不同外部实体之间的数据交流。这些外部实体包括提供网络服务提供方或发放营业许可的政府相关机构。从图中我们可以看出,每个收费系统并不是只通过发行方和清分服务方进行外部数据交流,由于本标准的灵活性,它允许不同收费系统中的各参与方之间直接进行信息交流。

附　录　C
（资料性附录）
消息帧说明

C.1　简介

消息帧包括核心数据 PDU(Protocol Data Unit),不同的协议数据单元可用来定义消息帧。消息帧可由 EFC PDU 或外部的 PDU 来定义：

注：外部 PDU 包括：GB/T 15150 PDU、CEN/TC224 PDU、EDIFACT PDU 等。

EFC PDU 的消息帧包括以下元素：

——消息类；

——消息类型；

——发送 ID；

——接收 ID；

——消息 ID 号；

——消息字段区。

这些元素在 C.2～C.7 进行说明。

C.2　消息类　message class

消息类定义消息本身所完成的基本任务，所有的消息都属于以下 6 类消息类：请求、请求应答、建议、建议应答、通知、通知确认。

C.2.1

请求　request

请求是发送 ID 向接收 ID 要求执行某种操作，传输某种信息的消息类型，如确认交易信息和计算分账金额等。

C.2.2

请求应答　request response

作为对发送 ID 请求的回应，接收 ID 在执行相应操作后以本类消息向发送 ID 汇报执行结果或返回信息。

C.2.3

建议　advice

发送 ID 向接收 ID 发送的一组对系统运行非常关键的信息，如用户状态名单或密钥管理信息等。

C.2.4

建议应答　advice response

作为对建议的回应，此类信息不包含任何数据，仅表示接收到的建议是否被采纳。

C.2.5

通知　notification

发送 ID 向接收 ID 报告发送 ID 或第三方已执行的操作，例如发送方已生成了分账报告并发给了收费代理方。

C.2.6

通知确认　notification response

向通知的发送方确认是否正确接收了通知。

C.3 消息类型 message type

承担收费系统各项功能的数据对象在接口间进行传输时根据消息类型进行分组。消息类型说明消息中包含的是何种数据，初步定义如下14类：

C.3.1

服务列表 service list

服务列表包含一组可为用户提供的服务。发行方可以通过该消息通知收费代理方收费系统已可为用户提供新的服务，收费代理方可以通过该消息从发行方那获取停车，通行费用等来告知用户。

C.3.2

价目表 fare products list

用于提供新的价目表或修改已有的价目表。发行方可以通过该消息通知收费代理方能提供的服务和产品及其价目。

C.3.3

用户信息 customer details

包含用户的信息，可在开户时使用。

示例1：收费代理方可以通过该消息告知发行方用户的个人资料。

示例2：发行方可以通过该消息通知清分服务方用于清分结算的相关信息如交易的折扣信息和连锁服务的费用抽取等。

C.3.4

分账规则 apportionment rules

向接收ID声明修改或增加新的分账规则。发行方可以通过该消息通知收费代理方向发行方划账的规则。

示例1：发行方通知收费代理方提交收费时的规则，包括应抽取的费用数量和比例等。

示例2：清分服务方在清分时可以通过该消息获知分账规则，如连锁服务中对用户进行了折扣时，清分服务方将对此予以考虑。

C.3.5

对账总金额 reconciliation totals

各个系统元素之间通报清分金额。

示例：本消息用于查询总金额。如清分服务方向服务提供方查询其营业额。

C.3.6

授权 authorization

用于发行方对某一交易进行在线授权。

C.3.7

交易 transaction

包含发生的交易信息。

示例：本消息包括收费代理方详细的销售记录和服务提供方与清分服务方之间的交易记录。本消息包含详细的交易细节。

C.3.8

报告已发送 report sent

发送ID通知接收ID报告已发送。

C.3.9

密钥管理 key management

本消息包含密码等与加密有关的信息。

示例:发行方通过该消息告知清分服务方新的密钥或采用一套新的加密方案。

C.3.10

状态名单　status list

用于标识服务提供方、用户或其他系统要素的状态。接收 ID 从数据的类型(请求、建议、通知)判断如何设定状态名单。

示例:状态名单中不一定只有付费一方的名单,在发行者向清分服务方发送的状态名单中可能包括服务提供方提供的黑名单,如服务提供方不再提供某项服务。

C.3.11

设备状态　equipment status

本消息包含各个设备的状态。

示例1:本消息标示设备的状态,如有效、试运行、失效等。

示例2:本消息也可用于向清分服务方发送某一总量限制,如交易中的设备数量。

C.3.12

例外事件　event exception

此类消息用于特殊情况下确保交易数据的正确处理。

示例:本消息可用于传送抓拍图像,记录事件发生时的情况。

C.3.13

接受付费方式　payment method acceptance

发行方按规则和补充协定通过此消息确认接受一种付费方式和相关信息,如现金交易、最大交易额或要求交易记录等。

C.3.14

未定义的消息类型　undefined message type

此类消息表示消息体中的消息类型值是未定义的。

C.4　发送 ID　seder ID

发送 ID 是发送方在系统中的标识。它可分为简单类型和复杂类型两种。简单类型将发送 ID 作为一个抽象实体,复杂类型在收费系统中应是唯一的。

示例:发送 ID 的数字编号按 X.501 或 GB/T 15694 及其他编号规则确定。

C.5　接收 ID　receiver ID

接收 ID 是接收方在系统中的标识。和发送 ID 一样,它也可分为简单类型和复杂类型两种。简单类型将发送 ID 作为一个抽象实体,复杂类型在收费系统中应是唯一的。

示例:接收 ID 的数字编号按 X.501 或 GB/T 15694 及其他编号规则确定。

注:发送 ID 和接收 ID 的规定不适于"用户"。

C.6　消息 ID 号　message ID

作为消息的标识,它与发送 ID、接收 ID 一起在整个系统中唯一确定一条消息。接收 ID 在返回消息中应包含对应的消息 ID 号。这使得每个消息的反馈都唯一对应其原始消息。

C.7　消息字段区　message body

消息字段区包含一个或多个消息对象。

附 录 D
(资料性附录)
消息帧定义

按下列格式定义消息帧。

D.1 概述

在"7 消息"中引用的 EFCRelated-PDU 包含有内部安全数据(Locally SecuredEFCData),定义如下:

```
LocallySecuredEFCData::=
        IMPLICIT SEQUENCE{
            messageClass
                    MessageClass                OPTIONAL,
            message Type
                    Message Type                OPTIONAL,
            senderID
                    SenderAndReceiverdID        OPTIONAL,
            receiverID
                    SenderAndReceiverdID        OPTIONAL,
            messageID
                    MessageID                   OPTIONAL,
            messageBody
                    MessageBody
        }
```

D.2 消息分类(MessageClass)

所有消息均属于6种工作类型之一。

```
MessageClass::=
        ENUMERATED{
            Request(0),
            RequestResponse(1),
            Advice(2),
            AdviceResponse(3),
            Notification(4),
            NotificationAcknowledgement(5)
        }
```

D.3 消息类型(MessageType)

D.3.1 概述

消息类型 Message Type 包含如下的不同类型的数据。

Message Type::=

```
ENUMERATED{
        ServicesList(1),
        FareProductsList(2),
        CustomerDetails(3),
        ApportionmentRules(4),
        ReconciliationTotals(5),
        Authorisation(6),
        Payment(7),
        ReportSent(8),
        KeyMangement(9),
        StatusList(10),
        EquipmentStatus(11),
        EventException(12),
        PaymenMethodAcceptance(13),
        Undefined Message Type(14),
        Undefined Message Type(15),
        Undefined Message Type(16),
        Undrfined Message Type(17),
        Undrfined Message Type(18),
        Undrfined Message Type(19),
}
```

D.3.2 付款(Payment)

Payment 对象描述一项交易中的付款情况,可选择不同的支付方式。

```
Payment ::=
    SEQUENCE{
        paymentType
                OBJECT IDENTIFIER,
        paymentContent
                ANY
                    DEFINED BY payment Type
    }
```

a) 单一账户收费

SimpleAccountPayment 用对只需最少数据的情况,如其他类型数据都为隐含或只存储在中心时。

```
SimpleAccountPayment::=
  IMPLICIT SEQUENCE{
      accountNumber,
            AccountNumber,
      transactionAmount
            Amount,
      dateLocalTranaction
            NumericString
  }
```

accountNumber 是用来标识一项交易的数字,它的内容取决于付费方式,如预付费卡的卡号或银行账号等。

```
AccountNumber::=
    CHOICE{
        simpleID            [0]
            EntityID,
        cenTC224WG11ID  [1]
            CENTC224WG11-ID                    ——取自 ENV 1545-1
        X501ID              [2]
            X501-ID,                           ——取自 GB/T 16264—2005
        IsoTC204WG4ID     [3]
            IsoTC204WG4-ID                     ——取自 ENV ISO 14816-2
```

b) 银行卡付费

BankCardPayment 的数据结构涉及以下业务范围:预付费、后付费、用户账户、中心账户和一系列付费方式如信用卡和借记卡等。它是基于 GB/T 15150 数据元创建的支付对象;

wg9Payment 和 wg10Payment 是由 CEN/TC 224 标准定义的支付对象;

wg11Payment 是由 ENV 1545 标准定义的支付对象。

D.3.3 报告已发送(ReportSent)

此类消息表示报告数据已经发送。

```
ReportSent::=
    SET{
        reportNumber[0]
                IMPLICIT INTEGER                OPTIONAL,
        sentData[1]
                IMPLICIT UTCTIme                OPTIONAL,
        sentTo[2]
                IMPLICIT PrintableString        OPTIONAL,
        report Text[3]
                IMPLICIT PrintableString        OPTIONAL
    }
```

以上各对象的定义由报告发送方与接收方协同确定。

D.3.4 状态列表(StatusList)

StatusList 用于传送状态信息。StatusList 对象除可用于表示有关付款的状态外,还可表示其他信息,如服务提供方的状态等。

```
StatusList::=
    SEQUENCE{
        type
            StatusListType,
        Operation
            StatusListOperation,
        objectList
            SET OF StatusListObject
    }
```

StatusListType 说明状态名单是白名单还是黑名单。

```
StatusListType::=
        ENUMERATED{
                Negative(0),
                Positive(1)
        }
```

黑名单(Negative List)包含的是在特定规则下不允许使用的用户信息,如挂失等。

StatusListOperation 说明接收方在接收到 StatusList 后应做的操作,包含更新、删除、建立新名单等。

```
StatusListOperation::=
        ENUMERATED{
                Update(0),
                Delete(1),
                New(2)
        }
```

Update 操作表示应根据 objectList 中的对象对当前使用的状态名单进行更新,包含修改与增加。

Delete 表示将 objectList 中指定的对象从现有名单中删除。New 操作是使用 objectList 替换当前使用的名单。

StatusListObject 是包含单个状态信息的对象。

targetStart 和 targetEnd 参考 ENV 1545-1、GB/T 16264—2005、ENV ISO 14816-2 和 GB/T 16649.5—2002 定义。

注:一个对象可能通过指定起、止号码引用一组卡号。

startDate 和 endDate 是可选项。通过这两个属性可设置状态名单的有效期。

Properties 作为可选项,可以用来设置如付款限额一类的信息。

Actions 用于定义当所有条件满足时应采取的操作。

```
StatusListObject::=
      SEQUENCE{
            targetStart
                  TargetReference,
            targetEnd
                  TargetReference          OPTIONAL,
            startDate
                  Date                     OPTIONAL,
            endDate
                  Date                     OPTIONAL,
            properties
                  Properties               OPTIONAL,
            actions
                  Actions                  OPTIONAL
      }
TargetReference::=
```

```
        CHOICE{
                simpleID[0]
                        EntityID,
                cenTC224WG11ID[1]
                        CENTC224WG11-ID,        ——取自 ENV 1545-1
                x501ID[2]
                        X501-ID,                ——取自 GB/T 16264—2005
                isoTC204WG4ID[3]
                        ISOTC204WG4-ID,         ——取自 ENVISO 14816-2
                Iso7816-5-ID[4]
                        X501-ID                 ——取自 GB/T 16649.5—2002
        }
Properties::=
        CHOICE{
                purchaseLimit[0]
                        Amount,
                watermark[1]
                        Watermark
        }
Amount::=
        SEQUENCE{
                value
                        INTEGER,
                currency
                        PrintableString
        }
Watermark::=
        SEQUENCE{
                watermarkType
                        INTEGER
                watermarkContent
                        ANY
                                DEFINED BY watermarkType
        }
Actions::=
        CHOICE {
                warning
                        WarningLevel,
```

```
            disable
                    DisableLevel,
            enable
                    EnableLevel,
            record
                    RecordLevel
        }
WarningLevel::=
        INTEGER
DisableLevel::=
        INTEGER
EnableLevel::=
        INTEGER
RecordLevel::=
        INTEGER
```

D.4 发送者及接收者标识(SenderAndReceiverID)

SenderAndReceiverID 用来标识发送方和接收方的身份。

```
SenderAndReceiverID::=
        CHOICE{
                simpleID[0]
                        OBJECT IDENTIFIER
                cenTC234WG11ID[1]
                        OBJECT IDENTIFIER          ——取自 ENV 1545-1
                x501ID[2]
                        OBJECT IDENTIFIER          ——取自 GB/T 16264—2005
                isoTC204WG4ID[3]
                        OBJECT IDENTIFIER          ——取自 ENVISO 14816-2
        }
```

EntityID

EntityID 用来标识实体的枚举型数值。

```
EntityID::=
        ENUMERATED{
                Undefined(0),
                Issuer(1),
                ClearingOperator(2),
                ServiceProvider(3),
                CollectionAgent(4),
                User(5),
                Trusted Third Party(6),
                Enforcement Operator(7)
        }
```

Undefined 用来表示报告发送和收取方为概念模型时。

CENTC224WG11-ID

CENTC224WG11-ID 用来表示通过 ENV 1545-1 定义的数字型字符所引用的标识。

```
CENTC224WG11-ID::=
        NumericString(SIZE(7..19))
```

GB/T 16264—2005

X501-ID 用来表示通过 GB/T 16264—2005 定义的序列编号方案所引用的标识。

ISOTC204WG4-ID

ISO TC204 WG4-ID 用来表示通过 ENV ISO 14816-2 定义的序列编号方案所引用的标识。

D.5 消息标识(MessageID)

MessageID 与 SenderID 和 ReceiverID 一起唯一标识一条消息。

```
MessageID::=
        INTEGER
```

D.6 消息区(MessageBody)

MessageBody 消息字段区是包含所传送信息的容器。它可以包含零个或多个单独的数据对象。

```
MessageBody::=
      SET OF
              MessageObject
MessageObject::=
      SEQUENCE{
              messageObjectType
                      OBJECT IDENTIFIER,
              messageObjectContent
                      ANY
                      DEFINED BY messageObjectType
      }
```

messageObjectType 是数据对象所包含的数据类型标志。该标志可以为任何标准或协议中定义的标识量。messageObjectContent 是与 messageObjectType 对应的数据信息。

附 录 E
（资料性附录）
基于 GB/T 15150—1994 数据元创建的支付对象

BankCardPayment 是基于 ISO8583 数据元创建的支付对象，其数据结构涉及以下业务范围：预付费、后付费、用户账户、中心账户和一系列付费方式如信用卡和借记卡等。它的对象元素的标签数目和数据类型及长度由 GB/T 15150—1994 数据元的位置、数据类型和长度决定。

```
BankCardPayment ::=
IMPLICIT SET{
primaryAccountNumber                              [2]
        IMPLICIT NumericString(size(1..19)),
processingCode                                    [3]
        IMPLICIT NumericString(size(6)),
transactionAmount                                 [4]
        IMPLICIT NumericString(size(12)),
cardholdbillingAmount                             [6]
        IMPLICIT NumericString(size(12))                   OPTIONAL
cardholdbillingConversionRate                     [10]
        IMPLICIT NumericString(size(8))                    OPTIONAL
systemTraceAuditNumber                            [11]
        IMPLICIT NumericString(size(6))                    OPTIONAL
datetimeLocalTransaction                          [12]
        IMPLICIT NumericString(size(12)),
dateEffective                                     [13]
        IMPLICIT NumericString(size(4))                    OPTIONAL
dateExpiration                                    [14]
        IMPLICIT NumericaString(size(4))                   OPTIONAL
dateConversion                                    [16]
        IMPLICIT NumericString(size(4))                    OPTIONAL
ponintOfServiceDataCode                           [22]
        IMPLICIT NumericString(size(12)),
cardSequenceNumber                                [23]
        IMPLICIT NumericString(size(3)),
functionCode                                      [24]
        IMPLICIT NumericString(size(3)),
cardAcceptorBusinessCode                          [26]
        IMPLICIT NumericString(size(4)),
acquiringInstitutionIdentificationCode            [32]
        IMPLICIT NumericString(size(1..11))                    OPTIONAL
primaryAccountNumberExtended                      [34]
```

```
        IMPLICIT NumericString(size(1..28)),
serviceCode                                   [40]
        IMPLICIT NumericString(size(3)),
cardAcceptorTerminalIdentification            [41]
        IMPLICIT NumericString(size(8))                    OPTIONAL
cardAcceptorIdentificationCode                [42]
        IMPLICIT NumericString(size(15))                   OPTIONAL
cardAcceptorName                              [43]
        IMPLICIT NumericString(size(1..99))                OPTIONAL
CurrencyCodeTransaction                       [49]
        IMPLICIT NumericString(size(3))                    OPTIONAL
}
```

参考文献

［1］GB/T 15694（所有部分）　识别卡　发卡者标识（idt ISO/IEC 7812）
［2］GB/T 16264（所有部分）　信息技术　开放系统互连　目录（idt ISO/IEC 9594）
［3］GB/T 16649.5—2002　识别卡　带触点的集成电路卡　第5部分：应用标识符的国家编号体系和注册规程（neq ISO/IEC 7816-5：1994）
［4］GB/T 15150—1994　产生报文的银行卡　交换报文规范　金融交易内容（idt ISO 8583：1987）
［5］ISO 9735　用于行政、商业和运输业的电子数据交换（EDIFACT）应用级语法规则（修订版）
［6］ISO 14813-6：2000　交通信息与控制系统　TICS体系框架模型　第6部分：在ASN.1中的数据显示
［7］ISO/IEC 7498-1：1994　信息技术　开放系统互连　基本参考模型基本模型
［8］ISO/IEC 8824-1：1995　信息技术　抽象语句符号表示1（ASN.1）：基本符号规范
［9］ISO/IEC 8825-1　信息技术　ASN.1编码规则：包编码规则（PER）规范
［10］ISO/IEC 11770-1　信息技术　安全技术　密钥管理　第1部分　框架
［11］ENV ISO 14816　道路运输与交通信息技术　自动车辆和设备识别　编码和数据结构
［12］ENV ISO 14906　道路运输与交通信息技术　电子收费系统　短程通信应用接口定义
［13］ENV 1545-1　识别卡体系　地面输送应用　第1部分　对与卡有关数据元的说明

GB/T 14951—2007

中华人民共和国国家标准

代替 GB/T 14951—1994，GB/T 17752—1999，GB/T17753—1999

汽车节油技术评定方法

Measurement method of fuel saving technology for automobiles

2007-01-24 发布 2007-08-01 实施

1 范围

本标准规定了在用汽车节油技术的评定指标、试验方法和试验数据处理及评定项目计算。

本标准适用于在用汽车各类节油技术使用效果的评定。

2 规范性引用文件

下列文件中的条款通过本标准的引用而成为本标准的条款。凡是注日期的引用文件，其随后所有的修改单(不包括勘误的内容)或修订版均不适用于本标准，然而，鼓励根据本标准达成协议的各方研究是否可使用这些文件的最新版本。凡是不注日期的引用文件，其最新版本适用于本标准。

GB/T 265 石油产品运动黏度测定法和动力黏度计算法

GB/T 3142 润滑剂承载能力测定法(四球法)

GB/T 3535 石油倾点测定法(GB/T 3535—1983，neq ISO 3016:1974)

GB/T 3536 石油产品闪点和燃点测定法(克利夫兰开口杯法)(GB/T 3536—1983，eqv ISO 2592:1973)

GB 3847 车用压燃式发动机和压燃式发动机汽车排气烟度限值及测量方法

GB/T 5096 石油产品铜片腐蚀试验法(GB/T 5096—1983，eqv ASTM D 130:1983)

GB/T 12534 汽车道路试验方法通则

GB/T 12543 汽车加速性能试验方法

GB/T 12545.2 商用车辆燃料消耗量试验方法

GB/ 18285 点燃式发动机汽车排气污染物排放限值及测量方法(双怠速法及简易工况法)

GB/T 18297 汽车发动机性能试验方法(GB/T 18297—2001，neq ISO 1585:1992，ISO 2534:1998)

GB 18352(所有部分) 轻型汽车污染物排放限值及测量方法

3 术语和定义

下列术语和定义适用于本标准。

3.1

汽车节油技术 fuel saving technologies for automobile

在降低汽车燃料消耗同时对汽车的其他使用性能无不良影响的技术。

4 评定项目

4.1 经济性项目

4.1.1 主要项目

a) 城间运行模式节油量(ΔQ_c)，单位为千克每百公里(kg/100 km)；

城间运行模式节油率(α_c)，%。

b） 市区运行模式节油量(ΔQ_s)，单位为千克每百公里(kg/100 km)；
市区运行模式节油率(α_s)，%。

c） 快速运行模式节油量(ΔQ_q)，单位为千克每百公里(kg/100 km)；
快速运行模式节油率(α_q)，%。

4.1.2 参考项目

a） 多工况节油量(ΔQ_d)，单位为千克每百公里(kg/100 km)；
多工况节油率(α_d)，%。

b） 运行百公里节油量(ΔQ_b)，单位为千克每百公里(kg/100 km)；
运行百公里节油率(α_b)，%。

4.2 动力性项目

a） 转矩对比系数 K_M；

b） 功率对比系数 K_P；

c） 加速时间对比系数 K_t；

d） 滑行距离对比系数 K_s。

4.3 环境影响项目

a） R_{CO}——汽车排气污染物 CO 净化率；

b） R_{HC}——汽车排气污染物 HC 净化率；

c） R_{NOx}——汽车排气污染物 NO_x 净化率；

d） R_{HC+NOx}——汽车排气污染物 HC + NO_x 净化率；

e） R_{PM}—— 柴油车排气污染颗粒物净化率；

f） R_{KJ}——柴油车排气污染烟度净化率。

5 性能试验

5.1 试验分类及试验项目

5.1.1 发动机性能台架对比试验

a） 发动机总功率对比试验；

b） 发动机负荷特性对比试验；

c） 发动机排气污染物对比试验。

5.1.2 汽车性能道路对比试验

a） 汽车等速燃料消耗量对比试验；

b） 汽车多工况燃料消耗量对比试验；

c） 汽车运行百公里燃料消耗量对比试验；

d） 汽车最高挡(或次高挡)全油门加速性能对比试验；

e） 汽车挂挡滑行对比试验；

f） 汽车排气污染物对比测量；

g） 柴油车排气污染物烟度对比测量。

5.1.3 节油添加剂理化性能试验

a） 燃油节油添加剂理化性能试验；

b） 润滑油节油添加剂理化性能试验。

5.2 试验方法

5.2.1 发动机性能台架对比试验

5.2.1.1 发动机总功率对比试验

发动机总功率对比试验应按照 GB/T 18297 中相关的试验项目进行。

5.2.1.2 发动机负荷特性对比试验

发动机负荷特性对比试验应按照 GB/T 18297 中负荷特性试验的规定进行,控制参数见表 1。发动机转速为汽车最高挡或次高挡 5 种车速所对应的发动机转速,在汽车行驶时测量或按式(1)计算。

$$n = \frac{i_0 \times i_k \times v}{0.377 \times r} \tag{1}$$

式中:n——发动机转速,单位为转每分钟(r/min);

i_0——主传动比;

i_k——变速器最高挡或次高挡传动比;

r——车轮滚动半径,单位为米(m);

v——车速,单位为千米每小时(km/h)。

表 1 负荷特性试验控制参数表

乘用车试验车速/(km/h)	$v_1=30$	$v_2=50$	$v_3=70$	$v_4=90$	$v_5=110$
商用车试验车速/(km/h)	$v_1=30$	$v_2=45$	$v_3=60$	$v_4=75$	$v_5=90$
发动机转速/(r/min)	实测或 $n_i=\frac{i_0 \times i_k \times v_i}{0.377 \times r}$				
推荐试验转矩范围及测试点/(N·m)	$M=0.20M_{imax} \sim M_{imax}$,均匀分布 8 个点。				
注:M_{imax}——发动机未采用节油技术时在 i 转速下的最大负荷。					

5.2.1.3 发动机排气污染物对比试验

汽车发动机按照 GB 18285 的规定进行,柴油发动机按照 GB 3847 的规定进行。装有排气后处理装置的发动机试验时,应在排气处理装置之前的位置进行排气污染物的检测。

5.2.1.4 发动机预运转

发动机使用汽车节油技术后,如需发动机预运转,推荐按照表 2 的规范进行循环运转。完成规定的运转时间后,发动机技术状况应符合要求,再根据试验的要求按 5.2.1.1~5.2.1.3 的规定进行对比试验。

表 2 发动机预运转规范

试验车速[a]/(km/h)	v_1	v_2	v_3	v_4	v_5
转速 n/(r/min)	与试验车速对应的发动机转速 n_i				
负荷 M/(N·m)	$M=0.20M_{imax}$				
运转时间 t/min	15	90	120	60	15
注:a. 与表 1 所对应的试验车速。					

5.2.1.5 发动机润滑油老化处理

当发动机使用润滑油节油技术后,发动机应进行不少于 4 个循环的预运转,在完成对润滑油老化处理后方可进行试验。

5.2.2 汽车性能道路对比试验

5.2.2.1 汽车道路对比试验条件

汽车道路对比试验条件应符合 GB/T 12534 的有关规定。

5.2.2.2 汽车等速燃料消耗量对比试验

汽车等速燃料消耗量对比试验应按照 GB/T 12545.2 的规定进行。

5.2.2.3 汽车多工况燃料消耗量对比试验

汽车多工况燃料消耗量对比试验应按照 GB/T 12545.2 的规定进行。

5.2.2.4 汽车运行百公里燃料消耗量对比试验

汽车运行百公里燃料消耗量对比试验应按照附录 A 的要求进行。

5.2.2.5 汽车最高挡(或次高挡)全油门加速性能对比试验

汽车最高挡(或次高挡)全油门加速性能对比试验应按照 GB/T 12543 的规定进行。测试的车速应按照下列要求进行:

——乘用车:30 km/h ~ 110 km/h;

——商用车:30 km/h ~ 80 km/h。

5.2.2.6 汽车挂挡滑行距离对比试验

汽车挂挡滑行距离对比试验应按照附录 B 的要求进行。

5.2.2.7 汽车排气污染物对比试验

5.2.2.7.1 汽油车排气污染物对比试验按照 GB 18285 或 GB 18352 的规定进行。当装有排气后处理装置的车辆按照 GB 18285 的规定进行试验时,应在排气处理装置之前的位置进行检测。

5.2.2.7.2 柴油车排气污染物对比试验按照 GB 3847 或 GB 18352 的规定进行。

5.2.2.8 汽车预行驶

使用汽车节油技术后,如需进行汽车预行驶,推荐乘用车以 70 km/h ~ 100 km/h 的速度行驶,其他车以 40 km/h ~ 70 km/h 的速度行驶。在行驶过程中及达到所需里程后,车辆的技术状况应符合要求,再根据试验项目的要求,按照 5.2.2.1 ~ 5.2.2.7 的相关规定进行对比试验。

5.2.2.9 汽车润滑油老化处理

当汽车使用润滑油节油技术后,汽车应进行不少于 1 000 km 的预行驶,在完成对润滑油老化处理后方可进行试验。

5.2.3 节油添加剂理化性能试验

5.2.3.1 对节油添加剂所要求的理化性能试验

5.2.3.1.1 铜片腐蚀试验按照 GB/T 5096 的规定进行;

5.2.3.1.2 相容性试验按照附录 C 的规定进行。

5.2.3.2 润滑油节油添加剂理化性能试验

5.2.3.2.1 运动黏度的测定和动力黏度计算方法按照 GB/T 265 的规定进行;

5.2.3.2.2 承载能力测定按照 GB/T 3142 的规定进行;

5.2.3.2.3 倾点测定按照 GB/T 3535 的规定进行;

5.2.3.2.4 闪点和燃点的测定按照 GB/T 3536 的规定进行;

5.2.3.2.5 铜片腐蚀测定按照 GB/T 5096 的规定进行;

5.2.3.2.6 稳定性试验按照附录 D 的规定进行。

6 试验数据处理及评定项目的计算

6.1 发动机负荷特性数据处理

6.1.1 根据负荷特性燃料消耗曲线计算积分均值

$$\overline{G_f} = \frac{1}{P_2 - P_1}\int_{P_1}^{P_2} G_f \mathrm{d}P \tag{2}$$

式中:$\overline{G_f}$——发动机小时燃料消耗积分均值,单位为千克每小时(kg/h);

G_f——发动机小时燃料消耗量,单位为千克每小时(kg/h);

P_1——该转速下发动机最大功率的 30%,单位为千瓦(kW);

P_2——该转速下发动机最大功率的 90%,单位为千瓦(kW)。

6.1.2 燃料消耗量的换算

将发动机小时燃料消耗量 $\overline{G_f}$ 换算为汽车运行燃料消耗量:

$$Q = \frac{\overline{G_f}}{v} \times 100 \tag{3}$$

式中：Q——百公里汽车燃料消耗量，单位为千克每百公里（kg/100 km）；

$\overline{G}_f$——发动机小时燃料消耗积分均值，单位为千克每小时（kg/h）；

v——车速，单位为千米每小时（km/h）。

6.2 汽车道路试验数据处理

按照 GB/T 12545.2 的规定进行处理。

6.3 经济性评价项目

6.3.1 各种运行模式节油量和节油率计算

6.3.1.1 各种运行模式节油量

$$\Delta Q = \sum R_i Q_{oi} - \sum R_i Q_{ji} \tag{4}$$

式中：ΔQ——各种运行模式节油量，单位为千克每百公里（kg/100 km）；

ΔQ_{oi}——未采用节油技术时的燃料消耗量，单位为千克每百公里（kg/100 km）；

Q_{ji}——采用节油技术时的燃料消耗量，单位为千克每百公里（kg/100 km）；

R_i——不同运行模式时不同车速的加权系数，见表 3。

表 3 不同运行模式时不同车速的加权系数 R_i

运行模式	车速，km/h				
	v_1	v_2	v_3	v_4	v_5
市区运行	0.33	0.51	0.16		
城间运行	0.04	0.33	0.41	0.18	0.04
快速运行					1

6.3.1.2 各种运行模式节油率

$$\alpha = \frac{\Delta Q}{\sum R_i Q_{oi}} \times 100 \tag{5}$$

式中：α——各种运行模式节油率，%。

6.3.2 汽车多工况节油量和节油率计算

6.3.2.1 多工况节油量

$$\Delta Q_d = Q_{od} - Q_{jd} \tag{6}$$

式中：ΔQ_d——多工况节油量，单位为千克每百公里（kg/100 km）；

Q_{od}——未采用节油技术时的燃料消耗量，单位为千克每百公里（kg/100 km）；

Q_{jd}——采用节油技术时的燃料消耗量，单位为千克每百公里（kg/100 km）。

6.3.2.2 多工况节油率

$$\alpha_d = \frac{\Delta Q_d}{Q_{od}} \times 100 \tag{7}$$

式中：α_d——多工况节油率，%。

6.3.3 汽车运行百公里节油量和节油率计算

6.3.3.1 运行百公里节油量

$$\Delta Q_b = Q_{ob} - Q_{jb} \tag{8}$$

式中：ΔQ_b——运行百公里节油量，单位为千克每百公里（kg/100 km）；

Q_{ob}——未采用节油技术时的燃料消耗量，单位为千克每百公里（kg/100 km）；

Q_{jb}——采用节油技术时的燃料消耗量，单位为千克每百公里（kg/100 km）。

6.3.3.2 运行百公里节油率

$$\alpha_b = \frac{\Delta Q_b}{Q_{ob}} \times 100 \tag{9}$$

式中：α_b——运行百公里节油率，%。

6.4 动力性项目

6.4.1 转矩对比系数 K_M

$$K_M = \frac{\sum M_j}{\sum M_0} \tag{10}$$

式中：$\sum M_0$——未采用节油技术时功率特性所测转矩之和（校正），单位为牛米（N·m）；

$\sum M_j$——采用节油技术后功率特性所测转矩之和（校正），单位为牛米（N·m）。

6.4.2 功率对比系数 K_P

$$K_P = \frac{P_{jmax}}{P_{omax}} \tag{11}$$

式中：P_{omax}—— 未采用节油技术时发动机最大功率（校正），单位为千瓦（kW）；

P_{jmax}——采用节油技术后发动机最大功率（校正），单位为千瓦（kW）。

6.4.3 加速时间对比系数 K_t

$$K_t = \frac{t_j}{t_0} \tag{12}$$

式中：t_0——未采用节油技术时汽车的加速时间，单位为秒（s）；

t_j——采用节油技术后汽车的加速时间，单位为秒（s）。

6.4.4 滑行距离对比系数 K_s

$$K_s = \frac{S_j}{S_0} \tag{13}$$

式中：S_0—— 未采用节油技术时汽车的滑行距离，单位为米（m）；

S_j——采用节油技术后汽车的滑行距离，单位为米（m）。

6.5 排气污染物净化率

6.5.1 汽车排气污染物净化率

6.5.1.1 CO 净化率 R_{CO}

$$R_{CO}(\%) = \left(1 - \frac{J_{CO}}{O_{CO}}\right) \times 100 \tag{14}$$

式中：O_{CO}——未采用节油技术时测得的 CO 排放量；

J_{CO}——采用节油技术后测得的 CO 排放量。

6.5.1.2 HC 净化率 R_{HC}

$$R_{HC}(\%) = \left(1 - \frac{J_{HC}}{O_{HC}}\right) \times 100 \tag{15}$$

式中：O_{HC}——未采用节油技术时测得的 HC 排放量；

J_{HC}——采用节油技术后测得的 HC 排放量。

6.5.1.3 NO_x 净化率 R_{NOx}

$$R_{NOx}(\%) = \left(1 - \frac{J_{NOx}}{O_{ONx}}\right) \times 100 \tag{16}$$

式中：O_{NOx}——未采用节油技术时测得的 NO_x 排放量；

J_{NOx}——采用节油技术后测得的 NO_x 排放量。

6.5.1.4 $CO + NO_x$ 净化率 R_{CO+NOx}

$$R_{CO+NOx}(\%) = \left(1 - \frac{J_{CO+NOx}}{O_{CO+NOx}}\right) \times 100 \tag{17}$$

式中：O_{CO+NOx}——未采用节油技术时测得的 $CO + NO_x$ 排放量；

J_{CO+NOx}——采用节油技术后测得的 $CO + NO_x$ 排放量。

6.5.1.5 颗粒物净化率 R_{PM}

$$R_{PM}(\%) = \left(1 - \frac{J_{PM}}{O_{PM}}\right) \times 100 \tag{18}$$

式中：O_{PM}——未采用节油技术时测得的颗粒物排放量；

J_{PM}——采用节油技术后测得的颗粒物排放量。

6.5.2 柴油车排气污染烟度净化率 R_{KJ}

$$R_{KJ}(\%) = \left(1 - \frac{J_{KJ}}{O_{KJ}}\right) \times 100 \tag{19}$$

式中：O_{KJ}——未采用节油技术时测得的排气污染烟度数值；

J_{KJ}——采用节油技术后测得的排气污染烟度数值。

附 录 A
（规范性附录）
汽车运行百公里燃料消耗量对比试验方法

A.1 试验条件

A.1.1 试验车辆

试验车辆应技术状况良好，性能符合制造厂的规定。

A.1.2 试验车辆载荷

除特殊规定外，试验车辆的载荷应符合 GB/T 12545.2 中的规定。

A.1.3 试验仪器

试验用仪器应满足 BG/T 12542.2 中的要求。

A.1.4 测试路段

汽车道路对比试验条件应满足 5.2.2.1 的要求。测试路段长度不小于 15 km，可以是封闭的环形路（测量路程应为完整的环形）也可以是平直路（试验在两个方向上进行）。

A.1.5 试验燃料

试验用燃料应符合车辆制造厂的规定。

A.2 试验方法

在正常交通情况下，以下列车速行驶并尽可能保持匀速：

——乘用车：90 km/h；

——商用车：70 km/h。

测定每 10 km 单程（或一个完整的环形路程）的燃料消耗量，换算成百公里燃料消耗量。往返各试验一次（或两个完整的环形路程），以两次测量结果的算术平均值为运行百公里条件下的平均使用燃料消耗量的测定值。

试验时应记录制动次数、各挡位使用次数、时间、行程和速度。

附 录 B
(规范性附录)
汽车挂挡滑行距离对比试验方法

B.1 试验条件

B.1.1 试验车辆

试验车辆应技术状况良好,性能符合制造厂的规定。其他试验条件及车辆的准备符合5.2.2.1的规定。

B.1.2 试验仪器

车速、行程记录仪或相应的记录装置,精度不低于0.5%。

B.1.3 测试路段

汽车挂挡滑行距离对比试验的道路条件应满足5.2.2.1的要求。

B.2 试验方法

测试应在平直的道路上进行,变速器排挡为最高挡或次高挡,以稳定车速 v_1 进入滑行段,迅速松开油门开始滑行,记录滑行时间、距离和速度等参数,直至车速降至 v_2,停止记录。滑行过程中不得转动方向盘。试验往返各滑行两次,取平均值,往返路段应一致。其中:

——乘用车:v_1 为110 km/h,v_2 为50 km/h;

——商用车:v_1 为70 km/h,v_2 为30 km/h。

附　录　C
（规范性附录）
汽车燃油节油添加剂与燃油相容性试验方法

C.1　方法概要

本方法主要包括：把燃油节油添加剂加入到参比燃油中，配成混合燃油，使混合燃油在一定转速下离心 30 min 后，观察其状态。

C.2　样品

汽车燃油节油添加剂。

C.3　仪器与材料

C.3.1　烘箱：能控制到 105℃ ±3℃。

C.3.2　三角瓶：具塞，250mL，两只。

C.3.3　离心管：50mL。

C.3.4　离心机：能在控制速度下旋转两个或多个离心管，其速度应能使离心管的末端产生 600 ~ 700 的相对离心力，转速 n(r/min) 按下式计算：

$$n = 1\,337\ \sqrt{\mathrm{rcf}/d} \tag{C.1}$$

式中：rcf——相对离心力；

d——在旋转状态时，两个相对应的管底间的旋转直径，单位为毫米（mm）。

C.3.5　恒温浴：能控制到 50℃ ±3℃。

C.3.6　低温浴：能控制到 -40℃ ±3℃。

C.3.7　参比燃油：符合试验要求的燃油。

C.4　准备工作

将三角瓶和离心管用自来水清洗干净，再经蒸馏水清洗后烘干备用。

C.5　试验步骤

C.5.1　将添加剂按产品说明书规定的比例与参比燃油在三角瓶中配成 200mL 混合燃油，至添加剂完全溶解。

C.5.2　塞上瓶塞后，将三角瓶摇动 1 min。

C.5.3　在室温下，将混合燃油迅速倒入两个清洁的离心管中，至 50mL，刻度线处，小心地将两个离心管放入离心机对称位置上，使离心机达到平衡。

C.5.4　启动离心机，并在相对离心力达到 600 ~ 700 时的转速下运转 30 min，然后取出离心管，观察混合燃油是否出现分层、浑浊或沉淀现象。

C.5.5　将两只离心管分别放入 50℃ 的恒温浴和 -40℃ 的低温浴中，恒温 8h，取出后观察混合燃油是否出现分层、浑浊或沉淀现象。

附 录 D
(规范性附录)
汽车发动机润滑油节油添加剂稳定性试验方法

D.1 方法概要

本方法主要包括:把发动机润滑油节油添加剂加入到参比润滑油中,配成混合润滑油,使混合润滑油在一定转速下离心 30 min 后,观察混合润滑油的状态。

D.2 样品

汽车发动机润滑油节油添加剂。

D.3 仪器与材料

D.3.1 烘箱:能控制到 105℃ ±3℃。

D.3.2 三角瓶:具塞,250mL,两个。

D.3.3 离心管:50mL。

D.3.4 离心机:能在控制速度下旋转两个或多个离心管,其速度应能使离心管的末端产生 600 ~ 700 的相对离心力,转速 n(r/min)按下式计算:

$$n = 1.337\sqrt{\mathrm{rcf}/d} \tag{D.1}$$

式中:rcf——相对离心力;

d——在旋转状态时,两个管底间的旋转直径,单位为毫米(mm)。

D.3.5 恒温浴:能控制到 93℃ ±3℃。

D.3.6 参比润滑油:符合试验要求级别的发动机润滑油。

D.3.7 石油醚:分析纯,90℃ ~120℃

D.4 准备工作

将三角瓶和离心管用自来水清洗干净,再经蒸馏水清洗后烘干备用。

D.5 试验步骤

D.5.1 在三角瓶中加入 200mL 参比润滑油和 20mL 石油醚,然后将添加剂按产品说明书规定的比例加入该瓶中,配成混合润滑油。

D.5.2 塞上瓶塞,剧烈摇动 1 min 后,将其放在 105℃ ±3℃的烘箱中恒温 8h。

D.5.3 取出三角瓶,冷却至室温。

D.5.4 将三角瓶剧烈摇动 1 min 后,迅速将混合润滑油倒入两个清洁的离心管中,至 50mL 刻度线处。

D.5.5 将盛有混合润滑油的离心管放入 93℃ ±3℃的恒温浴中加热 5 min 后,小心地放入离心机对称位置上,使离心机达到平衡。

D.5.6 启动离心机,并在相对离心力达到 600 ~ 700 时的转速下,运转 30 min。然后取出离心管,并观察混合润滑油是否出现分层或沉淀等现象。

中华人民共和国国家标准

GB/T 15233—2008

包装　单元货物尺寸

代替 GB/T 15233—1994

Packaging—Unit load size

(ISO 3676:1983, Packaging—Unit load size—Dimensions, MOD)

2008-02-01 发布　　2008-07-01 实施

1　范围

本标准规定了在货物流通过程中单元货物的最小平面尺寸。

本标准适用于公路、铁路和水路运输的单元货物。

2　规范性引用文件

下列文件中的条款通过本标准的引用而成为本标准的条款。凡是注日期的引用文件,其随后所有的修改单(不包括勘误的内容)或修订版均不适用于本标准,然而,鼓励根据本标准达成协议的各方研究是否可使用这些文件的最新版本。凡是不注日期的引用文件,其最新版本适用于本标准。

GB/T 4122(所有部分)　包装术语

3　术语和定义

GB/T 4122 确立的以及下列术语和定义适用于本标准。

3.1

货物流通　distribution of goods

产品由始发地运至其目的地的过程,包括包装、单元货物、运输、装卸和贮存等基本要素。

3.2

单元货物　unit load

通过一种或多种手段将一组货物或包装件拼装在一起,使其形成一个整体单元,以利于装卸、运输、堆码和贮存。

3.3

平面尺寸　plan dimension

由一个水平面上的四个相互垂直相交的竖直平面在该水平面上所围成的矩形尺寸,这四个竖直平面能包容自由放置于该水平面上的单元货物,见图1。

4　单元货物的最小平面尺寸

单元货物的最小平面尺寸见表1。

表1　单元货物的最小平面尺寸　　单位为毫米

长×宽	长、宽最大偏差
1 200×1 000	+40
1 100×1 100	

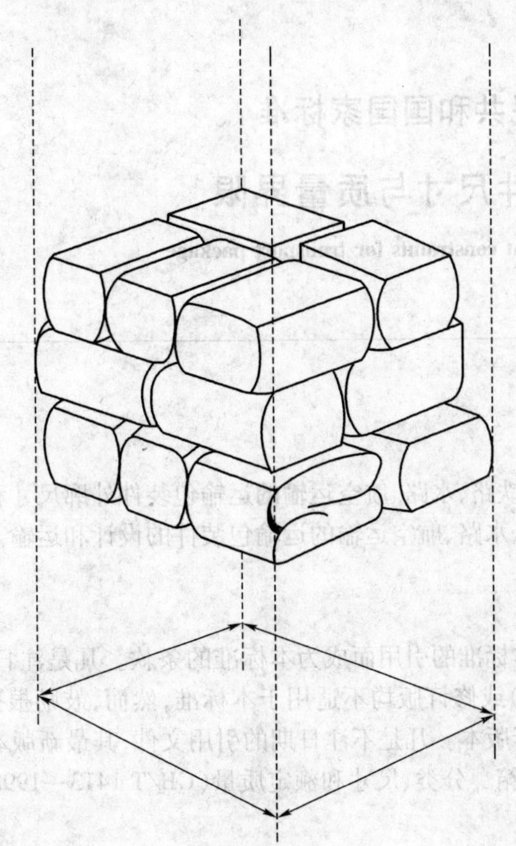

图1 平面尺寸

中华人民共和国国家标准

GB/T 16471—2008

运输包装件尺寸与质量界限

Dimensional and weight constraints for transport package

2008-02-01 发布　　　　2008-07-01 实施

1 范围

本标准规定了经由公路、铁路、水路、航空运输的运输包装件外廓尺寸和质量界限。

本标准适用于公路、铁路、水路、航空运输的运输包装件的设计和运输。

2 规范性引用文件

下列文件中的条款通过本标准的引用而成为本标准的条款。凡是注日期的引用文件，其随后所有的修改单(不包括勘误的内容)或修订版均不适用于本标准，然而，鼓励根据本标准达成协议的各方研究是否可使用这些文件的最新版本。凡是不注日期的引用文件，其最新版本适用于本标准。

GB/T 1413　系列1集装箱　分类、尺寸和额定质量(GB/T 1413—1998,idt ISO 668:1995)

3 一般要求

用于公路、铁路、水路、航空运输的运输包装件最大长、宽、高分别不宜超过相应运输工具可运输尺寸，最大质量不应超过其最大载荷。

4 具体要求

4.1 公路运输

4.1.1　运输包装件长、宽、高分别小于3 360 mm、1 600 mm、1 650 mm，质量不大于3 000 kg时，适用于表1中的各种车型运输。

4.1.2　当采用表1中的车型时，运输包装件的尺寸和质量应分别小于该车型车厢的最小可载货空间长、宽、高和额定载重量，最大尺寸和质量应分别小于该车型车厢的最大可载货空间长、宽、高和额定载重量。公路常用货车车厢内部尺寸和额定载重量范围见表1。公路常用货车车厢内部尺寸和额定载重量见附录A。

表1　公路常用货车车厢内部尺寸和额定载重量范围

车　型	长/mm		宽/mm		高/mm		门宽/mm		门高/mm		承载面离地高度/mm		额定载重量/kg	
	最小	最大	最小	最大	最小	最大	最小	最大	最小	最大	最小	最大	最小	最大
中型货车	3 360	7 950	2 200	2 490	—	—	—	—	—	—	1 200	1 425	4 500	6 000
重型货车	4 900	8 100	2 250	2 500	—	—	—	—	—	—	1 320	1 419	8 000	18 650
厢式货车	3 750	7 300	1 920	2 490	1 803	2 160	1 600	2 220	1 700	1 900	—	—	3 000	5 000
半挂车	3 800	12 160	2 100	2 500	—	—	—	—	—	—	1 100	1 400	—	10 000
厢式挂车	6 900	12 142	2 200	2 490	1 800	3 300	1 900	2 300	1 650	1 800	—	—	—	4 500

4.2 铁路运输

4.2.1　运输包装件长、宽、高分别小于2 400 mm、1 800 mm、2 542 mm，质量不大于50 000 kg时，适用于表2中的各种车型运输。

4.2.2　当采用表2中的敞车和平车车型时,运输包装件的尺寸和质量应分别小于该车型车厢的最小可载货空间长、宽、高和额定载重量,最大尺寸和质量应分别小于该车型车厢的最大可载货空间长、宽、高和额定载重量。当采用棚车时,运输包装件的尺寸应小于车厢最小内宽、门宽、门高;最大尺寸应小于车厢最大内宽、门宽、门高。铁路常用货车车厢内部尺寸和额定载重量范围见表2。铁路常用货车车厢内部尺寸和额定载重量见附录B。

表2　铁路常用货车车厢内部尺寸和额定载重量范围

车　型	长/mm		宽/mm		高/mm		门宽/mm		门高/mm		承载面至轨面高度/mm		额定载重量/t	
	最小	最大	最小	最大	最小	最大	最小	最大	最小	最大	最小	最大	最小	最大
棚车	13 020	15 490	2 796	2 850	2 700	2 819	1 800	2 964	2 542	2 645	—	—	50	60
敞车	10 300	13 000	2 618	2 976	—	—	—	—	—	—	1 053	1 290	60	80
平车	8 170	15 400	2 870	3 000	—	—	—	—	—	—	1 163	1 490	60	70
长大货物车	10 560	61 910	2 400	3 180	—	—	—	—	—	—	685	3 790	30	370

4.3　水路运输

4.3.1　运输包装件长、宽、高分别小于4 250 mm、3 740 mm、1 100 mm,底面每平方米的质量不大于500 kg时,适用于表3中的各种船舶运输。

4.3.2　运输包装件的尺寸和单位面积质量应分别小于该船舶载货部位的最小长、宽、高和单位面积载重量,量大尺寸和单位面积最大质量应分别小于该船舶载货部位的量大长、宽、高和单位面积载重量。水路常用船舶货舱尺寸和单位面积载重量范围见表3。水路常用船舶货舱尺寸和单位面积载重量见附表C。

表3　水路常用船舶货舱尺寸和单位面积载重量范围

船　舶	舱口长/mm		舱口宽/mm		舱内高/mm		单位面积载重量/(kg/m^2)	
	最小	最大	最小	最大	最小	最大	最小	最大
海船	6 600	32 200	4 600	12 650	1 300	14 560	500	8 000
河船	4 250	75 700	3 740	10 800	1 100	5 390	1 220	10 000

4.4　航空运输

4.4.1　运输包装件长、宽、高分别小于1 094 mm、1 434 mm、1 600 mm,质量不大于1 225 kg(含集装箱空箱质量)时,适用于表4中的各种航空集装箱运输。

4.4.2　运输包装件长、宽、高量大尺寸应分别不大于6 058 mm、2 438 mm、2 995 mm(含集装板厚度),最大质量应不大于13 608 kg(含集装板、网质量)。

4.4.3　不同的集装箱和集装板运输包装件的尺寸应不大于该集装箱和集装板载货尺寸。常用集装箱和集装板载货尺寸分别见表4、5,不同的集装箱或集装板(含集装板、网)和货物的最大质量之和应不大于表4或表5中总质量的规定。常用机型集装板货物最大总高见附录D。

表4　常用航空集装箱载货尺寸和总质量

型　号	长度/mm	宽度/mm	高度/mm	总质量/kg
DPE/DPA	1 094	1 434	1 600	1 225
AKE/AKN	1 462	1 434	1 600	1 588
ALP/DLP	3 075	1 434	1 600	3 175
ACF/AWA	3 075	1 434	1 600	3 175
AAP/AA2/AAK	3 075	2 135	1 600	6 033
ALE/DQF/ALF	2 338	1 434	1 600	2 449
MWN	3 075	1 434	1 600	3 175
AMA/AQ6/AMK	3 075	2 338	2 400	6 804

表5　常用航空集装板载货尺寸和总质量

型　号	底板长度/mm	底板宽度/mm	最大装载高度/mm	总质量/kg
PAG/P1P	3 175	2 235	2 995	6 804
PBJ/P2P	2 740	2 235	2 995	4 536
PLA/PLB	3 175	1 534	1 626	3 175
PMC/P6P	3 175	2 438	2 995	6 804
PRA/P4A	4 980	2 438	2 995	11 340
PGE/P7E	6 058	2 438	2 995	13 608
FQA/PPC	2 438	1 534	1 626	2 449

4.5　集装箱运输(航空运输除外)

4.5.1　运输包装件长、宽、高分别小于 2 802 mm、2 286 mm、2 134 mm,质量不大于 10 160 kg(含 1D 系列集装箱空箱质量)时,适用于 GB/T 1413 中的各种集装箱运输。

4.5.2　运输包装件长、宽、高量大尺寸应分别小于 11 998 mm、2 286 mm、2 566 mm,最大质量应不大于 30 480 kg(含 GB/T 1413 中 1A 系列集装箱空箱质量)。

4.5.3　不同的箱型运输包装件的尺寸应不大于该集装箱载货尺寸,质量不大于该箱型额定质量(含空箱质量)。集装箱尺寸和额定质量见 GB/T 1413。

附 录 A
（资料性附录）
公路常用货车车厢内部尺寸和额定载重量

表 A.1 公路常用货车车厢内部尺寸和额定载重量

总序号	种类	类序号	车型	长/mm	宽/mm	高/mm	门宽/mm	门高/mm	承载面离地高度/mm	额定载重量/kg
1	中型货车	1	CA1091	4 200	2 300	—	—	—	1 285	5 000
2		2	CA1092PK2L2	6 200	2 200	—	—	—	1 280	5 000
3		3	CA1092PK2L3	7 200	2 200	—	—	—	1 280	5 000
4		4	CA1092PK2L4	7 700	2 200	—	—	—	1 280	5 000
5		5	CA1111K2P	4 700	2 300	—	—	—	1 280	6 000
6		6	CA1111K2PL1	5 400	2 300	—	—	—	1 280	6 000
7		7	CA1111K2PL2	6 200	2 300	—	—	—	1 280	6 000
8		8	EQ140	4 050	2 294	—	—	—	1 285	5 000
9		9	EQ1116G	6 254	2 490	—	—	—	1 320	6 000
10		10	EQ1116G18D	6 254	2 490	—	—	—	1 320	6 000
11		11	EQ1116H	5 934	2 490	—	—	—	1 320	6 000
12		12	LZ1090D	4 052	2 294	—	—	—	1 335	5 000
13		13	LZ1090DJ	5 300	2 294	—	—	—	1 398	5 000
14		14	LZ1090DK	6 300	2 294	—	—	—	1 398	5 000
15		15	LZ1090FK	5 950	2 294	—	—	—	1 395	5 000
16		16	QD1090KL2	5 700	2 300	—	—	—	1 300	5 000
17		17	QD1090KL4	6 200	2 300	—	—	—	1 300	5 000
18		18	QD3090K	3 360	2 300	—	—	—	1 350	4 500
19		19	NJD1100DK	6 254	2 490	—	—	—	1 320	5 000
20		20	NJD1112DP	7 354	2 490	—	—	—	1 320	5 000
21		21	NJD1113DP	6 254	2 490	—	—	—	1 320	5 000
22		22	吉尔 130	4 686	2 326	—	—	—	1 425	6 000
23		23	R10.215F	7 950	2 270	—	—	—	1 415	5 000
24		24	IFW50L	4 500	2 200	—	—	—	1 200	5 000
25	重型货车	1	日本尼桑	6 000	2 250	—	—	—	1 385	8 000
26		2	CQ1260.01	6 747	2 368	—	—	—	1 338	15 150
27		3	CQ19210	6 252	2 368	—	—	—	1 370	10 650
28		4	CQ30290	6 747	2 368	—	—	—	1 419	18 650

表 A.1(续)

总序号	种类	类序号	车型	长/mm	宽/mm	高/mm	门宽/mm	门高/mm	承载面离地高度/mm	额定载重量/kg
29	厢式货车	1	EQ140SA	6 300	2 300	2 000	1 600	1 750	—	5 000
30		2	解放 141	5 800	2 350	1 950	2 250	1 850	—	5 000
31		3	南京东风	4 300	2 250	1 850	1 950	1 700	—	4 500
32		4	NJT5110XLD	6 300	2 420	1 960	2 168	1 844	—	5 000
33		5	NJT5113XLD	7 300	2 490	2 160	2 168	1 844	—	5 000
34		6	武汉东风加长	5 300	2 280	1 860	2 220	1 720	—	5 000
35		7	SG5060	4 050	2 100	1 900	2 000	1900	—	3 000
36	半挂车	1	东风	8 300	2 256	—	—	—	1 380	10 000
37		2	东风	4 052	2 294	—	—	—	1 335	10 000
38	厢式挂车	1	东风	7 350	2 300	1 850	1 900	1 650	—	4 500

附 录 B
（资料性附录）
铁路常用货车车厢内部尺寸和额定载重量

表 B.1 铁路常用货车车厢内部尺寸和额定载重量

总序号	种类	类序号	车型	长/mm	宽/mm	高/mm	门宽/mm	门高/mm	承载面至轨面高度/mm	额定载重量/t
1	平车	1	N_6	12 500	2 870	—	—	—	1 163	60
2		2	N_{15}	8 170	3 000	—	—	—	1 490	60
3		3	N_{16}	13 000	3 000	—	—	—	1 210	65/60
4		4	N_{17}	13 000	2 980	—	—	—	1 209	60
5		5	N_{17AK}	13 000	2 980	—	—	—	1 211	60
6		6	N_{17AT}	13 000	2 980	—	—	—	1 211	60
7		7	N_{17G}	13 000	2 980	—	—	—	1 211	60
8		8	N_{17GK}	13 000	2 980	—	—	—	1 211	60
9		9	N_{17GT}	13 000	2 980	—	—	—	1 211	60
10		10	N_{17K}	13 000	2 980	—	—	—	1 211	60
11		11	N_{17T}	13 000	2 980	—	—	—	1 209	60
12		12	N_{60}	13 000	3 000	—	—	—	1 170	60
13		13	NX_{17}	13 000	2 980	—	—	—	1 211	60
14		14	NX_{17A}	13 000	2 980	—	—	—	1 211	60
15		15	NX_{17AK}	13 000	2 980	—	—	—	1 212	60
16		16	NX_{17AT}	13 000	2 980	—	—	—	1 216	60
17		17	NX_{17B}	15 400	2 960	—	—	—	1 211	61
18		18	NX_{17BK}	15 400	2 960	—	—	—	1 214	61
19		19	NX_{17BT}	15 400	2 960	—	—	—	1 216	61
20		20	NX_{17BH}	15 400	2 960	—	—	—	1 207	61
21		21	NX_{17K}	13 000	2 980	—	—	—	1 212	60
22		22	NX_{17T}	13 000	2 980	—	—	—	1 216	60
23		23	NX_{70}	15 400	2 960	—	—	—	1 216	70
24		24	NX_{70H}	15 400	2 960	—	—	—	1 216	70
25	敞车	1	C_{16}	12 488	2 888	—	—	—	1 079	60
26		2	C_{16A}	10 990	2 890	—	—	—	1 093	64.5
27		3	C_{16A}	10 990	2 890	—	—	—	1 093	65
28		4	C_{61}	11 012	2 890	—	—	—	1 083	61
29		5	C_{61K}	11 000	2 890	—	—	—	1 090	61

表 B.1(续)

总序号	种类	类序号	车型	长/mm	宽/mm	高/mm	门宽/mm	门高/mm	承载面至轨面高度/mm	额定载重量/t
30	敞车	6	C_{61T}	11 000	2 890	—	—	—	1 087	61
31		7	C_{61Y}	11 000	2 890	—	—	—	1 083	60
32		8	C_{61YK}	11 000	2 890	—	—	—	1 090	60
33		9	C_{62}	12 488	2 798	—	—	—	1 082	60
34		10	C_{62A}/C_{62B}	12 500	2 900	—	—	—	1 083	60
35		11	C_{62A*}	12 500	2 890	—	—	—	1 083	60
36		12	C_{62A*K}/C_{62AK}	12 500	2 890	—	—	—	1 090	60
37		13	C_{62A*T}/C_{62AT}	12 500	2 890	—	—	—	1 087	60
38		14	C_{62BK}	12 500	2 890	—	—	—	1 090	60
39		15	C_{62BT}	12 500	2 890	—	—	—	1 087	60
40		16	C_{62M}	12 277/12 074	2 750	—	—	—	1 290	60
41		17	C_{63}	10 300	2 890	—	—	—	1 061	61
42		18	C_{64}	12 490	2 890	—	—	—	1 082	61
43		19	C_{64K}	12 490	2 890	—	—	—	1 082	61
44		20	C_{64H}	12 490	2 890	—	—	—	1 082	61
45		21	C_{64T}	12 490	2 890	—	—	—	1 082	61
46		22	C_{65}	12 988	2 796	—	—	—	1 073	60
47		23	C_{70}/C_{70H}	13 000	2 892	—	—	—	1 083	70
48		24	C_{76}	10 520	2 974	—	—	—	1 055	76
49		25	C_{76B}	10 400	2 974	—	—	—	1 053	76
50		26	C_{76C}	10 400	2 974	—	—	—	1 053	76
51		27	C_{76H}	10 520	2 974	—	—	—	1 055	76
52		28	C_{80}/C_{80H}	10 728	2 946	—	—	—	1 055	80
53		29	C_{80A}/C_{80AH}	10 550	2 876	—	—	—	1 059	80
54		30	C_{80B}/C_{80BH}	10 550	2 976	—	—	—	1 059	80
55		31	CF	12 488	2 618	—	—	—	1 086	60
56	长大货物车	1	D_2	23 300	2 780	—	—	—	2 187 中部 950	210
57		2	D_{2A}	24 160	2 780	—	—	—	930	210
58		3	D_{2G}	23 800	2 780	—	—	—	950	210
59		4	D_5	16 800	2 890	—	—	—	1 294 中部 736	60
60		5	D_5	17 000	3 000	—	—	—	1 090 中部 630	60
61		6	D_6	21 850	2 400	—	—	—	860	110
62		7	D_7	30 730	2 400	—	—	—	1 125	150
63		8	D_8	37 800	2 400	—	—	—	1 200	180
64		9	D_{9A}	10 560	3 080	—	—	—	685	90

表 B.1(续)

总序号	种类	类序号	车型	长/mm	宽/mm	高/mm	门宽/mm	门高/mm	承载面至轨面高度/mm	额定载重量/t
65	长大货物车	10	D_{9G}	28 100	3 000	—	—	—	1 150	230
66		11	D_{10}	20 000	3 000	—	—	—	1 400 中部 835	90
67		12	D_{10}	19 400	3 000	—	—	—	1 259 中部 777	90
68		13	D_{10}	19 400	3 000	—	—	—	1 350 中部 777	90
69		14	D_{10A}	20 020	3 000	—	—	—	690	90
70		15	D_{12}	17 020	3 000	—	—	—	1 707 中部 850	120
71		16	D_{15}	17 480	2 700	—	—	—	900	150
72		17	D_{15A}	18 050	2 700	—	—	—	850	150
73		18	D_{15B}	17 450	2 900	—	—	—	2 150 中部 800	150
74		19	D_{16G}	17 850	2 800	—	—	—	900	110
75		20	D_{17}	25 942	3 360	—	—	—	2 142	150
76		21	D_{17A}	19 300	3 000	—	—	—	1 950	155
77		22	D_{18A}	23 540	2 800	—	—	—	2 259 中部 930	180
78		23	D_{18G}	24 800	2 700	—	—	—	930	180
79		24	D_{19G}	29 700	2 760	—	—	—	2 990	250
80		25	D_{22}	25 000	3 000	—	—	—	1 460	120
81		26	D_{22G}	20 400	3 000	—	—	—	1 210	120
82		27	D_{22G}	20 400	3 000	—	—	—	1 150	120
83		28	D_{23G}	19 170	3 128	—	—	—	1 500	265
84		29	D_{25}	18 900	2 628	—	—	—	1 650	250
85		30	D_{25A}	26 670	2 630	—	—	—	1 080	250
86		31	D_{26}	26 000	2 680	—	—	—	上平面空车 1 150	260
87		32	D_{26A}	32 138	2 990	—	—	—	1 600	260
88		33	D_{26AK}	32 130	2 990	—	—	—	1 620	260
89		34	D_{27}	25 000	3 000	—	—	—	1 460	150
90		35	D_{28}	26 300	2 680	—	—	—	2 730 中部 1 160	280
91		36	D_{30G}	42 668	3 180	—	—	—	1 735	370
92		37	D_{32}	33 800	3 000	—	—	—	中部 1 150	320
93		38	D_{32A}	61 910	3 000	—	—	—	1 225 中部 1 275	320
94		39	D_{70}	19 462	2 950	—	—	—	1 169	70
95		40	DL_1	13 000	2 980	—	—	—	1 128	74
96		41	DNX_{17}	13 000	3 176	—	—	—	1 212	60
97		42	QD_3	16 900	3 000	—	—	—	1 136.5 中部 578.5	30
98		43	230t 落下孔	35 290	2 880	—	—	—	3 060 中部 3 100	230
99		44	350t 落下孔	34 500	2 900	—	—	—	3 790	350

表 B.1(续)

总序号	种类	类序号	车型	长/mm	宽/mm	高/mm	门宽/mm	门高/mm	承载面至轨面高度/mm	额定载重量/t
100	棚车	1	P13	15 470	2 830	2 740	1 954	2 578	—	60
101		2	P50	13 020	2 850	2 700	1 800	2 645	—	50
102		3	P60	15 470	2 830	2 750	1 950	2 578	—	60
103		4	P61	15 140	2 830	2 819	2 960	2 643	—	60
104		5	P62	15 490	2 820	2 760	2 964	2 585	—	60
105		6	P62(N)	15 490	2 820	2 754	2 964	2 585	—	60
106		7	P64	15 466	2 796	2 705	2 964	2 542	—	58

附 录 C
（资料性附录）
水路常用货船船舱尺寸和单位面积载重量

C.1 水路常用海上（远洋、沿海）杂货船船舱尺寸和单位面积载重量见表 C.1。

表 C.1 水路常用海上（远洋、沿海）杂货船船舱尺寸和单位面积载重量

船型种类	货舱号	舱口长/mm	舱口宽/mm	舱内高/mm	单位面积载重量/（kg/m²）
1	Ⅰ	20 300	8 000	6 400	1 750
2	Ⅰ	20 500	9 000	6 800	2 100
3	Ⅰ Ⅱ	14 400 15 200	7 500 6 000	2 140	2 000
4	Ⅰ Ⅱ	19 080 10 400	11 000 10 000	6 150 5 050	2 600
5	Ⅰ	17 600	15 000	14 560	1 700
6	Ⅰ	34 400	8 500	6 400	2 000
7	Ⅰ Ⅱ	23 250 20 250	12 000 12 650	7 600 8 200	1 600
8	Ⅰ	20 250	12 650	6 900	1 760
9	Ⅰ Ⅱ Ⅲ	14 860 28 280 14 880	10 320 7 810 7 810	4 910 6 505 6 503	850 ~ 4 420
10	Ⅰ Ⅱ	12 600 25 600	8 000	10 700 7 060	1 500 ~ 4 500 1 300
11	Ⅰ	19 200	8 000	7 600	2 000
12	Ⅰ Ⅱ	14 500 14 250	10 500 12 000	7 200 7 000	2500
13	Ⅰ Ⅱ	28 450 28 600	8 400	10 400 9 600	2 000
14	Ⅰ Ⅱ Ⅲ	9 100 15 000 12 750	6 000 8 000 8 000	4 500 3 500 3 700	1 200 ~ 8 000
15	Ⅰ Ⅱ	12 750 15 000	8 000	3 600 3 200	1 500 2 500
16	Ⅰ Ⅱ	11 400 14 600	8 000 9 700	2 790 2 500	2 000
17	Ⅰ	15 730	6 980	4 600	2 500
18	Ⅰ Ⅱ	13 540 18 340	7 940	2 970 2 930	1 750

表 C.1(续)

船型种类	货舱号	舱口长/mm	舱口宽/mm	舱内高/mm	单位面积载重量/(kg/m²)
19	Ⅰ Ⅱ Ⅲ	12 000 15 000 8 000	8 000	3 800 3 600 4 400	500 3 000 2 500
20	Ⅰ Ⅱ	6 600 9 350	4 600	3 000 2 750	2 000 2 500
21	Ⅰ	11 000	6 500	4 000	2 000
22	Ⅰ	32 200	10 500	3 500	2 500
23	Ⅰ	18 750	7 800	6 200	2 000
24	Ⅰ	32 200	10 500	3 500	7 000
25	Ⅰ	18 750	7 800	1 300	2 000

C.2　水路常用内河(包括长江)货船船舱尺寸和单位面积载重量见表 C.2。

表 C.2　水路常用内河(包括长江)货船船舱尺寸和单位面积载重量

船型种类	舱口长/mm	舱口宽/mm	舱内高/mm	单位面积载重量/(kg/m²)
1	23 600	5 900	1 300	6 000
2	42 200	8 100	1 500	7 500
3	56 400	8 600	1 800	8 000
4	55 600	9 000	1 800	8 000
5	17 500	4 600	1 100	1 500
6	28 500	7 200	1 500	3 000
7	52 000	7 700	1 800	8 000
8	56 100	8 150	1 800	8 000
9	55 550	10 500	1 700	8 000
10	28 000	8 000	1 500	3 000
11	17 400	4 200	1 200	1 400
12	28 000	8 000	1 500	2 500
13	45 650	8 000	1 800	8 000
14	44 550	8 000	2 500	8 000
15	53 810	7 970	5 390	3 000
16	27 500	8 200	1 500	3 000
17	60 000	10 800	5 075	10 000
18	30 500	7 600	2 500	3 000
19	30 120	8 150	2 700	3 000
20	4 250	3 740	1 840	1 500
21	23 100	8 000	3 730	1 220
22	22 000	7 200	2 100	1 220
23	22 000	8 000	3 500	3 000

表 C.2(续)

船型种类	舱口长/mm	舱口宽/mm	舱内高/mm	单位面积载重量/(kg/m^2)
24	14 600	3 800	1 820	6 000
25	75 700	4 100	1 930	6 000
26	27 000	7 400	500	2 500
27	5 000	4 500	2 500	1 500
28	6 600	5 400	2 900	1 780
29	9 000	8 000	2 900	1 800
30	22 500	5 500	1 500	1 400
31	12 000	3 800	1 600	2 650
32	11 000	4 000	1 730	2 650
33	12 650	4 200	1 850	2 850
34	23 100	5 800	2 900	10 000
35	52 250	10 500	1 650	10 000
36	19 250	5 600	2 800	8 000

附　录　D
（资料性附录）
常用机型集装板货物最大总高

表 D.1　常用机型集装板货物最大总高

序号	机型	货舱	集装板货物最大总高/mm						
			PAG/P1P	PBJ/P2P	PLA/PLB	PMC/P6P	PRA/P4A	PGE/P7E	FQA/PPC
1	空客 A-300 型货机	主货舱	2 200	—	—	2 200	—	—	—
		下货舱	1 626	—	1 626	1 626	—	—	—
2	空客 A-300 客货混装机	主货舱	2 200	—	—	2 200	—	—	—
		下货舱	1 626	—	1 626	1 626	—	—	—
3	空客 A-300 型客机	下货舱	1 626	—	1 626	1 626	—	—	—
4	空客 A-300-600 型货机	主货舱	2 400	—	—	2 400	—	—	—
		下货舱	1 626	—	1 626	1 626	—	—	—
5	空客 A-300-600 型客机	下货舱	1 626	—	1 626	1 626	—	—	—
6	空客 A-300-605R 型客机	下货舱	1 626	—	1 626	1 626	—	—	—
7	空客 A-310 型货机	主货舱	2 400	—	—	2 400	—	—	—
		下货舱	1 626	—	1 626	1 626	—	—	—
8	空客 A-310 型客机	下货舱	1 626	—	1 626	1 626	—	—	—
9	空客 A-330-200 型客机	下货舱	1 626	—	1 626	1 626	—	—	—
10	空客 A-330-223 型客机	下货舱	1 626	—	1 626	1 626	—	—	—
11	空客 A-330-300 型客机	下货舱	1 626	—	1 626	1 626	—	—	—
12	空客 A-340-200 型客机	下货舱	1 626	—	1 626	1 626	—	—	—
13	空客 A-340-211 型客机	下货舱	1 626	—	1 626	1 626	—	—	—
14	空客 A-340-300 型客机	下货舱	1 626	—	1 626	1 626	—	—	—
15	空客 A-340-311 型客机	下货舱	1 626	—	1 626	1 626	—	—	—
16	空客 A-340-313 型客机	下货舱	1 626	—	1 626	1 626	—	—	—
17	空客 A-340-500 型客机	下货舱	1 626	—	1 626	1 626	—	—	—
18	空客 A-340-600 型客机	下货舱	1 626	—	1 626	1 626	—	—	—
19	空客 A-380-800 型货机	上货舱	2 080	—	—	2 080	—	—	—
		主货舱	2 440	—	—	2 440	—	—	—
		下货舱	1 626	—	1 626	1 626	—	—	—
20	空客 A-380-800 型客机	下货舱	1 626	—	1 626	1 626	—	—	—
21	BAE146-200QT/型货机	主货舱	—	1 820	—	—	—	—	—
22	BAE146-300QT/型货机	主货舱	—	1 820	—	—	—	—	—
23	波音 B707 型货机	主货舱	2 080	2 080	—	2 080	—	—	—

表 D.1(续)

序号	机型	货舱	集装板货物最大总高/mm						
			PAG/P1P	PBJ/P2P	PLA/PLB	PMC/P6P	PRA/P4A	PGE/P7E	FQA/PPC
24	波音 B727-100 型货机	主货舱	2 100	2 100	1 600	—	—	—	—
25	波音 B727-200 型客货混装机	主货舱	2 100	2 100	1 600	—	—	—	—
26	波音 B727-100 型货机	主货舱	2 100	2 100	1 600	—	—	—	—
27	波音 B737-200 型货机和客货快速转换型	主货舱	2 080	2 080	—	—	—	—	—
28	波音 B737-300 型货机和客货快速转换型	主货舱	2 080	2 080	——	—	—	—	—
29	波音 B737-700 型货机和客货快速转换型	主货舱	1 490	1 490	—	—	—	—	—
30	波音 B747-100 型货机	主货舱	2 995	2 995	—	2 995	—	—	—
		下货舱	1 626	—	1 626	1 626	—	—	—
31	波音 B747-100 型客货混装机	主货舱	2 995	2 995	—	2 995	2 995	2 995	—
		下货舱	1 626	—	1 626	1 626	—	—	—
32	波音 B747-100 型客机	下货舱	1 626	—	1 626	1 626	—	—	—
33	波音 B747-200 型货机	主货舱	2 995	2 995	—	2 995	2 995	2 995	—
		下货舱	1 626	—	1 626	1 626	—	—	—
34	波音 B747-200 型客货混装机	主货舱	2 995	2 995	—	2 995	2 995	2 995	—
		下货舱	1 626	—	1 626	1 626	—	—	—
35	波音 B747-200 型客机	下货舱	1 626	—	1 626	1 626	—	—	—
36	波音 B747-300 型货机	主货舱	2 995	2 995	—	2 995	2 995	2 995	—
		下货舱	1 626	—	1 626	1 626	—	—	—
37	波音 B747-300 型客货混装机	主货舱	2 995	—	—	2 995	2 995	2 995	—
		下货舱	1 626	—	1 626	1 626	—	—	—
38	波音 B747-300 型客机	下货舱	1 626	—	1 626	1 626	—	—	—
39	波音 B747-400 型货机	主货舱	2 995	2 995	—	2 995	2 995	2 995	—
		下货舱	1 626	—	1 626	1 626	—	—	—
40	波音 B747-400 型客货混装机	主货舱	2 995	—	—	2 995	2 995	2 995	—
		下货舱	1 626	—	1 626	1 626	—	—	—
41	波音 B747-400 型客机	下货舱	1 626	—	1 626	1 626	—	—	—
42	波音 B757-200 型货机	主货舱	2 050	—	—	2 050	—	—	—
43	波音 B757-200 型客货混装机	主货舱	2 050	—	—	2 050	—	—	—
44	波音 B767-200 型客机	下货舱	1 626	—	—	1 626	—	—	1 626
45	波音 B767-300 型货机	主货舱	2 440	2 440	—	2 440	—	—	—
		下货舱	1 626	—	—	1 626	—	—	1 626

表 D.1(续)

序号	机型	货舱	集装板货物最大总高/mm						
			PAG/P1P	PBJ/P2P	PLA/PLB	PMC/P6P	PRA/P4A	PGE/P7E	FQA/PPC
46	波音 B767-300 型客机	下货舱	1 626	—	—	1 626	—	—	—
47	波音 B767-400 型客机	下货舱	1 626	—	—	1 626	—	—	1 626
48	波音 B777-200 型客机	下货舱	1 626	—	1 626	1 626	—	—	1 626
49	波音 B777-300 型客机	下货舱	1 626	—	1 626	1 626	—	—	—
50	CN235 型客机	货舱	1 680	—	—	—	—	—	—
51	DC8-54/55 型货机	主货舱	2 100	—	—	—	—	—	—
52	DC8-61/63/71/73 型货机	主货舱	2 100	—	—	—	—	—	—
53	DC8-62/72 型货机	主货舱	2 100	—	—	—	—	—	—
54	DC9-10 型货机	主货舱	—	1 960	—	—	—	—	—
55	DC9-15 型货机	主货舱	—	1 960	—	—	—	—	—
56	DC9-30 型货机	主货舱	—	1 960	—	—	—	—	—
57	DC9-32 型货机	主货舱	—	1 960	—	—	—	—	—
58	DC10 型货机	主货舱	2 360	2 360	—	—	—	—	—
		下货舱	1 626	—	1 626	1 630	—	—	—
59	DC10-30 型货机	主货舱	2 360	2 360	—	—	—	—	—
		下货舱	1 626	—	1 626	1 630	—	—	—
60	DC10-40 型货机	主货舱	2 360	2 360	—	—	—	—	—
		下货舱	1 626	—	1 626	1 630	—	—	—
61	DC10-40 型客机	下货舱	1 626	—	—	—	—	—	—
62	福克 28-MK-1000 型客货混装机	主货舱	—	1 820	—	—	—	—	—
63	伊尔 96-300 型客机	下货舱	1 626	—	—	1 626	—	—	—
64	伊尔 96-T 型货机	主货舱	2 440	2 240	—	2 440	—	—	—
65	洛克希 L100-20/30 型货机	主货舱	2 600	2 600	—	2 600	—	—	—
66	洛克希德 L-188A 型货机	主货舱	—	2 240	—	—	—	—	—
67	洛克希德 L-1011 型货机	主货舱	2 700	—	—	—	—	—	—
		下货舱	1 626	—	1 626	1 626	—	—	—
68	麦道 MD-11 型货机	主货舱	2 480	2 480	—	2 480	—	2 480	—
		下货舱	1 626	—	—	1 626	—	—	—
69	麦道 MD-11 客货混装机	主货舱	2 480	2 480	—	2 480	—	2 480	—
		下货舱	1 626	—	—	1 626	—	—	—
70	麦道 MD11 型客机	下货舱	1 626	—	—	1 626	—	—	—

表 D.1(续)

序号	机型	货舱	集装板货物最大总高/mm						
			PAG/P1P	PBJ/P2P	PLA/PLB	PMC/P6P	PRA/P4A	PGE/P7E	FQA/PPC
71	RJ85 型货机	主货舱	1 750	—	—	1 750	—	—	—
72	RJ100 型货机	主货舱	1 950	—	—	1 950	—	—	—
73	图 TU-154C 型货机	主货舱	—	1 830	—	—	—	—	—
74	图 TU204-100C 型货机	主货舱	2 150	—	—	—	—	—	—

中华人民共和国国家标准

GB/T 17275—1998

货运全挂车通用技术条件

Technical requirements for freight full trailers

1998－03－20 发布　　1998－10－01 实施

1 范围

本标准规定了货运全挂车的技术要求、检验规则及试验方法。

本标准适用于在公路及城市道路上行驶的货运全挂车。

2 引用标准

下列标准所包含的条文,通过在本标准中引用而构成为本标准的条文。本标准出版时,所示版本均为有效。所有标准都会被修订,使用本标准的各方应探讨使用下列标准最新版本的可能性。

GB 1589—89 汽车外廓尺寸限界

GB 4781—84 牵引车与全挂车的机械连接装置互换性

GB 4785—84 汽车及挂车外部照明和信号装置的数量、位置和光色

GB 7258—1997 机动车运行安全技术条件

GB/T 13873—92 货运挂车试验方法

JB/Z 111—86 汽车油漆涂层

JT 3136.2—89 全挂车转盘通用技术条件

JT 3138.2—89 挂车车轴通用技术条件

JT/T 3147—92 货运挂车侧面防护装置

3 技术条件

3.1 整车

3.1.1 全挂车的外廓尺寸按 GB 1589 执行。

3.1.2 全挂车所有零部件应按规定批准的图样及技术文件制造,装配正确,数量齐全。

3.1.3 外购、外协件必须有产品合格证;所有零部件必须检验合格后方可装车。

3.1.4 所有螺栓、螺母均应进行表面处理,所有连接件、紧固件必须连接可靠,不得松脱。

3.1.5 各处润滑油嘴齐全、有效,并按设计规定加注润滑脂。

3.1.6 牵引环中心至左、右前轮中心的距离差不大于 6 mm。

3.1.7 转盘中心至左、右后轮中心距离差不大于 6 mm。

3.1.8 焊接件焊缝平整均匀,不允许有裂纹、焊穿、脱焊、漏焊等缺陷。

3.1.9 铆接件的接合面必须贴紧,铆钉应充满钉孔,铆钉头不得有裂纹、歪斜、残缺。

3.1.10 油漆涂层应符合 JB/Z 111 规定。

3.1.11 照明及信号应符合 GB 4785 规定。

3.1.12 防护装置应符合 JT/T 3147 规定。

3.1.13 转盘应符合 JT 3136.2 规定。

3.1.14 车轴应符合 JT 3138.2 规定。

3.2 车架

3.2.1 纵梁腹板的纵向直线度公差,在任意 1 000 mm 长度上为 2 mm,在全长上为其长度的千分之一。

3.2.2 在纵梁的任意横截面上,上、下翼面对腹板的垂直度公差为纵梁高度的百分之一。

3.2.3 车架总成左、右纵梁上平面应在同一平面内,其平面度公差为被测平面长度的千分之一。

3.2.4 车架主要横梁对纵梁腹板的垂直度公差不大于横梁长度的千分之三。

3.2.5 车架两纵梁外侧面宽度极限偏差为 ±10 mm。

3.2.6 左、右钢板弹簧固定支架销孔对其公共轴线的同轴度公差为 ϕ2 mm。

3.2.7 钢板弹簧固定支架销孔中心对角线之差不大于 5 mm。

3.3 转盘架

3.3.1 左、右纵梁外侧面应平行,其平行度公差不大于左、右纵梁外侧面间距的千分之一点五。

3.3.2 转盘与转盘架贴合面的平面度公差为 1.5 mm。

3.3.3 左、右牵引销座孔轴线对其公共轴线的同轴度公差为 ϕ0.2 mm。

3.3.4 钢板弹簧固定支架销孔中心对角线之差不大于 5 mm。

3.3.5 左、右钢板弹簧固定支架销孔对其公共轴线的同轴度公差为 ϕ2 mm。

3.3.6 纵梁、横梁外侧面组成四边形,对角线之差不大于 3 mm。

3.4 牵引架

3.4.1 牵引环应符合 GB 4781 中的有关规定

3.4.2 牵引环中心至左右牵引臂销孔外端中心距离之差不大于 3 mm。

3.4.3 左、右牵引臂销孔轴线对其公共轴线的同轴度公差为 ϕ0.2 mm。

3.5 车箱

3.5.1 车箱底板对角线差不大于车箱总长的千分之一。

3.5.2 底板平整、无明显凸凹现象。

3.5.3 车箱栏板装合后,各栏板与底板之间以及各栏板之间的间隙不大于 5 mm。

3.5.4 各栏板及栓勾应开闭灵活,无松旷现象。

3.6 制动装置及制动性能

3.6.1 全挂车必须装备彼此独立的行车制动装置和驻车制动装置。全挂车的气路连接必须为双管路或多管路结构。

3.6.2 全挂车的所有车轮上都应安装行车制动器。

3.6.3 全挂车与牵引车组成的汽车列车其制动性能应符合 GB 7258—1997 的 6.14.1.1,6.14.1.2,6.15.1.1 之一规定。

3.6.4 全挂车与牵引车脱离时,全挂车应能自行制动。

3.6.5 驻车制动装置必须能使满载的全挂车在 18% 的上坡道或下坡道上停住。

4 检验规则及试验方法

全挂车的检验分为型式检验和出厂检验。

4.1 型式检验

4.1.1 凡属下列情况之一者,必须进行型式检验:

a) 新产品鉴定;

b) 老产品转产;

c) 当全挂车的设计、工艺或材料的改变而影响到全挂车的性能时。

4.1.2 型式检验的方法及内容按 GB/T 13873 的规定。

4.2 出厂检验

每一辆新出厂的全挂车都要进行下列项目的检验。

4.2.1 照明信号

接通照明信号,观察其工作是否正常。

4.2.2 制动系统密封性

制动管路通入637~735 kPa压缩空气后截断气源,在非制动状态5 min内气压降不大于10 kPa;在制动状态3 min内气压降不大于10 kPa。

4.2.3 制动性能

制动性能的试验方法及评判按GB 7258中的规定执行。

4.2.4 道路运行试验

每20辆新出厂的全挂车从中抽试一辆,以汽车列车空载进行道路运行试验,行驶里程不少于30 km,行驶路段为平坦或微丘陵的干燥沥青混凝土路面,行驶平均速度不低于30 km/h,试验中及试验后分别检查:

a) 每个车轮不得有明显的偏摆及松动现象(轮胎偏摆明显时可停车测量,其偏摆量不大于8 mm);

b) 不得有异常响声;

c) 不得有漏油、漏电及明显的漏气现象;

d) 制动鼓、轮毂的温升不得超过30℃;

e) 各焊缝、铆钉及螺栓、螺母连接部分不得有松脱、裂损现象。

5 标志、包装、运输、贮存

5.1 标志

每辆全挂车应安装铭牌,并标明以下内容:

a) 产品名称、型号;

b) 装载质量,整备质量;

c) 外形尺寸:长×宽×高;

d) 出厂日期、出厂编号;

e) 制造厂名。

5.2 包装

5.2.1 全挂车出厂时随车应带有产品合格证、使用说明书、专用工具及备件明细表。

5.2.2 气制动管路接头、电连接器应包扎密封以防碰损。

5.3 运输、贮存

5.3.1 全挂车可用铁路或公路运输,装卸时应用吊具以免损伤。

5.3.2 全挂车长期存放时,应停放在具有防雨、防潮的库房内并按使用说明书定期进行维护保养。

6 质量保证

6.1 订货单位有权按本标准对货运全挂车进行质量检查。

6.2 在用户遵守产品贮存、使用、运输规则的条件下,从制造厂发货之日起,在半年内且行驶里程不超过10 000 km,因产品制造质量不良而发生损坏时,制造厂应免费为用户修理或更换零部件。

中华人民共和国国家标准

GB 13392—2005

道路运输危险货物车辆标志

代替 GB 13392—1992

The vehicle mark for road transportation dangerous goods

2005-04-22 发布　　　　2005-08-01 实施

1　范围

本标准规定了道路运输危险货物车辆标志的分类、规格尺寸、技术要求、试验方法、检验规则、包装、标志、装卸、运输和储存，以及安装悬挂和维护要求。

本标准适用于道路运输危险货物车辆标志的生产、使用和管理。

2　规范性引用文件

下列文件中的条款通过本标准的引用而成为本标准的条款。凡是注日期的引用文件，其随后所有的修改单(不包括勘误的内容)或修订版均不适用于本标准，然而鼓励根据本标准达成协议的各方研究是否可使用这些文件的最新版本。凡是不注日期的引用文件，其最新版本适用于本标准。

GB 190—1990　危险货物包装标志

GB/T 191　包装储运图示标志(GB/T 191—2000,FQV ISO 780:1997)

GB/T 2423.1　电工电子产品环境试验　第2部分:试验方法　试验A:低温(GB/T 2423.1—2001,idt IEC 60068-2-1:1990)

GB/T 2423.2　电工电子产品环境试验　第2部分:试验方法　试验B:高温(GB/T 2423.2—2001,idt IEC 60068-2-2:1974)

GB/T 2423.5　电工电子产品环境试验　第二部分:试验方法　试验Ea和导则:冲击(GB/T 2423.5—1995,idt IEC 68-2-27:1987)

GB/T 2423.10　电工电子产品环境试验　第二部分:试验方法　试验Fc和导则:振动(正弦)(GB/T 2423.10—1995,idt IEC 68-2-6:1982)

GB 2893　安全色(GB 2893—2001,neq ISO 3864:1984)

GB/T 6543　瓦楞纸箱

GB 6944　危险货物分类和品名编号

GB 11806　放射性物质安全运输规程

GB/T 18833　公路交通标志反光膜

3　产品分类与规格尺寸

3.1　分类

道路运输危险货物车辆标志分为标志灯和标志牌。

3.2　结构与类型

3.2.1　标志灯

3.2.1.1　结构

标志灯包括灯体和安装件。

标志灯灯体正面为等腰三角形状,由灯罩、安装底板或永磁体(A型标志灯)、橡胶衬垫及紧固件构成。

标志灯正、反面中间印有“危险”字样,侧面印有“!”,灯罩正面下沿中间嵌有标志灯编号牌。

3.2.1.2　类型

按车辆载质量、安装方式分型,见表1。

表1　标志灯类型

类型	安装方式	代号	适用车辆
A型	磁吸式	A	载质量1t(含)以下,用于城市配送车辆
B型	顶檐支撑式	BI	载质量2t(含)以下
		BII	载质量2t~15t(含)
		BIII	载质量15t以上
C型	金属托架式	CI[a]	带导流罩,载质量2t(含)以下
		CII[a]	带导流罩,载质量2t~15t(含)
		CIII[a]	带导流罩,载质量15t以上

[a] 金属托架为可选件,金属托架按底平面与标志灯基准面的夹角γ(见图3)分为3种,γ分别为30°,45°,60°。

3.2.2　标志牌

3.2.2.1　标志牌的材质为金属板材,形状为菱形。

3.2.2.2　标志牌图形应符合GB 190—1990的规定,种类、名称和颜色见附录A。

3.2.2.3　标志牌按GB 6944规定的危险货物的类、项和车辆载质量分型。

3.3　规格和尺寸

3.3.1　标志灯

3.3.1.1　A型标志灯见图1和表2。

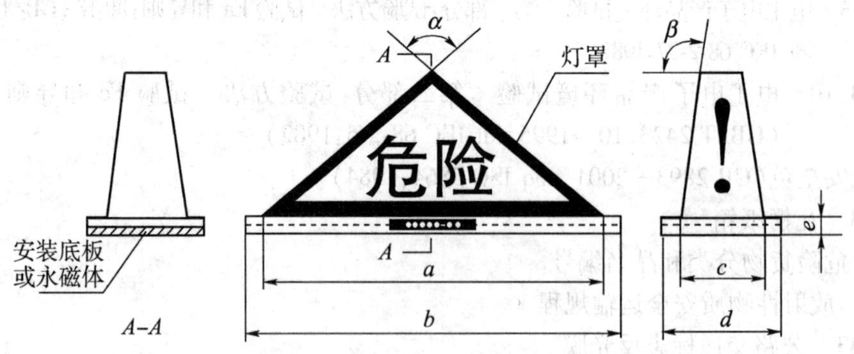

图1　A型标志灯

表2　A型标志灯尺寸

类型	尺寸						
	a(mm)	b(mm)	c(mm)	d(mm)	e(mm)	α(°)	β(°)
A	400	440	100	140	22	100	100

3.3.1.2　B型标志灯见图2和表3。标志灯灯体与金属杆用螺栓连接,以弹簧垫圈方式锁紧。

图2　B型标志灯

表3　B型标志灯尺寸

类　型	尺　　寸						
	a(mm)	b(mm)	c(mm)	d(mm)	e(mm)	α(°)	β(°)
BI	400	440	100	140	22	100	100
BII	460	500	120	160	22	100	100
BIII	520	560	140	180	22	100	100

3.3.1.3　C型标志灯见图3。C型标志灯灯体尺寸与B型相同。标志灯灯体与金属托架、金属托架与汽车导流罩用螺栓连接，以弹簧垫圈方式锁紧。

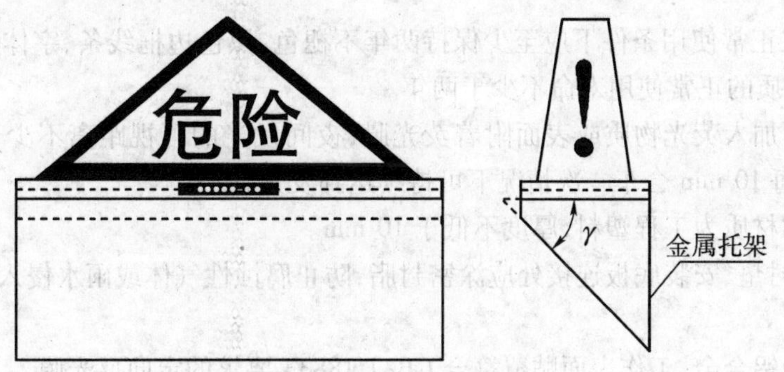

图3　C型标志灯

3.3.2　标志牌

菱形标志牌的4个内角均为直角，边长、厚度按车辆载质量分型方式确定，见表4。

表4　标志牌类型和尺寸　　单位：mm

类　型	代　号	边　长	厚　度	适用车辆
PI	PI—n[a]	250	≥1	载质量2t(含)以下
PII	PII—n[a]	300	≥1.25	载质量2t～15t(含)
PIII	PIII—n[a]	350	≥1.5	载质量15t以上

[a] 代号中的n为数字1～18，与附录A中"编号"栏相一致，图形与附录A中"标志牌图形"栏相对应。

3.4　标志灯编号牌

3.4.1　每个标志灯应有一个确定编号。

3.4.2　编号规则见图4。

3.4.3　编号牌为长100 mm宽20 mm铝质金属牌，编号字体为黑体，用腐蚀工艺制作使边框与编号适量凸出，凹陷部分涂黑色，见图5。

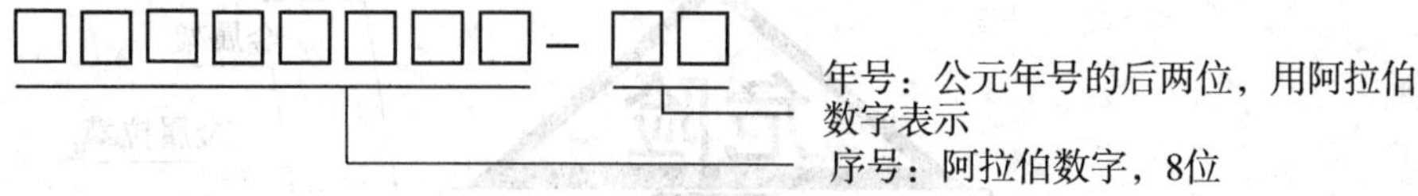

图4　标志灯编号规则

12345678-05

图5　标志灯编号牌

3.4.4　编号牌用螺栓或粘贴方式固定于标志灯正面下方、中部，编号牌下沿距灯罩底沿1 mm。

4　技术要求

4.1　标志灯

4.1.1　标志灯的光源为荧光物质。按照GB 2893中安全色与对比色的规定，灯罩为荧光黄色，正反面边框线条为黑色，字体为黑色黑体；侧面“！”为黑色黑体，线条、字体和符号使用反光材料附着或印刷。

4.1.2　灯罩材质为ABS树脂，应一次注塑成型，表面光洁无气泡，有较好的耐低温、耐高温、抗振动、抗冲击性。

4.1.3　荧光黄色在正常使用条件下应至少保持两年不褪色，黑色边框线条、字体及符号至少两年不褪色、不剥落。荧光物质的正常使用寿命不少于两年。

4.1.4　灯罩材料内加入荧光物质或表面附着荧光膜，夜间发光的可视距离不少于150m，在夜间车辆正常行驶时不少于每10 min会车一次情况下可持续达到发光要求。

4.1.5　安装底板的材质为工程塑料，厚度不低于10 mm。

4.1.6　灯罩、橡胶衬垫、安装底板连接处应涂密封脂，防止腐蚀性气体或雨水侵入。

4.2　标志牌

4.2.1　基板材质为铝合金，工作表面贴覆符合GB/T 18833要求的定向反光膜。

4.2.2　采用冲压成形工艺，使图形凸出量不小于0.5 mm；按附录A规定的颜色以反光材料印刷图形。

4.2.3　反光膜、印刷图形能有效地防止酸、碱液或腐蚀性烟雾的侵蚀，使用寿命不少于2年。

5　试验方法

5.1　外观质量

5.1.1　目视检测，标志灯灯罩、安装底板表面应平整、无气泡；线条、字体和符号着色应均匀，边缘应清晰、平滑。

5.1.2　目视检测，标志牌反光膜附着应平整、无气泡；冲压图形边缘清晰、反光膜无断裂；印刷图形着色应均匀，边缘应清晰、平滑。

5.2　发光质量

目视检测，标志灯发光应均匀；在全黑暗情况下进行对比试验，以普通小汽车远光灯距离10m直射标志灯10s，观测其亮度变化，在10 min内应始终不低于内置21W汽车灯泡的对比标志灯亮度。

5.3　低温试验

试验应符合GB/T 2423.1的规定。

试验参数：温度−25℃，时间72h。

试验后立即检查试样的外观，应无变形或断裂现象。

5.4 高温试验

试验应符合 GB/T 2423.2 的规定。

试验参数:温度 40℃,时间 72h。

试验后立即检查试样的外观,应无变形或断裂现象。

5.5 振动试验

试验应符合 GB/T 2423.10 的规定。

试验参数:频率范围 10Hz ~ 150Hz,扫频速率为每分钟一个倍频程,加速度幅值 $10m/s^2$,扫频循环数 20,在试样的竖直轴线上试验。

试验后立即检查试样的外观及紧固部位情况,试样应无机械损伤和紧固部位松动现象。

5.6 冲击试验

试验应符合 GB/T 2423.5 的规定。

试验参数:峰值加速度 $150m/s^2$,持续时间 11 ms,脉冲波形为半正弦或后峰锯齿,在试样的 3 个相互垂直的轴线上各连续冲击 1 000 次。

试验后立即检查试样的外观及紧固部位情况,试样应无机械损伤和紧固部位松动现象。

6 检验规则

6.1 出厂检验

6.1.1 产品出厂需经质量检验合格,并签发合格证后方能出厂。

6.1.2 标志灯出厂检验项目包括:外观、发光。标志牌出厂检验项目为外观。

6.2 型式检验

6.2.1 有下列情况之一时,进行型式检验:

a) 投入批量生产前;

b) 正式生产后,如结构、材料、工艺有较大改变,可能影响产品性能时;

c) 出厂检验结果与上次型式检验有较大差异时;

d) 国家及部级质量监督机构提出进行型式检验要求时。

6.2.2 型式检验应按第 4 章和第 5 章进行。

7 产品的包装、标志、装卸、运输和储存

7.1 包装

7.1.1 标志灯外包装为瓦楞纸箱。内包装为硬纸盒,以定型吹塑泡沫衬垫保护。每个纸盒内附有产品说明书和产品检验合格证。

7.1.2 标志牌每块用塑料薄膜封装,外包装为瓦楞纸箱,每箱装不超过 50 块。

7.1.3 瓦楞纸箱应符合 GB/T 6543 的要求。

7.2 标志

7.2.1 产品标志

7.2.1.1 标志灯

标志灯应有清新、耐久的产品标志,至少包括下列内容:

a) 产品名称、代号和生产编号;

b) 制造厂名、生产日期、产品有效期及商标、防伪标志。

7.2.1.2 标志牌

标志牌的产品标志至少包括下列内容:

a) 产品名称、代号和生产编号;

b) 制造厂名、生产日期及商标、防伪标志。

7.2.2 包装标志

外包装件上应印有 GB/T 191 规定的“防雨”、“向上”、“易碎”(标志牌除外)图示标志,正反两面印有产品标志,两侧面印有包装件的外形尺寸、重量、内装数量。

7.3 装卸和运输

装卸时应轻装轻卸、堆码整齐;运输时应捆扎牢固,使用厢式车辆运载。

7.4 储存

库内存放,注意防潮。标志灯储存期不超过 2 年,标志牌储存期不超过 4 年。

8 安装悬挂要求

8.1 标志灯

8.1.1 标志灯安装于驾驶室顶部外表面中前部(从车辆侧面看)中间(从车辆正面看)位置,以磁吸或顶檐支撑、金属托架方式安装固定。安装位置参见附录 B。

8.1.2 对于带导流罩车辆,可视导流罩表面流线型和选择的金属托架角度确定安装位置,允许自制金属托架,允许在金属托架与导流罩间加衬垫,应保证标志灯安装正直。

8.2 标志牌

8.2.1 标志牌一般悬挂于车辆后厢板或罐体后面的几何中心部位附近,避开车辆放大号;对于低栏板车辆可视情选择适当悬挂位置。悬挂位置参见附录 C。

8.2.2 运输爆炸、剧毒危险货物的车辆,应在车辆两侧面厢板几何中心部位附近的适当位置各增加一块悬挂标志牌。

8.2.3 运输放射性危险货物的车辆,标志牌的悬挂位置和数量应符合 GB 11806 的规定。

8.2.4 根据车辆结构或用途,选择螺栓固定、铆钉固定、粘合剂粘贴固定或插槽固定(可按使用需要随时更换)等方式安装固定标志牌。

8.2.5 对于罐式车辆,可选择按规定位置悬挂标志牌或以反光材料按3.2.2.2和3.2.2.3 的规定在罐体上喷绘标志。

8.2.6 悬挂的标志牌应按 GB 6944 与所运载危险货物(一种危险货物具有多重危险性时与主要危险性,多种危险货物混装时与主要危险货物的主要危险性)的类、项相对应,与标志灯同时使用。

9 车辆标志的维护

9.1 车辆驾驶员应对使用中的车辆标志进行经常性检查和维护,保持车辆标志的清洁和完好。

9.2 车辆在装、卸载可能导致车辆标志腐蚀、失效的化学危险品后,应及时对车辆标志进行检查,必要时对车辆标志进行清洗和擦拭。

9.3 标志灯正常使用期限为 2 年,标志牌正常使用期限为 4 年。在使用期限内车辆标志发生破损、失效时,应及时更换。

附 录 A
(规范性附录)
标志牌图形

A.1 标志牌图形见表 A.1。

表 A.1 标 志 牌 图 形

编 号	名 称	标志牌图形	对应的危险货物类项号
1	爆炸品	爆炸品 1 (底色:橙红色,图案:黑色)	1.1 1.2 1.3
2	爆炸品	1.4 爆炸品 1 (底色:橙红色,图案:黑色)	1.4
3	爆炸品	1.5 爆炸品 1 (底色:橙红色,图案:黑色)	1.5
4	易燃气体	易燃气体 2 (底色:红色,图案:黑色)	2.1

表 A.1(续)

编　号	名　　称	标志牌图形	对应的危险货物类项号
5	不燃气体	不燃气体 2 (底色:绿色,图案:黑色)	2.2
6	有毒气体	有毒气体 2 (底色:白色,图案:黑色)	2.3
7	易燃液体	易燃液体 3 (底色:红色,图案:黑色)	3
8	易燃固体	易燃固体 4 (底色:白色红条,图案:黑色)	4.1

表 A.1(续)

编　号	名　称	标志牌图形	对应的危险货物类项号
9	自燃物品	自燃物品 4 (底色:上白下红色,图案:黑色)	4.2
10	遇湿易燃物品	遇湿易燃物品 4 (底色:蓝色,图案:黑色)	4.3
11	氧化剂	氧化剂 5.1 (底色:柠檬黄色,图案:黑色)	5.1
12	有机过氧化物	有机过氧化物 5.2 (底色:柠檬黄色,图案:黑色)	5.2

表 A.1(续)

编　号	名　称	标志牌图形	对应的危险货物类项号
13	剧毒品	剧毒品 6 (底色:白色,图案:黑色)	6.1
14	有毒品	有毒品 6 (底色:白色,图案:黑色)	6.1
15	有害品 (远离食品)	有害品 (远离食品) 6 (底色:白色,图案:黑色)	6.1
16	感染性 物品	感染性物品 6 (底色:白色,图案:黑色)	6.2

表 A.1(续)

编　号	名　　称	标志牌图形	对应的危险货物类项号
17	腐蚀品	腐蚀品 8 (底色:上白下黑色,图案:上黑下白色)	8
18	杂类	杂类 9 (底色:白色,图案:黑色)	9

A.2　运输放射性危险货物车辆的标志牌图形应符合 GB 11806 的规定。

附　录　B
（资料性附录）
标志灯安装位置

B.1　A 型标志灯安装位置见图 B.1。

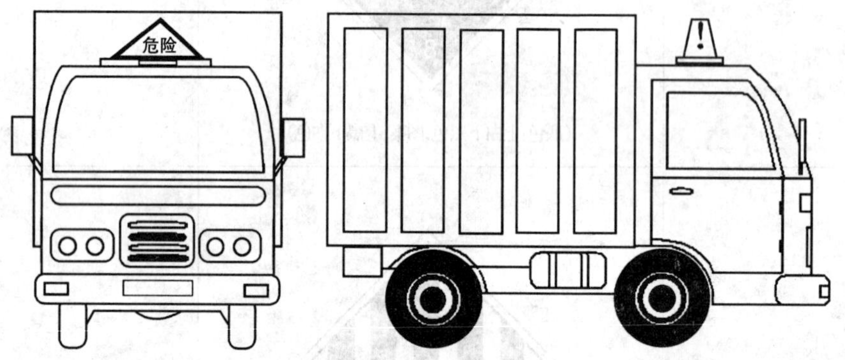

图 B.1　A 型标志灯安装位置

B.2　B 型标志灯安装位置见图 B.2。

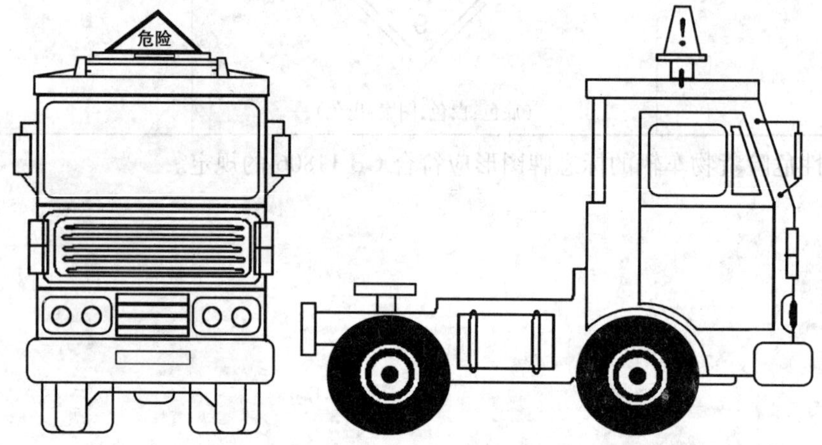

图 B.2　B 型标志灯安装位置

B.3　C 型标志灯安装位置见图 B.3。

图 B.3　C 型标志灯安装位置

附 录 C
(资料性附录)
标志牌悬挂位置

C.1 低栏板车辆标志牌悬挂位置,推荐悬挂于栏板上,必要时重新布置放大号。见图 C.1。

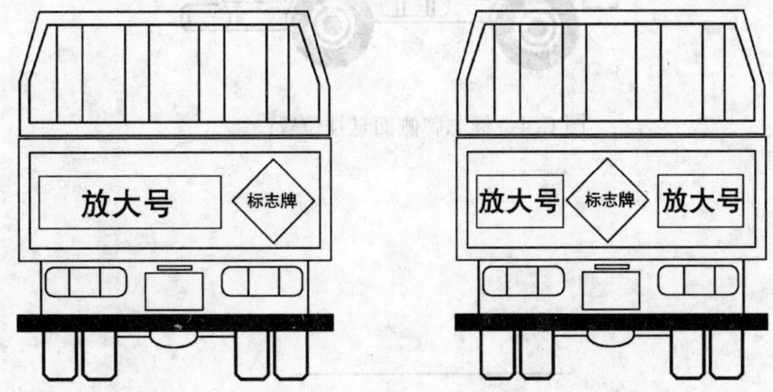

图 C.1 低栏板式车辆标志牌悬挂位置

C.2 厢式车辆标志牌悬挂位置一般在车辆放大号的下方或上方,推荐首选下方;左右尽量居中。集装箱车、集装罐车、高栏板车类同。见图C.2。

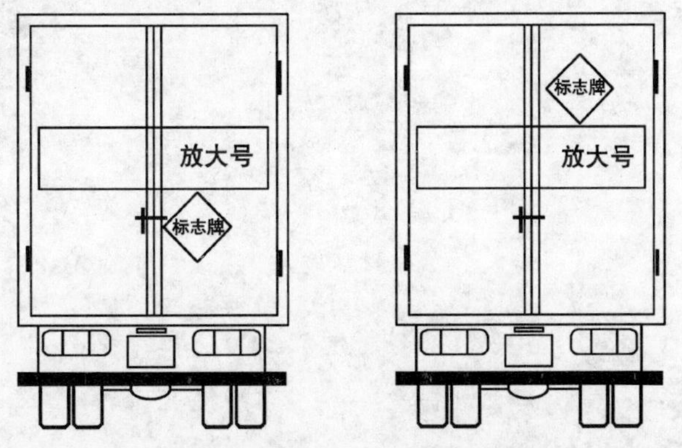

图 C.2 厢式车辆标志牌悬挂位置

C.3 罐式车辆标志牌悬挂位置一般在车辆放大号下方或上方,推荐首选下方;左右尽量居中。见图 C.3。

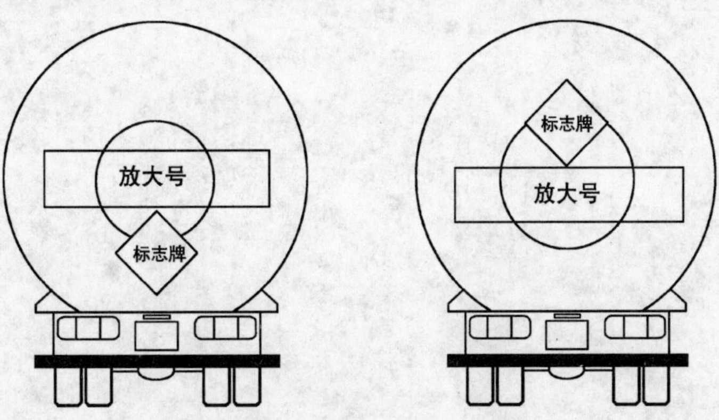

图 C.3 罐式车辆标志牌悬挂位置

C.4　运输爆炸、剧毒危险货物的车辆，在车辆两侧面厢板各增加悬挂一块标志牌，悬挂位置一般居中，见图C.4。

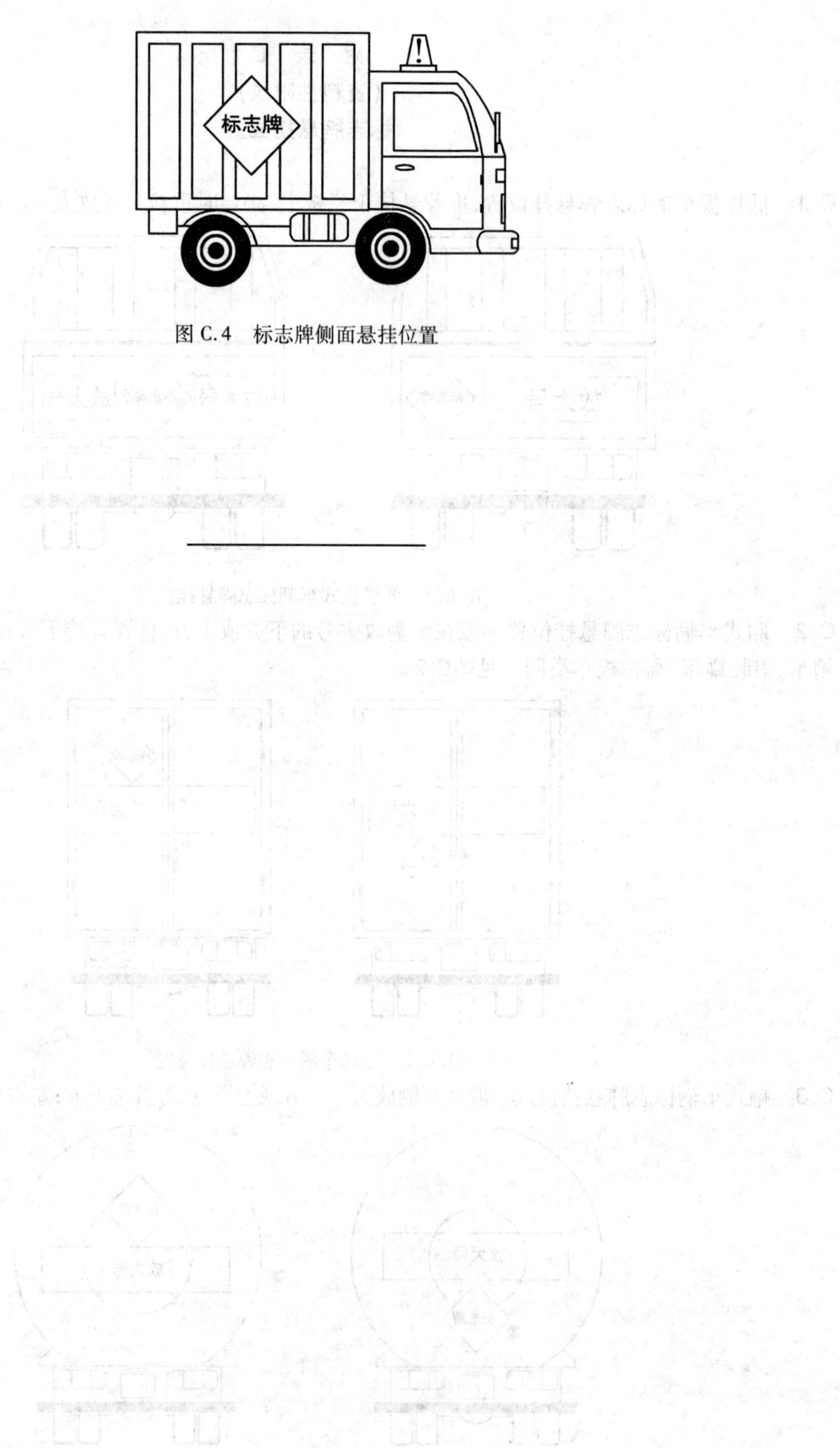

图C.4　标志牌侧面悬挂位置

中华人民共和国国家标准

GB/T 16887—1997

卧铺客车技术条件

Specification for sleeper bus

1997-06-27 发布　　　　1997-12-01 实施

1 范围

本标准规定了卧铺客车的技术要求、试验方法、检验规则、标志、运输、贮存。

本标准适用于车长 7~12 m 的卧铺客车。

2 引用标准

下列标准所包含的条文，通过在本标准中引用而构成为本标准的条文。本标准出版时，所示版本均为有效。所有标准都会被修订，使用本标准的各方应探讨使用下列标准最新版本的可能性。

GB/T 5453—85　织物透气性试验方法

GB/T 6323.6—94　汽车操纵稳定性试验方法　稳态回转试验

GB 8410—94　汽车内饰材料的燃烧特性

GB 10802—89　软质聚氨酯泡沫塑料

GB 10807—89　软质泡沫聚合材料压陷硬度试验方法

GB 10808—89　软质泡沫塑料撕裂性能试验方法

GB 11709—89　客车产品质量定期检查试验规程

GB/T 12477—90　客车平顺性评价指标及限值

GB 12479—90　客车防尘密封性限值

GB 12481—90　客车防雨密封性限值

GB/T 13043—91　客车定型试验规程

GB/T 13052—92　客车外观质量技术要求及检验方法

GB/T 13053—91　客车驾驶区尺寸

GB/T 13060—91　客车乘客座椅技术条件

GB 14166—93　汽车安全带性能要求和试验方法

GB 14167—93　汽车安全带安装固定点

GB 15083—94　汽车座椅系统强度要求及试验方法

GB 15084—94　汽车后视镜的性能和安装要求

GB 13094—1997　客车结构安全要求

3 定义

本标准采用下列定义(见表 1)。

表1 定 义

序号	术 语	英文对应词	定 义	符号	图号
3.1	卧铺长	sleeper length	指靠背上端至调节器中心的长度与调节器中心至座垫前端的长度之和(对不可调平铺,指铺的前后两端垂面间的距离)	l_1+l_2	图1
3.2	卧铺宽	sleeper width	指卧铺座垫下平面框架的宽度	W_1	图2
3.3	卧间距	distance between sleepers	沿基准Y平面,前后两卧铺座垫前缘之间的距离	L	图3
3.4	*G*点	*G* point	在卧铺中心平面上,当卧铺靠背角调至最大角度时,同靠背下缘相切的垂线与座垫上表面的交点		图1
3.5	*R*'点	*R*' point	在卧铺中心平面上,座垫上距*G*点水平距离为100 mm的点		图1
3.6	铺间高	distance between lower and upper sleeper	双层卧铺中,下层卧铺上*R*'点至上铺下表面的距离	H_1	图3
3.7	上铺高	upper sleeper height	双层卧铺中,上层卧铺上*R*'点至车内顶的距离	H_2	图3
3.8	卧铺靠背角	angle of sleeper back	在卧铺中心平面上,卧铺靠背后平面与垂线的夹角	α	图1
3.9	安全脚蹬	end safety unit	置于卧铺座垫前端高出座垫前端平面,用于限制旅客乘卧时前蹿的装置		图3
3.10	护栏	side safety fence	置于卧铺过道侧及上铺侧窗处,用于防止旅客乘卧时跌落的保护装置		图3
3.11	护栏高	height of side safety fence	与护栏或起护栏作用的构件上表面相切的*Z*平面至座垫上表面间的最小距离	H_3	图3
3.12	安全脚蹬高	height of end safety unit	与安全脚蹬上缘相切的*Z*平面至卧铺座垫前端上缘的距离	H_4	图3

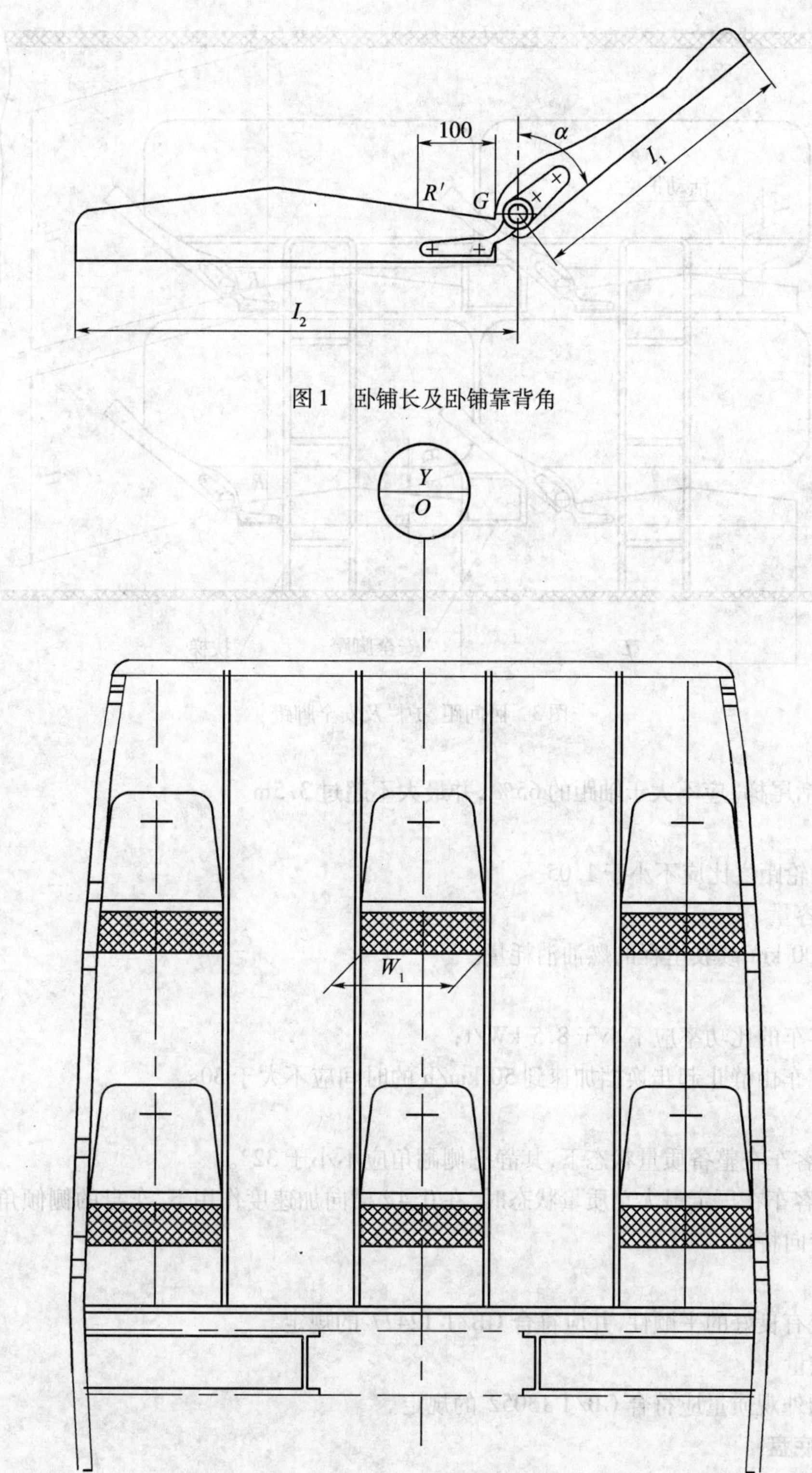

图 1　卧铺长及卧铺靠背角

图 2　卧铺宽及卧铺布置

4　技术要求

4.1　整车

卧铺客车应按经规定程序批准的图样及技术文件制造,并应符合有关国家强制性标准的规定。

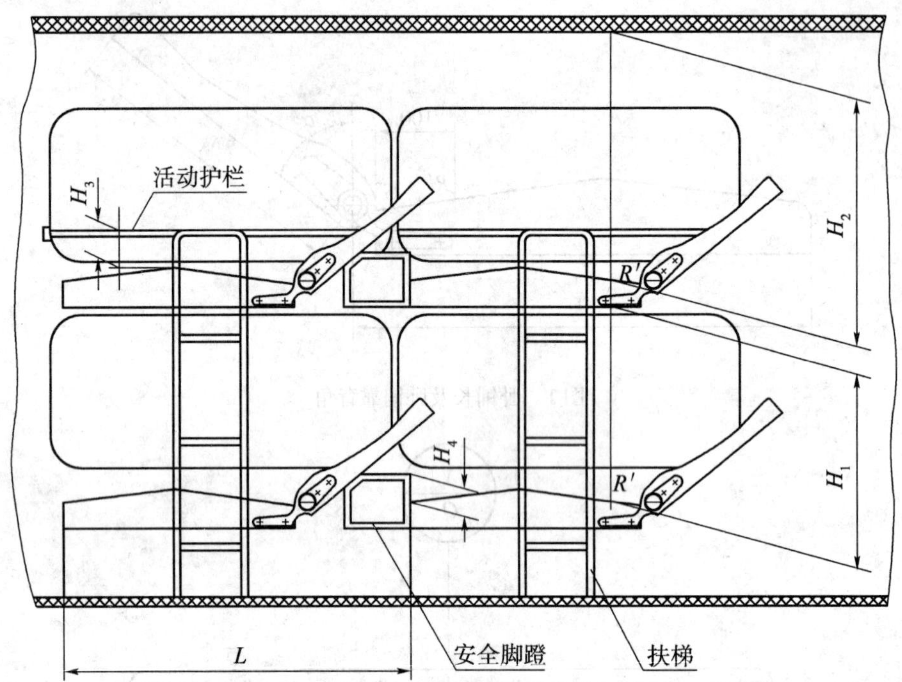

图3　卧间距、护栏及安全脚蹬

4.1.1　后悬

后悬(不包括尾梯)应不大于轴距的65%,并最大不超过3.5m。

4.1.2　轮距

前轮距与后轮距之比应不小于1.05。

4.1.3　燃油箱容量

应能满足500 km 续驶里程的燃油消耗量。

4.1.4　动力性

a)　卧铺客车的比功率应不小于8.5 kW/t;

b)　卧铺客车由静止起步换挡加速到50 km/h 的时间应不大于30s。

4.1.5　稳定性

4.1.5.1　卧铺客车在整备质量状态下,其静态侧翻角应不小于32°。

4.1.5.2　卧铺客车在厂定最大总质量状态时,在0.4g 横向加速度作用下,车身的侧倾角应不大于7°。并应具有不足转向特性。

4.1.6　平顺性

卧铺客车应有良好的平顺性,并应符合 GB/T 12477 的规定。

4.1.7　外观质量

卧铺客车的外观质量应符合 GB/T 13052 的规定。

4.2　发动机和底盘

4.2.1　发动机的布置应具有良好的接近性;发动机应有良好的起动性能。

4.2.2　传动系应工作可靠,操纵轻便。离合器踏板操纵力不大于245 N,机械变速机构的操纵力不大于90 N。

4.2.3　悬架的自振频率应不大于1.65Hz。

4.2.4　底盘的悬架中宜设横向稳定装置,以提高整车行驶的稳定性。

4.2.5　采用气制动的卧铺客车,应急制动装置应采用储能弹簧制动器,并应符合有关国家标准的规定。

4.3 车身

4.3.1 双层卧铺的客车不应设车顶行李架。

4.3.2 卧铺客车出口的数量、尺寸、设置及技术要求应符合 GB 13094—1997 中 4.4.1 ~ 4.4.8 的规定。

4.3.3 卧铺布置为上、下双层时，侧窗布置应为上、下双排。

4.3.4 乘客区的通道宽应不小于 350 mm。

4.3.5 通向安全门的通道应能保证在紧急情况下畅通，当宽度小于 350 mm 时，允许采用迅速翻折铺位等方法加宽通道；若上铺不能翻折时，应保证上铺底面距地板高度不小于 1 200 mm。

4.3.6 卧铺客车车厢应有良好的密封性能。防尘密封性能应符合 GB 12479 的规定，防雨密封性能应符合 GB 12481 的规定。

4.3.7 发动机舱、车顶夹层应有隔热、隔音措施，且采用不易燃或自熄性材料。

4.3.8 车身内壁、内顶、内外装饰件应采用耐光照、不易燃的材料，其阻燃性要求应符合 GB 8410 的规定。

4.3.9 各加油、加水、放气口等的位置应便于操作。

4.3.10 卧铺客车应有良好的通风条件，可采用自然通风和强制通风相结合的措施。应保证乘客能主动控制自然通风装置，强制通风装置应能保证供给每位乘客的外界清洁空气量不小于 20 m^3/h。

4.3.11 卧铺客车宜采用独立暖风装置和冷气装置。

4.3.11.1 采用暖风装置时应能满足下列要求：

a) 当外界温度为 -10℃时，应能保证驾驶员头部与脚部处环境温度不低于 10℃，并要求在 30 min 内达到；

b) 在外界温度为 -10℃，车速为 50 km/h 时，应能保证乘客座椅处（距地板高度 100 mm）的温度不低于 10℃；

c) 暖风出口的布置，应使车厢内温度均匀，且不能直接朝向乘客。

4.3.11.2 采用冷气装置时应能满足下列要求：

a) 当外界温度为 35℃时，应能使车内与外界温度之差不小于 7℃；

b) 冷气出口分布应均匀，并且风向可由乘客自由调节。

4.3.12 卧铺客车宜采用卫生间。

4.3.13 在车厢的前、中、后应分别安装至少各一个灭火器。

4.3.14 驾驶区和驾驶员操作位置的尺寸范围应符合 GB/T 13053 的规定。

4.3.15 仪表均应有照明，仪表板及仪表台应采用无反光的面板，仪表板的板面应尽可能与驾驶员的下视界线垂直。

4.3.16 在车辆行驶中驾驶员需经常使用的装置如转向指示器、喇叭等的开关宜装在转向柱管上，在行驶中需操作的开关或观察的监视、报警装置应装在驾驶员正前方向的仪表板上，在停车时才操作的开关或观察的信号可安装在驾驶员侧面仪表板上。

4.3.17 车内照明装置及其在风窗玻璃、视镜等处的反射光线，不应使驾驶员眩目，并应避免在风窗玻璃上出现幻影，形成错觉。

4.3.18 卧铺客车的视野要求

卧铺客车的视野除应符合 GB 15084 的规定外，还应符合下列要求：

a) 通过下视镜应能看到风窗玻璃前下方长 1.5 m，宽 3 m 的范围内的地面；

b) 前盲区的长度不大于 3 m；

c) 正前方视野应能看到距保险杠前方 12 m，高 5 m 的交通信号灯；

d) 通过内后视镜应能看到乘客门处及乘客的活动情况。

4.3.19 地板应有抗磨、耐油、不易燃、耐腐蚀、能湿洗等性能，并采用摩擦系数较大的护面材料。地板的连接处及地板与护板接缝处应进行密封处理，地板上的操纵杆孔应装防尘套。

4.4 卧铺

4.4.1 外形尺寸及调节角度

a) 卧铺长度不小于 1 800 mm;可调式卧铺座垫的长度宜不小于 1 070 mm;

b) 卧铺宽不小于 450 mm;

c) 卧铺靠背角调节范围(见图 1,α 角)应不小于 50°;

d) 护栏高不小于 150 mm。

4.4.2 排列形式及相关尺寸

a) 卧铺布置应为纵向;

b) 卧铺距应不小于 1 400 mm;

c) 相邻两卧铺(每位乘客乘卧的铺)横向间距应不小于 350 mm;

d) 双层布置时上铺高应不小于 780 mm;铺间高应不小于 750 mm。

4.4.3 材料

4.4.3.1 卧铺的材料应符合有关标准的规定,非金属材料在 -40℃ ~50℃ 环境温度下,应能满足使用要求。

4.4.3.2 卧铺使用的各种非金属材料,应具有阻燃特性,并应符合 GB 8410 的规定。

4.4.4 舒适性

4.4.4.1 卧铺软垫与人体接触部分的形状应符合人体工程学的要求,物理机械性能应不低于 GB 10802—89 中 4.4 中规定的一等品的性能指标。

4.4.4.2 卧铺与人体接触部分的护面材料,应具有较好的透气性,其透气量不小于 0.06$m^3/m^2 \cdot s$。

4.4.5 安全性

4.4.5.1 卧铺的支承立柱、框架的固定、安装应牢固可靠,强度要求应符合 GB 15083 的规定。

4.4.5.2 卧铺及调节器的使用性能应符合 GB/T 13060—91 中 3.4.1 ~ 3.4.4 的规定,强度要求应符合 GB 15083 的规定。

4.4.5.3 双层卧铺的上铺两侧应有防护措施,靠侧窗侧应安装不用工具即可拆卸的活动护栏。下铺应低于侧窗下沿,其距离应不小于 150 mm。

4.4.5.4 每张卧铺的前端应设高度不小于 250 mm 的安全脚蹬,其强度应满足使用要求。

4.4.5.5 每张卧铺应安装至少二点式安全带,安全带的性能应符合 GB 14166 的要求,安全带安装固定点应符合 GB 14167 的要求。

4.4.5.6 供上铺乘客上下的扶梯,应安装牢固、可靠,且上下方便。

4.4.5.7 卧铺表面及乘客身体可能触及的部位,不应有任何尖状突出物。框架及底板外缘,应具有半径为 5 mm 以上的圆角。

4.4.5.8 卧铺的支承立柱、扶梯、护栏表面宜采取软化包覆措施。

4.4.6 外观质量

4.4.6.1 卧铺护面应整洁颜色一致,不应有线头、脱色、污迹及机械性破损和划伤。

4.4.6.2 卧铺护面缝合部位不允许有漏缝、开缝、脱线、跳线等缺陷。缝制加工所用缝线质量和缝制工艺,应保证不低于护面材料的强度,在正常使用和试验条件下,不应早期损坏。

4.5 电气设备及电气线路

4.5.1 电气设备

4.5.1.1 发电机输出功率应能满足车上电气设备使用的需要。

4.5.1.2 蓄电池应牢固地安装于能防泥、通风的箱框内,其位置应在地板下面、靠近车身裙部处,并从车外易于接近和拆装。蓄电池的容量应满足各种用电设备的需要。

4.5.1.3 车厢内外照明及信号装置的配光性能和技术条件应符合有关标准的规定。

4.5.1.4 车厢内外照明及信号装置的种类及其代号见表 2。

表2 照明、信号装置的种类及其代号

代号	名称	代号	名称	代号	名称
1	前照灯	10	倒车灯	19	倒车声响器
2	雾灯	11	制动灯	20	开门指示灯
3	前转向信号灯	12	门灯	21	后反射器
4	侧转向信号灯	13	踏步灯	22	行李舱灯
5	后转向信号灯	14	车厢灯	23	限位警报器
6	前位灯	15	驾驶区顶灯	24	发动机舱灯
7	牌照灯	16	电喇叭	25	危险报警闪光灯
8	示廓灯	17	转向声响器		
9	后位灯	18	低气压报警器		

4.5.1.5 车厢内外照明及信号的基本装置与选用装置见表3。

表3 基本装置与选用装置

装置	卧铺客车长,m	
	7.0~9.0	9.0~12
基本装置代号	1,2,3,5,6,7,8,9,10,11,13,14,15,16,18,19,20,21,24,25	1,2,3,4,5,6,7,8,9,10,11,13,14,15,16,18,19,20,21,24,25
选用装置代号	12,18,22	12,17,22,23

4.5.1.6 车厢内部照明及信号装置的数量,光色及安装位置应符合表4的规定。在车厢内适当位置应设供乘客夜间照明用的常明灯,其灯光不得有碍驾驶员的操作。

表4 照明及信号装置的数量、光色及安装位置

序号	名称	数量	光色	安装位置	备注
1	门灯	每门一个	白色	乘客门上方或下方	
2	踏步灯	每门一个	白色	车门踏步处	
3	车厢灯		白色	车厢内顶	数量按照度要求
4	驾驶区顶灯	1	白色	驾驶室内顶	
5	电喇叭	1		车厢前部,具体位置不作规定	
6	转向声响器	1		不作规定	
7	低气压警报器	1		仪表板处	
8	倒车声响器	1		不作规定	
9	开门指示灯	每门1个	红色	仪表板左侧	
10	反射器	2	红色	在车辆后端,具体位置不作规定	
11	行李舱灯	每厢1个	白色	行李舱内	
12	限位警报器	1			
13	发动机舱灯	1	白色	发动机舱内	
14	危险报警闪光灯	4	黄色	车身前后围处	

4.5.1.7 表4中各种灯具、声响器和警报器允许采用复合结构。

4.5.1.8 卧铺客区内的照明及乘客门处的车外照明应能独立控制，其照明度应满足下列要求：

a) 在离地板1 m高处的平均照度不小于20 lx(白炽灯)和40 lx(荧光灯)；

b) 在通道的地板表面处的平均照度不小于15 lx(白炽灯)和30 lx(荧光灯)；

c) 踏步板表面处的平均照度不小于10 ix(白炽灯)；

d) 乘客门处的车外照明，在距门1 m远，离地面1 m高处的平均照度不小于10 lx(白炽灯)。

4.5.2 电气线路

4.5.2.1 电路系统应安装电源总开关，操纵总开关，可切断蓄电池电源。

4.5.2.2 在驾驶员便于操纵的位置，宜装置应急开关，可迅速切断蓄电池电源，关闭油路，同时自动接通危险报警闪光灯，发出危险信号。

4.5.2.3 各种导线的截面积应与所通过的最大电流相适应，不得超负荷使用。

4.5.2.4 电线应扎成线束，排列整齐，绝缘良好，固定牢靠，防止遭受机械损伤，并能耐受发动机舱中的温度和湿度。各线束中的电线两端应有编号或用不同颜色，以示区别。

4.5.2.5 电线接头的技术要求应符合有关技术标准的规定。

4.5.2.6 各种电器的供电线路均应装保险丝或断路开关。

4.5.2.7 各种电器应按使用说明书规定，可靠接地。

5 试验方法

5.1 操纵稳定性按GB 6323.6的有关规定。

5.2 非金属材料的阻燃特性按GB 8410的规定。

5.3 卧铺软垫的压陷硬度，撕裂性能按GB 10807和GB 10808的规定。

5.4 卧铺护面材料的透气性按GB 5453的规定。

5.5 卧铺及调节器的强度按GB 15083的规定。

5.6 其余各项试验方法按GB/T 13043的有关规定。

6 检验规则

6.1 产品检验有：

a) 定型试验；

b) 质量定期检查试验；

c) 出厂检验。

6.2 产品的定型试验规则按GB/T 13043的规定，卧铺客车产品质量定期检查试验按GB 11709的规定。

6.3 出厂检验的要求如下：

a) 生产厂应对卧铺客车所装用的总成和零部件质量负责；

b) 每辆卧铺客车必须进行车速里程表校正、制动性能测定、排放测定、前照灯灯光调整和淋雨试验；还应按4.4.6的规定对卧铺的外观质量进行检验；

c)每辆卧铺客车应经生产厂质量检验合格，并签发合格证后，方能出厂。

6.4 用户有权对卧铺客车进行质量检查，并做短距离路试复查(一般不超过30 km)。对不符合质量要求的卧铺客车，生产厂有责任及时返工。

6.5 每辆出厂的卧铺客车，必须附有《使用说明书》一册以及按《使用说明书》所规定的随车工具一套。

6.6 卧铺客车出厂后，用户应执行客车技术文件的有关规定。在合理使用的前提下，从出厂之日起一年内及行驶里程不超过2 500 km时，出现因产品质量而引起的机件损坏(不包括技术文件内注明的易损件)或不能继续正常运行时，生产厂应负主要责任。

7 标志、运输、贮存

7.1 标志

7.1.1 卧铺客车的商标和型号标记必须装在车身前部的外表面上。

7.1.2 卧铺客车必须装置产品标牌,标牌应装在车厢内壁乘客门上方。

7.1.3 卧铺客车的标牌应标明产品名称、型号、发动机功率、整车厂定最大总质量、厂定最大载客人数、外形尺寸(汽车长、车宽、车高),车辆编号、出厂日期和生产厂名。

7.1.4 发动机的标志应标明其型号和出厂编号,打印在发动机气缸体侧平面上,字体为二号印刷字,型号在前,出厂编号在后,在出厂编号的两端打上星号(☆)。

7.1.5 底盘的标志应具有其型号和出厂编号,打印在金属标牌上,型号在前,出厂编号在后,在出厂编号的两端打上星号(☆),标牌固定于车架易见部位,字体为一号印刷字。

7.1.6 卧铺客车的冷气、暖气装置,应在适当部位标明其技术参数,注意事项以及手柄、按钮等的简要操作方法。

7.1.7 各种监视、报警指示仪表、控制开关、信号装置等均应按 GB 4094 的规定设置图形标志。

7.2 运输

7.2.1 采用行驶方式运输时,应遵守新车行驶的各项规定。生产厂应按使用说明书的规定加注燃料、润滑油、冷却水、蓄电池充满电。

7.2.2 卧铺客车需由铁路或水上运输时,除按这两种运输方法的有关规定执行外,并应注意下列事项:

a) 必须用专门吊具或升降台装运,并应防止车身和零部件变形损坏;

b) 装运时卧铺客车之间应保留足够的间隔,用楔形块塞好车轮,并用绳索等将客车拉牢,防止车辆滑移;

c) 卧铺客车装车或装船后,应拆去电源线,实施驻车制动,挂上低速挡,按需放掉水箱和缸体中的冷却水,并在明显位置挂无水标志,关窗锁门,按需加以覆盖。

7.3 贮存

7.3.1 卧铺客车应停放在专用场所,不宜长期露天停放,否则,应有长期露天停放的措施。

7.3.2 停放的卧铺客车之间应保持一定间隔,按需将水箱和缸体中的冷却水放掉,挂无水标志。

7.3.3 对贮存期超过一个月的车辆,应向发动机气缸内加适量机油并空转数转,拆下蓄电池,按技术要求规定妥善保管。同时,应将客车垫起,使轮胎和悬架卸载,保持轮胎适当气压,并清除车身和轮胎上的泥土和油腻,每月对停放情况检查一次。按有关技术要求给予必要的维护。

中华人民共和国国家标准

GB/T 17578—1998

客车上部结构强度的规定

Provisions of strength for the superstructure of bus

1998-11-18 发布　　1999-09-01 实施

1 范围

本标准规定了客车上部结构强度的技术要求与试验方法。

本标准适用于车长大于 7 m 的单层城市客车、长途客车(座位车)和旅游客车。

2 定义

本标准采用下列定义。

2.1

上部结构　superstructure

在发生翻车事故时,提供车身强度的结构部分。

2.2

乘客区　passenger compartment

供乘客使用的空间,不包括如酒吧、厨房或洗手间等固定设施所占有的空间。

2.3

生存空间　residual space

客车上部结构按本标准规定的试验方法进行试验期间及完成试验后,在乘客区中所保留的空间。

3 生存空间的确定

3.1 *R* 点是确定生存空间的基准点。该点距乘客脚下的地板 500 mm,距车身内壁 300 mm,位于外侧座椅靠背前方、并与其中心线的 *X* 轴向距离为 100 mm,见图 1。

3.2 图 1a)所示的垂直横截面(即阴影部分)为下边通过 *R* 点的梯形,其下边端点位于 *R* 点外侧 150 mm,其高度为 750 mm,其上边端点位于 *R* 点内侧,并与 *R* 点的 *Y* 轴向距离为 100 mm。

3.3 生存空间是在乘客区内按 3.2 所述的垂直横截面沿 *R* 点的连线移动所扫过的空间。*R* 点的连线是从最后一排座椅的 *R* 点,依次经过每排座椅的 *R* 点,直到最前排座椅 *R* 点的连线,见图 1b)。

4 技术要求

4.1 客车按本标准第 5 章的方法进行试验时及试验后,应确保其上部结构具有足够的强度和刚度,具体要求为:

4.1.1 车身任何部分的位移都不允许侵入生存空间。

4.1.2 生存空间内的任何部分都不能突出至变形的车身结构外。

4.2 4.1 的规定适用于客车上的所有结构零件、部件、板件以及所有凸出的刚性零件如行李架、通风装置等。4.1 的规定不适用车内的隔板、隔墙以及酒吧、厨房或洗手间等固定设施。

5 试验方法

5.1 试验条件

5.1.1 被试客车可以未全部完工,但整车整备质量、质心位置和质量分布应符合该车技术要求的规定。

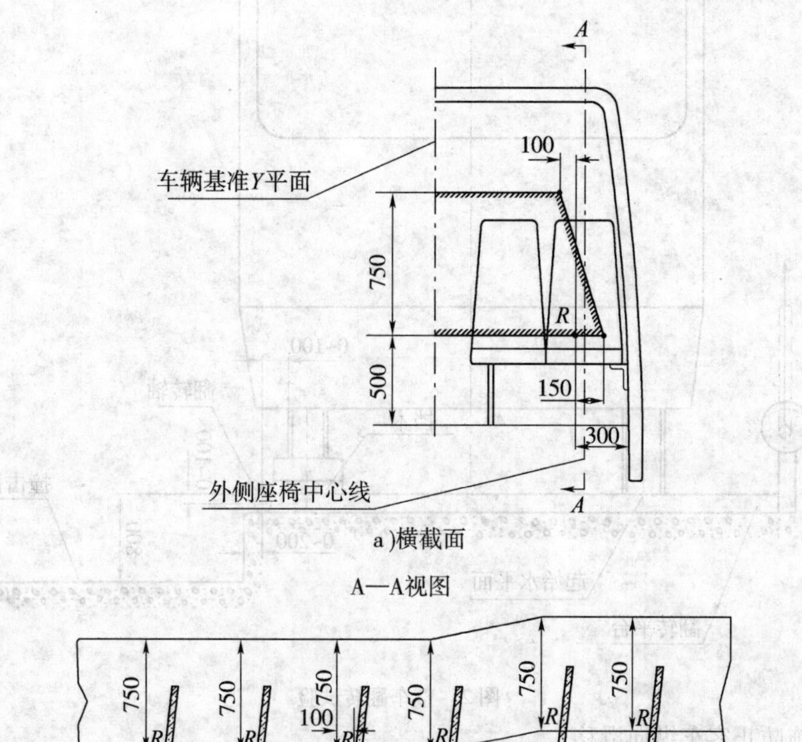

图1 生存空间

5.1.2 驾驶员和乘客的座椅靠背若为可调式,靠背应处于垂直的位置;如座椅高度可调,应处于最高位置。

5.1.3 客车的门、窗都应关闭,闩上,但不能锁死。

5.1.4 轮胎气压应符合生产厂的规定。如客车装有空气弹簧悬架系统,应把车身离地高度调整至生产厂的规定值,减震器应工作正常。

5.1.5 燃料、蓄电池的酸液和其他易燃、易爆或腐蚀材料应由其他材料替代,但替代后应符合 5.1.1 的规定。

5.1.6 撞击面(见图2)。

注:撞击面可以由水泥或其他坚硬材料构成。

5.2 试验步骤

5.2.1 客车停放在一个水平的翻转平台上。

5.2.2 翻转平台的位置如下(见图2):

a) 翻转轴中心线平行于客车的基准 Y 平面;

b) 翻转轴中心线距台阶侧面 0 ~ 200 mm;

c) 翻转轴中心线应位于客车右侧轮胎的外侧,且距最外侧轮胎的外侧面 0 ~ 100 mm;

d) 翻转轴中心线低于车轮所处的翻转起始水平面 0 ~ 100 mm;

e) 翻转起始水平面与撞击面之间高度差为 800 mm。

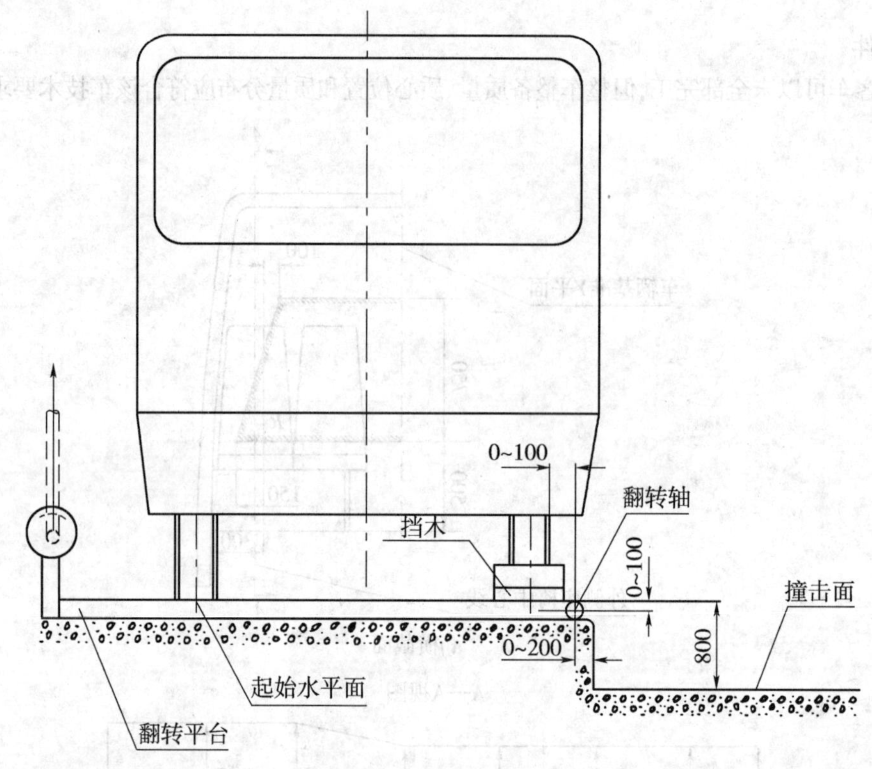

图2 整车翻转试验

5.2.3 采取措施防止客车纵向滑移。

5.2.4 试验装置采用侧向挡壁防止车轮侧向滑移。

5.2.5 试验装置应确保客车各轴的同步侧倾。

5.2.6 客车在没有摇晃和不受其他外力影响的情况下侧倾直至翻倒。侧倾角速度不应超过 5°/s (0.087rad/s)。

5.2.7 采用高速摄影、变形规或其他适宜的装置来确认第 4 章的要求是否得到满足。此要求至少应在两个位置进行验证，一般是在乘客区的前部和后部。变形规应固定在车身结构的不易变形的坚固部件(如车辆地板)上。

中华人民共和国国家标准

GB/T 17729—1999

长途客车内空气质量要求

Hygienic standard for the air quality inside long distance coach

1999－04－15 发布　　1999－12－01 实施

1 范围

本标准规定了长途客车车厢内空气主要成分的质量要求。

本标准适用于各类营运长途客车，其他客车可参照执行。

2 引用标准

下列标准所包含的条文，通过在本标准中引用而构成为本标准的条文。本标准出版时，所示版本均为有效。所有标准都会被修订，使用本标准的各方应探讨使用下列标准最新版本的可能性。

GB 8958—1988　缺氧危险作业安全规程

GB 9673—1996　公共交通工具卫生标准

3 空气质量要求

长途客车内空气主要成分的标准值见表 1。

表 1

项　目	单　位	标准值	依　据
氧（O_2）	%	≥18	GB 8958—1988
二氧化碳（CO_2）	%	≤0.15	GB 9673—1996
一氧化碳（CO）	mg/m^3	≤10	GB 9673—1996

中华人民共和国国家标准

GB 13057—2003

客车座椅及其车辆固定件的强度

The strength of the seats and their anchorages of passenger vehicles

2003－03－13 发布　　　　2003－09－01 实施

1 范围

本标准规定了客车座椅及其车辆固定件的术语和定义、要求与试验方法。

本标准适用于 M_2 和 M_3 类客车中面向前方安装的座椅。车辆应具有座椅固定件,用来安装上述座椅或可能安装在这些固定件上的其他形式的座椅。

本标准不适用于 M_2、M_3 类客车中 A 级和 Ⅰ级客车使用的座椅。

M_2 类客车的座椅,也可应制造厂要求,选择 CMVDR 217 规定的技术要求与试验方法进行。

2 规范性引用文件

下列文件中的条款通过本标准的引用而成为本标准的条款。凡是注日期的引用文件,其随后所有的修改单(不包括勘误的内容)或修订版均不适用于本标准,然而,鼓励根据本标准达成协议的各方研究是否可使用这些文件的最新版本。凡是不注日期的引用文件,其最新版本适用于本标准。

GB 11552—1999　轿车内部凸出物

GB/T 11563　汽车 H 点确定程序(eqv ISO 6549:1980)

GB 14166—1993　汽车安全带性能要求和试验方法

GB 14167—1993　汽车安全带安装固定点

QC 244　汽车安全带动态性能要求和试验方法

CMVDR 217　关于座椅、座椅固定装置和头枕的设计规则

ISO 6487　道路车辆碰撞试验测量技术　检测仪器

3 术语和定义

下列术语和定义适用于本标准。

3.1

座椅型式　seat type

在下列可能影响其强度和伤害性方面无实质区别的某类座椅:

a)　承载件的结构、形状、尺寸和材料;

b)　座椅靠背调整和锁止系统的型式与尺寸;

c)　附件和支撑件(即椅腿)的尺寸、结构和材料。

3.2

调整系统　adjustment system

一种可将座椅或其部件调节到适于乘客乘坐的装置。

3.3

位移系统　displacement system

在没有固定的中间位置情况下,一种可使座椅或某个部件横向或纵向移动、以方便乘客进出的装置。

3.4

锁止系统　locking system

一种保证座椅或其部件保持在其使用位置的装置。

3.5

连接件　attachment fittings

用来将座椅安装到车辆固定件上的螺栓等零件。

3.6

台车　trolley

用于动态再现交通事故包括前部碰撞的试验设备。

3.7

辅助座椅　auxiliary seat

台车上被试座椅后面安装假人的座椅,代表着车辆上使用的位于被试座椅后面的座椅。

3.8

基准平面　reference plane

通过人体模型两脚跟与地板接触点的平面,按 GB/T 11563 的规定,用于确定乘坐状态下车辆的 H 点和实际躯干角。

3.9

基准高度　reference height

基准平面以上至座椅顶部的高度。

3.10

假人　manikin

符合 HYBRID Ⅱ或Ⅲ型要求的人体模型。

3.11

基准区　reference zone

两个对称于 H 点、各距 H 点 400 mm 的纵向垂面之间的空间,并按 GB 11552—1999 附录 A 的描述,为头形装置从垂直转到水平位置的范围。此头形装置应按 GB 11552—1999 附录 A 的规定安放,其中心到转动轴中心线的距离可在 736 mm ~840 mm 之间连续调整。

3.12

座椅间距　seat spacing

后方座椅靠背前部凸起部分至前方座椅靠背后部凸起部分之间的距离,在基准平面以上 620 mm 高度处水平测量。

4　要求

4.1　座椅要求

4.1.1　总体要求

每种型式的座椅应满足 4.1.2 规定的静态试验和 4.1.3 规定的座椅靠背后部吸能特性要求或者 4.1.4 规定的动态试验要求。所提供的每种调整和位移系统都应配备自动锁止装置,试验后不要求座椅的调整和锁止系统处于完全工作状态。

4.1.2　静态试验要求

4.1.2.1 试验确定

4.1.2.1.1 乘车的乘客能被其前方座椅恰当地限制住。

按5.1.2.1施加的每个试验力(在有关乘坐位置的纵向中心面内水平测量),如上部模板施力中心点的最大位移不超过400 mm,可认为满足要求[见图1a)]。

4.1.2.1.2 乘坐的乘客未受严重伤害。符合下列条件,可认为满足要求:

a) 按5.1.2.1施加的每个试验力,上部模板施力中心点的最大位移不小于100 mm(测量方法同4.1.2.1.1)[见图1b)];

b) 按5.1.2.2施加的每个试验力,下部模板施力中心点的最大位移不小于50 mm(测量方法同4.1.2.1.1)[见图1b)];

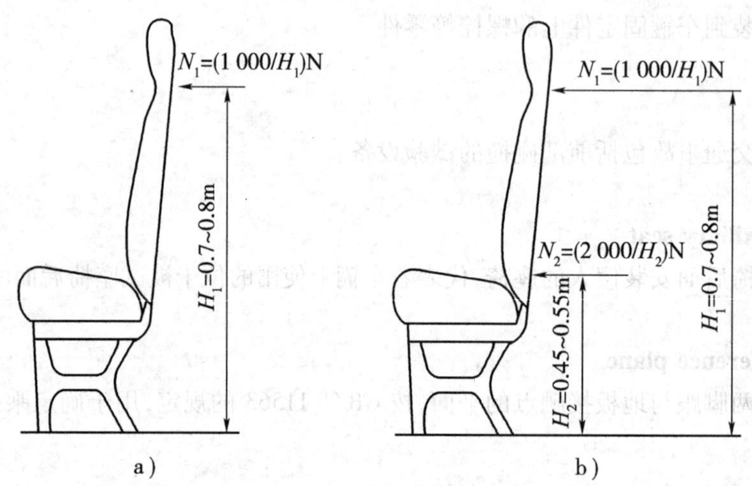

图1 静态试验示意图

4.1.2.1.3 座椅及其安装足够牢固。符合下列条件,可认为满足要求:

a) 试验期间,无座椅零件、座椅安装件和附件完全分离;

b) 试验期间,即使一个或多个固定件部分地分离,座椅仍能牢牢地固定住,且所有锁止系统保持锁死;

c) 试验后,座椅或其附件的结构件无任何可能导致人体伤害的断裂或尖角、锐边。

4.1.2.2 所有构成座椅背面的安装件或附件,在碰撞时都不应对乘客身体造成任何伤害。如果直径165 mm的球体接触到的任意部分,其曲率半径均为5 mm以上,则可认为满足此要求。

4.1.2.3 如位于刚性背面上的安装件和附件的任何部位均由硬度邵尔A小于50的材料制成,则4.1.2.2的要求仅适用于该刚性背面。

4.1.2.4 座椅背面部件,如调整装置和附件位于基准平面上方400 mm的水平面以下,即使乘客可能接触到,4.1.2. 1.3 c)的要求可不必满足。

4.1.3 座椅靠背后部的吸能特性

座椅靠背后部的吸能特性应符合GB 11552—1999中附录C规定的要求。

4.1.4 动态试验要求

4.1.4.1 试验确定

4.1.4.1.1 乘坐的乘客能被其前方座椅和(或)安全带恰当地限制住。

如果假人躯干和头部的任何部分向前位移不超过位于辅助座椅R点前1.6 m的横向垂直,则可认为满足此要求。

4.1.4.1.2 乘坐的乘客未受严重伤害。按附录A和附录B确定的允许伤害指标,应满足:

a) 头部允许指标(HIC) 小于500;

b) 胸部允许指标(ThAC) 小于30 g(总时间小于3 ms者除外)(g = 9.81 m/s^2);

c) 腿部允许指标(FAC) 小于10 kN;当总时间大于20 ms时,应小于8 kN。

4.1.4.1.3 座椅及其安装足够牢固，并符合 4.1.2.1.3 的规定。

4.1.4.2 动态试验的其他要求应符合 4.1.2.2～4.1.2.4 的规定。

4.2 座椅固定件要求

4.2.1 车辆的座椅固定件应能承受 5.4 所规定的试验。

4.2.2 在规定的时间内承受规定的试验力后，允许固定件或其周边区域产生永久变形，包括部分断裂或损坏。

4.2.3 一种车型上有多于一种形式的固定件，每种形式的固定件都应进行试验。

4.2.4 对于 M_3 类客车，如果相应座椅位置的安全带固定点直接固定在座椅上，而且这些安全带固定点符合 CB 14167 的要求，应认为座椅固定件符合 4.2.1 和 4.2.2 的要求。

4.3 座椅安装要求

4.3.1 所有安装的前向座椅应满足 4.1.1 的要求，并符合下述条件：

a） 座椅应有至少 1 m 的基准高度；

b） 紧邻接其后的座椅的 H 点应与该座椅 H 点的高度差不大于 72 mm；如果大于 72 mm，应对该安装位置的座椅进行试验。

4.3.2 应按 5.1 和 5.2 的要求，进行座椅静态试验和座椅靠背后部吸能特性试验。但下列情况除外：

a） 如座椅后面不会被未约束的乘客撞击（即无前向座椅直接在被试座椅后面），5.1 规定的座椅静态试验可不做；

b） 符合下列情况，5.2 规定的座椅靠背后部吸能特性试验可不做：

1）座椅后面不会被受约束的乘客撞击；

2）后排座椅上安装有三点式安全带，且完全符合 GB 14167 的规定（未取下）。

4.3.3 按 5.3 的要求应进行试验 1 和试验 2，但下列情况除外：

a） 当座椅后部不会被未约束的乘客所撞击时（即无前向座椅直接在被试座椅后面），试验 1 可不做；

b） 符合下列情况，试验 2 可不做：

1）座椅后面不会被受约束的乘客撞击；

2）后排座椅上安装有三点式安全带，且完全符合 GB 14167 的规定（未取下）；

3）座椅达到 4.1.3 规定的座椅靠背后部吸能特性要求。

5 试验方法

5.1 座椅静态试验

5.1.1 试验装置

a） 模板的示意图见图 2，其曲率半径为（82 ±3）mm，上部模板的宽度至少等于每个乘坐位置被试座椅靠背的宽度，下部模板宽度等于 320_{0}^{+10} mm；

单位为毫米

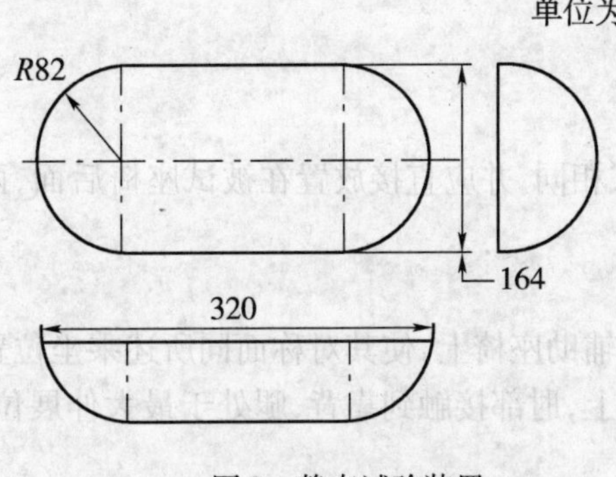

图 2 静态试验装置

b） 与座椅部件接触的表面材料的硬度应不小于邵尔 A 80；

c） 每个圆柱面应至少安装一个力传感器，以测定 5.1.2.1 规定的力。

5.1.2 试验程序

5.1.2.1 用5.1.1 规定的试验装置对每个乘坐位置的座椅后部施加一个$(1\,000/H_1 \pm 50)$N 的试验力。

a） 施力方向应位于相应乘坐位置的垂直中心面内，水平方向，从座椅后部向前；

b） 施力高度 H_1 应在基准平面以上 0.70 m ~ 0.80 m 之间，准确高度由制造厂决定。

5.1.2.2 一个等于$(2\,000/H_2 \pm 100)$N 的试验力应同时施加在座椅后部，对应于座椅的每个乘坐位置，在该位置的垂直中心面和水平向前方向，高度 H_2 应在基准平面以上 0.45 m ~ 0.55 m 之间，该试验力用 5.1.1 的装置施加，准确高度由制造厂决定。

5.1.2.3 在按 5.1.2.1 和 5.1.2.2 施力期间，试验装置应尽可能同座椅后部接触，并能在水平面内转动。

5.1.2.4 一只座椅有多于一个乘坐位置时，应对每个座位同时施力，因此应有与座位数相等的上模板和下模板。

5.1.2.5 用至少 20 N 的力使试验装置与座椅接触，确定每块模板在每个乘坐位置的初始位置。

5.1.2.6 施加 5.1.2.1 和 5.1.2.2 规定的力应尽可能快，且同时保持在规定值，无论怎样变形，至少保持 0.2s。

5.1.2.7 如果试验已用一个或多个力进行，但不是所有的力都大于 5.1.2.1 和 5.1.2.2 的规定值，且座椅符合规定，则应认为试验满足要求。

5.2 座椅靠背后部吸能特性试验

座椅靠背后部的吸能特性试验，应按照 GB 11552—1999 中附录 C 规定的试验方法进行。检测时，除桌子处于收起位置外，所有安装的附件都应在使用状态。

5.3 座椅动态试验

5.3.1 试验座椅的准备

5.3.1.1 试验座椅应安装在代表车身的试验平台上，或者一个刚性的试验平台上。

5.3.1.2 试验平台上试验座椅的固定件应与安装该座椅的车辆固定件相同，或具有相同的特性。

5.3.1.3 试验座椅的装饰件和附件应齐全，如座椅配有小桌，则应处于收起位置。

5.3.1.4 如座椅可横向调整，应处于最大伸开位置。

5.3.1.5 如座椅靠背可调整，应调整到使人体模型（用来确定在车内乘坐位置 H 点和实际躯干角）躯干的倾角尽可能接近制造厂推荐的正常使用值；如无制造厂特定的推荐值时，尽可能向垂线后方倾斜 25°。

5.3.1.6 如座椅靠背装有可调节高度的头枕，头枕应处于最低位置。

5.3.1.7 安装在辅助座椅和被试座椅上的安全带应符合 GB 14166 和 QC 244 的规定，并装配在符合 GB 14167 规定的固定点上。

5.3.2 试验 1

5.3.2.1 试验平台

应安装在台车上。

5.3.2.2 辅助座椅

辅助座椅可以与被试座椅型式相同，并应直接放置在被试座椅后面，两座椅高度相同，调整状态一致，座椅间距 750 mm。

5.3.2.3 假人

5.3.2.3.1 假人应无约束地放在辅助座椅上，使其对称面同所述乘坐位置的对称面相一致。

5.3.2.3.2 假人的手应放在大腿上，肘部接触到靠背，腿处于最大伸展位置，如可能时应平行，脚跟接触地板。

5.3.2.3.3 每个所使用的假人应按下列程序安置在座椅上：

a） 以尽可能接近所要求的位置将假人安放在座椅上；

b） 将一块 76 mm × 76 mm 的刚性平面尽可能低地放置在假人躯干的前面；

c） 以 250 ~ 350 N 的水平力将此平面压向假人躯干；

拉动假人的肩部，将躯干向前拉到垂直位置，然后再放回到靠背上，该动作做两次；躯干不移动时，头部应处于使头内支承测量仪器的平台为水平的位置，并保持头部中心平面平行于车辆的对称平面；

d） 将该刚性平面小心地移去；

e） 将座椅上的假人向前移动，重复上述安装步骤；

f） 如果需要，下部肢体的位置应调整；

g） 碰撞时，所装仪器应对假人的运动无任何影响；

h） 试验前，测量仪器系统的温度应稳定，并尽可能保持在 19 ~ 26℃ 范围内。

5.3.2.4 碰撞模拟

a） 台车的碰撞速度应为 30 ~ 32 km/h ；

b） 在碰撞试验期间，除非间隔时间小于 3ms，台车减速度的时间历程应保持在图 3 所示的限定曲线之间；

c） 平均减速度应在 6.5*g* ~ 8.5 *g* 之间。

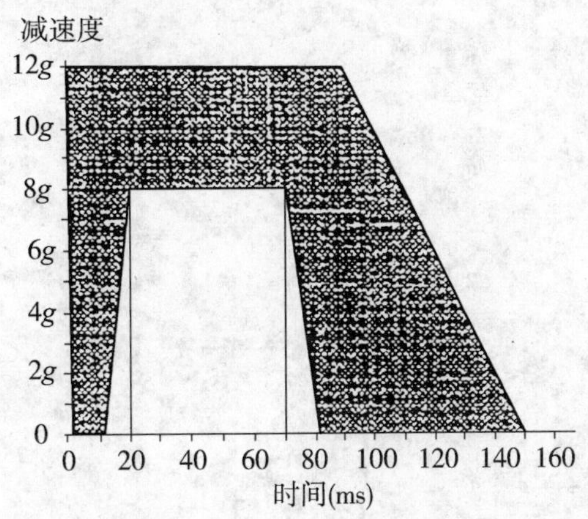

图 3 减速度的时间历程

5.3.3 试验 2

5.3.3.1 用坐在辅助座椅上的假人重复进行试验 1，假人应被安全带约束住，并按制造厂的说明安装和调整。

5.3.3.2 在用三点式安全带约束假人进行试验 2，且不超过允许伤害指标的情况下，此辅助座椅应认为已符合静态试验载荷的要求以及 GB 14167 中对安全带上固定点位移的要求。

5.4 车辆固定件试验

5.4.1 试验设备

5.4.1.1 将一个足以代表拟用在车辆上的座椅的刚性结构件，采用制造厂提供的连接件（螺栓，螺杆等）安装到提供试验的固定件上。

5.4.1.2 如果几种形式的座椅其前后椅脚脚端之间的距离不等，且都能安装在相同的固定件上，试验应用脚端距离最短的座椅进行。

5.4.2 试验程序

5.4.2.1 *F* 力施加的方法

a） 在基准平面以上 750 mm ，力 *F* 的作用以不同固定点为顶点（或者合适时，将座椅末端的固定件包括在内）组成的多边形的几何中心垂线上，通过 5.4.1.1 规定的刚性结构件施力；

b） *F* 力为水平方向，指向车辆前方；

c） 滞后时间尽可能短，施力至少0.2s。

5.4.2.2 F 力之值由下式确定

$$F=(5\ 000\pm 50)\times i$$

式中：F——单位为牛顿（N）；

i——座椅乘坐位置数。

如果制造厂提出要求，可按照动态试验时测定的典型载荷进行试验。

附 录 A
（规范性附录）
应做的检测

A.1 对所有应做的检测，其测量系统应符合 ISO 6487 的规定。

A.2 动态试验

A.2.1 在台车上做的测定

台车的减速度特性应通过其刚性结构件，用 CFC60 测量系统测得的减速度来确定。

A.2.2 在假人上做的测定

测量装置的读数应通过下列 CFC 独立数据通道记录。

A.2.2.1 假人头部的测量

重心的三维合减速度（γ_γ）应用 CFC600 测量。

A.2.2.2 假人胸部的测量

重心的合减速度应用 CFC180 测量。

A.2.2.3 假人腿部的测量

轴向压力应用 CFC600 测量。

附 录 B
（规范性附录）
允许伤害指标的确定

B.1 头部允许指标(HIC)

此指标应按附录 A 中 A.2.2.1 测量的三维合减速度来计算，公式如下：

$$HIC = (t_2 - t_1)\left[\frac{1}{t_2 - t_1}\int_{t_1}^{t_2}\gamma_\gamma \mathrm{d}t\right]^{2.5}$$

$$\gamma_\gamma^2 = \gamma_1^2 + \gamma_v^2 + \gamma_t^2$$

式中：t_1 和 t_2——试验期间时间的任意值，t_1 和 t_2 的单位为秒(s)；

γ_γ——头部重心位置的合减速度；

γ_1——纵向瞬时减速度；

γ_v——垂直瞬时减速度；

γ_t——横向瞬时减速度。

B.2 胸部允许指标(ThAC)

此指标由合减速度(g)的绝对值和减速度持续时间(ms)确定，减速度按附录 A 中 A.2.2.2 的规定测量。

B.3 腿部允许指标(FAC)

此指标由人体模型每条腿轴向传递的压载（按附录 A 中 A.2.2.3 的规定测量，单位 kN）和压载持续时间(ms)确定。

中华人民共和国国家标准

GB 18986—2003

轻型客车结构安全要求

The safety requirements for light bus construction

2003-03-06 发布　　2003-09-01 实施

1　范围

本标准规定了轻型客车结构的安全要求。

本标准适用于 M_2 类和 M_3 类中的 A 级和 B 级单层客车(不含卧铺客车)。

2　规范性引用文件

下列文件中的条款通过本标准的引用而成为本标准的条款。凡是注日期的引用文件,其随后所有的修改单(不包括勘误的内容)或修订版均不适用于本标准,然而,鼓励根据本标准达成协议的各方研究是否可使用这些文件的最新版本。凡是不注日期的引用文件,其最新版本适用于本标准。

GB/T 4780—2000　汽车车身术语

GB 8410—1994　汽车内饰材料的燃烧特性

GB/T 12428　客车装载质量计算方法

GB 14166—1993　汽车安全带性能要求和试验方法

3　术语和定义

GB/T 4780—2000 中的术语和定义以及下列术语和定义适用于本标准。

3.1

滑移门　sliding door

仅能沿直线(或接近直线)轨道移动而启闭的车门。

3.2

驾驶员操纵的乘客门　driver operated service door

在正常情况下由驾驶员启闭的乘客门。

3.3

双窗　double window

能被一虚拟的垂线(或垂面)划分两半,每一半的尺寸和通过性均符合普通安全窗要求的安全窗。

4　技术要求

4.1　轴荷分配和装载条件

4.1.1　轴荷分配

4.1.1.1　水平地面上静止的车辆,其前轴载荷占总质量的百分比应不小于表 1 的规定。

表1 前轴载荷占总质量的最小百分比

承载状态	A 级	B 级
空载	20%	25%
满载	25%	25%

4.1.1.2 各轴轴载质量不应超过其最大允许轴荷。

4.1.2 装载条件

客车装载质量及乘客数按 GB/T 12428 的规定。

4.2 上部结构强度

对于 B 级客车,应通过计算或其他适当的方法表明,车辆结构足以承受施加在车顶上、其值相当于该车最大设计总质量的均布静载荷。

4.3 防火措施

4.3.1 发动机舱

4.3.1.1 发动机舱内不应使用易燃的隔音、隔热材料,或易浸吸燃料、润滑油而又无防渗透表皮的材料。

4.3.1.2 应采取预防措施(如合理布置发动机舱、设置泄油孔等),以尽可能避免燃料或润滑油积聚在发动机舱内。

4.3.2 供油系统

4.3.2.1 车厢内不应安装供油装置。

4.3.2.2 供油系统的供油管路和其他部件应布置在车辆上能得到充分保护的位置。

4.3.2.3 车身结构或动力总成的扭转、弯曲和振动不应使供油管路处于非正常受力状态。

4.3.2.4 在车辆的正常使用条件下,供油系统的管路及部件之间的接头均应保证不发生渗漏。

4.3.2.5 供油系统的任何部位一旦发生泄漏,燃油应能顺利地流向地面,不允许流到排气系统。

4.3.3 燃油箱

4.3.3.1 燃油箱应固定牢靠,其安装位置应使其在车辆遭到前、后碰撞的事故中受到车身结构的保护。燃油箱的任何部位距车辆前端应不小于 600 mm,距车辆后端应不小于 300 mm。油箱附近不得有突出部件、尖棱等。

4.3.3.2 燃油箱的任何部位均不应凸出于车身总宽。

4.3.3.3 加油口应从车外使用,且不应位于车门下及乘客区或驾驶区,也不应设在加油时燃油可能滴溅到发动机或排气系统的位置。

4.3.3.4 如果加油口位于车辆侧面,当加油口盖关闭时,不应凸出于邻近的车身表面。

4.3.3.5 加油口盖不能意外开启。

4.3.4 电器与导线

4.3.4.1 导线应绝缘良好,固定牢靠,防止遭受机械损伤或腐蚀,并不允许超负荷使用。导线与电气设备应能耐受其环境温度和湿度,尤其能耐受发动机舱内的温度、油和蒸气。

4.3.4.2 除起动机、点火线圈(强制点火)、火花塞、发动机熄火装置、充电线路和蓄电池地线外,每个电气设备供电电路应包括熔断丝和电路断电器。但对向低耗电设备供电的电路可设置公用熔断丝或公用断电器,其提供的额定电流不超过 16 A。

4.3.5 蓄电池

4.3.5.1 蓄电池应安装牢靠并易于更换和维修。

4.3.5.2 蓄电池舱应与车厢隔开,并通风良好。

4.3.6 灭火器

4.3.6.1 应在驾驶员座椅附近提供一处不小于 600 mm × 200 mm × 200 mm 的空间,用来安装一个灭火器。或者提供两处不小于400 mm×100 mm×100 mm 的空间,用来安装两个灭火器,其中一个靠近驾驶员座椅。

4.3.6.2　灭火器应方便取用并妥善保护,以免丢失或毁坏。应在其存放处清晰标注。

4.3.7　材料

4.3.7.1　在距排气管100 mm 的范围内不允许有易燃材料,除非该材料被有效地防护。

4.3.7.2　车厢内壁、内顶、内外装饰件应采用阻燃材料,其阻燃性应符合 GB 8410—1994 的规定。

4.4　出口

4.4.1　出口数量

4.4.1.1　每辆车至少有两个车门,其中至少有一个乘客门。

4.4.1.2　安全出口的最少数量见表2。

表2　安全出口的最少数量

乘　客　数	安全出口的最少数量
≤16	3
>16	4

4.4.1.3　动力控制乘客门一般不视为安全门,只有当必要时启动 4.4.5.1 所规定的控制器,该门可用手从车内外打开时,才能视为安全门。

4.4.1.4　与车厢不相通的驾驶区应有两个出口,但不应位于车身的同一侧。

4.4.1.5　双通道门应视为两个门,双窗应视为两个安全窗。

4.4.2　出口位置

4.4.2.1　乘客门应设置在车辆右侧或后围。

4.4.2.2　车辆的左侧、右侧至少各有一个出口。

4.4.2.3　乘客区的前半部和后半部应至少各设一个出口。

4.4.2.4　客车的前围和后围应至少有一个出口,否则应在车顶设置一个安全顶窗。

4.4.2.5　如果驾驶员座位及其旁边的乘客座位所在的空间与主乘客区之间没有合适的过道,则应按下列要求:

a)　主乘客区的出口数量应符合4.4.1 的规定,其位置应符合4.4.2.1 ~4.4.2.3 的规定;

b)　如果驾驶员座椅、转向盘、发动机罩、变速器操纵手柄和驻车制动手柄等不造成太大障碍,驾驶员门应视为驾驶员旁边乘客的安全门。乘客门应设在驾驶员门对面的车身一侧,并可作为驾驶员的安全门;

c)　b)所规定的车门可不满足 4.4.3、4.5.1、4.5.2、4.5.4 和 4.8.1 的要求。

4.4.3　最小尺寸

各种出口的最小尺寸见表3。

4.4.4　乘客门技术要求

4.4.4.1　乘客门应锁止可靠,在客车行驶时不允许自行开启。

4.4.4.2　车辆静止时,乘客门应便于从车内外开启。如果车门始终能从车内开启,则允许从车外锁住车门。

4.4.4.3　车外开门装置距水平地面高度(空载时)应不大于 1 800 mm。

4.4.4.4　铰接式车门应保证当车辆向前移动时,打开的车门碰到固定物体应趋于关闭。

4.4.4.5　当车门关闭时,车门内侧的任何装置均不应遮盖车内踏步板。

4.4.4.6　驾驶员在座位上应能清楚地观察到非自动控制乘客门的门内和门外附近的情况,否则应设置光学设备或其他装置来扩大视野。

4.4.5　动力控制乘客门附加技术要求

表3 各种出口的最小尺寸

<table>
<tr><th colspan="2">名　称</th><th>最小尺寸</th></tr>
<tr><td rowspan="2">乘客门</td><td>高度/mm</td><td>A级客车:1 650
适合于4.5.1.6的B级客车:1 100
其他B级客车:1 500(如门洞宽可达750,则允许门洞高在1 350~1 500)</td></tr>
<tr><td>宽度/mm</td><td>单通道门:650;双通道门:1 000
扶手高度处:门洞宽可减少100
轮罩凸出处、车门的驱动机构处、风窗立柱的倾角等部位:门洞宽可减少250</td></tr>
<tr><td rowspan="2">安全门</td><td>高度/mm</td><td>适合于4.5.1.6的B级客车:1 100
其他客车:1 250</td></tr>
<tr><td>宽度/mm</td><td>550,如果自门洞最低处向上400以内有轮罩凸出,则在轮罩凸出处,宽度可减至300</td></tr>
<tr><td>安全窗</td><td rowspan="2">洞口面积</td><td rowspan="2">应能通过一个长轴500 mm、短轴(旋转轴)330 mm的椭圆体</td></tr>
<tr><td>安全顶窗</td></tr>
<tr><td colspan="3">注1:乘客门高度是从第一级踏步板的上表面到门洞顶部中点的垂直距离。
注2:对于乘客门和安全门,允许门洞上部的两顶角采用半径不大于150 mm的圆弧过渡而导致该处高度降低。
注3:表中门的高度和宽度均指门洞的高度和宽度。</td></tr>
</table>

4.4.5.1 在紧急情况下,当客车静止时,每扇动力控制乘客门无论动力传送是否起作用,都应能通过应急控制器从车内或车外打开。控制器应满足如下要求:

a) 优先于其他开启乘客门的控制器并便于操作;

b) 车内应急控制器应布置在距车门300 mm内且不易被误操作处;

c) 应急控制器可以由易于打开或击碎的装置来保护。操纵应急控制器或是打开(击碎)保护装置时应使驾驶员能够看到或听到。

4.4.5.2 每扇动力控制乘客门在未完全关闭时,应由一个直观的信号装置告知驾驶员。每个信号装置可以用于一个或数个乘客门。

4.4.5.3 动力控制乘客门启闭时,其结构和控制系统应做到乘客不会被门伤害或夹住。

4.4.6 安全门技术要求

4.4.6.1 安全门应易于从车内外开启,如果始终能用正常开启装置从车内开门,则允许从车外锁门。

4.4.6.2 安全门外手柄距地面高度(空载时)不大于1800 mm。

4.4.6.3 车辆侧面的铰接式安全门应在前端铰接,且向外开启。

4.4.6.4 驾驶员在座位上不易看到的安全门应设置信号装置,用以在安全门未安全关闭时警告驾驶员。该装置应由门的锁止装置(而非门本身)的运动来启动。

4.4.7 安全窗技术要求

4.4.7.1 铰接式安全窗应向车外开启或弹射出去。

4.4.7.2 安全窗应能够方便地从车内外迅速开启,或采用易击碎的安全玻璃(该规定排除了使用夹层玻璃或塑料材料的可能性)。

4.4.7.3 安全窗的底边距下方地板平面的高度应不大于1 000 mm,不小于650 mm(对铰接式安全窗)或500 mm(对易击碎玻璃的安全窗)。若铰接式安全窗洞口距地板650 mm高度处有防护装置以防乘客坠落车外,则允许其底边距地板最小高度为500 mm,但防护装置上方的洞口面积应不小于4.4.3的规定。

4.4.7.4 驾驶员在座位上不易看到的铰接式安全窗应设置信号装置,用以在安全窗未完全关闭时警告驾驶员。该装置应由安全窗的锁止装置(而非窗本身)的运动来启动。

4.4.8 安全顶窗技术要求

4.4.8.1 安全顶窗开启时应保证进出车辆过道的畅通。弹射式安全顶窗应能防止误操作。

4.4.8.2 安全顶窗应易于从车内或车外开启或移去,如果始终能用常规的开启或移去装置从车内打开,则为车辆安全起见,允许在无人看管时锁上安全顶窗。

4.4.9 伸缩式踏步板

4.4.9.1 动力操纵的伸缩式踏步板,其动作应与相应的乘客门或安全门同步。

4.4.9.2 车门关闭时,伸缩式踏步板不应超出车身侧围垂直投影以外 10 mm。车门开启且踏步板处于伸展位置时,其表面面积应符合 4.5.4.4 中的规定。

4.4.9.3 踏步板未完全收缩时,应有信号装置警告驾驶员。

4.4.9.4 对于不在驾驶员直接视野内的车门,当乘客站在动力操纵的伸缩式踏步板上时,相应的车门应不能关闭,可用 15 kg 物体放在踏步板上检验。

4.4.9.5 车辆行驶过程中,踏步板应不能伸展。如果动力踏步板的操纵装置失效,踏步板应收回并保持在收缩位置。即使踏步板发生故障或损坏,也不应妨碍其相应车门的启闭。

4.4.9.6 踏步板的运动不应对乘客和候车者造成任何伤害。

4.4.9.7 踏步板的外角采用半径不小于 5 mm 的圆角过渡,其上下边缘采用半径不小于 2.5 mm 的圆角过渡。

4.4.9.8 当车门开启时,伸缩式踏步板应安全地保持在开启位置。此时在单通道门踏步板中心放置质量为 136 kg 的物体或在双通道门踏步板中心放置质量为 272 kg 的物体时,踏步板上任何一点的变形不应超过 10 mm。

4.4.10 标志

乘客门和所有安全出口的应急控制器均以典型的符号或清晰的文字予以标识并注明其操作方法。

4.5 车内布置

4.5.1 至乘客门的引道

4.5.1.1 从乘客门至向内 300 mm(水平方向)处的引道,应允许铅垂平板 1 或铅垂平板 2(见图 1 及表 4)自由通过。铅垂平板正面的移动方向与乘客出入方向一致。

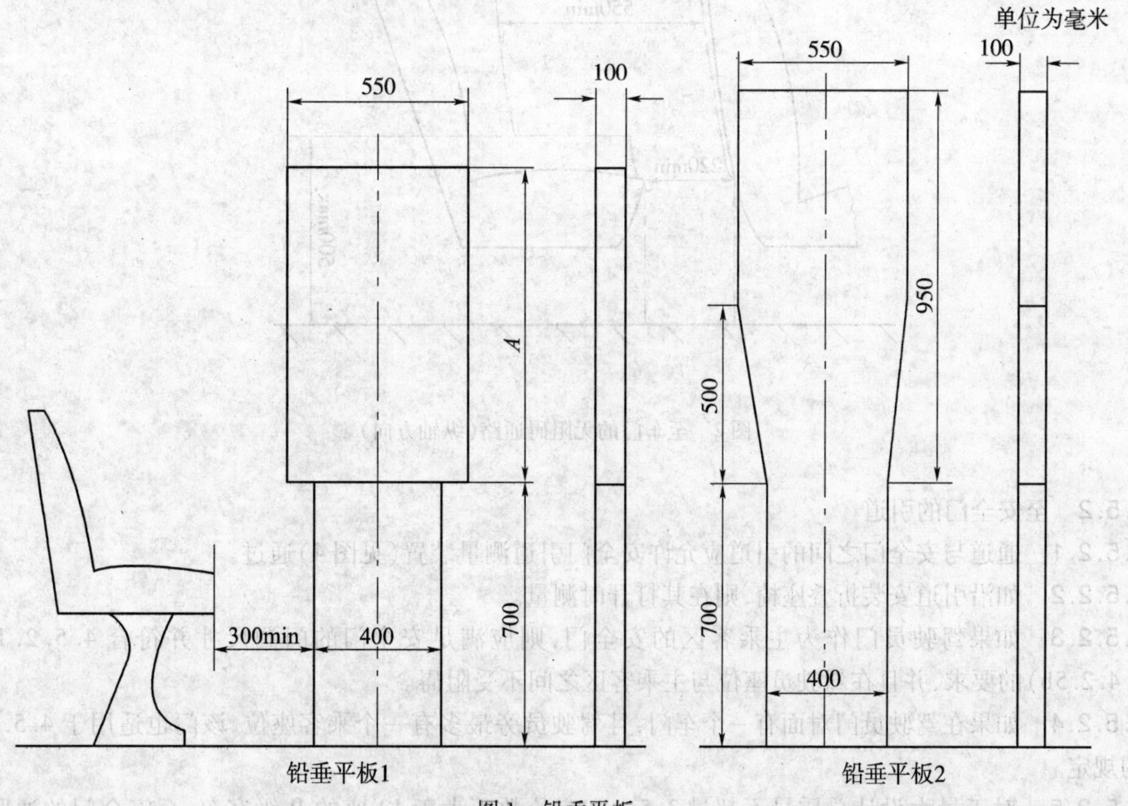

图 1 铅垂平板

注:铅垂平板 1 为双联板,其下板应位于上板的垂直投影内,并允许上板与下板在同一方向的相对位移。

表4 铅垂平板1的 *A* 值 单位为毫米

A级客车	950
B级客车	650

4.5.1.2 从乘客门内300 mm处至最上一级踏步板边缘的引道,应允许铅垂平板3自由通过。该平板形状和尺寸与4.5.3.1规定的通道测量装置(参见图5及表5)的中心截面相同,厚度为20 mm。

4.5.1.3 铅垂平板测量时,不允许进入未压陷座垫前方300 mm及座垫上方的区域(见图1)。

4.5.1.4 如装有可折叠座椅,应在其打开位置时测量。

4.5.1.5 对于能够自动折叠的乘务员座椅,在使用位置时允许阻碍乘客门引道。但不使用时,该座椅应能自动折叠并满足4.5.1.1和4.5.1.2的要求。

4.5.1.6 对于最大设计总质量不超过3.5 t和座位数不大于12座的B级客车,如果每个座椅均有可抵达至少2个车门的无阻碍通路,则不必满足4.5.1.1～4.5、1.4、4.5.2.1、4.5.3.1、4.5.5.3的要求。

4.5.1.7 在4.5.1.6中所述的无阻碍通路应满足如下要求:

a) 平行于客车的纵轴线测量,任意位置的通路宽度不小于220 mm,在地板或踏步板上方500 mm高度以上的任意位置的通路宽度不小于550 mm,见图2;

b) 垂直于客车的纵轴线测量,任意位置的通路宽度不小于300 mm,在地板或踏步板上方1 200 mm与顶棚下方300 mm之间的高度范围内,任意位置的通路宽度不小于550 mm,见图3。

单位为毫米

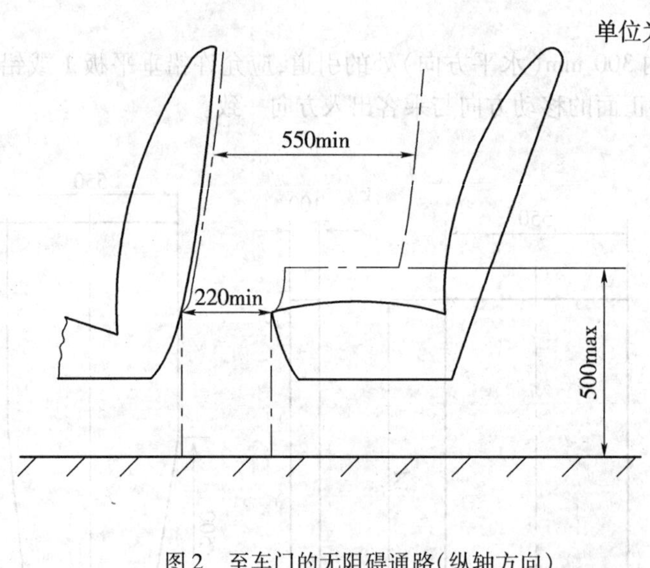

图2 至车门的无阻碍通路(纵轴方向)

4.5.2 至安全门的引道

4.5.2.1 通道与安全门之间的引道应允许安全门引道测量装置(见图4)通过。

4.5.2.2 如沿引道安装折叠座椅,则在其打开时测量。

4.5.2.3 如果驾驶员门作为主乘客区的安全门,则应满足安全门的门洞尺寸并符合4.5.2.1或4.4.2.5b)的要求,并且在驾驶员座位与主乘客区之间不受阻碍。

4.5.2.4 如果在驾驶员门对面有一个车门,且驾驶员旁最多有一个乘客座位,该门也适用于4.5.2.3的规定。

4.5.2.5 对于最大设计总质量不超过3.5 t和座位数不大于12座的B级客车,至安全门的通路按4.5.1.6的规定。

单位为毫米

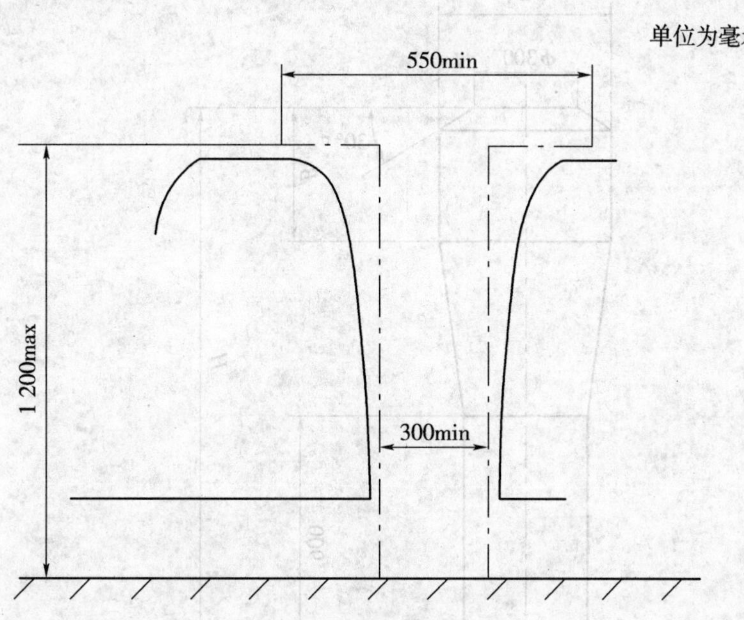

图3　至车门的无阻碍通路(横轴方向)

单位为毫米

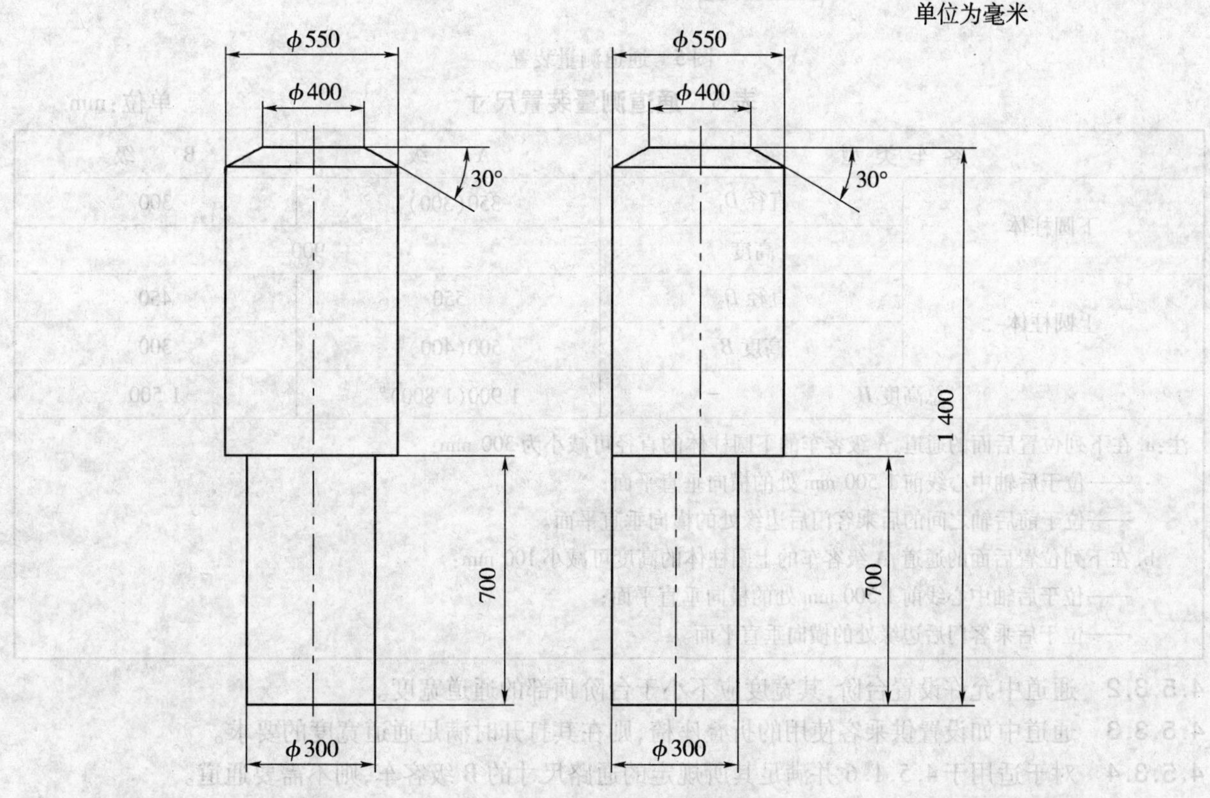

图4　安全门引道测量装置

注:下圆柱应位于上圆柱的垂直投影之内并允许上、下圆柱之间的相对位移。

4.5.3　通道

4.5.3.1　通道应允许图5和表5所示的测量装置通过。

单位为毫米

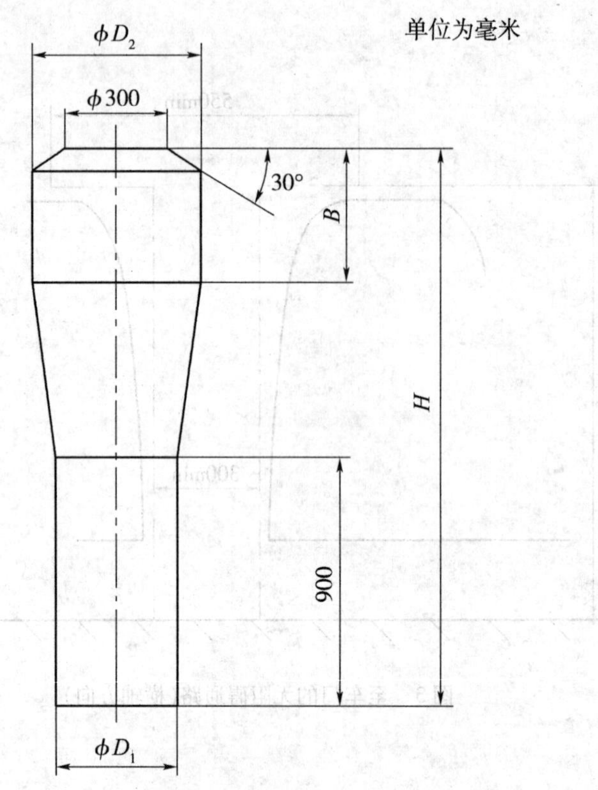

图5　通道测量装置

表5　通道测量装置尺寸 单位：mm

客车类型		A　级	B　级
下圆柱体	直径 D_1	350(300)[a]	300
	高度	900	
上圆柱体	直径 D_2	550	450
	高度 B	500(400)[b]	300
总高度 H		1 900(1 800)[b]	1 500

注：a. 在下列位置后面的通道，A级客车的下圆柱体的直径可减小为300 mm：
——位于后轴中心线前1 500 mm处的横向垂直平面；
——位于前后轴之间的后乘客门后边缘处的横向垂直平面。
b. 在下列位置后面的通道，A级客车的上圆柱体的高度可减小100 mm：
——位于后轴中心线前1 500 mm处的横向垂直平面；
——位于后乘客门后边缘处的横向垂直平面。

4.5.3.2　通道中允许设置台阶，其宽度应不小于台阶顶部的通道宽度。

4.5.3.3　通道中如设置供乘客使用的折叠座椅，则在其打开时满足通道宽度的要求。

4.5.3.4　对于适用于4.5.1.6并满足其所规定的通路尺寸的B级客车，则不需要通道。

4.5.3.5　通道的坡度不应超过表6的规定。

表6　通道允许的最大坡度

客车类型	A级	B级
纵向坡度	8%	12.5%
横向坡度	5%	

4.5.4 踏步板

4.5.4.1 踏步板的最大高度、最小高度和最小深度见图6和表7。

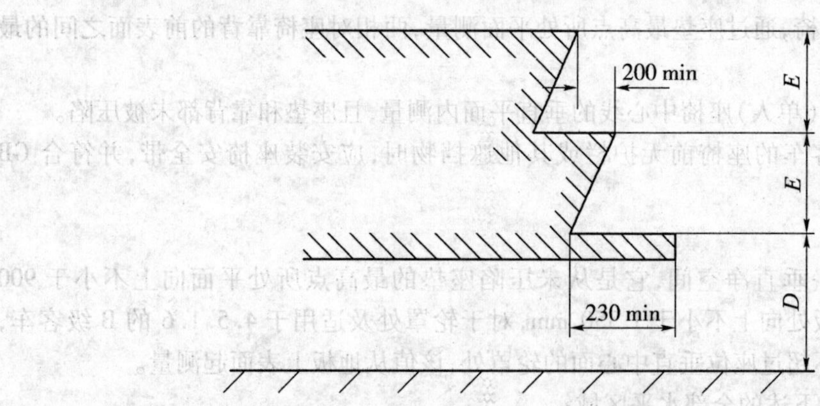

图6 踏步板尺寸

表7 踏步板的最大高度、最小高度和最小深度 单位为毫米

客车类型		A级客车		B级客车	
位置		乘客门	安全门	乘客门	安全门
第一级踏步板	距地面最大高度 D_{max}	380[a]	700	400[a]	700
	最小深度 A_{min}	230			
其他踏步板	最大高度 E_{min}	250[b]		350[c]	
	最小高度 E_{min}	120			
最小深度 A_{min}		200			
注:踏步板高度应在每级踏步板的中间处测量。					

注:a. 如采用机械悬架:B级客车的乘客门,其 D_{max} 为430;

A级客车位于前轴之前的乘客门,其 D_{max} 为390;位于后轴之后的乘客门,其 D_{max} 为410。

b. 对后轴之后的乘客门,其 E_{max} 为300。

c. 对通道内的台阶,其 E_{max} 为250。

4.5.4.2 第一级踏步板高度应在整车装备质量时测量,此时轮胎的配备和气压应按制造厂的规定。

4.5.4.3 对多于一级的连续踏步板,允许每一级踏步板深入到上一级踏步板的垂直投影区域不大于100 mm的深度,并且投影区域以外的自由表面的深度不小于200 mm,见图6和表7。

4.5.4.4 每级踏步板的面积应不小于 8×10^4 mm^2,在任何方向上的坡度应不大于5%。

4.5.5 乘客座椅的空间

4.5.5.1 座间距(见图7)

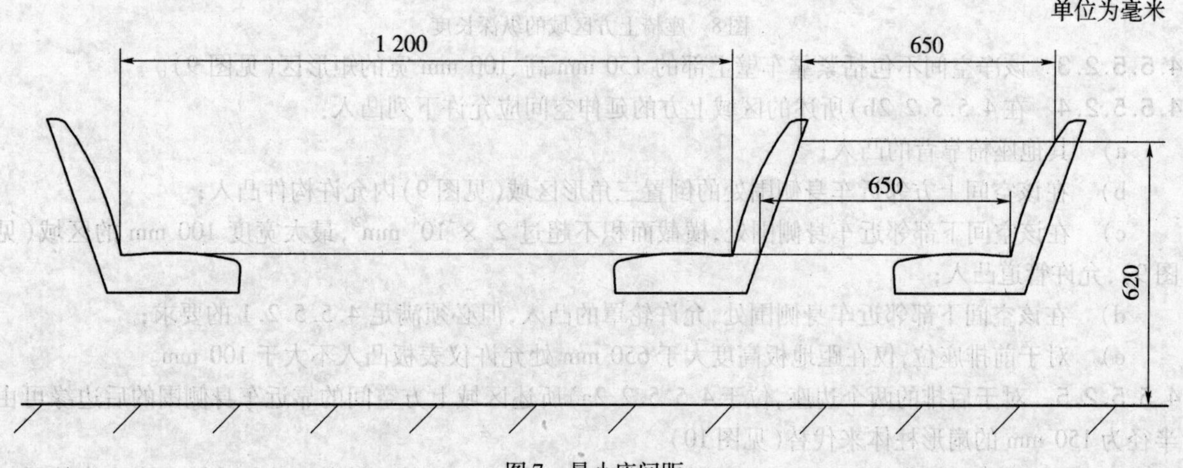

图7 最小座间距

4.5.5.1.1 同向座椅,在座垫上表面最高点所处平面与地板上方620 mm高度范围内水平测量,座椅靠背的前面与前排座椅靠背后面之间的距离,应不小于650 mm。

4.5.5.1.2 相向布置的横排座椅,通过座垫最高点所处平面测量,两相对座椅靠背的前表面之间的最小距离应不小于1 200 mm。

4.5.5.1.3 所有数据均在通过(单人)座椅中心线的垂直平面内测量,且座垫和靠背都未被压陷。

4.5.5.1.4 前排座椅及B级客车的座椅前无护栏或其他遮挡物时,应安装座椅安全带,并符合GB 14166—1993的规定。

4.5.5.2 垂直净空间

4.5.5.2.1 每个座位均应有一垂直净空间,它是从未压陷座垫的最高点所处平面向上不小于900 mm,以及从就座乘客搁脚的地板处向上不小于1 350 mm,对于轮罩处及适用于4.5.1.6的B级客车,可减小为1 200 mm;凸入位置不超过座位垂直中心面的轮罩处,该值从地板上表面起测量。

4.5.5.2.2 这个净空间应包括下述的全部水平区域:

a) 以座位中心垂直平面为对称的宽400 mm、长为L(见图8)的矩形区域,它是座位中心截面的垂直平面;

b) 就座乘客搁脚的区域,宽400 mm,深300 mm(参见图11)。

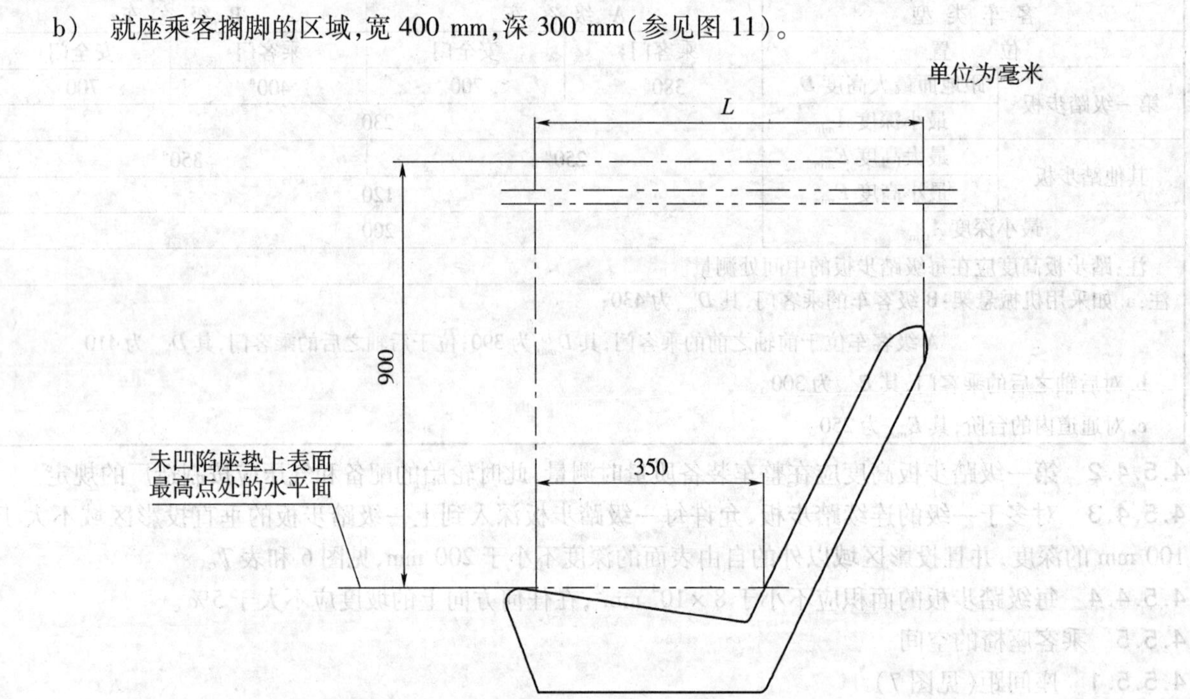

图8 座椅上方区域的纵深长度

4.5.5.2.3 该净空间不包括紧靠车壁上部的150 mm高、100 mm宽的矩形区(见图9)。

4.5.5.2.4 在4.5.5.2.2b)所述的区域上方的延伸空间应允许下列凸入:

a) 其他座椅靠背的凸入;

b) 在该空间上方邻近车身侧围处的倒置三角形区域(见图9)内允许构件凸入;

c) 在该空间下部邻近车身侧围处,横截面积不超过2×10^4 mm^2,最大宽度100 mm的区域(见图9),允许管道凸入;

d) 在该空间下部邻近车身侧围处,允许轮罩的凸入,但必须满足4.5.5.2.1的要求;

e) 对于前排座位,仅在距地板高度大于650 mm处允许仪表板凸入不大于100 mm。

4.5.5.2.5 对于后排的两个边座,位于4.5.5.2.2a)所述区域上方空间的靠近车身侧围的后边缘可由半径为150 mm的扇形柱体来代替(见图10)。

4.5.5.2.6 对于前排座椅,4.5.5.2.2b)所述区域的延伸空间的前上边缘,可由平行于该边缘的平面

代替，此平面通过该空间的后上边缘并与水平面成45°角。（参见图11的点划线部分）

单位为毫米

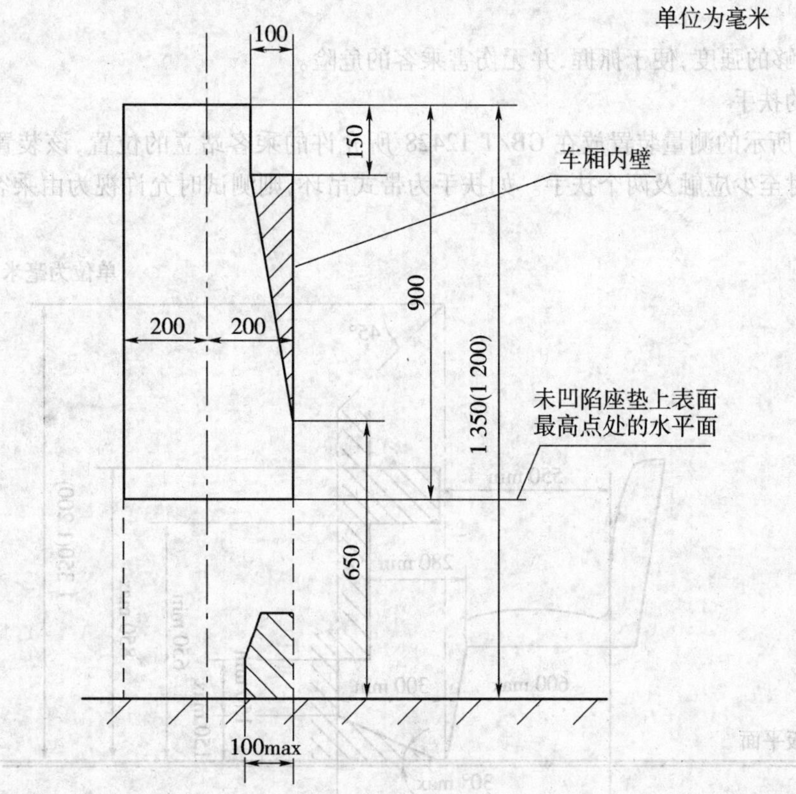

图9　允许构件、管道凸入的部位

单位为毫米

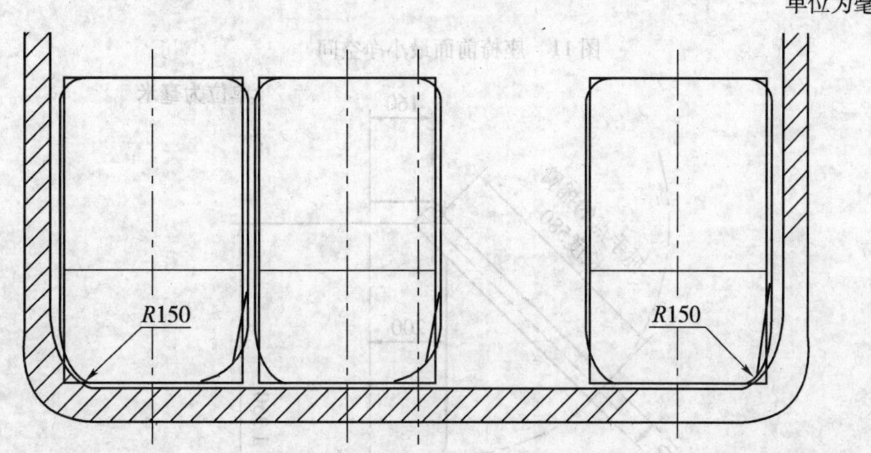

图10　后排边座净空间的允许缩小量

4.5.5.3　就座乘客的空间

每个乘客座椅前面的最小净空间见图11。

4.6　车内照明

车内照明应覆盖如下区域：

a)　乘客区；

b)　每一级踏步板；

c)　通往各出口的引道；

d)　各出口的内部标志及内部控制器；

e)　所有存在障碍物之处。

4.7 扶手

4.7.1 一般要求

扶手应具有足够的强度,便于抓握,并无伤害乘客的危险。

4.7.2 A级客车的扶手

4.7.2.1 将图12所示的测量装置放在GB/T 12428所允许的乘客站立的位置,该装置可绕垂直轴自由转动,摇臂旋转时至少应触及两个扶手。如扶手为带式吊环,则测试时允许视为由乘客将其保持在某合适位置。

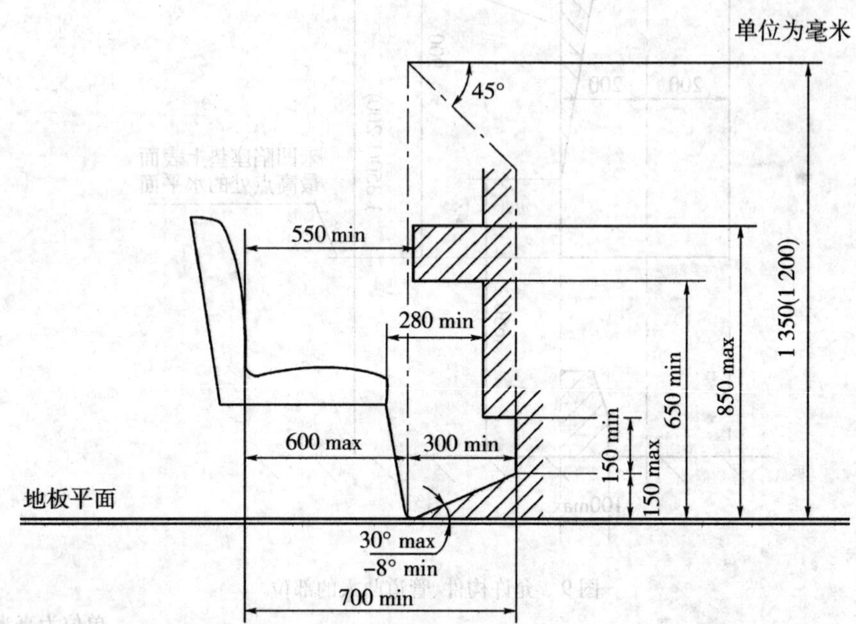

图11 座椅前面最小净空间

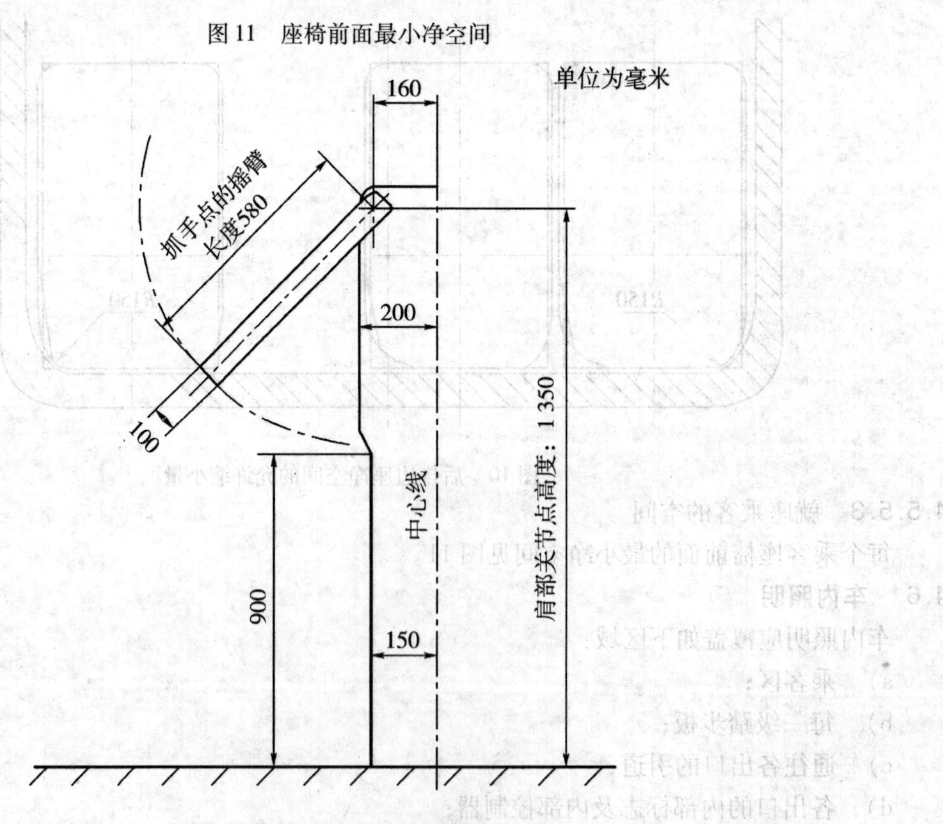

图12 模拟站立乘客的测量装置

4.7.2.2 在4.7.2.1中所要求的两个扶手距地板高度应不小于800 mm,不大于1 900 mm,且二者中至少有一个距地板高度应不大于1 500 mm。

4.7.2.3 在与客车侧围或后围之间无座椅相隔的乘客站立处,应设置平行于侧围或后围的水平扶手,其高度在地板上方800~1 500 mm。

4.7.3 乘客门扶手

4.7.3.1 乘客门引道应安装扶手。如乘客门为滑移门,可不满足此要求;对于双通道门,可安装中央支柱或扶手。

4.7.3.2 乘客门的扶手应为相邻地面上或每级踏步板上的站立乘客提供抓握点,这些抓握点应处于地面或每级踏步板上表面的垂直上方800~1 100 mm之间;在水平方向上:

a) 为方便站在地面上的乘客,从第一级踏步板的外边缘向内不超过400 mm;

b) 为方便站在每级踏步板上的乘客,抓握点的位置向外不应超过该级踏步板的外缘,向内不超过其内缘400 mm。

4.8 其他

4.8.1 踏步板区域的防护装置

在就座乘客可能会由于紧急刹车而摔向踏步板区域,应设置防护装置或安全带。防护装置的最小高度为从乘客搁脚的地板向上800 mm,并应从侧围向车内延伸至超出该座椅的纵向中心线至少100 mm,或者延伸至最里面一级踏步板的竖板。

4.8.2 行李架

如果设有车内行李架,应采取防护措施,以避免紧急刹车时物体从行李架上坠落伤害驾驶员及乘员。

4.8.3 活板门

车辆地板上的活板门应安装紧固,需借助工具或钥匙方能移动或开启。通路处的提升或关闭装置凸出于地板平面以上不得超过8 mm,凸出的边缘应圆角过渡。

中华人民共和国国家标准

GB/T 12428—2005

客车装载质量计算方法

代替 GB/T 12428—1990

Laden mass calculating method for buses

2005-05-23 发布　　2005-10-01 实施

1 范围

本标准规定了客车每位成员及其手提行李和随身行李的平均计算质量,每位站立乘客所占的有效面积,每单位行李舱容积和每单位车顶行李架面积允许装载行李质量,以及乘员人数和客车装载行李质量及客车最大设计装载质量的计算方法。

本标准适用于 M_2、M_3 类客车,其他类型的车辆也可参照执行。

2 规范性引用文件

下列文件中的条款通过本标准的引用而成为本标准的条款。凡是注日期的引用文件,其随后所有的修改单(不包括勘误的内容)或修订版均不适用于本标准,然而,鼓励根据本标准达成协议的各方研究是否可使用这些文件的最新版本。凡是不注日期的引用文件,其最新版本适用于本标准。

GB/T 3730.1—2001　汽车和挂车类型的术语和定义

GB/T 3730.2—1996　道路车辆质量　词汇和代码

GB/T15089—2001　机动车辆及挂车分类

3 术语和定义

GB/T 3730.1—2001、GB/T 3730.2—1996 确立的以及下列术语和定义适用于本标准。

3.1

乘员　passengers and crew

客车上乘客、驾驶员和车组人员的总称。

3.2

乘客　passengers

非乘务组人员的其他乘员。

3.3

乘客区　passenger compartment

客车上专供乘客使用的空间,不包括除乘客座椅之外的任何固定器具:如隔栏、投币箱、饮水机、冰柜、厨房、酒吧、卫生间以及驾驶区和 A 级、Ⅰ级、Ⅱ级客车售票员工作区等所占用的空间。

3.4

乘客区有效面积　the surface area available for passenger compartment

客车行驶状态下乘坐或站立乘客使用的有效面积。从客车车内总水平投影面积中减去以下各项面积而计算得出:

a) 驾驶区面积:单独供驾驶员使用的空间的水平投影面积,包括驾驶员座椅、方向盘、驾驶控制、

仪表和其他驾驶车辆所必需设备占用空间的水平投影面积,以及除上述区域外,驾驶员为完成驾驶工作所必须的活动空间;

b) 车门处踏步面积,门及其操纵机构的运动面积;

c) 从地板量起,任何垂直空间高度小于 1 350 mm(不计相关标准中所允许的突入;对最大设计总质量不超过 3 500 kg 和乘客座位数不大于 12 座的 B 级客车及轮罩处:小于 1 200 mm;后置发动机客车:发动机舱处小于 1 100mm)部分的面积;

d) 铰接式客车由于设置护板或隔栏等不应进入的面积;

e) 禁止乘客进入的面积(如售票员工作的区域、为运输货物或行李留用空间的面积等);

f) 楼梯或半楼梯占用的面积。

3.5

站立乘客有效面积 the surface area available for standing passengers

客车行驶状态下站立乘客使用的有效面积。从乘客区有效面积中减去以下各项面积而计算得出(重复部分除外):

a) 在可乘坐状态下乘客座椅的所占面积及座椅正前方 300 mm(位于轮罩上的侧向座椅正前方为 225 mm)区域内的面积;

b) 驾驶员座椅调至最后位置时,通过座垫表面中心和安装在车辆另一侧(非驾驶员座椅侧)的车外后视镜中心的铅垂平面前方的面积;

c) 后轴处及其后通道和双层客车下层地板以上净高度小于 1 770 mm 的面积,其他车内净高度小于 1 850 mm 的所有区域面积(扶手不计算在内);

d) 地板坡度超过相关标准允许值的面积;

e) 在地板上凸起部分高于 8 mm 且不能放置 400 mm ×300 mm 矩形的面积;

f) 除车门处踏步外,任何深度小于 300 mm 的踏步面积;

g) 当所有座椅(不包括折叠座椅)都被坐满时站立乘客不能进入的所有区域的面积;

h) 双层客车上层面积;

i) 轮椅区所占空间的面积;

j) 客车上不允许站立的其他区域的面积。

3.6

手提行李 hand baggage

乘客随身携带,可置于身边或车内行李架上的物品。

3.7

随身行李 the baggage other than hand baggage

乘客携带的,除手提行李外的其他随行行李。

4 每位乘员的平均质量、手提行李和随身行李的平均质量

每位乘员的平均质量 Q、手提行李的平均质量 M_{W_1} 和随身行李的平均质量 M_{W_2} 按表 1 计算(驾驶员、乘务员等乘务组人员不计算手提行李质量,均按 75 kg 计算)。

表 1 单位为千克/人

客车类型	A 级、Ⅰ级	Ⅱ级	B 级、Ⅲ级
Q	65	65	65
M_{W_1}	—	3	3
M_{W_2}	—	10	10

5 每位站立乘客所占的有效面积

每位站立乘客所占的有效面积 S_{sp} 按表 2 计算。

表 2　　单位为平方米/人

客车类型	A 级、Ⅰ级	Ⅱ级	B 级、Ⅲ级
S_{sp}	0.125	0.15	—

6 每单位行李舱容积和每单位车顶行李架面积允许装载行李质量

每单位行李舱容积允许装载行李质量 L 和每单位车顶行李架面积允许装载行李质量 R 按表 3 计算。

表 3

客车类型	A 级、Ⅰ级	Ⅱ级	B 级、Ⅲ级	单位
L	—	100	100	kg/m^3
R	—	75	—	kg/m^2

7 乘员人数的确定

设计乘员人数按式(1)和式(2)计算,并取其最小值得出:

$$N = P_S + \frac{S_1}{S_{sp}} + P_W \tag{1}$$

$$N = \frac{M_T - M_V - n(Q + M_{W_2})}{Q + M_{W_1} + M_{W_2}} + n \tag{2}$$

式中:N——设计乘员人数;

P_S——设计乘员座位数;

S_1——站立乘客有效面积,单位为平方米(m^2);

S_{sp}——每位站立乘客所占的有效面积,单位为平方米每人(m^2/人);

P_W——设计卧铺数;

M_T——最大设计总质量,单位为千克(kg);

M_V——整车整备质量,单位为千克(kg);

n——乘务组人员数;

Q——每位乘员的平均质量,单位为千克每人(kg/人);

M_{W_1}——每位乘员手提行李的平均质量,单位为千克每人(kg/人);

M_{W_2}——每位乘员随身行李的平均质量,单位为千克每人(kg/人)。

8 客车装载行李质量

按设计乘员人数计算时,客车装载行李质量按式(3)、式(4)和式(5)计算,并取其最小值得出:

$$M_W = (M_{W_1} + M_{W_2}) \cdot (N - n) + M_{W_2} n \tag{3}$$

$$M_W = M_{W_1}(N - n) + LV + RV_X \tag{4}$$

$$M_W = M_T - M_V - QN \tag{5}$$

式中:M_W——客车装载行李的质量,单位为千克(kg);

L——每单位行李舱容积允许装载行李质量,单位为千克每立方米(kg/m^3);

V——行李舱(区域)的总容积,单位为立方米(m^3);

R——每单位车顶行李架面积允许装载行李质量,单位为千克每平方米(kg/m^2);

V_X——车顶行李架有效承载面积,单位为平方米(m^2)。

9 客车的最大设计装载质量

客车的最大设计装载质量按式(6)计算:

$$M_Z = QN + M_W \tag{6}$$

式中:M_Z——客车的最大设计装载质量,单位为千克(kg)。

第二部分
行业标准

综　合　类

ICS 03.220.20
R 16
备案号

中华人民共和国交通行业标准

JT/T 198—2004

代替 JT/T 198—1995,JT/T 199—1995

营运车辆技术等级划分和评定要求

Dividing and rating requirements for technical classification of commercial vehicle

2004-03-17 发布　　2004-06-01 实施

中华人民共和国交通部　发布

ICS 03.220.20
R 16
备案号：

中华人民共和国交通行业标准

JT/T 198—2004

代替 JT/T 198—1995，JT/T 199—1995

营运车辆技术等级划分和评定要求

Dividing and rating requirements for technical classification of commercial vehicle

2004-03-17 发布　　2004-06-01 实施

中华人民共和国交通部　发布

营运车辆技术等级划分和评定要求

1 范围

本标准规定了营运车辆技术状况等级的评定内容、评定规则、等级划分、评定项目和技术要求。

本标准适用于营运车辆。

2 规范性引用文件

下列文件中的条款通过本标准的引用而成为本标准的条款。凡是注日期的引用文件,其随后所有的修改单(不包括勘误的内容)或修订版均不适用于本标准。然而,鼓励根据本标准达成协议的各方研究是否可使用这些文件的最新版本。凡是不注日期的引用文件,其最新版本适用于本标准。

GB/T 18276—2000　汽车动力性台架试验方法和评价指标

GB 18352　轻型汽车污染物排放限值及测量方法

GB 18565—2001　营运车辆综合性能要求和检验方法

GB/T 18566　运输车辆能源利用检测评价方法

QC/T 476　车辆防雨密封性限值

3 评定内容

评定营运车辆整车装备及外观检查、动力性、燃料经济性、制动性、转向操纵性、前照灯发光强度和光束照射位置、排放污染物限值、车速表示值误差等。

4 评定规则

4.1 评定原则

4.1.1 营运车辆应达到 GB 18565 规定的要求。

4.1.2 营运车辆技术等级评定项目和技术要求按表 1 的规定执行。

4.1.3 营运车辆的技术等级评定的检测方法应按 GB 18565 规定的方法执行。

4.2 等级划分

营运车辆技术等级划分为一级、二级和三级。

4.2.1 一级:表 1 中分级的项目应达到规定的一级技术要求;没分级的项目应为合格。

4.2.2 二级:表 1 中 5.1.2、5.1.9 和 5.4.2 应达到规定的技术要求;5.1.1、5.1.3、5.2.1、5.3.1、5.4.4、5.5.2、5.7 和 5.10 八个项目中至少有三项应达到规定的一级技术要求;没分级的项目应为合格。

4.2.3 三级:表 1 中分级的项目应达到三级技术要求;没分级的项目应为合格。

5 评定项目和技术要求

营运车辆技术等级的评定项目和技术要求,见表 1。

营运车辆技术等级的评定项目和技术要求

表 1

序号	项　　目	技　术　要　求		
		一级	二级	三级
5.1	整车装备与外观			
5.1.1	整车装备与标识	①整车装备应齐全、完好、有效，各连接部件紧固完好，车体应周正；车体外缘左右对称部位（在离地高1.5m以内测量）高度差不大于20mm；左、右轴距差不大于轴距的1.2/1000 ②GB 18565—2001的11.1.2和11.1.3	GB 18565—2001 的 11.1	
5.1.2	车架、车身、驾驶室	①GB 18565—2001 的 11.8.1、11.8.2、11.8.4、11.8.5 和 11.8.7 表面无锈迹、无脱掉漆		GB 18565—2001 的11.8.1、11.8.2、11.8.4、11.8.5 和 11.8.7
5.1.3	车门、车窗	①GB 18565—2001 的 11.8.6.1 ②玻璃应完好无损	①GB 18565—2001 的 11.8.6.1 ②玻璃不得缺损	
5.1.4	驾乘座椅	GB 18565—2001 的 11.8.3 和 11.8.10		
5.1.5	卧铺[a]	GB 18565—2001 的 11.8.12		
5.1.6	行李架（舱）[a]	GB 18565—2001 的 11.8.11		
5.1.7	安全出口[a]、安全带	GB 18565—2001 的 11.8.9 和 11.11.1		
5.1.8	车厢、地板、护轮板（挡泥板）	GB 18565—2001 的 11.8.3 和 11.8.15		
5.1.9	车轮、轮胎	微型车辆胎冠花纹深度不小于 3.2mm，其他车辆转向轮的胎冠花纹深度不小于 3.5mm，其余轮胎花纹深度不小于 2.5mm。		GB 18565—2001 的11.9.1
5.1.10	悬架装置	GB 18565—2001 的 11.9.2、11.9.3 和 11.9.5		
5.1.11	传动系、车桥	GB 18565—2001 的 11.10 和 11.9.4		
5.1.12	转向节及臂，横、直拉杆及球销	GB 18565—2001 的 7.11		
5.1.13	制动装置（行车、应急、驻车）	GB 18565—2001 的 6.1、6.2、6.9 和 6.13.2.2		
5.1.14	螺栓、螺母紧固	GB 18565—2001 的 11.9.1.8 和 11.9.2		
5.1.15	灯光数量、光色、位置	GB 18565—2001 的 8.4 ~ 8.13		
5.1.16	信号装置与仪表	GB 18565—2001 的 8.14 ~ 8.20		
5.1.17	漏气、漏油、漏水、漏电	GB 18565—2001 的 10.2 和 8.21		

续表 1

序号	项目	技术要求		
		一级	二级	三级
5.1.18	底盘异响	GB 18565—2001 的 11.6.2		
5.1.19	发动机异响	GB 18565—2001 的 11.6.1		
5.1.20	润滑	GB 18565—2001 的 11.7.1 和 11.7.3		
5.1.21	灭火器	GB 18565—2001 的 11.11.12		
5.1.22	车内外后视镜、前下视镜	GB 18565—2001 的 11.11.2		
5.1.23	侧面、后下部防护装置[b]	GB 18565—2001 的 11.11.9		
5.2	动力性			
5.2.1	驱动轮输出功率	GB/T 18276—2000 表 1 中额定值的要求	GB/T 18276—2000 表 1 中允许值的要求	
5.2.2	滑行性能	GB 18565—2001 的 11.5		
5.3	燃料经济性			
5.3.1	等速百公里油耗	不大于该车型制造厂规定的相应车速等速百公里油耗的 103%	GB/T 18566	
5.4	制动性			
5.4.1	制动力	GB 18565—2001 的 6.13.1.1 和 6.13.1.2		
5.4.2	制动力平衡	在制动力增长全过程中同时测得的左右轮制动力差的最大值，与全过程中测得的该轴左右轮最大制动力中大者之比；对前轴不得大于 16%，对后轴不得大于 20%；当后轴制动力小于后轴轴荷的 60%时，在制动力增长全过程中，同时测得的左右轮制动力之差的最大值不得大于后轴轴荷的 5%		GB 18565—2001 的 6.13.1.3
5.4.3	制动协调时间	GB 18565—2001 的 6.13.1.4		
5.4.4	车轮阻滞力	各轴的阻滞力均不得大于该轴轴荷的 2.5%	GB 18565—2001 的 6.13.1.5	
5.4.5	驻车制动	GB 18565—2001 的 6.13.3		
5.5	转向操纵性			
5.5.1	转向轮横向侧滑量	GB 18565—2001 的 7.3		
5.5.2	转向盘最大自由转动量	最大设计车速大于或等于 100km/h 的汽车为 15°，最大设计车速小于 100km/h 的汽车为 20°	GB 18565—2001 的 7.1	
5.5.3	悬架特性[c]	GB 18565—2001 的 7.6		

续表 1

序号	项　目	技术要求		
		一级	二级	三级
5.6	前照灯			
5.6.1	发光强度	GB 18565—2001 的 8.2		
5.6.2	光速照射位置	GB 18565—2001 的 8.1.1～8.1.3		
5.7	排放污染物控制			
5.7.1	汽油车怠速污染物排放[d]	轻型 CO≤3.5%；HC≤700×10^{-6} 重型 CO≤4.0%；HC≤1000×10^{-6}	GB 18565—2001 的 9.1.1.2	
5.7.2	汽油车双怠速污染物排放[d]	M1 类怠速： CO≤0.7%；HC≤135×10^{-6} 高怠速： CO≤0.25%；HC≤90×10^{-6} N1 类怠速： CO≤0.85%；HC≤180×10^{-6} 高怠速： CO≤0.45%；HC≤130×10^{-6}	GB 18565—2001 的 9.1.1.1 表 4	
5.7.3	柴油车自由加速烟度[e]	R_b≤3.6	GB 18565—2001 的 9.1.2.2 表 8	
5.7.4	柴油车排气可见污染物[e]	光吸收系数(m^{-1})：2.2	GB 18565—2001 的 9.1.2.1 表 7	
5.8	喇叭声级	GB 18565—2001 的 9.2.4		
5.9	车辆防雨密封性[a]	QC/T 476		
5.10	车速表示值误差	车速表示值误差 0～+15%	GB 18565—2001 的 11.4	

a　载客汽车

b　载货汽车

c　用于对最大设计车速大于或等于 100km/h、轴载质量小于或等于 1500kg 的载客汽车。

d　按 GB 18352 通过型式认证装配点燃式发动机的轻型汽车，应进行双怠速试验；其他装配点燃式发动机的车辆应进行怠速试验。

e　按 GB 18352 通过型式认证装配压燃式发动机的轻型汽车，应进行排气可见污染物试验；其他装配压燃式发动机的车辆应进行自由加速烟度试验。

中华人民共和国交通行业标准

JT 410—1999

交通行政执法人员执法标志

Symbol of execute law for administrative executive of communications

1999-10-21 发布　　1999-12-31 实施

中华人民共和国交通部 发布

中华人民共和国交通行业标准

交通行政执法人员执法标志

Symbol of execute law for administrative executive of communications

JT 410—1999

1 范围

本标准规定了交通行政执法人员执法标志(包括帽徽、肩章和臂章)的产品结构尺寸及图案和颜色、技术要求、试验方法、检验规则及包装、标志、运输与贮存。

本标准适用于公路、水运行政执法人员执法标志的生产与验收。

2 引用标准

下列标准所包含的条文,通过在本标准中引用而构成为本标准的条文。本标准出版时,所示版本均为有效。所有标准都会被修订,使用本标准的各方应探讨使用下列标准最新版本的可能性。

GB 250—1995 评定变色用灰色样卡

GB/T 2060—1989 黄铜带

GB/T 3920—1983 纺织品耐磨擦色牢度试验方法

GB/T 3921—1983 纺织品耐洗色牢度试验方法

GB 4425—1984 铅黄铜棒

GB/＊ 5927—1986 轻工产品金属镀层的厚度测试方法 计时液流法

GB/＊ 5938—1986 轻工产品金属镀层和化学覆盖层的耐腐蚀试验方法 中性盐雾试验(NSS)法

GB/T 6543—1986 瓦楞纸箱

GB/T 8427—1987 纺织品耐光色牢度试验方法 氙弧

GB/＊ 11390—1989 机织热熔粘合衬布

GB/T 12023—1989 塑料打包带

GB/T 14344—1993 合成纤维长丝及变形断裂强度及断裂伸长试验方法

GB 15093—1994 国徽

GJB 2588.10—1996 军人识别标志 87软肩章

HG 2237—1991 A01-1、A02-2氨基烘干清漆

HG 2594—1994 各色氨基烘干磁漆

JSB 16—1992 聚氯乙烯布基刮制人造革

JSB 43—1992 聚氯乙烯纤维基压制人造革

JSB 49—1993 涤纶缝纫线

3 产品分类

3.1 帽徽产品分类

帽徽分公路行政执法人员帽徽(以下简称公路帽徽)和水运行政执法人员帽徽(以下简称水运帽徽)两种。

中华人民共和国交通部 1999－10－21 批准 **1999－12－31 实施**

3.2 肩章产品分类

按肩章的质地把肩章分成硬肩章和软肩章两种，其中硬肩章由肩牌和肩徽两部分组成。

3.3 臂章产品分类

臂章分路政、运政、征费和水运四种。

4 产品结构尺寸及图案和颜色

4.1 结构

4.1.1 公路帽徽和水运帽徽由徽体、固定螺钉和螺母构成，分别见图 1 和图 2。

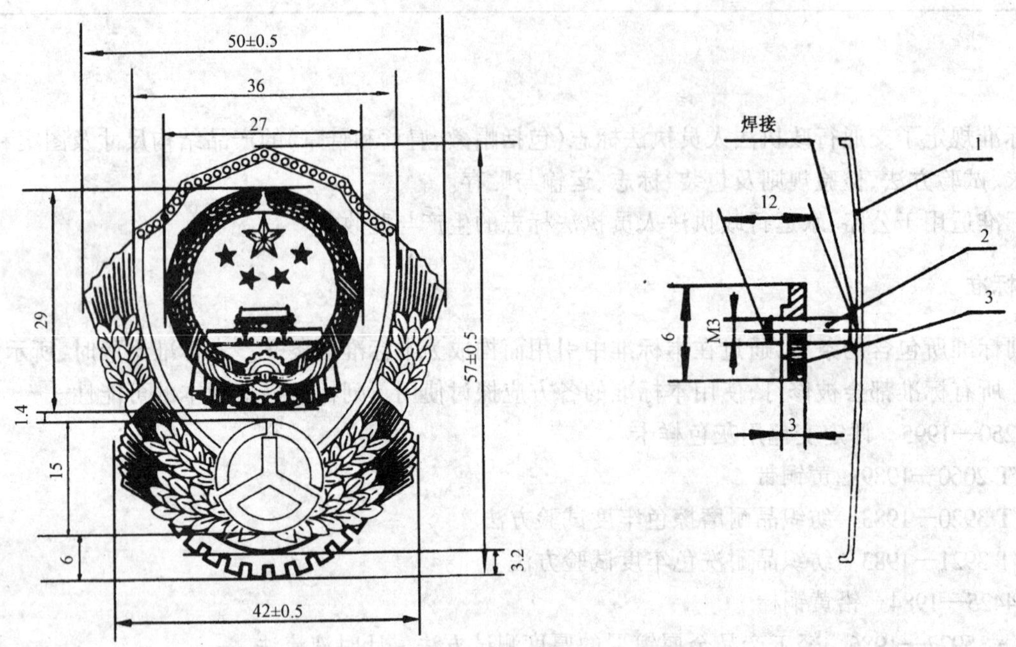

图 1　公路帽徽结构及成品主要尺寸

1-徽体；2-固定螺钉；3-螺母

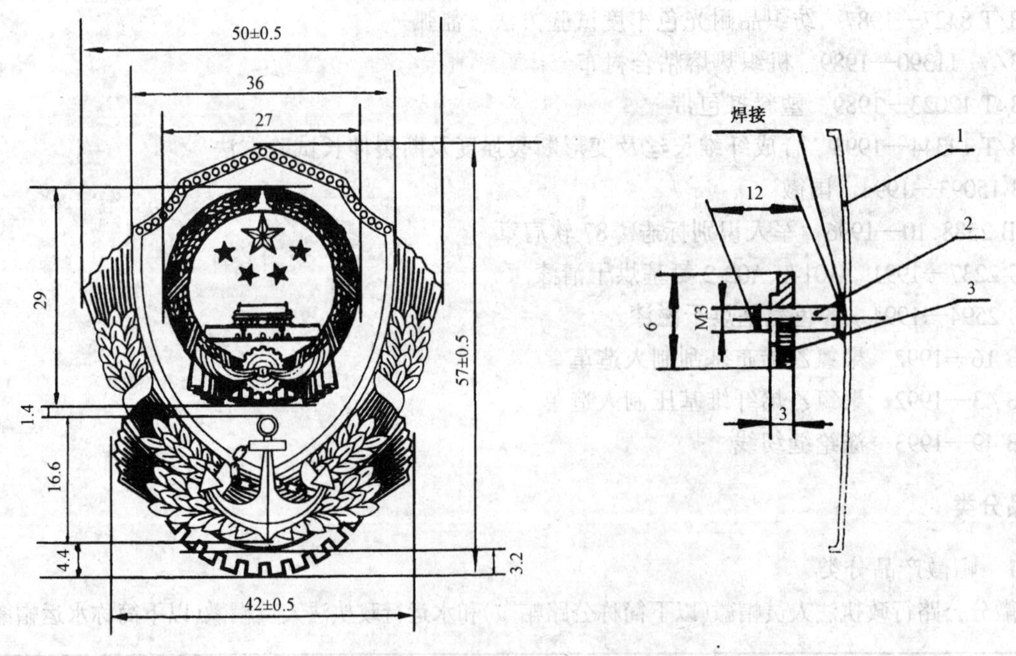

图 2　水运帽徽结构及成品主要尺寸

1-徽体；2-固定螺钉；3-螺母

4.1.2 交通硬肩章结构

4.1.2.1 公路肩徽和水运肩徽由徽体、固定螺钉和螺母组成,分别见图3和图4。

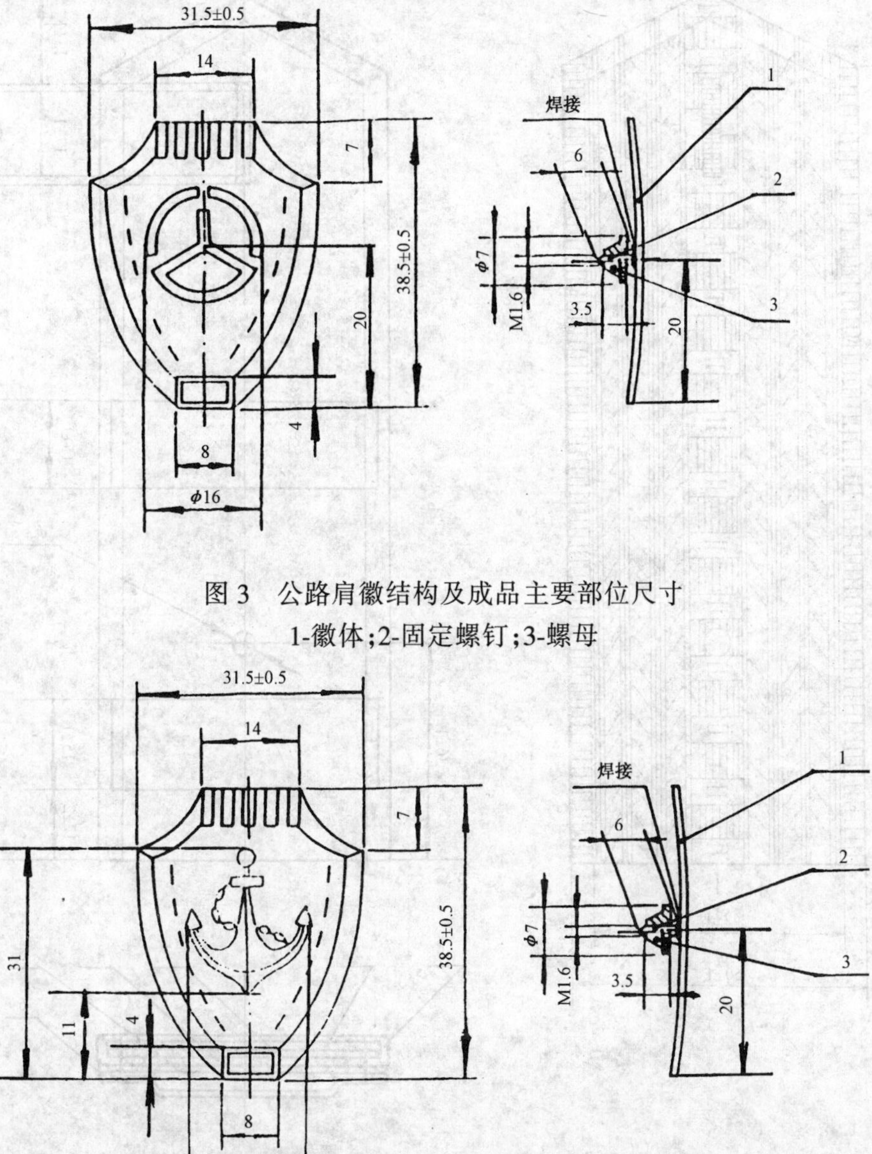

图3 公路肩徽结构及成品主要部位尺寸

1-徽体;2-固定螺钉;3-螺母

图4 水运肩徽结构及成品主要部位尺寸

1-徽体;2-固定螺钉;3-螺母

4.1.2.2 肩牌的结构见图5。

4.1.3 公路软肩章和水运软肩章的结构见图6和图7。

4.1.4 路政、运政、征费和水运臂章由版面与缝有衬带的底布贴合后,并锁边而成,其结构见图8。

4.2 成品主要尺寸

4.2.1 公路帽徽和水运帽徽的成品主要尺寸分别见图1和图2。

4.2.2 交通硬肩章的成品主要尺寸

4.2.2.1 公路肩徽和水运肩徽的成品主要尺寸分别见图3和图4。

4.2.2.2 肩牌成品主要尺寸见图5,其号别尺寸见表1。

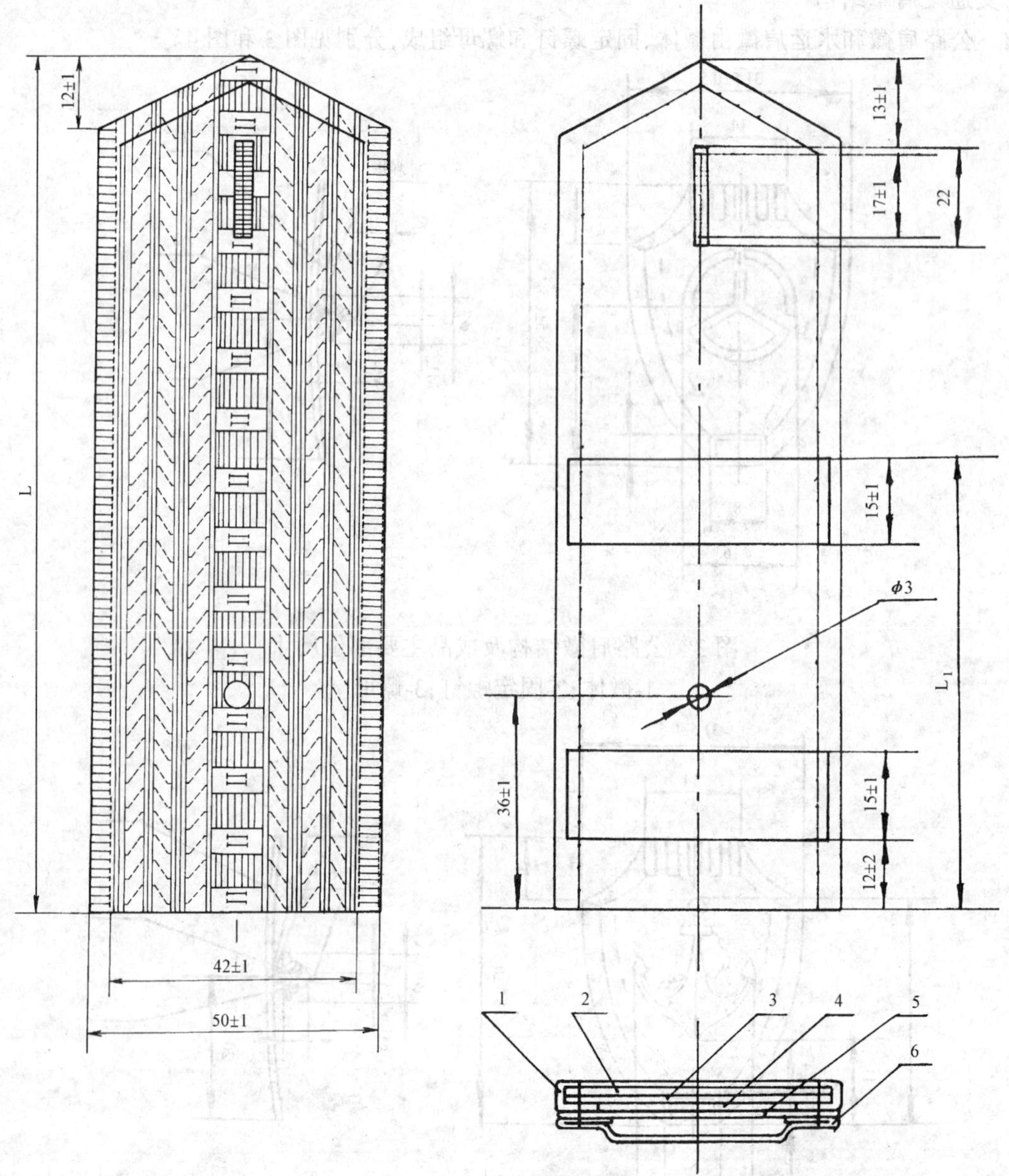

图 5　肩牌结构及成品主要尺寸

1-肩章丝带;2-粘合衬;3-革衬;4-无纺衬;5-底布;6-袢带

表 1　肩牌号别尺寸

mm

号别	1	2	3	公差	每副互差
L	143	133	123	2	1
L_1	65	60	60	2	2

4.2.3　公路软肩章和水运软肩章的成品主要尺寸分别见图 6 和图 7,其号别尺寸见表 2。其机绣图案的尺寸同肩徽的尺寸。

表 2　软肩章号别尺寸

mm

号别	1	2	3
L	143	133	123

4.2.4　路政、运政和征费臂章的成品主要尺寸见图 8,水运臂章的成品主要尺寸见图 9,其中"中国交

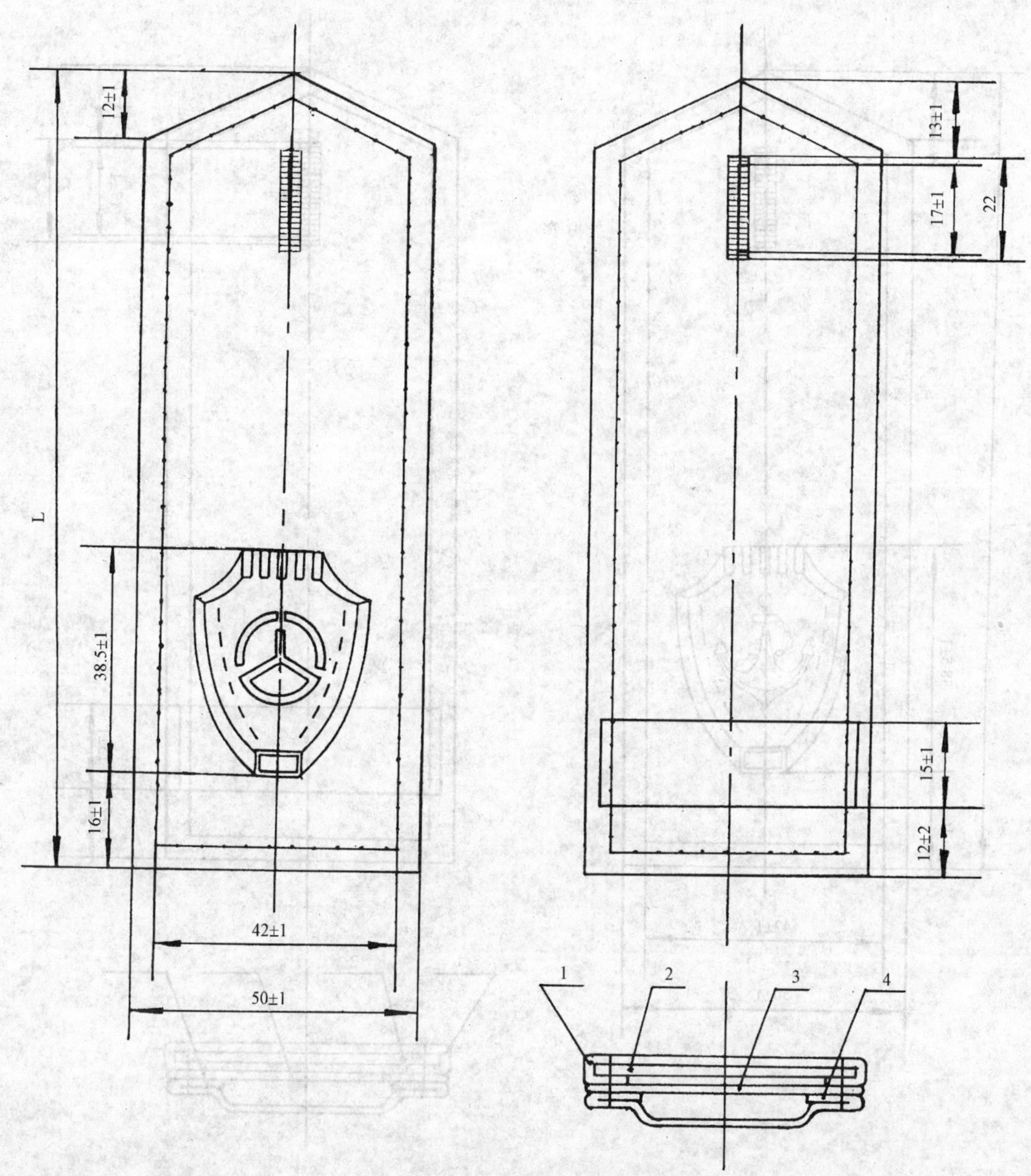

图6 公路软肩章结构及成品主要尺寸

1-植绒布;2-粘合衬;3-底布;4-袢带

通”为初号黑体字加粗,“路政”、“水运”、“运政”和“征费”为60号黑体字加粗。

4.3 图案及颜色

4.3.1 公路帽徽图案和颜色

a)公路帽徽图案由中华人民共和国国徽、盾牌、麦穗、齿轮及象征公路标志的“公”字组成见图1;

b)徽体正面中华人民共和国国徽衬底为红色,盾牌衬底为深蓝色,其他部位均为24K金金黄色。

4.3.2 水运帽徽图案和颜色

a)水运帽徽图案由中华人民共和国国徽、盾牌、麦穗、齿轮及象征水运标志的锚、链组成见图2;

b)徽体正面中华人民共和国国徽衬底为红色,盾牌衬底为深蓝色,其他部位均为24K金金黄色。

4.3.3 硬肩章图案和颜色

4.3.3.1 肩徽图案和颜色

a)公路和水运肩徽正面图案分别见图3和图4;

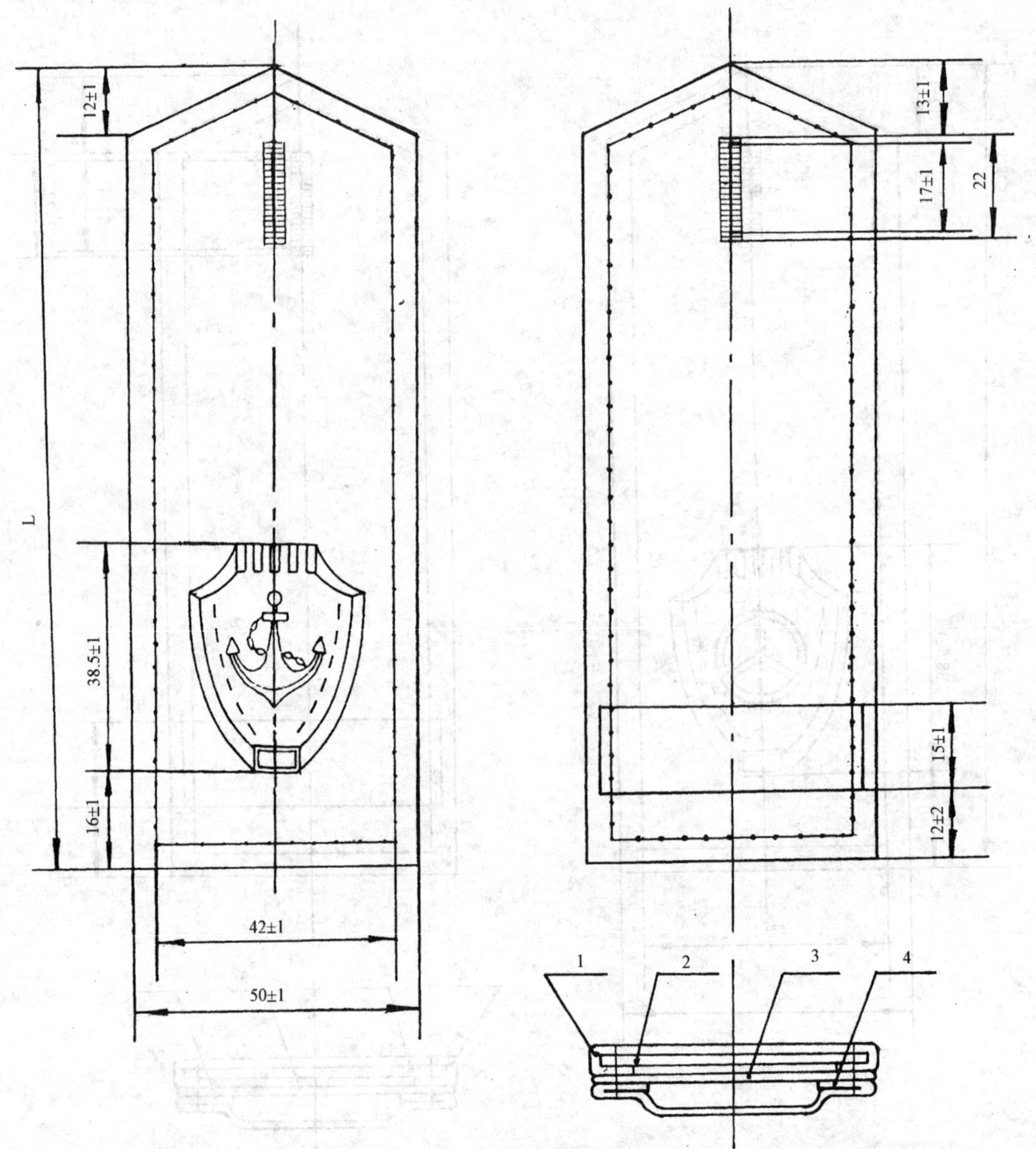

图7 水运软肩章结构及成品主要尺寸

1-植绒布;2-粘合衬;3-底布;4-袢带

b)公路肩徽正面衬底为深蓝色,“公”字图案及边框均为金黄色,水运肩徽正面衬底为深蓝色,中间锚、链图案及边框均为金黄色。

4.3.3.2 肩牌图案见图5,颜色为橄榄色

4.3.4 软肩章图案和颜色

公路和水运软肩章的图案分别见图6和图7,底色为橄榄色,机绣图案为金黄色。

4.3.5 臂章图案和颜色

a)交通臂章的图案由“中国交通”;“路政”或“运政”、“征费”及“水运”字样;“公”字或锚、链及橄榄枝组成,分别见图8、图9、图10和图11;

b)交通臂章的颜色,其中“中国交通”为红色,“公”字、锚、链、“橄榄枝”和锁边线为黄色,“路政”、“运政”、征费”、“水运”都为银白色,版面衬底为深蓝色。

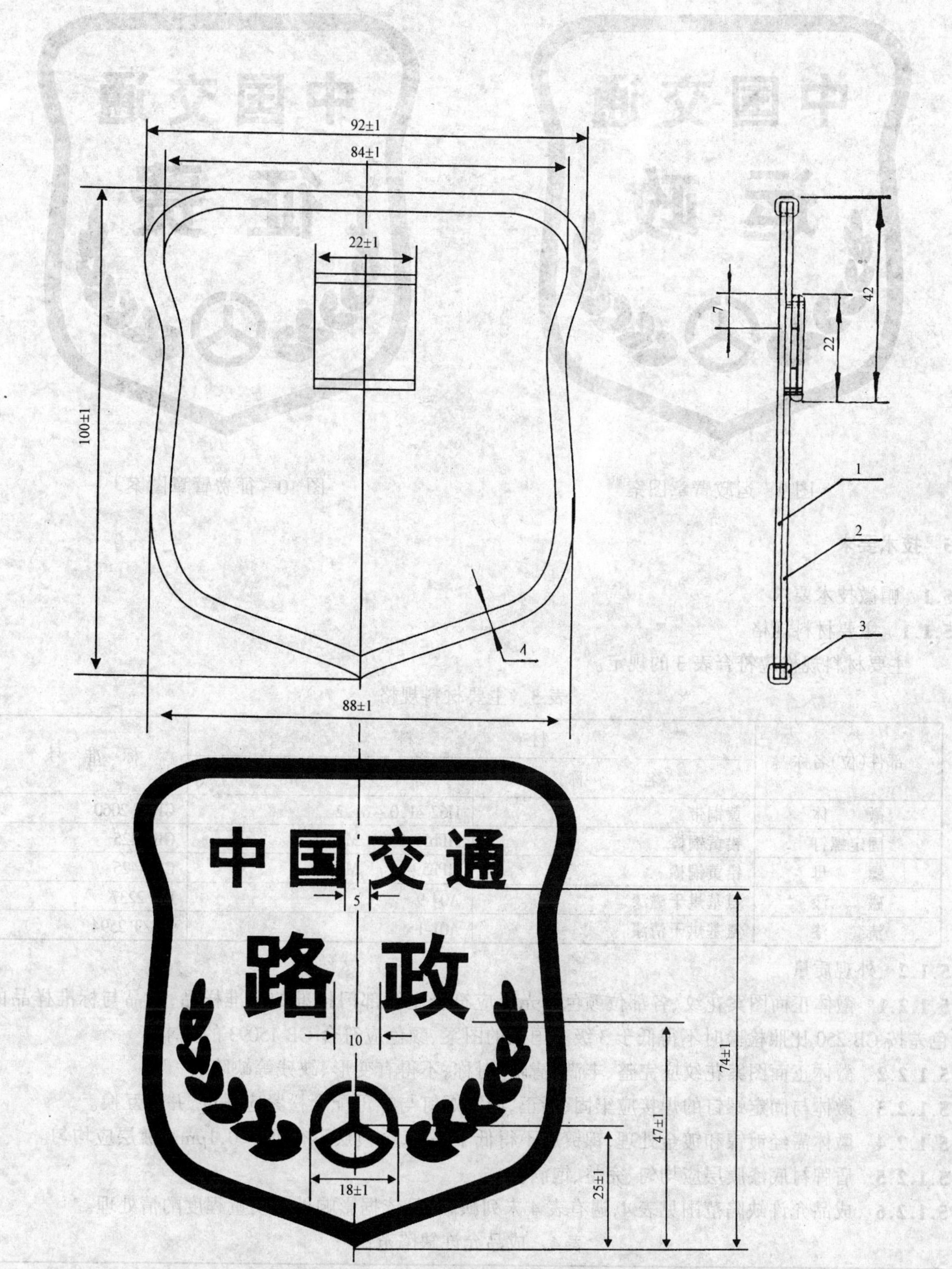

图 8　路政、运政和征费臂章结构及成品主要部位尺寸

1-版面;2-底布;3-锁边线

图9　运政臂章图案

图10　征费臂章图案

5　技术要求

5.1　帽徽技术要求

5.1.1　主要材料规格

主要材料规格应符合表3的规定。

表3　主要材料规格

部件(位)名称	材　　料		标　准　号
	名　　称	规　　格	
徽　　体	黄铜带	H62 δ1.0～δ1.2	GB/T 2060
固定螺钉	铅黄铜棒	HPb59-1　　M_3	GB 4425
螺　　母	铅黄铜棒	HPb59-1　　M_3	GB 4425
磁　　漆	氨基烘干磁漆	A04-9	HG 2237
清　　漆	氨基烘干清漆	A01-1	HG/T 2594

5.1.2　外观质量

5.1.2.1　徽体正面图案花纹、各部位颜色及光泽应符合主管部门批准的标准样品，产品与标准样品的色差按GB 250比照检验时不得低于3级。国徽的图案、颜色应符合GB 15093的要求。

5.1.2.2　徽体正面图案花纹应完整、丰满、清晰、对称，不得有变形、缺残等缺陷。

5.1.2.3　徽体与固定螺钉的焊接应牢固、端正，固定螺钉与螺母配合松紧应适度，并能互换。

5.1.2.4　徽体需经镀镍和镀金处理，镍镀层不得低于7μm，金镀层不得低于0.1μm。镀层应均匀。

5.1.2.5　盾牌衬底漆膜层应均匀、完整、饱满。

5.1.2.6　成品允许缺陷范围见表4，遇有表4未列缺陷，可依据影响外观质量程度酌情处理。

表4　成品允许缺陷范围

缺陷名称	允　许　范　围
凹痕	直径超过0.5mm的凹痕不得超过2处
背面毛刺	手感不明显
划伤	距离500mm处目视不明显
切边不正	边界上任意两对称点距对称中心线距离的差不超过0.4mm
漆膜边界规整程度	盾牌漆膜边界宽超过0.3mm、长超过5mm的缺陷不得超过2处。

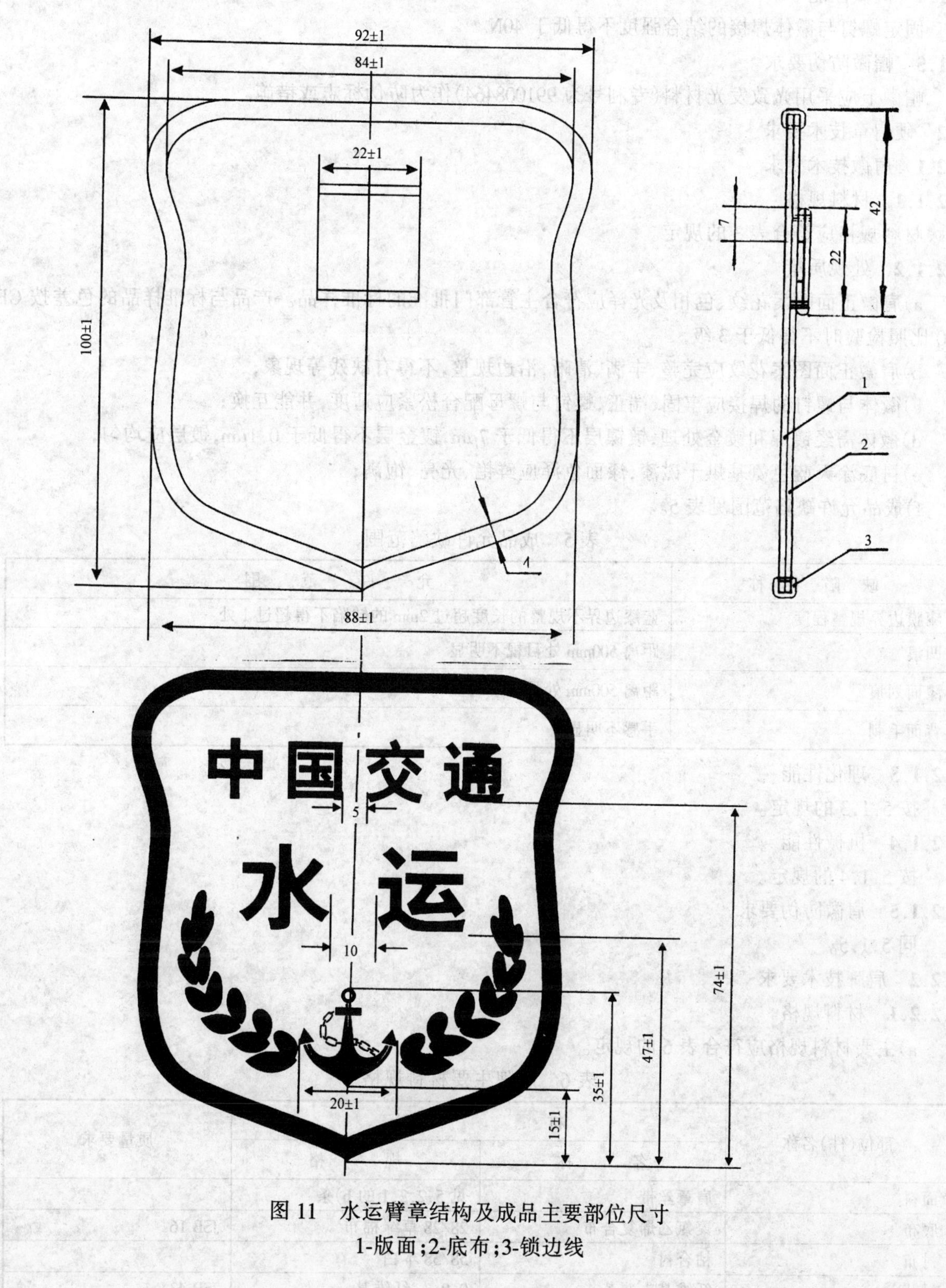

图 11　水运臂章结构及成品主要部位尺寸
1-版面;2-底布;3-锁边线

5.1.3 理化性能

成品按 GB/＊ 5938 规定做中性盐雾试验时,48h 主要表面无锈蚀。

5.1.4 机械性能

固定螺钉与徽体焊接的结合强度不得低于 40N。

5.1.5 帽徽防伪要求

帽徽上应采用光致发光材料(专利号为 991008464)作为防伪标志或措施。

5.2 硬肩章技术要求

5.2.1 肩徽技术要求

5.2.1.1 材料规格

材料规格应符合表 3 的规定。

5.2.1.2 处观质量

a)肩徽正面图案花纹、色相及光泽应符合主管部门批准的标准样品。产品与标准样品的色差按 GB 250 比照检验时不得低于 3 级。

b)肩徽正面图案花纹应完整、丰满、清晰,沿边规整,不得有缺残等现象;

c)徽体与螺钉的焊接应牢固、端正,螺钉与螺母配合松紧应适度,并能互换;

d)徽体需经镀镍和镀金处理,镀镍层不得低于 7μm,镀金层不得低于 0.1μm,镀层应均匀;

e)衬底涂天蓝色氨基烘干磁漆,漆面色泽应鲜艳、光亮、饱满;

f)成品允许缺陷范围见表 5。

表 5 成品允许缺陷范围

缺 陷 名 称	允 许 范 围
漆膜边界规整程度	蓝漆边界不规整的长度超过 2mm 的缺陷不得超过 1 处
凹痕	距离 500mm 处目视不明显
漆面划痕	距离 500mm 处目视不明显
背面毛刺	手感不明显

5.2.1.3 理化性能

按 5.1.3 的规定。

5.2.1.4 机械性能

按 5.1.4 的规定。

5.2.1.5 肩徽防伪要求

同 5.1.5。

5.2.2 肩牌技术要求

5.2.2.1 材料规格

a)主要材料规格应符合表 6 的规定。

表 6 肩牌主要材料规格

部位(件)名称	材料		质量要求
	名 称	规 格	
面料	肩章丝带	见 5.2.2.1 的 b)条	
底布	聚氯乙烯复合布	28/28 草绿棉布	JSB 16
衬布	粘合衬	58/58 本白	
衬革	纤维基人造革	0.9mm 纤维基	JSB 43
袢带	草绿棉线带	宽 15mm	
缝纫线	草绿色涤纶缝纫线	11×3	JSB 49

b)肩牌用丝带材料规格应符合表 7 的规定。

表 7　丝带材料规定

项　　目	指　　标
面经纱支	330dtex×2　人造丝
面纬纱支	132dtex×2　人造丝
底经纱支	28　tex×2　棉线
边经纱支	28　tex×2　棉线
纬　　密	≥440 根/100mm
丝带宽度	70mm±1.5mm

c)肩牌用丝带的染色应符合表 8 的规定。

表 8　丝带的染色牢度

项　目	耐光色牢度	耐洗色牢度		耐磨擦色牢度	
		原样变色	白布沾色	干　摩	湿　摩
指　标	5～6	3	3	3	2

5.2.2.2　外观质量

a)每副肩牌的色相应一致。产品颜色应符合主管部门批准的标准样品，产品与标准样品的色差按 GB 250 比照检验时不得低于 3 级。

b)成品应平展、整洁，四周棱角清晰，不得有起翘、烫焦等缺陷。

c)缝制要求

缝制线路应规整、针码均匀、缝制牢固，不得有开线、断线、掉道、出套、返线等缺陷，起止针处重针不少于 3 针，断线接头处须缝牢固。

针码密度，肩牌正面明线针距为每 25mm 内 8～10 针，扣眼不少于 40 针，扣眼上部允许锁成圆形。

底布不得大于肩牌正面，边缘不得有毛茬。

缝纫线的颜色应与肩牌正面颜色相匹配。

5.2.2.3　成品允许缺陷范围见表 9。

表 9　允许缺陷范围

缺陷名称	允　许　范　围
边框缝纫线两边互差	不大于 1.0mm，且不得有明显弯曲
跳线	正面跳 1 针的缺陷不得超过 2 处，背面跳 2 针的缺陷不得超过 2 处
油污	直径大于 5mm 的油污不得超过 1 处
污点	直径不大于 2mm，距离 500mm 处目视不明显
线头	长不超过 2mm

5.3　软肩章技术要求

5.3.1　材料规格

主要材料规格应符合表 10 的规定。

表 10　软肩章主要材料规格

部件(位)名称	材　　料		标　准　号
	名称	规格	
面料	橄榄色植绒布		GJB 2588.10
底布	聚氯乙烯复合布	28/28 草绿布	JSB 16
衬布	粘合衬布	58/90 本白	GB/* 11390
机绣图案线	人造丝线	132　dtex×2	
袢带	草绿棉线带	28×2/16×0.5	
缝纫线	涤纶缝纫线	11×3	JSB 49

5.3.2　外观质量

5.3.2.1　每副软肩章的版面色相应一致,产品颜色和图案应与主管部门批准的标准样品应一致,产品与标准样品的色差按 GB 250 比照检验时不得低于 3 级。

5.3.2.2　成品应平展、整洁,四周棱角清晰,不得有起翘、烫焦等缺陷。

5.3.2.3　软肩章版面刺绣图案应清晰、丰满、规整,不得有歪斜、断纱、浮纱、油污等缺陷。

5.3.2.4　每副软肩章用植绒布的绒毛倒顺应一致,左右图案应对称。

5.3.2.5　缝制要求同 5.2.2.2c)。

5.3.3　成品缺陷应符合表 11 的规定。

表 11　允许缺陷范围

缺陷名称	允　许　范　围
版面图案偏斜	左右偏斜不超过 1.0mm
扣眼偏离中心线	左右偏离中心线不得超过 1.0mm
绣线漏底	不得有一根绣线以上的漏底
白点	在肩章上直径超过 1.0mm 的白点不得超过 2 处
油污	直径超过 5mm 的油污不得超过 1 处
跳线	正面跳 1 针的缺陷不得超过 2 处,背面跳 2 针的缺陷不得超过 2 处
线头	长不超过 2mm

5.3.4　理化性能

软肩章机绣图案的理化性能应符合表 12 的规定。

表 12　理化性能

项　　目	指　　标
耐光色牢度	5～6
耐干磨擦色牢度	3～4

5.4　臂章技术要求

5.4.1　材料规格

主要材料规格应符合表 13 的规定。

表 13　主要材料规格

部位(件)名称	材料		备　注
	名　称	规　格	
版　面	深蓝涤纶长丝	150D	
	黄涤纶长丝	150D	
	红涤纶长丝	100D	
	银白涤纶长丝	100D	
底布	聚氯乙烯复合布	28/28 草绿棉布	JSB 16
袢带	棉线带	28×2/22×0.5	
缝纫线	涤纶缝纫线	11×3	JSB 49
锁边线	金黄涤纶长丝	150D	5 根组
		100D	7 根组

5.4.2　工艺要求

5.4.2.1　版面纬密度:30 根/10mm。

5.4.2.2　底布与版面粘合应平整牢固,袢带每边缝纫不少于三道线,起止针处重针不少于 3 针,袢带偏斜不超过 1mm,左右偏斜不超过 1.5mm。

5.4.2.3　锁边密度为每 10mm 为 9±2 针,锁边起止针位置在臂章下半部的左侧或右侧,锁边线头应熔断,线头长度不超过 5mm,锁边宽度为 3~4mm。

5.4.3　外观质量

5.4.3.1　面料、颜色、结构、图案应符合主管部门批准的标准样品。产品与标准样品的色差按 GB 250 比照检验时不得低于 3 级。

5.4.3.2　版面图案应清晰、饱满、规整、平展、清洁,锁边完整均匀。版面织物图案不允许有较明显的歪斜,不允许断经、断纬、浮纱、油污、烫焦,锁边不得露底,正面不得有皱折及线头。

5.4.4　理化性能

5.4.4.1　涤纶长丝断裂强度不得低于 3.3CN/D。

5.4.4.2　涤纶长丝的染色牢度不低于 3~4 级。

5.4.4.3　涤纶长丝的耐光色牢度不低于 5~6 级。

5.5　各种标准样品应定期更换,更换期由主管部门确定。

6　试验方法

6.1　材料检验

各种材料进厂后或使用前应按相关标准检验,不合格者不得使用。

6.2　外观检验

6.2.1　检验条件

检验在天然散射光或无反射光的白色透射光线下进行,光的照度不得低于 300lx。

6.2.2　检验方法

以目视观察和手感检验,并与主管部门批准的标准样品比照检验。

6.3　尺寸检验

帽徽和肩徽的尺寸检验用精度为 0.05mm 的普通游标卡尺检验,肩牌、软肩章和臂章尺寸的检验用精度为 0.5mm 的普通直尺检验。

6.4　耐光色牢度检验

耐光色牢度的检验按 GB/T 8427 的有关规定。

6.5 耐洗色牢度检验

耐洗色牢度的检验按 GB/T 3921 的有关规定。

6.6 耐磨擦色牢度检验

耐磨擦色牢度的检验按 GB/T 3920 的有关规定。

6.7 焊接强度的检验

徽体、固定螺钉焊接强度的检验用普通拉力机。

6.8 镍镀层厚度的检验按 GB/* 5927 的有关规定。金镀层厚度应由生产工艺保证。

6.9 断裂强度检验

涤纶长丝断裂强度的检验按 GB/T 14344 的有关规定。

7 检验规则

7.1 生产检验

生产过程检验的程序、抽样方法和检验周期由生产厂自行确定,但必须保证出厂产品符合本标准规定,并出具合格证明文件。

新投产或重新投产及原材料供应发生变化时,应对原材料和成品进行型式检验(全检),不合格的材料不得使用,不合格的产品不得出厂。

7.2 验收检验

7.2.1 验收抽样数量视批量大小确定,但抽取的每种标志的样品数不得少于 10 个。

7.2.2 正常生产时验收检验只对产品外观和尺寸进行检验。

7.2.3 若所检样品有 10%不合格品,则应加倍抽检,若仍有 5%不合格品,则判定整批产品为不合格品。

8 包装、标志、运输与贮存

8.1 包装

8.1.1 帽徽包装

包装分内、中、外三种,内包装用塑料袋,中包装用纸盒,外包装用纸箱。

a)内包装为每枚帽徽装一塑料袋并封口;

b)中包装用有间隔的纸盒,每盒 50 枚,每隔仓放背面相对的 2 枚;

c)外包装,每 20 盒装一纸箱(1000 枚)。

8.1.2 肩徽包装

肩徽包装分内、中、外三种。内包装用透明小塑料袋,每两个背对背装一小塑料袋并封口;每 100 个装一纸盒,每 20 纸盒(2000 个)装一纸箱。

8.1.3 肩牌和软肩章包装

肩牌和软肩章包装分内、中、外三种。内、中包装用透明塑料袋,外包装用纸箱。内包装每副背面相对装一透明小塑料袋,并封口;中包装为每 10 副装一透明塑料袋,并封口;外包装为每 40 塑料袋(共 400 副)装一纸箱。

8.1.4 臂章包装

每 200 个装一小塑料袋并封口;每 20 塑料袋(4000 个)装一纸箱。

8.1.5 纸箱质量按 GB/T 6543 中不低于 2 类的有关规定。

8.1.6 纸箱内须附产品包装单和产品合格证,注明产品名称、号别、数量、检验人员等内容。

8.1.7 凡用折叠式箱盖、箱底纸箱包装时,纸箱上下口盖对接处必须用胶带纸封牢。

8.1.8 捆箱用宽 12~15mm 塑料打包带捆成两道,质量应符合 GB/T 12023 的规定,捆扎应牢固。

8.2 标志

8.2.1 帽徽标志

帽徽背面下部中间部位压印生产厂名称或代号,压印字迹应清晰、工整。

8.2.2 肩牌和软肩章标志

每个肩牌或软肩章背面应加盖产品标志章,规格为 40mm×20mm,标志章内容见图 12。

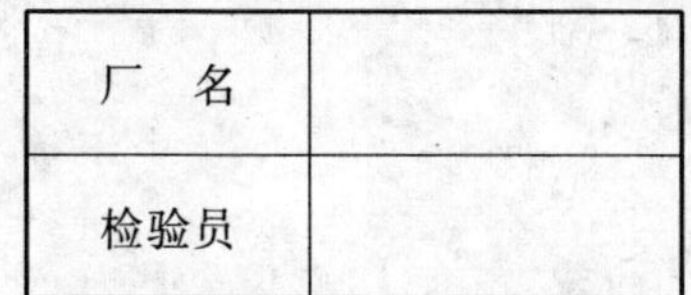

厂　名	
检验员	

图 12　标志章规格

8.2.3 臂章标志

每个臂章背面应加盖产品标志章,规格为 50mm×20mm,标志章内容见图 13。

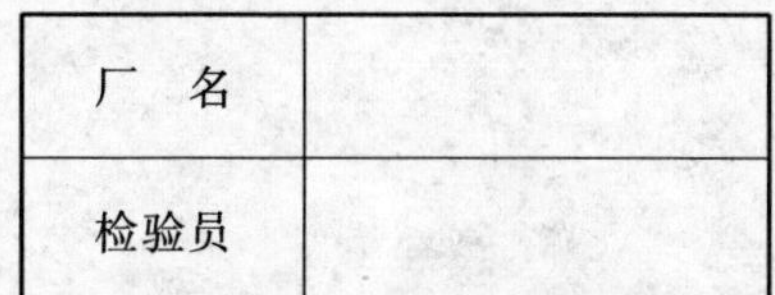

厂　名	
检验员	

图 13　标志章规格

8.2.4 纸箱外表面必须标注如下标志:

a)产品名称:

b)包装数量:

c)包装件体积(　mm×　mm×　mm);

d)包装件重量(毛重),　　kg;

e)生产单位:

f)生产日期:　　年　月　日。

8.2.5 纸箱外标志一律采用仿宋体黑字。字迹应清晰、工整。

8.3 运输与贮存

8.3.1 包装件在运输、贮存中严禁露天堆放。注意防潮,不得日晒雨淋。搬运、装卸过程中严禁抛摔。

8.3.2 贮存包装件的仓库必须通风干燥,库内相对湿度不得超过 80%。

ICS 03.220.20
R 07
备案号:

中华人民共和国交通行业标准

JT/T 414—2006
代替 JT/T 414—2000

道路运输电子政务平台
信息分类与指标

Electronic government platform for road transportation —— Classification and index of information

2006-06-23 发布 2006-10-01 实施

中华人民共和国交通部 发布

道路运输电子政务平台　信息分类与指标

1　范围

本标准规定了道路运输电子政务平台所涉及的信息指标分类原则，给出了信息分类及指标体系表，包括指标编号、指标名称、数据类型、数据格式及说明。

本标准适用于道路运输电子政务平台的业务管理信息系统开发、信息的处理及交换。

2　规范性引用文件

下列文件中的条款通过本标准的引用而成为本标准的条款。凡是注日期的引用文件，其随后所有的修改单（不包括勘误的内容）或修订版均不适用于本标准，然而，鼓励根据本标准达成协议的各方研究是否可使用这些文件的最新版本。凡是不注日期的引用文件，其最新版本适用于本标准。

GB/T 2260　中华人民共和国行政区划代码
GB/T 2261.1　个人基本信息分类与代码 第1部分：人的性别代码
GB/T 2261.3　个人基本信息分类与代码 第3部分：健康状况代码
GB/T 3181　漆膜颜色标准
GB/T 3304　中国各民族名称的罗马字母拼写和代码
GB/T 4658　文化程度代码
GB/T 8561　专业技术职务代码
GB/T 11714　全国组织机构代码编制规则
GB/T 12402　经济类型分类与代码
GB/T 12403　干部职务名称代码
GB/T 19488.1　电子政务数据元 第1部分：设计和管理规范
GN 43　中华人民共和国机动车驾驶证证件
JT/T 415　道路运政管理信息系统　编目编码规则

3　术语和定义

下列术语和定义适用于本标准。

3.1　道路运输电子政务平台　electronic government platform for road transportation

以国家和行业道路运输管理相关的法律、法规以及道路运输信息化标准体系为建设依据，以信息技术为平台支撑搭建的可提供协同化办公、安全和数据交换等基础运营服务的道路运输电子政务运营环境。

4　信息指标分类原则

4.1　根据管理的功能和对象，将信息指标分为经营业户、营运车辆、客运线路、设备、人员、稽查、票证、运价、规费、道路运输管理机构共十大类，大类下还包含指标集、指标子集和指标。

4.2　根据道路运输电子政务管理的工作内容，结合相关标准、管理规范、统计报表、台账等，确定道路运输电子政务系统的指标编号、指标名称、指标数据类型及说明。

5　信息分类与指标

5.1　信息指标体系表

信息指标体系表包含：指标编号、指标名称、数据类型、数据格式及说明五栏。

5.2 经营业户

经营业户类指标内容见表1。

表1

指标编号	指标名称	数据类型	数据格式	说明
A	经营业户			
A01	基本信息			
A0101	业户标识			
A010101	业户名称	字符型	an1..100	
A010102	组织机构代码	字符型	an10	GB/T 11714
A010103	上级企业名称	字符型	an1..100	
A010104	业户地址	字符型	an1..100	
A010105	邮政编码	字符型	n6	
A010106	行政区划名称	字符型	an3..50	
A010107	行政区划代码	字符型	n6	GB/T 2260
A010108	经济类型	字符型	an..30	GB/T 12402
A010109	法人代表	字符型	an..30	
A010110	法人代表身份证件类型	字符型	an..30	
A010111	法人代表身份证件号	字符型	an..30	
A010112	法人代表照片	二进制	jpeg	
A010113	经营负责人	字符型	an..30	
A010114	电话号码	字符型	an..30	
A010115	传真号码	字符型	an..30	
A010116	手机号码	字符型	an..11	
A010117	电子邮箱	字符型	an..50	
A010118	企业网址	字符型	an..50	
A0102	工商税务标识			
A010201	工商执照号	字符型	an..20	
A010202	工商执照发证日期	日期型	yyyymmdd	
A010203	国税登记号	字符型	an..20	
A010204	国税发证日期	日期型	yyyymmdd	
A010205	地税登记号	字符型	an..20	
A010206	地税发证日期	日期型	yyyymmdd	
A010207	中方经营者	字符型	an..50	
A010208	外方经营者	字符型	an..50	
A0103	财务标识			
A010301	开户银行	字符型	an..60	

表1(续)

指标编号	指标名称	数据类型	数据格式	说明
A010302	银行账号	字符型	an..20	
A010303	中方注册资金	数字型	n..9,2	万元
A010304	外方注册资金	数字型	n..9,2	万元
A0104	人事信息			
A010401	职工总数	数字型	n..8	人
A010402	管理人员	数字型	n..8	人
A010403	从业人员	数字型	n..8	人
A010404	其他	数字型	n..8	人
A0105	经营信息			
A010501	经营许可证字	字符型	an2	
A010502	经营许可证号	字符型	an12	
A010503	有效期起	日期型	yyyymmdd	
A010504	有效期止	日期型	yyyymmdd	
A010505	发证机关	字符型	an..40	
A010506	核发日期	日期型	yyyymmdd	
A010507	户籍地运管机构名称	字符型	an..40	
A010508	户籍地运管机构代码	字符型	an8	JT/T 415—2006 的 5.1.7
A010509	规费缴纳状态	字符型	a1	JT/T 415—2006 的 5.8.3
A010510	证照补换次数	数字型	n3	次
A010511	稽查处理状态	字符型	a1	JT/T 415—2006 的 5.2.3
A0106	规费缴纳			
A010601	规费征收方式	字符型	an..10	JT/T 415—2006 的 5.8.2
A010602	月营收额	数字型	n..9,2	元
A010603	定额标准	数字型	n..9,2	元
A010604	缴费日期	日期型	yyyymmdd	
A010605	缴讫日期	日期型	yyyymmdd	
A010606	缴费金额	数字型	n..9,2	元
A010607	票据号	字符型	an..40	
A0107	证照发放			
A010701	证照类别	字符型	an..30	JT/T 415—2006 的 5.5.1
A010702	证照发放类型	字符型	an..12	JT/T 415—2006 的 5.5.3
A010703	证照发放原因	字符型	an..100	
A010704	申请日期	日期型	yyyymmdd	
A010705	发放日期	日期型	yyyymmdd	
A010706	有效期起	日期型	yyyymmdd	
A010707	有效期止	日期型	yyyymmdd	

表 1(续)

指标编号	指 标 名 称	数据类型	数据格式	说 明
A0108	案件稽查			
A010801	案件登记号	字符型	an..17	JT/T 415—2006 的 5.7.1
A010802	违法时间	日期时间型	yyyymmddhhmm	
A010803	违法地点	字符型	an..50	
A010804	违法类型	字符型	an..300	JT/T 415—2006 的 5.7.5
A010805	执行情况	字符型	an..100	
A010806	结案日期	日期型	yyyymmdd	
A0109	质量信誉考核			
A010901	考核日期	日期型	yyyymmdd	
A010902	考核机构	字符型	an..50	
A010903	考核总分	数字型	n..3	
A010904	质量信誉考核结果	字符型	an..10	JT/T 415—2006 的 5.3.2
A0110	企业等级评定			
A011001	评定日期	日期型	yyyymmdd	
A011002	评定机构	字符型	an..50	
A011003	企业等级	字符型	an..8	JT/T 415—2006 的 5.3.3
A0111	检查考核			
A011101	检查考核日期	日期型	yyyymmdd	
A011102	检查考核机构	字符型	an..50	
A011103	检查考核结果	字符型	an..50	
A0112	变更信息			
A011201	变更内容	字符型	an..200	
A011202	变更前情况	字符型	an..200	
A011203	变更日期	日期型	yyyymmdd	
A02	客运业户			
A0201	基本信息			
A020101	经营范围	字符型	an..500	JT/T 415—2006 的 5.2.4
A020102	经营状态	字符型	an..4	JT/T 415—2006 的 5.3.1
A020103	企业等级	字符型	an..8	JT/T 415—2006 的 5.3.3
A020104	客运班线总条数	数字型	n..6	条
A020105	一类客运班线总条数	数字型	n..6	条
A020106	二类客运班线总条数	数字型	n..6	条
A020107	三类客运班线总条数	数字型	n..6	条
A020108	四类客运班线总条数	数字型	n..6	条
A020109	客运总班次	数字型	n..6,1	班次
A020110	客车总数	数字型	n..6	辆
A020111	高级客车总数	数字型	n..6	辆

表 1(续)

指标编号	指 标 名 称	数据类型	数据格式	说 明
A020112	中级客车总数	数字型	n..6	辆
A020113	普通客车总数	数字型	n..6	辆
A020114	客车总客位	数字型	n..6	座
A020115	高级客车总客位	数字型	n..6	座
A020116	中级客车总客位	数字型	n..6	座
A020117	普通客车总客位	数字型	n..6	座
A0202	人事信息			
A020201	职工总数	数字型	n..6	人
A020202	管理人员	数字型	n..6	人
A020203	驾驶员	数字型	n..6	人
A020204	乘务员	数字型	n..6	人
A020205	其他人员	数字型	n..6	人
A03	普通货物运输业户			
A0301	基本信息			
A030101	经营范围	字符型	an..500	JT/T 415—2006 的 5.2.4
A030102	经营状态	字符型	an..4	JT/T 415—2006 的 5.3.1
A030103	企业等级	字符型	an..8	JT/T 415—2006 的 5.3.3
A030104	货车总数	数字型	n..6	辆
A030105	普通载货汽车总数	数字型	n..6	辆
A030106	专用载货汽车总数	数字型	n..6	辆
A030107	大件运输汽车总数	数字型	n..6	辆
A030108	其他载货汽车	数字型	n..6	辆
A030109	车辆总吨位	数字型	n..9,2	t
A030110	普通载货汽车总吨位	数字型	n..9,2	t
A030111	专用载货汽车总吨位	数字型	n..9,2	t
A030112	大件运输汽车总吨位	数字型	n..9,2	t
A030113	其他载货汽车总吨位	数字型	n..9,2	t
A030114	拖拉机总数	数字型	n..6	辆
A030115	拖拉机总吨位	数字型	n..9,2	t
A0302	人事信息			
A030201	职工总数	数字型	n..6	人
A030202	管理人员	数字型	n..6	人
A030203	驾驶员	数字型	n..6	人
A030204	其他人员	数字型	n..6	人
A04	危险货物运输业户			
A0401	基本信息			
A040101	经营范围	字符型	an..500	JT/T 415—2006 的 5.2.4

表1(续)

指标编号	指标名称	数据类型	数据格式	说明
A040102	经营状态	字符型	an..8	JT/T 415—2006 的 5.3.1
A040103	企业等级	字符型	an..4	JT/T 415—2006 的 5.3.3
A040104	车辆总数	数字型	n..6	辆
A040105	罐式车辆总数	数字型	n..6	辆
A040106	集装箱车辆总数	数字型	n..6	辆
A040107	车辆总吨位	数字型	n..9,2	t
A040108	停车场地总面积	数字型	n..9,2	m^2
A040109	专用停车区域面积	数字型	n..9,2	m^2
A040110	专用清洗设备配备情况	字符型	an..14	JT/T 415—2006 的 5.1.10
A040111	污水回收设备配备情况	字符型	an..14	JT/T 415—2006 的 5.1.10
A040112	消防设备配备情况	字符型	an..14	JT/T 415—2006 的 5.1.10
A040113	安全防护设备配备情况	字符型	an..14	JT/T 415—2006 的 5.1.10
A0402	人事信息			
A040201	职工总数	数字型	n..6	人
A040202	管理人员	数字型	n..6	人
A040203	危险货物运输驾驶人员	数字型	n..6	人
A040204	装卸管理人员	数字型	n..6	人
A040205	押运人员	数字型	n..6	人
A040206	其他人员	数字型	n..6	人
A05	维修业户			
A0501	基本信息			
A050101	经营范围	字符型	an..500	JT/T 415—2006 的 5.2.4
A050102	经营状态	字符型	an..8	JT/T 415—2006 的 5.3.1
A050103	机动车维修标志牌号	字符型	an..10	
A050104	维修对象	字符型	an..20	JT/T 415—2006 的 5.3.11
A050105	维修类别	字符型	an..4	JT/T 415—2006 的 5.3.10
A050106	接待室面积	数字型	n..9,2	m^2
A050107	生产厂房面积	数字型	n..9,2	m^2
A050108	停车场面积	数字型	n..9,2	m^2
A050109	设备总数	数字型	n..6	台
A050110	通用设备情况	数字型	n..6	台
A050111	专用设备情况	数字型	n..6	台
A050112	主要检测设备情况	数字型	n..6	台
A050113	汽车检测诊断设备	数字型	n9	台(套)
A050114	汽车发动机检测诊断设备	数字型	n9	台(套)
A050115	汽车发动机检修设备及工具	数字型	n9	台(套)
A050116	汽车发动机维修作业设备及工具	数字型	n9	台(套)
A050117	汽车发动机维修加工设备及工具	数字型	n9	台(套)
A050118	汽车底盘检测诊断设备及工具	数字型	n9	台(套)

表1(续)

指标编号	指 标 名 称	数据类型	数据格式	说 明
A050119	汽车底盘维修作业设备及工具	数字型	n9	台(套)
A050120	汽车底盘维修加工设备及工具	数字型	n9	台(套)
A050121	汽车电气设备及车用辅助装置检修设备及工具	数字型	n9	台(套)
A050122	汽车电气设备及车用辅助装置维修作业设备及工具	数字型	n9	台(套)
A050123	汽车车身维修整形设备及工具	数字型	n9	台(套)
A050124	汽车维修喷涂电镀设备及工具	数字型	n9	台(套)
A050125	汽车清洗除尘设备及工具	数字型	n9	台(套)
A050126	汽车举升吊运设备及工具	数字型	n9	台(套)
A050127	汽车润滑加注设备及工具	数字型	n9	台(套)
A050128	汽车过盈配合件拆装设备及工具	数字型	n9	台(套)
A050129	汽车检测维修设备微机控制系统	数字型	n9	台(套)
A050130	摩托车及其他机动车检测维修设备及工具	数字型	n9	台(套)
A0502	人事信息			
A050201	职工总数	数字型	n..6	人
A050202	管理人员	数字型	n..6	人
A050203	技术负责人员	数字型	n..6	人
A050204	维修技术人员	数字型	n..6	人
A050205	质量检验人员	数字型	n..6	人
A050206	其中:总质量检验人员	数字型	n..6	人
A050207	价格结算人员	数字型	n..6	人
A050208	其他人员	数字型	n..6	人
A06	客运站业户			
A0601	基本信息			
A060101	客运站名称	字符型	an..50	
A060102	客运站代码	字符型	an..10	JT/T 415—2006 的 5.3.4
A060103	经营范围	字符型	an..500	JT/T 415—2006 的 5.2.4
A060104	经营状态	字符型	an..8	JT/T 415—2006 的 5.3.1
A060105	建站日期	日期型	yyyymmdd	
A060106	竣工日期	日期型	yyyymmdd	
A060107	验收日期	日期型	yyyymmdd	
A060108	投入营运日期	日期型	yyyymmdd	
A060109	投资规模	数字型	n..9,2	万元
A060110	批准文号	字符型	an..30	
A060111	行政区划名称	字符型	an..30	
A060112	行政区划代码	字符型	n6	GB/T 2260
A060113	客运站级别	字符型	an..8	JT/T 415—2006 的 5.3.6
A060114	客运站地址	字符型	an..100	

表 1(续)

指标编号	指 标 名 称	数据类型	数据格式	说 明
A060115	客运站正面照片	二进制	jpeg	
A060116	客运站侧面照片	二进制	jpeg	
A060117	占地面积	数字型	n..9,2	m^2
A060118	建筑面积	数字型	n..9,2	m^2
A060119	设计年度平均日旅客发送量	数字型	n..7	人次
A060120	设计班次	数字型	n..6	次
A060121	设计年度旅客发送量	数字型	n..6	人次
A060122	车站服务方式	字符型	an..10	JT/T 415—2006 的 5.3.7
A060123	车站规模	字符型	an..8	JT/T 415—2006 的 5.3.5
A060124	车站位置和特点	字符型	an..200	
A060125	车站平面图	二进制	jpeg	
A0602	设备设施信息			
A060201	站前广场(分类不统一)	数字型	n..9,2	m^2
A060202	停车场	数字型	n..9,2	m^2
A060203	发车位	数字型	n..6	个
A060204	候车厅	数字型	n..9,2	m^2
A060205	重点旅客候车室	数字型	n..9,2	m^2
A060206	售票厅	数字型	n..9,2	m^2
A060207	行包托运厅	数字型	n..9,2	m^2
A060208	综合服务处	数字型	n..9,2	m^2
A060209	站务员室	数字型	n..9,2	m^2
A060210	驾乘人员休息室	数字型	n..9,2	m^2
A060211	调度室	数字型	n..9,2	m^2
A060212	治安室	数字型	n..9,2	m^2
A060213	广播室	数字型	an..9,2	m^2
A060214	医疗救护室	数字型	n..9,2	m^2
A060215	无障碍通道	数字型	n..9,2	m^2
A060216	残疾人服务设施	数字型	n..6	件
A060217	饮水室	数字型	n..9,2	m^2
A060218	智能化系统用房	数字型	n..9,2	m^2
A060219	盥洗室和旅客厕所	数字型	n..9,2	m^2
A060220	办公用房	数字型	n..9,2	m^2
A060221	汽车安全检验台	数字型	n..6	个
A060222	汽车尾气测试室	数字型	n..9,2	m^2
A060223	车辆清洁、清洗台	数字型	n..6	个
A060224	汽车维修车间	数字型	n..9,2	m^2
A060225	材料库	数字型	n..9,2	m^2
A060226	配电室	数字型	n..9,2	m^2
A060227	锅炉房	数字型	n..9,2	m^2
A060228	门卫、传达室	数字型	n..9,2	m^2

表 1(续)

指标编号	指 标 名 称	数据类型	数据格式	说 明
A060229	司乘公寓	数字型	n..9,2	m^2
A060230	餐厅	数字型	n..9,2	m^2
A060231	商店	数字型	n..9,2	m^2
A060232	旅客购票设备	字符型	an..14	JT/T 415—2006 的 5.1.10
A060233	候车休息设备	字符型	an..14	JT/T 415—2006 的 5.1.10
A060234	行包安全检查设备	字符型	an..14	JT/T 415—2006 的 5.1.10
A060235	安全消防设备	字符型	an..14	JT/T 415—2006 的 5.1.10
A060236	清洁清洗设备	字符型	an..14	JT/T 415—2006 的 5.1.10
A060237	广播通讯设备	字符型	an..14	JT/T 415—2006 的 5.1.10
A060238	行包搬运与便民设备	字符型	an..14	JT/T 415—2006 的 5.1.10
A060239	采暖或制冷设备	字符型	an..14	JT/T 415—2006 的 5.1.10
A060240	宣传告示设备	字符型	an..14	JT/T 415—2006 的 5.1.10
A060241	汽车尾气排放测试设备	字符型	an..14	JT/T 415—2006 的 5.1.10
A060242	计算机售票系统设备	字符型	an..14	JT/T 415—2006 的 5.1.10
A060243	监控设备	字符型	an..14	JT/T 415—2006 的 5.1.10
A060244	生产管理系统设备	字符型	an..14	JT/T 415—2006 的 5.1.10
A060245	电子显示设备	字符型	an..14	JT/T 415—2006 的 5.1.10
A0603	人事信息			
A060301	职工总数	数字型	n..6	人
A060302	管理人员	数字型	n..6	人
A060303	站务人员	数字型	n..6	人
A060304	其他人员	数字型	n..6	人
A0604	班线信息			
A060401	客运班线	数字型	n..6	条
A060402	省际班线	数字型	n..6	条
A060403	市际班线	数字型	n..6	条
A060404	县际班线	数字型	n..6	条
A060405	县内班线	数字型	n..6	条
A060406	出入境班线	数字型	n..6	条
A060407	客运日发班次	数字型	n..4,1	班次
A060408	省际班线日发班次	数字型	n..6	班次
A060409	市际班线日发班次	数字型	n..6	班次
A060410	县际班线日发班次	数字型	n..6	班次
A060411	县内班线日发班次	数字型	n..6	班次
A060412	出入境班线日发班次	数字型	n..6	班次
A07	货运站			
A0701	基本信息			
A070101	货运站名称	字符型	an..50	

表1(续)

指标编号	指标名称	数据类型	数据格式	说明
A070102	货运站编号	字符型	an..10	JT/T 415—2006 的 5.3.12
A070103	经营范围	字符型	an..500	JT/T 415—2006 的 5.2.4
A070104	经营状态	字符型	an..8	JT/T 415—2006 的 5.3.1
A070105	建站日期	日期型	yyyymmdd	
A070106	竣工日期	日期型	yyyymmdd	
A070107	验收日期	日期型	yyyymmdd	
A070108	投入营运日期	日期型	yyyymmdd	
A070109	投资规模	数字型	n..9,2	万元
A070110	批准文号	字符型	an..30	
A070111	行政区划名称	字符型	an..30	
A070112	行政区划代码	字符型	n6	GB/T 2260
A070113	货运站级别	字符型	an..8	JT/T 415—2006 的 5.3.8
A070114	货运站地址	字符型	an..100	
A070115	货运站正面照片	二进制	jpeg	
A070116	货运站侧面照片	二进制	jpeg	
A070117	货运站平面图	二进制	jpeg	
A070118	占地面积	数字型	n..9,2	m^2
A070119	建筑面积	数字型	n..9,2	m^2
A070120	货运站高度	数字型	n..5,2	
A0702	设备设施信息			
A070201	通用仓库	数字型	n..9,2	m^2
A070202	专用仓库	数字型	n..9,2	m^2
A070203	简易仓库	数字型	n..9,2	m^2
A070204	集装箱堆场	数字型	n..9,2	m^2
A070205	通用堆场	数字型	n..9,2	m^2
A070206	停车场	数字型	n..9,2	m^2
A070207	货物托运场所	数字型	n..9,2	m^2
A070208	高货台	数字型	n..9,2	m^2
A070209	检查口	数字型	n..9,2	m^2
A070210	集装箱叉车	数字型	n..6	台
A070211	正面吊运机	数字型	n..6	台
A070212	集装箱轨道吊机	数字型	n..6	台
A070213	小型叉车	数字型	n..6	台
A070214	直举升叉车	数字型	n..6	台
A070215	搬运手推车	数字型	n..6	台
A070216	货物传送带	数字型	n..6	台
A070217	监控系统	数字型	n..6	套
A070218	计算机管理系统	数字型	n..6	台
A070219	其他设备	数字型	n..6	台

表 1(续)

指标编号	指标名称	数据类型	数据格式	说明
A0703	人事信息			
A070301	职工总数	数字型	n..6	人
A070302	管理人员	数字型	n..6	人
A070303	专业人员	数字型	n..6	人
A070304	其他人员	数字型	n..6	人
A08	机动车驾驶培训机构			
A0801	驾驶培训学校信息			
A080101	经营范围	字符型	an..500	JT/T 415—2006 的 5.2.4
A080102	经营状态	字符型	an..8	JT/T 415—2006 的 5.3.1
A080103	驾校类别	字符型	an..4	JT/T 415—2006 的 5.2.11
A080104	教练车总数	数字型	n..6	辆
A080105	大型客车总数	数字型	n..6	辆
A080106	通用货车半挂车(牵引车)总数	数字型	n..6	辆
A080107	城市公交车总数	数字型	n..6	辆
A080108	中型客车总数	数字型	n..6	辆
A080109	大型货车总数	数字型	n..6	辆
A080110	小型汽车(含小型自动挡汽车)	数字型	n..6	辆
A080111	低速汽车(含低速载货汽车、三轮汽车)	数字型	n..6	辆
A080112	摩托车(含三轮摩托车、二轮摩托车、轻便摩托车)	数字型	n..6	辆
A080113	其他车型(含轮式自行机械车、无轨电车、有轨电车)	数字型	n..6	辆
A080114	教室总面积	数字型	n..9,2	m^2
A080115	理论教室面积	数字型	n..9,2	m^2
A080116	核定每期培训能力	数字型	n..6	人次
A080117	大型客车	数字型	n..6	人次
A080118	通用货车半挂车	数字型	n..6	人次
A080119	城市公交车	数字型	n..6	人次
A080120	中型客车	数字型	n..6	人次
A080121	大型货车	数字型	n..6	人次
A080122	小型汽车	数字型	n..6	人次
A080123	低速汽车	数字型	n..6	人次
A080124	摩托车	数字型	n..6	人次
A080125	其他车型	数字型	n..6	人次
A080126	电化教学设备总数	数字型	n..6	——
A080127	多媒体教学设备	数字型	n..6	台
A080128	多媒体理论教学软件	数字型	n..6	台
A080129	无纸化理论考试用计算机	数字型	n..6	台
A080130	教学挂图总数	数字型	n..6	——
A080131	交通信号挂图	数字型	n..6	套

表1(续)

指标编号	指标名称	数据类型	数据格式	说明
A080132	程控电教板总数	数字型	n..6	
A080133	汽油机工作原理	数字型	n..6	块
A080134	柴油机工作原理	数字型	n..6	块
A080135	化油器式汽油机燃料供给系	数字型	n..6	块
A080136	电控汽油喷射发动机燃料供给系	数字型	n..6	块
A080137	柴油机燃料供给系	数字型	n..6	块
A080138	发动机点火系	数字型	n..6	块
A080139	发动机冷却系	数字型	n..6	块
A080140	汽车气压制动系或汽车液压制动系	数字型	n..6	块
A080141	离合器	数字型	n..6	块
A080142	变速器	数字型	n..6	块
A080143	自动变速器	数字型	n..6	块
A080144	模型教具总数	数字型	n..6	——
A080145	发动机机体解剖模型	数字型	n..6	台
A080146	转向机构模型	数字型	n..6	台
A080147	透明或实物解剖全车制动系统模型	数字型	n..6	台
A080148	其他教具和设备总数	数字型	n..6	——
A080149	培训学时计算机计时管理系统	数字型	n..6	套
A080150	教学磁板	数字型	n..6	套
A080151	更换车轮工具(千斤顶和轮胎扳手)	数字型	n..6	套
A080152	车用灭火器	数字型	n..6	具
A080153	红外线桩考仪	数字型	n..6	套
A080154	汽车驾驶模拟器	数字型	n..6	套
A0802	教练场信息			
A080201	服务方式	字符型	an..14	JT/T 415—2006 的 5.2.12
A080202	经营范围	字符型	an..500	JT/T 415—2006 的 5.2.4
A080203	经营状态	字符型	an..8	JT/T 415—2006 的 5.3.1
A080204	教练场总面积	数字型	n..9,2	m^2
A080205	场地驾驶教练场	数字型	n..9,2	m^2
A080206	场内道路驾驶训练场	数字型	n..9,2	m^2
A080207	实际道路驾驶教练路线	数字型	n..9,2	m^2
A080208	停车场面积	数字型	n..9,2	m^2
A080209	龙门骨架吊杆	数字型	n..6	个
A080210	连续障碍	数字型	n..6	处
A080211	单边桥	数字型	n..6	处
A080212	直角转弯	数字型	n..6	处
A080213	侧方停车	数字型	n..6	处
A080214	上坡定点停车与坡道起步	数字型	n..6	处
A080215	限宽门	数字型	n..6	处
A080216	百米加减挡	数字型	n..6	处

表 1(续)

指标编号	指 标 名 称	数据类型	数据格式	说 明
A080217	起伏路	数字型	n..6	处
A080218	曲线行驶	数字型	n..6	处
A0803	人事信息			
A080301	职工总数	数字型	n..6	人
A080302	管理人员	数字型	n..6	人
A080303	理论教练员	数字型	n..6	人
A080304	驾驶操作教练员	数字型	n..6	人
A080305	其他人员	数字型	n..6	人
A09	国际运输业户			
A0901	国际客运信息			
A090101	经营范围	字符型	an..500	JT/T 415—2006 的 5.2.4
A090102	经营状态	字符型	an..4	JT/T 415—2006 的 5.3.1
A090103	企业等级	字符型	an..8	JT/T 415—2006 的 5.3.3
A090104	客运班线总条数	数字型	n..6	条
A090105	客运总班次	数字型	n..6,1	班次
A090106	客车总数	数字型	n..6	辆
A090107	高级客车总数	数字型	n..6	辆
A090108	中级客车总数	数字型	n..6	辆
A090109	普通客车总数	数字型	n..6	辆
A090110	客车总客位	数字型	n..6	座
A090111	高级客车总客位	数字型	n..6	座
A090112	中级客车总客位	数字型	n..6	座
A090113	普通客车总客位	数字型	n..6	座
A0902	国际货运信息			
A090201	经营范围	字符型	an..500	JT/T 415—2006 的 5.2.4
A090202	经营状态	字符型	an..4	JT/T 415—2006 的 5.3.1
A090203	企业等级	字符型	an..8	JT/T 415—2006 的 5.3.3
A090204	货车总数	数字型	n..6	辆
A090205	普通载货汽车总数	数字型	n..6	辆
A090206	专用载货汽车总数	数字型	n..6	辆
A090207	大件运输汽车总数	数字型	n..6	辆
A090208	车辆总吨位	数字型	n..9,2	t
A090209	普通载货汽车总吨位	数字型	n..9,2	t
A090210	专用载货汽车总吨位	数字型	n..9,2	t
A090211	大件运输汽车总吨位	数字型	n..9,2	t
A0903	人事信息			
A090301	职工总数	数字型	n..6	人

表1(续)

指标编号	指标名称	数据类型	数据格式	说明
A090302	管理人员	数字型	n..6	人
A090303	驾驶员	数字型	n..6	人
A090304	乘务员	数字型	n..6	人
A090305	其他人员	数字型	n..6	人
A10	出租车业户			
A1001	客运出租			
A100101	经营范围	字符型	an..500	JT/T 415—2006 的 5.2.4
A100102	经营状态	字符型	an..4	JT/T 415—2006 的 5.3.1
A100103	客运出租车总数	数字型	n..6	辆
A100104	高级客车总数	数字型	n..6	辆
A100105	中级客车总数	数字型	n..6	辆
A100106	普通客车总数	数字型	n..6	辆
A100107	客运出租车总客位	数字型	n..6	座
A100108	高级客车总客位	数字型	n..6	座
A100109	中级客车总客位	数字型	n..6	座
A100110	普通客车总客位	数字型	n..6	座
A1002	货运出租			
A100201	经营范围	字符型	an..500	JT/T 415—2006 的 5.2.4
A100202	经营状态	字符型	an..4	JT/T 415—2006 的 5.3.1
A100203	企业等级	字符型	an..8	JT/T 415—2006 的 5.3.3
A100204	货运出租车总数	数字型	n..6	辆
A100205	普通载货汽车总数	数字型	n..6	辆
A100206	专用载货汽车总数	数字型	n..6	辆
A100207	大件运输汽车总数	数字型	n..6	辆
A100208	其他载货汽车	数字型	n..6	辆
A100209	货运出租车总吨位	数字型	n..9,2	t
A100210	普通载货汽车总吨位	数字型	n..9,2	t
A100211	专用载货汽车总吨位	数字型	n..9,2	t
A100212	大件运输汽车总吨位	数字型	n..9,2	t
A100213	其他载货汽车总吨位	数字型	n..9,2	t
A11	公交运输业户			
A1101	基本信息			
A110101	经营范围	字符型	an..500	JT/T 415—2006 的 5.2.4
A110102	经营状态	字符型	an..4	JT/T 415—2006 的 5.3.1
A110103	公交客车总数	数字型	n..6	辆
A110104	高级客车总数	数字型	n..6	辆
A110105	中级客车总数	数字型	n..6	辆
A110106	普通客车总数	数字型	n..6	辆

表 1(续)

指标编号	指 标 名 称	数据类型	数据格式	说 明
A110107	公交客车总客位	数字型	n..6	座
A110108	高级客车总客位	数字型	n..6	座
A110109	中级客车总客位	数字型	n..6	座
A110110	普通客车总客位	数字型	n..6	座
A110111	公交线路总数	数字型	n..6	条
A110112	公交线路总里程	数字型	n..9,1	km
A12	汽车综合性能检测站			
A1201	基本信息			
A120101	检测站编号	字符型		JT/T 415—2006 的 5.3.13
A120102	检测站名称	字符型	an..100	
A120103	检测站类别	字符型		JT/T 415—2006 的 5.3.9
A120104	经营范围	字符型	an..500	
A120105	地址	字符型	an..100	
A120106	邮政编码	字符型	n6	
A120107	行政区划名称	字符型	an..50	
A120108	行政区划代码	字符型	n6	GB/T 2260
A120109	法人代表	字符型	an..30	
A120110	经营负责人	字符型	an..30	
A120111	电话号码	字符型	an..30	
A120112	传真号码	字符型	an..30	
A120113	手机号码	字符型	an..11	
A120114	电子邮箱	字符型	an..50	
A120115	企业网址	字符型	an..50	
A1202	变更信息			
A120201	变更内容	字符型	an..200	
A120202	变更前情况	字符型	an..200	
A120203	变更日期	日期型	yyyymmdd	
A13	汽车租赁业户			
A1301	基本信息			
A130101	经营范围	字符型	an..500	JT/T 415—2006 的 5.2.4
A130102	经营状态	字符型	an..4	JT/T 415—2006 的 5.3.1
A130103	停车场面积	数字型	n..9,2	m^2
A130104	客车总数	数字型	n..6	辆
A130105	高级客车总数	数字型	n..6	辆
A130106	中级客车总数	数字型	n..6	辆
A130107	普通客车总数	数字型	n..6	辆
A130108	货车总数	数字型	n..6	辆
A130109	普通载货汽车总数	数字型	n..6	辆

表1(续)

指标编号	指标名称	数据类型	数据格式	说明
A130110	专用载货汽车总数	数字型	n..6	辆
A130111	大件运输汽车总数	数字型	n..6	辆
A130112	其他载货汽车	数字型	n..6	辆

5.3 营运车辆

营运车辆类指标内容见表2。

表2

指标编号	指标名称	数据类型	数据格式	说明
B	营运车辆			
B01	基本信息			
B0101	车辆信息			
B010101	车辆(挂车)号牌	字符型	an..12	
B010102	车牌颜色	字符型	an..4	JT/T 415—2006 的 5.4.13
B010103	厂牌	字符型	an..30	
B010104	型号	字符型	an..30	
B010105	车辆类型	字符型	an..14	JT/T 415—2006 的 5.4.10
B010106	客车等级	字符型	an..6	JT/T 415—2006 的 5.4.9
B010107	车身颜色	字符型	an..4	GB/T 3181
B010108	发动机号	字符型	an..20	
B010109	车架号	字符型	an..20	
B010110	车辆识别 VIN 码	字符型	an..17	
B010111	核定载客位	数字型	n..6	座
B010112	车辆(挂车)吨位	数字型	n..5,1	t
B010113	车辆箱位	数字型	n..6	TEU
B010114	罐体容积	数字型	n..5,1	m^3
B010115	燃料类型	字符型	an..6	JT/T 415—2006 的 5.4.6
B010116	发动机功率	数字型	n..4,1	kW
B010117	出厂日期	日期型	yyyymmdd	
B010118	购车日期	日期型	yyyymmdd	
B010119	落户日期	日期型	yyyymmdd	
B010120	车辆照片	二进制	jpeg	
B010121	轴距	数字型	n..6	mm
B010122	车长	数字型	n..6	mm
B010123	车高	数字型	n..6	mm
B010124	车宽	数字型	n..6	mm
B010125	车轴数	数字型	n..6	根
B010126	后轴钢板弹簧片数	数字型	n..6	片
B010127	准牵引总质量	数字型	n..6	t
B0102	营运信息			

表 2(续)

指标编号	指标名称	数据类型	数据格式	说明
B010201	车辆档案号	字符型	an12	JT/T 415—2006 的 5.4.2
B010202	业户名称	字符型	an..50	
B010203	经营许可证字	字符型	an2	JT/T 415—2006 的 5.2.2
B010204	经营许可证号	字符型	an12	JT/T 415—2006 的 5.2.2
B010205	道路运输证字	字符型	an2	JT/T 415—2006 的 5.4.1
B010206	道路运输证号	字符型	an12	JT/T 415—2006 的 5.4.2
B010207	道路运输证介质	字符型		JT/T 415—2006 的 5.4.14
B010208	道路运输证物理编号	字符型	an..50	IC 卡或电子标签物理编号
B010209	发证机构	字符型	an..50	JT/T 415—2006 的 5.1.7
B010210	有效期起	日期型	yyyymmdd	
B010211	有效期止	日期型	yyyymmdd	
B010212	计征吨位	数字型	n..6,2	t
B010213	计征座位	数字型	n..6	座
B010214	行业类别	字符型	an..30	JT/T 415—2006 的 5.2.1
B010215	经营范围	字符型	an..50	
B010216	车辆营运状态	字符型	an..12	JT/T 415—2006 的 5.4.7
B010217	二级维护状态	字符型	an..6	JT/T 415—2006 的 5.4.4
B010218	核定维护次数	数字型	n..6	次
B010219	补换证次数	数字型	n..6	次
B010220	大修次数	数字型	n..6	次
B010221	车辆技术等级	字符型	an..6	JT/T 415—2006 的 5.4.3
B010222	规费缴纳状态	字符型	a1	JT/T 415—2006 的 5.8.3
B010223	稽查处理状态	字符型	a1	JT/T 415—2006 的 5.2.3
B010224	交通事故次数	数字型	n..6	次
B010225	投保状态	字符型	an..6	JT/T 415—2006 的 5.4.8
B010226	年度审验状态	字符型	an..10	JT/T 415—2006 的 5.4.5
B010227	是否出入境	布尔型	n1	
B010228	线路标志牌号	字符型	an..30	
B010229	是否配备有效通讯工具	布尔型	n1	
B010230	有效通讯工具号码	字符型	an..30	
B010231	是否安装行驶记录仪	布尔型	n1	
B010232	是否安装定位系统	布尔型	n1	
B010233	行车记录仪安装状态	字符型	an..14	JT/T 415—2006 的 5.1.10
B010234	定位系统安装状态	字符型	an..14	JT/T 415—2006 的 5.1.10
B0103	证照发放			
B010301	证照类别	字符型	an..30	JT/T 415—2006 的 5.5.1
B010302	证照发放类型	字符型	an..12	JT/T 415—2006 的 5.5.3
B010303	证照发放原因	字符型	an..100	
B010304	申请日期	日期型	yyyymmdd	
B010305	发放日期	日期型	yyyymmdd	

表 2(续)

指标编号	指标名称	数据类型	数据格式	说明
B010306	备注	字符型	..ul	
B0104	维修信息			
B010401	维修单位	字符型	an..50	
B010402	修理级别	字符型	an..8	JT/T 415—2006 的 5.4.12
B010403	维修日期	日期型	yyyymmdd	
B010404	维修内容	字符型	an..200	
B010405	维修合同号	字符型	an..30	
B010406	维修合格证号	字符型	an..30	
B010407	维修发票号	字符型	an..30	
B010408	检测单位	字符型	an..50	
B010409	检测日期	日期型	yyyymmdd	
B010410	检测次数	数字型	n..6	次
B010411	检测结果	字符型	an..30	
B0105	二级维护			
B010501	本次二级维护日期	日期型	yyyymmdd	
B010502	下次二级维护日期	日期型	yyyymmdd	
B010503	本次二级维护里程	数字型	n..6	km
B010504	下次二级维护里程	数字型	n..6	km
B010505	维护单位	字符型	an..50	
B010506	维护合同号	字符型	an..30	
B010507	维护发票号	字符型	an..30	
B010508	维修合格证号	字符型	an..30	
B010509	维修结果	字符型	an..30	
B010510	检测单位	字符型	an..50	
B010511	检测站编号	字符型		
B010512	检测日期	日期型	yyyymmdd	
B010513	检测次数	数字型	n..6	次
B010514	检测结果	字符型	an..30	
B0106	技术等级评定			
B010601	检测站	字符型	an..50	
B010602	检测站编号	字符型		JT/T 415—2006 的 5.3.13
B010603	检测日期	日期型	yyyymmdd	
B010604	检测结果	数字型	n..4,1	%
B010605	检测等级	字符型	an..6	JT/T 415—2006 的 5.4.3
B010606	评定等级	字符型	an..6	JT/T 415—2006 的 5.4.3
B010607	评定日期	日期型	yyyymmdd	
B010608	评定机构	字符型	an..50	

表 2(续)

指标编号	指 标 名 称	数据类型	数据格式	说 明
B0107	客车类型与等级评定			
B010701	评定日期	日期型	yyyymmdd	
B010702	评定单位	字符型	an..50	
B010703	客车等级	字符型	an..6	JT/T 415—2006 的 5.4.9
B0108	规费缴纳			
B010801	规费征收方式	字符型	an..10	JT/T 415—2006 的 5.8.2
B010802	月营收额	数字型	n..9,2	元
B010803	定额标准	数字型	n..9,2	元
B010804	缴费日期	日期型	yyyymmdd	
B010805	缴讫日期	日期型	yyyymmdd	
B010806	缴费金额	数字型	n..9,2	元
B010807	票据号	字符型	an..40	
B010808	缴讫证号	字符型	an..40	
B0109	案件稽查			
B010901	案件登记号	字符型	an..17	JT/T 415—2006 的 5.7.1
B010902	违法时间	日期时间型	yyyymmddhhmm	
B010903	违法地点	字符型	an..50	
B010904	违法内容	字符型	an..300	JT/T 415—2006 的 5.7.5
B010905	执行情况	字符型	an..100	
B010906	结案日期	日期型	yyyymmdd	
B0110	交通事故信息			
B011001	驾驶员姓名	字符型	an..30	
B011002	驾驶证号	字符型	an..18	JT/T 415—2006 的 5.1.9
B011003	从业资格类别	字符型	an..22	JT/T 415—2006 的 5.9.8
B011004	从业资格证号	字符型	an..12	
B011005	事故发生时间	日期时间型	yyyymmddhhmm	
B011006	事故发生地点	字符型	an..100	
B011007	事故类别	字符型	an..8	JT/T 415—2006 的 5.1.13
B011008	路况信息	字符型	an..100	
B011009	事故原因	字符型	an..100	
B011010	事故责任	字符型	an..8	JT/T 415—2006 的 5.1.15
B011011	车辆损失情况	字符型	an..200	
B011012	人员伤亡总数	数字型	n..6	人
B011013	死亡人数	数字型	n..6	人
B011014	重伤人数	数字型	n..6	人
B011015	轻伤人数	数字型	n..6	人
B011016	失踪	数字型	n..6	人
B011017	处理意见	字符型	an..200	

表 2(续)

指标编号	指 标 名 称	数据类型	数据格式	说 明
B011018	全部损失金额	数字型	n..9,2	元
B011019	赔偿损失金额	数字型	n..9,2	元
B0111	投保信息			
B011101	投保险种	字符型	an..50	
B011102	投保日期	日期型	yyyymmdd	
B011103	投保金额	数字型	n..9,2	元
B011104	被保险人	字符型	an..30	
B011105	保险机构	字符型	an..50	
B011106	保险单号	字符型	an..40	
B011107	有效期起	日期型	yyyymmdd	
B011108	有效期止	日期型	yyyymmdd	
B0112	年审信息			
B011201	审验年度	字符型	n4	年
B011202	年审日期	日期型	yyyymmdd	
B011203	年度审验状态	字符型	an..10	JT/T 415—2006 的 5.4.5
B011204	年审意见	字符型	an..100	
B011205	年审机构	字符型	an..50	
B011206	备注	字符型	an..100	
B0113	变更信息			
B011301	变更内容	字符型	an..200	
B011302	变更前情况	字符型	an..200	
B011303	变更日期	日期型	yyyymmdd	
B0114	异动信息			
B011401	迁出日期	日期型	yyyymmdd	
B011402	(迁往)运管机构代码	字符型	an..50	JT/T 415—2006 的 5.1.7
B011403	迁入业户	字符型	an..50	
B011404	营运证已收回	布尔型	n1	
B0115	报废信息			
B011501	报废日期	日期型	yyyymmdd	
B011502	报废原因	字符型	an..200	
B011503	营运证已收回	布尔型	n1	

5.4 客运线路

客运线路类指标内容见表 3。

表 3

指标编号	指 标 名 称	数据类型	数据格式	说 明
C	客运线路			
C01	物理线路信息			
C0101	基本信息			
C010101	线路名称	字符型	an..20	
C010102	线路编码	字符型	an23	JT/T 415—2006 的 5.2.9
C010103	经营区域	字符型	an..4	JT/T 415—2006 的 5.2.7
C010104	线路类型	字符型	an..12	JT/T 415—2006 的 5.2.8
C010105	始发地	字符型	an..50	
C010106	终到地	字符型	an..50	
C010107	途经主要地点	字符型	an..50	
C010108	起点行政区划代码	字符型	an6	GB/T 2260
C010109	起点行政区划名称	字符型	an..50	
C010110	讫点行政区划代码	字符型	an6	GB/T 2260
C010111	讫点行政区划名称	字符型	an..50	
C010112	线路里程	数字型	n..6,1	km
C010113	高速里程	数字型	n..6,1	km
C010114	占总里程的百分比	数字型	n..4,1	%
C010115	是否高速	布尔型	n1	
C010116	高速入口	字符型	an..20	
C010117	高速出口	字符型	an..20	
C010118	是否农村客运	布尔型	n1	
C010119	是否旅游线路	布尔型	n1	
C010120	是否公交线路	布尔型	n1	
C02	经营线路			
C0201	基本信息			
C020101	线路编码	字符型	an23	JT/T 415—2006 的 5.2.9
C020102	业户名称	字符型	an..50	
C020103	经营许可证字	字符型	an2	JT/T 415—2006 的 5.2.2
C020104	经营许可证号	字符型	an12	JT/T 415—2006 的 5.2.2
C020105	班车类别	字符型	an..4	JT/T 415—2006 的 5.2.5
C020106	起点站名	字符型	an..50	
C020107	讫点站名	字符型	an..50	
C020108	途中停靠站点	字符型	an..50	
C020109	途经主要地点	字符型	an..50	
C020110	日发班次	数字型	n..5,1	班次
C020111	经营方式	字符型	an..8	JT/T 415—2006 的 5.2.6
C020112	对开经营业户名称	字符型	an..50	
C020113	许可决定书编号	字符型	an16	JT/T 415—2006 的 5.1.12
C020114	许可日期	日期型	yyyymmdd	
C020115	许可机构	字符型	an..50	

表 3(续)

指标编号	指标名称	数据类型	数据格式	说明
C020116	有效起始日期	日期型	yyyymmdd	
C020117	有效截止日期	日期型	yyyymmdd	
C020118	牌证类别	字符型	an..2	JT/T 415—2006 的 5.5.1
C020119	营运状态	字符型	an..4	JT/T 415—2006 的 5.2.10
C020120	补换证次数	数字型	n..6	次
C020121	一般信息变更次数	数字型	n..6	次
C020122	营运状态变更次数	数字型	n..6	次
C020123	投入的车辆总数	数字型	n..6	辆
C020124	投入车辆的座位总数	数字型	n..6	座
C020125	线路牌总数	数字型	n..6	张
C0202	标志牌信息			
C020201	标志牌号	字符型	an..40	
C020202	车辆号牌	字符型	an..100	
C020203	许可证明号	字符型	an..40	
C020204	有效起始日期	日期型	yyyymmdd	
C020205	有效截止日期	日期型	yyyymmdd	
C020206	发放日期	日期型	yyyymmdd	
C020207	日发班次	数字型	n..5,1	班
C020208	对开标志牌号	字符型	an..40	

5.5 设备

设备类指标内容见表 4。

表 4

指标编号	指标名称	数据类型	数据格式	说明
D	设备			
D01	设备信息			
D0101	基本信息			
D010101	业户名称	字符型	an..50	
D010102	经营许可证字	字符型	an2	JT/T 415—2006 的 5.2.2
D010103	经营许可证号	字符型	an12	JT/T 415—2006 的 5.2.2
D010104	设备名称	字符型	an..50	
D010105	设备型号	字符型	an..30	
D010106	(检测及维修)设备分类代码	字符型	an3	JT/T 415—2006 的 5.1.16
D010107	设备编号	字符型	an..30	
D010108	测量范围	数字型	n..	数字
D010109	分度值	数字型	n..	数字
D010110	精度	数字型	n..	数字
D010111	数量	数字型	n..6	台
D010112	技术状况	字符型	an..20	
D010113	生产厂家	字符型	an..50	

表 4(续)

指标编号	指 标 名 称	数据类型	数据格式	说 明
D010114	出厂日期	日期型	yyyymmdd	
D010115	购置日期	日期型	yyyymmdd	
D010115	使用年限	日期型	yyyymmdd	年
D010116	购进价格	数字型	n..9,2	元
D010117	计量检定单位	字符型	an..50	
D010118	计量检定证书号	字符型	an..20	—
D010119	计量检定日期	日期型	yyyymmdd	
D010120	计量检定有效期	数字型	n..6	年
D010121	设备状态	字符型	an..4	JT/T 415—2006 的 5.1.14
D010122	保管人	字符型	an..50	
D010123	变更次数	数字型	n..6	次

5.6 人员

人员类指标内容见表 5。

表 5

指标编号	指 标 名 称	数据类型	数据格式	说 明
E	人员			
E01	基本信息			
E0101	共用信息			
E010101	姓名	字符型	an..30	
E010102	性别	字符型	an..12	GB/T 2261.1
E010103	出生日期	日期型	yyyymmdd	
E010104	身份证号码	字符型	an..18	
E010105	照片	二进制	jpeg	
E010106	民族	字符型	an..10	GB/T 3304
E010107	籍贯	字符型	an..50	
E010108	联系电话	字符型	an..30	
E010109	联系地址	字符型	an..100	
E010110	电子邮件	字符型	an..50	
E010111	邮政编码	字符型	an6	
E010112	文化程度	字符型	an..20	GB/T 4658
E010113	技术职称	字符型	an..20	GB/T 8561
E010114	健康状况	字符型	an..10	GB/T 2261.3
E02	从业人员			
E0201	营运驾驶员			
E020101	从业资格类别	字符型	an..30	JT/T 415—2006 的 5.9.8
E020102	从业资格证号	字符型	an12	JT/T 415—2006 的 5.9.11
E020103	从业资格证初领时间	日期型	yyyymmdd	
E020104	从业资格证发放时间	日期型	yyyymmdd	
E020105	证件有效期至	日期型	yyyymmdd	

表 5(续)

指标编号	指 标 名 称	数据类型	数据格式	说 明
E020106	驾驶证号	字符型	an..18	GN43
E020107	准驾车型	字符型	an..14	JT/T 415—2006 的 5.4.11
E020108	驾驶证初领时间	日期型	yyyymmdd	
E020109	发证机关	字符型	an..50	
E020110	证照状态	字符型	an..4	JT/T 415—2006 的 5.5.2
E020111	从业状态	字符型	an8	JT/T 415—2006 的 5.9.14
E020112	业户名称	字符型	an..50	
E020113	经营许可证字	字符型	an2	JT/T 415—2006 的 5.2.2
E020114	经营许可证号	字符型	an12	JT/T 415—2006 的 5.2.2
E020115	补换证次数	数字型	n..6	次
E020116	培训次数	数字型	n..6	次
E020117	稽查处理状态	字符型	a1	JT/T 415—2006 的 5.2.3
E020118	交通事故记录次数	数字型	n..6	次
E0202	危货押运、装卸管理员			
E020201	从业资格类别	字符型	an..30	JT/T 415—2006 的 5.9.8
E020202	从业资格证号	字符型	an12	JT/T 415—2006 的 5.9.11
E020203	从业资格证初领时间	日期型	yyyymmdd	
E020204	从业资格证发放时间	日期型	yyyymmdd	
E020205	证件有效期至	日期型	yyyymmdd	
E020206	发证机关	字符型	an..50	
E020207	证照状态	字符型	an..4	JT/T 415—2006 的 5.5.2
E020208	从业状态	字符型	an8	JT/T 415—2006 的 5.9.14
E020209	业户名称	字符型	an..50	
E020210	经营许可证字	字符型	an2	JT/T 415—2006 的 5.2.2
E020211	经营许可证号	字符型	an12	JT/T 415—2006 的 5.2.2
E020212	补换证次数	数字型	n..6	次
E020213	培训次数	数字型	n..6	次
E020214	稽查处理状态	字符型	a1	JT/T 415—2006 的 5.2.3
E020215	交通事故记录次数	数字型	n..6	次
E0203	教练员			
E020301	从业资格类别	字符型	an..30	JT/T 415—2006 的 5.9.8
E020302	从业资格证号	字符型	an12	JT/T 415—2006 的 5.9.11
E020303	准教类别	字符型	an..8	JT/T 415—2006 的 5.9.12
E020304	准教车型	字符型	an..14	JT/T 415—2006 的 5.4.11
E020305	从业资格证初领时间	日期型	yyyymmdd	
E020306	从业资格证发放时间	日期型	yyyymmdd	
E020307	证件有效期至	日期型	yyyymmdd	
E020308	驾驶证号	字符型	an..18	GN43
E020309	准驾车型	字符型	an..14	JT/T 415—2006 的 5.4.11

表 5(续)

指标编号	指 标 名 称	数据类型	数据格式	说 明
E020310	驾驶证初领时间	日期型	yyyymmdd	
E020311	证照状态	字符型	an..4	JT/T 415—2006 的 5.5.2
E020312	发证机关	字符型	an..50	
E020313	从业状态	字符型	an8	JT/T 415—2006 的 5.9.14
E020314	业户名称	字符型	an..50	
E020315	经营许可证字	字符型	an2	JT/T 415—2006 的 5.2.2
E020316	经营许可证号	字符型	an12	JT/T 415—2006 的 5.2.2
E020317	补换证次数	数字型	n..6	次
E020318	培训次数	数字型	n..6	次
E020319	稽查处理状态	字符型	a1	JT/T 415—2006 的 5.2.3
E0204	考核员			
E020401	从业资格类别	字符型	an..30	JT/T 415—2006 的 5.9.8
E020402	从业资格证号	字符型	an12	JT/T 415—2006 的 5.9.11
E020403	考核类别	字符型	an..4	JT/T 415—2006 的 5.9.13
E020404	从业资格证初领时间	日期型	yyyymmdd	
E020405	从业资格证发放时间	日期型	yyyymmdd	
E020406	证件有效期至	日期型	yyyymmdd	
E020407	证照状态	字符型	an..4	JT/T 415—2006 的 5.5.2
E020408	发证机关	字符型	an..50	
E020409	补换证次数	数字型	n..6	次
E020410	培训次数	数字型	n..6	次
E0205	维修技术人员			
E020501	从业资格类别	字符型	an..30	JT/T 415—2006 的 5.9.8
E020502	从业资格证号	字符型	an12	JT/T 415—2006 的 5.9.11
E020503	从业资格证初领时间	日期	yyyymmdd	
E020504	从业资格证发放时间	日期型	yyyymmdd	
E020505	证件有效期至	日期型	yyyymmdd	
E020506	发证机关	字符型	an..50	
E020507	证照状态	字符型	an..4	JT/T 415—2006 的 5.5.2
E020508	从业状态	字符型	an8	JT/T 415—2006 的
E020509	业户名称	字符型	an..50	
E020510	经营许可证字	字符型	an2	JT/T 415—2006 的 5.2.2
E020511	经营许可证号	字符型	an12	JT/T 415—2006 的 5.2.2
E020512	是否技术负责人	布尔型	n1	
E020513	补换证次数	数字型	n..6	次
E020514	培训次数	数字型	n..6	次
E020515	稽查处理状态	字符型	a1	JT/T 415—2006 的 5.2.3
E020516	专业技术等级	字符型	an..4	JT/T 415—2006 的 5.9.16
E020517	专业技术证书发放时间	日期型	yyyymmdd	

表 5(续)

指标编号	指 标 名 称	数据类型	数据格式	说 明
E0206	站场服务人员			
E020601	岗位名称	字符型	an1..50	
E020602	岗位证编号	字符型	an1..50	
E020603	发证日期	日期型	yyyymmdd	
E020604	上岗日期	日期型	yyyymmdd	
E03	执法人员			
E0301	基本信息			
E030101	执法证件号	字符型	an..12	
E030102	职务	字符型	an..20	GB/T 12403
E030103	毕业院校	字符型	an..30	
E030104	毕业时间	日期型	yyyymmdd	
E030105	所学专业	字符型	an..20	
E030106	参加工作日期	日期型	yyyymmdd	
E030107	从事执法日期	日期型	yyyymmdd	
E030108	执法证初领日期	日期型	yyyymmdd	
E030109	有效期起	日期型	yyyymmdd	
E030110	有效期止	日期型	yyyymmdd	
E030111	发证机关	字符型	an..50	
E030112	所属道路运输管理机构	字符型	an..50	
E030113	所属业务部门	字符型	an..50	
E030114	执法岗位名称	字符型	an..20	
E030115	执法岗位代码	字符型	an..10	
E030116	行政区划代码	字符型	an6	GB/T 2260
E030117	行政区划名称	字符型	an..30	
E030118	备注	字符型	..ul	
E030119	奖励次数	数字型	n..6	次
E030120	处罚次数	数字型	n..6	次
E030121	培训次数	数字型	n..6	次
E0302	培训记录			
E030201	培训开始日期	日期型	yyyymmdd	
E030202	学习内容	字符型	an..200	
E030203	学习成绩	字符型	an..50	
E030204	培训结业日期	日期型	yyyymmdd	
E030205	培训结业证书编号	字符型	an..20	
E0303	处罚信息			
E030301	登记号	字符型	an17	JT/T 415—2006 的 5.7.1
E030302	事由	字符型	an..200	
E030303	发生时间	日期时间型	yyyymmddhhmm	

表 5(续)

指标编号	指 标 名 称	数据类型	数据格式	说 明
E030304	发生地点	字符型	an..50	
E030305	来源	字符型	an..8	JT/T 415—2006 的 5.7.10
E030306	调查事实	字符型	an..500	
E030307	处理意见	字符型	an..200	
E030308	处理结果	字符型	an..200	
E0304	奖励信息			
E030401	奖励日期	日期型	yyyymmdd	
E030402	颁奖机构名称	字符型	an..50	
E030403	获奖原因	字符型	an..200	
E030404	奖励方式	字符型	an..30	

5.7 稽查

稽查类指标内容见表 6。

表 6

指标编号	指 标 名 称	数据类型	数据格式	说 明
F	案件受理			
F01	行政立案			
F0101	立案报告			
F010101	案件登记号	字符型	an..17	JT/T 415—2006 的 5.7.1
F010102	案件来源	字符型	an..8	JT/T 415—2006 的 5.7.10
F010103	当事人	字符型	an..30	
F010104	性别	字符型	an..12	GB/T 2261.1
F010105	年龄	数字型	n..6	周岁
F010106	身份证件号	字符型	an..18	
F010107	从业资格类别	字符型	an..30	JT/T 415—2006 的 5.9.8
F010108	从业资格证号	字符型	an12	JT/T 415—2006 的 5.9.11
F010109	住址	字符型	an..50	
F010110	电话	字符型	an..30	
F010111	业户(单位)名称	字符型	an..50	
F010112	业户(单位)地址	字符型	an..100	
F010113	经营许可证字	字符型	an2	
F010114	经营许可证号	字符型	an12	
F010115	法人代表	字符型	an..30	
F010116	车辆(挂车)号牌	字符型	an..12	
F010117	车牌颜色	字符型	an..4	JT/T 415—2006 的 5.4.13
F010118	道路运输证字	字符型	an2	JT/T 415—2006 的 5.4.1
F010119	道路运输证号	字符型	an12	JT/T 415—2006 的 5.4.2
F010120	车辆类型	字符型	an..14	JT/T 415—2006 的 5.4.10
F010121	车籍地运管机构	字符型	an..50	
F010122	违法时间	日期时间型	yyyymmddhhmm	

表 6(续)

指标编号	指 标 名 称	数据类型	数据格式	说 明
F010123	违法地点	字符型	an..50	
F010124	法律法规名称	字符型	an..40	JT/T 415—2006 的 5.7.4
F010125	条、款、项	字符型	an..30	JT/T 415—2006 的 5.7.5
F010126	违法内容	字符型	an..300	JT/T 415—2006 的 5.7.4
F010127	案由	字符型	an..300	
F010128	承办人(执法人员)	字符型	an..30	
F010129	立案日期	日期型	yyyymmdd	
F010130	备注	字符型	..ul	
F02	调查取证			
F0201	询问笔录			
F020101	案件登记号	字符型	an..17	JT/T 415—2006 的 5.7.1
F020102	询问时间	日期时间型	yyyymmddhhmm	
F020103	询问地点	字符型	an..50	
F020104	询问人(执法人员)	字符型	an..30	
F020105	记录人(执法人员)	字符型	an..30	
F020106	被询问人	字符型	an..30	
F020107	性别	字符型	an..12	GB/T 2261.1
F020108	年龄	数字型	n..6	周岁
F020109	身份证件号	字符型	an..18	
F020110	与案件关系	字符型	an..6	JT/T 415—2006 的 5.7.6
F020111	单位	字符型	an..50	
F020112	职务	字符型	an..20	GB/T 12403
F020113	电话	字符型	an..30	
F020114	地址	字符型	an..100	
F020115	邮政编码	字符型	an6	
F020116	询问问题	字符型	an..100	
F020117	回答内容	字符型	..ul	
F020118	执法机构	字符型	an..50	
F0202	车辆暂扣凭证			
F020201	凭证号	字符型	an..30	
F020202	案件登记号	字符型	an..17	JT/T 415—2006 的 5.7.1
F020203	当事人	字符型	an..30	
F020204	联系电话	字符型	an..30	
F020205	业户(单位)名称	字符型	an..50	
F020206	地址	字符型	an..100	
F020207	邮政编码	字符型	an50	
F020208	执法机构	字符型	an..50	
F020209	上级交通主管部门	字符型	an..50	
F020210	人民政府	字符型	an..50	
F020211	车辆(挂车)号牌	字符型	an..12	

表6(续)

指标编号	指 标 名 称	数据类型	数据格式	说 明
F020212	车辆类型	字符型	an..14	JT/T 415—2006 的 5.4.10
F020213	门锁	字符型	an..30	
F020214	轮胎	字符型	an..30	
F020215	车灯	字符型	an..30	
F020216	玻璃	字符型	an..30	
F020217	后视镜	字符型	an..30	
F020218	物品名称	字符型	an..30	
F020219	数量	数字型	n..6	–
F020220	备注	字符型	an..30	
F020221	执法人	字符型	an..30	
F020222	执法证件号	字符型	an..12	
F020223	日期	日期型	yyyymmdd	
F0203	证件暂扣凭证			
F020301	凭证号	字符型	an..30	
F020302	案件登记号	字符型	an..17	JT/T 415—2006 的 5.7.1
F020303	当事人	字符型	an..30	
F020304	联系电话	字符型	an..30	
F020305	业户(单位)名称	字符型	an..50	
F020306	地址	字符型	an..100	
F020307	邮政编码	字符型	an50	
F020308	执法机构	字符型	an..50	
F020309	上级交通主管部门	字符型	an..50	
F020310	人民政府	字符型	an..50	
F020311	证件类别	字符型	an..30	JT/T 415—2006 的 5.5.1
F020312	证件编号	字符型	an..30	
F020313	备注	字符型	..ul	
F0204	勘验笔录			
F020401	案件登记号	字符型	an..17	JT/T 415—2006 的 5.7.1
F020402	案由	字符型	an..300	
F020403	勘验开始时间	日期时间型	yyyymmddhhmm	
F020404	勘验结束时间	日期时间型	yyyymmddhhmm	
F020405	天气情况	字符型	an..50	
F020406	勘验场所	字符型	an..50	
F020407	勘验人(执法人)	字符型	an..30	
F020408	勘验人单位	字符型	an..50	
F020409	勘验人职务	字符型	an..20	GB/T 12403
F020410	当事人	字符型	an..30	
F020411	当事人单位	字符型	an..50	
F020412	当事人职务	字符型	an..20	GB/T 12403

表 6(续)

指标编号	指 标 名 称	数据类型	数据格式	说 明
F020413	当事人单位代表	字符型	an..30	
F020414	当事人单位代表单位	字符型	an..50	
F020415	当事人单位代表职务	字符型	an..20	GB/T 12403
F020416	被邀请人	字符型	an..30	
F020417	被邀请人单位	字符型	an..50	
F020418	被邀请人职务	字符型	an..20	GB/T 12403
F020419	记录人	字符型	an..30	
F020420	记录人单位	字符型	an..50	
F020421	记录人职务	字符型	an..20	GB/T 12403
F020422	勘验情况	字符型	an..100	
F020423	勘验结果	字符型	an..100	
F0205	抽样取样凭证			
F020501	案件登记号	字符型	an..17	JT/T 415—2006 的 5.7.1
F020502	被取证人姓名	字符型	an..30	
F020503	性别	字符型	an..12	GB/T 2261.1
F020504	年龄	数字型	n..2	周岁
F020505	业户(单位)名称	字符型	an..50	
F020506	业户(单位)地址	字符型	an..100	
F020507	业户(单位)电话	字符型	an..30	
F020508	执法机关地址	字符型	an..100	
F020509	执法机关电话	字符型	an..30	
F020510	违法内容	字符型	an..300	JT/T 415—2006 的 5.7.4
F020511	证据物品名称	字符型	an..30	
F020512	证据物品产地	字符型	an..30	
F020513	证据物品规格	字符型	an..30	
F020514	证据物品数量	数字型	n..6	—
F020515	调查人员	字符型	an..30	
F020516	执法证件号	字符型	an..12	
F020517	执法机构	字符型	an..50	
F020518	抽样取证日期	日期型	yyyymmdd	
F0206	鉴定意见			
F020601	案件登记号	字符型	an..17	JT/T 415—2006 的 5.7.1
F020602	案由	字符型	an..300	
F020603	鉴定内容	字符型	an..100	
F020604	鉴定目的	字符型	an..100	
F020605	委托机关	字符型	an..50	
F020606	受委托单位(人员)	字符型	an..50	
F020607	鉴定人	字符型	an..30	
F020608	鉴定人职务	字符型	an..20	GB/T 12403

表 6(续)

指标编号	指标名称	数据类型	数据格式	说明
F020609	鉴定人职称	字符型	an..20	GB/T 8561
F020610	鉴定地点	字符型	an..50	
F020611	鉴定时间	日期型	yyyymmdd	
F020612	鉴定意见	字符型	an..200	
F020613	备注	字符型	an..100	
F0207	证据登记保存			
F020701	案件登记号	字符型	an..17	JT/T 415—2006 的 5.7.1
F020702	被取证人姓名	字符型	an..30	
F020703	性别	字符型	an..12	GB/T 2261.1
F020704	年龄	数字型	n..2	周岁
F020705	业户(单位)名称	字符型	an..50	
F020706	业户(单位)地址	字符型	an..100	
F020707	业户(单位)电话	字符型	an..30	
F020708	执法机关地址	字符型	an..100	
F020709	执法机关电话	字符型	an..30	
F020710	违法内容	字符型	an..300	JT/T 415—2006 的 5.7.4
F020711	证据物品名称	字符型	an..30	
F020712	证据物品产地	字符型	an..50	
F020713	证据物品规格	字符型	an..30	
F020714	证据物品数量	数字型	n..6	—
F020715	调查人员	字符型	an..30	
F020716	执法证件号	字符型	an..12	
F020717	证据保存日期	日期型	yyyymmdd	
F020718	执法机构	字符型	an..5	
F0208	调查报告			
F020801	案件登记号	字符型	an..17	JT/T 415—2006 的 5.7.1
F020802	案由	字符型	an..300	
F020803	当事人	字符型	an..30	
F020804	性别	字符型	an..12	GB/T 2261.1
F020805	年龄	数字型	n..2	周岁
F020806	身份证件号	字符型	an..18	
F020807	从业资格类别	字符型	an..30	JT/T 415—2006 的 5.9.8
F020808	从业资格证号	字符型	an12	JT/T 415—2006 的 5.9.11
F020809	住址	字符型	an..50	
F020810	邮政编码	字符型	an6	
F020811	电话	字符型	an..30	
F020812	业户(单位)名称	字符型	an..50	
F020813	业户(单位)地址	字符型	an..100	
F020814	经营许可证字	字符型	an2	

表 6(续)

指标编号	指 标 名 称	数据类型	数据格式	说 明
F020815	经营许可证号	字符型	an12	
F020816	法人代表	字符型	an..30	
F020817	车辆(挂车)号牌	字符型	an..12	
F020818	道路运输证字	字符型	an2	JT/T 415—2006 的 5.4.1
F020819	道路运输证号	字符型	an12	JT/T 415—2006 的 5.4.2
F020820	车辆厂牌型号	字符型	an..30	
F020821	车籍地运管机构	字符型	an..50	
F020822	案件调查经过	字符型	an..200	
F020823	调查结论	字符型	an..200	
F020824	处理意见	字符型	an..200	
F020825	调查执法人	字符型	an..30	
F020826	执法证件号	字符型	an..30	
F020827	调查日期	日期型	yyyymmdd	
F020828	负责人审查意见	字符型	an..100	
F020829	负责人	字符型	an..30	
F020830	审查日期	日期型	yyyymmdd	
F020831	备注	字符型	an..100	
F020832	证据材料种类	字符型	an..30	
F020833	证据材料名称	字符型	an..30	
F020834	证据材料规格	字符型	an..30	
F020835	证据材料数量	数字型	n..6	
F0209	违法行为通知书			
F020901	案件登记号	字符型	an..17	JT/T 415—2006 的 5.7.1
F020902	业户(单位)名称	字符型	an..50	
F020903	当事人	字符型	an..30	
F020904	稽查对象分类	字符型	an..4	JT/T 415—2006 的 5.7.3
F020905	违法内容	字符型	an..300	JT/T 415—2006 的 5.7.4
F020906	违法时间	日期时间型	yyyymmddhhmm	
F020907	违法地点	字符型	an..50	
F020908	法律法规名称	字符型	an..40	JT/T 415—2006 的 5.7.4
F020909	条、款、项	字符型	an..30	JT/T 415—2006 的 5.7.5
F020910	处罚决定类型	字符型	an..20	JT/T 415—2006 的 5.7.13
F020911	罚款金额	数字型	n..9,2	元
F020912	吊销证件类别	字符型	an..30	JT/T 415—2006 的 5.7.13
F020913	整顿(改)时限	数字型	n..3	天
F020914	日期	日期型	yyyymmdd	
F020915	执法机构	字符型	an..50	
F020916	执法机构地址	字符型	an..100	
F020917	联系人	字符型	an..30	
F020918	联系电话	字符型	an..30	

表 6(续)

指标编号	指标名称	数据类型	数据格式	说明
F020919	文书名称	字符型	an..30	
F020920	送达方式	字符型	an..8	JT/T 415—2006 的 5.7.9
F020921	送达人	字符型	an..30	
F020922	送达时间	日期型	yyyymmdd	
F020923	受送达人	字符型	an..30	
F020924	收件人	字符型	an..30	
F020925	不能送达原因	字符型	an..50	
F03	听证处理			
F0301	听证会通知书			
F030101	案件登记号	字符型	an..17	JT/T 415—2006 的 5.7.1
F030102	业户(单位)名称	字符型	an..50	
F030103	当事人	字符型	an..30	
F030104	稽查对象分类	字符型	an..4	JT/T 415—2006 的 5.7.3
F030105	违法内容	字符型	an..300	JT/T 415—2006 的 5.7.4
F030106	听证时间	日期时间型	yyyymmddhhmm	
F030107	听证地址	字符型	an..100	
F030108	听证方式	字符型	an..6	JT/T 415—2006 的 5.7.7
F030109	主持人	字符型	an..30	
F030110	主持人职务	字符型	an..20	GB/T 12403
F030111	记录人	字符型	an..30	
F030112	记录人职务	字符型	an..20	GB/T 12403
F030113	日期	日期型	yyyymmdd	
F030114	执法机构	字符型	an..50	
F0302	听证会笔录			
F030201	案件登记号	字符型	an..17	JT/T 415—2006 的 5.7.1
F030202	听证时间	日期时间型	yyyymmddhhmm	
F030203	听证地址	字符型	an..100	
F030204	主持人	字符型	an..30	
F030205	记录人	字符型	an..30	
F030206	当事人	字符型	an..30	
F030207	当事人性别	字符型	an..12	GB/T 2261.1
F030208	当事人年龄	数字型	n..2	周岁
F030209	当事人工作单位	字符型	an..50	
F030210	当事人职业	字符型	an..30	
F030211	当事人电话	字符型	an..30	
F030212	受委托人	字符型	an..30	
F030213	受委托人性别	字符型	an..12	GB/T 2261.1
F030214	受委托人年龄	数字型	n..2	周岁
F030215	受委托人工作单位	字符型	an..50	

表 6(续)

指标编号	指 标 名 称	数据类型	数据格式	说 明
F030216	受委托人职业	字符型	an..30	
F030217	受委托人电话	字符型	an..30	
F030218	会议内容记录	字符型	an..1000	
F0303	听证会报告书			
F030301	案件登记号	字符型	an..17	JT/T 415—2006 的 5.7.1
F030302	案由	字符型	an..300	
F030303	主持人	字符型	an..30	
F030304	记录人	字符型	an..30	
F030305	听证会摘要	字符型	an..500	
F030306	听证结论	字符型	an..300	
F030307	处理意见	字符型	an..200	
F030308	日期	日期型	yyyymmdd	
F030309	证据材料种类	字符型	an..30	
F030310	证据材料名称	字符型	an..30	
F030311	规格	字符型	an..30	
F030312	数量	数字型	n..6	—
F04	处罚决定			
F0401	(当场)处罚决定书			
F040101	案件登记号	字符型	an..17	JT/T 415—2006 的 5.7.1
F040102	处罚决定书编号	字符型	an..30	JT/T 415—2006 的 5.7.14
F040103	当事人	字符型	an..30	
F040104	性别	字符型	an..12	GB/T 2261.1
F040105	年龄	数字型	n..2	周岁
F040106	身份证件号	字符型	an..18	
F040107	从业资格类别	字符型	an..30	JT/T 415—2006 的 5.9.8
F040108	从业资格证号	字符型	an12	JT/T 415—2006 的 5.9.11
F040109	住址	字符型	an..50	
F040110	电话	字符型	an..30	
F040111	业户(单位)名称	字符型	an..50	
F040112	业户(单位)地址	字符型	an..100	
F040113	经营许可证字	字符型	an2	
F040114	经营许可证号	字符型	an12	
F040115	法人代表	字符型	an..30	
F040116	车辆(挂车)号牌	字符型	an..12	
F040117	道路运输证字	字符型	an2	JT/T 415—2006 的 5.4.1
F040118	道路运输证号	字符型	an12	JT/T 415—2006 的 5.4.2
F040119	厂牌型号	字符型	an..30	
F040120	车籍地运管机构	字符型	an..50	
F040121	电话	字符型	an..30	

表 6(续)

指标编号	指标名称	数据类型	数据格式	说明
F040122	违法时间	日期时间型	yyyymmddhhmm	
F040123	违法地点	字符型	an..50	
F040124	违法内容	字符型	an..300	JT/T 415—2006 的 5.7.4
F040125	法律法规名称	字符型	an..40	JT/T 415—2006 的 5.7.4
F040126	条、款、项	字符型	an..30	JT/T 415—2006 的 5.7.5
F040127	处罚决定类型	字符型	an..20	JT/T 415—2006 的 5.7.13
F040128	罚款金额	数字型	n..9,2	元
F040129	吊销(收缴)证照类型	字符型	an..30	JT/T 415—2006 的 5.7.13
F040130	整顿(改)时限	数字型	n..3	天
F040131	执法机构	字符型	an..50	
F040132	收缴罚款机构	字符型	an..50	
F040133	上级交通主管部门	字符型	an..50	
F040134	人民政府	字符型	an..50	
F040135	处罚决定日期	日期型	yyyymmdd	
F040136	处罚执行方式	字符型	an..14	JT/T 415—2006 的 5.7.12
F040137	执法人员	字符型	an..30	
F040138	执法证件号	字符型	an..12	
F0402	(非当场)处罚决定书			
F040201	案件登记号	字符型	an..17	JT/T 415—2006 的 5.7.1
F040202	处罚决定书编号	字符型	an..30	JT/T 415—2006 的 5.7.14
F040203	当事人	字符型	an..30	
F040204	业户(单位)名称	字符型	an..50	
F040205	车辆(挂车)号牌	字符型	an..12	
F040206	稽查对象分类	字符型	an..4	JT/T 415—2006 的 5.7.3
F040207	违法内容	字符型	an..300	JT/T 415—2006 的 5.7.4
F040208	违法时间	日期时间型	yyyymmddhhmm	
F040209	违法地点	字符型	an..50	
F040210	违法事实	字符型	an..300	
F040211	法律法规名称	字符型	an..40	JT/T 415—2006 的 5.7.4
F040212	条、款、项	字符型	an..30	JT/T 415—2006 的 5.7.5
F040213	处罚决定类型	字符型	an..20	JT/T 415—2006 的 5.7.13
F040214	罚款金额	数字型	n..9,2	元
F040215	吊销(收缴)证照类型	字符型	an..30	JT/T 415—2006 的 5.7.13
F040216	整顿(改)时限	数字型	n..3	天
F040217	收缴罚款机构	字符型	an..50	
F040218	上级交通主管部门	字符型	an..50	
F040219	人民政府	字符型	an..50	
F040220	文书名称	字符型	an..30	
F040221	送达方式	字符型	an..8	JT/T 415—2006 的 5.7.9
F040222	送达人	字符型	an..30	

表 6(续)

指标编号	指 标 名 称	数据类型	数据格式	说 明
F040223	送达时间	日期时间型	yyyymmddhhmm	
F040224	受送达人	字符型	an..30	
F040225	收件人	字符型	an..30	
F040226	不能送达原因	字符型	an..50	
F05	处罚执行			
F0501	当场交款委托书			
F050101	案件登记号	字符型	an..17	JT/T 415—2006 的 5.7.1
F050102	机构名称	字符型	an..50	
F050103	罚款金额	数字型	n..9,2	元
F050104	当事(申请)人	字符型	an..30	
F050105	申请日期	日期型	yyyymmdd	
F06	结案			
F0601	结案报告			
F060101	案件登记号	字符型	an..17	JT/T 415—2006 的 5.7.1
F060102	违法内容	字符型	an..300	JT/T 415—2006 的 5.7.4
F060103	案件调查(执法)人员 1	字符型	an..30	
F060104	执法证号 1	字符型	an..12	
F060105	案件调查(执法)人员 2	字符型	an..30	
F060106	执法证号 2	字符型	an..12	
F060107	违法事实	字符型	an..300	
F060108	处罚决定类型	字符型	an..20	JT/T 415—2006 的 5.7.13
F060109	罚款金额	数字型	n..9,2	元
F060110	罚没收据号	字符型	an..50	
F060111	吊销(收缴)证照类型	字符型	an..30	JT/T 415—2006 的 5.7.13
F060112	整顿(改)时限	数字型	n..3	天
F060113	处罚执行状态	字符型	an..4	JT/T 415—2006 的 5.7.17
F060114	执行情况	字符型	an..100	
F060115	承办人员	字符型	an..30	
F060116	结案日期	日期型	yyyymmdd	
F060117	案卷页数	数字型	n..3	页
F060118	备注	字符型	an..100	
F07	复议与诉讼			
F0701	复议			
F070101	案件登记号	字符型	an..17	JT/T 415—2006 的 5.7.1
F070102	复议机构	字符型	an..50	
F070103	复议结果	字符型	..ul	
F070104	复议时间	日期型	yyyymmdd	
F070105	退款金额	数字型	n..9,2	元

表 6(续)

指标编号	指 标 名 称	数据类型	数据格式	说 明
F0702	诉讼			
F070201	案件登记号	字符型	an..17	JT/T 415—2006 的 5.7.1
F070202	诉讼机构	字符型	an..50	
F070203	诉讼结果	字符型	..ul	
F070204	诉讼时间	日期型	yyyymmdd	
F070205	退款金额	数字型	n..9,2	元
F08	送达回证			
F0801	基本信息			
F080101	案件登记号	字符型	an..17	JT/T 415—2006 的 5.7.1
F080102	案由	字符型	an..300	
F080103	受送达人	字符型	an..30	
F080104	送达单位	字符型	an..50	
F080105	送达地点	字符型	an..50	
F080106	送达人	字符型	an..30	
F080107	签发日期	日期型	yyyymmdd	
F080108	签发人	字符型	an..30	
F080109	送达文书名称	字符型	an..30	
F080110	收到时间	日期时间型	yyyymmddhhmm	
F080111	收件人	字符型	an..30	
F080112	不能送达原因	字符型	an..50	

5.8 票证

票证类指标内容见表 7。

表 7

指标编号	指 标 名 称	数据类型	数据格式	说 明
G	票证			
G01	票证管理			
G0101	基本信息			
G010101	票据名称	字符型	an..60	
G010102	票据类别	字符型	an..20	JT/T 415—2006 的 5.5.1
G010103	规格	字符型	an..6	—
G010104	每本数量	数字型	n..4	张
G010105	票面金额	数字型	n..9,2	元
G010106	工本费	数字型	n..9,2	元
G0102	入库情况			
G010201	入库始号	字符型	an..10	数字
G010202	入库止号	字符型	an..10	数字
G010203	入库日期	日期型	yyyymmdd	

表 7(续)

指标编号	指 标 名 称	数据类型	数据格式	说 明
G010204	票据状态	字符型	an..4	
G010205	入库数量	数字型	n..10	张
G010206	经办人	字符型	an..30	
G010207	审核人	字符型	an..30	
G0103	结存情况			
G010301	结存始号	字符型	an..10	数字
G010302	结存止号	字符型	an..10	数字
G010303	结存日期	日期型	yyyymmdd	
G010304	结存数量	数字型	n..10	张
G010305	票据状态	字符型	an..4	
G0104	领取发放情况			
G010401	领取始号	数字型	n..10	数字
G010402	领取止号	数字型	n..10	数字
G010403	领取数量	数字型	n..10	张
G010404	领取单位	字符型	an..40	
G010405	领取人	字符型	an..30	
G010406	领取日期	日期型	yyyymmdd	
G010407	发放单位	字符型	an..40	
G010408	发放人	字符型	an..30	
G0105	核销情况			
G010501	核销类别	字符型	an..4	
G010502	核销始号	字符型	an..10	
G010503	核销止号	字符型	an..10	
G010504	核销日期	日期型	yyyymmdd	
G010505	核销数量	数字型	n..6	张
G010506	核销金额	数字型	n..9,2	元
G010507	核销运量	数字型	n..11.2	人、t、TEU
G010508	核销周转量	数字型	n..12.2	人公里、吨公里
G010509	核销单位	字符型	an..40	
G010510	核销负责人	字符型	an..30	
G010511	核销人	字符型	an..30	
G010512	监销人	字符型	an..30	

5.9 运价

运价类指标内容见表 8。

表 8

指标编号	指 标 名 称	数据类型	数据格式	说 明
H	运价			
H01	基本信息			
H0101	运价类别			
H010101	运价类别	字符型	an..20	JT/T 415—2006 的 5.6.1
H010102	运费单位	字符型	an..2	JT/T 415—2006 的 5.6.4
H0102	计价标准			
H010201	计量单位	字符型	an..4	JT/T 415—2006 的 5.6.3
H010202	计费重量	数字型	n..	根据货种定
H010203	计费里程	数字型	n..2,1	km
H010204	计费箱数	数字型	n..2,1	TEU
H010205	运价单位	字符型	an..20	JT/T 415—2006 的 5.6.1
H010206	货运计费时间	数字型	n..2,1	h
H010207	客运计费时间	数字型	n..2,1	h
H010208	行包计费重量	数字型	n..3,1	kg
H0103	计价类别			
H010301	车辆类型	字符型	an..16	JT/T 415—2006 的 5.4.10
H010302	货物类别	字符型	an..30	JT/T 415—2006 的 5.6.5
H010303	集装箱类别	字符型	an..12	JT/T 415—2006 的 5.6.8
H010304	公路类别	字符型	an..20	JT/T 415—2006 的 5.6.6
H010305	区域类别	字符型	an..10	JT/T 415—2006 的 5.6.7
H010306	营运类别	字符型	an..10	JT/T 415—2006 的 5.2.7
H010307	客票型式	字符型	an..4	JT/T 415—2006 的 5.6.9
H0104	运价价目			
H010401	基本运价	字符型	an..20	JT/T 415—2006 的 5.6.2
H010402	吨次费	数字型	n..9,2	元
H010403	箱次费	数字型	n..9,2	元
H010404	调车费	数字型	n..9,2	元
H010405	延滞费	数字型	n..9,2	元
H010406	装货(箱)落空损失费	数字型	n..9,2	元
H010407	道路阻塞停运费	数字型	n..9,2	元
H010408	车辆处置费	数字型	n..9,2	元
H010409	车辆通行费	数字型	n..9,2	元
H010410	运输变更手续费	数字型	n..9,2	元
H010411	长假旅客运价	数字型	n..9,2	元
H010412	包车取消损失费	数字型	n..9,2	元
H010413	包车空驶损失费	数字型	n..9,2	元
H010414	包车停歇延滞费	数字型	n..9,2	元
H010415	供车延误费	数字型	n..9,2	元

5.10 规费

规费类指标内容见表9。

表9

指标编号	指标名称	数据类型	数据格式	说明
I	规费			
I01	基本指标			
I0101	规费信息			
I010101	规费名称	字符型	an..20	
I010102	起征日	数字型	n..2	日
I010103	滞纳金起算日	数字型	n..2	日
I010104	备注	字符型	an..100	
I02	征收标准			
I0201	按吨(座)位计征			
I020101	吨(座)位下限	数字型	n..5,1	t(个)
I020102	吨(座)位上限	数字型	n..5,1	t(个)
I020103	征收标准	数字型	n..9,2	元
I020104	有效期起	日期型	yyyymmdd	
I020105	有效期止	日期型	yyyymmdd	
I020106	设置机构	字符型	an..50	
I0202	按营收计征			
I020201	征收费率	数字型	n..3,1	%
I020202	有效期起	日期型	yyyymmdd	
I020203	有效期止	日期型	yyyymmdd	
I020204	设置机构	字符型	an..50	
I0203	按定额计征			
I020301	吨(座)位下限	数字型	n..5,1	t(座)
I020302	吨(座)位上限	数字型	n..5,1	t(座)
I020303	征收标准	数字型	n..9,2	元
I020304	有效期起	日期型	yyyymmdd	
I020305	有效期止	日期型	yyyymmdd	
I020306	设置机构	字符型	an..50	
I0204	缴讫证补办手续费率			
I020401	手续费率	数字型	n..3,1	%
I020402	有效期起	日期型	yyyymmdd	
I020403	有效期止	日期型	yyyymmdd	
I020404	设置机构	字符型	an..50	
I0205	滞纳金征收费率			
I020501	征收费率	数字型	n..3,1	%

表 9(续)

指标编号	指 标 名 称	数据类型	数据格式	说 明
I020502	有效期起	日期型	yyyymmdd	
I020503	有效期止	日期型	yyyymmdd	
I020504	设置机构	字符型	an..50	
I0206	折扣规则			
I020601	一次缴纳月数	数字型	n..2	月
I020602	折扣率	数字型	n..3,1	%
I020603	有效期起	日期型	yyyymmdd	
I020604	有效期止	日期型	yyyymmdd	
I020605	设置机构	字符型	an..50	
I03	规费征收			
I0301	规费缴纳			
I030101	缴纳日期	日期型	yyyymmdd	
I030102	车辆(挂车)号牌	字符型	an..12	
I030103	道路运输证号	字符型	an12	JT/T 415—2006 的 5.4.2
I030104	业户名称	字符型	an..50	
I030105	经营许可证号	字符型	an12	
I030106	缴讫日期	日期型	yyyymmdd	
I030107	应征规费	数字型	n..9,2	元
I030108	实征规费	数字型	n..9,2	元
I030109	应征滞纳金	数字型	n..9,2	元
I030110	实征滞纳金	数字型	n..9,2	元
I030111	应征额	数字型	n..9,2	元
I030112	实征额	数字型	n..9,2	元
I030113	结算方式	字符型	an..8	JT/T 415—2006 的 5.8.4
I030114	票据号码	字符型	an..40	
I030115	缴讫证号码	字符型	an..40	
I030116	备注	字符型	an..100	
I0302	规费退费			
I030201	车辆(挂车)号牌	字符型	an..12	
I030202	道路运输证号	字符型	an12	JT/T 415—2006 的 5.4.2
I030203	业户名称	字符型	an..50	
I030204	经营许可证号	字符型	an12	
I030205	票据号码	字符型	an..40	
I030206	缴讫证号码	字符型	an..40	
I030207	退费起始日期	日期型	yyyymmdd	
I030208	退费截止日期	日期型	yyyymmdd	
I030209	退费金额	数字型	n..9,2	元
I030210	退费原因	字符型	an..40	

表 9(续)

指标编号	指 标 名 称	数据类型	数据格式	说 明
I030211	退费日期	日期型	yyyymmdd	
I0303	缴讫证补换			
I030301	车辆(挂车)号牌	字符型	an..12	
I030302	道路运输证号	字符型	an12	JT/T 415—2006 的 5.4.2
I030303	业户名称	字符型	an..50	
I030304	经营许可证号	字符型	an12	
I030305	票据号码	字符型	an..40	
I030306	缴讫证号码	字符型	an..40	
I030307	退费起始日期	日期型	yyyymmdd	
I030308	退费截止日期	日期型	yyyymmdd	
I030309	规费金额	数字型	n..9,2	元
I030310	手续费金额	数字型	n..9,2	元
I030311	新缴讫证号码	字符型	an..40	
I030312	补换日期	日期型	yyyymmdd	

5.11 道路运输管理机构

道路运输管理机构类指标内容见表 10。

表 10

指标编号	指 标 名 称	数据类型	数据格式	说 明
J	道路运输管理机构			
J01	基本信息			
J0101	机构信息			
J010101	运输管理机构名称	字符型	an..50	
J010102	运输管理机构代码	字符型	an8	JT/T 415—2006 的 5.1.7
J010103	机构地址	字符型	an..100	
J010104	行政区划代码	字符型	an6	GB/T 2260
J010105	行政区划名称	字符型	an..30	
J010106	机构电话	字符型	an..20	
J010107	机构传真	字符型	an..20	
J010108	应急值班电话	字符型	an..20	
J010109	投诉电话	字符型	an..20	
J010110	机构负责人	字符型	an..30	
J010111	邮政编码	字符型	an6	——
J010112	网址	字符型	an..50	
J010113	机构类别	字符型	an..20	JT/T 415—2006 的 5.1.6
J010114	单位性质	字符型	an10	JT/T 415—2006 的 5.1.5
J010115	上级道路运输管理机构代码	字符型	an8	JT/T 415—2006 的 5.1.4
J010116	上级道路运输管理机构名称	字符型	an..50	
J0102	内部机构信息			

表 10(续)

指标编号	指 标 名 称	数据类型	数据格式	说 明
J010201	道路运输管理机构名称	字符型	an..50	
J010202	道路运输管理机构代码	字符型	an8	JT/T 415—2006 的 5.1.7
J010203	部门名称	字符型	an..50	
J010204	部门代码	字符型	an10	
J010205	部门地址	字符型	an..100	
J010206	部门电话	字符型	an..20	
J010207	部门传真	字符型	an..20	
J010208	部门负责人	字符型	an..30	
J010209	邮政编码	字符型	an6	——
J010210	部门职责	字符型	an..50	

6 使用要求

6.1 信息指标体系表中的指标编号是指标类别、层次划分和索引号的标识,编号规则见附录 A。各级道路道路运输电子政务平台在开发过程中对信息指标进行编码时可参照使用。

6.2 信息指标体系表中各类别、子集间部分相同的信息指标不重复出现。各级系统数据库设计时根据需要可在类别间引用编排。

6.3 信息指标体系表中各指标的数据类型和字段长度是根据数据库建立的。使用标准的各方在选用其他数据库软件时,可根据本标准要求对应转换。

6.4 信息指标体系表中说明栏对应有代码的指标,其数据字段长度是反映其分类项中汉字的最大位数,对应的编码见 JT/T 415。

附 录 A
（规范性附录）
信息指标编号规则

A.1 指标编号方法

信息指标体系表中的指标编号采用线分类法，分为指标类别、指标集、指标子集、指标项四层。编号长度为7位字母数字混合码。编号结构如图A.1所示。

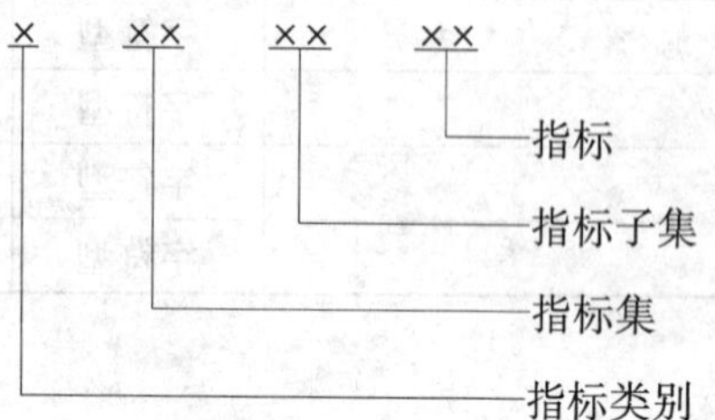

图 A.1 编码结构

其中：

a) 指标类别用英文大写字母表示：A ~ J。

b) 指标集用两位数字表示：01 ~ 99。

c) 指标子集用两位数字表示：01 ~ 99。

d) 指标项用两位数字表示：01 ~ 99。

ICS 03.220.20
R 07
备案号:

中华人民共和国交通行业标准

JT/T 415—2006
代替 JT/T 415—2000

道路运输电子政务平台
编目编码规则

Electronic government platform for administration of road transportation
——Cataloguing and coding rules

2006-06-23 发布　　2006-10-01 实施

中华人民共和国交通部　发布

ICS 03.220.20
R 07
备案号：

中华人民共和国交通行业标准

JT/T 415—2006
代替 JT/T 415—2000

道路运输电子政务平台
编目编码规则

Electronic government platform for administration of road transportation
——Cataloguing and coding rules

2006-06-23 发布　　2006-10-01 实施

中华人民共和国交通部　发布

道路运输电子政务平台　编目编码规则

1　范围

本标准规定了道路运输电子政务平台管理信息指标的分类原则、编码规则及信息指标编目编码的分类和编码方法。

本标准适用于交通行业道路运输电子政务系统的开发、信息的处理与交换。

2　规范性引用文件

下列文件中的条款通过本标准的引用而成为本标准的条款。凡是注日期的引用文件,其随后所有的修改单(不包括勘误的内容)或修订版均不适用于本标准。然而,鼓励根据本标准达成协议的各方研究是否可使用这些文件的最新版本。凡是不注日期的引用文件,其最新版本适用于本标准。

GB/T 2260　中华人民共和国行政区划代码

GB/T 2261.1　个人基本信息分类与代码　第1部分:人的性别代码

GB/T 2261.3　个人基本信息分类与代码　第3部分:健康状况代码

GB/T 2659　世界各国和地区名称代码

GB/T 3304　中国各民族名称的罗马字母拼写和代码

GB/T 4658　文化程度代码

GB/T 4762　政治面貌代码

GB/T 7408　数据元和交换格式 信息交换 日期和时间表示法

GB/T 8561　专业技术职务代码

GB/T 8563.1　奖励、纪律处分信息分类与代码　第1部分:奖励代码

GB/T 8563.3　奖励、纪律处分信息分类与代码　第3部分:纪律处分代码

GB/T 10114　县级以下行政区划代码编制规则

GB/T 11714　全国组织机构代码编制规则

GB/T 12403　干部职务名称代码

GB/T 12404　单位隶属关系代码

GB/T 12406　表示货币和资金的代码

GN 43　中华人民共和国机动车驾驶证证件

JT/T 198　营运车辆技术等级划分和评定要求

JT/T 200　汽车客运站级别划分和建设要求

JT/T 297　机动车检测维修设备及工具分类与代码

JT/T 309　汽车客运站(点)代码

JT/T 325　营运客车类型划分及等级评定

JT/T 402　汽车货运站(场)级别划分和建设标准

JT/T 630　道路货物运输企业等级

JT/T 631　道路旅客运输企业等级

3　分类原则

编目内容按编码指标的相关性分为基本类、运输类、业户类、车辆类、票证类、运价类、稽查类、规费类、人员类和其他类共10个类别。

4 编码规则

各代码项主要按线分类编码,专门列出代码结构的代码项则按面分类组配。代码采用字母码和数字码两种形式。道路运输电子政务系统在开发过程中可根据实际需要在各编目分类间采用面分类的原则进行组配,以保证指标分类代码的唯一性。

5 信息指标编目编码

5.1 基本类

5.1.1 中国行政区划代码

5.1.1.1 说明:按照 GB/T 2260 的规定。此项仅给出省、自治区、直辖市代码。

5.1.1.2 编码方法:六位数字码。

5.1.1.3 代码见表 1。

表 1

代码	名　称	代码	名　称
110000	北京市	430000	湖南省
120000	天津市	440000	广东省
130000	河北省	450000	广西壮族自治区
140000	山西省	460000	海南省
150000	内蒙古自治区	500000	重庆市
210000	辽宁省	510000	四川省
220000	吉林省	520000	贵州省
230000	黑龙江省	530000	云南省
310000	上海市	540000	西藏自治区
320000	江苏省	610000	陕西省
330000	浙江省	620000	甘肃省
340000	安徽省	630000	青海省
350000	福建省	640000	宁夏回族自治区
360000	江西省	650000	新疆维吾尔族自治区
370000	山东省	710000	台湾省
410000	河南省	720000	香港特别行政区
420000	湖北省	730000	澳门特别行政区

5.1.2 国籍代码

按照 GB/T 2659 的规定。

5.1.3 中国各民族名称的代码

5.1.3.1 说明:按照 GB/T 3304 的规定。

5.1.3.2　编码方法：二位数字码。

5.1.3.3　代码见表2。

表 2

代码	名　称	代码	名　称
01	汉族	30	土族
02	蒙古族	31	达斡尔族
03	回族	32	仫佬族
04	藏族	33	羌族
05	维吾尔族	34	布朗族
06	苗族	35	撒拉族
07	彝族	36	毛南族
08	壮族	37	仡佬族
09	布依族	38	锡伯族
10	朝鲜族	39	阿昌族
11	满族	40	普米族
12	侗族	41	塔吉克族
13	瑶族	42	怒族
14	白族	43	乌孜别克族
15	土家族	44	俄罗斯族
16	哈尼族	45	鄂温克族
17	哈萨克族	46	德昂族
18	傣族	47	保安族
19	黎族	48	裕固族
20	傈僳族	49	京族
21	佤族	50	塔塔尔族
22	畲族	51	独龙族
23	高山族	52	鄂伦春族
24	拉祜族	53	赫哲族
25	水族	54	门巴族
26	东乡族	55	珞巴族
27	纳西族	56	基诺族
28	景颇族	97	其他
29	柯尔克孜族	98	外国血统中国籍人士

5.1.4　单位隶属关系代码

5.1.4.1 说明:按照 GB/T 12404 的规定,指道路运输行业管理机构的级别及隶属关系。

5.1.4.2 编码方法:一位数字码。

5.1.4.3 代码见表 3。

表 3

代码	名　称	代码	名　称
1	中央	5	县
2	省	6	街道、镇、乡
4	市、地区	9	其他

5.1.5 单位性质代码

5.1.5.1 说明:按道路运输行业管理机构及业户性质分类。

5.1.5.2 编码方法:二位数字码。

5.1.5.3 代码见表 4。

表 4

代码	名　称	代码	名　称
10	政府机关	30	事业单位
20	企业	40	社会团体

5.1.6 机构代码

5.1.6.1 说明:按照 GB/T 11714 的规定。

5.1.6.2 编码方法:九位数字码或字母标识码。

5.1.6.3 代码结构:

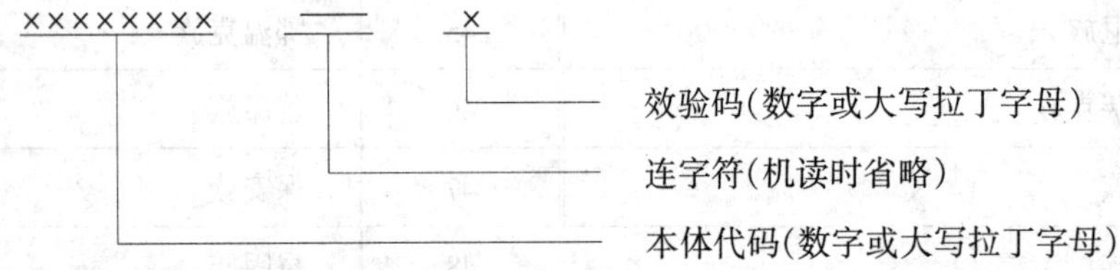

注:本体代码 PDY00001 至 PDY99999 为自定义区,供各系统编制内部组织机构代码使用,不作为各系统之间信息交换的依据。

5.1.7 道路运输管理机构代码

5.1.7.1 编码方法:按照道路运输行业管理机构或道路运输执法机构所代表的行政区域、单位隶属关系和序号编码,八位数字码。

5.1.7.2 代码结构:

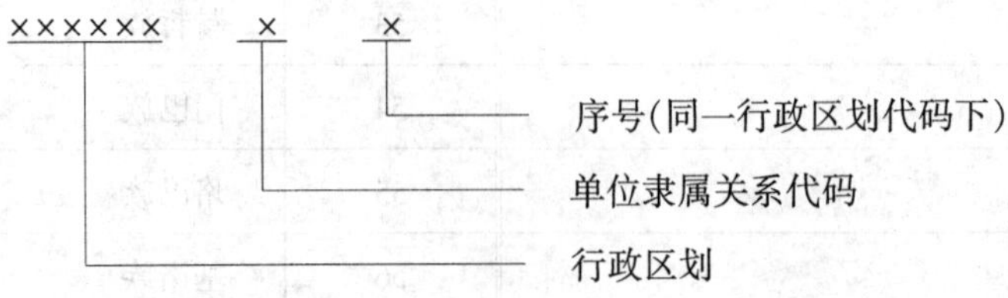

5.1.8 经济类型

5.1.8.1 说明:按照 GB/T 12402 的规定。

5.1.8.2 编码方法:三位数字码。

5.1.8.3 代码见表 5。

表 5

代码	名　称	代码	名　称
100	内资	174	私营股份有限(公司)
110	国有全资	175	个体经营
120	集体全资	179	其他私有
130	股份合作	190	其他内资
140	联营	200	港、澳、台投资
141	国有联营	210	内地和港、澳、台合资
142	集体联营	220	内地和港、澳、台合作
143	国有与集体联营	230	港、澳、台独资
149	其他联营	240	港、澳、台投资股份有限(公司)
150	有限责任(公司)	290	其他港、澳、台投资
151	国有独资(公司)	300	国外投资
159	其他有限责任(公司)	310	中外合资
160	股份有限(公司)	320	中外合作
170	私有	330	外资
171	私有独资	340	国外投资股份有限(公司)
172	私有合伙	390	其他国外投资
173	私营有限责任(公司)	900	其他

5.1.9　驾驶证号

按照 GN 43 的规定执行。

5.1.10　设备配备情况

5.1.10.1　说明:按照从事道路运输行业经营的业户的设备配备情况分类。

5.1.10.2　编码方法:一位数字码。

5.1.10.3　代码见表 6。

表 6

代码	名　称	代码	名　称
0	未配备	2	配备未齐全有效
1	配备齐全有效		

5.1.11　文书类别

5.1.11.1　说明:按照道路运输管理行政许可和日常管理业务中使用的文书类别。

5.1.11.2　编码方法:一位数字码。

5.1.11.3　代码见表 7。

表 7

代码	文书类别名称	代码	文书类别名称
1	行政许可类	9	其他
2	行政处罚类		

5.1.12 文书编号

5.1.12.1 说明：规定了道路运输行业行政许可文书及日常业务办理通知书的编号规则。

5.1.12.2 编码方法：十六位数字码。

5.1.12.3 代码结构：

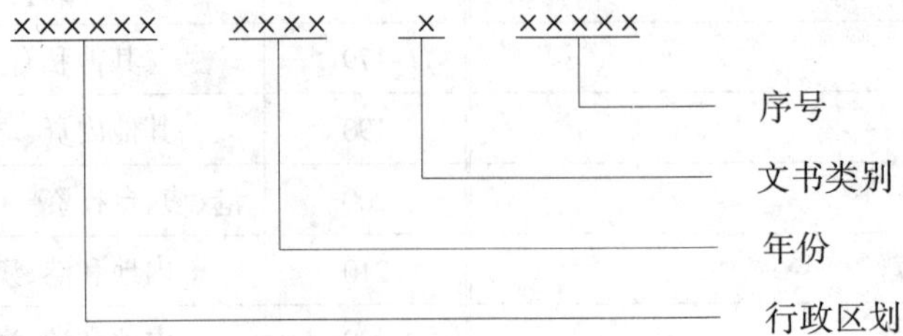

5.1.13 事故类别

5.1.13.1 说明：按照交通事故的严重程度进行分类。

5.1.13.2 编码方法：一位数字码。

5.1.13.3 代码见表8。

表 8

代码	事故类别名称	代码	事故类别名称
1	特大事故	3	一般事故
2	重大事故	4	轻微事故

5.1.14 设备状态

5.1.14.1 说明：按照道路运输设备的管理和使用状态进行分类。

5.1.14.2 编码方法：一位数字码。

5.1.14.3 代码见表9。

表 9

代码	名　称	代码	名　称
1	使用	3	报废
2	转让	9	其他

5.1.15 事故责任

5.1.15.1 说明：按在交通事故中所负责任的程度进行分类。

5.1.15.2 编码方法：一位数字码。

5.1.15.3 代码见表10。

表 10

代码	名　称	代码	名　称
0	无	3	主要责任
1	次要责任	4	完全责任
2	对等责任		

5.1.16 机动车检测维修设备及工具分类

按照 JT/T 297 的规定。

5.2 运输类

5.2.1 行业类别

5.2.1.1 说明:根据道路运输行业的许可事项进行分类。

5.2.1.2 编码方法:二位数字码。

5.2.1.3 代码见表11。

表 11

代码	名 称	代码	名 称
010	道路旅客运输	051	普通机动车驾驶员培训
011	班车客运	052	道路运输驾驶员从业资格培训
012	包车客运	053	机动车驾驶员培训教练场
013	定线旅游	060	站场服务
014	非定线旅游	061	道路旅客运输站
020	道路货物运输	062	道路货运站(场)
021	道路普通货物运输	070	国际道路运输
022	货物专用运输	071	国际道路旅客运输
023	大型物件运输	072	国际道路货物运输
030	道路危险货物运输	080	公交运输
031	营运性危险货物运输	081	公交运输
032	非经营性危险货物运输	090	出租运输
040	机动车维修	091	客运出租运输
041	汽车维修	092	货运出租运输
042	危险货物运输车辆维修	100	汽车租赁
043	摩托车维修	101	客运汽车租赁
044	其他机动车维修	102	货运汽车租赁
050	机动车驾驶员培训		

5.2.2 道路运输经营许可证号

5.2.2.1 代码结构

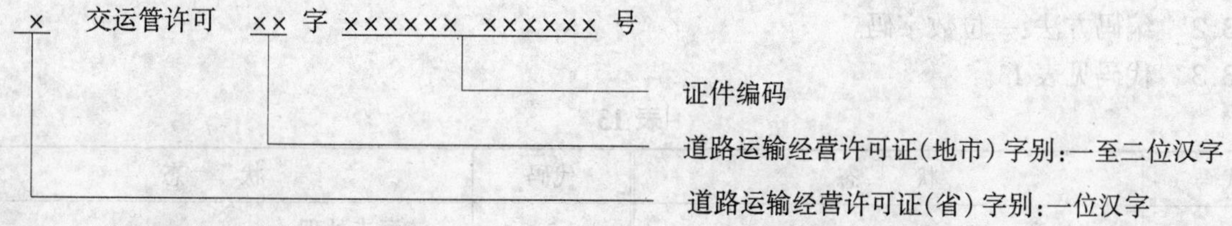

5.2.2.2 道路运输经营许可证字别

5.2.2.2.1 说明:本项仅规定各省道路运输经营许可证的(省)字别代码。

5.2.2.2.2 编码方法:一位汉字码。

5.2.2.2.3　代码见表12。

表 12

代码	名　称	代码	名　称
京	北京市	湘	湖南省
津	天津市	粤	广东省
冀	河北省	桂	广西壮族自治区
晋	山西省	琼	海南省
蒙	内蒙古自治区	渝	重庆市
辽	辽宁省	川	四川省
吉	吉林省	贵	贵州省
黑	黑龙江省	云	云南省
沪	上海市	藏	西藏自治区
苏	江苏省	陕	陕西省
浙	浙江省	甘	甘肃省
皖	安徽省	青	青海省
闽	福建省	宁	宁夏回族自治区
赣	江西省	新	新疆维吾尔自治区
鲁	山东省	台	台湾省
豫	河南省	港	香港特别行政区
鄂	湖北省	澳	澳门特别行政区

5.2.2.3　证件编码

5.2.2.3.1　说明:本项规定了道路运输经营许可证号的编码方法。

5.2.2.3.2　编码方法:12位数字码。

5.2.2.3.3　代码结构:

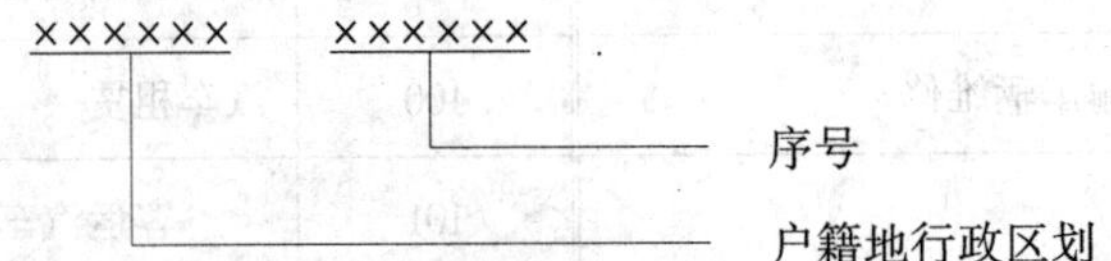

5.2.2.4　使用示例

黑龙江省哈尔滨市颁发的道路运输经营许可证号码表示为:

黑　交运管许可　哈　字230100000001号

5.2.3　稽查处理状态

5.2.3.1　说明:本项是为标识从事道路运输的经营业户、车辆、人员的稽查案件处理状态。

5.2.3.2　编码方法:一位数字码。

5.2.3.3　代码见表13。

表 13

代码	状　态	代码	状　态
0	未违章	2	违章未处理
1	违章已处理		

5.2.4　经营范围

5.2.4.1 说明:按照从事道路运输行业经营的业户、车辆具体的经营许可事项进行分类。

5.2.4.2 编码方法:五位数字码。

5.2.4.3 代码见表14。

表 14

代码	名 称	代码	名 称
01000	道路旅客运输	02304	大型物件运输(四类)
01100	班车客运	03000	道路危险货物运输
01101	县内班车客运	03100	经营性道路危险货物运输
01102	县际班车客运	03111	危险货物运输(1类1项)
01103	市际班车客运	03112	危险货物运输(1类2项)
01104	省际班车客运	03113	危险货物运输(1类3项)
01200	包车客运	03114	危险货物运输(1类4项)
01201	县内包车客运	03115	危险货物运输(1类5项)
01202	县际包车客运	03116	危险货物运输(1类6项)
01203	市际包车客运	03121	危险货物运输(2类1项)
01204	省际包车客运	03122	危险货物运输(2类2项)
01300	定线旅游	03123	危险货物运输(2类3项)
01301	县内定线旅游	03131	危险货物运输(3类)
01302	县际定线旅游	03141	危险货物运输(4类1项)
01303	市际定线旅游	03142	危险货物运输(4类2项)
01304	省际定线旅游	03143	危险货物运输(4类3项)
01400	非定线旅游	03151	危险货物运输(5类1项)
01401	县内非定线旅游	03152	危险货物运输(5类2项)
01402	县际非定线旅游	03161	危险货物运输(6类1项)
01403	市际非定线旅游	03162	危险货物运输(6类2项)
01404	省际非定线旅游	03170	危险货物运输(7类)
02000	道路普通货运	03181	危险货物运输(8类)
02100	道路普通货物运输	03191	危险货物运输(9类)
02101	道路普通货物运输	03200	非经营性危险货物运输
02200	货物专用运输	03211	危险货物运输(1类1项)
02201	货物专用运输(集装箱)	03212	危险货物运输(1类2项)
02202	货物专用运输(冷藏保鲜设备)	03213	危险货物运输(1类3项)
02203	货物专用运输(罐式容器)	03214	危险货物运输(1类4项)
02300	大型物件运输	03215	危险货物运输(1类5项)
02301	大型物件运输(一类)	03216	危险货物运输(1类6项)
02302	大型物件运输(二类)	03221	危险货物运输(2类1项)
02303	大型物件运输(三类)	03222	危险货物运输(2类2项)

表 14(续)

代码	名　　称	代码	名　　称
03223	危险货物运输(2类3项)	04313	散热器(水箱)修理
03231	危险货物运输(3类)	04314	空调维修
03241	危险货物运输(4类1项)	04315	车辆装潢(篷布、坐垫及内饰)
03242	危险货物运输(4类2项)	04316	车辆玻璃安装
03243	危险货物运输(4类3项)	04400	一类摩托车维修
03251	危险货物运输(5类1项)	04401	总成大修
03252	危险货物运输(5类2项)	04402	维护
03261	危险货物运输(6类1项)	04403	小修
03262	危险货物运输(6类2项)	04500	二类摩托车维修
03270	危险货物运输(7类)	04501	维护
03281	危险货物运输(8类)	04502	小修
03291	危险货物运输(9类)	04600	其他机动车维修
04000	机动车维修	04601	其他机动车维修
04100	一类汽车维修	05000	机动车驾驶员培训
04101	大中型客车维修	05100	普通机动车驾驶员培训
04102	大中型货车维修	05111	A1
04103	小型车辆维修	05112	A2
04104	危险货物运输车辆维修	05113	A3
04200	二类汽车维修	05121	B1
04201	大中型客车维修	05122	B2
04202	大中型货车维修	05131	C1
04203	小型车辆维修	05132	C2
04300	三类汽车维修	05133	C3
04301	发动机维修	05134	C4
04302	车身维修	05140	D
04303	电气系统维修	05150	E
04304	自动变速器维修	05160	F
04305	车身清洁维护	05170	M
04306	涂漆	05200	道路运输驾驶员从业资格培训
04307	轮胎动平衡及修补	05201	道路运输驾驶员从业资格培训(客运)
04308	四轮定位检测调整	05202	道路运输驾驶员从业资格培训(货运)
04309	供油系统维护及油品更换	05203	道路运输驾驶员从业资格培训(危险货运)
04310	喷油泵和喷油嘴维修	05204	道路运输驾驶员从业资格培训(其他)
04311	曲轴修磨	05300	机动车驾驶员培训教练场
04312	气缸镗磨	05301	机动车驾驶员培训教练场

表 14(续)

代码	名　称	代码	名　称
06200	道路货运站(场)	08101	公交运输
06201	道路货运站(场)	09000	出租运输
07000	国际道路运输	09100	客运出租运输
07100	国际道路旅客运输	09101	客运出租运输
07101	定期国际道路旅客运输	09200	货运出租运输
07102	不定期国际道路旅客运输	09201	货运出租运输
07200	国际道路货物运输	10000	汽车租赁
07201	国际道路货物运输	10100	客运汽车租赁
07202	国际道路危险货物运输	10101	客运汽车租赁
08000	公交运输	10200	货运汽车租赁
08100	公交运输	10201	货运汽车租赁

5.2.5　班车类别

5.2.5.1　说明:根据班车客运的运营性质进行分类。

5.2.5.2　编码方法:一位数字码。

5.2.5.3　代码见表 15。

表 15

代码	名　称	代码	名　称
1	普通	9	其他
2	直达		

5.2.6　经营方式

5.2.6.1　说明:根据道路旅客运输班线的经营方式进行分类。

5.2.6.2　编码方法:一位数字码。

5.2.6.3　代码见表 16。

表 16

代码	名　称	代码	名　称
1	公车公营	3	挂靠
2	承包	9	其他

5.2.7　经营区域

5.2.7.1　说明:根据道路旅客运输班线的起讫点所在行政区域进行分类。

5.2.7.2　编码方法:一位数字码。

5.2.7.3　代码见表 17。

表 17

代码	名　称	代码	名　称
1	县内	4	省际
2	县际	5	国际
3	市际		

5.2.8 班线类型

5.2.8.1 说明:根据经营区域和营运线路长度对班车客运线路进行分类。

5.2.8.2 编码方法:一位数字码。

5.2.8.3 代码见表18。

表18

代码	名　称	代码	名　称
1	一类客运班线	3	三类客运班线
2	二类客运班线	4	四类客运班线

5.2.9 线路编码规则

5.2.9.1 说明:规定了道路旅客运输线路的代码编制规则;其中行政区划代码按照 GB/T 2260 的规定,乡镇代码按照 GB/T 10114 的规定。

5.2.9.2 编码方法:25位数字码。

5.2.9.3 代码结构:

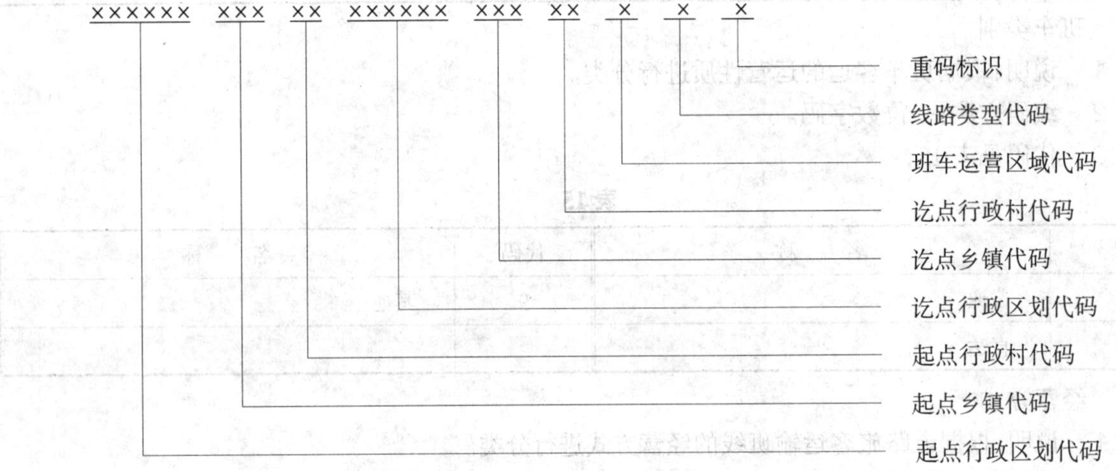

5.2.10 线路营运状态

5.2.10.1 说明:按照道路旅客运输线路的经营状态进行分类。

5.2.10.2 编码方法:一位数字码。

5.2.10.3 代码见表19。

表19

代码	名　称	代码	名　称
1	营运	4	注销
2	停运	9	其他
3	终止		

5.2.11 机动车驾驶员培训机构类别

5.2.11.1 说明:按照机动车驾驶员培训机构的培训车型进行分类。

5.2.11.2 编码方法:一位数字码。

5.2.11.3 代码见表20。

表20

代码	名　称	代码	名　称
1	专项	2	综合

5.2.12　教练场经营方式

5.2.12.1　说明:按照机动车驾驶员培训教练场的经营方式进行分类。

5.2.12.2　编码方法:一位数字码。

5.2.12.3　代码见表21。

表 21

代码	名　称	代码	名　称
1	经营性教练场	2	非经营性教练场

5.3　业户类

5.3.1　业户经营状态

5.3.1.1　说明:按照从事道路运输行业经营业户的经营状态进行分类。

5.3.1.2　编码方法:一位数字码。

5.3.1.3　代码见表22。

表 22

代码	名　称	代码	名　称
1	营业	5	歇业
2	停业	6	注销
3	整改	9	其他
4	停业整顿		

5.3.2　质量信誉考核结果

5.3.2.1　说明:按照从事道路运输行业经营的业户质量信誉考核结果进行分类。

5.3.2.2　编码方法:一位数字码。

5.3.2.3　代码见表23。

表 23

代码	名　称	代码	名　称
0	未考核	3	基本合格(A)
1	优良(AAA)	4	不合格(B)
2	合格(AA)		

5.3.3　企业等级

5.3.3.1　说明:按照 JT/T 630、JT/T 631 的规定。

5.3.3.2　编码方法:一位数字码。

5.3.3.3　代码见表24。

表 24

代码	名　称	代码	名　称
0	未评定	4	四级企业
1	一级企业	5	五级企业
2	二级企业	9	其他
3	三级企业		

5.3.4　客运站代码

按照 JT/T 309 的规定。

5.3.5　客运站规模

5.3.5.1　说明:依据 JT/T 200 规定。

5.3.5.2　编码方法:一位数字码。

5.3.5.3　代码见表 25。

表 25

代码	名　称	代码	名　称
1	等级站	3	招呼站
2	简易站		

5.3.6　客运站级别

5.3.6.1　说明:依据 JT/T 200 规定。

5.3.6.2　编码方法:一位数字码。

5.3.6.3　代码见表 26。

表 26

代码	名　称	代码	名　称
1	一级站	4	四级站
2	二级站	5	五级站
3	三级站	9	未评定

5.3.7　客运站服务方式

5.3.7.1　说明:依据 JT/T 200 规定。

5.3.7.2　编码方法:一位数字码。

5.3.7.3　代码见表 27。

表 27

代码	名　称	代码	名　称
1	公用型车站	2	自用型车站

5.3.8　货运站级别

5.3.8.1　说明:依据 JT/T 402 规定。

5.3.8.2　编码方法:一位数字码。

5.3.8.3　代码见表 28。

表 28

代码	名　称	代码	名　称
1	一级站	4	四级站
2	二级站	5	未评定
3	三级站		

5.3.9　汽车综合性能检测站级别

5.3.9.1　说明:按照汽车综合性能检测站的检测级别进行分类。

5.3.9.2　编码方法:一位数字码。

5.3.9.3　代码见表 29。

表 29

代码	名　称	代码	名　称
1	A级站	4	B级站

5.3.10　维修类别

5.3.10.1　说明:按照机动车维修经营范围类别进行分类。

5.3.10.2　编码方法:二位数字码。

5.3.10.3　代码见表30。

表 30

代码	名　称	代码	名　称
11	一类汽车维修	22	二类摩托车维修
12	二类汽车维修	23	三类摩托车维修
13	三类汽车维修	31	其他机动车维修
21	一类摩托车维修		

5.3.11　维修对象

5.3.11.1　说明:按照机动车维修业户的维修对象进行分类。

5.3.11.2　编码方法:一位数字码。

5.3.11.3　代码见表31。

表 31

代码	名　称	代码	名　称
1	汽车	3	其他机动车
2	摩托车		

5.3.12　货运站代码

5.3.12.1　说明:规定了货运站代码编制规则。

5.3.12.2　编码方法:九位数字码。

5.3.12.3　代码结构:

5.3.13　检测站代码

5.3.13.1　说明:规定了汽车综合性能检测站代码编制规则。

5.3.13.2　编码方法:九位数字码。

5.3.13.3　代码结构:

5.4　车辆类

5.4.1　道路运输证号

5.4.1.1 结构

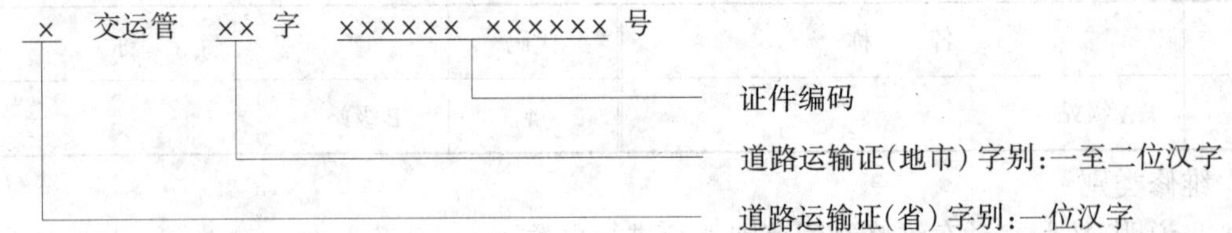

5.4.1.2 道路运输证字别

说明:采用 JT/T 415 5.2.2.2 的规定。

5.4.1.3 证件编码

5.4.1.3.1 说明:规定了车辆道路运输证的编码方法。

5.4.1.3.2 编码方法:12 位数字码。

5.4.1.3.3 代码结构:

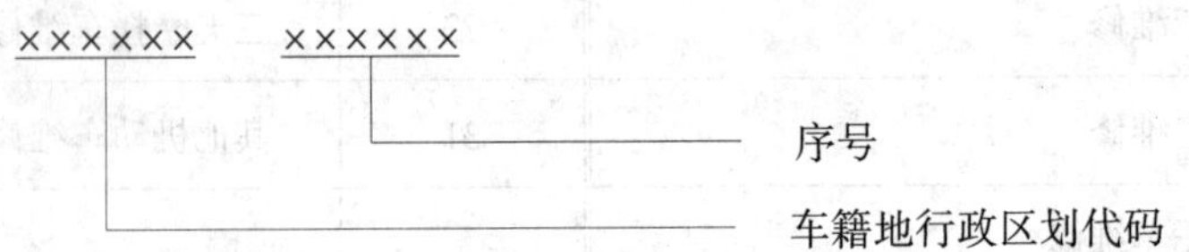

5.4.1.4 使用示例

黑龙江省哈尔滨市发放的道路运输证表示为:

黑 交运管许可 哈 字 230100000001 号

5.4.2 车辆技术等级

5.4.2.1 说明:依据 JT/T 198 规定。

5.4.2.2 编码方法:一位数字码。

5.4.2.3 代码见表 32。

表 32

代码	名 称	代码	名 称
0	未评定	3	三级
1	一级	9	未达标
2	二级		

5.4.3 二级维护状态

5.4.3.1 说明:规定了从事道路运输行业车辆二级维护的状态。

5.4.3.2 编码方法:一位数字码。

5.4.3.3 代码见表 33。

表 33

代码	名 称	代码	名 称
0	未维护	1	已维护

5.4.4 年度审验状态

5.4.4.1 说明:按从事道路运输行业的运输车辆的年度审验状态及结果进行分类。

5.4.4.2 编码方法:一位数字码。

5.4.4.3 代码见表 34。

表 34

代码	名　称	代码	名　称
0	未年审	2	年审不合格
1	年审合格		

5.4.5　燃料类型

5.4.5.1　说明:按照道路运输车辆使用的燃料类型进行分类。

5.4.5.2　编码方法:一位数字码。

5.4.5.3　代码见表 35。

表 35

代码	名　称	代码	名　称
1	汽油	4	液化气
2	柴油	5	电动
3	天然气	9	其他

5.4.6　车辆营运状态

5.4.6.1　说明:按从事道路运输车辆的当前状态进行分类。

5.4.6.2　编码方法:二位数字码。

5.4.6.3　代码见表 36。

表 36

代码	名　称	代码	名　称
10	营运	33	报废
21	停运	34	歇业
22	挂失	80	注销
31	迁出(过户)	90	其他
32	迁出(转籍)		

5.4.7　投保状态

5.4.7.1　说明:按从事道路运输行业经营的车辆投保状态进行分类。

5.4.7.2　编码方法:一位数字码。

5.4.7.3　代码见表 37。

表 37

代码	名　称	代码	名　称
0	未投保	2	已投保(未达到标准)
1	已投保		

5.4.8　客车等级

5.4.8.1　说明:按照 JT/T 325 的规定。

5.4.8.2　编码方法:一位数字码。

5.4.8.3　代码见表38。

表38

代码	名　称	代码	名　称
1	普通级	4	高二级
2	中级	5	高三级
3	高一级		

5.4.9　车辆类型

5.4.9.1　说明:按参与道路运输经营的车辆类型进行分类。

5.4.9.2　编码方法:二位数字码。

5.4.9.3　代码见表39。

表39

代码	名　称	代码	名　称
10	客车	34	商品车运输专用车辆
11	大型客车	35	罐车
12	中型客车	36	牵引车
13	小型客车	37	挂车
14	轿车	38	平板车
15	大型卧铺客车	39	其他专用车
16	中型卧铺客车	40	危险品运输车
20	普通货车	50	农用车
21	大型普通货车	60	拖拉机
22	中型普通货车	61	轮式拖拉机
23	小型普通货车	62	手扶拖拉机
30	专用运输车	63	履带拖拉机
31	集装箱车	64	特种拖拉机
32	大件运输车	90	其他车辆
33	保温冷藏车		

5.4.10　车型代码

5.4.10.1　说明:按照驾驶、培训车型进行分类。

5.4.10.2　编码方法:一位字母码和一位数字码。

5.4.10.3　代码见表40。

表 40

代码	名　称	代码	名　称
A1	大型客车	C4	三轮汽车
A2	牵引车	D	普通三轮摩托车
A3	城市公交车	E	普通二轮摩托车
B1	中型客车	F	轻便摩托车
B2	大型货车	M	轮式自行机械车
C1	小型汽车	N	无轨电车
C2	小型自动挡汽车	P	有轨电车
C3	低速载货汽车		

5.4.11　修理级别

5.4.11.1　说明:按照从事道路运输行业的运输车辆需要进行维修的级别进行分类。

5.4.11.2　编码方法:一位数字码。

5.4.11.3　代码见表 41。

表 41

代码	名　称	代码	名　称
1	整车修理	4	专项修理
2	总成修理	5	整车维护
3	小修		

5.4.12　车牌颜色

5.4.12.1　说明:按照车辆牌照的底色进行分类。

5.4.12.2　编码方法:一位数字码。

5.4.12.3　代码见表 42。

表 42

代码	名　称	代码	名　称
1	蓝色	4	白色
2	黄色	9	其他
3	黑色		

5.4.13　道路运输证介质

5.4.13.1　说明:按照道路运输证所使用的介质进行分类。

5.4.13.2　编码方法:一位数字码。

5.4.13.3　代码见表 43。

表 43

代码	名　称	代码	名　称
1	纸质	3	非接触式 IC 卡
2	电子标签	9	其他

5.5　票证类

5.5.1　证照类别

5.5.1.1　说明:按照道路运输行业中使用的证照进行分类。

5.5.1.2 编码方法:三位数字码。

5.5.1.3 代码见表 44。

表 44

代码	名 称	代码	名 称
100	道路运输经营许可证	322	县际包车客运标志牌
110	道路运输经营许可证正本	323	市际包车客运标志牌
120	道路运输经营许可证副本	324	省际包车客运标志牌
200	车辆营运证(道路运输证核新版证件)	330	临时客运标志牌
210	道路运输证	331	县内临时客运标志牌
220	车辆暂扣证明	332	县际临时客运标志牌
230	车辆年审标贴	333	市际临时客运标志牌
240	国际汽车运输行车许可证	334	省际临时客运标志牌
241	A 种行车许可证	340	道路客运班线经营许可证明
242	B 种行车许可证	400	从业资格证
243	C 种行车许可证	410	道路运输从业人员资格证
300	营运标志牌	420	教练员证
310	班车客运标志牌	430	维修技工证
311	县内班车客运标志牌	440	质检员证
312	县际班车客运标志牌	450	总质检员证
313	市际班车客运标志牌	460	价格结算员证
314	省际班车客运标志牌	470	考核员证
320	包车客运标志牌	900	其他
321	县内包车客运标志牌		

5.5.2 证照状态

5.5.2.1 说明:按道路运输行业使用证件的有效性进行分类。

5.5.2.2 编码方法:一位数字码。

5.5.2.3 代码见表 45。

表 45

代码	名 称	代码	名 称
1	有效	2	无效

5.5.3 证照发放类型

5.5.3.1 说明:按照道路运输行业管理中使用的各种证照发放的原因进行分类。

5.5.3.2 编码方法:一位数字码。

5.5.3.3　代码见表 46。

表 46

代码	名　　称	代码	名　　称
1	初领	5	证照信息变更
2	证照丢失	6	证照到期
3	证照污损	7	证照改版
4	经营状态变更	9	其他

5.5.4　票据状态

5.5.4.1　说明:按照票据当前所处的状态进行分类。

5.5.4.2　编码方法:一位数字码。

5.5.4.3　代码见表 47。

表 47

代码	名　　称	代码	名　　称
10	入库	30	核销
11	印制入库	31	缴存核销
12	领用入库	32	废票核销
13	返库	33	损毁核销
20	出库	34	停用核销
21	领用出库	35	过期核销

5.6　运价类

5.6.1　运价类别

5.6.1.1　说明:按照道路运政管理机构对所管理的五大市场收费核定类型进行分类。

5.6.1.2　编码方法:二位数字码。

5.6.1.3　代码见表 48。

表 48

代码	名　　称	代码	名　　称
01	汽车旅客运价	06	汽车客运站收费
02	汽车货物运价	07	汽车货运站收费
03	运输服务业收费	08	汽车检测服务收费
04	搬运装卸收费	09	其他
05	汽车维修收费		

5.6.2　基本运价

5.6.2.1　说明:依据《汽车运价规则》的分类要求。

5.6.2.2　编码方法:一位数字码。

5.6.2.3 代码见表49。

表49

代码	名　　称	代码	名　　称
1	整批货物基本运价	4	座席基本运价
2	零担货物基本运价	5	卧铺基本运价
3	集装箱基本运价	9	其他

5.6.3 计量单位

5.6.3.1 说明:按《汽车运价规则》,根据货物的运输方式及客运里程进行确定。

5.6.3.2 编码方法:一位数字码。

5.6.3.3 代码见表50。

表50

代码	名　　称	代码	名　　称
1	吨	3	箱
2	千克	4	千米

5.6.4 运价单位

5.6.4.1 说明:按照汽车运价的基本单位进行分类。

5.6.4.2 编码方法:一位数字码。

5.6.4.3 代码见表51。

表51

代码	名　　称	代码	名　　称
1	元/吨千米	5	元/吨位小时
2	元/千克千米	6	元/座位小时
3	元/箱千米	9	其他
4	元/人千米		

5.6.5 货物类别

5.6.5.1 说明:按《汽车货物运输规则》制定。

5.6.5.2 编码方法:一位字母码和三位数字码。

5.6.5.3 代码见表52。

表52

代码	名　　称	代码	名　　称
A	普通货物	A201	粮食及加工品
A1	一等货物	A202	棉花、麻
A101	砂	A203	油料作物
A102	石	A204	烟叶
A103	非金属矿石	A205	植物的种子、草、藤、树条
A104	土	A206	肥料、农药
A105	渣	A207	糖
A2	二等货物	A208	酱菜、调料

表 52(续)

代码	名 称	代码	名 称
A209	土产杂品	A314	木材加工品
A210	皮毛、塑料	A315	家具
A211	日用百货、一般纺织制品	A316	交电器材
A212	药材	A317	毛、丝、棉、麻、呢绒、化纤、皮革制品
A213	纸、纸浆	A318	烟、酒、饮料、茶
A214	文化体育用品	A319	糖果、糕点
A215	印刷品	A320	淀粉
A216	木材	A321	冰及冰制品
A217	橡胶、可塑材料及其制品	A322	中西药品、医疗器具
A218	水泥及其制品	A323	贵重纸张
A219	钢铁、有色金属及其制品	A324	文娱用品
A220	矿物性建筑材料	A325	美术工艺品
A221	金属矿石	A326	陶瓷、玻璃及其制品
A222	煤	A327	机器及设备
A223	焦炭	A328	车辆
A224	原煤加工品	A329	污染品
A225	盐	A330	粉尘品
A226	泥、灰	A331	装饰石料
A227	废品及散碎品	A332	带釉建筑用品
A228	真空包装容器	B	特种货物
A229	其他	B1	大型特型笨重物件
A3	三等货物	B101	一级
A301	蜂	B102	二级
A302	蚕、茧	B103	三级
A303	观赏用花、木	B104	四级
A304	蔬菜、瓜果	B105	五级
A305	植物油	B106	六级
A306	蛋、乳	B2	危险货物类
A307	肉脂及制品	B201	一级
A308	水产品	B202	二级
A309	干菜、干果	B3	贵重货物类
A310	橡胶制品	B301	一级
A311	颜料、染料	B302	二级
A312	食用香精、树胶、木腊	B303	三级
A313	化妆品	B304	四级

表 52(续)

代码	名　称	代码	名　称
B305	五级	B4	鲜活货物类
B306	六级	B401	一级
B307	七级	B402	二级
B308	八级	B403	三级
B309	九级	B404	四级
B310	十级		

5.6.6　公路类别

5.6.6.1　说明:按《汽车运价规则》中计价类别确定公路分类。

5.6.6.2　编码方法:一位数字码。

5.6.6.3　代码见表 53。

表 53

代码	名　称	代码	名　称
1	平原干线等级公路	6	山区支线等级公路
2	平原支线等级公路	7	山区支线非等级公路
3	平原支线非等级公路	8	区域
4	山区干线等级公路	9	其他
5	山区干线非等级公路		

5.6.7　区域类别

5.6.7.1　说明:按照汽车运价计价类别的区域进行划分。

5.6.7.2　编码方法:一位数字码。

5.6.7.3　代码见表 54。

表 54

代码	名　称	代码	名　称
1	国内运输	2	国际道路运输

5.6.8　集装箱箱型分类代码

5.6.8.1　说明:按现行国际、国内集装箱的标准进行分类。

5.6.8.2　编码方法:二位数字码。

5.6.8.3　代码见表 55。

表 55

代码	名　称	代码	名　称
10	国际标准箱	30	国内标准箱
11	20ft(英尺)标准箱	31	10t 标准箱
12	40ft(英尺)标准箱	32	5t 标准箱
20	国际非标准箱	40	国内非标准箱

5.6.9　客票型式

5.6.9.1　说明:按现行汽车客运票种进行分类。

5.6.9.2　编码方法:一位数字码。

5.6.9.3　代码见表56。

表 56

代码	名　　称	代码	名　　称
1	全票	3	军票
2	半票	9	其他

5.7　稽查类

5.7.1　案件登记号

5.7.1.1　说明:规定了道路运输行业稽查机关处理的稽查案件的编号规则。

5.7.1.2　编码方法:代码17位。

5.7.1.3　代码规则:

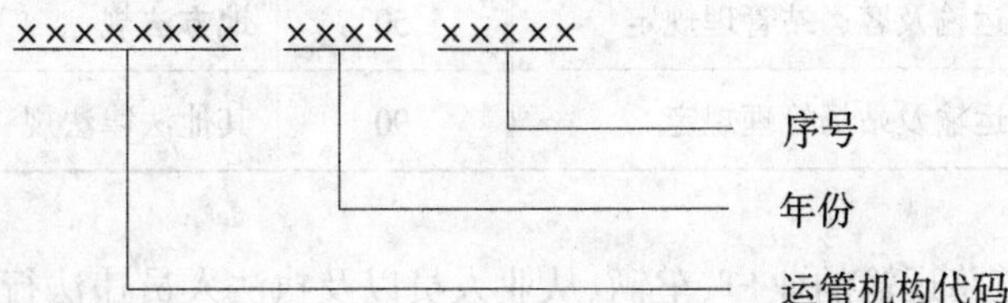

5.7.2　稽查类别

5.7.2.1　说明:依据道路运输行业的管理规范,规定了稽查管理中的业务对象的分类。

5.7.2.2　编码方法:二位数字码。

5.7.2.3　代码见表57。

表 57

代码	名　　称	代码	名　　称
01	道路旅客运输	07	机动车驾驶员培训
02	道路货物运输	08	国际道路运输
03	危险品运输	09	规费
04	客运站	10	票证
05	货运站	11	价格
06	机动车维修	99	其他

5.7.3　稽查对象

5.7.3.1　说明:按照道路运输行业执法对象进行分类。

5.7.3.2　编码方法:一位数字码。

5.7.3.3　代码见表58。

表 58

代码	名　　称	代码	名　　称
1	业户	3	从业人员
2	车辆		

5.7.4　法律法规分类

5.7.4.1　说明:按照道路运输行业管理部门行政许可、日常管理和执法监督过程中所依据的法律法规进行分类。

5.7.4.2　编码方法:二位数字码。

5.7.4.3 代码见表59。

表 59

代码	法律法规名称	代码	法律法规名称
10	国家法律法规	23	道路危险货物运输管理规定
11	中华人民共和国行政许可法	24	机动车维修管理规定
12	中华人民共和国行政处罚法	25	机动车驾驶员培训管理规定
13	中华人民共和国道路运输条例	26	道路运输从业人员管理规定
20	交通部法律法规	27	国际道路运输管理规定
21	道路旅客运输及客运站管理规定	50	地方法规
22	道路货物运输及站场管理规定	90	其他法律法规

5.7.5 违法类型代码

5.7.5.1 说明:按从事道路运输的业户、车辆、从业人员以及执法人员违法行为进行分类。

5.7.5.2 编码方法:五位数字码。

5.7.5.3 代码结构:

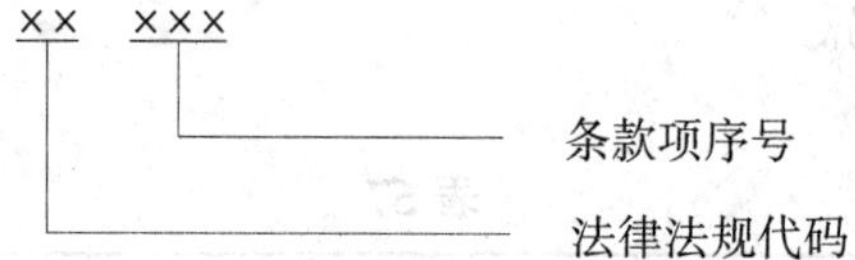

5.7.6 被询问人与案件关系

5.7.6.1 说明:按照道路运输行业行政执法机关处理案件过程中的被询问人与案件的关系分类。

5.7.6.2 编码方法:一位数字码。

5.7.6.3 代码见表60。

表 60

代码	名　称	代码	名　称
1	当事人	9	其他
2	证明人		

5.7.7 听证方式

5.7.7.1 说明:按照道路运输行业行政执法机关处理违法案件过程中听证的方式分类。

5.7.7.2 编码方法:一位数字码。

5.7.7.3 代码见表61。

表 61

代码	名　称	代码	名　称
1	公开	2	不公开

5.7.8 证据材料种类

5.7.8.1 说明:按照道路运输行业行政执法机关执法监督过程中保存的证据材料类型进行分类。

5.7.8.2 编码方法:一位数字码。

5.7.8.3 代码见表62。

表 62

代码	名　称	代码	名　称
1	书证	5	证人证言
2	物证	6	现场笔录
3	视听材料	9	其他
4	当事人陈述		

5.7.9　文书送达方式

5.7.9.1　说明:按照道路运输行业行政执法机关送达执法文书的方式进行分类。

5.7.9.2　编码方法:一位数字码。

5.7.9.3　代码见表 63。

表 63

代码	名　称	代码	名　称
1	直接送达	4	公告送达
2	委托送达	5	留置送达
3	邮寄送达	9	其他方式

5.7.10　案件来源

5.7.10.1　说明:按照道路运输行业行政执法机关处理的稽查案件的来源进行分类。

5.7.10.2　编码方法:一位数字码。

5.7.10.3　代码见表 64。

表 64

代码	名　称	代码	名　称
1	路检路查	4	媒体曝光
2	户检户查	9	其他
3	投诉举报		

5.7.11　稽查程序类型

5.7.11.1　说明:按照道路运输行业行政执法机关处理违法案件的程序分类。

5.7.11.2　编码方法:一位数字码。

5.7.11.3　代码见表 65。

表 65

代码	名　称	代码	名　称
1	简易程序	2	一般程序

5.7.12　处罚执行方式

5.7.12.1　说明:按照道路运输违法案件的处罚执行方式分类。

5.7.12.2　编码方法:一位数字码。

5.7.12.3　代码见表 66。

表 66

代码	名　称	代码	名　称
1	当场执行处罚	2	不当场执行处罚

5.7.13　处理决定类型

5.7.13.1 说明:按照道路运输行业行政执法机关对于案件的处理决定类型进行分类。

5.7.13.2 编码方法:二位数字码。

5.7.13.3 代码见表67。

表 67

代码	名称	代码	名称
10	撤销	24	罚款
11	违章不成立撤销	25	整改
12	违章轻微撤销	26	停业整顿
20	处罚	27	吊销
21	警告	29	其他
22	收缴有关证件	30	移送司法机关处理
23	没收非法所得		

5.7.14 处罚决定书编号

5.7.14.1 说明:规定了道路运输行业稽查机关稽查案件处罚决定书的编号规则。

5.7.14.2 编码方法:10位数字码和标识字符串组成。

5.7.14.3 代码规则:

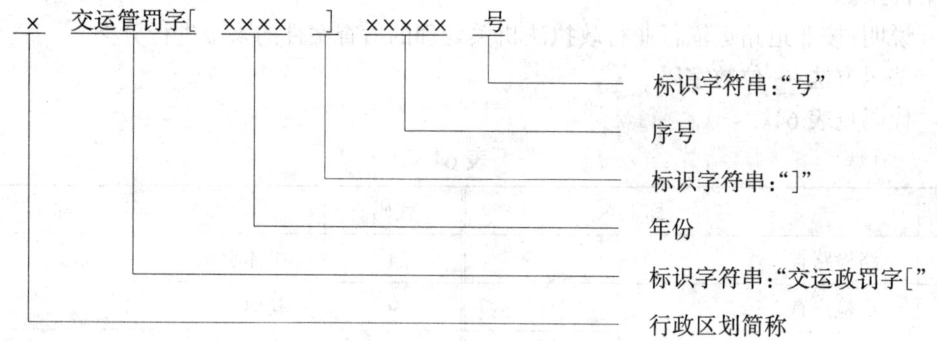

5.7.15 结案状态

5.7.15.1 说明:按照道路运输违法案件的结案处理状态进行分类。

5.7.15.2 编码方法:一位数字码。

5.7.15.3 代码见表68。

表 68

代码	名称	代码	名称
1	已结案	2	积案

5.7.16 案件状态

5.7.16.1 说明:按照道路运输违法案件目前的过程状态进行分类。

5.7.16.2 编码方法:一位数字码。

5.7.16.3 代码见表69。

表 69

代码	名称	代码	名称
1	行政立案	4	处罚决定
2	调查取证	5	处罚执行
3	听证处理	6	结案处理

5.7.17 处罚执行状态

5.7.17.1 说明:按照道路运输违法案件的执行状态进行分类。

5.7.17.2 编码方法:一位数字码。

5.7.17.3 代码见表 70。

表 70

代码	名　称	代码	名　称
1	已执行	2	未执行

5.8 规费类

5.8.1 规费分类

5.8.1.1 说明:按照道路运输管理机构征收费用的性质进行分类。

5.8.1.2 编码方法:一位数字码。

5.8.1.3 代码见表 71。

表 71

代码	名　称	代码	名　称
1	运输管理费	3	货物附加费
2	客票附加费	9	其他规费

5.8.2 规费征收方式

5.8.2.1 说明:按照道路运输规费的征收形式进行分类。

5.8.2.2 编码方法:一位数字码。

5.8.2.3 代码见表 72。

表 72

代码	名　称	代码	名　称
1	吨座位计征	3	定额计征
2	营收计征	9	其他

5.8.3 规费缴纳状态

5.8.3.1 说明:按照从事道路运输行业经营业户、车辆缴纳规费的状态进行分类。

5.8.3.2 编码方法:一位数字码。

5.8.3.3 代码见表 73。

表 73

代码	名　称	代码	名　称
0	未缴纳	1	缴纳

5.8.4 结算方式

5.8.4.1 说明:按照规费的支付结算方式分类。

5.8.4.2 编码方法:一位数字码。

5.8.4.3 代码见表 74。

表 74

代码	名　称	代码	名　称
0	现金	1	支票

5.9 人员类

5.9.1 性别

5.9.1.1 说明:按照 GB/T 2261.1 的规定。

5.9.1.2 编码方法:一位数字码。

5.9.1.3 代码见表 75。

表 75

代码	名　　称	代码	名　　称
1	男性	2	女性

5.9.2 健康状况代码

5.9.2.1 说明:按照 GB/T 2261.3 的规定。

5.9.2.2 编码方法:一位数字码。

5.9.2.3 代码表:见表 76。

表 76

代码	名　　称	代码	名　　称
1	健康或良好	4	有生理缺陷
2	一般或较弱	5	残疾
3	有病		

5.9.3 文化程度

5.9.3.1 说明:按照 GB/T 4658 的规定。

5.9.3.2 编码方法:二位数字码。

5.9.3.3 代码见表 77。

表 77

代码	名　　称	代码	名　　称
11	研究生毕业	61	高中毕业
19	研究生肄业	62	职高毕业
21	大学毕业	63	农业高中毕业
28	相当大学毕业	68	相当高中毕业
29	大学肄业	69	高中肄业
31	专科毕业	71	初中毕业
38	相当专科毕业	72	职业初中毕业
39	专科肄业	73	农业初中毕业
41	中专毕业	78	相当初中毕业
42	中技毕业	79	初中肄业
48	相当中专/中技毕业	81	小学毕业
49	中专/中技肄业	88	相当小学毕业
51	技校毕业	89	小学肄业
59	技校肄业	90	文盲或半文盲

5.9.4 奖励代码

按照 GB/T 8563.1 标准的规定。

5.9.5 纪律处分代码

按照 GB/T 8563.3 标准的规定。

5.9.6　干部职务名称代码

按照 GB/T 12403 标准规定。

5.9.7　技术职称代码

按照 GB/T 8561 标准的规定。

5.9.8　从业资格类别

5.9.8.1　说明:按照道路运输行业涉及的从业人员所从事的工作性质进行分类。

5.9.8.2　编码方法:二位数字码。

5.9.8.3　代码见表 78。

表 78

代码	名　称	代码	名　称
01	营业性道路运输驾驶员	06	总质检员
02	教练员	07	价格结算员
03	道路危货押运、装卸管理员	08	考核员
04	维修技术人员	99	其他
05	质检员		

5.9.9　营运驾驶员从业资格范围

5.9.9.1　说明:按道路运输行业涉及的营业性驾驶员可驾驶的营运车辆的运输类别进行分类。

5.9.9.2　编码方法:一位数字码。

5.9.9.3　代码见表 79。

表 79

代码	名　称	代码	名　称
1	道路旅客运输	3	道路危险货物运输
2	道路货物运输		

5.9.10　道路危货押运、装卸管理员从业资格范围

5.9.10.1　说明:按照道路运输行业道路危货押运、装卸员从业资格范围进行分类。

5.9.10.2　编码方法:一位数字码。

5.9.10.3　代码见表 80。

表 80

代码	名　称	代码	名　称
1	道路危险货物运输装卸管理	2	道路危险货物运输押运

5.9.11　从业资格证号

5.9.11.1　说明:规定了道路运输从业人员从业资格证件号的编码规则。

5.9.11.2　编码方法:12 位数字码。

5.9.11.3　代码结构:

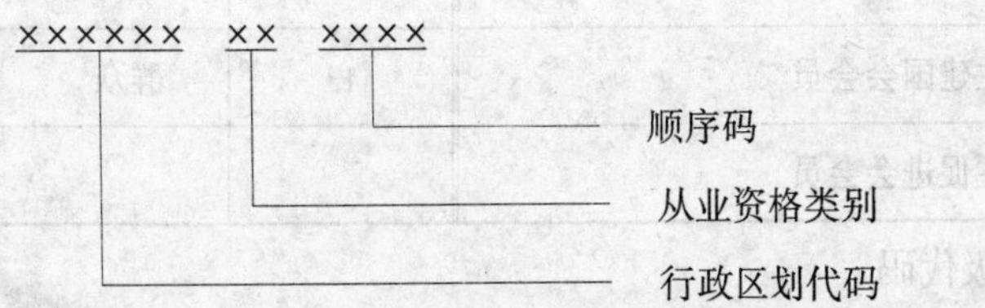

5.9.12　准教类别

5.9.12.1　说明:按从事机动车驾驶培训教练员准许从事教学范围分类。

5.9.12.2　编码方法:一位数字码。

5.9.12.3　代码见表 81。

表 81

代码	名　称	代码	名　称
1	理论	2	驾驶操作

5.9.13　考核类别

5.9.13.1　说明:按照考核员的考核类别进行分类。

5.9.13.2　编码方法:一位数字码。

5.9.13.3　代码见表 82。

表 82

代码	名　称	代码	名　称
1	理论	2	驾驶操作

5.9.14　从业状态

5.9.14.1　说明:按照道路运输从业人员的工作状态分类。

5.9.14.2　编码方法:一位数字码。

5.9.14.3　代码见表 83。

表 83

代码	名　称	代码	名　称
1	从业	9	注销
2	待业		

5.9.15　政治面貌代码

5.9.15.1　说明:按照 GB/T 4762 标准的规定。

5.9.15.2　编码方法:二位数字码。

5.9.15.3　代码表:见表 84。

表 84

代码	名　称	代码	名　称
01	中国共产党党员	08	中国工农民主党党员
02	中国共产党预备党员	09	中国致公党党员
03	中国共产主义青年团团员	10	九三学社社员
04	中国国民党革命委员会	11	台湾民主自治同盟盟员
05	中国民主同盟盟员	12	无党派民主人士
06	中国民主建国会会员	13	群众
07	中国民主促进会会员		

5.9.16　工人技术等级代码

5.9.16.1　说明:依据劳动部《技术等级证书》、《技师合格证书》的分级要求。

5.9.16.2　编码方法:一位数字码。

5.9.16.3　代码见表 85。

表 85

代码	名　　称	代码	名　　称
1	初级	4	技师
2	中级	5	高级技师
3	高级	9	其他

5.10　其他

5.10.1　信息交换用顺序日期表示法

信息交换用顺序日期表示法、全数字式日期表示法及日期的时间表示法均按照 GB/T 7408 的规定。

5.10.2　货币分类与代码

按照 GB/T 12406 的规定。

中华人民共和国交通行业标准

JT/T 444—2001

公路运输主要统计指标分类与代码

Classification and codes of main statistical indices for highway transportation

2001-04-10 发布　　2001-08-01 实施

中华人民共和国交通部　发布

中华人民共和国交通行业标准

JT/T 444—2001

公路运输主要统计指标分类与代码

Classification and codes of main statistical indices for highway transportation

1 范围

本标准规定了公路运输行业各级业务统计工作所需使用的主要统计指标分类、分类代码、统计数据元代码、统计指标代码结构和指标分组统计相关信息代码。

本标准适用于公路运输统计(包括公路里程统计)、公路运输报表填写及计算机信息处理与交换。

2 引用标准

下列标准所包含的条文,通过在本标准中引用而构成为本标准的条文。在标准出版时,所示版本均为有效。所有标准都会被修订,使用标准的各方应探讨下列标准最新版本的可能性。

GB 917.1—2001　公路路线标识规则　命名、编号和编码
GB 917.2—2001　公路路线标识规则　国道名称和编号
GB/T 12402—2000　经济类型分类与代码
JT/T 0019—2001　运输货物分类和代码
JT/T 132—2000　公路数据库编目编码规则

3 分类原则

3.1 根据《交通运输统计报表制度》及公路运输生产、经营和管理工作的特点,对公路运输主要统计指标进行分类,公路运输主要统计指标分类见表1。

4 编码方法

4.1 采用复合码结构,由6位数字码表示。

4.2 代码结构:

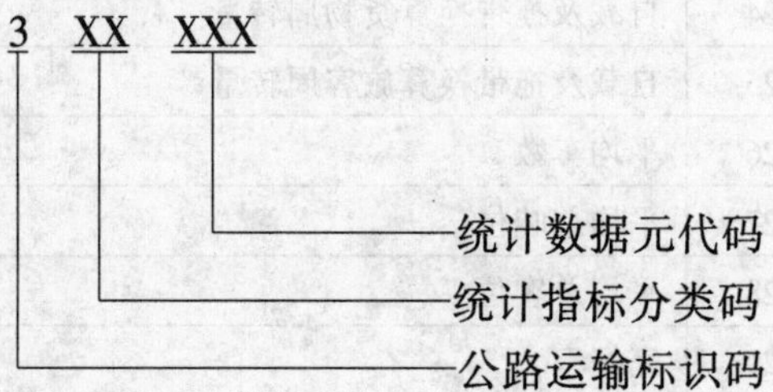

5 分类顺序码

5.1 由公路运输标识码和统计指标分类码两部分组成,3位数字码表示。

5.2 代码表。

代码表见表1。

中华人民共和国交通部 2001-04-10 批准　　　　2001-08-01 实施

表1　分类顺序码

代　码	名　　称	代　码	名　　称
301	运输工具实有数统计	307	公路里程年底到达数统计
302	公路运输量统计	308	新增公路统计
303	营运汽车运用情况统计	309	公路桥梁年底到达数统计
304	汽车燃料消耗统计	310	公路隧道年底到达数统计
305	装卸机械实有数统计	311	公路渡口年底到达数统计
306	筑路机械实有数统计	390	其他

6　统计数据元代码

6.1　采用系列顺序码，由3位数字码表示，编码区间从001至550，分成间隔为50的区段。

6.2　统计数据元代码。

统计数据元代码见表2。

表2　统计数据元代码

代　码	名　　称	代　码	名　　称
001	辆数	113	非完好车日
002	客位数	114	总车吨位日
003	吨位数	115	总车客位日
004	集装箱箱位	116	总行程
		117	载运行程
051	运量	118	总行程载货量
052	周转量	119	总行程载客量
053	集装箱箱数(TEU)	120	载运行程载货量
054	集装箱箱数(个)	121	载运行程载客量
055	集装箱重量	122	自载换算货物周转量
		123	自载换算旅客周转量
101	期末车数	124	自载及拖带换算货物周转量
102	期末总吨位数	125	自载及拖带换算旅客周转量
103	期末总客位数	126	平均车数
104	总车日	127	平均总吨位
105	完好车日	128	平均总客位
106	工作车日	129	完好率
107	停驶车日	130	工作率
108	待司机停驶车日	131	车日行程
109	待客源停驶车日	132	里程利用率
110	待货源停驶车日	133	吨位利用率
111	待燃料停驶车日	134	客位利用率
112	其他原因停驶车日	135	实载率

表 2(完)

代码	名称	代码	名称
136	拖运率	277	清扫车辆数
137	综合计算单车产量	278	标志车辆数
138	综合计算车吨产量	279	划线机台数
139	综合计算车客产量	280	道路排障车辆数
		281	装载机台数
151	按定额计算汽车燃料消耗量	282	多功能工程车台数台数
152	汽车实际消耗燃料量	283	除雪机台数
153	平均每百车公里燃料消耗量	284	稳定土拌和机台数
154	平均每百吨公里燃料消耗量	285	灰土拌和机台数
		286	沥青摊铺机台数
201	装卸机械台数	287	沥青混合料摊铺机台数
202	起重机械台数	288	水泥混凝土摊铺机台数
203	铲车台数	289	混凝土切缝机台数
249	其他装卸机械台数	290	平地机台数
		291	路面铣刨机台数
251	推土机台数	292	钻机台数
252	挖土机台数	293	挖掘机台数
253	铲运机台数	294	桥梁检测车台数
254	重型压路机台数	295	载重汽车辆数
255	轻型压路机台数		
256	空压机台数	301	公路里程数
257	凿岩机台数	302	晴雨通车里程
258	履带式起重机台数	303	可绿化里程
259	轮胎式起重机台数	304	绿化里程
260	汽车式起重机台数		
261	卷扬机台数	351	新增公路里程
262	自卸汽车辆数		
263	小型拖拉机辆数	401	公路桥梁总长度
264	中型拖拉机辆数	402	公路桥梁座数
265	大型拖拉机辆数	403	涵洞道数
266	水泥混凝土搅拌机台数	404	涵洞总长度
267	沥青混凝土搅拌机台数	451	公路隧道长度
268	破碎机台数	452	公路隧道数
269	抽水机台数		
270	发电机台数	501	公路渡口座数
271	发电机功率数	502	渡船艘数
272	沥青洒布车辆数	503	渡船净载重量
273	沥青洒布机台数	504	渡船总功率数
274	维修用机床台数	505	渡船功率数
275	工程洒水车台数		
276	综合养护车辆数	550	交通量观测站数

7 统计指标代码结构

7.1 公路运输主要统计指标代码结构及编码示例见附录A(标准的附录)。

7.2 代码结构中出现空码时应在相应码位补充“0”。

8 指标分组统计相关信息代码

8.1 公路运输统计指标分组统计相关信息代码见附录B(标准的附录)。

8.2 公路运输统计指标分组统计相关国际、国家标准及交通行业标准见附录C(提示的附录)。

9 公路运输主要统计指标分类代码集

公路运输主要统计指标代码集见附录D(提示的附录)。

附 录 A

（标准的附录）

公路运输主要统计指标代码结构及编码示例

根据《交通运输统计报表制度》规定主要统计指标代码结构。

A1 公路运输主要统计指标代码结构

XXX XXX Xn
(1) (2) (3)

(1)分类顺序码(见表 1)

(2)统计数据元代码(见表 2)

(3)相关信息代码〈见附录 B(标准的附录)或附录 C(提示的附录)〉

A2 运输工具实有数统计指标代码：

A2.1 运输工具实有数统计指标代码结构：

XXX XXX XX XXX X XXX X XX X
(1) (2) (3) (4) (5) (6) (7) (8) (9)

(1)分类顺序码(见表 1)；

(2)运输工具实有数统计数据元代码(见表 2)；

(3)所属部门代码(见附录 B(标准的附录)表 B1)；

(4)经济类型分类与代码(见附录 C(提示的附录)表 C1)；

(5)运输企业经营性质代码(见附录 B(标准的附录)表 B2)；

(6)道路车辆分类代码(见附录 B(标准的附录)表 B7)；

(7)运输工具型式分类代码(见附录 B(标准的附录)表 B10)；

(8)运输工具燃料分类代码(见附录 B(标准的附录)表 B9)；

(9)合计代码(见附录 B(标准的附录)表 B14)。

A2.2 编码示例见表 A1。

表 A1 运输工具实有数统计指标编码示例

统计指标名称	代 码
交通部门大型客车辆数	301 001 10 000 0 110 1 00 0
交通运输部门国有经济营运普通货车吨位数	301 003 10 110 1 120 0 00 0
交通运输部门营运汽油客车客位数	301 002 10 000 1 110 0 11 0
交通运输部门集体经济非营运性货车辆数	301 001 10 120 2 120 0 00 0

A3 公路运输量统计指标代码

A3.1 公路客运量统计指标代码

A3.1.1 公路客运量统计指标代码结构：

XXX XXX XX XXX X XXX X X X
(1) (2) (3) (4) (5) (6) (7) (8) (9)

(1)分类顺序码(见表 1)；

(2)公路运输量统计数据元代码(见表 2)；

(3)所属部门代码(见附录 B(标准的附录)表 B1)；

(4)经济类型分类与代码(见附录 C(提示的附录)表 C1)；

(5)运输企业经营性质代码(见附录B(标准的附录)表B2);

(6)道路车辆分类代码(见附录B(标准的附录)表B7);

(7)运输对象代码(见附录B(标准的附录)表B3);

(8)运输对象流向代码(见附录B(标准的附录)表B8);

(9)合计代码(见附录B(标准的附录)表B14)。

A3.1.2 编码示例见表A2。

表A2 公路客运量统计指标编码示例

统计指标名称	代　　码
交通部门营业性汽车旅客周转量	302 052 10 000 1 100 1 0 0
交通运输部门国有经济非机动车客运量	302 051 10 110 0 200 1 0 0

A3.2 公路货运量统计指标代码

A3.2.1 公路货运量统计指标代码结构:

$$\frac{XXX}{(1)}\ \frac{XXX}{(2)}\ \frac{XX}{(3)}\ \frac{XXX}{(4)}\ \frac{X}{(5)}\ \frac{XXX}{(6)}\ \frac{X}{(7)}\ \frac{XXXX}{(8)}\ \frac{X}{(9)}\ \frac{X}{(10)}$$

(1)分类顺序码(见表1);

(2)公路运输量统计数据元代码(见表2);

(3)所属部门代码(见附录B(标准的附录)表B1);

(4)经济类型分类与代码(见附录C(提示的附录)表B1);

(5)运输企业经营性质代码(见附录B(标准的附录)表B2);

(6)道路车辆分类代码(见附录B(标准的附录)表B7);

(7)运输对象代码(见附录B(标准的附录)表B3);

(8)运输货物分类代码(见附录C(提示的附录)表C3);

(9)运输对象流向代码(见附录B(标准的附录)表B8);

(10)合计代码(见附录B(标准的附录)表B14)。

A3.2.2 编码示例见表A3。

表A3 公路货运量统计指标编码示例

统计指标名称	代　　码
交通部门汽车货运量	302 051 10 000 0 000 2 0000 0 0
交通运输部门集体经济其它机动车货物周转量	302 052 10 120 0 199 2 0000 0 0
交通运输部门汽车原油运量	302 051 10 000 0 110 2 0210 0 0
全行业公路货运量	302 051 30 000 0 000 2 0000 0 0

A3.3 公路集装箱运输量统计指标代码

A3.3.1 公路集装箱运输量统计指标代码结构:

$$\frac{XXX}{(1)}\ \frac{XXX}{(2)}\ \frac{XX}{(3)}\ \frac{XXX}{(4)}\ \frac{X}{(5)}\ \frac{X}{(6)}\ \frac{X}{(7)}\ \frac{X}{(8)}\ \frac{X}{(9)}\ \frac{X}{(10)}\ \frac{X}{(11)}\ \frac{X}{(12)}$$

(1)分类顺序码(见表1);

(2)公路运输量统计数据元代码(见表2);

(3)所属部门代码(见附录B(标准的附录)表B1);

(4)经济类型分类与代码(见附录C(提示的附录)表C1);

(5)运输企业经营性质代码(见附录B(标准的附录)表B2);

(6)运输对象代码(见附录B(标准的附录)表B3);

(7)集装箱箱重代码(见附录B(标准的附录)表B6);

(8)集装箱尺寸代码(见附录C(提示的附录)表C2);

(9)集装箱空、重箱代码(见附录B(标准的附录)表B5);

(10)集装箱分组代码(见附录B(标准的附录)表B4);

(11)运输对象流向代码(见附录B(标准的附录)表B8);

(12)合计代码(见附录B(标准的附录)表B14)。

A3.3.2 编码示例见表A4。

表A4 公路集装箱运输量统计指标编码示例

统计指标名称	代码
交通运输部门国有经济国际集装箱箱位合计	302 004 10 110 0 3 0 0 0 1 0 1

A4 营运汽车运用情况统计指标代码

A4.1 营运汽车运用情况统计指标代码结构:

$$\underset{(1)}{\underline{XXX}}\ \underset{(2)}{\underline{XXX}}\ \underset{(3)}{\underline{XX}}\ \underset{(4)}{\underline{XXX}}\ \underset{(5)}{\underline{X}}\ \underset{(6)}{\underline{XXX}}\ \underset{(7)}{\underline{X}}$$

(1)分类顺序码(见表1);

(2)营运车辆运用情况统计数据元代码(见表2);

(3)所属部门代码(见附录B(标准的附录)表B1);

(4)经济类型代码(见附录C(提示的附录)表C1);

(5)运输企业经营性质代码(见附录B(标准的附录)表B2);

(6)道路车辆分类代码(见附录B(标准的附录)表B7);

(7)合计代码(见附录B(标准的附录)表B14)。

A4.2 编码示例见表A5。

表A5 营运汽车运用情况统计指标编码示例

统计指标名称	代码
交通运输部门国有经济营运载货汽车完好车日	303 105 10 110 1 120 0

A5 汽车燃料消耗量统计指标代码

A5.1 汽车燃料消耗量统计指标代码结构:

$$\underset{(1)}{\underline{XXX}}\ \underset{(2)}{\underline{XXX}}\ \underset{(3)}{\underline{XX}}\ \underset{(4)}{\underline{XXX}}\ \underset{(5)}{\underline{XXX}}\ \underset{(6)}{\underline{XX}}\ \underset{(7)}{\underline{X}}$$

(1)分类顺序码(见表1);

(2)汽车燃料消耗量统计数据元代码(见表2);

(3)所属部门代码(见附录B(标准的附录)表B1);

(4)经济类型分类与代码(见附录C(提示的附录)表C1);

(5)道路车辆分类与代码(见附录B(标准的附录)表B7);

(6)运输工具燃料分类代码(见附录B(标准的附录)表B9);

(7)合计代码(见附录B(标准的附录)表B14)。

A5.2 编码示例见表 A6。

表 A6 汽车燃料消耗量统计指标编码示例

统计指标名称	代　　码
交通运输部门国有经济载客汽车汽油实际消耗量	304 152 10 110 110 11 0

A6 装卸机械实有数统计指标代码

A6.1 装卸机械实有数统计指标代码结构：

XXX XXX XX XXX X
(1) (2) (3) (4) (5)

(1)分类顺序码(见表 1)；

(2)装卸机械实有数统计数据元代码(见表 2)；

(3)所属部门代码(见附录 B(标准的附录)表 B1)；

(4)经济类型与分类代码(见附录 C(提示的附录)表 C1)；

(5)合计代码(见附录 B(标准的附录)表 B14)。

A6.2 编码示例见表 A7。

表 A7 装卸机械实有数统计指标编码示例

统计指标名称	代　　码
交通部门国有经济起重机械台数	305 202 10 110 1

A7 筑路机械实有数统计指标代码

A7.1 筑路机械实有数统计指标代码结构：

XXX XXX XX
(1) (2) (3)

(1)分类顺序码(见表 1)；

(2)筑路机械实有数统计数据元代码(见表 2)；

(3)所属部门代码(见附录 B(标准的附录)表 B17)。

A7.2 编码示例见表 A8。

表 A8 筑路机械实有数统计指标编码示例

统计指标名称	代　　码
交通部门推土机台数	306 251 10

A8 公路里程年底到达数统计指标代码

A8.1 公路里程年底到达数统计指标代码结构：

XXX XXX X X XX X
(1) (2) (3) (4) (5) (6)

(1)分类顺序码(见表 1)；

(2)公路里程年底到达数统计数据元代码(见表 2)；

(3)公路行政等级代码(见附录 C(提示的附录)表 C4)；

(4)公路技术等级代码(见附录 C(提示的附录)表 C5)；

(5)公路路面等级与面层类型代码(见附录 C(提示的附录)表 C6)；

(6)报告期及建设性质分类代码(见附录 B(标准的附录)表 B11)。

A8.2 编码示例见表 A9。

表 A9　公路里程年底到达数统计指标编码示例

统计指标名称	代　　码
本年新建高速国道里程	307　301　G　8　10　2
本年新建国道可绿化里程	307　303　G　2　20　2

A9　新增公路统计指标代码

A9.1　新增公路统计指标代码结构：

路线名称　XXX(1)　XXX(2)　XXXXXX(3)　X(4)　X(5)　X(6)　X(7)

(1)线路名称：国道、国道主干线按 GB 917.2 规定的简称表示，省道、县道、乡道和专用公路采用 GB 917.1 规定的简称表示；

(2)分类顺序码(见表 1)；

(3)新增公路统计数据元代码(见表 2)；

(4)路线代码(国道、国道主干线采用 GB 917.2 的规定，省道、县道、乡道和专用公路采用 GB 917.1 的规定)；

(5)公路技术等级代码(见附录 C(提示的附录)表 C5)；

(6)起讫地点(见附录 B(标准的附录)表 B12)；

(7)验收通车时间(见附录 B(标准的附录)表 B13)。

A9.2　编码示例见表 A10。

表 A10　新增汽车专用公路统计指标编码示例

统计指标名称	代　　码
新增通县至顺义公路里程	通顺线　308　351　S20111　1　3　1

A10　公路桥梁年底到达数统计指标代码

A10.1　公路桥梁年底到达数统计指标代码结构：

XXX(1)　XXX(2)　X(3)　X(4)　X(5)　X(6)

(1)分类顺序码(见表 1)；

(2)公路桥梁年底到达数统计数据元代码(见表 2)；

(3)公路行政等级代码(见附录 C(提示的附录)表 C4)；

(4)公路桥梁性质代码(见附录 C(提示的附录)表 C8)；

(5)公路桥梁跨径分类代码(见附录 C(提示的附录)表 C7)；

(6)报告期及建设性质分类代码(见附录 B(标准的附录)表 B11)。

A10.2　编码示例见表 A11。

表 A11　公路桥梁年底到达数统计指标编码示例

统计指标名称	代　　码
国道危桥上年到达总长度	309　401　G　4　3　1
国道特大桥上年到达座数	309　402　G　1　1　1

A11　公路隧道年底到达数统计指标代码

A11.1 公路隧道年底到达数统计指标代码结构：

$$\frac{XXX}{(1)}\ \frac{XXX}{(2)}\ \frac{X}{(3)}\ \frac{X}{(4)}\ \frac{X}{(5)}$$

(1)分类顺序码(见表1)；

(2)公路隧道年底到达数统计数据元代码(见表2)；

(3)公路行政等级代码(见附录C(提示的附录)表C4)；

(4)公路隧道分类代码(见附录C(提示的附录)表C9)；

(5)合计代码(见附录B(标准的附录)表B14)。

A11.2 编码示例见表A12。

表A12 公路隧道年底到达数统计指标编码示例

统计指标名称	代　　码
国道特长隧道年底到达长度合计	310　451　G　1　1

A12 公路渡口年底到达数统计指标代码

A12.1 公路渡口年底到达数统计指标代码结构：

$$\frac{XXX}{(1)}\ \frac{XXX}{(2)}\ \frac{X}{(3)}\ \frac{X}{(4)}\ \frac{X}{(5)}\ \frac{X}{(6)}\ \frac{X}{(7)}$$

(1)分类顺序码(见表1)；

(2)公路渡口年底到达数统计数据元代码(见表2)；

(3)公路管理等级代码(见附录C(提示的附录)表C4)；

(4)公路渡口分类代码(见附录C(提示的附录)表C11)；

(5)渡口船舶分类代码(见附录C(提示的附录)表C10)；

(6)报告期及建设性质分类代码(见附录B(标准的附录)表B11)；

(7)合计代码(见附录B(标准的附录)表B14)。

A12.2 编码示例见表A13。

表A13 公路渡口年底到达数统计指标编码示例

统计指标名称	代　　码
国道机动渡口本年达到座数	311　501　G　1　5　4　0
国道机动渡船本年达到艘数合计	311　502　G　1　5　4　1

附 录 B

（标准的附录）

公路运输统计指标分组统计相关信息代码

B1 公路运输统计指标分组统计相关信息分组原则

根据《交通运输统计报表制度》及公路运输生产、经营和管理的特点对未制定成国家标准和行业标准的相关信息进行分组。

B2 相关信息编码

B2.1 所属部门代码

由2位层次码表示，见表B1。

表B1 所属部门代码

代码	名称	代码	名称
10	交通部门	21	个体联户
11	交通部直属企业	22	军车
12	地方交通企业	29	其他
20	非交通部门	30	全行业

B2.2 经营性质代码

由1位数字码表示，见表B2。

表B2 经营性质代码

代码	名称	代码	名称
1	营业性	2	非营业性

B2.3 运输对象代码

由1位数字码表示，见表B3。

表B3 运输对象代码

代码	名称	代码	名称
1	旅客	3	集装箱
2	货物		

B2.4 集装箱分类代码

由1位数字码表示，见表B4。

表B4 集装箱分组统计代码

代码	名称	代码	名称
1	国际集装箱(TEU)	2	国内集装箱

B2.5 集装箱空、重箱分类代码

由1位数字码表示，见表B5。

表 B5　集装箱空、重箱分类代码

代　码	名　　称	代　码	名　　称
1	重箱	2	空箱

B2.6　集装箱箱重分类与代码

由 1 位数字码表示，见表 B6。

表 B6　集装箱箱重分类与代码

代　码	名　　称	代　码	名　　称
1	1t 箱	5	5t 箱
2	2t 箱	6	10t 箱

B2.7　道路车辆分类与代码

采用层次码，由 3 位数字码表示，见表 B7。

表 B7　道路车辆分类与代码

代　码	名　　称	代　码	名　　称
100	汽车	140	特种汽车
110	客车	200	轮胎式拖拉机
111	公务客车	210	手扶拖拉机
112	教练客车	300	摩托车
120	普通载货汽车	310	两轮摩托车
121	载货公务车	320	轻便摩托车
122	载货教练车	400	其他机动车
130	专用载货汽车	500	载货挂车
131	油罐车	600	非机动车
132	集装箱车	610	人力车
139	其他专用载货汽车	620	畜力车

B2.8　运输对象流向代码

由 1 位数字码表示，见表 B8。

表 B8　运输对象流向代码

代　码	名　　称	代　码	名　　称
1	国际	4	省内
2	国内	9	其他
3	省际		

B2.9　运输工具燃料代码

由 2 位数字层次码表示，见表 B9。

表 B9 运输工具燃料代码

代码	名称	代码	名称
10	油	20	气
11	汽油	21	压缩天然气
12	柴油	22	液化石油气
19	其他油类燃料	29	其他气体燃料
		30	电

B2.10 运输工具型式分类代码

由 1 位数字码表示,见表 B10。

表 B10 运输工具型式分类代码

代码	名称	代码	名称
1	大型	4	小型
2	重型	5	轻型
3	中型	9	其他型

B2.11 报告期及建设性质分类代码

由 1 位数字码表示,见表 B11。

表 B11 报告期及建设性质分类代码

代码	名称	代码	名称
1	上年到达数	3	本年改建变更数
2	本年新建数	4	本年到达数

B2.12 起讫地点代码

由 1 位数字码表示,见 B12。

表 B12 起讫地点代码

代码	名称	代码	名称
1	起点	3	起讫点
2	讫点		

B2.13 验收通车时间代码

由 1 位数字码表示,见表 B13。

表 B13 验收通车时间代码

代码	名称	代码	名称
1	验收时间	2	通车时间

B2.14 合计代码

由 1 位数字码表示,见表 B14。

表 B14 合 计 代 码

代码	名称
1	合计

B2.15 公路密度计算方式代码

由一位数字码表示，代码见表 B15。

表 B15 公路密度计算方式代码

代 码	名 称	代 码	名 称
1	以国土面积计算	2	以人口数量计算

B2.16 交通量观测站代码

采用 JT/T 307.6 的规定，由国道编号、交通量观测站编号和中国行政区划代码三部分组配而成。

代码结构

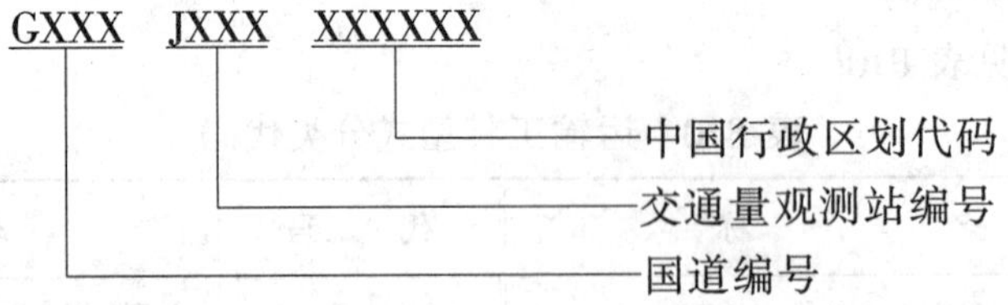

B2.16.1 国道编号

国道编号采用 GB 917.2 的规定。

B2.16.2 交通量观测站编号

B2.16.2.1 连续式交通量观测站编号

连续式交通量观测站编号，按每条国道的起点至终点方向，以各省、自治区、直辖市为范围，从 J105 开始，间隔为 5，编制序列顺序号。编号区间自 J100 至 J195，如新增交通量观测站编号，可在相应代码位置前插入。

B2.16.2.2 间隙式交通量观测站编号

间隙式交通量观测站编号，按每条国道的起点至终点方向，以各省、自治区、直辖市为范围，从 J205 开始，间隔为 5，编制序列顺序号。编号区间自 J205 至 J895，如新增交通量观测站编号，可在相应代码位置前插入。

B2.16.2.3 临时性交通量观测站编号

临时性交通量观测站编号，按每条国道的起点至终点方向，以各省、自治区、直辖市为范围，从 J905 顺序编制，编号区间自 J905 至 J998。

B2.16.3 中国行政区划代码

中国行政区划代码采用 GB/T 2260 的规定，用户可根据需要对 6 位行政区划代码截取使用。

附 录 C

（提示的附录）

公路运输统计指标分组统计相关国际标准、国家标准及交通行业标准

C1 经济类型分类与代码

采用 GB/T 12402 规定的三位数字顺序码表示，见表 C1。

表 C1 经济类型分类与代码

代 码	名 称	代 码	名 称
100	内资	174	私营股份有限(公司)
110	国有全资	175	个体经营
120	集体全资	179	其他私有
130	股份合作	190	其他内资
140	联营	200	港、澳、台投资
141	国有联营	210	内地和港、澳、台合资
142	集体联营	220	内地和港、澳、台合作
143	国有与集体联营	230	港、澳、台独资
149	其他联营	240	港、澳、台投资股份有限(公司)
150	有限责任(公司)	290	其他港、澳、台投资
151	国有独资(公司)	300	国外投资
159	其他有限责任(公司)	310	中外合资
160	股份有限(公司)	320	中外合作
170	私有	330	外资
171	私有独资	340	国外投资股份有限(公司)
172	私有合伙	390	其他国外投资
173	私营有限责任(公司)	900	其他

C2 集装箱尺寸代码

采用 ISO/DIS 6346－2:1995 规定的一位数字码，见表 C2。

表 C2 集装箱尺寸代码

代码字符	箱 长 (ft)	代码字符	箱 长 (ft)
1	10	4	40
2	20	*7	35
3	30	*8	45
注：* 为扩充码　　1ft＝0.3048m			

C3 运输货物分类和代码

采用 JT/T 0019 规定的四位数字码(大类码)表示,见表 C3(大类码)。

表 C3 运输货物分类和代码(大码类)

代　码	名　称	代　码	名　称
0100	煤炭及制品	0900	化学肥料及农药
0200	石油、天然气及制品	1000	盐
0210	原油	1100	粮食
0300	金属矿石	1200	机械、设备、电器
0400	钢铁	1300	化工原料及制品
0500	矿物性建筑材料	1400	有色金属
0600	水泥	1500	轻工、医药产品
0700	木材	1520	日用工业品
0800	非金属矿石	1600	农、林、牧、渔业产品
0810	磷矿	1610	棉花
		1700	其他货类

C4　公路行政等级代码

采用 GB/T 132 规定的一位字母码表示,见表 C4。

表 C4 公路行政等级代码

代　码	名　称	代　码	名　称
G	国道	Y	乡道
S	省道	Z	专用公路
X	县道		

C5　公路技术等级代码

采用 GB/T 132 规定的一位数字码表示,见表 C5。

表 C5 公路技术等级代码

代　码	名　称	代　码	名　称
8	高速公路	4	四级公路
1	一级公路	*7	半幅高速
2	二级公路	9	等外公路
3	三级公路		
注:* 为扩充码			

C6　公路路面等级与面层类型代码

采用 GB/T 132 规定的两位数字码表示,见表 C6。

表 C6　公路路面等级与面层类型代码

代　码	名　　称	代　码	名　　称
10	高级路面	31	碎、砾石(泥结或级配)
11	沥青混凝土	32	半整齐石块
12	水泥混凝土	33	其他粒料
20	次高级路面	40	低级路面
21	沥青贯入式	41	粒料加固土
22	沥青碎石	42	其他当地材料加固或改善土
23	沥青表面处治	*80	有路面
30	中级路面	*90	无路面
注:*为扩充码			

C7　公路路线代码

国道、国道主干线采用 GB 917.2 的规定。

省道、县道、乡道和专用公路按照 GB 917.1 的规定编制。

C8　公路桥梁跨径分类代码

采用 JT/T 132 规定的一位数字码表示,见表 C7。

表 C7　公路桥梁跨径分类代码

代　码	名　　称	代　码	名　　称
1	特大桥	4	小桥
2	大桥	5	涵洞
3	中桥	*8	互通式立交桥
注:*为扩充码			

C9　公路桥梁性质代码

采用 JT/T 132 规定的一位数字码表示,见表 C8。

表 C8　公路桥梁性质代码

代　码	名　　称	代　码	名　　称
1	永久性桥	*4	危桥
2	半永久性桥	9	其他
3	临时性桥		
注:*为扩充码			

C10　公路隧道分类代码

采用 JT/T 132 规定的一位数字码表示,见表 C9。

表 C9　公路隧道分类代码

代　码	名　　称	代　码	名　　称
1	特长隧道	4	短隧道
2	长隧道	9	其他
3	中隧道		

C11　渡口船舶分类代码

采用 JT/T 132 规定的两位数字码表示,见表 C10。

表 C10　渡口船舶分类代码

代　码	名　称	代　码	名　称
1	拖轮	5	机动渡船
2	推轮	6	人力渡船
3	机动驳	9	其他
4	非机动驳		

C12　公路渡口分类代码

采用 JT/T 132 规定的 1 位数字码表示,见表 C11。

表 C11　公路渡口分类代码

代　码	名　称	代　码	名　称
1	机动渡口	4	非机动渡口
2	人力渡	9	其他
3	混合渡		

附 录 D

（提示的附录）

公路运输主要统计指标代码集

D1 公路运输主要统计指标代码集

公路运输主要统计指标代码集见表D1。

表D1 公路运输主要统计指标代码集

运输工具实有数统计	
代 码	名 称
301 001 30 000 0 100 0 00 1	全行业汽车辆数合计
301 001 30 000 0 110 0 00 1	全行业客车辆数合计
301 001 30 000 0 110 1 00 1	全行业大型客车辆数合计
301 001 30 000 0 110 3 00 1	全行业中型客车辆数合计
301 001 30 000 0 110 4 00 1	全行业小型客车辆数合计
301 002 30 000 0 110 0 00 1	全行业客车客位数合计
301 002 30 000 0 110 1 00 1	全行业大型客车客位数合计
301 002 30 000 0 110 3 00 1	全行业中型客车客位数合计
301 002 30 000 0 110 4 00 1	全行业小型客车客位数合计
301 001 30 000 0 120 0 00 1	全行业普通载货汽车辆数合计
301 001 30 000 0 120 1 00 1	全行业大型普通载货汽车辆数合计
301 001 30 000 0 120 3 00 1	全行业中型普通载货汽车辆数合计
301 001 30 000 0 120 2 00 1	全行业重型普通载货汽车辆数合计
301 001 30 000 0 120 4 00 1	全行业小型普通载货汽车辆数合计
301 003 30 000 0 120 0 00 1	全行业普通载货汽车吨位数合计
301 003 30 000 0 120 1 00 1	全行业大型普通载货汽车吨位数合计
301 003 30 000 0 120 2 00 1	全行业重型普通载货汽车吨位数合计
301 003 30 000 0 120 3 00 1	全行业中型普通载货汽车吨位数合计
301 003 30 000 0 120 4 00 1	全行业小型普通载货汽车吨位数合计
301 001 30 000 0 130 0 00 1	全行业专用载货汽车辆数合计
301 003 30 000 0 130 0 00 1	全行业专用载货汽车吨位数合计

表 D1(续)

代码	名称
301 001 30 000 0 132 0 00 1	全行业集装箱车辆数合计
301 004 30 000 0 132 0 00 1	全行业集装箱箱位数合计
301 001 30 000 0 400 0 00 1	全行业其他机动车辆数合计
301 001 30 000 0 610 0 00 1	全行业人力车辆数合计
301 001 30 000 0 620 0 00 1	全行业畜力车辆数合计
301 001 30 000 0 200 0 00 1	全行业轮胎式拖拉机辆数合计
301 001 30 000 1 100 0 00 0	全行业营业性汽车辆数
301 001 30 000 1 110 0 00 0	全行业营业性客车辆数
301 001 30 000 1 110 1 00 0	全行业营业性大型客车辆数
301 001 30 000 1 110 3 00 0	全行业营业性中型客车辆数
301 001 30 000 1 110 4 00 0	全行业营业性小型客车辆数
301 002 30 000 1 110 0 00 0	全行业营业性客车客位数
301 002 30 000 1 110 1 00 0	全行业营业性大型客车客位数
301 002 30 000 1 110 3 00 0	全行业营业性中型客车客位数
301 002 30 000 1 110 4 00 0	全行业营业性小型客车客位数
301 001 30 000 1 120 0 00 0	全行业营业性普通载货汽车辆数
301 001 30 000 1 120 1 00 0	全行业营业性大型普通载货汽车辆数
301 001 30 000 1 120 3 00 0	全行业营业性中型普通载货汽车辆数
301 001 30 000 1 120 2 00 0	全行业营业性重型普通载货汽车辆数
301 001 30 000 1 120 4 00 0	全行业营业性小型普通载货汽车辆数
301 003 30 000 1 120 0 00 0	全行业营业性普通载货汽车吨位数
301 003 30 000 1 120 1 00 0	全行业营业性大型普通载货汽车吨位数
301 003 30 000 1 120 2 00 0	全行业营业性重型普通载货汽车吨位数
301 003 30 000 1 120 3 00 0	全行业营业性中型普通载货汽车吨位数
301 003 30 000 1 120 4 00 0	全行业营业性小型普通载货汽车吨位数
301 001 30 000 1 130 0 00 0	全行业营业性专用载货汽车辆数
301 003 30 000 1 130 0 00 0	全行业营业性专用载货汽车吨位数
301 001 30 000 1 132 0 00 0	全行业营业性集装箱车辆数

表 D1(续)

代　　码	名　　称
301 004 30 000 1 132 0 00 0	全行业营业性集装箱箱位数
301 001 30 000 1 400 0 00 0	全行业营业性其他机动车辆数
301 001 30 000 1 610 0 00 0	全行业营业性人力车辆数
301 001 30 000 1 620 0 00 0	全行业营业性畜力车辆数
301 001 30 000 1 200 0 00 0	全行业营业性轮胎式拖拉机辆数
301 001 10 000 0 100 0 00 0	交通部门汽车辆数
301 001 10 000 0 110 0 00 0	交通部门客车辆数
301 001 10 000 1 110 1 00 0	交通部门大型客车辆数
301 001 10 000 0 110 3 00 0	交通部门中型客车辆数
301 001 10 000 0 110 4 00 0	交通部门小型客车辆数
301 002 10 000 0 110 0 00 0	交通部门客车客位数
301 002 10 000 0 110 1 00 0	交通部门大型客车客位数
301 002 10 000 1 110 3 00 0	交通部门中型客车客位数
301 002 10 000 1 110 4 00 0	交通部门小型客车客位数
301 001 10 000 0 120 0 00 0	交通部门普通载货汽车辆数
301 001 10 000 0 120 1 00 0	交通部门大型普通载货汽车辆数
301 001 10 000 0 120 3 00 0	交通部门中型普通载货汽车辆数
301 001 10 000 0 120 2 00 0	交通部门重型普通载货汽车辆数
301 001 10 000 0 120 4 00 0	交通部门小型普通载货汽车辆数
301 003 10 000 0 120 0 00 0	交通部门普通载货汽车吨位数
301 003 10 000 0 120 1 00 0	交通部门大型普通载货汽车吨位数
301 003 10 000 0 120 2 00 0	交通部门重型普通载货汽车吨位数
301 003 10 000 0 120 3 00 0	交通部门中型普通载货汽车吨位数
301 003 10 000 0 120 4 00 0	交通部门小型普通载货汽车吨位数
301 001 10 000 0 130 0 00 0	交通部门专用载货汽车辆数
301 003 10 000 0 130 0 00 0	交通部门专用载货汽车吨位数
301 001 10 000 0 132 0 00 0	交通部门集装箱车辆数
301 004 10 000 0 132 0 00 0	交通部门集装箱箱位数

表 D1(续)

代　　码	名　　称
301　001　10　000　0　400　0　00　0	交通部门其他机动车辆数
301　001　10　000　0　610　0　00　0	交通部门人力车辆数
301　001　10　000　0　620　0　00　0	交通部门畜力车辆数
301　001　10　000　0　200　0　00　0	交通部门轮胎式拖拉机辆数
301　001　10　000　1　100　0　00　0	交通部门营业性汽车辆数
301　001　10　000　1　110　0　00　0	交通部门营业性客车辆数
301　001　10　000　1　110　1　00　0	交通部门营业性大型客车辆数
301　001　10　000　1　110　3　00　0	交通部门营业性中型客车辆数
301　001　10　000　1　110　4　00　0	交通部门营业性小型客车辆数
301　002　10　000　1　110　0　00　0	交通部门营业性客车客位数
301　002　10　000　1　110　1　00　0	交通部门营业性大型客车客位数
301　002　10　000　1　110　3　00　0	交通部门营业性中型客车客位数
301　002　10　000　1　110　4　00　0	交通部门营业性小型客车客位数
301　001　10　000　1　120　0　00　0	交通部门营业性普通载货汽车辆数
301　001　10　000　1　120　1　00　0	交通部门营业性大型普通载货汽车辆数
301　001　10　000　1　120　3　00　0	交通部门营业性中型普通载货汽车辆数
301　001　10　000　1　120　2　00　0	交通部门营业性重型普通载货汽车辆数
301　001　10　000　1　120　4　00　0	交通部门营业性小型普通载货汽车辆数
301　003　10　000　1　120　0　00　0	交通部门营业性普通载货汽车吨位数
301　003　10　000　1　120　1　00　0	交通部门营业性大型普通载货汽车吨位数
301　003　10　000　1　120　2　00　0	交通部门营业性重型普通载货汽车吨位数
301　003　10　000　1　120　3　00　0	交通部门营业性中型普通载货汽车吨位数
301　003　10　000　1　120　4　00　0	交通部门营业性小型普通载货汽车吨位数
301　001　10　000　1　130　0　00　0	交通部门营业性专用载货汽车辆数
301　003　10　000　1　130　0　00　0	交通部门营业性专用载货汽车吨位数
301　001　10　000　1　132　0　00　0	交通部门营业性集装箱车辆数
301　004　10　000　1　132　0　00　0	交通部门营业性集装箱箱位数
301　001　10　000　1　400　0　00　0	交通部门营业性其他机动车辆数

表 D1(续)

代　　　　码	名　　　　称
301 001 10 000 1 610 0 00 0	交通部门营业性人力车辆数
301 001 10 000 1 620 0 00 0	交通部门营业性营业性畜力车辆数
301 001 10 000 1 200 0 00 0	交通部门营业性轮胎式拖拉机辆数
301 001 20 000 0 100 0 00 0	非交通部门汽车辆数
301 001 20 000 0 110 0 00 0	非交通部门客车辆数
301 001 20 000 0 110 1 00 0	非交通部门大型客车辆数
301 001 20 000 0 110 3 00 0	非交通部门中型客车辆数
301 001 20 000 0 110 4 00 0	非交通部门小型客车辆数
301 002 20 000 0 110 0 00 0	非交通部门客车客位数
301 002 20 000 0 110 1 00 0	非交通部门大型客车客位数
301 002 20 000 0 110 3 00 0	非交通部门中型客车客位数
301 002 20 000 0 110 4 00 0	非交通部门小型客车客位数
301 001 20 000 0 120 0 00 0	非交通部门普通载货汽车辆数
301 001 20 000 0 120 1 00 0	非交通部门大型普通载货汽车辆数
301 001 20 000 0 120 3 00 0	非交通部门中型普通载货汽车辆数
301 001 20 000 0 120 2 00 0	非交通部门重型普通载货汽车辆数
301 001 20 000 0 120 4 00 0	非交通部门小型普通载货汽车辆数
301 003 20 000 0 120 0 00 0	非交通部门普通载货汽车吨位数
301 003 20 000 0 120 1 00 0	非交通部门大型普通载货汽车吨位数
301 003 20 000 0 120 2 00 0	非交通部门重型普通载货汽车吨位数
301 003 20 000 0 120 3 00 0	非交通部门中型普通载货汽车吨位数
301 003 20 000 0 120 4 00 0	非交通部门小型普通载货汽车吨位数
301 001 20 000 1 130 0 00 0	非交通部门专用载货汽车辆数
301 003 20 000 0 130 0 00 0	非交通部门专用载货汽车吨位数
301 001 20 000 0 132 0 00 0	非交通部门集装箱车辆数
301 004 20 000 0 132 0 00 0	非交通部门集装箱箱位数
301 001 20 000 0 400 0 00 0	非交通部门其他机动车辆数
301 001 20 000 0 610 0 00 0	非交通部门人力车辆数

表 D1(续)

代　　码	名　　称
301 001 20 000 0 620 0 00 0	非交通部门畜力车辆数
301 001 20 000 0 200 0 00 0	非交通部门轮胎式拖拉机辆数
301 001 20 000 1 100 0 00 0	非交通部门营业性汽车辆数
301 001 20 000 1 110 0 00 0	非交通部门营业性客车辆数
301 001 20 000 1 110 1 00 0	非交通部门营业性大型客车辆数
301 001 20 000 1 110 3 00 0	非交通部门营业性中型客车辆数
301 001 20 000 1 110 4 00 0	非交通部门营业性小型客车辆数
301 002 20 000 1 110 0 00 0	非交通部门营业性客车客位数
301 002 20 000 1 110 1 00 0	非交通部门营业性大型客车客位数
301 002 20 000 1 110 3 00 0	非交通部门营业性中型客车客位数
301 002 20 000 1 110 4 00 0	非交通部门营业性小型客车客位数
301 001 20 000 1 120 0 00 0	非交通部门营业性普通载货汽车辆数
301 001 20 000 1 120 1 00 0	非交通部门营业性大型普通载货汽车辆数
301 001 20 000 1 120 3 00 0	非交通部门营业性中型普通载货汽车辆数
301 001 20 000 1 120 2 00 0	非交通部门营业性重型普通载货汽车辆数
301 001 20 000 1 120 4 00 0	非交通部门营业性小型普通载货汽车辆数
301 003 20 000 1 120 0 00 0	非交通部门营业性普通载货汽车吨位数
301 003 20 000 1 120 1 00 0	非交通部门营业性大型普通载货汽车吨位数
301 003 20 000 1 120 2 00 0	非交通部门营业性重型普通载货汽车吨位数
301 003 20 000 1 120 3 00 0	非交通部门营业性中型普通载货汽车吨位数
301 003 20 000 1 120 4 00 0	非交通部门营业性小型普通载货汽车吨位数
301 001 20 000 1 130 0 00 0	非交通部门营业性专用载货汽车辆数
301 003 20 000 1 130 0 00 0	非交通部门营业性专用载货汽车吨位数
301 001 20 000 1 132 0 00 0	非交通部门营业性集装箱车辆数
301 004 20 000 1 132 0 00 0	非交通部门营业性集装箱箱位数
301 001 20 000 1 400 0 00 0	非交通部门营业性其他机动车辆数
301 001 20 000 1 610 0 00 0	非交通部门营业性人力车辆数
301 001 20 000 1 620 0 00 0	非交通部门营业性营业性畜力车辆数

表 D1(续)

代　　码	名　　称
301 001 20 000 1 200 0 00 0	非交通部门营业性轮胎式拖拉机辆数
301 001 21 000 0 100 0 00 0	个体联户汽车辆数
301 001 21 000 0 110 0 00 0	个体联户客车辆数
301 001 21 000 0 110 1 00 0	个体联户大型客车辆数
301 001 21 000 0 110 3 00 0	个体联户中型客车辆数
301 001 21 000 0 110 4 00 0	个体联户小型客车辆数
301 002 21 000 0 110 0 00 0	个体联户客车客位数
301 002 21 000 0 110 1 00 0	个体联户大型客车客位数
301 002 21 000 0 110 3 00 0	个体联户中型客车客位数
301 002 21 000 0 110 4 00 0	个体联户小型客车客位数
301 001 21 000 0 120 0 00 0	个体联户普通载货汽车辆数
301 001 21 000 0 120 1 00 0	个体联户大型普通载货汽车辆数
301 001 21 000 0 120 3 00 0	个体联户中型普通载货汽车辆数
301 001 21 000 0 120 2 00 0	个体联户重型普通载货汽车辆数
301 001 21 000 0 120 4 00 0	个体联户小型普通载货汽车辆数
301 003 21 000 0 120 0 00 0	个体联户普通载货汽车吨位数
301 003 21 000 0 120 1 00 0	个体联户大型普通载货汽车吨位数
301 003 21 000 0 120 2 00 0	个体联户重型普通载货汽车吨位数
301 003 21 000 0 120 3 00 0	个体联户中型普通载货汽车吨位数
301 003 21 000 0 120 4 00 0	个体联户小型普通载货汽车吨位数
301 001 21 000 0 130 0 00 0	个体联户专用载货汽车辆数
301 003 21 000 0 130 0 00 0	个体联户专用载货汽车吨位数
301 001 21 000 0 132 0 00 0	个体联户集装箱车辆数
301 004 21 000 0 132 0 00 0	个体联户集装箱箱位数
301 001 21 000 0 400 0 00 0	个体联户其他机动车辆数
301 001 21 000 0 610 0 00 0	个体联户人力车辆数
301 001 21 000 0 620 0 00 0	个体联户畜力车辆数
301 001 21 000 0 200 0 00 0	个体联户轮胎式拖拉机辆数

表 D1(续)

代　　码	名　　称
301 001 22 000 0 100 0 00 0	军车汽车辆数
301 001 22 000 0 110 0 00 0	军车客车辆数
301 001 22 000 0 110 1 00 0	军车大型客车辆数
301 001 22 000 0 110 3 00 0	军车中型客车辆数
301 001 22 000 0 110 4 00 0	军车小型客车辆数
301 002 22 000 0 110 0 00 0	军车客车客位数
301 002 22 000 0 110 1 00 0	军车大型客车客位数
301 002 22 000 0 110 3 00 0	军车中型客车客位数
301 002 22 000 0 110 4 00 0	军车小型客车客位数
301 001 22 000 0 120 0 00 0	军车普通载货汽车辆数
301 001 22 000 0 120 1 00 0	军车大型普通载货汽车辆数
301 001 22 000 0 120 3 00 0	军车中型普通载货汽车辆数
301 001 22 000 0 120 2 00 0	军车重型普通载货汽车辆数
301 001 22 000 0 120 4 00 0	军车小型普通载货汽车辆数
301 003 22 000 0 120 0 00 0	军车普通载货汽车吨位数
301 003 22 000 0 120 1 00 0	军车大型普通载货汽车吨位数
301 003 22 000 0 120 2 00 0	军车重型普通载货汽车吨位数
301 003 22 000 0 120 3 00 0	军车中型普通载货汽车吨位数
301 003 22 000 0 120 4 00 0	军车小型普通载货汽车吨位数
301 001 22 000 0 130 0 00 0	军车专用载货汽车辆数
301 003 22 000 0 130 0 00 0	军车专用载货汽车吨位数
301 001 22 000 0 132 0 00 0	军车集装箱车辆数
301 004 22 000 0 132 0 00 0	军车集装箱箱位数
301 001 11 000 0 100 0 00 0	交通部直属企业汽车辆数
301 001 11 000 0 110 0 00 0	交通部直属企业客车辆数
301 001 11 000 0 110 1 00 0	交通部直属企业大型客车辆数
301 001 11 000 0 110 3 00 0	交通部直属企业中型客车辆数
301 001 11 000 0 110 4 00 0	交通部直属企业小型客车辆数

表 D1(续)

代码	名称
301 002 11 000 0 110 0 00 0	交通部直属企业客车客位数
301 002 11 000 0 110 1 00 0	交通部直属企业大型客车客位数
301 002 11 000 0 110 3 00 0	交通部直属企业中型客车客位数
301 002 11 000 0 110 4 00 0	交通部直属企业小型客车客位数
301 001 11 000 0 120 0 00 0	交通部直属企业普通载货汽车辆数
301 001 11 000 0 120 1 00 0	交通部直属企业大型普通载货汽车辆数
301 001 11 000 0 120 3 00 0	交通部直属企业中型普通载货汽车辆数
301 001 11 000 0 120 2 00 0	交通部直属企业重型普通载货汽车辆数
301 001 11 000 0 120 4 00 0	交通部直属企业小型普通载货汽车辆数
301 003 11 000 0 120 0 00 0	交通部直属企业普通载货汽车吨位数
301 003 11 000 0 120 1 00 0	交通部直属企业大型普通载货汽车吨位数
301 003 11 000 0 120 2 00 0	交通部直属企业重型普通载货汽车吨位数
301 003 11 000 0 120 3 00 0	交通部直属企业中型普通载货汽车吨位数
301 003 11 000 0 120 4 00 0	交通部直属企业小型普通载货汽车吨位数
301 001 11 000 0 130 0 00 0	交通部直属企业专用载货汽车辆数
301 003 11 000 0 130 0 00 0	交通部直属企业专用载货汽车吨位数
301 001 11 000 0 132 0 00 0	交通部直属企业集装箱车辆数
301 004 11 000 0 132 0 00 0	交通部直属企业集装箱箱位(TEU)
301 001 11 000 0 400 0 00 0	交通部直属企业其他机动车辆数
301 001 10 000 1 100 0 00 1	交通运输部门营运汽车辆数合计
301 001 10 000 1 110 0 00 1	交通运输部门营运客车辆数合计
301 001 10 000 1 110 1 00 1	交通运输部门营运大型客车辆数合计
301 001 10 000 1 110 3 00 1	交通运输部门营运中型客车辆数合计
301 001 10 000 1 110 4 00 1	交通运输部门营运小型客车辆数合计
301 002 10 000 1 110 0 00 1	交通运输部门营运客车客位数合计
301 002 10 000 1 110 1 00 1	交通运输部门营运大型客车客位数合计
301 002 10 000 1 110 3 00 1	交通运输部门营运中型客车客位数合计
301 002 10 000 1 110 4 00 1	交通运输部门营运小型客车客位数合计

表 D1(续)

代 码	名 称
301 001 10 110 1 100 0 00 0	交通运输部门国有经济营运汽车辆数
301 001 10 110 1 110 0 00 0	交通运输部门国有经济营运客车辆数
301 001 10 110 1 110 1 00 0	交通运输部门国有经济营运大型客车辆数
301 001 10 110 1 110 3 00 0	交通运输部门国有经济营运中型客车辆数
301 001 10 110 1 110 4 00 0	交通运输部门国有经济营运小型客车辆数
301 002 10 110 1 110 0 00 0	交通运输部门国有经济营运客车客位数
301 002 10 110 1 110 1 00 0	交通运输部门国有经济营运大型客车客位数
301 002 10 110 1 110 3 00 0	交通运输部门国有经济营运中型客车位数
301 002 10 110 1 110 4 00 0	交通运输部门国有经济营运小型客车位数
301 001 10 120 1 100 0 00 0	交通运输部门集体经济营运汽车辆数
301 001 10 120 1 110 0 00 0	交通运输部门集体经济营运客车辆数
301 001 10 120 1 110 1 00 0	交通运输部门集体经济营运大型客车辆数
301 001 10 120 1 110 3 00 0	交通运输部门集体经济营运中型客车辆数
301 001 10 120 1 110 4 00 0	交通运输部门集体经济营运小型客车辆数
301 002 10 120 1 110 0 00 0	交通运输部门集体经济营运客车客位数
301 002 10 120 1 110 1 00 0	交通运输部门集体经济营运大型客车客位数
301 002 10 120 1 110 3 00 0	交通运输部门集体经济营运中型客车客位数
301 002 10 120 1 110 4 00 0	交通运输部门集体经济营运小型客车客位数
301 001 10 900 1 100 0 00 0	交通运输部门其他经济营运汽车辆数
301 001 10 900 1 110 0 00 0	交通运输部门其他经济营运客车辆数
301 001 10 900 1 110 1 00 0	交通运输部门其他经济营运大型客车辆数
301 001 10 900 1 110 3 00 0	交通运输部门其他经济营运中型客车辆数
301 001 10 900 1 110 4 00 0	交通运输部门其他经济营运小型客车辆数
301 002 10 900 1 110 0 00 0	交通运输部门其他经济营运客车客位数
301 002 10 900 1 110 1 00 0	交通运输部门其他经济营运大型客车客位数
301 002 10 900 1 110 3 00 0	交通运输部门其他经济营运中型客车客位数
301 002 10 900 1 110 4 00 0	交通运输部门其他经济营运小型客车客位数
301 001 10 000 1 120 0 00 1	交通运输部门营运普通载货汽车辆数合计

表 D1(续)

代 码	名 称
301 001 10 000 1 120 1 00 1	交通运输部门营运大型普通载货汽车辆数合计
301 001 10 000 1 120 2 00 1	交通运输部门营运重型普通载货汽车辆数合计
301 001 10 000 1 120 3 00 1	交通运输部门营运中型普通载货汽车辆数合计
301 001 10 000 1 120 4 00 1	交通运输部门营运小型普通载货汽车辆数合计
301 003 10 000 1 120 0 00 1	交通运输部门营运普通载货汽车吨位数合计
301 003 10 000 1 120 1 00 1	交通运输部门营运大型普通载货汽车吨位数合计
301 003 10 000 1 120 2 00 1	交通运输部门营运重型普通载货汽车吨位数合计
301 003 10 000 1 120 3 00 1	交通运输部门营运中型普通载货汽车吨位数合计
301 003 10 000 1 120 4 00 1	交通运输部门营运小型普通载货汽车吨位数合计
301 001 10 110 1 120 0 00 0	交通运输部门国有经济营运普通载货汽车辆数
301 001 10 110 1 120 1 00 0	交通运输部门国有经济营运大型普通载货汽车辆数
301 001 10 110 1 120 2 00 0	交通运输部门国有经济营运重型普通载货汽车辆数
301 001 10 110 1 120 3 00 0	交通运输部门国有经济营运中型普通载货汽车辆数
301 001 10 110 1 120 4 00 0	交通运输部门国有经济营运小型普通载货汽车辆数
301 003 10 110 1 120 0 00 0	交通运输部门国有经济营运普通载货汽车吨位数
301 003 10 110 1 120 1 00 0	交通运输部门国有经济营运大型普通载货汽车吨位数
301 003 10 110 1 120 2 00 0	交通运输部门国有经济营运重型普通载货汽车吨位数
301 003 10 110 1 120 3 00 0	交通运输部门国有经济营运中型普通载货汽车吨位数
301 003 10 110 1 120 4 00 0	交通运输部门国有经济营运小型普通载货汽车吨位数
301 001 10 120 1 120 0 00 0	交通运输部门集体经济营运普通载货汽车辆数
301 001 10 120 1 120 1 00 0	交通运输部门集体经济营运大型普通载货汽车辆数
301 001 10 120 1 120 2 00 0	交通运输部门集体经济营运重型普通载货汽车辆数
301 001 10 120 1 120 3 00 0	交通运输部门集体经济营运中型普通载货汽车辆数
301 001 10 120 1 120 4 00 0	交通运输部门集体经济营运小型普通载货汽车辆数
301 003 10 120 1 120 0 00 0	交通运输部门集体经济营运普通载货汽车吨位数
301 003 10 120 1 120 1 00 0	交通运输部门集体经济营运大型普通载货汽车吨位数
301 003 10 120 1 120 2 00 0	交通运输部门集体经济营运重型普通载货汽车吨位数
301 003 10 120 1 120 3 00 0	交通运输部门集体经济营运中型普通载货汽车吨位数

表 D1(续)

代 码	名 称
301 003 10 120 1 120 4 00 0	交通运输部门集体经济营运小型普通载货汽车吨位数
301 001 10 900 1 120 0 00 0	交通运输部门其他经济营运普通载货汽车辆数
301 001 10 900 1 120 1 00 0	交通运输部门其他经济营运大型普通载货汽车辆数
301 001 10 900 1 120 2 00 0	交通运输部门其他经济营运重型普通载货汽车辆数
301 001 10 900 1 120 3 00 0	交通运输部门其他经济营运中型普通载货汽车辆数
301 001 10 900 1 120 4 00 0	交通运输部门其他经济营运小型普通载货汽车辆数
301 003 10 900 1 120 0 00 0	交通运输部门其他经济营运普通载货汽车吨位数
301 003 10 900 1 120 1 00 0	交通运输部门其他经济营运大型普通载货汽车吨位数
301 003 10 900 1 120 2 00 0	交通运输部门其他经济营运重型普通载货汽车吨位数
301 003 10 900 1 120 3 00 0	交通运输部门其他经济营运中型普通载货汽车吨位数
301 003 10 900 1 120 4 00 0	交通运输部门其他经济营运小型普通载货汽车吨位数
301 001 10 000 1 130 0 00 1	交通运输部门营运专用载货汽车辆数合计
301 001 10 000 1 131 0 00 1	交通运输部门营运罐车辆数合计
301 001 10 000 1 132 0 00 1	交通运输部门营运集装箱车辆数合计
301 004 10 000 1 132 0 00 1	交通运输部门营运国际集装箱箱数合计
301 003 10 000 1 130 0 00 1	交通运输部门营运专用载货汽车吨位数合计
301 001 10 110 1 130 0 00 0	交通运输部门国有经济营运专用载货汽车辆数
301 001 10 110 1 131 0 00 0	交通运输部门国有经济营运罐车辆数
301 001 10 110 1 132 0 00 0	交通运输部门国有经济营运集装箱车辆数
301 004 10 110 1 132 0 00 0	交通运输部门国有经济营运国际集装箱箱位数
301 003 10 110 1 130 0 00 0	交通运输部门国有经济营运专用载货汽车吨位数
301 001 10 120 1 130 0 00 0	交通运输部门集体经济营运专用载货汽车辆数
301 001 10 120 1 131 0 00 0	交通运输部门集体经济营运罐车辆数
301 001 10 120 1 132 0 00 0	交通运输部门集体经济营运集装箱车辆数
301 004 10 120 1 132 0 00 0	交通运输部门集体经济营运国际集装箱箱位数
301 003 10 120 1 130 0 00 0	交通运输部门集体经济营运专用载货汽车吨位数
301 001 10 900 1 130 0 00 0	交通运输部门其他经济营运专用载货汽车辆数
301 001 10 900 1 131 0 00 0	交通运输部门其他经济营运罐车辆数

表 D1(续)

代　　码	名　　称
301 001 10 900 1 132 0 00 0	交通运输部门其他经济营运集装箱车辆数
301 004 10 900 1 132 0 00 0	交通运输部门其他经济营运国际集装箱箱位数
301 003 10 900 1 130 0 00 0	交通运输部门其他经济营运专用载货汽车吨位数
301 001 10 000 1 200 0 00 1	交通运输部门营运轮胎式拖拉机辆数合计
301 001 10 000 1 210 0 00 1	交通运输部门营运手扶拖拉机辆数合计
301 001 10 110 1 200 0 00 0	交通运输部门国有经济营运轮胎式拖拉机辆数
301 001 10 110 1 210 0 00 0	交通运输部门国有经济营运手扶拖拉机辆数
301 001 10 120 1 120 0 00 0	交通运输部门集体经济营运轮胎式拖拉机辆数
301 001 10 120 1 210 0 00 0	交通运输部门集体经济营运手扶拖拉机辆数
301 001 10 900 1 200 0 00 0	交通运输部门其他经济营运轮胎式拖拉机辆数
301 001 10 900 1 210 0 00 0	交通运输部门其他经济营运手扶拖拉机辆数
301 001 10 000 1 300 0 00 1	交通运输部门营运摩托车辆数合计
301 001 10 000 1 310 0 00 1	交通运输部门营运两轮摩托车辆数合计
301 001 10 000 1 320 0 00 1	交通运输部门营运轻便摩托车辆数合计
301 001 10 110 1 300 0 00 0	交通运输部门国有经济营运摩托车辆数
301 001 10 110 1 310 0 00 0	交通运输部门国有经济营运两轮摩托车辆数
301 001 10 110 1 320 0 00 0	交通运输部门国有经济营运轻便摩托车辆数
301 001 10 120 1 300 0 00 0	交通运输部门集体经济营运摩托车辆数
301 001 10 120 1 310 0 00 0	交通运输部门集体经济营运两轮摩托车辆数
301 001 10 120 1 320 0 00 0	交通运输部门集体经济营运轻便摩托车辆数
301 001 10 900 1 300 0 00 0	交通运输部门其他经济营运摩托车辆数
301 001 10 900 1 310 0 00 0	交通运输部门其他经济营运两轮摩托车辆数
301 001 10 900 1 320 0 00 0	交通运输部门其他经济营运轻便摩托车辆数
301 001 10 000 1 400 0 00 1	交通运输部门营运其他机动车辆数合计
301 001 10 110 1 400 0 00 0	交通运输部门国有经济营运其他机动车辆数
301 001 10 120 1 400 0 00 0	交通运输部门集体经济营运其他机动车辆数
301 001 10 900 1 400 0 00 0	交通运输部门其他经济营运其他机动车辆数
301 001 10 000 1 500 0 00 1	交通运输部门营运载货挂车辆数合计

表 D1(续)

代　　码	名　　称
301 001 10 110 1 500 0 00 0	交通运输部门国有经济营运载货挂车辆数
301 001 10 120 1 500 0 00 0	交通运输部门集体经济营运载货挂车辆数
301 001 10 900 1 500 0 00 0	交通运输部门其他经济营运载货挂车辆数
301 003 10 000 1 500 0 00 1	交通运输部门营运载货挂车吨位数合计
301 003 10 110 1 500 0 00 0	交通运输部门国有经济营运载货挂车吨位数
301 003 10 120 1 500 0 00 0	交通运输部门集体经济营运载货挂车吨位数
301 003 10 900 1 500 0 00 0	交通运输部门其他经济营运载货挂车吨位数
301 001 10 000 1 610 0 00 1	交通运输部门营运货运人力车辆数合计
301 001 10 110 1 610 0 00 0	交通运输部门国有经济营运人力车辆数
301 001 10 120 1 610 0 00 0	交通运输部门集体经济营运人力车辆数
301 001 10 900 1 610 0 00 0	交通运输部门其他经济营运人力车辆数
301 001 10 000 1 620 0 00 1	交通运输部门营运畜力车辆数合计
301 001 10 110 1 620 0 00 0	交通运输部门国有经济营运畜力车辆数
301 001 10 120 1 620 0 00 0	交通运输部门集体经济营运畜力车辆数
301 001 10 900 1 620 0 00 0	交通运输部门其他经济营运畜力车辆数
301 001 10 000 1 100 0 12 1	交通运输部门营运柴油汽车辆数合计
301 001 10 000 1 100 0 11 1	交通运输部门营运汽油汽车辆数合计
301 001 10 000 1 100 0 19 1	交通运输部门营运其他油类燃料汽车辆数合计
301 001 10 000 1 110 0 12 0	交通运输部门营运柴油客车辆数
301 001 10 000 1 110 1 12 0	交通运输部门营运大型柴油客车辆数
301 001 10 000 1 110 3 12 0	交通运输部门营运中型柴油客车辆数
301 001 10 000 1 110 4 12 0	交通运输部门营运小型柴油客车辆数
301 002 10 000 1 110 0 12 0	交通运输部门营运柴油客车客位数
301 002 10 000 1 110 1 12 0	交通运输部门营运大型柴油客车客位数
301 002 10 000 1 110 3 12 0	交通运输部门营运中型柴油客车客位数
301 002 10 000 1 110 4 12 0	交通运输部门营运小型柴油客车客位数
301 001 10 000 1 110 0 11 0	交通运输部门营运汽油客车辆数
301 001 10 000 1 110 1 11 0	交通运输部门营运大型汽油客车辆数

表 D1(续)

代　　码	名　　称
301 001 10 000 1 110 3 11 0	交通运输部门营运中型汽油客车辆数
301 001 10 000 1 110 4 11 0	交通运输部门营运小型汽油客车辆数
301 002 10 000 1 110 0 11 0	交通运输部门营运汽油客车客位数
301 002 10 000 1 110 1 11 0	交通运输部门营运大型汽油客车客位数
301 002 10 000 1 110 3 11 0	交通运输部门营运中型汽油客车客位数
301 002 10 000 1 110 4 11 0	交通运输部门营运小型汽油客车客位数
301 001 10 000 1 110 0 19 0	交通运输部门营运其他油类燃料客车辆数
301 001 10 000 1 110 1 19 0	交通运输部门营运大型其他油类燃料客车辆数
301 001 10 000 1 110 3 19 0	交通运输部门营运中型其他油类燃料客车辆数
301 001 10 000 1 110 4 19 0	交通运输部门营运小型其他油类燃料客车辆数
301 002 10 000 1 110 0 19 0	交通运输部门营运其他油类燃料客车客位数
301 002 10 000 1 110 1 19 0	交通运输部门营运大型其他油类燃料客车客位数
301 002 10 000 1 110 3 19 0	交通运输部门营运中型其他油类燃料客车客位数
301 002 10 000 1 110 4 19 0	交通运输部门营运小型其他油类燃料客车客位数
301 001 10 000 1 120 0 12 0	交通运输部门营运柴油普通载货汽车辆数
301 001 10 000 1 120 1 12 0	交通运输部门营运大型柴油普通载货汽车辆数
301 001 10 000 1 120 3 12 0	交通运输部门营运中型柴油普通载货汽车辆数
301 001 10 000 1 120 2 12 0	交通运输部门营运重型柴油普通载货汽车辆数
301 001 10 000 1 120 4 12 0	交通运输部门营运小型柴油普通载货汽车辆数
301 003 10 000 1 120 1 12 0	交通运输部门营运柴油普通载货汽车吨位数
301 003 10 000 1 120 1 12 0	交通运输部门营运大型柴油普通载货汽车吨位数
301 003 10 000 1 120 3 12 0	交通运输部门营运中型柴油普通载货汽车吨位数
301 003 10 000 1 120 2 12 0	交通运输部门营运重型柴油普通载货汽车吨位数
301 003 10 000 1 120 4 12 0	交通运输部门营运小型柴油普通载货汽车吨位数
301 001 10 000 1 120 0 11 0	交通运输部门营运汽油普通载货汽车辆数
301 001 10 000 1 120 1 11 0	交通运输部门营运大型汽油普通载货汽车辆数
301 001 10 000 1 120 3 11 0	交通运输部门营运中型汽油普通载货汽车辆数
301 001 10 000 1 120 2 11 0	交通运输部门营运重型汽油普通载货汽车辆数

表 D1(续)

代　　码	名　　称
301　001　10　000　1　120　4　11　0	交通运输部门营运小型汽油普通载货汽车辆数
301　002　10　000　1　120　0　11　0	交通运输部门营运汽油普通载货汽车吨位数
301　002　10　000　1　120　1　11　0	交通运输部门营运大型汽油普通载货汽车吨位数
301　002　10　000　1　120　3　11　0	交通运输部门营运中型汽油普通载货汽车吨位数
301　002　10　000　1　120　2　11　0	交通运输部门营运重型汽油普通载货汽车吨位数
301　002　10　000　1　120　4　11　0	交通运输部门营运小型汽油普通载货汽车吨位数
301　001　10　000　1　120　0　19　0	交通运输部门营运其他油类燃料普通载货汽车辆数
301　001　10　000　1　120　1　19　0	交通运输部门营运大型其他油类燃料普通载货汽车辆数
301　001　10　000　1　120　3　19　0	交通运输部门营运中型其他油类燃料普通载货汽车辆数
301　001　10　000　1　120　2　19　0	交通运输部门营运重型其他油类燃料普通载货汽车辆数
301　001　10　000　1　120　4　19　0	交通运输部门营运小型其他油类燃料普通载货汽车辆数
301　002　10　000　1　120　0　19　0	交通运输部门营运其他油类燃料普通载货汽车吨位数
301　002　10　000　1　120　1　19　0	交通运输部门营运大型其他油类燃料普通载货汽车吨位数
301　002　10　000　1　120　3　19　0	交通运输部门营运中型其他油类燃料普通载货汽车吨位数
301　002　10　000　1　120　2　19　0	交通运输部门营运重型其他油类燃料普通载货汽车吨位数
301　002　10　000　1　120　4　19　0	交通运输部门营运小型其他油类燃料普通载货汽车吨位数
301　001　10　000　1　130　0　12　0	交通运输部门营运柴油专用载货汽车辆数
301　001　10　000　1　132　0　12　0	交通运输部门营运柴油集装箱车辆数
301　002　10　000　1　130　0　12　0	交通运输部门营运柴油专用载货汽车吨位数
301　004　10　000　1　132　0　12　0	交通运输部门营运柴油集装箱车箱位数
301　001　10　000　1　130　0　11　0	交通运输部门营运汽油专用载货汽车辆数
301　001　10　000　1　132　0　11　0	交通运输部门营运汽油集装箱车辆数
301　002　10　000　1　130　0　11　0	交通运输部门营运汽油专用载货汽车吨位数
301　004　10　000　1　132　0　11　0	交通运输部门营运汽油集装箱车箱位数
301　001　10　000　1　130　0　19　0	交通运输部门营运其他油类燃料专用载货汽车辆数
301　001　10　000　1　132　0　19　0	交通运输部门营运其他油类燃料集装箱车辆数
301　002　10　000　1　130　0　19　0	交通运输部门营运其他油类燃料专用载货汽车吨位数
301　004　10　000　1　132　0　19　0	交通运输部门营运其他油类燃料集装箱车箱位数

表 D1(续)

代　　码	名　　称
301 001 10 000 2 100 0 00 1	交通运输部门非营运汽车辆数合计
301 001 10 110 2 100 0 00 1	交通运输部门国有经济非营运汽车辆数合计
301 001 10 120 2 100 0 00 1	交通运输部门集体经济非营运汽车辆数合计
301 001 10 900 2 100 0 00 1	交通运输部门其他经济非营运汽车辆数合计
301 001 10 000 2 110 0 00 1	交通运输部门非营运客车辆数合计
301 001 10 000 2 110 1 00 1	交通运输部门非营运大型客车辆数合计
301 001 10 000 2 110 3 00 1	交通运输部门非营运中型客车辆数合计
301 001 10 000 2 111 0 00 1	交通运输部门非营运公务车辆数合计
301 001 10 000 2 112 0 00 1	交通运输部门非营教练客车辆数合计
301 002 10 000 2 110 0 00 1	交通运输部门非营运客车客位数合计
301 002 10 000 2 110 1 00 1	交通运输部门非营运大型客车客位数合计
301 002 10 000 2 110 3 00 1	交通运输部门非营运中型客车客位数合计
301 001 10 110 2 110 0 00 1	交通运输部门国有经济非营运客车辆数合计
301 001 10 110 2 110 1 00 0	交通运输部门国有经济非营运大型客车辆数
301 001 10 110 2 110 3 00 0	交通运输部门国有经济非营运中型客车辆数
301 001 10 110 2 110 4 00 0	交通运输部门国有经济非营运小型客车辆数
301 001 10 110 2 111 0 00 0	交通运输部门国有经济非营运公务车辆数
301 001 10 110 2 112 0 00 0	交通运输部门国有经济非营运教练客车辆数
301 002 10 110 2 110 0 00 0	交通运输部门国有经济非营运客车客位数
301 002 10 110 2 110 1 00 0	交通运输部门国有经济非营运大型客车客位数
301 002 10 110 2 110 3 00 0	交通运输部门国有经济非营运中型客车客位数
301 002 10 110 2 110 4 00 0	交通运输部门国有经济非营运小型客车客位数
301 001 10 120 2 110 0 00 1	交通运输部门集体经济非营运客车辆数合计
301 001 10 120 2 110 1 00 0	交通运输部门集体经济非营运大型客车辆数
301 001 10 120 2 110 3 00 0	交通运输部门集体经济非营运中型客车辆数
301 001 10 120 2 110 4 00 0	交通运输部门集体经济非营运小型客车辆数
301 001 10 120 2 111 0 00 0	交通运输部门集体经济非营运公务车辆数
301 001 10 120 2 112 0 00 0	交通运输部门集体经济非营运教练客车辆数

表 D1(续)

代码	名称
301 002 10 120 2 110 0 00 0	交通运输部门集体经济非营运客车客位数
301 002 10 120 2 110 1 00 0	交通运输部门集体经济非营运大型客车客位数
301 002 10 120 2 110 3 00 0	交通运输部门集体经济非营运中型客车客位数
301 002 10 120 2 110 4 00 0	交通运输部门集体经济非营运小型客车客位数
301 001 10 900 2 110 0 00 1	交通运输部门其他经济非营运客车辆数合计
301 001 10 900 2 110 1 00 0	交通运输部门其他经济非营运大型客车辆数
301 001 10 900 2 110 3 00 0	交通运输部门其他经济非营运中型客车辆数
301 001 10 900 2 110 4 00 0	交通运输部门其他经济非营运小型客车辆数
301 001 10 900 2 111 0 00 0	交通运输部门其他经济非营运公务车辆数
301 001 10 900 2 112 0 00 0	交通运输部门其他经济非营教练车辆数
301 002 10 900 2 110 0 00 0	交通运输部门其他经济非营运客车客位数
301 002 10 900 2 110 1 00 0	交通运输部门其他经济非营运大型客车客位数
301 002 10 900 2 110 3 00 0	交通运输部门其他经济非营运中型客车客位数
301 002 10 900 2 110 4 00 0	交通运输部门其他经济非营运小型客车客位数
301 001 10 000 2 120 0 00 1	交通运输部门非营运普通载货汽车辆数合计
301 001 10 000 2 120 1 00 1	交通运输部门非营运大型普通载货汽车辆数合计
301 001 10 000 2 120 3 00 1	交通运输部门非营运中型普通载货汽车辆数合计
301 001 10 000 2 120 4 00 1	交通运输部门非营运小型普通载货汽车辆数合计
301 001 10 000 2 111 0 00 1	交通运输部门非营运公务车辆数合计
301 001 10 000 2 112 0 00 1	交通运输部门非营运教练客车辆数合计
301 003 10 000 2 120 0 00 1	交通运输部门非营运普通载货汽车吨位数合计
301 003 10 000 2 120 1 00 1	交通运输部门非营运大型普通载货汽车吨位数合计
301 003 10 000 2 120 3 00 1	交通运输部门非营运中型普通载货汽车吨位数合计
301 003 10 000 2 120 2 00 1	交通运输部门非营运重型普通载货汽车吨位数合计
301 003 10 000 2 120 4 00 1	交通运输部门非营运小型普通载货汽车吨位数合计
301 001 10 110 2 120 0 00 1	交通运输部门国有经济非营运普通载货汽车辆数合计
301 001 10 110 2 120 1 00 0	交通运输部门国有经济非营运大型普通载货汽车辆数
301 001 10 110 2 120 3 00 0	交通运输部门国有经济非营运中型普通载货汽车辆数

表 D1(续)

代　　码	名　　称
301 001 10 110 2 120 2 00 0	交通运输部门国有经济非营运重型普通载货汽车辆数
301 001 10 110 2 120 4 00 0	交通运输部门国有经济非营运小型普通载货汽车辆数
301 001 10 110 2 111 0 00 0	交通运输部门国有经济非营运公务车辆数
301 001 10 110 2 112 0 00 0	交通运输部门国有经济非营运教练客车辆数
301 003 10 110 2 120 0 00 0	交通运输部门国有经济非营运普通载货汽车吨位数
301 003 10 110 2 120 1 00 0	交通运输部门国有经济非营运大型普通载货汽车吨位数
301 003 10 110 2 120 3 00 0	交通运输部门国有经济非营运中型普通载货汽车吨位数
301 003 10 110 2 120 2 00 0	交通运输部门国有经济非营运重型普通载货汽车吨位数
301 003 10 110 2 120 4 00 0	交通运输部门国有经济非营运小型普通载货汽车吨位数
301 001 10 120 2 120 0 00 0	交通运输部门集体经济非营运普通载货汽车辆数
301 001 10 120 2 120 1 00 0	交通运输部门集体经济非营运大型普通载货汽车辆数
301 001 10 120 2 120 3 00 0	交通运输部门集体经济非营运中型普通载货汽车辆数
301 001 10 120 2 120 2 00 0	交通运输部门集体经济非营运重型普通载货汽车辆数
301 001 10 120 2 120 4 00 0	交通运输部门集体经济非营运小型普通载货汽车辆数
301 001 10 120 2 111 0 00 0	交通运输部门集体经济非营运公务车辆数
301 001 10 120 2 112 0 00 0	交通运输部门集体经济非营运教练客车辆数
301 003 10 120 2 120 0 00 0	交通运输部门集体经济非营运普通载货汽车吨位数
301 003 10 120 2 120 1 00 0	交通运输部门集体经济非营运大型普通载货汽车吨位数
301 003 10 120 2 120 3 00 0	交通运输部门集体经济非营运中型普通载货汽车吨位数
301 003 10 120 2 120 2 00 0	交通运输部门集体经济非营运重型普通载货汽车吨位数
301 003 10 120 2 120 4 00 0	交通运输部门集体经济非营运小型普通载货汽车吨位数
301 001 10 900 2 120 0 00 1	交通运输部门其他经济非营运普通载货汽车辆数合计
301 001 10 900 2 120 1 00 0	交通运输部门其他经济非营运大型普通载货汽车辆数
301 001 10 900 2 120 3 00 0	交通运输部门其他经济非营运中型普通载货汽车辆数
301 001 10 900 2 120 2 00 0	交通运输部门其他经济非营运重型普通载货汽车辆数
301 001 10 900 2 120 4 00 0	交通运输部门其他经济非营运小型普通载货汽车辆数
301 001 10 900 2 111 0 00 0	交通运输部门其他经济非营运公务车辆数
301 001 10 900 2 112 0 00 0	交通运输部门其他经济非营运教练客车辆数

表 D1(续)

代　　码	名　　称
301 003 10 900 2 120 0 00 0	交通运输部门其他经济非营运普通载货汽车吨位数
301 003 10 900 2 120 1 00 0	交通运输部门其他经济非营运大型普通载货汽车吨位数
301 003 10 900 2 120 3 00 0	交通运输部门其他经济非营运中型普通载货汽车吨位数
301 003 10 900 2 120 3 00 0	交通运输部门其他经济非营运重型普通载货汽车吨位数
301 003 10 900 2 120 4 00 0	交通运输部门其他经济非营运小型普通载货汽车吨位数
301 001 10 000 2 130 0 00 1	交通运输部门非营运专用载货汽车辆数合计
301 001 10 000 2 131 0 00 1	交通运输部门非营运油罐车辆数合计
301 003 10 000 2 130 0 00 1	交通运输部门非营运专用载货汽车吨位数合计
301 001 10 110 2 130 0 00 0	交通运输部门国有经济非营运专用载货汽车辆数
301 001 10 110 2 131 0 00 0	交通运输部门国有经济非营运油罐车辆数
301 003 10 110 2 130 0 00 0	交通运输部门国有经济非营运专用载货汽车吨位数
301 001 10 120 2 130 0 00 0	交通运输部门集体经济非营运专用载货汽车辆数
301 001 10 120 2 131 0 00 0	交通运输部门集体经济非营运油罐车辆数
301 003 10 120 2 130 0 00 0	交通运输部门集体经济非营运专用载货汽车吨位数
301 001 10 900 2 130 0 00 0	交通运输部门其他经济非营运专用载货汽车辆数
301 001 10 900 2 131 4 00 0	交通运输部门其他经济非营运油罐车辆数
301 003 10 900 2 130 0 00 0	交通运输部门其他经济非营运专用载货汽车吨位数
301 001 10 000 2 139 0 00 1	交通运输部门非营运其他专用载货汽车辆数合计
301 001 10 110 2 139 0 00 0	交通运输部门国有经济非营运其他专用载货汽车辆数
301 001 10 120 2 139 0 00 0	交通运输部门集体经济非营运其他专用载货汽车辆数
301 001 10 900 2 139 0 00 0	交通运输部门其他经济非营运其他专用载货汽车辆数
301 001 10 000 2 140 0 00 1	交通运输部门非营运特种汽车辆数合计
301 001 10 110 2 140 0 00 0	交通运输部门国有经济非营运特种汽车辆数
301 001 10 120 2 140 0 00 0	交通运输部门集体经济非营运特种汽车辆数
301 001 10 900 2 140 0 00 0	交通运输部门其他经济非营运特种汽车辆数
301 001 10 000 2 200 0 00 1	交通运输部门非营运轮胎式拖拉机辆数合计
301 001 10 000 2 210 0 00 1	交通运输部门非营运轮手扶拖拉机辆数合计
301 001 10 110 2 200 0 00 0	交通运输部门国有经济非营运轮胎式拖拉机辆数

表 D1(续)

代 码	名 称
301 001 10 110 2 210 0 00 0	交通运输部门国有经济非营运轮手扶拖拉机辆数
301 001 10 120 2 200 0 00 0	交通运输部门集体经济非营运轮胎式拖拉机辆数
301 001 10 120 2 210 0 00 0	交通运输部门集体经济非营运轮手扶拖拉机辆数
301 001 10 900 2 200 0 00 0	交通运输部门其他经济非营运轮胎式拖拉机辆数
301 001 10 900 2 210 0 00 0	交通运输部门其他经济非营运轮手扶拖拉机辆数
301 001 10 000 2 300 0 00 1	交通运输部门非营运摩托车辆数合计
301 001 10 110 2 300 0 00 0	交通运输部门国有经济非营运摩托车辆数
301 001 10 120 2 300 0 00 0	交通运输部门集体经济非营运摩托车辆数
301 001 10 900 2 300 0 00 0	交通运输部门其他经济非营运摩托车辆数
301 001 10 000 2 400 0 00 1	交通运输部门非营运其他机动车辆数合计
301 001 10 110 2 400 0 00 0	交通运输部门非营运国有经济其他机动车辆数
301 001 10 120 2 400 0 00 0	交通运输部门非营运集体经济其他机动车辆数
301 001 10 900 2 400 0 00 0	交通运输部门非营运其他经济其他机动车辆数
301 001 10 000 2 500 0 00 1	交通运输部门非营运载货挂车辆数合计
301 001 10 000 2 500 0 00 1	交通运输部门非营运载货挂车吨位数合计
301 001 10 110 2 500 0 00 0	交通运输部门国有经济非营运载货挂车辆数
301 003 10 110 2 500 0 00 0	交通运输部门国有经济非营运载货挂车吨位数
301 001 10 120 2 500 0 00 0	交通运输部门集体经济非营运载货挂车辆数
301 003 10 120 2 500 0 00 0	交通运输部门集体经济非营运载货挂车吨位数
301 001 10 900 2 500 0 00 0	交通运输部门其他经济非营运载货挂车辆数
301 003 10 900 2 500 0 00 0	交通运输部门其他经济非营运载货挂车吨位数
公路运输量统计	
302 051 30 000 0 100 1 0 0	全行业汽车客运量
302 051 30 000 0 400 1 0 0	全行业其他机动车客运量
302 051 30 000 0 610 1 0 0	全行业人力车客运量
302 051 30 000 0 620 1 0 0	全行业畜力车客运量
302 052 30 000 0 000 1 0 0	全行业旅客周转量

表 D1(续)

代码	名称
302 052 30 000 0 100 1 0 0	全行业汽车旅客周转量
302 052 30 000 0 400 1 0 0	全行业其他机动车旅客周转量
302 052 30 000 0 610 1 0 0	全行业人力车旅客周转量
302 052 30 000 0 620 1 0 0	全行业畜力车旅客周转量
302 051 30 000 0 000 2 0000 0 0	全行业货运量
302 051 30 000 0 100 2 0000 0 0	全行业汽车货运量
302 051 30 000 0 400 2 0000 0 0	全行业其他机动车货运量
302 051 30 000 0 610 2 0000 0 0	全行业人力车货运量
302 051 30 000 0 620 2 0000 0 0	全行业畜力车货运量
302 051 30 000 0 200 2 0000 0 0	全行业轮胎式拖拉机货运量
302 052 30 000 0 000 2 0000 0 0	全行业货物周转量
302 052 30 000 0 100 2 0000 0 0	全行业汽车货物周转量
302 052 30 000 0 400 2 0000 0 0	全行业其他机动车货物周转量
302 052 30 000 0 610 2 0000 0 0	全行业人力车货物周转量
302 052 30 000 0 620 2 0000 0 0	全行业畜力车货物周转量
302 052 30 000 0 200 2 0000 0 0	全行业轮胎式拖拉机货物周转量
302 051 30 000 1 000 1 0 0	全行业营业性客运量
302 051 30 000 1 100 1 0 0	全行业营业性汽车客运量
302 051 30 000 1 400 1 0 0	全行业营业性其他机动车客运量
302 051 30 000 1 610 1 0 0	全行业营业性人力车客运量
302 051 30 000 1 620 1 0 0	全行业营业性畜力车客运量
302 052 30 000 1 000 1 0 0	全行业营业性旅客周转量
302 052 30 000 1 100 1 0 0	全行业营业性汽车旅客周转量
302 052 30 000 1 400 1 0 0	全行业营业性其他机动车旅客周转量
302 052 30 000 1 610 1 0 0	全行业营业性人力车旅客周转量
302 052 30 000 1 620 1 0 0	全行业营业性畜力车旅客周转量
302 051 30 000 1 000 2 0000 0 0	全行业营业性货运量
302 051 30 000 1 100 2 0000 0 0	全行业营业性汽车货运量

表 D1(续)

代　　　码	名　　　称
302　051　30　000　1　400　2　0000　0　0	全行业营业性其他机动车货运量
302　051　30　000　1　610　2　0000　0　0	全行业营业性人力车货运量
302　051　30　000　1　620　2　0000　0　0	全行业营业性畜力车货运量
302　051　30　000　1　200　2　0000　0　0	全行业营业性轮胎式拖拉机货运量
302　052　30　000　1　000　2　0000　0　0	全行业营业性货物周转量
302　052　30　000　1　100　2　0000　0　0	全行业营业性汽车货物周转量
302　052　30　000　1　400　2　0000　0　0	全行业营业性其他机动车货物周转量
302　052　30　000　1　610　2　0000　0　0	全行业营业性人力畜力车货物周转量
302　052　30　000　1　620　2　0000　0　0	全行业营业性人力畜力车货物周转量
302　052　30　000　1　200　2　0000　0　0	全行业营业性轮胎式拖拉机货物周转量
302　051　10　000　0　000　1　0　0	交通部门客运量
302　051　10　000　0　100　1　0　0	交通部门汽车客运量
302　051　10　000　0　400　1　0　0	交通部门其他机动车客运量
302　051　10　000　0　610　1　0　0	交通部门人力车客运量
302　051　10　000　0　620　1　0　0	交通部门畜力车客运量
302　052　10　000　0　000　1　0　0	交通部门旅客周转量
302　052　10　000　0　100　1　0　0	交通部门汽车旅客周转量
302　052　10　000　0　400　1　0　0	交通部门其他机动车旅客周转量
302　052　10　000　0　610　1　0　0	交通部门人力车旅客周转量
302　052　10　000　0　620　1　0　0	交通部门畜力车旅客周转量
302　051　10　000　0　000　2　0000　0　0	交通部门货运量
302　051　10　000　0　100　2　0000　0　0	交通部门汽车货运量
302　051　10　000　0　400　2　0000　0　0	交通部门其他机动车货运量
302　051　10　000　0　610　2　0000　0　0	交通部门人力车货运量
302　051　10　000　0　620　2　0000　0　0	交通部门畜力车货运量
302　051　10　000　0　200　2　0000　0　0	交通部门轮胎式拖拉机货运量
302　052　10　000　0　000　2　0000　0　0	交通部门货物周转量
302　052　10　000　0　100　2　0000　0　0	交通部门汽车货物周转量

表 D1(续)

代　　　码	名　　　称
302 052 10 000 0 400 2 000 0 0	交通部门其他机动车货物周转量
302 052 10 000 0 610 2 000 0 0	交通部门人力车货运量
302 052 10 000 0 620 2 000 0 0	交通部门畜力车货运量
302 052 10 000 0 200 2 000 0 0	交通部门轮胎式拖拉机货物周转量
302 051 10 000 1 000 1 0 0	交通部门营业性客运量
302 051 10 000 1 100 1 0 0	交通部门营业性汽车客运量
302 051 10 000 1 400 1 0 0	交通部门营业性其他机动车客运量
302 051 10 000 1 610 1 0 0	交通部门营业性人力车客运量
302 051 10 000 1 620 1 0 0	交通部门营业性畜力车客运量
302 052 10 000 1 000 1 0 0	交通部门营业性旅客周转量
302 052 10 000 1 100 1 0 0	交通部门营业性汽车旅客周转量
302 052 10 000 1 400 1 0 0	交通部门营业性其他机动车旅客周转量
302 052 10 000 1 610 1 0 0	交通部门营业性人力车旅客周转量
302 052 10 000 1 620 1 0 0	交通部门营业性畜力车旅客周转量
302 051 10 000 1 000 2 0000 0 0	交通部门营业性货运量
302 051 10 000 1 100 2 0000 0 0	交通部门营业性汽车货运量
302 051 10 000 1 400 2 0000 0 0	交通部门营业性其他机动车货运量
302 051 10 000 1 610 2 0000 0 0	交通部门营业性人力车货运量
302 051 10 000 1 620 2 0000 0 0	交通部门营业性畜力车货运量
302 051 10 000 1 200 2 0000 0 0	交通部门营业性轮胎式拖拉机货运量
302 052 10 000 1 000 2 0000 0 0	交通部门营业性货物周转量
302 052 10 000 1 100 2 0000 0 0	交通部门营业性汽车货物周转量
302 052 10 000 1 400 2 0000 0 0	交通部门营业性其他机动车货物周转量
302 052 10 000 1 610 2 0000 0 0	交通部门营业性人力车货物周转量
302 052 10 000 1 620 2 0000 0 0	交通部门营业性畜力车货物周转量
302 052 10 000 1 200 2 0000 0 0	交通部门营业性轮胎式拖拉机货物周转量
302 051 20 000 0 000 1 0 0	非交通部门客运量
302 051 20 000 0 100 1 0 0	非交通部门汽车客运量

表 D1(续)

代码	名称
302 051 20 000 0 400 1 0 0	非交通部门其他机动车客运量
302 051 20 000 0 610 1 0 0	非交通部门人力车客运量
302 051 20 000 0 620 1 0 0	非交通部门畜力车客运量
302 052 20 000 0 000 1 0 0	非交通部门旅客周转量
302 052 20 000 0 100 1 0 0	非交通部门汽车旅客周转量
302 052 20 000 0 400 1 0 0	非交通部门其他机动车旅客周转量
302 052 20 000 0 610 1 0 0	非交通部门人力车旅客周转量
302 052 20 000 0 620 1 0 0	非交通部门畜力车旅客周转量
302 051 20 000 0 000 2 0000 0 0	非交通部门货运量
302 051 20 000 0 100 2 0000 0 0	非交通部门汽车货运量
302 051 20 000 0 400 2 0000 0 0	非交通部门其他机动车货运量
302 051 20 000 0 610 2 0000 0 0	非交通部门人力车货运量
302 051 20 000 0 620 2 0000 0 0	非交通部门畜力车货运量
302 051 20 000 0 200 2 0000 0 0	非交通部门轮胎式拖拉机货运量
302 052 20 000 0 000 2 0000 0 0	非交通部门货物周转量
302 052 20 000 0 100 2 0000 0 0	非交通部门汽车货物周转量
302 052 20 000 0 400 2 0000 0 0	非交通部门其他机动车货物周转量
302 052 20 000 0 610 2 0000 0 0	非交通部门人力车货物周转量
302 052 20 000 0 620 2 0000 0 0	非交通部门畜力车货物周转量
302 052 20 000 0 200 2 0000 0 0	非交通部门轮胎式拖拉机货物周转量
302 051 20 000 1 000 1 0 0	非交通部门营业性客运量
302 051 20 000 1 100 1 0 0	非交通部门营业性汽车客运量
302 051 20 000 1 400 1 0 0	非交通部门营业性其他机动车客运量
302 051 20 000 1 610 1 0 0	非交通部门营业性人力车客运量
302 051 20 000 1 620 1 0 0	非交通部门营业性畜力车客运量
302 052 20 000 1 000 1 0 0	非交通部门营业性旅客周转量
302 052 20 000 1 100 1 0 0	非交通部门营业性汽车旅客周转量
302 052 20 000 1 400 1 0 0	非交通部门营业性其他机动车旅客周转量

表 D1(续)

代　　　码	名　　　称
302　052　20　000　1　610　1　0　0	非交通部门营业性人力车旅客周转量
302　052　20　000　1　620　1　0　0	非交通部门营业性畜力车旅客周转量
302　051　20　000　1　000　2　0000　0　0	非交通部门营业性货运量
302　051　20　000　1　100　2　0000　0　0	非交通部门营业性汽车货运量
302　051　20　000　1　400　2　0000　0　0	非交通部门营业性其他机动车货运量
302　051　20　000　1　610　2　0000　0　0	非交通部门营业性人力车货运量
302　051　20　000　1　620　2　0000　0　0	非交通部门营业性畜力车货运量
302　051　20　000　1　200　2　0000　0　0	非交通部门营业性轮胎式拖拉机货运量
302　052　20　000　1　000　2　0000　0　0	非交通部门营业性货物周转量
302　052　20　000　1　100　2　0000　0　0	非交通部门营业性汽车货物周转量
302　052　20　000　1　400　2　0000　0　0	非交通部门营业性其他机动车货物周转量
302　052　20　000　1　610　2　0000　0　0	非交通部门营业性人力车货物周转量
302　052　20　000　1　620　2　0000　0　0	非交通部门营业性畜力车货物周转量
302　052　20　000　1　200　2　0000　0　0	非交通部门营业性轮胎式拖拉机货物周转量
302　051　21　000　0　000　1　0　0	个体联户客运量
302　051　21　000　0　100　1　0　0	个体联户汽车客运量
302　051　21　000　0　400　1　0　0	个体联户其他机动车客运量
302　051　21　000　0　610　1　0　0	个体联户人力车客运量
302　051　21　000　0　620　1　0　0	个体联户畜力车客运量
302　052　21　000　0　000　1　0　0	个体联户旅客周转量
302　052　21　000　0　100　1　0　0	个体联户汽车旅客周转量
302　051　21　000　0　400　1　0　0	个体联户其他机动车旅客周转量
302　052　21　000　0　610　1　0　0	个体联户人力车旅客周转量
302　052　21　000　0　620　1　0　0	个体联户畜力车旅客周转量
302　051　21　000　0　000　2　0000　0　0	个体联户货运量
302　051　21　000　0　100　2　0000　0　0	个体联户汽车货运量
302　051　21　000　0　400　2　0000　0　0	个体联户其他机动车货运量
302　051　21　000　0　610　2　0000　0　0	个体联户人力车货运量

表 D1(续)

代　　码	名　　称
302 051 21 000 0 620 2 0000 0 0	个体联户畜力车货运量
302 051 21 000 0 200 2 0000 0 0	个体联户轮胎式拖拉机货运量
302 052 21 000 0 000 2 0000 0 0	个体联户货物周转量
302 052 21 000 0 100 2 0000 0 0	个体联户汽车货物周转量
302 052 21 000 0 400 2 0000 0 0	个体联户其他机动车货物周转量
302 052 21 000 0 610 2 0000 0 0	个体联户人力车货物周转量
302 052 21 000 0 620 2 0000 0 0	个体联户畜力车货物周转量
302 052 21 000 0 200 2 0000 0 0	个体联户轮胎式拖拉机货物周转量
302 051 22 000 0 000 1 0 0	军车客运量
302 052 22 000 0 000 1 0 0	军车旅客周转量
302 051 22 000 0 000 2 0000 0 0	军车货运量
302 052 22 000 0 000 2 0000 0 0	军车货物周转量
302 051 11 000 0 000 1 0 0	交通部直属企业客运量
302 051 11 000 0 100 1 0 0	交通部直属企业汽车客运量
302 051 11 000 0 400 1 0 0	交通部直属企业其他机动车客运量
302 052 11 000 0 000 1 0 0	交通部直属企业旅客周转量
302 052 11 000 0 100 1 0 0	交通部直属企业汽车旅客周转量
302 052 11 000 0 400 1 0 0	交通部直属企业其他机动车旅客周转量
302 051 11 000 0 000 2 0000 0 0	交通部直属企业货运量
302 051 11 000 0 100 2 0000 0 0	交通部直属企业汽车货运量
302 051 11 000 0 400 2 0000 0 0	交通部直属企业其他机动车货运量
302 052 11 000 0 000 2 0000 0 0	交通部直属企业货物周转量
302 052 11 000 0 100 2 0000 0 0	交通部直属企业汽车货物周转量
302 052 11 000 0 400 2 0000 0 0	交通部直属企业其他机动车货物周转量
302 051 10 110 0 000 1 0 0	交通运输部门国有经济客运量
302 051 10 120 0 000 1 0 0	交通运输部门集体经济客运量
302 051 10 900 0 000 1 0 0	交通运输部门其他经济客运量
302 052 10 110 0 000 1 0 0	交通运输部门国有经济旅客周转量

表 D1(续)

代 码	名 称
302 052 10 120 0 000 1 0 0	交通运输部门集体经济旅客周转量
302 052 10 900 0 000 1 0 0	交通运输部门其他经济旅客周转量
302 051 10 110 0 000 2 0000 0 0	交通运输部门国有经济货运量
302 051 10 120 0 000 2 0000 0 0	交通运输部门集体经济货运量
302 051 10 900 0 000 2 0000 0 0	交通运输部门其他经济货运量
302 052 10 110 0 000 2 0000 0 0	交通运输部门国有经济货物周转量
302 052 10 120 0 000 2 0000 0 0	交通运输部门集体经济货物周转量
302 052 10 900 0 000 2 0000 0 0	交通运输部门其他经济货物周转量
302 051 10 110 0 100 1 0 0	交通运输部门国有经济汽车客运量
302 051 10 120 0 100 1 0 0	交通运输部门集体经济汽车客运量
302 051 10 900 0 100 1 0 0	交通运输部门其他经济汽车客运量
302 052 10 110 0 100 1 0 0	交通运输部门国有经济汽车旅客周转量
302 052 10 120 0 100 1 0 0	交通运输部门集体经济汽车旅客周转量
302 052 10 900 0 100 1 0 0	交通运输部门其他经济汽车旅客周转量
302 051 10 110 0 100 2 0000 0 0	交通运输部门国有经济汽车货运量
302 051 10 120 0 100 2 0000 0 0	交通运输部门集体经济汽车货运量
302 051 10 900 0 100 2 0000 0 0	交通运输部门其他经济汽车货运量
302 052 10 110 0 100 2 0000 0 0	交通运输部门国有经济汽车货物周转量
302 052 10 120 0 100 2 0000 0 0	交通运输部门集体经济汽车货物周转量
302 052 10 900 0 100 2 0000 0 0	交通运输部门其他经济汽车货物周转量
302 051 10 110 0 400 1 0 0	交通运输部门国有经济其他机动车客运量
302 051 10 120 0 400 1 0 0	交通运输部门集体经济其他机动车客运量
302 051 10 900 0 400 1 0 0	交通运输部门其他经济其他机动车客运量
302 052 10 110 0 400 1 0 0	交通运输部门国有经济其他机动车旅客周转量
302 052 10 120 0 400 1 0 0	交通运输部门集体经济其他机动车旅客周转量
302 052 10 900 0 400 1 0 0	交通运输部门其他经济其他机动车旅客周转量
302 051 10 110 0 400 2 0000 0 0	交通运输部门国有经济其他机动车货运量
302 051 10 120 0 400 2 0000 0 0	交通运输部门集体经济其他机动车货运量

表 D1(续)

代 码	名 称
302 051 10 900 0 400 2 0000 0 0	交通运输部门其他经济其他机动车货运量
302 052 10 110 0 400 2 0000 0 0	交通运输部门国有经济其他机动车货物周转量
302 052 10 120 0 400 2 0000 0 0	交通运输部门集体经济其他机动车货物周转量
302 052 10 900 0 400 2 0000 0 0	交通运输部门其他经济其他机动车货物周转量
302 051 10 110 0 600 1 0 0	交通运输部门国有经济非机动车客运量
302 051 10 120 0 600 1 0 0	交通运输部门集体经济非机动车客运量
302 051 10 900 0 600 1 0 0	交通运输部门其他经济非机动车客运量
302 052 10 110 0 600 1 0 0	交通运输部门国有经济非机动车旅客周转量
302 052 10 120 0 600 1 0 0	交通运输部门集体经济非机动车旅客周转量
302 052 10 900 0 600 1 0 0	交通运输部门其他经济非机动车旅客周转量
302 051 10 110 0 600 2 0000 0 0	交通运输部门国有经济非机动车货运量
302 051 10 120 0 600 2 0000 0 0	交通运输部门集体经济非机动车货运量
302 051 10 900 0 600 2 0000 0 0	交通运输部门其他经济非机动车货运量
302 052 10 110 0 600 2 0000 0 0	交通运输部门国有经济非机动车货物周转量
302 052 10 120 0 600 2 0000 0 0	交通运输部门集体经济非机动车货物周转量
302 052 10 900 0 600 2 0000 0 0	交通运输部门其他经济非机动车货物周转量
公路运输分货类运输量统计	
302 051 10 000 0 000 2 0100 0 0	交通运输部门煤炭及制品运量
302 051 10 000 0 000 2 0200 0 0	交通运输部门石油、天然气及制品运量
302 051 10 000 0 000 2 0300 0 0	交通运输部门金金属矿石运量
302 051 10 000 0 000 2 0400 0 0	交通运输部门钢铁运量
302 051 10 000 0 000 2 0500 0 0	交通运输部门矿物性建筑材料运量
302 051 10 000 0 000 2 0600 0 0	交通运输部门水泥运量
302 051 10 000 0 000 2 0700 0 0	交通运输部门木材运量
302 051 10 000 0 000 2 0800 0 0	交通运输部门非金属矿石运量
302 051 10 000 0 000 2 0810 0 0	交通运输部门磷矿运量
302 051 10 000 0 000 2 0900 0 0	交通运输部门化学肥料及农药运量
302 051 10 000 0 000 2 1000 0 0	交通运输部门盐运量

表 D1(续)

代　　　码	名　　　称
302 051 10 000 0 000 2 1100 0 0	交通运输部门粮食运量
302 051 10 000 0 000 2 1200 0 0	交通运输部门机械、设备、电器运量
302 051 10 000 0 000 2 1300 0 0	交通运输部门化工原料及制品运量
302 051 10 000 0 000 2 1400 0 0	交通运输部门有色金属运量
302 051 10 000 0 000 2 2000 0 0	交通运输部门轻工、医药产品运量
302 051 10 000 0 000 2 1520 0 0	交通运输部门日用工业品运量
302 051 10 000 0 000 2 1600 0 0	交通运输部门农林牧渔业产品运量
302 051 10 000 0 000 2 1610 0 0	交通运输部门棉花运量
302 051 10 000 0 000 2 1700 0 0	交通运输部门其他货类运量
302 051 10 000 0 100 2 0100 0 0	交通运输部门汽车煤炭及制品运量
302 051 10 000 0 100 2 0200 0 0	交通运输部门汽车石油、天然气及制品运量
302 051 10 000 0 100 2 0300 0 0	交通运输部门汽车金属矿石运量
302 051 10 000 0 100 2 0400 0 0	交通运输部门汽车钢铁运量
302 051 10 000 0 100 2 0500 0 0	交通运输部门汽车矿物性建筑材料运量
302 051 10 000 0 100 2 0600 0 0	交通运输部门汽车水泥运量
302 051 10 000 0 100 2 0700 0 0	交通运输部门汽车木材运量
302 051 10 000 0 100 2 0800 0 0	交通运输部门汽车非金属矿石运量
302 051 10 000 0 100 2 0810 0 0	交通运输部门汽车磷矿运量
302 051 10 000 0 100 2 0900 0 0	交通运输部门汽车化学肥料及农药运量
302 051 10 000 0 100 2 1000 0 0	交通运输部门汽车盐运量
302 051 10 000 0 100 2 1100 0 0	交通运输部门汽车粮食运量
302 051 10 000 0 100 2 1200 0 0	交通运输部门汽车机械、设备、电器运量
302 051 10 000 0 100 2 1300 0 0	交通运输部门汽车化工原料及制品运量
302 051 10 000 0 100 2 1400 0 0	交通运输部门汽车有色金属运量
302 051 10 000 0 100 2 2000 0 0	交通运输部门汽车轻工、医药产品运量
302 051 10 000 0 100 2 1520 0 0	交通运输部门汽车日用工业品运量
302 051 10 000 0 100 2 1600 0 0	交通运输部门汽车农林牧渔业产品运量
302 051 10 000 0 100 2 1610 0 0	交通运输部门汽车棉花运量

表 D1(续)

代　　　　　码	名　　　　　称
302　051　10　000　0　100　2　1700　0　0	交通运输部门汽车其他货类运量
302　052　10　000　0　000　2　0100　0　0	交通运输部门煤炭及制品周转量
302　052　10　000　0　000　2　0200　0　0	交通运输部门石油、天然气及制品周转量
302　052　10　000　0　000　2　0300　0　0	交通运输部门金属矿石周转量
302　052　10　000　0　000　2　0400　0　0	交通运输部门钢铁周转量
302　052　10　000　0　000　2　0500　0　0	交通运输部门矿物性建筑材料周转量
302　052　10　000　0　000　2　0600　0　0	交通运输部门水泥周转量
302　052　10　000　0　000　2　0700　0　0	交通运输部门木材周转量
302　052　10　000　0　000　2　0800　0　0	交通运输部门金属矿石周转量
302　052　10　000　0　000　2　0810　0　0	交通运输部门磷矿周转量
302　052　10　000　0　000　2　0900　0　0	交通运输部门化学肥料及农药周转量
302　052　10　000　0　000　2　1000　0　0	交通运输部门盐周转量
302　052　10　000　0　000　2　1100　0　0	交通运输部门粮食周转量
302　052　10　000　0　000　2　1200　0　0	交通运输部门机械、设备、电器周转量
302　052　10　000　0　000　2　1300　0　0	交通运输部门化工原料及制品周转量
302　052　10　000　0　000　2　1400　0　0	交通运输部门有色金属周转量
302　052　10　000　0　000　2　2000　0　0	交通运输部门轻工、医药产品周转量
302　052　10　000　0　000　2　1520　0　0	交通运输部门日用工业品周转量
302　052　10　000　0　000　2　1600　0　0	交通运输部门农林牧渔业产品周转量
302　052　10　000　0　000　2　1610　0　0	交通运输部门棉花周转量
302　052　10　000　0　000　2　1700　0　0	交通运输部门其他货类周转量
302　052　10　000　0　100　2　0100　0　0	交通运输部门汽车煤炭及制品周转量
302　052　10　000　0　100　2　0200　0　0	交通运输部门汽车石油、天然气及制品周转量
302　052　10　000　0　100　2　0300　0　0	交通运输部门汽车金属矿石周转量
302　052　10　000　0　100　2　0400　0　0	交通运输部门汽车钢铁周转量
302　052　10　000　0　100　2　0500　0　0	交通运输部门汽车矿物性建筑材料周转量
302　052　10　000　0　100　2　0600　0　0	交通运输部门汽车水泥周转量
302　052　10　000　0　000　2　0700　0　0	交通运输部门汽车木材周转量

表 D1(续)

代　　　码	名　　　称
302　052　10　000　0　100　2　0800　0　0	交通运输部门汽车非金属矿石周转量
302　052　10　000　0　100　2　0810　0　0	交通运输部门汽车磷矿周转量
302　052　10　000　0　100　2　0900　0　0	交通运输部门汽车化学肥料及农药周转量
302　052　10　000　0　100　2　1000　0　0	交通运输部门汽车盐周转量
302　052　10　000　0　100　2　1100　0　0	交通运输部门汽车粮食周转量
302　052　10　000　0　100　2　1200　0　0	交通运输部门汽车机械、设备、电器周转量
302　052　10　000　0　100　2　1300　0　0	交通运输部门汽车化工原料及制品周转量
302　052　10　000　0　100　2　1400　0　0	交通运输部门汽车有色金属周转量
302　052　10　000　0　100　2　2000　0　0	交通运输部门汽车轻工、医药产品周转量
302　052　10　000　0　100　2　1520　0　0	交通运输部门汽车日用工业品周转量
302　052　10　000　0　100　2　1600　0　0	交通运输部门汽车农林牧渔业产品周转量
302　052　10　000　0　100　2　1610　0　0	交通运输部门汽车棉花周转量
302　052　10　000　0　100　2　1700　0　0	交通运输部门汽车其他货类周转量
公路运输集装箱运输量统计	
302　053　10　000　0　3　0　0　0　1　0　1	交通运输部门国际集装箱箱数(TEU)合计
302　053　10　000　0　3　0　8　0　1　0　1	交通运输部门国际 45ft 集装箱箱数(TEU)合计
302　053　10　000　0　3　0　4　0　1　0　1	交通运输部门国际 40ft 集装箱箱数(TEU)合计
302　053　10　000　0　3　0　7　0　1　0　1	交通运输部门国际 35ft 集装箱箱数(TEU)合计
302　053　10　000　0　3　0　2　0　1　0　1	交通运输部门国际 20ft 集装箱箱数(TEU)合计
302　053　10　000　0　3　0　1　0　1　0　1	交通运输部门国际 10ft 集装箱箱数(TEU)合计
302　054　10　000　0　3　0　0　0　1　0　1	交通运输部门国际集装箱箱数(个)合计
302　054　10　000　0　3　0　8　0　1　0　1	交通运输部门国际 45ft 集装箱箱数(个)合计
302　054　10　000　0　3　0　4　0　1　0　1	交通运输部门国际 40ft 集装箱箱数(个)合计
302　054　10　000　0　3　0　7　0　1　0　1	交通运输部门国际 35ft 集装箱箱数(个)合计
302　054　10　000　0　3　0　2　0　1　0　1	交通运输部门国际 20ft 集装箱箱数(个)合计
302　054　10　000　0　3　0　1　0　1　0　1	交通运输部门国际 10ft 集装箱箱数(个)合计
302　054　10　000　0　3　0　0　0　2　0　1	交通运输部门国内集装箱箱数(个)合计
302　054　10　000　0　3　4　0　0　2　0　1	交通运输部门国内 10t 集装箱箱数(个)合计

表 D1(续)

代　　码	名　　称
302 054 10 000 0 3 6 0 0 2 0 1	交通运输部门国内 5t 集装箱箱数(个)合计
302 054 10 000 0 3 2 0 0 2 0 1	交通运输部门国内 2t 集装箱箱数(个)合计
302 054 10 000 0 3 1 0 0 2 0 1	交通运输部门国内 1t 集装箱箱数(个)合计
302 053 10 110 0 3 0 0 0 1 0 0	交通运输部门国有经济国际集装箱箱数(TEU)
302 053 10 110 0 3 0 8 0 1 0 0	交通运输部门国有经济国际 45ft 集装箱箱数(TEU)
302 053 10 110 0 3 0 4 0 1 0 0	交通运输部门国有经济国际 40ft 集装箱箱数(TEU)
302 053 10 110 0 3 0 7 0 1 0 0	交通运输部门国有经济国际 35ft 集装箱箱数(TEU)
302 053 10 110 0 3 0 2 0 1 0 0	交通运输部门国有经济国际 20ft 集装箱箱数(TEU)
302 053 10 110 0 3 0 1 0 1 0 0	交通运输部门国有经济国际 10ft 集装箱箱数(TEU)
302 054 10 110 0 3 0 0 0 1 0 0	交通运输部门国有经济国际集装箱箱数(个)
302 054 10 110 0 3 0 8 0 1 0 0	交通运输部门国有经济国际 45ft 集装箱箱数(个)
302 054 10 110 0 3 0 4 0 1 0 0	交通运输部门国有经济国际 40ft 集装箱箱数(个)
302 054 10 110 0 3 0 7 0 1 0 0	交通运输部门国有经济国际 35ft 集装箱箱数(个)
302 054 10 110 0 3 0 2 0 1 0 0	交通运输部门国有经济国际 20ft 集装箱箱数(个)
302 054 10 110 0 3 0 1 0 1 0 0	交通运输部门国有经济国际 10ft 集装箱箱数(个)
302 054 10 110 0 3 0 0 0 2 0 0	交通运输部门国有经济国内集装箱箱数(个)
302 054 10 110 0 3 6 0 0 2 0 0	交通运输部门国有经济国内 10t 集装箱箱数(个)
302 054 10 110 0 3 5 0 0 2 0 0	交通运输部门国有经济国内 5t 集装箱箱数(个)
302 054 10 110 0 3 2 0 0 2 0 0	交通运输部门国有经济国内 2t 集装箱箱数(个)
302 054 10 110 0 3 1 0 0 2 0 0	交通运输部门国有经济国内 1t 集装箱箱数(个)
302 053 10 120 0 3 0 0 0 1 0 0	交通运输部门集体经济国际集装箱箱数(TEU)
302 053 10 120 0 3 0 8 0 1 0 0	交通运输部门集体经济国际 45ft 集装箱箱数(TEU)
302 053 10 120 0 3 0 4 0 1 0 0	交通运输部门集体经济国际 40ft 集装箱箱数(TEU)
302 053 10 120 0 3 0 7 0 1 0 0	交通运输部门集体经济国际 35ft 集装箱箱数(TEU)
302 053 10 120 0 3 0 2 0 1 0 0	交通运输部门集体经济国际 20ft 集装箱箱数(TEU)
302 053 10 120 0 3 0 1 0 1 0 0	交通运输部门集体经济国际 10ft 集装箱箱数(TEU)

表 D1(续)

代　　码	名　　称
302 054 10 120 0 3 0 0 0 1 0 0	交通运输部门集体经济国际集装箱箱数(个)
302 054 10 120 0 3 0 8 0 1 0 0	交通运输部门集体经济国际 45ft 集装箱箱数(个)
302 054 10 120 0 3 0 4 0 1 0 0	交通运输部门集体经济国际 40ft 集装箱箱数(个)
302 054 10 120 0 3 0 7 0 1 0 0	交通运输部门集体经济国际 35ft 集装箱箱数(个)
302 054 10 120 0 3 0 2 0 1 0 0	交通运输部门集体经济国际 20ft 集装箱箱数(个)
302 054 10 120 0 3 0 1 0 1 0 0	交通运输部门集体经济国际 10ft 集装箱箱数(个)
302 054 10 120 0 3 0 0 0 2 0 0	交通运输部门集体经济国内集装箱箱数(个)
302 054 10 120 0 3 6 0 0 2 0 0	交通运输部门集体经济国内 10t 集装箱箱数(个)
302 054 10 120 0 3 5 0 0 2 0 0	交通运输部门集体经济国内 5t 集装箱箱数(个)
302 054 10 120 0 3 2 0 0 2 0 0	交通运输部门集体经济国内 2t 集装箱箱数(个)
302 054 10 120 0 3 1 0 0 2 0 0	交通运输部门集体经济国内 1t 集装箱箱数(个)
302 053 10 900 0 3 0 0 0 1 0 0	交通运输部门其他经济国际集装箱箱数(TEU)
302 053 10 900 0 3 0 8 0 1 0 0	交通运输部门其他经济国际 45ft 集装箱箱数(TEU)
302 053 10 900 0 3 0 4 0 1 0 0	交通运输部门其他经济国际 40ft 集装箱箱数(TEU)
302 053 10 900 0 3 0 7 0 1 0 0	交通运输部门其他经济国际 35ft 集装箱箱数(TEU)
302 053 10 900 0 3 0 2 0 1 0 0	交通运输部门其他经济国际 20ft 集装箱箱数(TEU)
302 053 10 900 0 3 0 1 0 1 0 0	交通运输部门其他经济国际 10ft 集装箱箱数(TEU)
302 054 10 900 0 3 0 0 0 1 0 0	交通运输部门其他经济国际集装箱箱数(个)
302 054 10 900 0 3 0 8 0 1 0 0	交通运输部门其他经济国际 45ft 集装箱箱数(个)
302 054 10 900 0 3 0 4 0 1 0 0	交通运输部门其他经济国际 40ft 集装箱箱数(个)
302 054 10 900 0 3 0 7 0 1 0 0	交通运输部门其他经济国际 35ft 集装箱箱数(个)
302 054 10 900 0 3 0 2 0 1 0 0	交通运输部门其他经济国际 20ft 集装箱箱数(个)
302 054 10 900 0 3 0 1 0 1 0 0	交通运输部门其他经济国际 10ft 集装箱箱数(个)
302 054 10 900 0 3 0 0 0 2 0 0	交通运输部门其他经济国内集装箱箱数(个)
302 054 10 900 0 3 6 0 0 2 0 0	交通运输部门其他经济国内 10t 集装箱箱数(个)
302 054 10 900 0 3 5 0 0 2 0 0	交通运输部门其他经济国内 5t 集装箱箱数(个)
302 054 10 900 0 3 2 0 0 2 0 0	交通运输部门其他经济国内 2t 集装箱箱数(个)
302 054 10 900 0 3 1 0 0 2 0 0	交通运输部门其他经济国内 1t 集装箱箱数(个)

表 D1(续)

代码	名称
302 055 10 000 0 3 0 8 0 0 0 1	交通运输部门国际45ft集装箱重量合计
302 055 10 000 0 3 0 4 0 0 0 1	交通运输部门国际40ft集装箱重量合计
302 055 10 000 0 3 0 7 0 0 0 1	交通运输部门国际35ft集装箱重量合计
302 055 10 000 0 3 0 2 0 0 0 1	交通运输部门国际20ft集装箱重量合计
302 055 10 000 0 3 0 1 0 0 0 1	交通运输部门国际10ft集装箱重量合计
302 055 10 000 0 3 0 0 0 2 0 1	交通运输部门国内集装箱重量合计
302 055 10 000 0 3 6 0 0 0 0 1	交通运输部门国内10t集装箱重量合计
302 055 10 000 0 3 5 0 0 0 0 1	交通运输部门国内5t集装箱重量合计
302 055 10 000 0 3 2 0 0 0 0 1	交通运输部门国内2t集装箱重量合计
302 055 10 000 0 3 1 0 0 0 0 1	交通运输部门国内1t集装箱重量合计
302 055 10 000 0 3 0 0 0 1 0 1	交通运输部门国际集装箱重量合计
302 055 10 110 0 3 0 0 0 1 0 0	交通运输部门国有经济国际集装箱重量
302 055 10 110 0 3 0 8 0 0 0 0	交通运输部门国有经济国际45ft集装箱重量
302 055 10 110 0 3 0 4 0 0 0 0	交通运输部门国有经济国际40ft集装箱重量
302 055 10 110 0 3 0 7 0 0 0 0	交通运输部门国有经济国际35ft集装箱重量
302 055 10 110 0 3 0 2 0 0 0 0	交通运输部门国有经济国际20ft集装箱重量
302 055 10 110 0 3 0 1 0 0 0 0	交通运输部门国有经济国际10ft集装箱重量
302 055 10 110 0 3 0 0 0 2 0 0	交通运输部门国有经济国内集装箱重量
302 055 10 110 0 3 6 0 0 0 0 0	交通运输部门国有经济国内10t集装箱重量
302 055 10 110 0 3 5 0 0 0 0 0	交通运输部门国有经济国内5t集装箱重量
302 055 10 110 0 3 2 0 0 0 0 0	交通运输部门国有经济国内2t集装箱重量
302 055 10 110 0 3 1 0 0 0 0 0	交通运输部门国有经济国内1t集装箱重量
302 055 10 120 0 3 0 0 0 1 0 0	交通运输部门集体经济国际集装箱重量
302 055 10 120 0 3 0 8 0 0 0 0	交通运输部门集体经济国际45ft集装箱重量
302 055 10 120 0 3 0 4 0 0 0 0	交通运输部门集体经济国际40ft集装箱重量
302 055 10 120 0 3 0 7 0 0 0 0	交通运输部门集体经济国际35ft集装箱重量
302 055 10 120 0 3 0 2 0 0 0 0	交通运输部门集体经济国际20ft集装箱重量
302 055 10 120 0 3 0 1 0 0 0 0	交通运输部门集体经济国际10ft集装箱重量

表 D1(续)

代　　码	名　　称
302 055 10 120 0 3 0 0 0 2 0 0	交通运输部门集体经济国内集装箱重量
302 055 10 120 0 3 6 0 0 0 0 0	交通运输部门集体经济国内 10t 集装箱重量
302 055 10 120 0 3 5 0 0 0 0 0	交通运输部门集体经济国内 5t 集装箱重量
302 055 10 120 0 3 2 0 0 0 0 0	交通运输部门集体经济国内 2t 集装箱重量
302 055 10 120 0 3 1 0 0 0 0 0	交通运输部门集体经济国内 1t 集装箱重量
302 055 10 900 0 3 0 0 0 1 0 0	交通运输部门其他经济国际集装箱重量
302 055 10 900 0 3 0 8 0 0 0 0	交通运输部门其他经济国际 45ft 集装箱重量
302 055 10 900 0 3 0 4 0 0 0 0	交通运输部门其他经济国际 40ft 集装箱重量
302 055 10 900 0 3 0 7 0 0 0 0	交通运输部门其他经济国际 35ft 集装箱重量
302 055 10 900 0 3 0 2 0 0 0 0	交通运输部门其他经济国际 20ft 集装箱重量
302 055 10 900 0 3 0 1 0 0 0 0	交通运输部门其他经济国际 10ft 集装箱重量
302 055 10 900 0 3 0 0 0 2 0 0	交通运输部门其他经济国内集装箱重量
302 055 10 900 0 3 6 0 0 0 0 0	交通运输部门其他经济国内 10t 集装箱重量
302 055 10 900 0 3 5 0 0 0 0 0	交通运输部门其他经济国内 5t 集装箱重量
302 055 10 900 0 3 2 0 0 0 0 0	交通运输部门其他经济国内 2t 集装箱重量
302 055 10 900 0 3 1 0 0 0 0 0	交通运输部门其他经济国内 1t 集装箱重量
302 052 10 000 0 3 0 0 0 0 0 1	交通运输部门集装箱货物周转量合计
302 052 10 110 0 3 0 0 0 0 0 0	交通运输部门国有经济集装箱货物周转量
302 052 10 120 0 3 0 0 0 0 0 0	交通运输部门集体经济集装箱货物周转量
302 052 10 900 0 3 0 0 0 0 0 0	交通运输部门其他经济集装箱货物周转量
营运汽车运用情况统计	
303 101 10 110 1 110 0	交通运输部门国有经济营运载客汽车期末车数
303 103 10 110 1 110 0	交通运输部门国有经济营运载客汽车期末总客位数
303 104 10 110 1 110 0	交通运输部门国有经济营运载客汽车总车日
303 105 10 110 1 110 0	交通运输部门国有经济营运载客汽车完好车日
303 106 10 110 1 110 0	交通运输部门国有经济营运载客汽车工作车日
303 107 10 110 1 110 0	交通运输部门国有经济营运载客汽车停驶车日
303 108 10 110 1 110 0	交通运输部门国有经济营运载客汽车待司机停驶车日

表 D1(续)

代码	名称
303 109 10 110 1 110 0	交通运输部门国有经济营运载客汽车待客源停驶车日
303 111 10 110 1 110 0	交通运输部门国有经济营运载客汽车待燃料停驶车日
303 112 10 110 1 110 0	交通运输部门国有经济营运载客汽车其他原因停驶车日
303 113 10 110 1 110 0	交通运输部门国有经济营运载客汽车非完好车日
303 115 10 110 1 110 0	交通运输部门国有经济营运载客汽车总车客位日
303 116 10 110 1 110 0	交通运输部门国有经济营运载客汽车总行程
303 117 10 110 1 110 0	交通运输部门国有经济营运载客汽车载运行程
303 119 10 110 1 110 0	交通运输部门国有经济营运载客汽车总行程载客量
303 121 10 110 1 110 0	交通运输部门国有经济营运载客汽车载运行程载客量
303 123 10 110 1 110 0	交通运输部门国有经济营运载客汽车自载换算旅客周转量
303 125 10 110 1 110 0	交通运输部门国有经济营运载客汽车自载及拖带换算旅客周转量
303 126 10 110 1 110 0	交通运输部门国有经济营运载客汽车平均车数
303 128 10 110 1 110 0	交通运输部门国有经济营运载客汽车平均总客位
303 129 10 110 1 110 0	交通运输部门国有经济营运载客汽车完好率
303 130 10 110 1 110 0	交通运输部门国有经济营运载客汽车工作率
303 131 10 110 1 110 0	交通运输部门国有经济营运载客汽车车日行程
303 132 10 110 1 110 0	交通运输部门国有经济营运载客汽车里程利用率
303 134 10 110 1 110 0	交通运输部门国有经济营运载客汽车客位利用率
303 135 10 110 1 110 0	交通运输部门国有经济营运载客汽车实载率
303 136 10 110 1 110 0	交通运输部门国有经济营运载客汽车拖运率
303 137 10 110 1 110 0	交通运输部门国有经济营运载客汽车综合计算单车产量
303 139 10 110 1 210 0	交通运输部门国有经济营运主挂车综合计算车客产量
303 101 10 110 1 120 0	交通运输部门国有经济营运载货汽车期末车数
303 102 10 110 1 120 0	交通运输部门国有经济营运载货汽车期末总吨位数
303 104 10 110 1 120 0	交通运输部门国有经济营运载货汽车总车日
303 105 10 110 1 120 0	交通运输部门国有经济营运载货汽车完好车日
303 106 10 110 1 120 0	交通运输部门国有经济营运载货汽车工作车日
303 107 10 110 1 120 0	交通运输部门国有经济营运载货汽车停驶车日

表 D1(续)

代　　码	名　　称
303　108　10　110　1　120　0	交通运输部门国有经济营运载货汽车待司机停驶车日
303　110　10　110　1　120　0	交通运输部门国有经济营运载货汽车待货源停驶车日
303　111　10　110　1　120　0	交通运输部门国有经济营运载货汽车待燃料停驶车日
303　112　10　110　1　120　0	交通运输部门国有经济营运载货汽车其他原因停驶车日
303　113　10　110　1　120　0	交通运输部门国有经济营运载货汽车非完好车日
303　114　10　110　1　120　0	交通运输部门国有经济营运载货汽车总车吨位日
303　116　10　110　1　120　0	交通运输部门国有经济营运载货汽车总行程
303　117　10　110　1　120　0	交通运输部门国有经济营运载货汽车载运行程
303　118　10　110　1　120　0	交通运输部门国有经济营运载货汽车总行程载货量
303　120　10　110　1　120　0	交通运输部门国有经济营运载货汽车载运行程载货量
303　122　10　110　1　120　0	交通运输部门国有经济营运载货汽车自载换算货物周转量
303　124　10　110　1　120　0	交通运输部门国有经济营运载货汽车自载及拖带换算货物周转量
303　126　10　110　1　120　0	交通运输部门国有经济营运载货汽车平均车数
303　127　10　110　1　120　0	交通运输部门国有经济营运载货汽车平均总吨位
303　129　10　110　1　120　0	交通运输部门国有经济营运载货汽车完好率
303　130　10　110　1　120　0	交通运输部门国有经济营运载货汽车工作率
303　131　10　110　1　120　0	交通运输部门国有经济营运载货汽车车日行程
303　132　10　110　1　120　0	交通运输部门国有经济营运载货汽车里程利用率
303　133　10　110　1　120　0	交通运输部门国有经济营运载货汽车吨位利用率
303　135　10　110　1　120　0	交通运输部门国有经济营运载货汽车实载率
303　136　10　110　1　120　0	交通运输部门国有经济营运载货汽车拖运率
303　137　10　110　1　500　0	交通运输部门国有经济营运主挂车综合计算单车产量
303　138　10　110　1　500　0	交通运输部门国有经济营运主挂车综合计算车吨产量
汽车燃料消耗量统计	
304　151　10　110　110　11　0	交通运输部门国有经济载客汽车按定额计算汽油消耗量
304　152　10　110　110　11　0	交通运输部门国有经济载客汽车实际汽油消耗量
304　153　10　110　110　11　0	交通运输部门国有经济载客汽车平均每百车公里汽油消耗量
304　116　10　110　110　11　0	交通运输部门国有经济载客汽车总行程汽油消耗量

表 D1(续)

代　　码	名　　称
304　123　10　110　110　11　0	交通运输部门国有经济载客汽车自载换算旅客周转量汽油消耗量
304　151　10　110　110　12　0	交通运输部门国有经济载客汽车按定额计算汽车柴油消耗量
304　152　10　110　110　12　0	交通运输部门国有经济载客汽车实际柴油消耗量
304　153　10　110　110　12　0	交通运输部门国有经济载客汽车平均每百车公里柴油消耗量
304　151　10　110　120　11　0	交通运输部门国有经济载货汽车按定额计算汽油消耗量
304　152　10　110　120　11　0	交通运输部门国有经济载货汽车实际汽油消耗量
304　153　10　110　120　11　0	交通运输部门国有经济载货汽车平均每百车公里汽油消耗量
304　154　10　110　120　11　0	交通运输部门国有经济载货汽车平均每百吨公里汽油消耗量
304　116　10　110　120　11　0	交通运输部门国有经济载货汽车总行程汽油消耗量
304　122　10　110　120　11　0	交通运输部门国有经济载货汽车自载换算货物周转量汽油消耗量
304　151　10　110　120　12　0	交通运输部门国有经济载货汽车按定额计算柴油消耗量
304　152　10　110　120　12　0	交通运输部门国有经济载货汽车实际柴油消耗量
304　153　10　110　120　12　0	交通运输部门国有经济载货汽车平均每百车公里柴油消耗量
304　154　10　110　120　12　0	交通运输部门国有经济载货汽车平均每百吨公里柴油消耗量
304　116　10　110　120　12　0	交通运输部门国有经济载货汽车总行程柴油消耗量
304　122　10　110　120　12　0	交通运输部门国有经济载货汽车自载换算货物周转量柴油消耗量
装卸机械实有数统计	
305　201　10　000　1	交通运输部门装卸机械台数合计
305　202　10　000　1	交通运输部门起重机械台数合计
305　203　10　000　1	交通运输部门铲车台数合计
305　249　10　000　1	交通运输部门其他装卸机械台数合计
305　201　10　110　0	交通运输部门国有经济装卸机械台数
305　202　10　110　0	交通运输部门国有经济起重机械台数
305　203　10　110　0	交通运输部门国有经济铲车台数
305　249　10　110　0	交通运输部门国有经济其他装卸机械台数
305　201　10　120　0	交通运输部门集体经济装卸机械台数
305　202　10　120　0	交通运输部门集体经济起重机械台数
305　203　10　120　0	交通运输部门集体经济铲车台数

表 D1(续)

代码	名称
305 249 10 120 0	交通运输部门集体经济其他装卸机械台数
305 201 10 900 0	交通运输部门其他经济装卸机械台数
305 202 10 900 0	交通运输部门其他经济起重机械台数
305 203 10 900 0	交通运输部门其他经济铲车台数
305 249 10 900 0	交通运输部门其他经济其他装卸机械台数
筑路机械实有数统计	
306 251 10	交通部门推土机台数
306 252 10	交通部门挖土机台数
306 253 10	交通部门铲运机台数
306 254 10	交通部门重型压路机台数
306 255 10	交通部门轻型压路机台数
306 256 10	交通部门空压机台数
306 257 10	交通部门凿岩机台数
306 258 10	交通部门履带式起重机台数
306 259 10	交通部门轮胎式起重机台数
306 260 10	交通部门汽车式起重机台数
306 261 10	交通部门卷扬机台数
306 262 10	交通部门自卸汽车辆数
306 263 10	交通部门小型拖拉机辆数
306 264 10	交通部门中型拖拉机辆数
306 265 10	交通部门大型拖拉机辆数
306 266 10	交通部门水泥混凝土搅拌机台数
306 267 10	交通部门沥青混凝土搅拌机台数
306 268 10	交通部门破碎机台数
306 269 10	交通部门抽水机台数
306 270 10	交通部门发电机台数
306 271 10	交通部门发电机功率数
306 272 10	交通部门沥青洒布车辆数

表 D1(续)

代　码	名　称
306 273 10	交通部门沥青洒布机台数
306 274 10	交通部门维修用机床台数
306 275 10	交通部门工程洒水车台数
306 276 10	交通部门综合养护车辆数
306 277 10	交通部门清扫车辆数
306 278 10	交通部门标志车辆数
306 279 10	交通部门划线机台数
306 280 10	交通部门道路排障车辆数
306 281 10	交通部门装载机台数
306 282 10	交通部门多功能工程车台数
306 283 10	交通部门除雪机台数
306 284 10	交通部门稳定土拌和机
306 285 10	交通部门灰土拌和机台数
306 286 10	交通部门沥青摊铺机台数
306 287 10	交通部门沥青混合料摊铺机台数
306 288 10	交通部门水泥混凝土摊铺机台数
306 289 10	交通部门混凝土切缝机台数
306 290 10	交通部门平地机台数
306 291 10	交通部门路面铣刨机台数
306 292 10	交通部门钻机台数
306 293 10	交通部门挖掘机台数
306 294 10	交通部门桥梁检测车台数
306 295 10	交通部门载重汽车辆数
公路里程年底到达数统计	
307 301 G 0 00 1	国道上年到达里程数
307 301 S 0 00 1	省道上年到达里程数
307 301 X 0 00 1	县道上年到达里程数
307 301 Y 0 00 1	乡道上年到达里程数

表 D1(续)

代　　码	名　　称
307　301　Z　0　00　1	专用公路上年到达里程数
307　301　G　8　00　1	国道高速公路上年到达里程数
307　301　S　8　00　1	省道高速公路上年到达里程数
307　301　X　8　00　1	县道高速公路上年到达里程数
307　301　Y　8　00　1	乡道高速公路上年到达里程数
307　301　Z　8　00　1	专用高速公路上年到达里程数
307　301　G　1　00　1	国道一级公路上年到达里程数
307　301　S　1　00　1	省道一级公路上年到达里程数
307　301　X　1　00　1	县道一级公路上年到达里程数
307　301　Y　1　00　1	乡道一级公路上年到达里程数
307　301　Z　1　00　1	专用一级公路上年到达里程数
307　301　G　2　00　1	国道二级公路上年到达里程数
307　301　S　2　00　1	省道二级公路上年到达里程数
307　301　X　2　00　1	县道二级公路上年到达里程数
307　301　Y　2　00　1	乡道二级公路上年到达里程数
307　301　Z　2　00　1	专用二级公路上年到达里程数
307　301　G　7　00　1	国道高速半幅公路上年到达里程数
307　301　S　7　00　1	省道高速半幅公路上年到达里程数
307　301　X　7　00　1	县道高速半幅公路上年到达里程数
307　301　Y　7　00　1	乡道高速半幅公路上年到达里程数
307　301　Z　7　00　1	专用高速半幅公路上年到达里程数
307　301　G　7　00　1	国道三级公路上年到达里程数
307　301　S　7　00　1	省道三级公路上年到达里程数
307　301　X　7　00　1	县道三级公路上年到达里程数
307　301　Y　7　00　1	乡道三级公路上年到达里程数
307　301　Z　7　00　1	专用三级公路上年到达里程数
307　301　G　4　00　1	国道四级公路上年到达里程数
307　301　S　4　00　1	省道四级公路上年到达里程数

表 D1(续)

代　　码	名　　称
307　301　X　4　00　1	县道四级公路上年到达里程数
307　301　Y　4　00　1	乡道四级公路上年到达里程数
307　301　Z　4　00　1	专用四级公路上年到达里程数
307　301　G　9　00　1	国道等外公路上年到达里程数
307　301　S　9　00　1	省道等外公路上年到达里程数
307　301　X　9　00　1	县道等外公路上年到达里程数
307　301　Y　9　00　1	乡道等外公路上年到达里程数
307　301　Z　9　00　1	专用等外公路上年到达里程数
307　301　G　0　00　2	国道本年新建里程数
307　301　S　0　00　2	省道本年新建里程数
307　301　X　0　00　2	县道本年新建里程数
307　301　Y　0　00　2	乡道本年新建里程数
307　301　Z　0　00　2	专用公路本年新建里程数
307　301　G　8　00　2	国道高速公路本年新建里程数
307　301　S　8　00　2	省道高速公路本年新建里程数
307　301　X　8　00　2	县道高速公路本年新建里程数
307　301　Y　8　00　2	乡道高速公路本年新建里程数
307　301　Z　8　00　2	专用高速公路本年新建里程数
307　301　G　1　00　2	国道一级公路上年到达里程数
307　301　S　1　00　2	省道一级公路本年新建里程数
307　301　X　1　00　2	县道一级公路本年新建里程数
307　301　Y　1　00　2	乡道一级公路本年新建里程数
307　301　Z　1　00　2	专用一级公路本年新建里程数
307　301　G　2　00　2	国道二级公路本年新建里程数
307　301　S　2　00　2	省道二级公路本年新建里程数
307　301　X　2　00　2	县道二级公路本年新建里程数
307　301　Y　2　00　2	乡道二级公路本年新建里程数
307　301　Z　2　00　2	专用二级公路本年新建里程数

表 D1(续)

代　　码	名　　称
307　301　G　7　00　2	国道高速半幅公路本年新建里程数
307　301　S　7　00　2	省道高速半幅公路本年新建里程数
307　301　X　7　00　2	县道高速半幅公路本年新建里程数
307　301　Y　7　00　2	乡道高速半幅公路本年新建里程数
307　301　Z　7　00　2	专用高速半幅公路本年新建里程数
307　301　G　3　00　2	国道三级公路本年新建里程数
307　301　S　3　00　2	省道三级公路本年新建里程数
307　301　X　3　00　2	县道三级公路本年新建里程数
307　301　Y　3　00　2	乡道三级公路本年新建程数
307　301　Z　3　00　2	专用三级公路本年新建程数
307　301　G　4　00　2	国道四级公路本年新建里程数
307　301　S　4　00　2	省道四级公路本年新建里程数
307　301　X　4　00　2	县道四级公路本年新建里程数
307　301　Y　4　00　2	乡道四级公路本年新建里程数
307　301　Z　4　00　2	专用四级公路本年新建里程数
307　301　G　0　00　3	国道本年改建变更里程数
307　301　S　0　00　3	省道本年改建变更里程数
307　301　X　0　00　3	县道本年改建变更里程数
307　301　Y　0　00　3	乡道本年改建变更里程数
307　301　Z　0　00　3	专用公路本年改建变更里程数
307　301　G　8　00　3	国道高速公路本年改建变更里程数
307　301　S　8　00　3	省道高速公路本年改建变更里程数
307　301　X　8　00　3	县道高速公路本年改建变更里程数
307　301　Y　8　00　3	乡道高速公路本年改建变更里程数
307　301　Z　8　00　3	专用高速公路本年改建变更里程数
307　301　G　1　00　3	国道一级公路本年改建变更里程数
307　301　S　1　00　3	省道一级公路本年改建变更里程数
307　301　X　1　00　3	县道一级公路本年改建变更里程数

表 D1(续)

代码	名称
307 301 Y 1 00 3	乡道一级公路本年改建变更里程数
307 301 Z 1 00 3	专用一级公路本年改建变更里程数
307 301 G 2 00 3	国道二级公路本年改建变更里程数
307 301 S 2 00 3	省道二级公路本年改建变更里程数
307 301 X 2 00 3	县道二级公路本年改建变更里程数
307 301 Y 2 00 3	乡道二级公路本年改建变更里程数
307 301 Z 2 00 3	专用二级公路本年改建变更里程数
307 301 G 7 00 3	国道高速半幅公路本年改建变更里程数
307 301 S 7 00 3	省道高速半幅公路本年改建变更里程数
307 301 X 7 00 3	县道高速半幅公路本年改建变更里程数
307 301 Y 7 00 3	乡道高速半幅公路本年改建变更里程数
307 301 Z 7 00 3	专用高速半幅公路本年改建变更里程数
307 301 G 3 00 3	国道三级公路本年改建变更里程数
307 301 S 3 00 3	省道三级公路本年改建变更里程数
307 301 X 3 00 3	县道三级公路本年改建变更里程数
307 301 Y 3 00 3	乡道三级公路本年改建变更里程数
307 301 Z 3 00 3	专用三级公路本年改建变更里程数
307 301 G 4 00 3	国道四级公路本年改建变更里程数
307 301 S 4 00 3	省道四级公路本年改建变更里程数
307 301 X 4 00 3	县道四级公路本年改建变更里程数
307 301 Y 4 00 3	乡道四级公路本年改建变更里程数
307 301 Z 4 00 3	专用四级公路本年改建变更里程数
307 301 G 9 00 3	国道等外公路本年改建变更里程数
307 301 S 9 00 3	省道等外公路本年改建变更里程数
307 301 X 9 00 3	县道等外公路本年改建变更里程数
307 301 Y 9 00 3	乡道等外公路本年改建变更里程数
307 301 Z 9 00 3	专用等外公路本年改建变更里程数
307 301 G 0 00 4	国道本年到达里程数

表 D1(续)

代　　码	名　　称
307　301　S　0　00　4	省道本年到达里程数
307　301　X　0　00　4	县道本年到达里程数
307　301　Y　0　00　4	乡道本年到达里程数
307　301　Z　0　00　4	专用公路本年到达里程数
307　301　G　7　00　4	国道高速公路本年到达里程数
307　301　S　7　00　4	省道高速公路本年到达里程数
307　301　X　7　00　4	县道高速公路本年到达里程数
307　301　Y　7　00　4	乡道高速公路本年到达里程数
307　301　Z.　7　00　4	专用高速公路本年到达里程数
307　301　G　1　00　4	国道一级公路本年到达里程数
307　301　S　1　00　4	省道一级公路本年到达里程数
307　301　X　1　00　4	县道一级公路本年到达里程数
307　301　Y　1　00　4	乡道一级公路本年到达里程数
307　301　Z　1　00　4	专用一级公路本年到达里程数
307　301　G　2　00　4	国道二级公路本年到达里程数
307　301　S　2　00　4	省道二级公路本年到达里程数
307　301　X　2　00　4	县道二级公路本年到达里程数
307　301　Y　2　00　4	乡道二级公路本年到达里程数
307　301　Z　2　00　4	专用二级公路本年到达里程数
307　301　G　8　00　4	国道高速半幅公路本年到达里程数
307　301　S　8　00　4	省道高速半幅公路本年到达里程数
307　301　X　8　00　4	县道高速半幅公路本年到达里程数
307　301　Y　8　00　4	乡道高速半幅公路本年到达里程数
307　301　Z　8　00　4	专用高速半幅公路本年到达里程数
307　301　G　3　00　4	国道三级公路本年到达里程数
307　301　S　3　00　4	省道三级公路本年到达里程数
307　301　X　3　00　4	县道三级公路本年到达里程数
307　301　Y　3　00　4	乡道三级公路本年到达里程数

表 D1(续)

代　　码	名　　称
307　301　Z　3　00　4	专用三级公路本年到达里程数
307　301　G　4　00　4	国道四级公路本年到达里程数
307　301　S　4　00　4	省道四级公路本年到达里程数
307　301　X　4　00　4	县道四级公路本年到达里程数
307　301　Y　4　00　4	乡道四级公路本年到达里程数
307　301　Z　4　00　4	专用四级公路本年到达里程数
307　301　G　9　00　4	国道等外公路本年到达里程数
307　301　S　9　00　4	省道等外公路本年到达里程数
307　301　X　9　00　4	县道等外公路本年到达里程数
307　301　Y　9　00　4	乡道等外公路本年到达里程数
307　301　Z　9　00　4	专用等外公路本年到达里程数
307　301　G　0　80　1	国道有路面公路上年到达里程数
307　301　S　0　80　1	省道有路面公路上年到达里程数
307　301　X　0　80　1	县道有路面公路上年到达里程数
307　301　Y　0　80　1	乡道有路面公路上年到达里程数
307　301　Z　0　80　1	专用有路面公路上年到达里程数
307　301　G　0　10　1	国道高级路面公路上年到达里程数
307　301　S　0　10　1	省道高级路面公路上年到达里程数
307　301　X　0　10　1	县道高级路面公路上年到达里程数
307　301　Y　0　10　1	乡道高级路面公路上年到达里程数
307　301　Z　0　10　1	专用高级路面公路上年到达里程数
307　301　G　0　20　1	国道次高级路面公路上年到达里程数
307　301　S　0　20　1	省道次高级路面公路上年到达里程数
307　301　X　0　20　1	县道次高级路面公路上年到达里程数
307　301　Y　0　20　1	乡道次高级路面公路上年到达里程数
307　301　Z　0　20　1	专用次高级路面公路上年到达里程数
307　301　G　0　30　1	国道中级路面公路上年到达里程数
307　301　S　0　30　1	省道中级路面公路上年到达里程数

表 D1(续)

代　　　码	名　　　称
307　301　X　0　30　1	县道中级路面公路上年到达里程数
307　301　Y　0　30　1	乡道中级路面公路上年到达里程数
307　301　Z　0　30　1	专用中级路面公路上年到达里程数
307　301　G　0　40　1	国道低级路面公路上年到达里程数
307　301　S　0　40　1	省道低级路面公路上年到达里程数
307　301　X　0　40　1	县道低级路面公路上年到达里程数
307　301　Y　0　40　1	乡道低级路面公路上年到达里程数
307　301　Z　0　40　1	专用低级路面公路上年到达里程数
307　301　G　0　90　1	国道无路面公路上年到达里程数
307　301　S　0　90　1	省道无路面公路上年到达里程数
307　301　X　0　90　1	县道无路面公路上年到达里程数
307　301　Y　0　90　1	乡道无路面公路上年到达里程数
307　301　Z　0　90　1	专用无路面公路上年到达里程数
307　302　G　0　00　1	国道晴雨通车里程上年到达数
307　302　S　0　00　1	省道晴雨通车里程上年到达数
307　302　X　0　00　1	县道晴雨通车里程上年到达数
307　302　Y　0　00　1	乡道晴雨通车里程上年到达数
307　302　Z　0　00　1	专用公路晴雨通车里程上年到达数
307　303　G　0　00　1	国道可绿化里程上年到达数
307　303　S　0　00　1	省道可绿化里程上年到达数
307　303　X　0　00　1	县道可绿化里程上年到达数
307　303　Y　0　00　1	乡道可绿化里程上年到达数
307　303　Z　0　00　1	专用公路可绿化里程上年到达数
307　304　G　0　00　1	国道绿化里程上年到达数
307　304　S　0　00　1	省道绿化里程上年到达数
307　304　X　0　00　1	县道绿化里程上年到达数
307　304　Y　0　00　1	乡道绿化里程上年到达数
307　304　Z　0　00　1	专用公路绿化里程上年到达数

表 D1(续)

代　　码	名　　称
307 301 G 0 80 2	国道有路面公路本年新建里程数
307 301 S 0 80 2	省道有路面公路本年新建里程数
307 301 X 0 80 2	县道有路面公路本年新建里程数
307 301 Y 0 80 2	乡道有路面公路本年新建里程数
307 301 Z 0 80 2	专用有路面公路本年新建里程数
307 301 G 0 10 2	国道高级路面公路本年新建里程数
307 301 S 0 10 2	省道高级路面公路本年新建里程数
307 301 X 0 10 2	县道高级路面公路本年新建里程数
307 301 Y 0 10 2	乡道高级路面公路本年新建里程数
307 301 Z 0 10 2	专用高级路面公路本年新建里程数
307 301 G 0 20 2	国道次高级路面公路本年新建里程数
307 301 S 0 20 2	省道次高级路面公路本年新建里程数
307 301 X 0 20 2	县道次高级路面公路本年新建里程数
307 301 Y 0 20 2	乡道次高级路面公路本年新建里程数
307 301 Z 0 20 2	专用次高级路面公路本年新建里程数
307 301 G 0 30 2	国道中级路面公路本年新建里程数
307 301 S 0 30 2	省道中级路面公路本年新建里程数
307 301 X 0 30 2	县道中级路面公路本年新建里程数
307 301 Y 0 30 2	乡道中级路面公路本年新建里程数
307 301 Z 0 30 2	专用中级路面公路本年新建里程数
307 301 G 0 40 2	国道低级路面公路本年新建里程数
307 301 S 0 40 2	省道低级路面公路本年新建里程数
307 301 X 0 40 2	县道低级路面公路本年新建里程数
307 301 Y 0 40 2	乡道低级路面公路本年新建里程数
307 301 Z 0 40 2	专用低级路面公路本年新建里程数
307 302 G 0 00 2	国道晴雨通车里程本年新建数
307 302 S 0 00 2	省道晴雨通车里程数本年新建数
307 302 X 0 00 2	县道晴雨通车里程本年新建数

表 D1(续)

代码	名称
307 302 Y 0 00 2	乡道晴雨通车里程本年新建数
307 302 Z 0 00 2	专用公路晴雨通车里程本年新建数
307 303 G 0 00 2	国道可绿化里程本年新建数
307 303 S 0 00 2	省道可绿化里程本年新建数
307 303 X 0 00 2	县道可绿化里程本年新建数
307 303 Y 0 00 2	乡道可绿化里程本年新建数
307 303 Z 0 00 2	专用公路可绿化里程本年新建数
307 304 G 0 00 2	国道绿化里程本年新建数
307 304 S 0 00 2	省道绿化里程本年新建数
307 304 X 0 00 2	县道绿化里程本年新建数
307 304 Y 0 00 2	乡道绿化里程本年新建数
307 304 Z 0 00 2	专用公路绿化里程本年新建数
307 301 G 0 80 3	国道有路面公路本年改建变更里程数
307 301 S 0 80 3	省道有路面公路本年改建变更里程数
307 301 X 0 80 3	县道有路面公路本年改建变更里程数
307 301 Y 0 80 3	乡道有路面公路本年改建变更里程数
307 301 Z 0 80 3	专用有路面公路本年改建变更里程数
307 301 G 0 10 3	国道高级路面公路本年改建变更里程数
307 301 S 0 10 3	省道高级路面公路本年改建变更里程数
307 301 X 0 10 3	县道高级路面公路本年改建变更里程数
307 301 Y 0 10 3	乡道高级路面公路本年改建变更里程数
307 301 Z 0 10 3	专用高级路面公路本年改建变更里程数
307 301 G 0 20 3	国道次高级路面公路本年改建变更里程数
307 301 S 0 20 3	省道次高级路面公路本年改建变更里程数
307 301 X 0 20 3	县道次高级路面公路本年改建变更里程数
307 301 Y 0 20 3	乡道次高级路面公路本年改建变更里程数
307 301 Z 0 20 3	专用次高级路面公路本年改建变更里程数
307 301 G 0 30 3	国道中级路面公路本年改建变更里程数

表 D1(续)

代　　　码	名　　　称
307 301 S 0 30 3	省道中级路面公路本年改建变更里程数
307 301 X 0 30 3	县道中级路面公路本年改建变更里程数
307 301 Y 0 30 3	乡道中级路面公路本年改建变更里程数
307 301 Z 0 30 3	专用中级路面公路本年改建变更里程数
307 301 G 0 40 3	国道低级路面公路本年改建变更里程数
307 301 S 0 40 3	省道低级路面公路本年改建变更里程数
307 301 X 0 40 3	县道低级路面公路本年改建变更里程数
307 301 Y 0 40 3	乡道低级路面公路本年改建变更里程数
307 301 Z 0 40 3	专用低级路面公路本年改建变更里程数
307 301 G 0 90 3	国道无路面公路本年改建变更里程数
307 301 S 0 90 3	省道无路面公路本年改建变更里程数
307 301 X 0 90 3	县道无路面公路本年改建变更里程数
307 301 Y 0 90 3	乡道无路面公路本年改建变更里程数
307 301 Z 0 90 3	专用无路面公路本年改建变更里程数
307 302 G 0 00 3	国道晴雨通车里程本年改建变更数
307 302 S 0 00 3	省道晴雨通车里程本年改建变更数
307 302 X 0 00 3	县道晴雨通车里程本年改建变更数
307 302 Y 0 00 3	乡道晴雨通车里程本年改建变更数
307 302 Z 0 00 3	专用公路晴雨通车里程本年改建变更数
307 303 G 0 00 3	国道可绿化里程本年改建变更数
307 303 S 0 00 3	省道可绿化里程本年改建变更数
307 303 X 0 00 3	县道可绿化里程本年改建变更数
307 303 Y 0 00 3	乡道可绿化里程本年改建变更数
307 303 Z 0 00 3	专用公路可绿化里程本年改建变更数
307 304 G 0 00 3	国道绿化里程本年改建变更数
307 304 S 0 00 3	省道绿化里程本年改建变更数
307 304 X 0 00 3	县道绿化里程本年改建变更数
307 304 Y 0 00 3	乡道绿化里程本年改建变更数

表 D1(续)

代　　码	名　　称
307　304　Z　0　00　3	专用公路绿化里程本年改建变更数
307　301　G　0　80　4	国道有路面公路本年到达里程数
307　301　S　0　80　4	省道有路面公路本年到达里程数
307　301　X　0　80　4	县道有路面公路本年到达里程数
307　301　Y　0　80　4	乡道有路面公路本年到达里程数
307　301　Z　0　80　4	专用有路面公路本年到达里程数
307　301　G　0　10　4	国道高级路面公路本年到达里程数
307　301　S　0　10　4	省道高级路面公路本年到达里程数
307　301　X　0　10　4	县道高级路面公路本年到达里程数
307　301　Y　0　10　4	乡道高级路面公路本年到达里程数
307　301　Z　0　10　4	专用高级路面公路本年到达里程数
307　301　G　0　20　4	国道次高级路面公路本年到达里程数
307　301　S　0　20　4	省道次高级路面公路本年到达里程数
307　301　X　0　20　4	县道次高级路面公路本年到达里程数
307　301　Y　0　20　4	乡道次高级路面公路本年到达里程数
307　301　Z　0　20　4	专用次高级路面公路本年到达里程数
307　301　G　0　30　4	国道中级路面公路本年到达里程数
307　301　S　0　30　4	省道中级路面公路本年到达里程数
307　301　X　0　30　4	县道中级路面公路本年到达里程数
307　301　Y　0　30　4	乡道中级路面公路本年到达里程数
307　301　Z　0　30　4	专用中级路面公路本年到达里程数
307　301　G　0　40　4	国道低级路面公路本年到达里程数
307　301　S　0　40　4	省道低级路面公路本年到达里程数
307　301　X　0　40　4	县道低级路面公路本年到达里程数
307　301　Y　0　40　4	乡道低级路面公路本年到达里程数
307　301　Z　0　40　4	专用低级路面公路本年到达里程数
307　301　G　0　90　4	国道无路面公路本年到达里程数
307　301　S　0　90　4	省道无路面公路本年到达里程数

表 D1(续)

代　　码	名　　称
307 301 X 0 90 4	县道无路面公路本年到达里程数
307 301 Y 0 90 4	乡道无路面公路本年到达里程数
307 301 Z 0 90 4	专用无路面公路本年到达里程数
307 302 G 0 00 4	国道晴雨通车里程本年到达数
307 302 S 0 00 4	省道晴雨通车里程本年到达数
307 302 X 0 00 4	县道晴雨通车里程本年到达数
307 302 Y 0 00 4	乡道晴雨通车里程本年到达数
307 302 Z 0 00 4	专用公路晴雨通车里程本年到达数
307 303 G 0 00 4	国道可绿化里程本年到达数
307 303 S 0 00 4	省道可绿化里程本年到达数
307 303 X 0 00 4	县道可绿化里程本年到达数
307 303 Y 0 00 4	乡道可绿化里程本年到达数
307 303 Z 0 00 4	专用公路可绿化里程本年到达数
307 304 G 0 00 4	国道绿化里程本年到达数
307 304 S 0 00 4	省道绿化里程本年到达数
307 304 X 0 00 4	县道绿化里程本年到达数
307 304 Y 0 00 4	乡道绿化里程本年到达数
307 304 Z 0 00 4	专用公路绿化里程本年到达数
	公路桥梁年底到达数统计
309 402 G 0 0 1	国道桥梁上年到达座数
309 402 S 0 0 1	省道桥梁上年到达座数
309 402 X 0 0 1	县道桥梁上年到达座数
309 402 Y 0 0 1	乡道桥梁上年到达座数
309 402 Z 0 0 1	专用公路桥梁上年到达座数
309 401 G 0 0 1	国道桥梁上年到达总长度
309 401 S 0 0 1	省道桥梁上年到达总长度
309 401 X 0 0 1	县道桥梁上年到达总长度

表 D1(续)

代　　码	名　　称
309　401　Y　0　0　1	乡道桥梁上年到达总长度
309　401　Z　0　0　1	专用公路桥梁上年到达总长度
309　402　G　4　0　1	国道危桥上年到达座数
309　402　S　4　0　1	省道危桥上年到达座数
309　402　X　4　0　1	县道危桥上年到达座数
309　402　Y　4　0　1	乡道危桥上年到达座数
309　402　Z　4　0　1	专用公路危桥上年到达座数
309　401　G　4　0　1	国道危桥上年到达总长度
309　401　S　4　0　1	省道危桥上年到达总长度
309　401　X　4　0　1	县道危桥上年到达总长度
309　401　Y　4　0　1	乡道危桥上年到达总长度
309　401　Z　4　0　1	专用公路危桥上年到达总长度
309　402　G　1　0　1	国道永久性桥梁上年到达座数
309　402　S　1　0　1	省道永久性桥梁上年到达座数
309　402　X　1　0　1	县道永久性桥梁上年到达座数
309　402　Y　1　0　1	乡道永久性桥梁上年到达座数
309　402　Z　1　0　1	专用公路永久性桥梁上年到达座数
309　401　G　1　0　1	国道永久性桥梁上年到达总长度
309　401　S　1　0　1	省道永久性桥梁上年到达总长度
309　401　X　1　0　1	县道永久性桥梁上年到达总长度
309　401　Y　1　0　1	乡道永久性桥梁上年到达总长度
309　401　Z　1　0　1	专用公路永久性桥梁上年到达总长度
309　402　G　2　0　1	国道半永久性桥梁上年到达座数
309　402　S　2　0　1	省道半永久性桥梁上年到达座数
309　402　X　2　0　1	县道半永久性桥梁上年到达座数
309　402　Y　2　0　1	乡道半永久性桥梁上年到达座数
309　402　Z　2　0　1	专用公路半永久性桥梁上年到达座数
309　401　G　2　0　1	国道半永久性桥梁上年到达总长度

表 D1(续)

代　　码	名　　称
309 401 S 2 0 1	省道半永久性桥梁上年到达总长度
309 401 X 2 0 1	县道半永久性桥梁上年到达总长度
309 401 Y 2 0 1	乡道半永久性桥梁上年到达总长度
309 401 Z 2 0 1	专用公路半永久性桥梁上年到达总长度
309 402 G 3 0 1	国道临时性桥梁上年到达座数
309 402 S 3 0 1	省道临时性桥梁上年到达座数
309 402 X 3 0 1	县道临时性桥梁上年到达座数
309 402 Y 3 0 1	乡道临时性桥梁上年到达座数
309 402 Z 3 0 1	专用公路临时性桥梁上年到达座数
309 401 G 3 0 1	国道临时性桥梁上年到达总长度
309 401 S 3 0 1	省道临时性桥梁上年到达总长度
309 401 X 3 0 1	县道临时性桥梁上年到达总长度
309 401 Y 3 0 1	乡道临时性桥梁上年到达总长度
309 401 Z 3 0 1	专用公路临时性桥梁上年到达总长度
309 402 G 0 0 2	国道桥梁本年新建座数
309 402 S 0 0 2	省道桥梁本年新建座数
309 402 X 0 0 2	县道桥梁本年新建座数
309 402 Y 0 0 2	乡道桥梁本年新建座数
309 402 Z 0 0 2	专用公路桥梁本年新建座数
309 401 G 0 0 2	国道桥梁本年新建总长度
309 401 S 0 0 2	省道桥梁本年新建总长度
309 401 X 0 0 2	县道桥梁本年新建总长度
309 401 Y 0 0 2	乡道桥梁上年到达总长度
309 401 Z 0 0 2	专用公路桥梁本年新建总长度
309 402 G 1 0 2	国道永久性桥梁本年新建座数
309 402 S 1 0 2	省道永久性桥梁本年新建座数
309 402 X 1 0 2	县道永久性桥梁本年新建座数
309 402 Y 1 0 2	乡道永久性桥梁本年新建座数

表 D1(续)

代　　码	名　　称
309　402　Z　1　0　2	专用公路永久性桥梁本年新建座数
309　401　G　1　0　2	国道永久性桥梁本年新建总长度
309　401　S　1　0　2	省道永久性桥梁本年新建总长度
309　401　X　1　0　2	县道永久性桥梁本年新建总长度
309　401　Y　1　0　2	乡道永久性桥梁本年新建总长度
309　401　Z　1　0　2	专用公路永久性桥梁本年新建总长度
309　402　G　2　0　2	国道半永久性桥梁本年新建座数
309　402　S　2　0　2	省道半永久性桥梁本年新建座数
309　402　X　2　0　2	县道半永久性桥梁本年新建座数
309　402　Y　2　0　2	乡道半永久性桥梁本年新建座数
309　402　Z　2　0　2	专用公路半永久性桥梁本年新建座数
309　401　G　2　0　2	国道半永久性桥梁本年新建总长度
309　401　S　2　0　2	省道半永久性桥梁本年新建总长度
309　401　X　2　0　2	县道半永久性桥梁本年新建总长度
309　401　Y　2　0　2	乡道半永久性桥梁本年新建总长度
309　401　Z　2　0　2	专用公路半永久性桥梁本年新建总长度
309　402　G　3　0　2	国道临时性桥梁本年新建座数
309　402　S　3　0　2	省道临时性桥梁本年新建座数
309　402　X　3　0　2	县道临时性桥梁本年新建座数
309　402　Y　3　0　2	乡道临时性桥梁本年新建座数
309　402　Z　3　0　2	专用公路临时性桥梁本年新建座数
309　401　G　3　0　2	国道临时性桥梁本年新建总长度
309　401　S　3　0　2	省道临时性桥梁本年新建总长度
309　401　X　3　0　2	县道临时性桥梁本年新建总长度
309　401　Y　3　0　2	乡道临时性桥梁本年新建总长度
309　401　Z　3　0　2	专用公路临时性桥梁本年新建总长度
309　402　G　0　0　3	国道桥梁本年改建变更座数
309　402　S　0　0　3	省道桥梁本年改建变更座数

表 D1(续)

代　　码	名　　称
309 402 X 0 0 3	县道桥梁本年改建变更座数
309 402 Y 0 0 3	乡道桥梁本年改建变更座数
309 402 Z 0 0 3	专用公路桥梁本年改建变更座数
309 401 G 0 0 3	国道桥梁本年改建变更总长度
309 401 S 0 0 3	省道桥梁本年改建变更总长度
309 401 X 0 0 3	县道桥梁本年改建变更总长度
309 401 Y 0 0 3	乡道桥梁本年改建变更总长度
309 401 Z 0 0 3	专用公路桥梁本年改建变更总长度
309 402 G 4 0 3	国道危桥本年改建变更座数
309 402 S 4 0 3	省道危桥本年改建变更座数
309 402 X 4 0 3	县道危桥本年改建变更座数
309 402 Y 4 0 3	乡道危桥本年改建变更座数
309 402 Z 4 0 3	专用公路危桥本年改建变更座数
309 401 G 4 0 3	国道危桥本年改建变更总长度
309 401 S 4 0 3	省道危桥本年改建变更总长度
309 401 X 4 0 3	县道危桥本年改建变更总长度
309 401 Y 4 0 3	乡道危桥本年改建变更总长度
309 401 Z 4 0 3	专用公路危桥本年改建变更总长度
309 402 G 1 0 3	国道永久性桥梁本年改建变更座数
309 402 S 1 0 3	省道永久性桥梁本年改建变更座数
309 402 X 1 0 3	县道永久性桥梁本年改建变更座数
309 402 Y 1 0 3	乡道永久性桥梁本年改建变更座数
309 402 Z 1 0 3	专用公路永久性桥梁本年改建变更座数
309 401 G 1 0 3	国道永久性桥梁本年改建变更总长度
309 401 S 1 0 3	省道永久性桥梁本年改建变更总长度
309 401 X 1 0 3	县道永久性桥梁本年改建变更总长度
309 401 Y 1 0 3	乡道永久性桥梁本年改建变更总长度
309 401 Z 1 0 3	专用公路永久性桥梁本年改建变更总长度

表 D1(续)

代　　码	名　　称
309 402 G 2 0 3	国道半永久性桥梁本年改建变更座数
309 402 S 2 0 3	省道半永久性桥梁本年改建变更座数
309 402 X 2 0 3	县道半永久性桥梁本年改建变更座数
309 402 Y 2 0 3	乡道半永久性桥梁本年改建变更座数
309 402 Z 2 0 3	专用公路半永久性桥梁本年改建变更座数
309 401 G 2 0 3	国道半永久性桥梁本年改建变更总长度
309 401 S 2 0 3	省道半永久性桥梁本年改建变更总长度
309 401 X 2 0 3	县道半永久性桥梁本年改建变更总长度
309 401 Y 2 0 3	乡道半永久性桥梁本年改建变更总长度
309 401 Z 2 0 3	专用公路半永久性桥梁本年改建变更总长度
309 402 G 3 0 3	国道临时性桥梁本年改建变更座数
309 402 S 3 0 3	省道临时性桥梁本年改建变更座数
309 402 X 3 0 3	县道临时性桥梁本年改建变更座数
309 402 Y 3 0 3	乡道临时性桥梁本年改建变更座数
309 402 Z 3 0 3	专用公路临时性桥梁本年改建变更座数
309 401 G 3 0 3	国道临时性桥梁本年改建变更总长度
309 401 S 3 0 3	省道临时性桥梁本年改建变更总长度
309 401 X 3 0 3	县道临时性桥梁本年改建变更总长度
309 401 Z 3 0 3	专用公路临时性桥梁本年改建变更总长度
309 402 G 0 0 4	国道桥梁本年到达座数
309 402 S 0 0 4	省道桥梁本年到达座数
309 402 X 0 0 4	县道桥梁本年到达座数
309 402 Y 0 0 4	乡道桥梁本年到达座数
309 402 Z 0 0 4	专用公路桥梁本年到达座数
309 401 G 0 0 4	国道桥梁本年到达总长度
309 401 S 0 0 4	省道桥梁本年到达总长度
309 401 X 0 0 4	县道桥梁本年到达总长度
309 401 Y 0 0 4	乡道桥梁本年到达总长度

表 D1(续)

代　　码	名　　称
309 401 Z 0 0 4	专用公路桥梁本年到达总长度
309 402 G 4 0 4	国道危桥本年到达座数
309 402 S 4 0 4	省道危桥本年到达座数
309 402 X 4 0 4	县道危桥本年到达座数
309 402 Y 4 0 4	乡道危桥本年到达座数
309 402 Z 4 0 4	专用公路危桥本年到达座数
309 401 G 4 0 4	国道危桥本年到达总长度
309 401 S 4 0 4	省道危桥本年到达总长度
309 401 X 4 0 4	县道危桥本年到达总长度
309 401 Y 4 0 4	乡道危桥本年到达总长度
309 401 Z 4 0 4	专用公路危桥本年到达总长度
309 402 G 1 0 4	国道永久性桥梁本年到达座数
309 402 S 1 0 4	省道永久性桥梁本年到达座数
309 402 X 1 0 4	县道永久性桥梁本年到达座数
309 402 Y 1 0 4	乡道永久性桥梁本年到达座数
309 402 Z 1 0 4	专用公路永久性桥梁本年到达座数
309 401 G 1 0 4	国道永久性桥梁本年到达总长度
309 401 S 1 0 4	省道永久性桥梁本年到达总长度
309 401 X 1 0 4	县道永久性桥梁本年到达总长度
309 401 Y 1 0 4	乡道永久性桥梁本年到达总长度
309 401 Z 1 0 4	专用公路永久性桥梁本年到达总长度
309 402 G 2 0 4	国道半永久性桥梁本年到达座数
309 402 S 2 0 4	省道半永久性桥梁本年到达座数
309 402 X 2 0 4	县道半永久性桥梁本年到达座数
309 402 Y 2 0 4	乡道半永久性桥梁本年到达座数
309 402 Z 2 0 4	专用公路半永久性桥梁本年到达座数
309 401 G 2 0 4	国道半永久性桥梁本年到达总长度
309 401 S 2 0 4	省道半永久性桥梁本年到达总长度

表 D1(续)

代 码	名 称
309 401 X 2 0 4	县道半永久性桥梁本年到达总长度
309 401 Y 2 0 4	乡道半永久性桥梁本年到达总长度
309 401 Z 2 0 4	专用公路半永久性桥梁本年到达总长度
309 402 G 3 0 4	国道临时性桥梁本年到达座数
309 402 S 3 0 4	省道临时性桥梁本年到达座数
309 402 X 3 0 4	县道临时性桥梁本年到达座数
309 402 Y 3 0 4	乡道临时性桥梁本年到达座数
309 402 Z 3 0 4	专用公路临时性桥梁本年到达座数
309 401 G 3 0 4	国道临时性桥梁本年到达总长度
309 401 S 3 0 4	省道临时性桥梁本年到达总长度
309 401 X 3 0 4	县道临时性桥梁本年到达总长度
309 401 Y 3 0 4	乡道临时性桥梁本年到达总长度
309 401 Z 3 0 4	专用公路临时性桥梁本年到达总长度
309 402 G 0 8 1	国道互通式立交桥上年到达座数
309 402 S 0 8 1	省道互通式立交桥上年到达座数
309 402 X 0 8 1	县道互通式立交桥上年到达座数
309 402 Y 0 8 1	乡道互通式立交桥上年到达座数
309 402 Z 0 8 1	专用公路互通式立交桥上年到达座数
309 401 G 0 8 1	国道互通式立交桥上年到达总长度
309 401 S 0 8 1	省道互通式立交桥上年到达总长度
309 401 X 0 8 1	县道互通式立交桥上年到达总长度
309 401 Y 0 8 1	乡道互通式立交桥上年到达总长度
309 401 Z 0 8 1	专用公路互通式立交桥上年到达总长度
309 402 G 0 1 1	国道特大桥上年到达座数
309 402 S 0 1 1	省道特大桥上年到达座数
309 402 X 0 1 1	县道特大桥上年到达座数
309 402 Y 0 1 1	乡道特大桥上年到达座数
309 402 Z 0 1 1	专用公路特大桥上年到达座数

表 D1(续)

代　　码	名　　称
309 401 G 0 1 1	国道特大桥上年到达总长度
309 401 S 0 1 1	省道特大桥上年到达总长度
309 401 X 0 1 1	县道特大桥上年到达总长度
309 401 Y 0 1 1	乡道特大桥上年到达总长度
309 401 Z 0 1 1	专用公路特大桥上年到达总长度
309 402 G 0 2 1	国道大桥上年到达座数
309 402 S 0 2 1	省道大桥上年到达座数
309 402 X 0 2 1	县道大桥上年到达座数
309 402 Y 0 2 1	乡道大桥上年到达座数
309 402 Z 0 2 1	专用公路大桥上年到达座数
309 401 G 0 2 1	国道大桥上年到达总长度
309 401 S 0 2 1	省道大桥上年到达总长度
309 401 X 0 2 1	县道大桥上年到达总长度
309 401 Y 0 2 1	乡道大桥上年到达总长度
309 401 Z 0 2 1	专用公路大桥上年到达总长度
309 402 G 0 3 1	国道中桥上年到达座数
309 402 S 0 3 1	省道中桥上年到达座数
309 402 X 0 3 1	县道中桥上年到达座数
309 402 Y 0 3 1	乡道中桥上年到达座数
309 402 Z 0 3 1	专用公路中桥上年到达座数
309 401 G 0 3 1	国道中桥上年到达总长度
309 401 S 0 3 1	省道中桥上年到达总长度
309 401 X 0 3 1	县道中桥上年到达总长度
309 401 Y 0 3 1	乡道中桥上年到达总长度
309 401 Z 0 3 1	专用公路中桥上年到达总长度
309 402 G 0 4 1	国道小桥上年到达座数
309 402 S 0 4 1	省道小桥上年到达座数
309 402 X 0 4 1	县道小桥上年到达座数

表 D1(续)

代　　码	名　　称
309 402 Y 0 4 1	乡道小桥上年到达座数
309 402 Z 0 4 1	专用公路小桥上年到达座数
309 401 G 0 4 1	国道小桥上年到达总长度
309 401 S 0 4 1	省道小桥上年到达总长度
309 401 X 0 4 1	县道小桥上年到达总长度
309 401 Y 0 4 1	乡道小桥上年到达总长度
309 401 Z 0 4 1	专用公路小桥上年到达总长度
309 403 G 0 5 1	国道涵洞上年到达道数
309 403 S 0 5 1	省道涵洞上年到达道数
309 403 X 0 5 1	县道涵洞上年到达道数
309 403 Y 0 5 1	乡道涵洞上年到达道数
309 403 Z 0 5 1	专用公路涵洞上年到达道数
309 404 G 0 5 1	国道涵洞上年到达总长度
309 404 S 0 5 1	省道涵洞上年到达总长度
309 404 X 0 5 1	县道涵洞上年到达总长度
309 404 Y 0 5 1	乡道涵洞上年到达总长度
309 404 Z 0 5 1	专用公路涵洞上年到达总长度
309 402 G 0 8 2	国道互通式立交桥本年新建座数
309 402 S 0 8 2	省道互通式立交桥本年新建座数
309 402 X 0 8 2	县道互通式立交桥本年新建座数
309 402 Y 0 8 2	乡道互通式立交桥本年新建座数
309 402 Z 0 8 2	专用公路互通式立交桥本年新建座数
309 401 G 0 8 2	国道互通式立交桥本年新建总长度
309 401 S 0 8 2	省道互通式立交桥本年新建总长度
309 401 X 0 8 2	县道互通式立交桥本年新建总长度
309 401 Y 0 8 2	乡道互通式立交桥本年新建总长度
309 401 Z 0 8 2	专用公路互通式立交桥本年新建总长度
309 402 G 0 1 2	国道特大桥本年新建座数

表 D1(续)

代　码	名　称
309　402　S　0　1　2	省道特大桥本年新建座数
309　402　X　0　1　2	县道特大桥本年新建座数
309　402　Y　0　1　2	乡道特大桥本年新建座数
309　402　Z　0　1　2	专用公路特大桥本年新建座数
309　401　G　0　1　2	国道特大桥本年新建总长度
309　401　S　0　1　2	省道特大桥本年新建总长度
309　401　X　0　1　2	县道特大桥本年新建总长度
309　401　Y　0　1　2	乡道特大桥本年新建总长度
309　401　Z　0　1　2	专用公路特大桥本年新建总长度
309　402　G　0　2　2	国道大桥本年新建座数
309　402　S　0　2　2	省道大桥本年新建座数
309　402　X　0　2　2	县道大桥本年新建座数
309　402　Y　0　2　2	乡道大桥本年新建座数
309　402　Z　0　2　2	专用公路大桥本年新建座数
309　401　G　0　2　2	国道大桥本年新建总长度
309　401　S　0　2　2	省道大桥本年新建总长度
309　401　X　0　2　2	县道大桥本年新建总长度
309　401　Y　0　2　2	乡道大桥本年新建总长度
309　401　Z　0　2　2	专用公路大桥本年新建总长度
309　402　G　0　3　2	国道中桥本年新建座数
309　402　S　0　3　2	省道中桥本年新建座数
309　402　X　0　3　2	县道中桥本年新建座数
309　402　Y　0　3　2	乡道中桥本年新建座数
309　402　Z　0　3　2	专用公路中桥本年新建座数
309　401　G　0　3　2	国道中桥本年新建总长度
309　401　S　0　3　2	省道中桥本年新建总长度
309　401　X　0　3　2	县道中桥本年新建总长度
309　401　Y　0　3　2	乡道中桥本年新建总长度

表 D1(续)

代码	名称
309 401 Z 0 3 2	专用公路中桥本年新建总长度
309 402 G 0 4 2	国道小桥本年新建座数
309 402 S 0 4 2	省道小桥本年新建座数
309 402 X 0 4 2	县道小桥本年新建座数
309 402 Y 0 4 2	乡道小桥本年新建座数
309 402 Z 0 4 2	专用公路小桥本年新建座数
309 401 G 0 4 2	国道小桥本年新建总长度
309 401 S 0 4 2	省道小桥本年新建总长度
309 401 X 0 4 2	县道小桥本年新建总长度
309 401 Y 0 4 2	乡道小桥本年新建总长度
309 401 Z 0 4 2	专用公路小桥本年新建总长度
309 403 G 0 5 2	国道涵洞本年新建道数
309 403 S 0 5 2	省道涵洞本年新建道数
309 403 X 0 5 2	县道涵洞本年新建道数
309 403 Y 0 5 2	乡道涵洞本年新建道数
309 403 Z 0 5 2	专用公路涵洞本年新建道数
309 404 G 0 5 2	国道涵洞本年新建总长度
309 404 S 0 5 2	省道涵洞本年新建总长度
309 404 X 0 5 2	县道涵洞本年新建总长度
309 404 Y 0 5 2	乡道涵洞本年新建总长度
309 404 Z 0 5 2	专用公路涵洞本年新建总长度
309 402 G 0 8 3	国道互通式立交桥本年改建变更座数
309 402 S 0 8 3	省道互通式立交桥本年改建变更座数
309 402 X 0 8 3	县道互通式立交桥本年改建变更座数
309 402 Y 0 8 3	乡道互通式立交桥本年改建变更座数
309 402 Z 0 8 3	专用公路互通式立交桥本年改建变更座数
309 401 G 0 8 3	国道互通式立交桥本年改建变更总长度
309 401 S 0 8 3	省道互通式立交桥本年改建变更总长度

表 D1(续)

代　码	名　称
309 401 X 0 8 3	县道互通式立交桥本年改建变更总长度
309 401 Y 0 8 3	乡道互通式立交桥本年改建变更总长度
309 401 Z 0 8 3	专用公路互通式立交桥本年改建变更总长度
309 402 G 0 1 3	国道特大桥本年改建变更座数
309 402 S 0 1 3	省道特大桥本年改建变更座数
309 402 X 0 1 3	县道特大桥本年改建变更座数
309 402 Y 0 1 3	乡道特大桥本年改建变更座数
309 402 Z 0 1 3	专用公路特大桥本年改建变更座数
309 401 G 0 1 3	国道特大桥本年改建变更总长度
309 401 S 0 1 3	省道特大桥本年改建变更总长度
309 401 X 0 1 3	县道特大桥本年改建变更总长度
309 401 Y 0 1 3	乡道特大桥本年改建变更总长度
309 401 Z 0 1 3	专用公路特大桥本年改建变更总长度
309 402 G 0 2 3	国道大桥本年改建变更座数
309 402 S 0 2 3	省道大桥本年改建变更座数
309 402 X 0 2 3	县道大桥本年改建变更座数
309 402 Y 0 2 3	乡道大桥本年改建变更座数
309 402 Z 0 2 3	专用公路大桥本年改建变更座数
309 401 G 0 2 3	国道大桥本年改建变更总长度
309 401 S 0 2 3	省道大桥本年改建变更总长度
309 401 X 0 2 3	县道大桥本年改建变更总长度
309 401 Y 0 2 3	乡道大桥本年改建变更总长度
309 401 Z 0 2 3	专用公路大桥本年改建变更总长度
309 402 G 0 3 3	国道中桥本年改建变更座数
309 402 S 0 3 3	省道中桥本年改建变更座数
309 402 X 0 3 3	县道中桥本年改建变更座数
309 402 Y 0 3 3	乡道中桥本年改建变更座数
309 402 Z 0 3 3	专用公路中桥本年改建变更座数

表 D1(续)

代 码	名 称
309 401 G 0 3 3	国道中桥本年改建变更总长度
309 401 S 0 3 3	省道中桥本年改建变更总长度
309 401 X 0 3 3	县道中桥本年改建变更总长度
309 401 Y 0 3 3	乡道中桥本年改建变更总长度
309 401 Z 0 3 3	专用公路中桥本年改建变更总长度
309 402 G 0 4 3	国道小桥本年改建变更座数
309 402 S 0 4 3	省道小桥本年改建变更座数
309 402 X 0 4 3	县道小桥本年改建变更座数
309 402 Y 0 4 3	乡道小桥本年改建变更座数
309 402 Z 0 4 3	专用公路小桥本年改建变更座数
309 401 G 0 4 3	国道小桥本年改建变更总长度
309 401 S 0 4 3	省道小桥本年改建变更总长度
309 401 X 0 4 3	县道小桥本年改建变更总长度
309 401 Y 0 4 3	乡道小桥本年改建变更总长度
309 401 Z 0 4 3	专用公路小桥本年改建变更总长度
309 403 G 0 5 3	国道涵洞本年改建变更道数
309 403 S 0 5 3	省道涵洞本年改建变更道数
309 403 X 0 5 3	县道涵洞本年改建变更道数
309 403 Y 0 5 3	乡道涵洞本年改建变更道数
309 403 Z 0 5 3	专用公路涵洞本年改建变更道数
309 404 G 0 5 3	国道涵洞本年改建变更总长度
309 404 S 0 5 3	省道涵洞本年改建变更总长度
309 404 X 0 5 3	县道涵洞本年改建变更总长度
309 404 Y 0 5 3	乡道涵洞本年改建变更总长度
309 404 Z 0 5 3	专用公路涵洞本年改建变更总长度
309 402 G 0 8 4	国道互通式立交桥本年到达座数
309 402 S 0 8 4	省道互通式立交桥本年到达座数
309 402 X 0 8 4	县道互通式立交桥本年到达座数

表 D1(续)

代　　码	名　　称
309 402 Y 0 8 4	乡道互通式立交桥本年到达座数
309 402 Z 0 8 4	专用公路互通式立交桥本年到达座数
309 401 G 0 8 4	国道互通式立交桥本年到达总长度
309 401 S 0 8 4	省道互通式立交桥本年到达总长度
309 401 X 0 8 4	县道互通式立交桥本年到达总长度
309 401 Y 0 8 4	乡道互通式立交桥本年到达总长度
309 401 Z 0 8 4	专用公路互通式立交桥本年到达总长度
309 402 G 0 1 4	国道特大桥本年到达座数
309 402 S 0 1 4	省道特大桥本年到达座数
309 402 X 0 1 4	县道特大桥本年到达座数
309 402 Y 0 1 4	乡道特大桥本年到达座数
309 402 Z 0 1 4	专用公路特大桥本年到达座数
309 401 G 0 1 4	国道特大桥本年到达总长度
309 401 S 0 1 4	省道特大桥本年到达总长度
309 401 X 0 1 4	县道特大桥本年到达总长度
309 401 Y 0 1 4	乡道特大桥本年到达总长度
309 401 Z 0 1 4	专用公路特大桥本年到达总长度
309 402 G 0 2 4	国道大桥本年到达座数
309 402 S 0 2 4	省道大桥本年到达座数
309 402 X 0 2 4	县道大桥本年到达座数
309 402 Y 0 2 4	乡道大桥本年到达座数
309 402 Z 0 2 4	专用公路大桥本年到达座数
309 401 G 0 2 4	国道大桥本年到达总长度
309 401 S 0 2 4	省道大桥本年到达总长度
309 401 X 0 2 4	县道大桥本年到达总长度
309 401 Y 0 2 4	乡道大桥本年到达总长度
309 401 Z 0 2 4	专用公路大桥本年到达总长度
309 402 G 0 3 4	国道中桥本年到达座数

表 D1(续)

代　　码	名　　称
309　402　S　0　3　4	省道中桥本年到达座数
309　402　X　0　3　4	县道中桥本年到达座数
309　402　Y　0　3　4	乡道中桥本年到达座数
309　402　Z　0　3　4	专用公路中桥本年到达座数
309　401　G　0　3　4	国道中桥本年到达总长度
309　401　S　0　3　4	省道中桥本年到达总长度
309　401　X　0　3　4	县道中桥本年到达总长度
309　401　Y　0　3　4	乡道中桥本年到达总长度
309　401　Z　0　3　4	专用公路中桥本年到达总长度
309　402　G　0　4　4	国道小桥本年到达座数
309　402　S　0　4　4	省道小桥本年到达座数
309　402　X　0　4　4	县道小桥本年到达座数
309　402　Y　0　4　4	乡道小桥本年到达座数
309　402　Z　0　4　4	专用公路小桥上年到达座数
309　401　G　0　4　4	国道小桥本年到达总长度
309　401　S　0　4　4	省道小桥本年到达总长度
309　401　X　0　4　4	县道小桥本年到达总长度
309　401　Y　0　4　4	乡道小桥本年到达总长度
309　401　Z　0　4　4	专用公路小桥上年到达总长度
309　403　G　0　5　4	国道涵洞本年到达道数
309　403　S　0　5　4	省道涵洞本年到达道数
309　403　X　0　5　4	县道涵洞本年到达道数
309　403　Y　0　5　4	乡道涵洞本年到达道数
309　403　Z　0　5　4	专用公路涵洞本年到达道数
309　404　G　0　5　4	国道涵洞本年到达总长度
309　404　S　0　5　4	省道涵洞本年到达总长度
309　404　X　0　5　4	县道涵洞本年到达总长度
309　404　Y　0　5　4	乡道涵洞本年到达总长度

表 D1(续)

代码	名称
309 404 Z 0 1 4	专用公路涵洞本年到达总长度
公路隧道年底到达数统计	
310 452 0 1 1	公路特长隧道道数合计
310 451 0 1 1	公路特长隧道长度合计
310 452 0 2 1	公路长隧道道数合计
310 451 0 2 1	公路长隧道长度合计
310 452 0 3 1	公路中隧道道数合计
310 451 0 3 1	公路中隧道长度合计
310 452 0 4 1	公路短隧道道数合计
310 451 0 4 1	公路短隧道长度合计
310 452 G 1 0	国道特长隧道道数
310 451 G 1 0	国道特长隧道长度
310 452 G 2 0	国道长隧道道数
310 451 G 2 0	国道长隧道长度
310 452 G 3 0	国道中隧道道数
310 451 G 3 0	国道中隧道长度
310 452 G 4 0	国道短隧道道数
310 451 G 4 0	国道短隧道长度
310 452 S 1 0	省道特长隧道道数
310 451 S 1 0	省道特长隧道长度
310 452 S 2 0	省道长隧道道数
310 451 S 2 0	省道长隧道长度
310 452 S 3 0	省道中隧道道数
310 451 S 3 0	省道中隧道长度
310 452 S 4 0	省道短隧道道数
310 451 S 4 0	省道短隧道长度
310 452 X 1 0	县道特长隧道道数
310 451 X 1 0	县道特长隧道长度

表 D1(续)

代　　码	名　　称
310　452　X　2　0	县道长隧道道数
310　451　X　2　0	县道长隧道长度
310　452　X　3　0	县道中隧道道数
310　451　X　3　0	县道中隧道长度
310　452　X　4　0	县道短隧道道数
310　451　X　4　0	县道短隧道长度
310　452　Y　1　0	乡道特长隧道道数
310　451　Y　1　0	乡道特长隧道长度
310　452　Y　2　0	乡道长隧道道数
310　451　Y　2　0	乡道长隧道长度
310　452　Y　3　0	乡道中隧道道数
310　451　Y　3　0	乡道中隧道长度
310　452　Y　4　0	乡道短隧道道数
310　451　Y　4　0	乡道短隧道长度
310　452　Z　1　0	专用公路特长隧道道数
310　451　Z　1　0	专用公路特长隧道长度
310　452　Z　2　0	专用公路长隧道道数
310　451　Z　2　0	专用公路长隧道长度
310　452　Z　3　0	专用公路中隧道道数
310　451　Z　3　0	专用公路中隧道长度
310　452　Z　4　0	专用公路短隧道道数
310　451　Z　4　0	专用公路短隧道长度
公路渡口年底到达数统计	
311　501　G　0　0　1　0	国道公路渡口上年到达座数
311　501　S　0　0　1　0	省道公路渡口上年到达座数
311　501　X　0　0　1　0	县道公路渡口上年到达座数
311　501　Y　0　0　1　0	乡道公路渡口上年到达座数
311　501　Z　0　0　1　0	专用公路公路渡口上年到达座数

表 D1(续)

代　　码	名　　称
311 501 G 0 0 2 0	国道公路渡口本年新建座数
311 501 S 0 0 2 0	省道公路渡口本年新建座数
311 501 X 0 0 2 0	县道公路渡口本年新建座数
311 501 Y 0 0 2 0	乡道公路渡口本年新建座数
311 501 Z 0 0 2 0	专用公路公路渡口本年新建座数
311 501 G 0 0 3 0	国道公路渡口本年新建变更座数
311 501 S 0 0 3 0	省道公路渡口本年新建变更座数
311 501 X 0 0 3 0	县道公路渡口本年新建变更座数
311 501 Y 0 0 3 0	乡道公路渡口本年新建变更座数
311 501 Z 0 0 3 0	专用公路公路渡口本年新建变更座数
311 501 G 0 0 4 0	国道公路渡口本年到达座数
311 501 S 0 0 4 0	省道公路渡口本年到达座数
311 501 X 0 0 4 0	县道公路渡口本年到达座数
311 501 Y 0 0 4 0	乡道公路渡口本年到达座数
311 501 Z 0 0 4 0	专用公路公路渡口本年到达座数
311 501 G 1 0 1 0	国道公路机动渡口上年到达座数
311 501 S 1 0 1 0	省道公路机动渡口上年到达座数
311 501 X 1 0 1 0	县道公路机动渡口上年到达座数
311 501 Y 1 0 1 0	乡道公路机动渡口上年到达座数
311 501 Z 1 0 1 0	专用公路公路机动渡口上年到达座数
311 501 G 1 0 2 0	国道公路机动渡口本年新建座数
311 501 S 1 0 2 0	省道公路机动渡口本年新建座数
311 501 X 1 0 2 0	县道公路机动渡口本年新建座数
311 501 Y 1 0 2 0	乡道公路机动渡口本年新建座数
311 501 Z 1 0 2 0	专用公路公路机动渡口本年新建座数
311 501 G 1 0 3 0	国道公路机动渡口本年新建变更座数
311 501 S 1 0 3 0	省道公路机动渡口本年新建变更座数
311 501 X 1 0 3 0	县道公路机动渡口本年新建变更座数

表 D1(续)

代 码	名 称
311 501 Y 1 0 3 0	乡道公路机动渡口本年新建变更座数
311 501 Z 1 0 3 0	专用公路公路机动渡口本年新建变更座数
311 501 G 1 0 4 0	国道公路机动渡口本年到达座数
311 501 S 1 0 4 0	省道公路机动渡口本年到达座数
311 501 X 1 0 4 0	县道公路机动渡口本年到达座数
311 501 Y 1 0 4 0	乡道公路机动渡口本年到达座数
311 501 Z 1 0 4 0	专用公路公路机动渡口本年到达座数
311 502 0 0 5 0 1	公路机动渡船艘数合计
311 503 0 0 5 0 1	公路机动渡船净载重量合计
311 504 0 0 5 0 1	公路机动渡船总功率数合计
311 501 0 0 1 0 1	公路拖船艘数合计
311 505 0 0 1 0 1	公路拖船功率数合计
311 502 0 0 6 0 1	公路人力渡船艘数合计
311 503 0 0 6 0 1	公路人力渡船净载重量合计
311 502 G 0 5 0 0	国道公路机动渡船艘数
311 503 G 0 5 0 0	国道公路机动渡船净载重量
311 504 G 0 5 0 0	国道公路机动渡船总功率数
311 501 G 0 1 0 0	国道公路拖船艘数
311 505 G 0 1 0 0	国道公路拖船功率数
311 502 G 0 6 0 0	国道公路人力渡船艘数
311 503 G 0 6 0 0	国道公路人力渡船净载重量
311 502 S 0 5 0 0	省道公路机动渡船艘数
311 503 S 0 5 0 0	省道公路机动渡船净载重量
311 504 S 0 5 0 0	省道公路机动渡船总功率数
311 501 S 0 1 0 0	省道公路拖船艘数
311 505 S 0 1 0 0	省道公路拖船功率数
311 502 S 0 6 0 0	省道公路人力渡船艘数
311 503 S 0 6 0 0	省道公路人力渡船净载重量

表 D1(完)

代　　码	名　　称
311　502　X　0　5　0　0	县道公路机动渡船艘数
311　503　X　0　5　0　0	县道公路机动渡船净载重量
311　504　X　0　5　0　0	县道公路机动渡船总功率数
311　501　X　0　1　0　0	县道公路拖船艘数
311　505　X　0　1　0　0	县道公路拖船功率数
311　502　X　0　6　0　0	县道公路人力渡船艘数
311　503　X　0　6　0　0	县道公路人力渡船净载重量
311　502　Y　0　5　0　0	乡道公路机动渡船艘数
311　503　Y　0　5　0　0	乡道公路机动渡船净载重量
311　504　Y　0　5　0　0	乡道公路机动渡船总功率数
311　501　Y　0　1　0　0	乡道公路拖船艘数
311　505　Y　0　1　0　0	乡道公路拖船功率数
311　502　Y　0　6　0　0	乡道公路人力渡船艘数
311　503　Y　0　6　0　0	乡道公路人力渡船净载重量
311　502　Z　0　5　0　0	专用公路机动渡船艘数
311　503　Z　0　5　0　0	专用公路机动渡船净载重量
311　504　Z　0　5　0　0	专用公路机动渡船总功率数
311　501　Z　0　1　0　0	专用公路拖船艘数
311　505　Z　0　1　0　0	专用公路拖船功率数
311　502　Z　0　6　0　0	专用公路人力渡船艘数
311　503　Z　0　6　0　0	专用公路人力渡船净载重量

D2　公路运输主要统计指标代码检索目录

公路运输主要统计指标代码检索目录见表 D2。

表 D2　公路运输主要统计指标代码检索目录

表 D2(完)

ICS 03.220.20
R 07
备案号：

中华人民共和国交通行业标准

JT/T 654—2006

IC 卡道路运输证应用技术规范

Application technology criterion for IC card road transportation

2006-06-23 发布 2006-10-01 实施

中华人民共和国交通部 发布

IC卡道路运输证应用技术规范

1 范围

本标准规定了道路运输证IC卡、读写设备、密钥和管理系统要求。

本标准适用于道路运输证IC卡的设计、制造、发行、管理和应用。采用电子标签作为道路运输证电子证件时可参照执行本标准。

2 规范性引用文件

下列文件中的条款通过本标准的引用而成为本标准的条款。凡是注日期的引用文件,其随后所有的修改单(不包括勘误的内容)或修订版均不适用于本标准。然而,鼓励根据本标准达成协议的各方研究是否可使用这些文件的最新版本。凡是不注日期的引用文件,其最新版本适用于本标准。

GB/T 2260　中华人民共和国行政区划代码
GB/T 3181　漆膜颜色标准
GB 11714　全国组织机构代码编制规则
GB/T 14916—1996　识别卡:物理特性(ISO 7810:1985,IDT)
GB/T 16649.1—1996　识别卡-带触点的集成电路卡-第1部分:物理特性(ISO 7816-1:1987,IDT)
JT/T 198　营运车辆技术等级划分和评定要求
JT/T 414　道路运输电子政务平台　信息分类与指标
JT/T 415　道路运输电子政务平台　编目编码规则
ISO/IEC 10373.1　识别卡　测试方法　第1部分:通用性能测试
ISO/IEC 10373.3　识别卡　测试方法　第3部分:带触点的集成电路卡及相关器件
ISO/IEC 14443.1　无触点集成电路卡　第1部分:物理特性
ISO/IEC 14443.2　无触点集成电路卡　第2部分:射频功率和信号
ISO/IEC 14443.3　无触点集成电路卡　第3部分:初始化和防碰撞算法
ISO/IEC 14443.4　无触点集成电路卡　第4部分:传输协议
ISO/IEC 15693.1　识别卡　无接触点集成电路卡　近程卡　第1部分:物理特性
ISO/IEC 15693.2　识别卡　无接触点集成电路卡　近程卡　第2部分:空气接口和初始化
ISO/IEC 15693.3　识别卡　无接触点集成电路卡　近程卡　第3部分:防碰撞和传输协议

3 术语和定义

下列术语和定义适用于本标准。

3.1

IC卡道路运输证　road transportation IC card

采用IC卡等介质做为信息载体的道路运输证的管理功能的证件。

3.2

读写设备　read-write device

对道路运输证IC卡进行数据处理的RFID读/写设备。

3.3

座式机　on-desk read-write device

对授权卡的发卡,道路运输证IC卡的发卡,以及运输管理业务操作的设备。

3.4

道路运输手持稽查设备　road check pos

用于移动办理道路运输稽查业务的设备。

3.5

上载　uploading

手持机把特定数据信息按约定的格式发送给外部设备。

3.6

下传　downloading

外部设备把特定数据信息按约定格式发送给道路运输手持稽查设备。

4　道路运输证 IC 卡

4.1　卡片特性

道路运输证 IC 卡卡片特性要求见表 1：

表 1　道路运输证 IC 卡卡片特性要求

性能名称	采用标准	性能名称	采用标准
X 射线	ISO/IEC 14443.1，推荐兼容 ISO 15693	卡与读写设备寿命	ISO/IEC 10373.3
变形特性	GB/T 14916	振动特性	ISO/IEC 10373.3
耐化学性	GB/T 14916	谐振频率	ISO/IEC 14443.2，推荐兼容 ISO 15693
温度稳定性	GB/T 14916	13.56MHz 时应答振幅	ISO/IEC 14443.2，推荐兼容 ISO 15693
湿度	GB/T 14916	完成一次交换时间	ISO/IEC 14443.2，推荐兼容 ISO 15693
紫外线	GB/T 16649.1	调制深度	ISO/IEC 14443.2，推荐兼容 ISO 15693
弯曲特性	GB/T 16649.1	波形失真	ISO/IEC 14443.2，推荐兼容 ISO 15693
扭曲特性	GB/T 16649.1	频率特性	ISO/IEC 14443.2，推荐兼容 ISO 15693
电磁场	GB/T 16649.1	动态刷卡时间	ISO/IEC 14443.2，推荐兼容 ISO 15693
静电	GB/T 16649.1	初始化和防碰撞算法	ISO/IEC 14443.3，推荐兼容 ISO 15693
可燃性	ISO/IEC 10373	传输协议	ISO/IEC 14443.4，推荐兼容 ISO 15693
卡的弯曲	ISO/IEC 10373.3		

4.2　卡片外形尺寸和页面样式

4.2.1　道路运输证 IC 卡的外形标称尺寸

道路运输证 IC 卡的外形标称尺寸应符合 GB/T 14916 对 ID－1 规定的尺寸。

4.2.2　道路运输证 IC 卡正面要求

4.2.2.1　徽标要求如下：

a)　徽标采用道路运输行业行徽。

b)　徽标宽度为 16.5 mm，高度为 17.5 mm；其位置为：水平居中，距离上边 4mm；颜色为红色。

4.2.2.2 文字要求如下：

a) 正面文字内容为三组：中华人民共和国、道路运输证、中华人民共和国交通部监制。

b) 文字元素编排要求规定见表2。

表2 道路运输证IC卡正面文字内容格式

文 字	字体	大小	颜色	长度	距上边	对齐方式
中华人民共和国	宋体	17号	黑色	47 mm	24 mm	水平居中
道路运输证	华文中宋	24号	红色	61 mm	32 mm	水平居中
中华人民共和国交通部监制	黑体	8号	黑色	41 mm	45 mm	水平居中

4.2.2.3 正面样例见图1。

图1 道路运输证IC卡正面图

4.2.3 道路运输证IC卡背面要求

4.2.3.1 文字要求如下：

a) 文字内容为七组：车辆号牌、车辆类型、吨(座)位、车辆尺寸、核发机关、道路运输证号、发证日期。

b) 文字元素编排要求规定见表3。

表3 道路运输证IC卡背面文字内容编排要求

文字	字体	字体大小	颜 色	距左边	距上边
车辆号牌	黑体	9号	保留字“车辆号牌”为深红色，其他为黑色	5 mm	5 mm
车辆类型	黑体	9号	保留字“车辆类型”为深红色，其他为黑色	5 mm	10 mm
吨(座)位	黑体	9号	保留字“吨(座)位”为深红色，其他为黑色	5 mm	20 mm
车辆尺寸	黑体	9号	保留字“车辆尺寸”、“*”和“毫米”为深红色，其他为黑色	5 mm	25 mm
核发机关	黑体	9号	保留字“核发机关”为深红色，其他为黑色	5 mm	36 mm
道路运输证号	黑体	9号	保留字“道路运输证号”、“交运管”、“字”和“号”为深红色，其他为黑色	5 mm	41 mm
发证日期	黑体	9号	保留字“车辆类型”为深红色，其他为黑色	5 mm	46 mm

4.2.3.2 车辆照片要求如下：

a) 照片内容为车辆左前45°角彩色照片。

b) 照片间距为48 mm，距离上边6 mm，大小为宽32 mm，高24 mm。

4.2.3.3 背面底色为白色；背面信息打印示例见图2。

车辆号牌　黑A12345（蓝）
车辆类型　轿车
现代 YJ-6120HA-A
吨（座）位　5　座
车辆尺寸
4525mm*1725mm*1425mm

核发机关　哈尔滨市道路运输管理处
道路运输证号　黑 交运管 哈 字 230100900003 号
发证日期　2006.01.16

图2　道路运输证IC卡示例背面图

4.3 道路运输证IC卡应用分区和数据元

4.3.1 应用分区

根据使用要求，道路运输证IC卡内定义八个应用分区，见表4。

表4　道路运输证IC卡内应用分区表

应用区序号	应用区名称	应用区分类	应用区序号	应用区名称	应用区分类
1	基础管理数据区	1	5	车辆二级维护信息区	2
2	业户及车辆基本信息区	1	6	车辆规费缴纳信息区	2
3	车辆年审信息区	2	7	违法处罚信息区	2
4	车辆技术等级评定信息区	2	8	可扩展应用分区	2

4.3.2 数据元

4.3.2.1 IC卡中的每个应用都包括一系列信息项，一个信息项称为一个数据元，数据元是信息的最小单位，它用名称、逻辑内容说明、格式及代码来标识。

4.3.2.2 基础管理信息数据元见表5。

表5　基础管理数据

字段名称	存贮长度(byte)	数据元定义
行政区划	3	记录到省、地市、县一级符合GB/T 2260，具体详细名称写到手持机存储器内，供查询
卡版本号	1	代码规则见附录A
发卡日期	4	道路运输证IC卡的发放日期，记录到年月日
卡内状态	1	代码见附录A
发证机关	4	道路运输证IC卡的发放机关代码，采用JT/T 415的规定

4.3.2.3 业户及车辆基本信息见表6。

表6 业户及车辆基本信息

字段名称	存贮长度(byte)	数据元定义
经营许可证字	6	车辆所属业户的经营许可证字号,采用 JT/T 414 和 JT/T 415 的规定
经营许可证号	6	车辆所属业户的经营许可证号,采用 JT/T 414 和 JT/T 415 的规定
业户名称	48	车辆所属经营业户的名称,采用 GB 11714 的规定
业户地址	48	车辆所属经营业户的注册地址
道路运输证字	6	营运车辆的道路运输证字号,采用 JT/T 414 和 JT/T 415 的规定
道路运输证号	6	营运车辆的道路运输证号,采用 JT/T 414 和 JT/T 415 的规定
车辆(挂车)牌照号	12	车辆管理机构给车辆(挂车)牌照号码,用于标识车辆
车牌颜色	1	车辆牌照颜色(底色),采用 JT/T 414 和 JT/T 415 的规定
车辆类型	2	车辆类型分类,采用 JT/T 414 和 JT/T 415 的规定
车辆等级	1	营运客车等级,采用 JT/T 414 和 JT/T 415 的规定
经营范围	2	营运车辆的经营范围,采用 JT/T 414 和 JT/T 415 的规定
车辆(挂车)吨位	3	营运货车的核定载重吨位,单位:t
车辆座位	1	营运客车核定载客数量,单位:座
长*宽*高	9	用车辆的长宽高来定义车辆的轮廓尺寸,单位:mm
车身颜色	1	营运车辆车身颜色,采用 GB/T 15608 的规定
发动机号	50	营运车辆发动机号,用于标识车辆发动机
车架号	50	营运车辆车架编号,用于标识车辆
车辆识别 VIN 码	17	车辆识别代号
出厂日期	4	车辆出厂日期
燃料类型	1	车辆所使用的燃料类型,采用 JT/T 414 和 JT/T 415 的规定
营运状态	1	描述营运车辆的营运状态,采用 JT/T 414 和 JT/T 415 的规定
营运状态开始日期	4	下一个营运状态的开始时间
客运标志牌号	3	客运车辆客运标志牌编号,采用 JT/T 414 和 JT/T 415 的规定

4.3.2.4 车辆年审信息见表7。

表7 车辆年审信息

字段名称	存贮长度(byte)	数据元定义
下次年审日期	4	下次车辆年审不能晚于此日期,记录到年月日

4.3.2.5 车辆技术等级评定信息见表8。

表8 车辆技术等级评定信息

字段名称	存贮长度(byte)	数据元定义
下次技术等级评定日期	4	下次车辆技术等级评定不能晚于此日期,记录到年月日
车辆技术等级	1	采用 JT/T 198、JT/T 414 和 JT/T 415 的规定

4.3.2.6 车辆二级维护信息见表9。

表9 车辆二级维护信息

字段名称	存贮长度(byte)	数据元定义
下次二级维护日期	4	下次车辆二级维护不能晚于此日期,记录到年月日
下次二级维护里程	3	下次车辆二级维护是行使里程不能大于此里程值

4.3.2.7 车辆规费缴纳信息见表10。

表10 车辆规费缴纳信息

字段名称	存贮长度(byte)	数据元定义
缴费截止日期	4	规费已缴纳至此日期,记录到年月日

4.3.2.8 违法处罚信息见表11。

表11 违法处罚信息

字段名称	存贮长度(byte)	数据元定义	说明
违法类型代码	3	违法类型代码,采用JT/T 414和JT/T 415的规定	可存储八条违法记录信息
处罚金额	2	违法内容得实际处罚,单位:人民币元	
违法时间	5	违法时间,记录到年月日时分	
违法地点	16	违法行为发生的地点,以汉字和字符存贮	
处罚执行方式	1	采用JT/T 414和JT/T 415的规定	
处罚执行状态	1	采用JT/T 414和JT/T 415的规定	
执法人资格证号1	4	执法人的有效执法证件号码	
执法人资格证号2	4	执法人的有效执法证件号码	
执法机构代码	4	标识执法机构唯一代码,采用JT/T 414和JT/T 415的规定	

4.4 存储容量

道路运输证IC卡存储容量应不小于2K Byte。

5 读写设备

5.1 分类和用途

5.1.1 分类

读写设备分为授权机、发卡机、业务机和道路运输手持稽查设备。

5.1.2 用途

5.1.2.1 授权机用于发放授权卡;

5.1.2.2 发卡机用于发放IC卡道路运输证;

5.1.2.3 业务机用于窗口办理道路运输业务;

5.1.2.4 道路运输手持稽查设备用于移动办理道路运输稽查业务。

5.2 读写功能要求

读写设备在进行工作时,支持对道路运输证IC卡和电子标签两种介质的读写操作。

5.3 环境温度要求

读写设备工作环境温度在0~70℃,应无任何电气故障,机壳、插接器等不应有严重变形;其记录功能、显示功能等应保持正常。

5.4 技术要求

5.4.1 授权机、发卡机和业务机

5.4.1.1 组成

授权机、发卡机、业务机主要由天线、射频读写模块、数据通信接口等装置组成。

5.4.1.2 外观

授权机、发卡机、业务机各部件外表面应光洁、平整,不应有凹痕、划伤、裂缝、变形等缺陷。金属零件不应有锈蚀。

5.4.1.3 功能

授权机、发卡机、业务机应有如下功能:

—— 读写道路运输证 IC 卡;

—— 自动识别不同授权类型道路运输证 IC 卡以及装载、卸载密钥。

其他未规定的功能制造商可按用户要求自行增加,但不应与本标准中相关条款相抵触。

5.4.1.4 读写道路运输证 IC 卡

5.4.1.4.1 通信接口

应配置标准接口:如标准 RS232 接口、USB 接口等。

5.4.1.4.2 信息读写

应能通过通信接口实现对道路运输证 IC 中信息的读写操作。

5.4.1.5 装载、卸载密钥

应能实现装载、卸载密钥,添加和删除相应业务办理权限。

5.4.2 道路运输手持稽查设备

5.4.2.1 组成

道路运输手持稽查设备主要由微处理器、数据存储器、实时时钟、显示器、操作键、数据通信接口等装置组成。

5.4.2.2 外观

道路运输手持稽查设备各部件外表面应光洁、平整,不应有凹痕、划伤、裂缝、变形等缺陷。金属机壳表面应有防锈、防腐蚀涂层,金属零件不应有锈蚀。显示屏显示应清晰、完整,不得有缺损现象。

5.4.2.3 功能

—— 读写道路运输证 IC 卡;

—— 实时时间、日期采集、存储;

—— 数据显示与存储;

—— 操作;

—— 数据通信。

5.4.2.4 存储器

5.4.2.4.1 道路运输手持稽查设备存储器可擦写次数大于 100 000 次。

5.4.2.4.2 当道路运输手持稽查设备断电,应自动进入保护状态,断电后数据存储时间应大于 10 年。

5.4.2.5 实时时钟

5.4.2.5.1 道路运输手持稽查设备应提供北京时间日期和时钟,该日期和时钟被用于为道路运输手持稽查设备实现所有功能(记录、输出、显示、数据通信等)标注日期和时间。

实时日期以年、月、日或 YYYY/MM/DD/的方式记录,实时时钟以时、分或 hh:mm 的方式记录。

5.4.2.5.2 在 24h 内,记录时间允许误差在 ±5s 以内。

5.4.2.6 显示器

5.4.2.6.1 显示字符应笔画完整、清晰规范,在使用中不依靠环境光源也能正确读数。

5.4.2.6.2 当无按键操作时,可默认显示稽查机的待机界面。

5.4.2.6.3 通过操作按键应能实现如下显示:

a) 处罚执行的提示性操作;

b) 读卡操作的提示性操作。

5.4.2.7 操作按键

操作按键设置应符合使用要求,并应在对应的位置标出各按键名称。

5.4.2.8 数据通信功能

5.4.2.8.1 通信接口

应配置标准接口:如标准 RS 232 接口、USB 接口等。

5.4.2.8.2 下传信息

应能通过通信接口,实现对道路运输手持稽查设备中如下参数和信息的输入和存储:

a) 预置执法地点;

b) 实时时钟;

c) 程序的更新;

d) 违法代码的更新。

5.4.2.8.3 上载信息

应能通过通信接口向外部设备输出至少包含如下内容的信息:

a) 实时时钟;

b) 道路运输手持稽查设备内的处罚数据。

6 密钥

6.1 密钥要求

6.1.1 密钥应分层逐级传递。

6.1.2 应建立运输系统的管理模式,对不同的业务进行准确地定位。

6.1.3 应能追溯非法道路运输证 IC 卡的来源,密钥泄漏的来源,解决非法卡(或非法处理卡数据)可追溯性问题。

6.2 密钥的产生与管理

6.2.1 密钥的产生

6.2.1.1 由主管部门进行顶级密钥的现场生成,同时现场生成省级总授权卡,封存现场的发卡设备。

6.2.1.2 授权卡应包括总授权卡和应用授权卡。

6.2.1.3 总授权卡应具有通过授权机生成下一级总授权卡及本级应用授权卡的功能,总授权卡不具有办理具体业务的权限。

6.2.1.4 应用授权卡分为业务授权卡、设备授权卡、初始化授权卡,其作用如下:

——业务授权卡用于校验业务人员的业务办理权限;

——设备授权卡具有对读写设备装载、卸载密钥的功能,用于给业务机进行硬件设备授权,以实现相应的业务操作;

——初始化授权卡具有使用初始化机对道路运输证 IC 卡进行格式化。

6.2.1.5 各市、县总授权卡可以参照 6.2.1.1 的方式产生。

6.2.2 密钥的管理

6.2.2.1 主管部门负责顶级授权卡的保密管理。

6.2.2.2 由主管部门委托 IC 卡道路运输证授权管理机构负责读写模块的设计、开发、制作与发放管理。

6.2.2.3 各省级 IC 卡道路运输证授权管理机构负责本省的地市、县的授权。

6.2.2.4 各省、市、县的总授权卡由各省、市、县指定专门部门保密管理。

7 管理系统

7.1 组成

IC 卡道路运输证管理系统分为授权管理系统、业务管理系统和标准传输接口。

7.2 授权管理系统

7.2.1 只用于发放授权卡和业务卡的管理信息系统。

7.2.2 应全部使用中文界面，并具有一定兼容性，能在通用的中文操作系统中安装使用。

7.3 业务管理系统

分为 PC 机管理系统和手持机嵌入式管理系统。

7.3.1 PC 机管理系统

7.3.1.1 具有业务办理和数据分析功能。

7.3.1.2 办理 IC 卡道路运输证相关业务和数据管理功能，如车辆年审、规费缴纳、违法处罚处理等业务。

7.3.1.3 具有原始数据读取、查询、统计、图表生成、参数设置、操作权限管理等功能。

7.3.1.4 应全部使用中文界面，并具有一定兼容性，能在通用的中文操作系统中安装使用。

7.3.2 手持机嵌入式管理系统

用于道路运输手持稽查设备办理 IC 卡道路运输证移动稽查业务和数据管理。

7.4 标准传输接口

7.4.1 PC 机通过座式读写器和道路运输手持稽查设备对 IC 卡道路运输证进行读取或写入数据。

7.4.2 管理系统应以 ActiveX 组件方式提供与座式读写器和道路手持稽查机的标准接口，供不同的道路运输业务管理系统开发使用。

附　录　A
（规范性附录）
部分数据元代码表

A.1　卡内分区应用分类代码

卡内分区应用分类代码见表 A.1

表 A.1　卡内应用区分类代码表

名　称	代　码	名　称	代　码
基本数据区	1	功能数据区	2

A.2　卡内状态代码

卡内状态代码见表 A.2

表 A.2　卡内状态代码表

名　称	代　码	名　称	代　码
始发卡	1	补发卡	2

A.3　卡版本号编号方法

卡版本号编号方法如下：

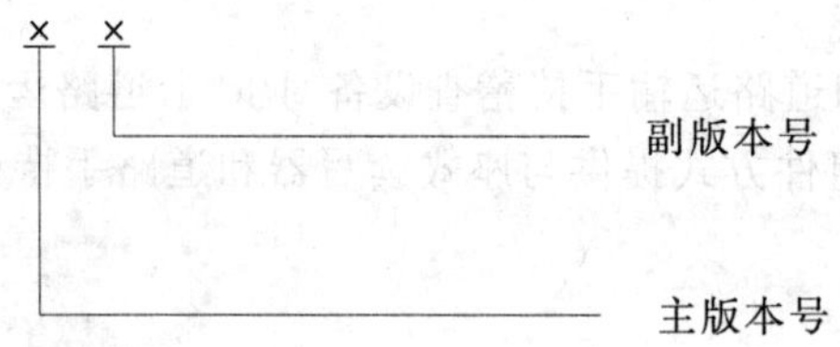

其中：

a）　主版本号用一位数字表示：1～9；

b）　副版本号用一位数字表示：0～9。

ICS 03.220.20
R 07
备案号:

中华人民共和国交通行业标准

JT/T 655—2006

道路运输电子政务平台　数据交换格式

Electronic government platform for road transportation——the structure of data exchange

2006-06-23 发布　　2006-10-01 实施

中华人民共和国交通部　发布

ICS 03.220.20
R 07
备案号：

中华人民共和国交通行业标准

JT/T 655—2006

道路运输电子政务平台 数据交换格式

Electronic government platform for road transportation—
the structure of data exchange

2006-06-23 发布　　2006-10-01 实施

中华人民共和国交通部　发布

道路运输电子政务平台　数据交换格式

1　范围

本标准规定了全国道路运输电子政务平台进行数据交换的数据可识别性、完整性和可靠性要求。对具体数据的产生、加载、记录及数据交换的方式和具体的安全算法、具体实现技术未作规定。

本标准适用于异构道路运输电子政务平台之间的数据交换。同构道路运输电子政务系统内的数据交换可参照本标准执行。

2　规范性引用文件

下列文件中的条款通过本标准的引用而成为本标准的条款。凡是注日期的引用文件，其随后所有的修改单(不包括勘误的内容)或修订版均不适用于本标准，然而，鼓励根据本标准达成协议的各方研究是否可使用这些文件的最新版本。凡是不注日期的引用文件，其最新版本适用于本标准。

JT/T 414　道路运输电子政务平台　信息分类与指标

JT/T 415　道路运输电子政务平台　编目编码规则

3　术语、定义和缩略语

3.1　术语和定义

下列术语和定义适用于本标准。

3.1.1

道路运输政务信息资源共享平台　sharing platform for road transportation government information resorce

实现道路运输共享信息资源的访问与交换的信息平台。

3.1.2

数据提交者　data provider

为数据交换提供数据的机构和个人。

3.1.3

身份鉴别　authentication of identity

联机验证某用户所声称的身份的过程，或者在政府部门与被鉴别用户之间建立身份验证会话的过程。

3.1.4

数据可识别性　data recognizable

交换的数据可被计算机程序所识别。

3.1.5

数据完整性　data integrality

交换的数据满足要求，并确保交换过程不被篡改。

3.1.6

数据可靠性　data security

数据交换双方身份的可鉴别，保证数据交换是在授权许可下进行。

3.2　缩略语

表 1 所列缩略语适用于本标准。

4 指标要求

4.1 数据交换的指标分类及指标集应符合 JT/T 414 的要求。

4.2 数据交换的指标数据类型应符合 JT/T 414 和 JT/T 415 的要求。

4.3 数据交换的指标类别、指标集、指标子集和指标可按照 JT/T 414 的规则进行扩充。

表 1

缩略语	名称	
PWD	密码	(Pass Word)
SOAP	简单对象访问协议	(Simple Object Access Protocol)
TransOrgan Code	传输机构代码	(Transport Organ Code)
XML	扩展标记语言	(eXtensible Markup Language)
XSL	可扩展样式表语言	(eXtensible Stylesheet Language)
XSD	XML 模式定义语言	(XML Schema Definition)
ZipArea	区域代码	

5 文件格式

5.1 数据交换文件格式

5.1.1 数据交换文件格式采用 XML 文件格式并使用 XSD 架构验证,示例参见附录 A;

5.1.2 采用 JT/T 414 中的指标分类、指标集和指标子集,通过 XSD 定义数据交换基本架构。

5.1.3 XML 文件中数据指标传输标记要求:

——指标类别、指标集、指标子集和指标采用 JT/T 414 中的指标编号作为标记,应扩展标记中文注释增加标记的人工可读性;

——数据交换双方扩充的指标类别、指标集、指标子集和指标可以按照 JT/T 414 的规则分配指标编号作为标记内容。

——其他标记约定见表 2。

表 2 数据传输 XML 文件标记规定

标记	描述
TRANSORGAN CODE	数据传输机构代码,采用 JT/T 414 中的运管机构代码作为标记
PWD	数据传输机构的授权密码
ZIPAREA	数据传输 XML 文件中所代表的数据内容区域,采用 JT/T 414 中的中国行政区划代码作为标记内容
Name	指标类别、指标集、指标子集和指标的中文内容的扩展标记

5.2 数据交换身份验证

5.2.1 道路运输政务信息资源共享平台的网络服务采用统一授权使用方式,通过用户名和口令进行基本的提交者身份核实,并利用 WS-Security 安全标准对用户名和口令进行加密处理;

5.2.2 通过 SOAP 访问道路运输政务信息资源共享平台的服务,应采用 WS-Security 安全标准对数据交换内容实现数据加密,示例参见附录 B;

5.2.3 XML 文档送至 Web 的数据可以采用数字签名方式进行加密,示例参见附录 C;

5.2.4 数据提交者向道路运输政务信息资源共享平台提交查询时,道路运输政务信息资源共享平台应通过用户名(或电子邮件地址)和口令变元对其进行身份鉴别,只有数据提交者和道路运输政务信息资源共享平台才知道向前者提供的用户识别符和口令;数据提交者可以随时进入道路运输政务信息资源共享平台来变更口令。

附　录　A
（资料性附录）
XML 文件示例

数据交换 XML 文件格式示例如下：

```
<?xml version="1.0" encoding ="UTF-8"?>
<TRANSORGAN CODE="110000" PWD="**********" ZIPAREA="110000">
    <A Name="经营业户">
        <A01 Name="基本指标">
            <A0101 Name="业户标识">
                <A010101 Name="业户名称">
                    <Type>Standard</Type>
                    <Data>××市客运第一公司</Data>
                </A010101>
                <A010102 Name="组织机构代码">
                    <Type>Standard</Type>
                    <Data>BJ54234</Data>
                </A010102>
                <A010103 Name="上级企业名称">
                    <Type>Standard</Type>
                    <Data>××运输公司</Data>
                </A010103>
                <A010104 Name="业户地址">
                    <Type>Standard</Type>
                    <Data>××市中山路 125 号</Data>
                </A010104>
                <A010105 Name="邮政编码">
                    <Type>Standard</Type>
                    <Data>100412</Data>
                </A010105>
                <A010106 Name="行政区划名称">
                    <Type>Standard</Type>
                    <Data>××市 ××区</Data>
                </A010106>
                <A010107 Name="行政区划代码">
                    <Type>Standard</Type>
                    <Data>110000</Data>
                </A010107>
                <A010108 Name="经济类型">
                    <Type>Standard</Type>
                    <Data>151</Data>
                </A010108>
                <A010109 Name="法人代表">
                    <Type>Standard</Type>
                    <Data>张浩明</Data>
                </A010109>
                <A010110 Name="法人代表身份证件类型">
                    <Type>Standard</Type>
                    <Data>身份证</Data>
                </A010110>
                <A010111 Name="法人代表身份证件号">
                    <Type>Standard</Type>
                    <Data>1100**************</Data>
                </A010111>
                <A010112 Name="法人代表照片">
                    <Type>Standard</Type>
                    <Data/>
                </A010112>
                <A010113 Name="经营负责人">
                    <Type>Standard</Type>
                    <Data>张浩明</Data>
                </A010113>
                <A010114 Name="电话号码">
                    <Type>Standard</Type>
                    <Data>63190832</Data>
                </A010114>
                <A010115 Name="传真号码">
                    <Type>Standard</Type>
                    <Data>63291442</Data>
                </A010115>
                <A010116 Name="手机号码">
                    <Type>Standard</Type>
                    <Data>1350****542</Data>
                </A010116>
                <A010117 Name="电子邮箱">
                    <Type>Standard</Type>
                    <Data>zhang_**hm@sina.com</Data>
                </A010117>
            </A0101>
        </A01>
    </A>
</TRANSORGAN>
```

附 录 B
（资料性附录）
采用 WS-Security 安全标准实现用户名密码加密示例

采用 WS-Security 安全标准实现用户名密码加密代码片断示例如下：

```
private void Page-Load(object sender,System.EventArgs e)
{
    //生成本地 proxy 类实例
    myService.MyService objService = new myService.MyService〔〕;

    //生成 UsernameToken 类实例,将用户名,用户口令和口令发送方式写在实例中
    UsernameToken untoken = new UsernameToken("zght","C/NgSUx1Q0L070Ba3DYmLw = = ",PasswordOption.SendHashed);

    //设置 SOAP 消息有效期,以确定减少消息即使被其他用户截获后重新使用的可能性,这里设置为30 秒,但要注意不同系统时钟同步的问题。
objService.RequestSoapContext.Security.Timestamp.TtlInSeconds = 30;

    //将 Username Token 实例加在 SOAP 消息上下文中
    objService.RequestSoapContext.Security.Tokens.Add(untoken);

    //未加密 UsernameToken 数据
    //objService.RequestSoapContext.Security.Elements.Add(new MessageSignature(untoken));
    //加密 UsernameToken 数据
    objService.RequestSoapContext.Security.Elements.Add(new Microsoft.Web. Services2. Security.EncryptedData(untoken));
```

附 录 C
（资料性附录）
采用 X509 证书实现数据加密代码

采用 X509 证书实现数据加密代码片断示例如下：

```
X509Certificate objCert;
X509CertificateStore objCertStore = X509CertificateStore.CurrentUserStore(X509CertificateStore.MyStore);
X509SecurityToken objCertToken;
objCertStore.Open[];
objCert = objCertStore.Certificates[0];
//判断所选择证书是否支持签名,并且私钥是否存在
if(objCert.SupportsDigitalSignature && objCert.Key! = null)
{
    objCertToken = new X509SecurityToken(objCert);
    myService.MyService ObjService = new myService.MyService[];
    objService.RequestSoapContext.Security.Timestamp.TtlInSeconds = 30;
    //添加包含证书信息的 X509SecurityToken
    objService.RequestSoapContext.Security.Tokens.Add[objCertToken];
    //使用证书对 SOAP 消息签名,并将结果写在消息中
    objService.RequestSoapContext.Security.Elements.Add[new MessageSignature[objCertToken]];
    …………
}
```

客　运　类

ICS 03.220.20
R 11
备案号:

中华人民共和国交通行业标准

JT/T 200—2004
代替 JT/T 200—1995

汽车客运站级别划分和建设要求

Classification and construction requirement of passenger station

2004-04-16 发布 2004-07-15 实施

中华人民共和国交通部 发布

汽车客运站级别划分和建设要求

1 范围

本标准规定了汽车客运站(以下简称“车站”)的术语和定义、车站类别、主要功能、站址选择、设施设备、级别划分、建设要求等。

本标准适用于新建和改扩建汽车客运站的规划、设计、建设和站级验收。

2 术语和定义

下列术语和定义适用于本标准。

2.1 汽车客运站 Passenger transport station

汽车客运站是公益性交通基础设施,是道路旅客运输网络的节点,是道路运输经营者与旅客进行运输交易活动的场所,是为旅客和运输经营者提供站务服务的场所,是培育和发展道路运输市场的载体。

2.2 设计年度平均日旅客发送量 Average passenger delivery volume perdiem in a year

设计年度车站平均每天始发旅客的数量。

2.3 统计年度 Statistical year

车站筹建年度或核定级别年度的前一年。

2.4 设计年度 Design year

车站建成投产使用后的第十年。

2.5 旅客最高聚集人数 Maximum gather passenger

设计年度中旅客发送量偏高期间内,每天最大同时在站人数的平均值,并非指一年中客流高峰日内客流最高时刻聚集在车站的旅客人数。

2.6 发车位数 Number of seats of delivery passenger vehicle

车站同一时刻发出客运班车的停车位数。

3 车站类别

3.1 按车站规模分为

a) 等级站:具有一定规模,可按规定分级的车站;

b) 简易车站:以停车场为依托具有集散旅客、售票和停发客运班车功能的车站;

c) 招呼站:道路沿线(客运班线)设立的旅客上落点。

3.2 按车站位置和特点分为

a) 枢纽站:可为两种及两种以上交通方式提供旅客运输服务,且旅客在站内能实现自由换乘的车站;

b) 口岸站:位于边境口岸城镇的车站;

c) 停靠站:为方便城市旅客乘车,在市(城)区设立的具有候车设施和停车位,用于长途客运班车停靠、上下旅客的车站;

d) 港湾站:道路旁具有候车标志、辅道和停车位的旅客上落点。

3.3 按车站服务方式分为

a) 公用型车站:具有独立法人地位,自主经营,独立核算,全方位为客运经营者和旅客提供站务服务的车站;

b） 自用型车站：隶属于运输企业，主要为自有客车和与本企业有运输协议的经营者提供站务服务的车站。

4 车站主要功能

4.1 运输服务功能。

4.2 运输组织功能。

4.3 中转、换乘功能。

4.4 多式联运功能。

4.5 通讯、信息功能。

4.6 辅助服务功能。

5 站址选择

5.1 车站站址应纳入城镇总体规划，合理布局。

5.2 车站站址选择还应符合下列原则：

a）便于旅客集散和换乘，尽可能地节省旅客出行时间和费用，减少在市内换乘次数；

b）与公路、城市道路、城市公交系统和其他运输方式的站场衔接良好，确保车辆流向合理，出入方便；

c） 具备必要的工程、地质条件，方便与城市的公用工程网系（道路网、电力网、给排水网、排污网、通讯网等）的连接；

d） 具备足够的场地，能满足车站建设需要，并有发展余地。

6 级别划分

根据车站设施和设备配置情况、地理位置和设计年度平均日旅客发送量（以下简称日发量）等因素，车站等级划分为五个级别以及简易车站和招呼站。

6.1 一级车站

设施和设备符合表 1 和表 2 中一级车站必备各项，且具备下列条件之一：

a） 日发量在 10 000 人次以上的车站；

b） 省、自治区、直辖市及其所辖市、自治州（盟）人民政府和地区行政公署所在地，如无 10 000 人次以上的车站，可选取日发量在 5 000 人次以上具有代表性的一个车站；

c） 位于国家级旅游区或一类边境口岸，日发量在 3 000 人次以上的车站。

6.2 二级车站

设施和设备符合表 1 和表 2 中二级车站必备各项，且具备下列条件之一：

a） 日发量在 5 000 人次以上，不足 10 000 人次的车站；

b） 县以上或相当于县人民政府所在地，如无 5 000 人次以上的车站，可选取日发量在 3 000 人次以上具有代表性的一个车站；

c） 位于省级旅游区或二类边境口岸，日发量在 2 000 人次以上的车站。

6.3 三级车站

设施和设备符合表 1 和表 2 中三级车站必备各项，日发量在 2 000 人次以上，不足 5 000 人次的车站。

6.4 四级车站

设施和设备符合表 1 和表 2 中四级车站必备各项，日发量在 300 人次以上，不足 2 000 人次的车站。

6.5 五级车站

设施和设备符合表 1 和表 2 中五级车站必备各项，日发送量在 300 人次以下的车站。

6.6 简易车站

达不到五级车站要求或以停车场为依托，具有集散旅客、停发客运班车功能的车站。

表 1 汽车客运站设施配置表

设施名称				一级站	二级站	三级站	四级站	五级站
场地设施			站前广场	●	●	★	★	★
			停车场	●	●	●	●	●
			发车位	●	●	●	●	★
建筑设施	站房	站务用房	候车厅(室)	●	●	●	●	●
			重点旅客候车室(区)	●	●	★	—	—
			售票厅	●	●	★	★	★
			行包托运厅(处)	●	●	★	—	—
			综合服务处	●	●	★	★	—
			站务员室	●	●	●	●	●
			驾乘休息室	●	●	●	●	●
			调度室	●	●	●	★	—
			治安室	●	●	★	—	—
			广播室	●	●	★	—	—
			医疗救护室	★	★	★	★	★
			无障碍通道	●	●	●	●	●
			残疾人服务设施	●	●	●	●	●
			饮水室	●	★	★	★	★
			盥洗室和旅客厕所	●	●	●	●	●
			智能化系统用房	●	★	★	—	—
		办公用房		●	●	●	★	—
	辅助用房	生产辅助用房	汽车安全检验台	●	●	●	●	●
			汽车尾气测试室	★	★	—	—	—
			车辆清洁、清洗台	●	●	★	—	—
			汽车维修车间	★	★	—	—	—
			材料库	★	★	—	—	—
			配电室	●	●	—	—	—
			锅炉房	★	★	—	—	—
			门卫、传达室	★	★	★	★	★
		生活辅助用房	司乘公寓	★	★	★	★	★
			餐厅	★	★	★	★	★
			商店	★	★	★	★	★

注："●"——必备；"★"——视情况设置；"—"——不设

6.7 招呼站

达不到五级车站要求，具有明显的等候标志和候车设施的车站。

表 2 汽车客运站设备配置表

设备名称		一级站	二级站	三级站	四级站	五级站
基本设备	旅客购票设备	●	●	★	★	★
	候车休息设备	●	●	●	●	●
	行包安全检查设备	●	★	★	—	—
	汽车尾气排放测试设备	★	★	—	—	—
	安全消防备	●	●	●	●	●
	清洁清洗设备	●	●	★	—	—
	广播通讯设备	●	●	★	—	—
	行包搬运与便民设备	●	●	★	—	—
	采暖或制冷设备	●	★	★	★	★
	宣传告示设备	●	●	●	★	★
智能系统设备	微机售票系统设备	●	●	★	★	★
	生产管理系统设备	●	★	★	—	—
	监控设备	●	★	★	—	—
	电子显示设备	●	●	★	—	—
注：“●”——必备；“★”——视情况设置；“—”——不设						

7 建设要求

7.1 设施和设备

7.1.1 设施规模

车站占地面积按每100人次日发量指标进行核定，且不低于表3所列指标的计算值，规模较小的四级车站和五级车站占地面积不应小于2 000m²。

表 3 车站占地面积指标　　单位：m²/百人次

设施名称	一级车站	二级车站	三、四、五级车站
占地面积	360.00	400.00	500.00

车站规模指标和各类设施的建设规模分别按附录A和附录B的量化方法计算确定。

7.1.2 设施

车站主要由场地设施和建筑设施构成。各级车站设施配置要求如表1所列。

7.1.3 设备

车站设备包括基本设备和智能化系统设备，各级车站设备配置情况如表2所列，配置要求见附录C。

7.2 交通安全

7.2.1 车站应根据地形特征和外部交通环境，合理组织客流、车流和行包流线，尽可能地避免车站内外各类流线的交叉干扰和对城市道路交通的影响。

7.2.2 车辆进出站口与城市道路或人行道的交汇点应设置符合规定的交通信号装置。

7.2.3 车站安全出口应设置通用标志及照明设施。

7.3 消防

7.3.1 车站防火系统的配置应符合国家建筑设计防火规范的有关规定。

7.3.2 一、二、三级车站建筑设施的耐火等级不低于二级，四级和五级站不低于三级。

7.3.3 车站内停车场和发车位应设室外消火栓和适用于扑灭汽油、柴油、燃气等易燃物质燃烧的消防设施。室内停车场和体积超过 5 000m^3 的站房应设室内自动消防系统。

7.4 环境保护与绿化美化

车站环境保护与绿化美化应符合相关法律、国家标准、行业标准以及有关的规定。

8 站级验收

一、二级车站由省、自治区、直辖市行业主管部门按本标准组织验收；其他级别的车站由所在地行业主管部门按本标准组织验收。

附录 A
（规范性附录）
车站规模指标的量化方法

车站规模指标包括设计年度平均日旅客发送量、旅客最高聚集人数、发车班次、发车位数等。

A.1 设计年度平均日旅客发送量

A.1.1 遵循原则

A.1.1.1 设计年度平均日旅客发送量是反映车站建设规模和生产能力的重要指标，也是确定各类设施规模和评定站级的主要依据。

A.1.1.2 确定设计年度平均日旅客发送量时应遵循以下原则：

a)符合规模经济原则，即坚持车站规模收益递增原则，使车站建设规模适度；

b)满足所在地社会经济长远发展规划和社会需求；

c)选用适当的预测方法，使预测值与实际情况偏差最小。

A.1.2 预测方法

A.1.2.1 根据车站服务区域道路旅客运输发展规律，选择适当的预测方法和预测模型进行预测分析。最后采用定量计算与定性分析相结合方法，确定设计年度平均日旅客发送量。

A.1.2.2 定量预测方法：主要有增长率统计法、回归分析法、指数平滑法、弹性系数法和灰色模型等。预测方法和常用模型可按表 A.1 选取。

A.1.2.3 定性预测方法：主要有专家调查法、交叉影响法、类比法、比例法等。

A.1.2.4 综合预测法：

对同一预测对象采用多种预测方法，并对预测结果分别赋予一定的权重 W_i，计算综合预测值的预测方法。

$$Y = \sum W_i \times Y_i \qquad (A.1)$$

式中：Y——综合预测值，即经组合处理后的最终预测值；

Y_i——第 i 种预测方法获得的预测值；

W_i——第 i 种预测方法赋予的权重系数，$\Sigma W_i = 1$。

表 A.1 预测方法和常用模型

预 测 方 法		数学模型形式	字 母 含 义
增长率统计法		$y_t = y_0(1+r)^t$ $r_t = \left[n\sqrt{\frac{y_0}{y_{t-1}}} - 1 \right] \times 100\%$	n——统计期年数； y_0——基年统计值； y_t——t 年预测值； y_{t-1}——$t-1$ 年统计值
回归分析法	一元回归	$y = a + bx$	y——预测对象； x——预测变量； a、b——回归系数
	多元回归	$y = b_0 + b_1x_1 + b_2x_2 + \cdots + b_nx_n$	x_1、x_2、…、x_n——互不相关的各个预测变量； b_0、b_1、b_2、…、b_n——回归系数

表 A.1(续)

预测方法		数学模型形式	字母含义
移动平均法	一次移动	$M_{t-1}^{[1]} = \frac{1}{n}(y_{t-1} + y_{t-2+} \cdots + y_{t-n})$ $M_t^{[1]} = M_{t-1}^{[1]} + \frac{1}{n}(y_t - y_{t-n})$	$M_{t-1}^{[1]}$——第 t 次周期的一次移动平均值； $M_t^{[2]}$——第 t 周期的二次移动平均值； y_t——预测对象时间序列数据； n——计算移动平均值所取的数据个数； $\hat{y}_{t+T}$——第 $t+T$ 周期的预测值； a_t——预测模型的截距； b_t——预测模型的斜率
	二次移动	$M_t^{[2]} = M_{t-1}^{[2]} + \frac{1}{n}(M_t^{[1]} - M_{t-n}^{[1]})$ $\hat{y}_{t+T} = a_t + b_t \cdot T$	
指数平滑法	一次指数平滑	$S_t^{[1]} = \alpha y_t + (1-\alpha) S_{t-1}^{[1]}$	y_t——预测对象在第 t 年的统计值； α——权系数，一般在 0.01～0.3 之间，可由经验给出。当历史数据发展平缓时取高值；反之取低值； $S_{t-1}^{[1]}$——第 $t-1$ 年的一次平滑值； $S_t^{[1]}, S_t^{[2]}, S_t^{[3]}$——第 t 年一次、二次、三次平滑值； a_t——预测模型的截距； b_t——预测模型的斜率，即每周期预测值的变化量
	二次指数平滑	$S_t^{[2]} = \alpha S_t^{[1]} + (1-\alpha) S_{t-1}^{[2]}$ $\hat{y}_{t+T} = a_t + b_t \cdot T$ $a_t = 2S_t^{[1]} - S_t^{[2]}$ $b_t = \frac{\alpha}{1-\alpha}(S_t^{[1]} - S_t^{[2]})$	
	三次指数平滑	$S_t^{[3]} = \alpha S_t^{[2]} + (1-\alpha) S_{t-1}^{[3]}$ $\hat{y}_{t+T} = a_t + b_t T + c_t T^2$ $a_t = 3S_t^{[1]} - 3S_t^{[2]} + S_t^{[3]}$ $b_t = \frac{\alpha}{2(1-\alpha)^2}[(6-5\alpha) S_t^{[1]} - 2(5-4\alpha) S_t^{[2]} + (4-3\alpha) S_t^{[3]}]$ $c_t = \frac{\alpha^2}{2(1-\alpha)^2}(S_t^{[1]} - 2S_t^{[2]} + 3S_t^{[3]})$	
弹性系数		$y_t = y_0(1+i)^t$ 其中：$i = E_s \underline{q} = \frac{i'}{q'} q$	y_t——未来第 t 年预测值； y_0——基年统计值； t——预测期年数； i'——统计期增长率； q', q——分别为类比变量基期和预测期年均增长率(%)
灰色预测		GM(1,1)模型： $\frac{dx^{(1)}}{dt} + \alpha x^{(1)} = u$ $\hat{x}^{(1)}(t+1) = (x^{(0)}(1) - u/\alpha) e^{-\alpha k} + u/\alpha$	$\hat{x}(t+1)$——表示预测计算值； t——为时间序列； u——灰变量的发展态势反映量； α——灰作用量

A.2 旅客最高聚集人数

A.2.1 根据设计年度平均日旅客发送量计算

根据设计年度平均日旅客发送量,旅客最高聚集人数可通过下式计算:

$$D = \alpha \cdot F \tag{A.2}$$

式中:D——旅客最高聚集人数,人;

F——设计年度平均日旅客发送量,人次;

α——计算百分比,其大小可按表 A.2 选取。

表 A.2 计算百分比的选取

设计年度平均日旅客发送量 (人次)	计算百分比 (%)	设计年度平均日旅客发送量 (人次)	计算百分比 (%)
≥15000	8	300 ~ 2000	20 ~ 15
10000 ~ 15000	10 ~ 8	100 ~ 300	30 ~ 20
5000 ~ 10000	12 ~ 10	< 100	50 ~ 30
2000 ~ 5000	15 ~ 12		

A.2.2 根据同期发车数量计算

根据同期发车数量,旅客最高聚集人数可通过下式计算:

$$D = k \times p \times M \tag{A.3}$$

式中:M——设计年度车站一次最大发车数量(即发车位数),辆;

p——客车平均定员人数,人/辆;

k——综合系数,一般取 1.5 ~ 2.5。

A.3 日均发车班次

日均发车班次可按下式计算求得:

$$N = \beta \frac{F(1-\xi)}{p\mu} \tag{A.4}$$

式中:N——日均发车班次,班次;

β——不均衡系数,一般取 1.15;

ξ——过站车载乘率,指过站客车载客量与车站平均日旅客发送量之比;

p——客车平均定员,人;

μ——始发车合理乘载率。

A.4 发车位数

发车位数可按下式计算求得:

$$M = \frac{D(1-\xi)k}{np\mu} \tag{A.5}$$

式中:M——发车位数,个;

k——考虑到达客车和过站客车停靠需增加车位的系数,即增设系数,一般取 1.2;

n——营业时间内平均每小时发车次数。

附录 B
（规范性附录）
车站主要设施规模量化方法

B.1　站前广场

一、二级车站按旅客最高聚集人数每人 $1.2m^2 \sim 1.5m^2$ 计算，三级车站按旅客最高聚集人数每人 $1.0m^2$ 计算。

B.2　停车场

停车场的最大容量按同期发车量的 8 倍计算，单车占用面积按客车投影面积的 3.5 倍计算，即：

$$停车场面积 = 28.0 \times 发车位数 \times 客车投影面积$$

B.3　发车位

发车位面积根据发车位数，每个发车位占用面积按客车投影面积的 4.0 倍计算。即：

$$发车位面积 = 4.0 \times 发车位数 \times 客车投影面积$$

B.4　站房

B.4.1　候车厅

$$候车厅面积 = 1.0m^2/人 \times 设计年度旅客最高聚集人数$$

B.4.2　重点旅客候车室

重点旅客候车室视实际需要设置，但总面积不应超过候车厅面积的 1/3。

B.4.3　售票厅

$$售票厅面积 = 购票室面积 + 售票室面积$$

其中：

$$购票室面积 = 20.0m^2/窗口 \times 售票窗口数$$

$$售票室面积 = 6.0m^2/窗口 \times 售票窗口数 + 15.0m^2$$

$$售票窗口数 = \frac{旅客最高聚集人数}{每窗口每小时售票张数}$$

一般情况下，采用人工售票每窗口每小时售票 100 张，采用微机售票每窗口每小时的售票数可适当增加，并增设 $20.0m^2$ 的总控室。

B.4.4　行包托运处

$$行包托运处面积 = 托运厅面积 + 受理作业室面积 + 行包库房面积$$

其中：

$$托运厅面积 = 25.0m^2/托运单元 \times 托运单元数$$

$$受理作业室面积 = 20.0m^2/托运单元 \times 托运单元数$$

$$行包库房面积 = 0.1m^2/人 \times 设计年度旅客最高聚集人数 + 15.0m^2$$

托运单元数：一级车站 2～4 个；
二级车站 2 个；
三、四级车站 1 个。

B.4.5　行包提取处

行包提取处面积按托运处面积的 30%～50%计算。

B.4.6　综合服务处

服务内容包括问讯、小件寄存、邮电通讯、失物招领、信息服务等。

$$综合服务处面积 = 0.02 \times 设计年度平均日旅客发送量\ m^2$$

B.4.7　站务员室

$$站务员室面积 = 2.0m^2/人 \times 当班站务员人数 + 15.0m^2$$

B.4.8 驾乘休息室

驾乘休息室面积 = 3.0 × 发车位数（m^2）

B.4.9 调度室

调度室面积按站级确定：

一级车站 30.0 ~ 50.0m^2；

二级车站 20.0 ~ 30.0m^2；

三级车站 15.0 ~ 20.0m^2。

B.4.10 治安室

治安值勤室面积按 15.0 ~ 30.0m^2 选取。

B.4.11 广播室

广播室面积按 10.0 ~ 20.0m^2 选取。

B.4.12 医疗救护室

医疗救护室面积按 20.0 ~ 40.0m^2 选取。

B.4.13 饮水室

盥洗饮水室面积按 20.0 ~ 30.0m^2 选取。

B.4.14 旅客厕所(含盥洗室)

男厕： 1.2m^2/人 ×（4% ~ 6%）× 设计年度旅客最高聚集人数 + 15.0m^2

女厕： 1.5m^2/人 ×（3% ~ 5%）× 设计年度旅客最高聚集人数 + 15.0m^2

B.4.15 智能化系统用房

智能化系统用房视车站智能化水平和实际需要确定。

B.4.16 办公用房

办公用房视车站机构设置情况和实际需要确定。

B.5 辅助设施

B.5.1 汽车安全检验台(沟、室)

汽车安全检验台(沟、室)面积根据检测项目与检测方式，按每个台位 80.0 ~ 120.0m^2 计算。

B.5.2 汽车尾气测试室

汽车尾气测试室面积视情况选取：一级车站 120.0 ~ 180.0m^2；二级车站 60.0 ~ 120.0m^2。

B.5.3 车辆清洁、清洗台

车辆清洁、清洗台面积根据洗车方式和污水处理与回收系统的形式，按 90 ~ 120m^2/个计算。

B.5.4 司乘公寓

司乘公寓面积按日均发车班次，每 10 班次按 20.0m^2 计算，即：

司乘公寓面积 = 2.0 × 日发车班次数 m^2

B.5.5 其他辅助设施

其他辅助设施视实际需要设置，按国家和行业相关规定确定其建设规模。

附录 C
（规范性附录）
车站设备及配置要求

C.1 车站设备

车站设备包括基本设备和智能化系统设备。

C.1.1 基本设备

车站基本设备包括售票设备(包括微机售票系统设备、售票员办公桌椅、钱箱、票架、隔离栏等)、候车室设备(包括座椅、母婴床、班次牌、检票隔离栏等)、行包安全检查设备、汽车尾气排放测试设备、安全消防设备、清洁清洗设备、广播通讯设备、行包搬运与便民设备、采暖或空调设备、办公设备、宣传告示设备(包括班次时刻表、里程票价表、行包价目表、营运线路图、旅客须知、禁运限运物品宣传图、公告牌等)等。

C.1.2 智能化系统设备

微机售票系统设备、生产与管理系统(包括车辆调度系统、车辆报班系统、车辆缴费系统、车辆销班系统等)设备、自动化办公系统(包括办公系统和财务管理系统)设备、监控设备和电子显示(包括售票厅显示系统和候车厅显示系统)设备等。

C.2 配置原则

C.2.1 适用性

设备要适应车站工艺和作业特点,具有灵活性、机动性、作业连续性及“一机多用,多机联用”的可能性等。

C.2.2 可靠性

设备寿命周期长,安全可靠,作业质量高、易于维修。

C.2.3 通用性

设备系统通用、兼容,易于实现内外对接。

C.2.4 经济性

设备系统投资少,能源消耗小,使用成本低。

C.2.5 有效性

设备作业能力与其作业量相适应,利用率及劳动生产率高。

C.2.6 可行性

易于安装调试,操作简便,技术要求低。

C.2.7 先进性

设备的机械化、自动化程度高,可明显改善作业环境与作业条件,提高工效。

C.3 基本要求

C.3.1 车站设备的数量与类别应根据车站生产能力和作业量的大小确定,主要设备尽可能地选用国家定型的标准设备。

C.3.2 主要基本设备的配置要求见表 C.1,智能化系统设备视车站实际情况按需配置。

C.1 车站基本设备的配置要求

设备名称	基本要求
行包安全检查设备	能在不开包情况下准确查出乘客携带的危险品； 可查行李最大尺寸(宽×高)：900mm×800mm
汽车尾气排放测试设备	可快速、准确地测定汽车尾气排放是否超标
微机售票系统设备	能迅速、准确地为旅客提供票务查询，预定、售票服务； 满足远程售票作业及联网对接要求； 方便相关票务信息的传递、交换、存储、处理与统计
安全消防设备	设备配置齐全、有效； 符合国家安全消防的有关规范及规定
宣传告示设备	设备配置齐全、有效、醒目，美观大方； 一、二级车站应以电子显示方式清晰滚动显示
行包搬运与便民设备	能实现轻快、便捷、安全的搬运作业； 便民设备要与车站工艺流程相匹配，轻巧，方便旅客使用
生产管理系统设备	能够实现客车到站、报班、发班、销班、停车、检验等一体化管理

ICS 43.040.10
T 36
备案号：

中华人民共和国交通行业标准

JT/T 216—2006
代替 JT/T 216—1995

客车空调系统技术条件

Bus air conditioning system specifications

2006-02-20 发布　　2006-05-01 实施

中华人民共和国交通部　发布

ICS 43.040.10
T 38
备案号

中华人民共和国交通行业标准

JT/T 216—2006
代替 JT/T 216—1996

客车空调系统技术条件

Bus air conditioning system specification

2006-02-20 发布　　2006-05-01 实施

中华人民共和国交通部　发布

客车空调系统技术条件

1 范围

本标准规定了客车空调系统的技术要求、试验方法、检验规则和标志。

本标准适用于 M_2、M_3 类客车，由这些客车改装的其他车辆也可参照执行。

2 规范性引用文件

下列文件中的条款通过本标准的引用而成为本标准的条款。凡是注明日期的引用文件，其随后所有的修改单（不包括勘误的内容）或修订版均不适用于本标准，然而，鼓励根据本标准达成协议的各方研究是否可使用这些文件的最新版本。凡是不注明日期的引用文件，其最新版本适用于本标准。

GB 4094 汽车操纵件指示器和信号装置的图形标志

GB/T 12534 汽车道路试验方法通则

GB/T 15089 机动车辆及挂车分类

GB/T 17729 长途客车内空气质量要求

GB 18296 汽车燃油箱安全性能要求和试验方法

QC/T 324 汽车燃油空气加热器

QC/T 413 汽车电器设备基本技术条件

QC/T 634 汽车水暖式暖风装置

QC/T 656 汽车空调制冷装置性能要求

QC/T 657—2000 汽车空调制冷装置试验方法

QC/T 658—2000 汽车空调整车降温性能试验方法

QC/T 720 汽车空调术语

3 术语和定义

GB/T 15089、QC/T 324、QC/T 634、QC/T 656、QC/T 657、QC/T 658、QC/T 720 中的术语和定义以及下列术语和定义适用于本标准。

3.1

空调客车 air-conditioning bus

装备有调节车厢内空气温度、湿度、风速和洁净度等空调装置的客车。

3.2

制冷系统 cold-air system

用于降低车厢内温度的制冷装置及其配套设备的总称。

3.3

采暖系统 heating system

用于升高车厢内温度的暖风装置及配套设备的总称。

3.4

除霜（雾）系统 defrosting (demist) system

用于清除风窗玻璃上积霜、结雾和结冰的装置及配套设备的总称。

3.5

空调装置 air conditioner

调节车厢内气候的各种设备的总称。

3.5.1

独立式制冷装置 sub-engine drive type cooling equipment

由单独动力驱动的制冷装置。有独立顶置式、内置式和整体式等多种型式。

3.5.2

非独立式制冷装置 main engine drive type cooling equipment

由汽车发动机提供动力的制冷装置。有非独立顶置式和内置式等多种型式。

3.5.3

独立式暖风装置 fuel fired heater

以燃油、燃气、电能或其他燃料为能源,以空气或液体(水或防冻液)为介质,用于车厢内空气加热和风窗玻璃除霜(雾)的采暖装置。其中,以燃油或燃气为燃料,以空气为介质的称独立燃油或燃气空气式暖风装置,以液体为介质的称独立燃油或燃气液体式暖风装置。

3.5.4

余热水暖式暖风装置 hot water heater

利用发动机冷却液经车内热交换器加热车厢内空气和用于风窗玻璃除霜(雾)的暖风装置。

3.5.5

余热废气式暖风装置 exhaust gas heater

利用发动机工作排出的废气余热加热空气、水或防冻液,用于加热车厢内空气和风窗玻璃除霜(雾)的暖风装置。

3.5.6

综合式暖风装置 complex heater

以燃油、燃气、电能或其他燃料为能源,以汽车发动机冷却液为介质,用于加热车厢内空气、风窗玻璃除霜(雾)和汽车发动机升温的采暖装置。这种装置在汽车发动机冷却液温度低时,可为发动机升温;当发动机温度较高,车内热负荷较低时,仅用发动机冷却液的热量供车内采暖。

3.6

通风换气装置 ventilating device

置换车厢内空气的设备。

4 技术要求

4.1 一般要求

4.1.1 空调客车应依据其所达到的级别配置空调设备。

4.1.2 空调系统的各总成、零部件应选用合格产品。

4.1.3 空调系统的各部件应安装牢固可靠。

4.1.4 空调系统的控制装置和操纵机构应运转灵活、操作自如、安全可靠。

4.1.5 设有温控装置的空调客车应保证车厢内温度与设定温度的误差不大于 ±1℃,自动温控功能失效后,应有手控功能。

4.2 制冷系统

4.2.1 制冷系统的工作性能要求见表 1。

4.2.2 制冷装置应符合 QC/T 656 的要求,并具有按 QC/T 657—2000 规定进行检验的产品合格证。

4.2.3 车长大于 5m 的客车,应沿车厢纵向均匀设置或按乘员位置设置冷风出口;车长小于 5m 的客车,冷风出口不得少于两处。

表1　制冷系统的工作性能要求

<table>
<tr><th rowspan="2">项　目</th><th rowspan="2">单位</th><th rowspan="2" colspan="2">基 本 条 件</th><th colspan="4">性 能 要 求</th></tr>
<tr><th>A级</th><th>B级</th><th>C级</th><th>D级</th></tr>
<tr><td>额定乘员数人均制冷量</td><td>kJ/h</td><td colspan="2">设备额定制冷量,不小于</td><td>2000</td><td colspan="2">1900</td><td>1800</td></tr>
<tr><td>人均送风量</td><td>m^3/h</td><td colspan="2">设备额定送风量,不小于</td><td colspan="2">80</td><td>60</td><td>40</td></tr>
<tr><td>车内外温差</td><td>℃</td><td colspan="2">外界温度35℃,车速50km/h,行驶30min时,不小于</td><td>9</td><td>8</td><td colspan="2">7</td></tr>
<tr><td>供乘员使用的出风口风向、风速</td><td>m/s</td><td colspan="2">—</td><td colspan="4">可自由调节风向;出风口最大风速差的最大值不大于1;出风口最大风速不大于5</td></tr>
<tr><td rowspan="2">车厢内温度分布</td><td rowspan="2">℃</td><td colspan="2">前、中、后部走道地板上方1m高处最大温差,不大于</td><td>1</td><td colspan="3">3</td></tr>
<tr><td colspan="2">乘员头部、足部温差</td><td colspan="4">头部低于足部2~5</td></tr>
<tr><td rowspan="4">噪声
(制冷装置和换气设备满负荷工作)</td><td rowspan="4">dB(A)</td><td rowspan="3">停车状态</td><td>车内辅助发动机或汽车发动机和压缩机处,不大于</td><td rowspan="2">68</td><td rowspan="2">70</td><td rowspan="2">72</td><td rowspan="2">74</td></tr>
<tr><td>车顶回风口或通风换气装置处,不大于</td></tr>
<tr><td>车外辅助发动机或汽车发动机处,不大于</td><td colspan="4">84</td></tr>
<tr><td>50km/h行驶</td><td>车内噪声,不大于</td><td>70</td><td>72</td><td>74</td><td>75</td></tr>
</table>

4.2.4　安装卫生间的客车,应在卫生间内设置冷风出口。

4.2.5　制冷装置的车内回风口处应设置易于拆装、清洗的过滤装置。

4.2.6　车内送风管道内应采取适当的防结露措施,不允许有冷凝水或结露水从风口渗出。

4.2.7　制冷系统各密封面和结合处应密封良好,各连接部件应牢固可靠、拆装方便。

4.2.8　顶置式制冷装置的冷媒管道应固定牢靠,并采取适当的防磨措施。

4.2.9　顶置式制冷装置的冷凝水应能顺利排出车外,不允许倒流或从风口溢出。

4.2.10　非独立式制冷装置的压缩机安装位置应便于调整,并保证动力传动部分运转可靠。

4.2.11　车外制冷剂低压管道和车内制冷剂高、低压管道的外部应包覆隔热层、保护层。

4.2.12　采用独立式制冷装置应符合下列要求:

a)　保证机组维修和添加油、水、制冷剂方便;

b)　机组安装舱内应气流畅通、散热良好,热交换器等装置有防止飞石等击伤的防护措施;

c)　辅助发动机的排放应不低于车辆发动机的排放标准。

4.2.13　蒸发器出风口和回风口的连接管道截面积应不小于设备出、回风口的截面积,并不得有急剧转折的弯道。当不得已采用急转弯道时,应在管内设置导流板或分流板。

4.2.14　制冷系统应使用环保型制冷剂,制冷剂的年泄漏量不得大于充填量的10%。

4.2.15　制冷系统性能试验按5.1规定进行。

4.3　采暖系统

4.3.1　工作性能要求

采暖系统的工作性能要求见表2。

表 2 采暖系统的工作性能要求

<table>
<tr><th rowspan="2">项 目</th><th rowspan="2">单位</th><th rowspan="2">基本条件</th><th colspan="4">性能要求</th></tr>
<tr><th>A 级</th><th>B 级</th><th>C 级</th><th>D 级</th></tr>
<tr><td>额定乘员数人均采暖热量</td><td>kJ/h</td><td>设备标称放热量,不小于</td><td>2000</td><td>1900</td><td>1900</td><td>1800</td></tr>
<tr><td>额定乘员数人均送风量</td><td>m^3/h</td><td>设备标称送风量,不小于</td><td colspan="2">20</td><td colspan="2">15</td></tr>
<tr><td>独立(空气)式暖风装置供乘员使用的出风口风量、风速</td><td>m/s</td><td>所有出风口</td><td colspan="4">风量均匀,风速不大于 4</td></tr>
<tr><td>车内温度</td><td>℃</td><td>外界温度 -10℃,车速 50 km/h,距地板高度 400mm 处,30min 内达到,不小于</td><td>18</td><td>15</td><td colspan="2">12</td></tr>
<tr><td rowspan="2">车内温度分布</td><td rowspan="2">℃</td><td>在走道地板上方 1m 高度测量,前、中、后部温差,不大于</td><td>1</td><td>3</td><td colspan="2">5</td></tr>
<tr><td>乘员头、足部温差</td><td colspan="4">头部低于足部 2~5</td></tr>
<tr><td>车内噪声</td><td>dB(A)</td><td>客车停驶,主发动机不工作,仅采暖系统和通风装置工作,不大于</td><td colspan="2">65</td><td>70</td><td>72</td></tr>
</table>

4.3.2 采用独立式暖风装置的采暖系统

4.3.2.1 采用独立燃油空气式暖风装置的采暖系统应满足下列要求:

a) 燃油空气加热器应符合 QC/T 324 的规定,并具有按 QC/T 324 规定进行检验的产品合格证;

b) 暖风管道应有隔热层,凡乘员易触及到的暖风管道表面温度不得大于 50℃;

c) 暖风管道上的出风口布置应使车厢内温度分布均匀,且不能直接朝向乘员身体部位;车长大于 5m 的客车,应沿车厢纵向布置暖风出口,车长小于 5m 的客车,暖风出口不得少于两处;

d) 暖风装置的回风口应装设过滤网;

e) 采暖系统应保证暖风装置出、回风口气流畅通,且出、回风口的连接管道截面积不得小于设备原风口截面积,若结构限制出现急剧转折弯道时,应在管内设置导流板或分流板;

f) 采用内循环式采暖设备的出、回风口设置应避免热空气直接进入回风口而造成短路循环;采用外循环或内外循环综合式采暖设备时,不得降低车内的温度要求。

4.3.2.2 采用独立液体式或综合式暖风装置的采暖系统应满足下列要求:

a) 车内散热装置应沿车厢纵向分段或间隔布置,凡乘员易触及到的部位,其表面温度不得大于 50℃;

b) 加热器管道应布置合理,管道截面积应与设备要求相适应且不得有急剧弯折,以保持水流畅通,降低水泵负荷。

4.3.2.3 带专用燃油箱的燃油加热器,其燃油箱及燃油管路应满足下列要求:

a) 燃油箱应符合 GB 18296 的规定,并设置内外压力平衡装置,如通气口、安全阀等;

b) 燃油箱及燃油管路应按使用说明书的要求确定并固定牢靠,不应因振动或冲击发生损坏和漏油现象,加油口和通气口应保证客车振动时不漏油。

4.3.2.4 不带专用燃油箱的燃油加热器,供油管路应直接与汽车主油箱连接。

4.3.2.5 加热器的安装舱应保证燃烧废气排放畅通,防止废气进入车厢,并远离热源且保证新鲜空气进气充足。

4.3.2.6 利用加热器的排气余热加热其他部位时,其延伸管道截面积不得小于原排气管截面积,且不宜过长,并避免急剧转弯。

4.3.2.7 加热器的功率应与车内散热装置的功率相匹配,其废气排放指标应满足:CO 的体积含量不大于 200×10^{-6};NO_x 的体积含量不大于 75×10^{-6};烟度不大于 1FSN;HC 微量。

4.3.2.8 车外管道应包覆隔热层、保护层,并固定可靠。

4.3.3 采用余热式暖风装置的采暖系统

采用余热式暖风装置的采暖系统应满足下列要求:

a) 余热水暖式暖风装置应符合 QC/T 634 的要求,并具有按 QC/T 634 规定进行检验的产品合格证;

b) 使用时对发动机动力性造成的影响不得超过 3%;

c) 采用余热废气式空气或液体加热器的采暖系统应确保废气和被加热气体及车厢的隔绝,不得有任何泄漏。

4.3.4 采暖系统的各密封面结合处均不得有漏气、漏水、漏油等现象。

4.3.5 独立燃烧式采暖系统和利用汽车发动机排气余热的采暖系统应设置检测有害气体含量的安全报警装置。

4.4 车身保温能力

空调客车的车身结构应采取有效可靠的隔热保温措施,整车隔热保温性能应达到表 3 的要求。

表 3 车身保温性能要求 单位为分钟

项目		基本条件	性能要求			
			A级	B级	C级	D级
保温能力	夏季	车速 50km/h,空调关闭,车内气温由 28℃上升到 35℃的时间,不小于	18	15	15	10
	冬季	车速 50km/h,暖风关闭,车内气温由 18℃(A级)、15℃(B级)、12℃(其他级别)降到与外界温度相差 1℃的时间,不小于	15	10	8	

4.5 通风换气和空气净化

4.5.1 空调客车应安装通风换气装置。当空调装置采用内循环工作方式时,应安装强制通风换气装置。

4.5.2 车内空气质量应满足 GB/T 17729 的规定。通风换气装置的工作性能和空调系统正常工作时车内空气中有害气体与粉尘含量要求见表 4。

表 4 通风换气装置工作性能和车内空气中有害气体与粉尘含量要求

项目	单位	基本条件	性能要求			
			A级	B级	C级	D级
人均通风换气量	m^3/h	最大装机通风换气量,不小于	25			
车内气流速度	m/s	通风换气设备满负荷工作,不大于	0.5			
通风换气装置处的车内噪声	dB(A)	停车,汽车发动机不工作,空调系统仅通风换气装置满负荷工作,不大于	65			
CO	mg/m^3	空调系统正常工作,不大于	10			
CO_2	%	空调系统正常工作,不大于	0.1		0.15	
粉尘	mg/m^3	空调系统正常工作,不大于	2.0		3.0	

4.5.3 A 级空调系统应保持车内湿度在 40%～70%的范围,并可按设定值进行湿度的自动控制。

4.6 除霜(雾)系统性能要求

4.6.1 具有采暖功能的空调客车应设置前风窗玻璃除霜(雾)系统。

4.6.2 除霜(雾)系统性能要求见表 5。

表 5 除霜(雾)系统性能要求

<table>
<tr><th rowspan="2">项 目</th><th rowspan="2">单位</th><th rowspan="2">基 本 条 件</th><th colspan="2">刮水器刮片运动覆盖区域性能要求</th></tr>
<tr><th>驾驶员一侧(左)</th><th>非驾驶员一侧(右)</th></tr>
<tr><td rowspan="3">除霜面积</td><td rowspan="3">%</td><td>试验开始后 20min 时,不小于</td><td>80</td><td></td></tr>
<tr><td>试验开始后 25min 时,不小于</td><td></td><td>80</td></tr>
<tr><td>试验开始后 40min 时,不小于</td><td colspan="2">95</td></tr>
<tr><td>除霜喷口气流速度</td><td>m/s</td><td>除霜装置(采暖系统)满负荷工作</td><td colspan="2">5～8</td></tr>
<tr><td>除霜装置工作噪声</td><td>dB(A)</td><td>停车,汽车发动机不工作,空调系统仅除霜装置(采暖系统)满负荷工作,驾驶员头部位置,不大于</td><td colspan="2">65</td></tr>
</table>

4.6.3 除霜装置应工作平稳,无明显振动。

4.7 电路和电器设备

4.7.1 制冷和采暖系统应配置相应的熔断器。

4.7.2 空调系统的电缆应扎成线束、排列整齐、绝缘良好、固定牢靠,防止遭受机械损伤,并能耐受发动机舱的温度和湿度。各线束中的电线两端应有编号,或用不同颜色以示区别。

4.7.3 空调系统的所有电器应符合 QC/T 413 的规定。

4.8 其他

客车空调系统的操纵控制机构和故障自动诊断显示装置与安全报警装置等应设在驾驶员方便操作和易于观察的位置,其图形标志应符合 GB 4094 的规定。

5 空调系统的性能试验

5.1 制冷系统

5.1.1 试验目的

检查和测定客车空调制冷系统在炎热气候条件下使用时,车厢内部的降温保温性能、安全环保条件和舒适程度,以及非独立式制冷系统各装置在特殊使用工况下的运行性能和对客车基本性能的影响。

5.1.2 试验条件

5.1.2.1 试验车辆

试验车辆应按 GB/T 12534 的规定处于良好技术状态,且空调装置的配备应与客车所应达到的空调级别相适应,制冷装置应按 QC/T 656 的要求检验合格。

5.1.2.2 装载条件

降温、保温性能试验时应乘坐额定乘员,也可根据试验仪器安装情况适当减少乘员数,但不得少于额定乘员数的 2/3,且不得以装载相等质量的物体代替。

5.1.2.3 环境条件

环境条件应满足:

a) 晴天少云,有日光直射,太阳辐射强度不低于 800W/m^2;

b) 气温不低于 35℃,气压 95kPa～102kPa;

c) 相对湿度 40%～75%;

d) 风速不大于 5m/s。

5.1.2.4 道路条件

平坦、干燥、硬实、树荫少的公路,路面纵坡不大于1%,长度不小于40km。

5.1.3 试验仪器

试验仪器包括:

a) 干湿球温度计,分辨率0.2℃;

b) 多点温度计,测量范围-50℃~+50℃,最小刻度为0.5℃;

c) 辐射强度计,精度±5W/m²;

d) 压力表,分辨率2Pa;

e) 风速风向仪,测量范围1m/s~10m/s,最小刻度为0.5m/s;

f) 发动机转速表,分辨率10r/min;

g) 电子式检漏仪,测量精度0.5g/年;

h) 综合气象仪、风速仪(带集风罩)、声级计、秒表、微风测速仪、粉尘采样仪、CO分析仪、CO_2分析仪等。

所有仪器均应符合计量检定要求,并在有效检定期内。

5.1.4 试验方法

5.1.4.1 基本性能检测

5.1.4.1.1 出风口温度和风速、风量检测

a) 测点位置

各出风口表面中心处,即5.1.4.2.1a)的A类测点。

b) 测量方法及数据处理

客车停驶,关闭客车所有门窗,独立式制冷装置开最高档(非独立式制冷装置的压缩机转速稳定在1800r/min±100r/min),风机开最高档,所有冷风出风口处于最大出风位置,开机10min后,在10min内用多点温度计和带集风罩的风速仪测量并记录各出风口温度和风速,由此可得到出风口的最大温度差和风速差,用式(1)计算制冷装置的最大送风量:

$$V = 3600 S \cdot v_t \cdot n \tag{1}$$

式中:V——制冷装置最大送风量,单位为立方米每小时(m^3/h);

S——出风口截面积,单位为平方米(m^2);

v_t——出风口的平均风速,单位为米每秒(m/s);

n——出风口数量。

测量及计算数据记录于表A.1中。

5.1.4.1.2 泄漏检测

紧接5.1.4.1.1,制冷系统停止工作,用检漏仪检查制冷剂管路,每个螺纹连接处的检漏仪年调定值为5g,压缩机年调定值为28g,均不得有任何泄漏反应。检查结果记录于表A.1中。

5.1.4.1.3 停车噪声检测

a) 测量条件

测量场地应宽敞、空旷,在测点中心25m半径范围内不应有较大反射物,测量场地的本底噪声不得大于60dB(A)。

声级计用“A”计权网络,“慢”档测量。

关闭客车所有门窗,制冷装置和通风换气装置开最高档(非独立式制冷装置的压缩机转速稳定在1800r/min±100r/min)。车内除驾驶员和测试人员外,不得有其他人员。

b) 测点位置

车外：靠压缩机一侧，距压缩机组中心点 5m，距地面高度 1m。测点与机组间除本车车身外无其他遮挡物。

车内：压缩机组中心位置、车顶回风口中心、通风换气装置中心处的地板上方 1.2m 处各设一个测点。

c） 测量方法和数据处理

车内外各测点重复测量两次，每次测量结果和各测点的平均值记录于表 A.2 中。测通风换气装置噪声时关闭制冷系统，所有通风换气装置开最高档，分别测出各通风换气装置噪声。

5.1.4.2 降温及保温能力试验

5.1.4.2.1 准备工作

a） 测点位置、编号采用如下方法。

测点编号由一位大写字母与一位数字(下角标)组成，定义如下：

A——出风口测温点，位于出风口表面中心处。

B——回风口测温点，回风口平面下 100mm ± 10mm 处，中心线前后等距两点。若回风口位于车厢地板上，则取回风口中心平面内前后(或左右)等距两点。

C——座椅处测温点，每处测温点分上、下两个，上部测点设在距座垫表面上方 635mm，水平方向距靠背 250mm 处；下部测点位于座椅前沿，距地板高度 50mm 处。两种测点均设于单人或双人座椅纵向中心，多人座椅均布两点，见图 1。

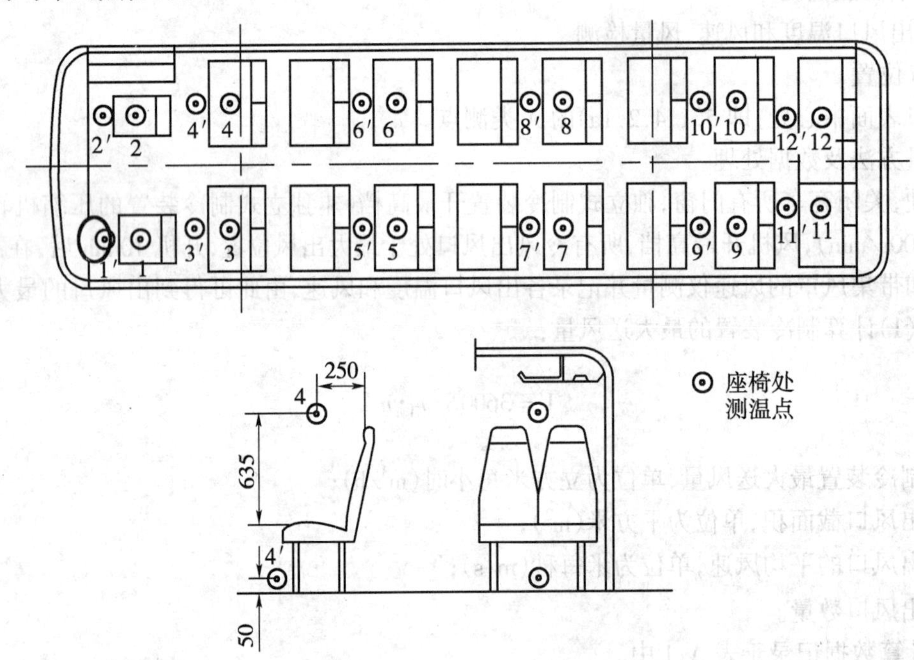

图 1 车内座椅处测温点分布(尺寸单位：mm)

D——温差测温点。客车纵向中心平面内，距地板高度 1000mm 处设置前、中、后 3 个测点，前后测点分别距前后风窗玻璃 1500mm，中部测点位于客车纵向中心。

下脚标增值：从左到右，奇数为左，偶数为右；由前至后，自下而上。

b） 用综合气象仪及太阳辐射强度计测量记录试验前后大气温度、湿度、气压、风向、风速和太阳辐射强度，取算术平均值作为外界环境平均气候参数。

c） 将客车停放于阴凉处，门窗全开，人员下车，使车内外温度平衡。

5.1.4.2.2 试验方法和数据处理

5.1.4.2.2.1 降温能力试验

整车降温能力试验按 QC/T 658—2000 规定的室外行驶试验方法进行。当车速稳定在 50km/h ± 2km/h 时，关闭门窗，打开全部出风口，独立式制冷装置开至最高档，非独立式制冷装置的压缩机转速稳定在 1800r/min ± 100r/min,开始测量第一次 B、C、D 类测点温度,并按下秒表记时,30min 内每隔 5min 测量一次,数据记录于表 A.3 中。

5.1.4.2.2.2 保温能力试验

在做降温能力试验时,自第 30min 时关闭制冷装置,客车继续保持原车速行驶,每隔 2min 测量记录 B、C、D 类测点的温度至第 50min 为止,数据记录于表 A.3 中。

5.1.4.2.2.3 数据处理

数据处理方式如下:

a) 计算同一时刻 B、C 类测点各点温度的平均值;

b) 将 B、C 两类测点平均值平均,作为同一时刻车内的总平均温度;

c) 由同一时刻 C 类测点上、下各测温点温度的平均值,计算出乘员头部和足部的温差平均值;

d) 将数据记录于表 A.3 中,绘出车内平均温度随时间变化的降温、保温曲线;

e) 分别计算 D 类各测点同一时刻的平均温度;

f) 比较 3 个 D 类测温点的温度值,得到前、中、后最大温差,并记录于表 A.3 中。

5.1.4.3 车内相对湿度检测

5.1.4.3.1 车内相对湿度的测定与降温能力试验同时进行。

5.1.4.3.2 将干湿球温度计设在蒸发器回风口,干球温度计设在离蒸发器出风口最近的冷风出风口,使冷气直接接触温度计感温部(球部),记录各温度计读数。测量时间、次数与降温能力试验相同。

5.1.4.3.3 计算所测出风口与回风口的干湿球温度差,利用湿空气线图求出在回风口的相对湿度,进而求出同一时刻车内的平均相对湿度。

数据记录于表A.3中。

5.1.4.4 车内风速检测

测点位置为 C 类(包括上部和下部测点)和 D 类,与降温能力试验同时进行。测量时通风换气装置和制冷装置开最高档,在第 10min 至第 12min 之间用微风测速仪测量一次各测点的空气流动速度,并求出 C 类测点上、下部平均风速和 D 类测点的平均风速,以及两类测点的最大风速差。数据记录于表 A.4a 中。

5.1.4.5 通风换气量检测

5.1.4.5.1 测点位置

按图 2 所示布置通风换气装置测点。

5.1.4.5.2 测量方法及数据处理

在通风换气装置出风口临时安装的断面尺寸与风口相同,且长度为 500mm ~ 1000mm 的短管出风口平面上,用风速仪测出图 2 所示各测点的风速并取其算术平均值作为通风换气装置的出风口风速,即可按式(2)算出单台通风换气装置的送风量:

$$V = 3600 \cdot R^2 \cdot \pi \cdot v_p \quad (2)$$

式中:V——单台通风换气装置的送风量,单位为立方米每小时(m^3/h);

R——通风换气装置出风口半径,单位为米(m);

π——圆周率,取 $\pi = 3.14$;

v_p——各测点风速的算术平均值,单位为米每秒(m/s)。

数据记录于表 A.4a 中。

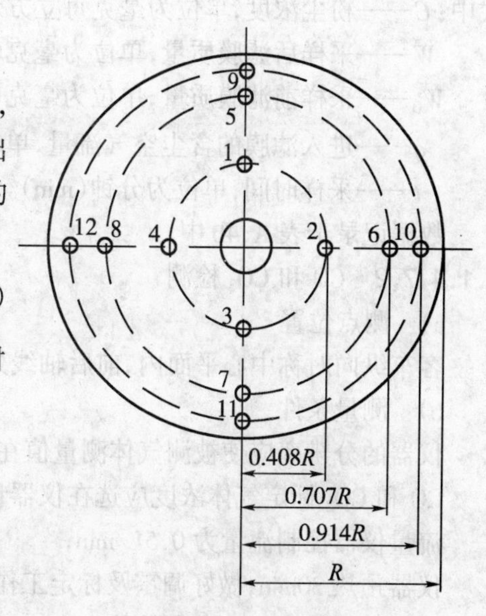

图 2 通风换气量测点布置

5.1.4.6 车内行驶噪声检测

5.1.4.6.1 测试条件

a） 选定平直、干燥、有足够长度的硬路面；

b） 测试时，关闭客车所有门窗；

c） 测试环境的本底噪声不大于 60dB(A)；

d） 车内除驾驶员和测试人员外，不得有其他人员；

e） 车速稳定在 50km/h ± 2km/h。

5.1.4.6.2 测点位置

测点设于客车纵向对称中心平面内，距地板高度 1.2m 处。少于 17 座的客车选两点，即前排乘客座椅和后排乘客椅前端处；大于或等于 17 座的客车增加中间一点。

5.1.4.6.3 测试方法

a） 声级计用“慢”档，“A”计权网络；

b） 制冷装置和通风换气装置开最高档，各测点分别测量两次，取算术平均值；

c） 关闭制冷装置和通风换气装置，再分别测两次，取算术平均值；

d） 数据记录于表 A.2 中。

5.1.4.7 车内空气洁净度检测

5.1.4.7.1 粉尘检测

a） 测点位置

客车纵向中心线中点，距地板高度 1.2m 处。

b） 测量条件

分析天平：感量 0.1mg；

滤膜：阻留率不得低于 90%，直径为 40mm，在干燥器内放置时间不得少于 24h；

抽气机流量为 50L/min；

采样时间 1h。

c） 测量方法

与车内行驶噪声测试同时进行，行驶 30min 后启动测试仪器，往返各测一次，取算术平均值，并按式(3)计算粉尘浓度：

$$C = (W - W_0) \times 10^3 / (q \cdot t) \quad (3)$$

式中：C——粉尘浓度，单位为毫克每立方米(mg/m^3)；

W——采样后滤膜质量，单位为毫克(mg)；

W_0——采样前滤膜质量，单位为毫克(mg)；

q——进入滤膜的含尘空气流量，单位为升每分钟(L/min)；

t——采样时间，单位为分钟(min)。

数据记录于表 A.4b 中。

5.1.4.7.2 CO 和 CO_2 检测

a） 测点位置

客车纵向对称中心平面内，前后轴线处，距地板高度 1.2m。

b） 测量条件

仪器的分辨率应使被测气体测量值在全量程的 50% ~ 90% 之间；

CO 和 CO_2 标定气体浓度应选在仪器量程的 60% ~ 80% 之间；

流量仪器控制流量为 0.5L/min；

仪器预热 30min，做好调零及标定工作；

乘员数不得少于额定人数的 2/3。

c） 测量方法

与粉尘测量同时进行，行驶30min后开始测量，往返各测量一次，并按式(4)计算车内CO或CO_2浓度：

$$C = \gamma \cdot n \tag{4}$$

式中：C——CO或CO_2浓度，单位为毫克每立方米(mg/m^3)；

γ——CO或CO_2换算成标准状态下mg/m^3的换算系数；

n——仪器指示的格数。

数据记录于表A.4b中。

5.1.4.8 非独立式制冷系统附加试验(采用无级变速器的客车不做此项试验)

5.1.4.8.1 直接档加速试验

在规定的道路、装载和环境条件下，测定客车以直接档(无直接档，用速比接近于1的档位)最低稳定车速加速到该档最大车速的80%以上时，全开制冷装置和关闭制冷装置的加速时间和加速距离。往返各测一次，数据记录于表A.5a中。

5.1.4.8.2 连续换档加速试验

在规定的道路、装载和环境条件下，测定客车以二档起步，连续换档加速到80km/h时，全开制冷装置和关闭制冷装置的加速时间和加速距离。往返各测一次，数据记录于表A.5a中。

5.1.4.8.3 最高车速试验

在规定的道路、装载和环境条件下，测定全开制冷装置和关闭制冷装置条件下所能达到的最高车速。往返各测一次，数据记录于表A.5a中。

5.1.4.8.4 燃油经济性对比试验

在规定的道路、装载和环境条件下，选定长度不小于500m的试验路段，测量用直接档(无直接档，用速比接近于1的档位)以50km/h±2km/h稳定车速通过试验路段全开制冷装置和关闭制冷装置的燃料消耗量与通过时间。往返各测一次，数据记录于表A.5b中。

5.2 采暖系统

5.2.1 试验目的

检查和测定空调客车在冬季使用时采暖系统的采暖能力、车身保温能力、除霜(雾)装置技术性能、安全环保条件和乘员的舒适程度以及采暖系统的连续运行稳定性。

5.2.2 试验条件

5.2.2.1 试验车辆

同5.1.2.1。试验开始前，发动机温度应保持在正常范围。

5.2.2.2 装载条件

同5.1.2.2。

5.2.2.3 气候条件

试验应在晴天或阴天进行。试验环境温度-10℃±2℃，风速不得大于5m/s。

5.2.2.4 试验道路

平坦、硬实、无积雪、车流少的公路。

5.2.2.5 试验仪器

同5.1.3(除电子式检漏仪外)。

5.2.3 试验方法

5.2.3.1 基本性能检测

5.2.3.1.1 采用独立空气式暖风装置的出风口温度和风速、风量检测

a) 测点位置

各出风口中心点，即5.2.3.2.1a)中的A类测点。

b） 测量方法及数据处理

关闭客车所有门窗，暖风装置开最高档，开机10min后在5min～10min内测出并记录各出风口的温度和风速，由此可得各出风口的最大温度差和风速差，利用5.1.4.1.1中的式(1)算出暖风装置的最大送风量(利用采暖热风进行除霜的客车，测量时关闭除霜装置)。

数据记录于表A.6a中。

5.2.3.1.2 工作噪声检测

a） 测量条件

客车停驶，关闭所有门窗，暖风装置和通风换气装置开最高档。余热式采暖系统发动机转速稳定在额定范围内。

声级计用"A"计权网络，"慢"档测量。

本底噪声不得大于60dB(A)。

车内除驾驶员和测试人员外，不得有其他人员。

b） 测点位置

采暖系统工作噪声测点设置与5.1.4.6.2相同。通风换气装置工作噪声测点设于装置中心距地板上方1.2m处，数量与通风换气装置数量相同。

c） 测量方法和数据处理

各测点重复测量两次，每次测量结果和各测点的平均值记录于表A.6b中。测通风换气装置噪声时，暖风装置停止工作，所有通风换气装置开最高档，分别测出各通风换气装置噪声。

5.2.3.2 采暖、保温能力试验

5.2.3.2.1 准备工作

a） 测点位置、编号采用如下方法。

测点编号规则与5.1.4.2.1a)相同。

测点位置：

A测温点——独立空气式暖风装置暖风出风口表面中心点；

B测温点——独立空气式暖风装置回风口表面中心点，若回风口为多面体时，选最大回风面中心点；

C测温点——座椅处测温点，位置及编号同5.1.4.2.1a)中的C测温点；

D测温点——温差测温点，位置与5.1.4.2.1a)中的D测点相同。

b） 气候参数测定：用综合气象仪测量记录试验前后大气温度、湿度、气压和风速、风向，取算术平均值作为外界环境气候参数。

c） 试验前，人员下车，打开客车所有门窗，使车内外温度平衡。暖风装置预热10min，发动机温度保持在正常范围。

5.2.3.2.2 试验方法

5.2.3.2.2.1 采暖能力试验

a） 试验前，记录各测点的初始温度。然后关闭客车门窗，启动暖风装置，将暖风调节到最大效果位置(除霜装置正常工作)，汽车起步，开始记时试验；

b） 采用直接档(无直接档，用速比接近于1的档位)，以50km/h±2km/h的速度稳定行驶；试验开始后，每隔5min测量、记录一次B、C、D类测点的温度，试验总时间为30min，试验往返各进行一次；

c） 采暖系统为余热式时，应同时测量发动机出水口温度；

d） 采暖装置为液体式时，无B测点；

e） 测试结果记录于表A.7中。

5.2.3.2.2.2 保温能力试验

a） 在做采暖能力试验时，至第30min关闭暖风装置，每隔2min测量记录一次B、C、D类测点的温度至第 50min 为止；

b） 做采暖能力的回程试验时，再重做一次保温能力的回程试验；

c） 测试结果记录于表 A.7 中。

5.2.3.2.2.3 数据处理

数据处理方法与 5.1.4.2.2.3 相同。

5.2.3.3 车内相对湿度检测

测点设在客车纵向中心线中点，距地板高度 1.2m 处，与采暖能力试验同时进行。每隔 10min 测量一次干、湿球温度，由此求出车内空气的相对湿度和平均相对湿度。数据记录于表 A.7 中。

5.2.3.4 车内风速检测

测点位置为 C 类和 D 类，与采暖能力试验同时进行。通风换气装置和暖风装置开最高档，在第 10min 至第 12min 之间用微分测速仪测量一次各测点的空气流动速度，并求出 C 类测点上、下部平均风速和 D 类测点的平均风速，以及两类测点的最大风速差。数据记录于表 A.8a 中。

5.2.3.5 通风换气量检测

测点位置和测量方法、数据处理方法与 5.1.4.5 相同。结果记录于表 A.8a 中。

5.2.3.6 车内空气洁净度测量

5.2.3.6.1 粉尘测量

a） 测点位置和测量条件与 5.1.4.7.1a）、5.1.4.7.1b）相同；

b） 关闭所有门窗，暖风装置和通风换气装置开最高档，车速稳定在 50km/h ± 2km/h，行驶 30min 后启动测试仪器，往返各测一次，取算术平均值，按 5.1.4.7.1 中的式（3）计算车内粉尘浓度。数据记录于表 A.8b 中。

5.2.3.6.2 CO 和 CO_2 测量

a） 测点位置、测量条件与 5.1.4.7.2a）、5.1.4.7.2b）相同；

b） 测量方法：与粉尘测量同时进行，行驶 30min 后开始测量，往返各测一次，数据记录于表 A.8b 中，按 5.1.4.7.2 中的式（4）计算车内 CO 或 CO_2 浓度。

5.2.3.7 余热式暖风装置的附加试验

5.2.3.7.1 余热水暖式采暖系统的怠速稳定性试验

停车，发动机怠速运转，暖风、除霜（雾）装置开最高档，每隔 10min 测量一次发动机出水口温度，并观察暖风装置工作情况。连续运转 1h 结束，数据记录于表 A.9a 中。

5.2.3.7.2 余热水暖式采暖系统的连续运行稳定性试验

在规定的道路上，乘员人数不得少于额定人数的 2/3，暖风、除霜（雾）装置开最高档，客车以 50km/h ± 2km/h 车速连续行驶 4h，每隔 30min 测量一次发动机出水口温度和 C、D 类测点的温度，同时观察暖风装置工作情况。数据记录于表 A.9b 中。

5.2.3.7.3 对发动机动力的影响试验

对采用余热废气式暖风装置的客车，在 5.2.3.7.2 的道路和装载条件下，以 50km/h ± 2km/h 稳定车速行驶，测试暖风装置和除霜（雾）装置不工作和工作并开最高档时行驶车速的变动情况。连续测试 3 次，数据记录于表 A.9b 中。

5.3 除霜（雾）系统

5.3.1 试验目的

检查和测定空调客车在冬季使用时，前风窗玻璃除霜（雾）装置的技术性能。

5.3.2 试验条件

在满足 5.2.2.1、5.2.2.3、5.2.2.4 的条件下，除霜（雾）装置调整到最大工作状态。利用采暖热风除霜（雾）的客车，暖风装置应工作正常。

5.3.3 试验仪器

试验仪器包括：

a） 多点温度计：测量范围 -50℃ ~ +50℃，最小刻度 0.5℃；

b） 秒表：可暂停式；

c） 喷枪：喷嘴直径 1.7mm，工作压力 350kPa ± 20kPa，液流速率 395mL/min，距喷嘴 200mm 处形成的喷射锥直径为 300mm ± 50mm；

d） 综合气象仪、风速仪、发动机转速表、照相机、描绘除霜图形的特种笔等。

所有仪器均应符合计量检定要求，并在有效检定周期内。

5.3.4 试验方法

5.3.4.1 试验前后分别用综合气象仪测试大气温度、相对湿度、气压和风速、风向，取算术平均值作为外界环境平均气候参数。数据记录于表 A.10a 中。

5.3.4.2 用含甲醇的酒精或其他去污剂清除前风窗玻璃外表面上的油污，待干后用清洗剂进一步擦拭，最后再用干棉布擦净。

5.3.4.3 打开客车所有门窗，使车内外温度平衡。

5.3.4.4 造霜：在规定的环境温度下，关闭所有门窗，喷枪以 350kPa ± 20kPa 的工作压力，喷嘴距玻璃表面垂直距离 200mm ~ 250mm，使前风窗玻璃整个外表面生成 0.044g/cm^2 的均匀冰霜层。

5.3.4.5 开动除霜(雾)装置，当前风窗玻璃上的冰霜融化至最低能见度时，客车开始行驶，随着除霜面积的增大，逐步提高行驶速度。

行驶中每隔 5min 在风窗玻璃内表面描绘一次除霜面积踪迹图或拍摄照片，记录驾驶区中部距地板 200mm、1000mm 和 1600mm 处的温度及驾驶员对视野的反应。同时，测量各除霜喷口的风速。

5.3.4.6 试验 40min 或除霜面积达到稳定状态即可宣告试验结束。

5.3.4.7 除霜(雾)系统性能试验结束后，停车，关闭发动机(余热式采暖系统发动机怠速运转)，在驾驶员头部位置处测量 3 次(间隔 5min)除霜(雾)装置的工作噪声。

5.3.4.8 试验结果记录于表 A.10b 中，并将描绘的各次除霜面积绘制在方格纸上，计算其占前风窗玻璃除霜(雾)性能要求面积的百分比。

5.3.4.9 对利用发动机余热进行除霜的客车，应测试发动机进、出水口温度，绘制发动机冷却液温度变化曲线。

6 检验规则

6.1 定型试验

客车空调系统的定型试验按第 5 章规定进行。

6.2 空调系统质量定期检查试验

6.2.1 空调系统质量定期检查试验按第 5 章规定进行。

6.2.2 定期检查试验应在本单位的质量管理部门或国家认可的汽车检测试验单位进行。

6.2.3 对检验中发现的不合格项目，应查明原因，及时检修并重新检验。检验合格，则判定该批产品的空调系统合格；反之，则判定该批产品的空调系统不合格。

6.3 出厂检验

6.3.1 生产厂要对客车空调系统所选用的总成和零部件的质量负责。

6.3.2 每辆空调客车出厂前应对空调系统的基本功能进行检验。

6.3.3 用户有权对客车空调系统进行检查，并查看出厂检验记录。若对空调质量产生分歧意见时，经双方协商，可在 5.1.4.1 和 5.2.3.1 规定的基本性能范围内进行抽查试验。

7 标志

7.1 空调客车应有明显的标志。

7.2 空调客车应在制冷、采暖等设备的适当部位标明基本技术参数、注意事项以及手柄、按钮等的简要操作方法。

7.3 各种监视、报警指示仪表、控制开关、信号装置等均应按 GB 4094 的规定设置图形标志,也可采用图形标志和文字并用的形式。

8 其他

8.1 每辆出厂空调客车,应附有一册《空调系统使用说明书》。

8.2 空调客车出厂后,在规定的使用条件下,在“三包”期内出现因空调装置质量问题而引起的机件损坏(不包括技术文件内注明的易损件)或不能正常运行时,生产厂应按有关规定实行“三包”。

附　录　A

（资料性附录）

试验记录表

A.1　制冷系统性能试验记录表

制冷系统性能试验记录表见表 A.1～表 A.5。

表 A.1　冷风出风口温度、风速、风量检验和制冷剂泄漏检查记录表

客车型号……………………　　制造企业名称……………………

制冷装置型式、型号……………………　　制造企业名称……………………

额定制冷量…………………… kJ/h　　额定送风量…………………… m^3/h

试验地点……………………　　试验日期……………………

试验员……………………　　驾驶员……………………

项　目	单位	出风口编号							
		A_1	A_2	A_3	A_4	A_5	A_6	A_7	…
出风口温度	℃								
最大温度差	℃								
出风口最大风速	m/s								
最大风速差	m/s								
出风口面积	m^2								
最大送风量	m^3/h								
制冷剂泄漏情况									

表 A.2　噪声测量记录表

客车型号……………………　　制造企业名称……………………

制冷装置型式、型号……………………　　制造企业名称……………………

额定制冷量…………………… kJ/h　　额定送风量…………………… m^3/h

发动机功率…………………… kW　　发动机转速…………………… r/min

通风换气装置型号……………………　　制造企业名称……………………

每台最大风量…………………… m^3/h　　变速器档位……………………

本底噪声：停车状态…………………… dB(A)　　试验地点……………………

　　　　　行驶状态…………………… dB(A)　　试验日期……………………

试验员……………………　　驾驶员……………………

项目	测点位置			噪　声 dB(A)		
				1 次	2 次	平均
停车噪声	车外					
	车内	压缩机处				
		回风口处				
		通风换气装置处	1			
			2			
			3			
车内行驶噪声	制冷装置全开	前部				
		中部				
		后部				
	制冷装置关闭	前部				
		中部				
		后部				

表 A.3 制冷系统降温、保温和湿度、温差试验记录表

客车型号________ 制造企业名称________
底盘号________ 发动机号________
制冷装置型式、型号________ 制造企业名称________
额定制冷量________kJ/h 额定送风量________m^3/h
天气________ 气压________kPa 风向________ 风速________m/s
气温________℃ 相对湿度________% 太阳辐射强度________W/m^2
额定乘员________人 实际乘员________人 车速________km/h
试验地点________ 试验日期________ 试验里程________km
试验员________ 驾驶员________

测点及参数		时　间,min									
		0	5	10	15	…	30	32	34	…	50
B类测点,℃	B_1										
	B_2										
	平均温度										
C类测点,℃	C_1/C'_1										
	C_2/C'_2										
	⋮										
	平均温度										
总平均温度,℃											
头、足部温差,℃											
D类测点,℃	D_1										
	D_2										
	D_3										
	平均温度										
	前、中、后最大温差										
干球温度,℃								—	—	—	—
湿球温度,℃								—	—	—	—
出风口温度,℃								—	—	—	—
相对湿度,%								—	—	—	—
平均相对湿度,%											

表 A.4 车内风速、通风换气量和空气洁净度测量记录表

客车型号________ 制造企业名称________
制冷装置型式、型号________ 制造企业名称________
额定制冷量________kJ/h 额定送风量________m^3/h
通风换气装置:型号________ 制造企业名称________
数量________台 每台最大换气量________m^3/h
试验地点________ 试验日期________
试验员________ 驾驶员________

表 A.4a　车内风速、通风换气量测量记录表

项　目	C		D		前部通风换气装置				中部通风换气装置				后部通风换气装置			
	C_1/C'_1	…	D_1	…	1	2	…	12	1	2	…	12	1	2	…	12
风速，m/s																
平均风速，m/s																
最大风速差，m/s					—				—				—			
通风换气量，m^3/s	—															

表 A.4b　车内空气洁净度测量记录表

测点	粉　尘							CO					CO_2				
	W，mg		W_0，mg		q，L/min		浓度 C，mg/m^3	去读数	回读数	平均	浓度 C，mg/m^3	平均浓度 $\bar{C}$，mg/m^3	去读数	回读数	平均	浓度 C，mg/m^3	平均浓度 $\bar{C}$，mg/m^3
	去	回	去	回	去	回											
前	—	—	—	—	—	—											
中								—	—	—	—		—	—	—	—	
后	—	—	—	—	—	—											

表 A.5　非独立式制冷系统附加试验记录表

客车型号……………………　　制造企业名称……………………

底盘号……………………　　发动机号……………………

制冷装置型式、型号……………………　　制造企业名称……………………

额定制冷量…………………… kJ/h　　额定送风量…………………… m^3/h

天气……………　气温…………… ℃　　气压…………… kPa　风向……………

风速…………… m/s　相对湿度…………… %　　太阳辐射强度…………………… W/m^2

额定乘员……………人　实际乘员……………人　　行驶时间……………………

试验地点……………………　　试验日期……………　试验里程…………… km

试验员……………………　　驾驶员……………………

表 A.5a　直接档和连续换档加速与最高车速试验记录表

参　数	直接档加速							连续换档加速						
	开制冷装置			关制冷装置			差值，%	开制冷装置			关制冷装置			差值，%
	去	回	平均	去	回	平均		去	回	平均	去	回	平均	
起始车速，km/h														
终了车速，km/h														
加速时间，s														
加速距离，m														

参　数	开制冷装置		关制冷装置	
	去	回	去	回
最高车速，km/h				
最高车速平均值，km/h				
最高车速差值，km/h				

表 A.5b 燃油经济性对比试验记录

参　数	开制冷装置			关制冷装置			增量，%
	去	回	平均	去	回	平均	
试验车速，km/h							
通过时间，min							
油耗试验值，mL							
燃料消耗量，L/100km							

A.2 采暖系统性能试验记录表

采暖系统性能试验记录表见表 A.6～表 A.9。

表 A.6 采暖系统基本性能检验记录表

客车型号…………　制造企业名称…………

暖风装置型式、型号…………　制造企业名称…………

标称放热量…………kJ/h　标称送风量…………m^3/h

通风换气装置：型号…………　制造企业名称…………

数量…………台　每台最大风量…………m^3/h

发动机功率…………kW　发动机转速…………r/min

客车行驶状态…………　本底噪声…………dB(A)

底盘号…………　发动机号…………

试验地点…………　试验日期…………　试验里程…………km

试验员…………　驾驶员…………

表 A.6a 采用独立空气式暖风装置的暖风出风口温度、风速、风量检验记录

项　目	出风口编号							
	A_1	A_2	A_3	A_4	A_5	A_6	A_7	…
出风口温度，℃								
最大温度差，℃								
出风口风速，m/s								
最大风速差，m/s								
出风口面积，m^2								
最大送风量，m^3/h								

表 A.6b 采暖系统工作噪声测量记录

测　点		前部	中部	后部	通风换气装置		
					1	2	3
噪声 dB(A)	1 次						
	2 次						
	平均						

表 A.7 采暖系统采暖、保温能力和湿度、温差试验记录表

客车型号………………………… 制造企业名称…………………………

底盘号………………………… 发动机号…………………………

暖风装置型式、型号………………………… 制造企业名称…………………………

标称放热量…………………………kJ/h 标称送风量…………………………m^3/h

天气………… 气压…………kPa 风向………… 风速…………m/s

气温…………℃ 相对湿度…………% 试验车速…………………………km/h

额定乘员…………人 实际乘员…………人 试验里程…………………………km

试验地点………………………… 试验日期…………………………

试验员………………………… 驾驶员…………………………

测点及参数		时间,min																			
		0		5		10		15		20		25		30		32		…		50	
		去	回	去	回	去	回	去	回	去	回	去	回	去	回	去	回	去	回	去	回
B类测点,℃	B																				
	平均温度																				
C类测点,℃	C_1/C'_1																				
	C_2/C'_2																				
	⋮																				
	平均温度																				
总平均温度,℃																					
头、足部温差,℃																					
D类测点,℃	D_1																				
	D_2																				
	D_3																				
	平均温度																				
	总平均温度																				
	前、中、后最大温差																				
湿度测点	干球温度,℃																				
	湿球温度,℃																				
	相对湿度,%																				
	平均相对湿度,%																				
发动机出水口温度,℃																		—			
出水口平均温度,℃																		—			

表 A.8　车内风速、通风换气量和空气洁净度测量记录表

客车型号……………………　　制造企业名称……………………
暖风装置型式、型号……………………　　制造企业名称……………………
标称放热量…………………… kJ/h　　标称送风量…………………… m^3/h
通风换气装置:型号……………………　　制造企业名称……………………
数量…………………… 台　　每台最大风量…………………… m^3/h
试验地点……………………　　试验日期……………………
试验员……………………　　驾驶员……………………

车内风速、通风换气量测量记录表 A.8a 与表 A.4a 相同。

车内空气洁净度测量记录表 A.8b 与表 A.4b 相同。

表 A.9　余热式采暖系统附加试验记录表

客车型号……………………　　制造企业名称……………………
暖风装置型式、型号……………………　　制造企业名称……………………
标称放热量…………………… kJ/h　　标称送风量…………………… m^3/h
除霜(雾)装置型式、型号……………………　　制造企业名称……………………
最大除霜风量…………………… m^3/h　　天气……………　气温…………… ℃
气压…………………… kPa　　风向……………　风速…………… m/s
试验地点……………………　　试验日期……………………
试验员……………………　　驾驶员……………………

表 A.9a　采用余热水暖式采暖系统的怠速稳定性试验

项　目	时　间,min						
	0	10	20	30	40	50	60
发动机出水口温度,℃							
出水口温度变化幅度,℃							
暖风装置工作情况							
发动机转速,r/min							

表 A.9b　采用余热水暖式采暖系统的连续运行稳定性试验和采用余热废气式暖风装置对发动机动力的影响试验

项　目		时　间,min								
		0	30	60	90	120	150	180	210	240
C 类测点,℃	C_1/C'_1									
	C_2/C'_2									
	⋮									
	温度变化幅度									
D 类测点,℃	D_1									
	D_2									
	D_3									
	温度变化幅度	前			中			后		
发动机出水口温度,℃										
出水口温度变化幅度,℃										
暖风装置工作情况										
行驶车速,km/h										
对发动机动力的影响(行驶车速,km/h)	测量次数	1			2			3		
	暖风、除霜装置不工作									
	暖风、除霜装置工作									

A.3 除霜(雾)系统性能试验记录表

除霜(雾)系统性能试验记录表见表 A.10。

表 A.10 除霜(雾)系统性能试验记录表

客车型号　　　　制造企业名称

除霜(雾)装置型式、型号　　　　制造企业名称

最大除霜风量　　m^3/h　　风窗玻璃面积　　m^2

暖风装置型式、型号　　　　制造企业名称

标称放热量　　kJ/h　　标称送风量　　m^3/h

额定乘员数　　人　　实际乘员数　　人

试验地点　　试验路线　　车速　　km/h

试验路线　　路面状况

试验里程　　km　　试验日期

试验员　　驾驶员

表 A.10a 气候参数测量记录表

项　目	天气	气温,℃	气压,kPa	相对湿度,%	风速,m/s	风向
试验前						
试验后						
平均值	—					—

表 A.10b 除霜(雾)系统性能试验记录表

时间,min	实际除霜面积占要求面积的百分比,%		除霜喷口风速,m/s				发动机水温,℃		驾驶区温度,℃			除霜装置工作噪声,dB(A)			驾驶员对驾驶区温度和视野的反应
	左	右	1	2	3	…	进水口	出水口	上	中	下	1	2	3	
0															
5															
⋮															
40															

中华人民共和国交通行业标准

JT/T 309—1997

汽车客运站(点)代码

Code for bus terminal and stop

1997-03-04 发布　　　　1997-08-01 实施

中华人民共和国交通部　发布

中华人民共和国交通行业标准

汽车客运站(点)代码

JT/T 309-1997

Code for bus terminal and stop

1 范围

本标准规定了全国汽车客运站、点代码的编制规则。

本标准适用于在公路运输数据库、汽车客运站计算机售票管理等信息系统的开发中对汽车客运站、点信息的处理和交换。

2 引用标准

下列标准包含的条文,通过在本标准中引用而构成为本标准的条文。在标准出版时,所示版本均为有效。所有标准都会被修订,使用本标准的各方应探讨、使用下列标准最新版本的可能性。

GB 2260—1995 中华人民共和国行政区划代码

3 定义

本标准采用下列定义。

3.1 客运站、点 bus terminal and stop

在汽车客运线路上供班车停靠,组织旅客上下车的场所。

3.2 系统 system

指汽车旅客运输生产、管理中开发应用的信息系统。

4 编码规则

4.1 系统用站、点代码

系统处理、交换用的站、点名代码。由6位中华人民共和国行政区划代码和3位站、点顺序号组配成的数字码。

代码结构

XXXXXX XXX

XXX——站、点顺序号

XXXXXX——行政区划代码

注:

a)行政区划代码

采用GB 2260的规定,用户可根据需要截取使用。

b)站、点顺序号

以县级为区域对长途汽车客运站、点进行顺序编号,如客运站、点变更后,原代码不再代表新的站、点。

4.2 录入用站、点代码

中华人民共和国交通部 1997-03-04 批准 1997-08-01 实施

为方便操作人员录入站、点名而设置的代码，由站、点名代码和识别代码组配成。

代码结构

XX　X

识别代码

站、点名代码

注：

a)站、点名代码，由站、点名前两个汉字的每一个汉字的第一个汉语拼音字母组成；

b)识别代码，由一位英文字母表示。对于有重码的站、点用识别代码来区别，若无重码可省略。

例1

安庆站

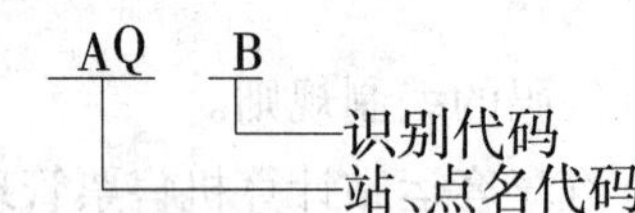

安丘站

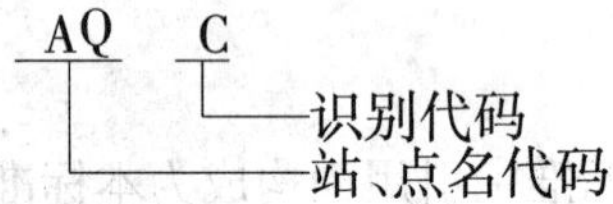

安桥站

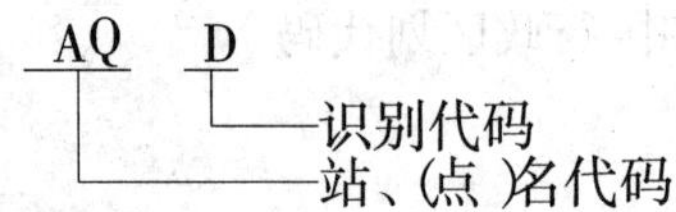

例2

镇江站

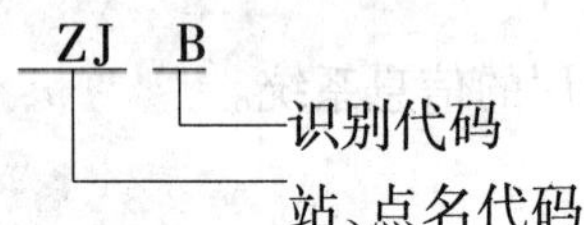

朱家埠站

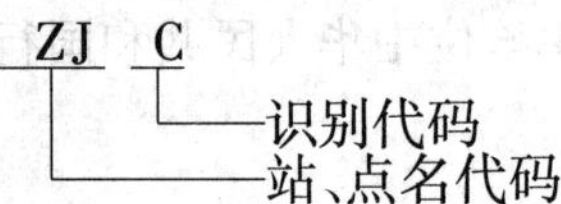

例3

杭州站

HZ

站、点名代码

嘉兴站

JX

站、点名代码

中华人民共和国交通行业标准

JT/T 310—1997

汽车客运站计算机售票管理信息系统规范

Specifications of computerized ticket-selling management information system for bus terminal

1997-03-04 发布　　　　1997-08-01 实施

中华人民共和国交通部　发布

中华人民共和国交通行业标准

汽车客运站计算机售票管理信息系统规范

JT/T 310－1997

Specification of computerized ticket-selling management information system for bus terminal

1 范围

本标准规定了汽车客运站应用计算机进行售票管理的系统开发、系统环境、系统功能及系统运行管理和系统质量指标。

本标准适用于全国汽车客运站计算机售票管理信息系统的开发和推广应用。

2 引用标准

下列标准所包含的条文,通过在本标准中引用而构成为本标准的条文。在标准出版时,所示版本均为有效。所有标准都会被修订,使用本标准的各方应探讨、使用下列标准最新版本的可能性。

GB 2260－1995 中华人民共和国行政区划代码

GB 2887－89 计算机场站技术条件

GB 8226－87 公路运输术语

GB 8566－88 计算机软件开发规范

GB 50057－94 建筑物防雷设计规范

JT/T 148－94 汽车运价信息分类及代码 旅客运输

JT/T 69.4－1997 汽车运价信息分类及代码 客运站收费

JT/T 309－1997 客运站(点)代码

3 定义

本标准采用下列定义。

3.1 售票管理 ticket-selling management

指对汽车客运站应用计算机进行售票、检票、调度、行包受理、统计、结算、站务电子显示等方面的管理。

3.2 系统 system

指汽车客运站计算机售票管理信息系统。

3.3 班车 scheduled bus

按班线营运的客车。

3.4 班次 scheduled run

根据运行作业计划,对班车在一定线路、一定时间内运行所作的安排。

3.5 车次 serial number of scheduled run

根据运行作业计划和班次,编排班车运行的序号。

中华人民共和国交通部 1997-03-04 批准 1997-08-01 实施

3.6　票号　ticket number

汽车客票、行包票的编号。

3.7　票种　ticket type

汽车客票的种类，包括全票、半票、免票等。

3.8　票价　ticket price

汽车客票票面价格。

3.9　票款　ticket revenue

客运站售票的收入。

3.10　代收代付费　travelling commission

客票中由班车经营业户代有关部门向旅客收取的费用。

3.11　经营业户　motor carrier

具有从事道路旅客运输业经营权的国有企业、集体企业、引进外资企业、个体联户（私有股份制企业）、私营企业、个体经营者。

3.12　许可证号　license number

运管部门颁发的道路运输经营许可证的编号。

4　使用代码

4.1　旅客运输代码

采用 JT/T 148－94 的规定。

4.2　客运站费收

采用 JT/T 69.4－1997 的规定。

4.3　客运站（点）代码

采用 JT/T 309－1997 的规定。

4.4　经营业户代码

由中华人民共和国行政区划代码与经营业户许可证号组配而成。

代码结构：

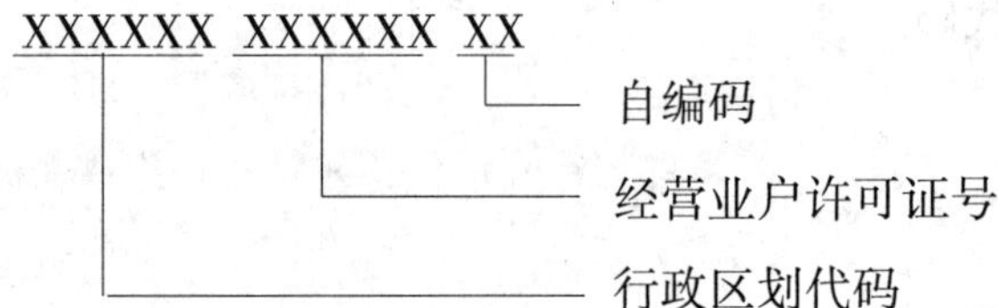

注：

a）行政区划代码

采用 GB 2260 的规定，用户可根据需要截取使用；

b）自编码

下属客运公司的名称代码。

5　系统开发

系统开发应根据汽车客运的特点，参照 GB 8566－88 进行。

5.1　规划

确定开发的总体目标，成立由行政和业务领导、业务人员、系统开发人员参加的开发队伍，完成系统可行性研究和项目开发计划。

5.2 建立

通过对系统进行功能需求分析、总体设计、硬件环境设计、软件设计和程序编写、调试、人员培训、整理文档资料等过程,完成系统的建立。

5.3 试运行

系统建立后必须进行试运行,通过试运行,完成功能的增补和修改。试运行时间视客运站规模决定。一级站6～12个月、二级站3～6个月、三级站1～3个月,试运行期间不能取消手工售票。

5.4 测试

5.4.1 测试要求

系统验收前必须对系统功能、过程、数据、编码等方面进行测试。测试前应成立测试组,确定测试计划和测试标准。测试组应由客运站相关科室人员、系统开发人员、系统维护人员、标准规范实施检查人员组成。

5.4.2 测试内容

包括安全测试、可靠性测试、强度测试、性能测试。

5.4.3 测试方式

应分为现场测试和模拟测试。现场测试应避开客流高峰,模拟测试则需作极限情况测试。

测试结束后,形成测试报告。

5.5 验收

系统通过测试后,再经过连续无间断运行两个月,客运站应向省级主管部门提交系统运行报告,申请验收,验收通过后,客运站应提前15天向各业务相关单位发出通知后,可正式启用系统。

5.6 维护

系统在运行中若因运输政策及经营方式发生变化等原因,系统的功能需要增补、修改时,应对系统进行及时维护。

6 系统环境

6.1 主机及外设环境指标

6.1.1 接地

主机房应包括三种接地方式。

a) 交流工作接地,接地电阻≤4 Ω;

b) 安全保护接地,接地电阻≤4 Ω;

c) 防雷保护接地,接地电阻≤10 Ω。

6.1.2 电源

6.1.2.1 电源指标

a) 频率:50 Hz;

b) 电压:380/220 V;

c) 线制:三相五线、三相四线或单相三线制;

d) 波动范围可参照表1执行。

表 1

项　目	A　级	B　级	C　级
电压波动,%	－5～＋5	－10～＋7	－15～＋10
频率波动,Hz	－0.2～＋0.2	－0.5～＋0.5	－1～＋1
波形失真,%	≤±5	≤±5	≤±5

6.1.2.2 供电方式

a) 一类供电:建立不间断电源供电系统;

b) 二类供电:建立带备用电源的供电系统。

6.1.3 屏蔽

机房内无线电干扰场强,在频率范围为(0.15 MHz～1 000 MHz 时,不大于 120 dB,磁场干扰场强不大于 800 A/m(相当于 10Oe)。

6.1.4 温湿度和洁净度

要求主机环境的温湿度和洁净度不低于 B 级,外设环境不低于 C 级。

	A 级	B 级	C 级
温度	22 ℃±2 ℃	15 ℃～30 ℃	10 ℃～35 ℃
相对湿度	45%～65%	40%～70%	30%～80%
温度变化率	<5 ℃/h	<10 ℃/h	<15 ℃/h
	要不结露	要不结露	要不结露
洁净度粒度	≥0.5μm	≥0.5μm	
洁净度个数	≤10 000 粒/dm^3	≤18 000 粒/dm^3	

6.1.5 耐火和防雷

采用 GB 50057－94 的规定,机房耐火等级不低于二级;并安装防雷、自动报警装置。

6.2 硬件环境要求

6.2.1 服务器

内存≥8 MB

硬盘≥420 MB

CPU 为 468/66 及以上。

6.2.2 外设

6.2.2.1 工作站

内存≥2MB

CPU 为 486 及以上。

6.2.2.2 调制解调器

专线/拨号,波特率≥9 600 bps。

6.2.2.3 不间断电源(UPS)

功率≥500 W。

6.2.3 传输媒介

推荐采用数字数据网(DDN 网)、分组交换网或无线数据传输等。

6.3 软件环境

6.3.1 操作系统

MS-DOS6.0 及以上,推荐 Novell、Windows NT、Unix。

6.3.2 中文平台

支持直接写屏,支持喷墨、激光等高档打印机。

7 系统功能

7.1 售票部分

7.1.1 售票

根据旅客购票要求出售客票和补票。应包含,售指定座位票、配载售票、流水班车客票、专线班车客票、XX 站以远票、包车票、半价票等。

7.1.2　退票

收回已出售的客票，并打印退票手续费收据。

7.1.3　改签

根据旅客要求，改签客票。

7.1.4　废票

打印出不符合要求的车票时，在出售下一张客票前，予以注销。

7.1.5　预售票

根据旅客要求，提前预售客票。

7.1.6　预留票

根据运营调度计划预留客票

7.1.7　售票辅助

7.1.7.1　信息帮助

查询有关售票信息，如：行车计划、班次变动、站点代码、班车余票等。

7.1.7.2　口令修改

重新设置售票员的登录口令。

7.2　检票

7.2.1　条形码检票

客票通过条形码阅读仪，系统读取客票的票号，并把结果返回检票口。

7.2.2　副联式检票

将客票副联信息与系统内售票票库信息核对并确认。

7.2.3　检票补救

当检票出现异常，如条形码破损、票号不符等情况，经确认为本系统售出的客票后，由人工输入票号并进行补救。

7.2.4　打印结算凭证和行车路单

7.3　统计结算

7.3.1　已配备条形码检票的系统，路单库文件检票后自动生成结算凭证。

7.3.2　在副联式检票的系统，根据检票人员确认的信息生成结算凭证。

7.3.3　统计

分车次客流统计和站点客流统计。统计结果可以以日报、月报或任意时段报表输出。

7.3.3.1　车次客流统计

某车次到达各站点人数及该车次的上座率、实载率、运量、周转量等。

7.3.3.2　站点客流统计

始发站到其它站点的旅客发送量。

7.3.4　结算

7.3.4.1　结算日报表

结算日报表给出各车次到各站点的乘车人数及各项费用的拆账结果。

7.3.4.2　结算汇总报表

结算汇总报表分日报、月报、任意时段报表。内容涉及车次、发车时间、车属经营业户、乘车人数、各项费用的拆帐结果、上座率、实载率等信息。

7.3.4.3　售票结算

a) 收款

结算售票员的票款。提供售票、废票张数，应交、实交票款、金额等信息；

b) 结算报表

结算日报表、月报表。包括计算机售票员的票号、售票张数、废票张数、应交票款、实交票款、交款合计、退票张数、金额、手续费等信息。

7.3.4.4 审核

审核售票员售票、废票张数、车票领用情况、票款解交情况，并对其中出现的差错作出评审说明。

7.3.5 分析

统计分析包括对运量变化、运力分布、营收状况、售票情况和乘车情况对照、运输质量等的分析。

7.4 运行调度

7.4.1 建立和修改车次计划

7.4.1.1 增加一个车次。

7.4.1.2 停开某一车次。

7.4.1.3 恢复某一车次。

7.4.1.4 修改发车时间。

7.4.1.5 修改结算比例，修改客运站与车属经营业户的结算比例。

7.4.1.6 修改某车次的检票口。

7.4.1.7 修改某车次的售票站点。

7.4.1.8 修改某车次的上车地点。

7.4.1.9 设定或修改某车次的某站点限售时间、允售张数。

7.4.1.10 增减某车次的座位数，由于车次的车型改变或合理超载情况下，调整车次的座位数，若是站票则应注明。

7.4.1.11 设置班车晚点。

7.4.1.12 取消班车晚点。

7.4.1.13 设置强行出售，由于旅客已搭乘其它车次等原因，无人乘坐，利用该功能可使该座号的客票继续出售。

7.4.1.14 设置顶班。

7.4.1.15 设置并班。

7.4.2 重新生成车次计划。

7.4.3 打印车次计划表。

7.4.4 查询售票检票情况。

7.5 站务管理

7.5.1 车主(驾驶员)报到

班车驾驶员在开车前 15 min，持卡在车站指定处登记。

7.5.2 广播导乘

根据系统提供的信息，以广播形式通知乘客及时检票上车。

7.5.3 站务显示。

7.5.3.1 导乘显示

检票口电子显示器显示所发班车车型、车次时间、终点站信息。

7.5.3.2 班车运行信息显示。

循环显示班车出站、到站信息。

7.6 系统管理

7.6.1 系统参数管理

建立或修改退票标准、预售天数、停售时限、改签时限、停退时限等参数。

7.6.2 操作人员管理

管理操作人员的工号、口令及其操作权限，帮助强行注册。

7.6.3 站点代码管理

新增、修改和删除录入用站点代码和管理系统用站点代码。

7.6.4 经营业户管理

新增、修改和删除经营业户的有关信息。

7.6.5 票价管理

调整票价信息，如费率、营运里程、代收代付费等。

7.6.6 生成手工售票环境

客运站需中止计算机售票改用手工售票时，系统能打印出供手工售票使用的资料。

7.6.7 数据备份与恢复

7.7 信息查询

查询包括基本数据、动态数据和参数数据查询。

7.7.1 基本数据

行车计划、票价信息、代码、退票标准、预售天数、停售时限、改签时限、停退时限等。

7.7.2 动态数据

包括当天及预售天数内的各项动态数据。

7.7.2.1 行车动态

车次、车型、班次、讫点车次情况、停开车次、检票情况等。

7.7.2.2 运行调度动态

新开车次、停开车次、恢复车次、经营业户变更、车辆变更、客票预留、停售站点情况等。

7.7.2.3 售票动态

售票员结算后，查询各车次售票、售票员售票、售票员票款、废退票情况等。

变更行包托运的车次。

7.7.2.4 营收状况

当天任意时段的营收状况以及全站的日营收状况、月营收状况。

7.7.2.5 统计分析数据

7.8 信息服务

向旅客提供车次、乘车指南、业务调整等信息。

7.9 行包管理

7.9.1 按计费质量或体积受理行包。

7.9.2 行包改签

7.9.3 行包退理

按规定办理行包退理手续。

7.9.4 行包统计

提供各种有关行包的报表。

7.9.5 行包制票

在行包受理、改签、退理时，打印有关行包票据。

7.10 网络互联

系统应具有建立本地、远程和流动点联网的能力；可与运管信息网、异地客运站信息网实现互联。

8 系统运行管理

8.1 人员管理

8.1.1 明确系统的主管领导，配备系统管理和维护人员。

8.1.2 建立相关人员的操作规程和岗位责任制，明确相应的权限及责任。

8.1.3 建立正常的培训制度,操作人员上岗前必须经过培训考核合格后,持证上岗。系统管理和维护人员每年应安排一周以上专业技术进修。

8.2 设备管理

建立设备定期检查和机房管理制度,落实设备的"管、用、养、修"各项措施,严格执行《中华人民共和国计算机信息系统安全保护条例》。

8.3 数据安全管理

定期对数据进行备份。备份数据保留时间不得少于两年。定期对磁盘空间进行整理,间隔时间不得长于一个月。

8.4 软件安全管理

系统操作设置分级权限,以防止不正当的修改和恶意破坏。建立完整的防止、检查、消除计算机病毒的制度。

8.5 环境安全管理

制定防火、防盗、防雷、防潮、断电保护等安全措施。

9 系统质量

9.1 实用性

9.1.1 系统功能应满足客运站生产和管理的需要,及时、准确地为运输生产及管理提供决策依据。

9.1.2 用户界面友好,操作简单易学。

9.1.3 系统对政策调整、业务变更等具有良好的适应性。

9.1.4 通过系统的使用,提高服务水平和质量,达到规范站务管理的要求。

9.2 安全可靠性

9.2.1 通过配备 UPS 不间断电源,保证系统安全运行;采用多路供电线路、配备独立发电装置等方法保证客运站正常售票。

9.2.2 具有手工售票补救措施,当出现由于不可抗拒原因造成系统中断售票时,手工补救措施能在不超过 10 min 内启用。

9.2.3 系统具有良好的容错性,局部发生故障能自动隔离,避免因局部损坏造成系统瘫痪。

9.2.4 具备完整有效的操作权限管理,对特定数据、特定模块进行加密处理,具有防止数据被盗用、破坏及非法存取等功能。

9.2.5 统计结算准确可靠,能配合票据、现金管理、防止售票、结算等环节出现漏洞。

9.3 通用性

软件开发规范,设计合理,留有充分的扩展余地,容易移植、推广和网络间互联。系统维护功能完整,操作方便。

9.4 文档完整性

建立项目开发计划、需求说明书、软件设计说明书、测试分析报告、用户操作维护手册、项目开发总结报告等规范文档。文档编写层次结构清晰、行文确切、内容齐全。

中华人民共和国交通行业标准

JT/T 319—1997

汽车客运站计算机售票票样及管理使用规定

Specification for bus terminal computerized ticket format and management

1997-03-04 发布　　　　　　1997-08-01 实施

中华人民共和国交通部　发布

中华人民共和国交通行业标准

汽车客运站计算机售票票样及管理使用规定

JT/T 319－1997

specification for bus terminal computerized ticket format and management

1 范围

本标准规定了汽车客运站应用计算机售票的客票式样及管理使用规定。

本标准适用于应用计算机发售客票的汽车客运站及客票发售站(点)。

2 客票票样

2.1 客票式样及尺寸

按不同运营结算办法和管理方式,将客票分为单联客票、分班次双联客票和不分班次双联客票三种形式,其式样和尺寸分别见附录 A、附录 B、附录 C。

2.2 票面信息结构内容及字体、字号

2.2.1 客票名称

客票名称以主管客票的省、直辖市、自治区加以命名,为 4 号黑体字。例如,**辽宁省汽车客票**。

2.2.2 客票编号

客票编号由一个英文字母和七位阿拉伯数字构成。

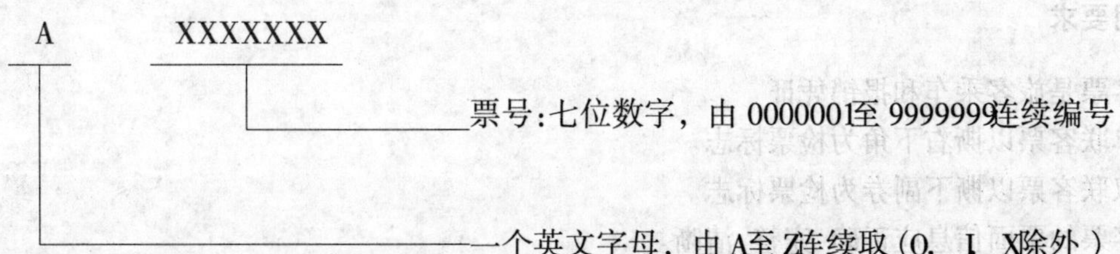

2.2.3 起始站

可印刷,也可打印,为 4 号黑体字。

2.2.4 到达站

售票时经打印机打印填写,为 4 号黑体字。

2.2.5 票价

票价为 4 号黑体字,除打印出数额外,需打印出表示票价类别的符号;售出客票如属半票,要在票价数额后打印出注明半票的标记。

2.2.6 乘车日期

打印日期必须包括年、月、日,为 5 号黑体字。

2.2.7 开车时间

采用每日 24 小时表达方式,为 5 号黑体字。

中华人民共和国交通部 1997-03-04 发布　　　　1997-08-01 实施

2.2.8 车次

由三或四位数字表示,为5号黑体字。

2.2.9 座号

由二位数字表示,为5号黑体字。

2.2.10 检票口

对于同一个客票发售站拥有几个乘车点的情况,应注明乘车地点,为5号黑体字。

2.2.11 必要说明

一般为:"当日当次有效,票价含旅客保险金、附加费"、"检票撕角"等,为5号黑体字。

2.2.12 条形码

有必要使用条形码识读器检票的车站,可在票价上方空白位置印刷条形码,见附录D。

2.3 双联客票副券结构内容及字体、字号

2.3.1 副券

"副券"为4号黑体字。

2.3.2 编号

副券编号与其客票编号一致。

2.3.3 到站、车次、日期、票价

到站为4号黑体字,其余为5号黑体字,均与其客票相应数据一致。

2.4 纸张、票面颜色及图案

印制客票采用70g以上白纸。票面颜色可由各省交通主管部门统一规定,票面可加印由淡色(例如:与黑色反差大的淡粉色、淡黄色等)公路路徽组成的底花纹图案。

3 管理规定

3.1 计算机售票所用的空白客票,作为有价证券,必须严格管理。

3.2 客票必须在省、直辖市、自治区及以上交通主管部门所认定的印刷厂印制,严禁私自印制和伪造。

3.3 客票背面允许加印宣传性内容。

4 使用要求

4.1 客票是旅客乘车和报销凭证

4.2 单联客票以撕右下角为检票标志。

4.3 双联客票以撕下副券为检票标志。

4.4 客票的票面信息应正确、完整、清晰。

单联客票式样及尺寸

比例：1∶1
尺寸单位：mm

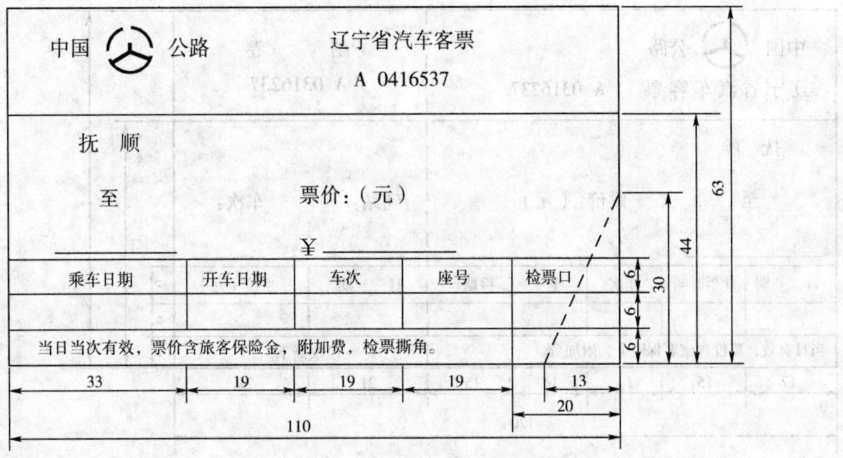

分班次双联客票式样及尺寸

比例：1∶1
尺寸单位：mm

<table>
<tr><td colspan="5">中国 公路
辽宁省汽车客票　　A 0316237</td><td colspan="2">副　　卷
A 0316237</td></tr>
<tr><td colspan="5">抚　顺
至　　　票价:（元）
________　¥________</td><td colspan="2">到站:　　车次:
________　________</td></tr>
<tr><td>日　期</td><td>开车时间</td><td>车次</td><td>座号</td><td>检票口</td><td>日　期</td><td>票价（元）</td></tr>
<tr><td></td><td></td><td></td><td></td><td></td><td></td><td></td></tr>
<tr><td colspan="5">当日有效，票价含旅客保险金，附加费。</td><td colspan="2">检票撕下</td></tr>
</table>

尺寸：17　15　14　14　15　21　24；总宽 120；高 6　6　6；44；63

不分班次双联客票式样及尺寸

比例：1∶1
尺寸单位：mm

中国 公路 辽宁省汽车客票 A 0316237		副 卷 A 0316237	
抚 顺 至		到站：	
乘车日期	票价（元）	日 期	票价（元）
当日有效，票价含旅客保险金，附加费。		检票撕下	

尺寸：37，37，17，19；总宽 110；高 63，44，6，6，6

附录 D(标准的附录)

条码位置示意

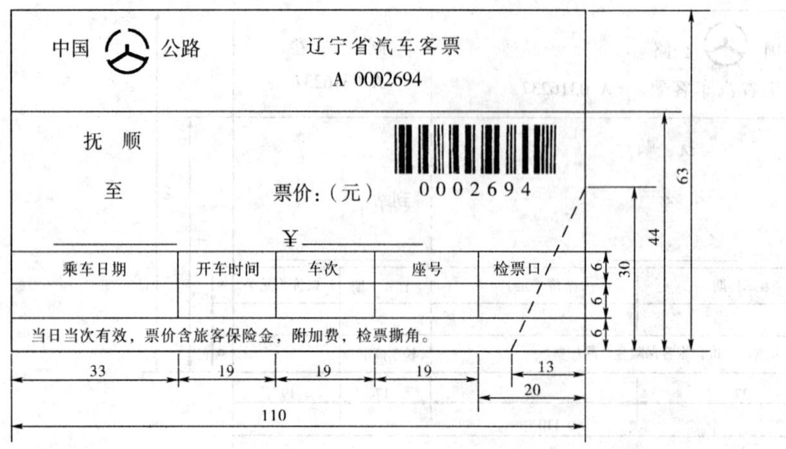

ICS 03.220.20
R 16
备案号：

中华人民共和国交通行业标准

JT/T 325—2006
代替 JT/T 325—2004

营运客车类型划分及等级评定

Type dividing and class rating for commercial motor-vehicles of passenger transport

2006-09-07 发布　　2007-01-01 实施

中华人民共和国交通部　发布

ICS 03.220.20
R 16
备案号：

中华人民共和国交通行业标准

JT/T 325—2006
代替JT/T 325—2004

营运客车类型划分及等级评定

Type dividing and class rating for
commercial motor-vehicles of passenger transport

2006-09-07发布　　2007-01-01实施

中华人民共和国交通部　发布

营运客车类型划分及等级评定

1 范围

本标准规定了营运客车类型、等级划分及评定内容、规则和要求。

本标准适用于在道路上使用的经营性客车,是交通管理部门对其评级的依据。

2 规范性引用文件

下列文件中的条款通过在本标准中引用而成为本标准的条款。凡是注日期的引用文件，其随后所有的修订单（不包括勘误的内容）或修订版均不适用于本标准。然而，鼓励根据本标准达成协议的各方研究是否可使用这些文件的最新版本。凡是不注日期的引用文件，其最新版本适用于本标准。

GB 1589	道路车辆外廓尺寸、轴荷及质量限值
GB 7258	机动车运行安全技术条件
GB 8410	汽车内饰材料阻燃性能
GB 12676	汽车制动系结构、性能和试验方法
GB 13094	客车结构安全要求
GB 13594	汽车防抱制动系统性能要求和试验
GB/T 16887	卧铺客车技术条件
GB 17691	车用压燃式发动机排气污染物排放限值及测量方法
GB 18352.2	轻型汽车污染物排放限值及测量方法(II)
GB 18352.3	轻型汽车污染物排放限值及测量方法(中国 III,IV 阶段)
GB 18565	营运车辆综合性能要求和检验方法
GB/T 19056	汽车行驶记录仪
JT/T 198	汽车技术等级评定标准
QC/T 476	客车防雨密封性限值
QC/T 633	客车座椅

3 术语和定义

下列术语和定义适用于本标准。

3.1

营运客车 commercial motor-vehicles of passenger transport

用于营业性旅客运输的汽车。

3.2

客舱 passenger space

供乘员使用的区域,即驾驶区和乘客区的总称。

4 类型划分

4.1 营运客车分为客车及乘用车两类。

4.2 客车按车长分为特大型、大型、中型和小型四种,见表 1。

表1 类 型 划 分

单位:m

类型	特大型[a]	大型	中型	小型
车长(L)	13.7≥L>12	12≥L>9	9≥L>6	6≥L>3.5
a 按 GB 1589				

4.3 乘用车不分类型。

5 等级划分

等级划分见表2。

表2 等 级 划 分

<table>
<tr><td rowspan="3">类型</td><td colspan="18">客 车</td><td colspan="4" rowspan="2">乘用车</td></tr>
<tr><td colspan="5">特大型</td><td colspan="5">大 型</td><td colspan="4">中 型</td><td colspan="4">小 型</td></tr>
<tr><td>高三级</td><td>高二级</td><td>高一级</td><td>中级</td><td>普通级</td><td>高三级</td><td>高二级</td><td>高一级</td><td>中级</td><td>普通级</td><td>高二级</td><td>高一级</td><td>中级</td><td>普通级</td><td>高二级</td><td>高一级</td><td>中级</td><td>普通级</td><td>高二级</td><td>高一级</td><td>中级</td><td>普通级</td></tr>
</table>

6 等级评定内容

6.1 客车主要评定:客车结构与底盘配置;安全性;动力性;舒适性(车内噪声、空气调节、乘客座椅、卧铺)及服务设施等。

6.2 乘用车主要评定:发动机排量、空气调节与控制、卫星定位系统及行李舱容积等。

7 等级评定规则

7.1 必要条件

第8章规定的所有评定指标均为必要条件。

7.2 新客车等级评定

新客车是生产企业开发的新产品或进口的客车,根据该企业提供的技术文件(进口检验文件)及实车检测结果,依第8章规定评定等级,统一由主管部门以“评定表”形式发布。

7.3 在用营运客车等级评定

7.3.1 在用营运客车经检测符合 GB 18565 有关规定时,才具备评定等级资格。

7.3.2 在用营运客车经检测,按 JT/T 198 评为一级车时,才具有评定高级客车资格。

7.3.3 根据7.3.2车辆现有技术等级和设施的实车检测结果,按第8章规定评定等级。

7.3.4 已评定等级的在用营运客车,在过户时应重新评定等级。

8 等级评定要求

8.1 一般规定

8.1.1 座椅尺寸按 QC/T 633 规定测量。

8.1.2 座间距按 GB 13094 规定测量。

8.1.3 内饰件应软化处理,所使用的非金属材料应具有阻燃性能,并应符合 GB 8410 的规定。

8.1.4 卫生间应符合相关标准规定:设洗手池,冲洗便器污水应存入污水箱。

8.1.5 行李舱与客舱隔离并在车外具有独立舱门的完整空间，若分置若干处时，任一处容积不得小于 $0.15m^3$(其中任意边长不小于 0.4m)，否则不计入总容积。核计行李舱容积时，其乘客人数按评定该等级核实人数(不含驾驶员及导游员)。

8.1.6 防雨密封性应符合 QC/T 476 规定。

8.1.7 客车底盘润滑点少于 5 处时，可选装自动润滑装置。

8.1.8 ABS(一类)按 GB 13594 规定。

8.1.9 各类型、等级营运客车发动机排放值应满足 GB 18352.2、GB 18352.3 及 GB 17691 的要求。

8.1.10 高级客车质量保证期规定如下：

a) 按新车投入营运之日起计保质里程或年限，质量保证期按表 3 规定，并以先达到为准。

b) 质保项目按客车使用说明书或质量保证书的规定。

表 3 质量保证期

客车等级	保质里程，km	保质年限，年	客车等级	保质里程，km	保质年限，年
高三级	12 万	1	高一级	8 万	1
高二级	10 万	1			

8.1.11 座椅地脚安装结构应符合 GB 18565 的有关规定。

8.1.12 比功率等于发动机额定功率与最大设计总质量之比。

8.1.13 换气量(人均)等于车顶安全窗上风扇(或独立式风扇或空调新风风扇)进气量之和与核定的乘员人数(乘客人数 + 驾驶员 + 导游员)的比值。客车的制冷量及供热量为人均值(见表 4)乘上该型客车等级核定的乘员人数。

8.1.14 特大型各高等级客车的第二(三)车桥应具有随动转向机构。

8.1.15 特大及大型各高等级客车后置发动机舱内应装自动灭火设备。

8.1.16 客车安装缓行器的部位应设置温度报警系统或自动灭火设备。

8.2 客车等级评定必要条件

客车等级评定必要条件见表 4，表中关于 ABS、车外顶行李架、车内噪声及行驶记录仪的规定应符合 GB 7258、GB 12676 及 GB/T 19056 的要求。

8.3 卧铺客车等级评定必要条件

8.3.1 卧铺客车等级评定应符合 8.2 规定(座椅、行李舱容积、车内行李架等除外)，卧铺尺寸按 GB/T 16887 测量，并应符合表 5 规定。

8.3.2 卧铺客车中卧铺类型应相同，采用平铺或半躺不可调式，且不得设置折叠铺及混装两种类型卧铺。

8.3.3 在驾驶区、踏步间及其他服务设施(卫生间等)上方空间内不得设置卧铺(低驾驶区上方有顶板车型除外)。

8.3.4 卧铺的支撑杆件、扶梯及护栏等金属件表面应采用软性材料包覆。

8.3.5 高、中级卧铺客车上下铺间的空调气流应均布，且人均换气量大于同等级座位客车的 30%。

8.3.6 卧铺客车行李舱容积规定见表 6。

8.4 乘用车等级评定必要条件

乘用车(供出租、租赁)等级评定必要条件见表 7。

表 4　等级评定性能指标

评定项目			特大型客车					大型客车					中型客车				小型客车			
			高三级	高二级	高一级	中级	普通级	高三级	高二级	高一级	中级	普通级	高二级	高一级	中级	普通级	高二级	高一级	中级	普通级
客车结构	发动机位置[a]		后/中	后/中	后/中	—	—	后/中	后/中	后/中	—	—	后/中	后/中	—	—	—	—	—	—
	乘客门结构		单扇	单扇	单扇	—	—	单扇	单扇	单扇	—	—	单扇	单扇	—	—	单扇	—	—	—
	胶粘车窗玻璃		V	V	V	—	—	V	V	V	—	—	V	V	—	—	V	—	—	—
	内饰成型件		V	V	V	—	—	V	V	V	—	—	V	V	—	—	V	V	—	—
	行李舱		V	V	V	V	V	V	V	V	V	V	V	V	V	V	—	—	—	—
	车内行李架[b]		V	V	V	V	V	V	V	V	V	V	V	V	V	V	V	V	V	V
	车外顶行李架[c]		无	无	无	无	无	无	无	无	无	无	无	无	无	无	无	无	—	—
	车身承载式结构[d]		V	—	—	—	—	V	—	—	—	—	—	—	—	—	—	—	—	—
	通道宽，mm	≥	350	350	350	350	350	350	350	350	300	300	350	350	300	300	300	300	300	300
底盘配置	悬架结构型式[e]		A	B	B	—	—	A	B	B	—	—	B、D	B、C、E	—	—	F	E	—	—
	制动系	盘式制动器[f]	V	V	V	—	—	V	V	—	—	—	—	—	—	—	—	—	—	—
		ABS（一类）	V	V	V	V	V	V	V	V	V	V	V	V	—	—	V	V	—	—
		蹄片间隙自调装置	V	V	V	V	V	V	V	V	V	V	V	V	V	V	V	V	V	V
		缓行器	V	V	V	V	V	V	V	V	—	—	V	—	—	—	—	—	—	—
	动力转向		V	V	V	V	V	V	V	V	V	V	V	V	V	—	V	—	—	—
	底盘自动润滑系统		V	V	V	—	—	V	V	—	—	—	V	—	—	—	—	—	—	—
	车轮及轮胎	旋压车轮	V	V	V	V	V	V	V	V	—	—	V	V	—	—	V	—	—	—
		无内胎子午线胎	V	V	V	V	V	V	V	V	—	—	V	V	—	—	V	—	—	—
		子午线轮胎	—	—	—	—	—	—	—	—	V	V	—	—	V	V	—	V	V	V
动力性	最高车速，km/h	≥	125	120	110	100	90	125	120	110	100	90	115	110	100	90	110	105	95	85
	比功率，kW/t		13	12	11	10	9	15	13.5	12	10	9	14	13	12	11	21	19	14.5	13

表 4(续)

评定项目		特大型客车					大型客车					中型客车				小型客车			
		高三级	高二级	高一级	中级	普通级	高三级	高二级	高一级	中级	普通级	高二级	高一级	中级	普通级	高二级	高一级	中级	普通级
匀速行驶车内噪声(v_a = 50km/h)dB(A) ≤		66	69	72	75	79	66	69	72	75	79	70	72	75	79	70	72	75	79
空气调节与控制	配置	冷暖	冷暖	冷暖	冷或暖	—	冷暖	冷暖	冷暖	冷或暖	—	冷暖	冷暖	冷或暖	—	冷暖	冷暖	冷或暖	—
	制冷量(人均), kJ/h≥	2000	2000	1900	1800	—	2000	2000	1800	1800	—	1900	1900	1800	—	1900	1900	1800	—
	供热量(人均), kJ/h≥	2000	2000	1900	1800	—	2000	2000	1800	1800	—	1900	1900	1800	—	1900	1900	1800	—
	强制通风换气量(人均),m^3/h≥	25	25	25	25	—	25	25	25	25	—	25	25	25	—	25	25	20	—
	温度自动控制装置	√	√	√	—	—	√	√	√	—	—	√	√	—	—	—	—	—	—
座垫宽,mm ≥		450	440	440	420	420	450	440	440	420	420	440	440	420	420	440	440	420	420
座椅深,mm ≥		440	440	440	420	420	440	440	440	420	420	440	440	420	420	440	440	420	420
靠背高,mm ≥		720	720	680	650	650	720	720	680	650	650	720	680	650	650	720	680	650	650
靠背角度可调		√	√	√	—	—	√	√	√	—	—	√	√	—	—	√	√	—	—
扶手(靠通道)		可调	可调	可调	√	√	可调	可调	可调	√	√	可调	可调	√	√	可调	可调	—	—
座椅脚蹬		可调	可调	可调	—	—	可调	可调	可调	—	—	可调	—	—	—	—	—	—	—
座间距(同方向),mm ≥		770	750	720	700	680	770	750	720	700	680	750	720	700	680	680	670	650	650
座椅左右调整[g],mm ≥		60	60	60	—	—	60	60	60	—	—	60	60	—	—	—	—	—	—
座椅汽车安全带[h]		√	√	√	√	—	√	√	√	√	—	√	√	√	—	√	√	√	√
行李舱容积,m^3/人	车长(L),m: 13.7≥L>12	0.17	0.15	0.13	0.12	0.10	—	—	—	—	—	—	—	—	—	—	—	—	—
	12≥L>11	—	—	—	—	—	0.19	0.17	0.15	0.13	0.13	—	—	—	—	—	—	—	—
	11≥L>10	—	—	—	—	—	0.17	0.15	0.13	0.10	0.10	—	—	—	—	—	—	—	—
	10≥L>9	—	—	—	—	—	0.15	0.13	0.11	0.09	0.09	—	—	—	—	—	—	—	—
	9≥L>8	—	—	—	—	—	—	—	—	—	—	0.10	0.09	0.08	0.08	—	—	—	—
	8≥L>7.5	—	—	—	—	—	—	—	—	—	—	0.08	0.06	0.06	0.06	—	—	—	—

表 4(续)

评定项目	特大型客车					大型客车					中型客车				小型客车			
	高三级	高二级	高一级	中级	普通级	高三级	高二级	高一级	中级	普通级	高二级	高一级	中级	普通级	高二级	高一级	中级	普通级
卫生间	V	V	—	—	—	V	V	—	—	—	—	—	—	—	—	—	—	—
影视设备	V	V	V	—	—	V	V	V	—	—	V	V	—	—	V	—	—	—
音响设备	V	V	V	V	V	V	V	V	V	V	V	V	V	V	V	V	V	V
侧窗帘	V	V	V	V	V	V	V	V	V	V	V	V	V	V	V	V	V	V
乘客阅读灯	V	V	V	—	—	V	V	V	—	—	V	V	—	—	—	—	—	—
饮水设备或冰箱	V	V	V	—	—	V	V	V	—	—	V	V	—	—	—	—	—	—
时钟	V	V	V	V	—	V	V	V	V	—	V	V	V	—	V	V	—	—
行驶记录仪	V	V	V	V	V	V	V	V	V	V	V	V	V	—	—	—	—	—
CAN 总线	V	V	—	—	—	V	V	—	—	—	—	—	—	—	—	—	—	—

注:表中"V"——要求配置;"—"——不作规定。

a 前置发动机机舱在客舱外,且在车外设舱盖时,可视同为中、后置。

b 车长不大于 5.5m,可不设车内行李架。

c 车长不小于 7.5m,不允许安装车外顶行李架。

d 下述任一车身结构均为承载式:

1)客车车身骨架及底架是由异型管制成的格栅结构,没有单独的纵梁式车架结构,局部格栅上可有覆板。

2)客车车身骨架及底架是由异型管制成的格栅结构,但允许在底架局部(发动机、悬架处)有加强结构,且与格栅构件刚性连接(焊、铆及防松螺栓);整车悬架上支撑件在底架结构上,从而使悬架承载力传递到车身骨架上共同承载。

e A-前独立及全气囊;B-全气囊;C-气囊与板簧组合(气囊承载不小于 50% 且装有高度调节阀);D-前独立及后为 B 或 C;E-前独立及后为少片板簧不大于四片;F-前独立及后为 C(例:B、C、E——三种型式中任一种均可)。

f 前桥。

g 靠通道座椅。每个座椅两侧有扶手且间距不小于 500mm 时,不要求左右调整。

h 全部座椅(小型客车仅第一排座椅)。

表5　卧铺规格尺寸　　单位:mm

代号	类　型		等级						
			高三级	高二级		高一级		中级及普通级	
A	排列形式		1+1	1+1或1+1+1		1+1或1+1+1		1+1+1	
B	卧铺类型		平铺	平铺	半躺	平铺	半躺	平铺	半躺
C	靠背调节		—	—	不可调	—	不可调	—	不可调
D	卧铺全长	≥	1900	1900	1900	1900	1900	1800	1800
E	卧铺宽度	≥	700	500(700[c])	500	500	500	450	450
F	铺纵向间距	≥	1950	1950	1600	1950	1550	1850	1500
G	铺横向间距	≥	700	350(700[c])	350	350	350	350	350
H	上铺空间高	≥	800	800	800	800	800	780	780
I	铺间高度	≥	850	850	850	850	850	800	800
J	重叠脚窝内端高	≥	—	—	250	—	250	—	250
K	下铺面距地高度[a]	≥	250	250	250	250	250	250	250
L	护栏高度	≥	150	150	150	150	150	150	150
M	铺垫厚[b]	≥	70	70	70	70	70	70	70

a　当上下铺分别设置空调管道时,下铺面距地高允许不小于150mm。

b　从铺垫头部端向脚方向900mm处测量铺垫厚。

c　当1+1时。

表6　行李舱容积

类型		特大型,m^3/人					大型,m^3/人				
等级		高三级	高二级	高一级	中级	普通级	高三级	高二级	高一级	中级	普通级
车长(L),m	13.7≥L>12	0.30	0.18	0.16	0.14	0.12	—	—	—	—	—
	12≥L>11	—	—	—	—	—	0.22	0.19	0.17	0.15	0.15
	11≥L>10	—	—	—	—	—	0.20	0.18	0.16	0.12	0.12
	10≥L>9	—	—	—	—	—	—	0.16	0.15	0.11	0.11

表7　乘用车等级评定必要条件

等　级	高二级	高一级	中　级	普通级
发动机排量(V),L	V≥3.0	3.0>V≥2.0	2.0>V≥1.3	1.3>V≥1.0
空气调节与控制	冷暖自控	冷暖自控	冷暖手控	冷暖手控
卫星定位系统	设置	设置	—	—
行李舱容积,m^3	0.60	0.50	0.33	0.25

中华人民共和国交通行业标准

JT/T 381—1998

汽车客票条码

Bar code for passenger ticket of vehicle

1999-02-24发布　　　　1999-07-01实施

中华人民共和国交通部　发布

中华人民共和国交通行业标准

JT/T 381—1998

汽车客票条码

Bar code for passenger ticket of vehicle

1 范围

本标准规定了汽车客运计算机客票条码的码制、信息内容及技术要求。

本标准适用于汽车客运计算机客票。

2 引用标准

下列标准包含的条文,通过在本标准中引用而构成为本标准的条文。在标准出版时,所示版本均为有效。所有标准都会被修订,使用本标准的各方应探讨使用下列标准最新版本的可能性。

GB/T 12908—91　三九条码

GB/T 14258—93　条码符号印制质量的检验

JT/T 309—1997　汽车客运站(点)代码

JT/T 319—1997　汽车客运站计算机售票票样及管理使用规定

3 条码码制

采用三九条码。

4 信息内容

4.1 同网售票的客运站客票条码信息内容,见表1。

表 1

信息内容				
空白区	起始符 (1位)	客票流水号 (8位)	终止符 (1位)	空白区

4.2 不同网异地、异站售票 的客运站客票条码信息内容,见表2。

表 2

信息内容					
空白区	起始符 (1位)	标识符 (3位)	客票流水号 (8位)	终止符 (1位)	空白区

中华人民共和国交通部 1999-02-24 批准　　1999-07-01 实施

4.3　标识符

标识所售客票的客运站名称代码，按 JT/T 309—1997 中 4.2 的规定编制，由 3 位字母条码字符表示。

4.4　客票流水号

由 8 位数字条码字符表示。

5　条码结构

5.1　条码由空白区、起始符、字符和终止符构成，见表 3。

表　3

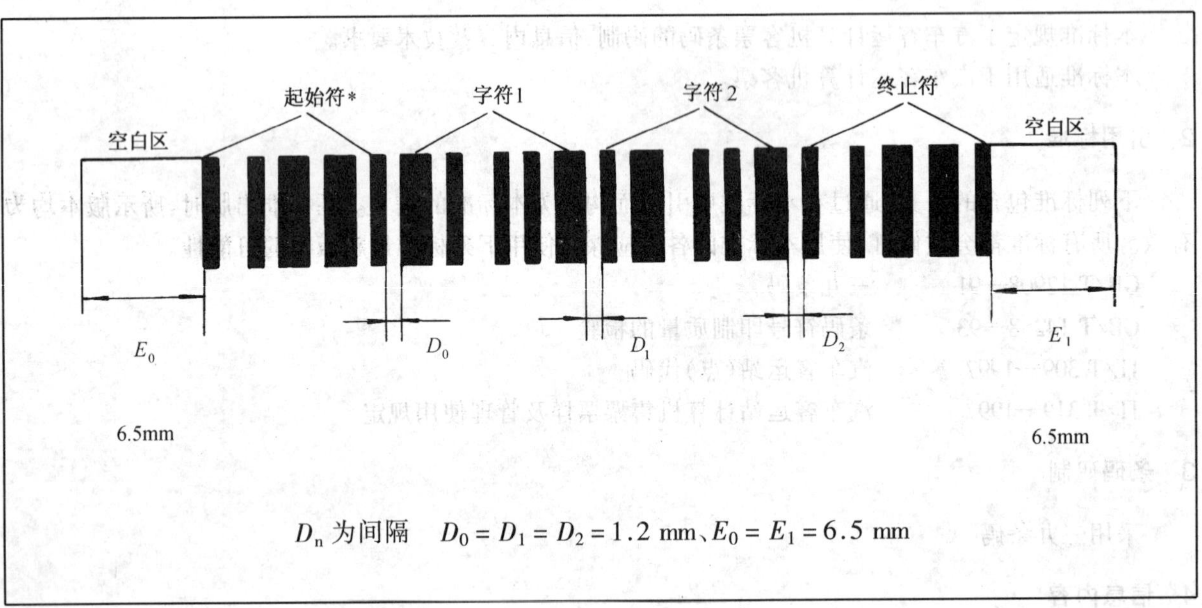

D_n 为间隔　$D_0 = D_1 = D_2 = 1.2$ mm、$E_0 = E_1 = 6.5$ mm

5.2　起始符和终止符用“*”的条码字符表示。

5.3　三九条码的字符、条码字符及二进制表示见附录 A。

6　技术要求

6.1　密度

条码符号的密度为 5.7 字符/(25.4 mm)。

6.2　尺寸

6.2.1　空白区宽度为 6.5 mm。

6.2.2　条码字符的间距一致，为 1.2 mm。

6.2.3　窄单元宽度 0.24 mm。

6.2.4　宽单元宽度 0.60 mm。

6.2.5　宽单元与窄单元的条宽比为 2.5∶1。

6.2.6　条码符号的条高为 9.5 mm。

6.2.7　条码长度，条码信息为 10 位码的长度为 43.20 mm；13 位码为 56.52 mm。

6.2.8　条码各部分尺寸见表 4。

6.3　公差

条(空)宽的允许误差 ±0.043 mm。

6.4　反射率

窄单元宽度等于或小于 0.508 mm 的条码符号，空的最小反射率 R_L 应大于 50%。

条的反射率 R_D 是空反射率 R_L 的函数，R_L 和 R_D 的最小比例为4.0，条的最大反射率为12.50%。

6.5 对比度

条码对比度(PCS)≥75%。

表 4

单元高 *H*	宽单元宽 *A*	窄单元宽 *L*	图 例
9.5	0.6±0.043	0.24±0.043	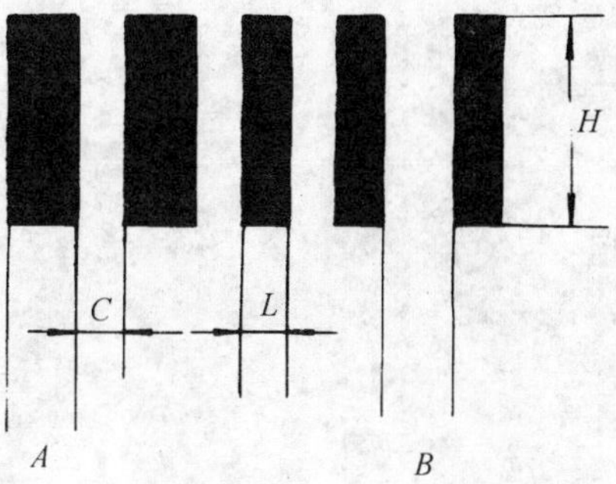 $B = A、C = L$

7 供人识别的字符

采用 GB 12508—90《光学识别用字母数字字符集》(第二部分)中 OCR—B 字符，图例如下：

OCR-B　　　　　　0123456789〈〉* + −/#

字符高度2.5 mm。

8 条码位置

条码符号的位置，见 JT/T 319—1997 附录 D(标准的附录)的规定。

9 条码符号的颜色

底色：白色　　　　条色：黑色。

10 质量要求

10.1 条码载体

推荐使用70 g以上白纸。

10.2 外观

10.2.1 条码符号表面整洁，无明显污垢、皱褶、残损、穿孔。

10.2.2 条码符号中的数字、字母、特殊符号印刷完整、清晰，无二意性。

10.2.3 条码符号无明显污点、脱墨、断线，条的边缘整齐、无明显弯曲变形。

10.3 印刷质量

污点、脱墨应满足以下要求之一：

a)污点、脱墨不超出直径为窄单元宽度0.4倍的圆；

b)污点、脱墨在直径为窄单元宽度0.8倍的圆内所占面积不超过25%。

10.4　条码符号的墨色均匀，无明显差异。油墨厚度<0.1 mm。

11　使用说明

汽车客票上条码的尺寸，应采用本标准6技术要求的规定。如特殊汽车客票上印制条码的空间不够时，推荐采用附录B的规定。

表 A　三九条码的字符、条码字符及二进制表示对照表

字符	条码字符	二进制表示 条	空	字符	条码字符	二进制表示 条	空
1		10001	0100	M		11000	0001
2		01001	0100	N		00101	0001
3		11000	0100	O		10100	0001
4		00101	0100	P		01100	0001
5		10100	0100	Q		00011	0001
6		01100	0100	R		10010	0001
7		00011	0100	S		01010	0001
8		10010	0100	T		00110	0001
9		01010	0100	U		10001	1000
0		00110	0100	V		01001	1000
A		10001	0010	W		11000	1000
B		01001	0010	X		00101	1000
C		11000	0010	Y		10100	1000
D		00101	0010	Z		01100	1000
E		10100	0010	-		00011	1000
F		01100	0010	·		10010	1000
G		00011	0010	空格		01010	1000
H		10010	0010	*		00110	1000
I		01010	0010	$		00000	1110
J		00110	0010	/		00000	1101
K		10001	0001	+		00000	1011
L		01001	0001	%		00000	0111

注：* 只用作起始字符和终止字符。

条码技术要求

B1 密度

条码符号的密度为 7.0 字符/(25.4 mm)。

B2 尺寸

B2.1 空白区宽度为 6.5 mm。

B2.2 条码字符的间距一致,为 1.2 mm。

B2.3 窄单元宽度 0.19 mm。

B2.4 宽单元宽度 0.43 mm。

B2.5 宽单元与窄单元的条宽比为 2.26∶1。

B2.6 条码符号的条高为 9.5 mm。

B2.7 条码长度,条码信息为 10 位码的长度为 35.10 mm;13 位码为 45.99 mm。

中华人民共和国交通行业标准

JT/T 417—2000

汽车客运线路代码

Code for Bus Terminal Route

2000-05-26 发布　　2000-09-01 实施

中华人民共和国交通部　发布

中华人民共和国交通行业标准

汽车客运线路代码

JT/T 417—2000

Code for Bus Terminal Route

1 范围

本标准规定了汽车客运线路代码的编制规则,适用于国际、国内客运线路代码的编制。

2 引用标准

下列标准包含的条文,通过在本标准中引用而构成为本标准的条文。本标准出版时,所示版本均为有效。所有标准都会被修订,使用本标准的各方应探讨使用下列标准最新版本的可能性。

GB/T 2260—1999 中华人民共和国行政区划代码

GB/T 2659—1994 世界各国和地区名称代码

3 编码方法

采用特征组合码结构,由线路类别代码、线路等级代码、线路起点行政区划代码、线路讫点行政区划代码、线路起点地名代码和线路讫点地名代码六部分组配而成。

4 代码结构

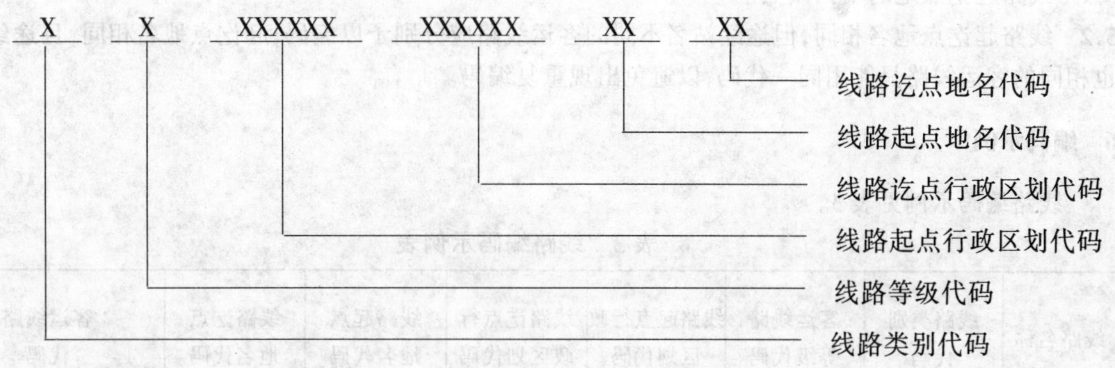

4.1 线路类别代码

由 1 位数字码表示,代码见表 1。

表 1 线路类别代码表

代码	名称	代码	名称
1	国际客运线路	4	县(市)际客运线路
2	省际客运线路	5	县内客运线路
3	市(地)际客运线路	9	其他线路

中华人民共和国交通部 2000-05-26 发布 2000-09-01 实施

4.2 线路等级代码

按照交通部相关文件的规定，由 1 位数字码表示，代码见表 2。

表 2 线路等级代码表

代码	名　　称	代码	名　　称
1	高速客运线路	9	其他客运线路
2	普通客运线路		

4.3 线路起点行政区划代码

指客运线路起点省、地区、县的名称，采用 GB/T 2260 规定的 6 位数字码表示，也可根据需要截取使用后 4 位地区代码或后 2 位县代码。

4.4 线路讫点行政区划代码

指客运线路讫点省、地区、县的名称，采用 GB/T 2260 规定的 6 位数字码表示，也可根据需要截取使用后 4 位地区代码或后 2 位县代码。

如客运线路讫点为国外地名，则采用 GB/T 2659 规定的 3 位数字码加“000”表示。如线路讫点是蒙古，线路讫点代码为 496000。

4.5 线路起点地名代码

由客运线路起点地名前两个汉字的首位汉语拼音大写字母表示。

4.6 线路讫点地名代码

由客运线路讫点地名前两个汉字的首位汉语拼音大写字母表示。

5 使用说明

5.1 线路起讫点地名不指站名。

5.2 线路起讫点地名相同，但途经站名不同的客运线路应分别予以编码；起讫点地名相同，且途经站名也相同的客运线路只能用同一代码，以避免出现重复编码。

6 编码示例

线路编码示例见表 3。

表 3 线路编码示例表

线路名称	线路类别代码	客运线路等级代码	线路起点行政区划代码	线路讫点行政区划代码	线路起点地名代码	线路讫点地名代码	客运线路代码
黑河—哈巴罗夫斯克	国际客运线路 1	普通客运线路 2	黑龙江省黑河市 231100	白俄罗斯 112000	黑河 HH	哈巴罗夫斯克 HB	12231100112000 HH HB
沈阳—锦州	市(地)际客运线路 3	普通客运线路 2	辽宁省沈阳市 210100	辽宁省锦州市 210700	沈阳 SY	锦州 JZ	32210100210700 SY JZ

续上表

线路名称	线路类别代码	客运线路等级代码	线路起点行政区划代码	线路讫点行政区划代码	线路起点地名代码	线路讫点地名代码	客运线路代码
沈阳—金州	市(地)际客运线路 3	普通客运线路 2	辽宁省沈阳市 210100	辽宁省金州市 210213	沈阳 SY	金州 JZ	32210100210213 SY JZ
沈阳—大连	市(地)际客运线路 3	高速客运线路 1	辽宁省沈阳市 210100	辽宁省大连市 210200	沈阳 SY	大连 DL	31210100210200 SY DL

中华人民共和国交通行业标准

JT/T 418—2000

汽车客运站计算机售票行包票样

Luggage Ticket Format for Computerized Ticket of Bus Terminals

2000-05-26 发布　　　　2000-09-01 实施

中华人民共和国交通部 发布

中华人民共和国交通行业标准

汽车客运站计算机售票行包票样

JT/T 418—2000

Luggage Ticket Format for Computerized Ticket of Bus Terminals

1 范围

本标准规定了汽车客运站计算机售票行包票样式样、尺寸规格、票面信息和印刷要求。

本标准适用于汽车客运站办理的计算机行包票。

2 票样格式

2.1 计算机售票用行包票样

本行包票为一式两联，第一联是旅客提取联，第二联是到达通知代报销凭证联。旅客提取联票样格式见表1，到达通知代报销凭证联票样格式见表2。

表1 ××省汽车客运站计算机售票行包票样格式

旅客提取联

××省汽车旅客行包票								
受理站：						票号：A××××××		
车 次	到达站	车票票号	受理人	托运人	提取人	联系电话	是否保险	旅客提取联
品 名	件 数	实际质量	计费质量	运 费	装车费	卸车费	保价金额	
		千克	千克	元	元	元	元	
					票签费	其他费	其他费	
					元	元	元	
				合计金额	仟	佰	拾 元 角	
标签号：							年 月 日	

中华人民共和国交通部 2000-05-26 发布　　2000-09-01 实施

表2　××省汽车客运计算机售票行包票样格式

行包到达通知代报销凭证联

××省汽车旅客行包票							
受理站:							票号:A××××××
车　次	到达站	车票票号	受理人	托运人	提取人	联系电话	是否保险
品　名	件　数	实际质量	计费质量	运　费	装车费	卸车费	保价金额
		千克	千克	元	元	元	元
					票签费	其他费	其他费
					元	元	元
				合计金额	仟　佰	拾　元	角
标签号:							年　月　日

行包到达通知代报销凭证联

2.1.1　行包票名称

以主管客运票据的省、直辖市、自治区加以命名,例如,辽宁省汽车旅客行包票。

2.1.2　行包票编号

由1位大写拼音字母和6位阿拉伯数字组成,自A000001至Z999999连续编号。

2.1.3　受理站

办理行包托运手续的汽车客运站名称。

2.1.4　到达站

交付行包的汽车客运站名称。

2.1.5　托运人

办理行包托运手续人员的姓名。

2.1.6　受理人

汽车客运站经办行包托运手续人员的姓名或工号。

2.1.7　提取人

提取行李人员的姓名。

2.1.8　联系电话

提取行李人员的联系电话。

2.1.9　票面印刷字体

除"××省汽车旅客行包票"字体用黑体4号字外,所用字体一律为宋体5号字。

2.1.10 纸张、票面颜色及图案

行包票的印刷选用 70g 以上白纸。票面颜色为淡蓝色,可加印由公路路徽组成的底花纹图案。

2.2 计算机用行包票尺寸

计算机用行包票尺寸见表 3。

表 3 汽车旅客行包票尺寸

××省汽车旅客行包票							
受理站:						票号:A××××××	
车 次	到站	车票票号	承办人	托运人	提取人	联系电话	是否保险
品 名	件 数	实际质量	计费质量	金 额	装车费	卸车费	保价金额
		千克	千克	元	元	元	元
					票签费	其他费	其他费
					元	元	元
				合计金额	仟 佰	拾 元	角
标签号:						年 月	日

105mm

150mm

3 行包标签

3.1 行包标签为一式三份,样式见表 4。

表 4 行包标签样式

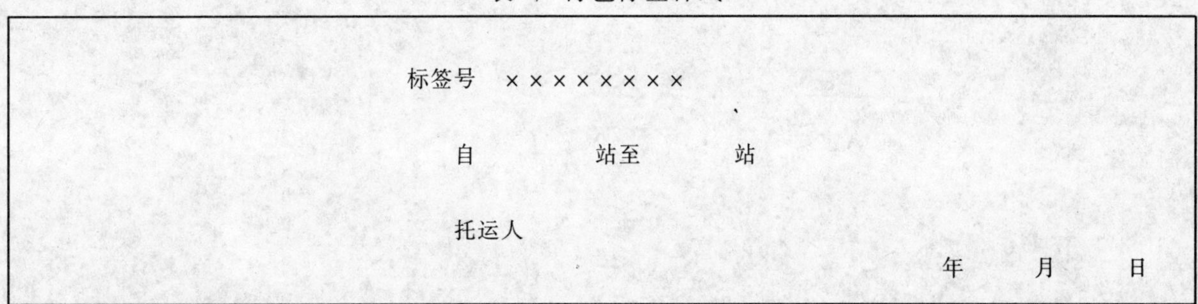

标签号 ××××××××

自 站至 站

托运人

年 月 日

3.1.1 标签号

托运行包的标签号码,用 8 位阿拉伯数字表示。

3.1.2 起始站、到达站、托运人见 2.1.3、2.1.4、2.1.5 条款。

3.2 标签尺寸

根据需要自定。

4 使用说明

4.1 行包票用于托运行包，是承托双方行包运输的合同、报销凭证。旅客持提取联至到达站凭此提取行包，到达通知代报销凭证联随车交到达站，提取行包时向托运人收回提取联，在提取联、到达通知代报销凭证联上加盖“行包已提”标记后，将到达通知代报销凭证联交旅客做报销凭证。

4.2 行包票票头需套印“××省道路运输票证”专章。

4.3 行包票托运时须逐项填写，票面信息应正确、清晰、完整。

4.4 本票据可印刷，也可随计算机打印。

4.5 根据目前全国大部分汽车客运站行包票用手填写的实情，本标准将人工用行包票样放在附录A（提示的附录），便于参考、使用。

人工用行包票样

A1　人工用行包票样

A1.1　采用交通部1988年发布、实施的《汽车旅客运输规则》中附件三“汽车旅客行包票”规定的票样，见表A1。

A1.2　本票样应用手工填写。

表A1　××省汽车旅客运输行包票

No:0000001

次车	站经	到站	站	公里		起运日期	
标签号码		客票号		全价票	张	儿童票	张
托运人		地址				电话	
收件人		地址				电话	
包装	品名	件数	计费项目	费率	金额	附记	
袋			行包　千克				
包			行包　千克				
箱			装卸费				
合计							
实际重量	千克	人民币(大写)			佰	拾　元	角　分

第一联　受理站存查

受理站:　　　　填票人:　　　　年　月　日

说明：1.本行包票用于托运行包，托运时须逐项填写，旅客持第三联至到达站凭以提取行包，第四联随车交到达站。提取行包时向托运人收回第三联，在第三联、第四联上加盖“行包已提”戳记后，将第四联交给旅客作报销凭证。

2.本行包票为四联套写式，第一联(黑色)受理站存查，第二联，(绿色)上报审核，第三联(蓝色)提单，第四联(红色)到达通知代报销凭证；外廓尺寸为190mm×130mm，内框尺寸为160mm×100mm，顺联每本钉左成册。

ICS 03.220.01
R04
备案号:10293—2002

中华人民共和国交通行业标准

JT/T 471—2002

交通客运图形符号、标志及技术要求

Specification for graphical symbols and signs for highway and waterway passenger transport

2002-04-26 发布　　2002-07-01 实施

中华人民共和国交通部　发布

ICS 03.220.01
R04
备案号:10294—2002

中华人民共和国交通行业标准

JT/T 471—2002

交通客运图形符号、标志及技术要求

Specification for graphical symbols and signs for highway and waterway passenger transport

2002-04-26发布 2002-07-01实施

中华人民共和国交通部 发布

交通客运图形符号、标志及技术要求

1 范围

本标准规定了交通(包括道路和水路)客运图形符号和标志以及标志产品的尺寸、颜色和性能等技术要求。

本标准规定了交通标志的设置、布置原则和制作、安装技术要求。

本标准适用于办理道路、水路旅客运输业务的汽车站、客运码头和客运班车、班轮、旅游车、旅游船等场所和设备。

2 规范性引用文件

下列文件中的条款通过本标准的引用而成为本标准的条款。凡是注日期的引用文件,其随后所有的修改单(不包括勘误的内容)或修订版均不适用于本标准,然而,鼓励根据本标准达成协议的各方研究是否可使用这些文件的最新版本。凡是不注日期的引用文件,其最新版本适用于本标准。

GB 2893—1982 安全色

GB/T 8416 视觉信号表面色

GB 8624—1997 建筑材料燃烧性能分级方法

3 图形符号及标志分类

3.1 图形符号分类

按图形符号的性质将图形符号分为提示图形符号、禁止图形符号、警告图形符号三种。

3.2 标志分类

按标志的功能和作用将标志分为提示标志、方向标志、导向标志和文字标志四种。

4 图形符号及说明

图形符号及说明见表1

表1 图形符号及说明

序号	图形符号	名称	说明
01	TAXI	出租车 Taxi	表示提供出租车服务的场所。 应设置在客运站售票处窗口上方明显位置,并可与方向标志组合使用,指示通往售票处的方向。 [ISO 7001:1990(012)]

表 1 (续)

序号	图形符号	名称	说明
02		租赁车 Car rental	表示提供出租车服务的场所。 用于公共场所、建筑物、服务设施、方向指示牌、平面布置图信息板、车站站牌、时刻表、出版物等
03		长途汽车 Long-distance bus	表示长途汽车或提供长途汽车服务的场所。 用于客运站公共场所、建筑物、服务设施、方向指示牌、平面布置图、信息板、时刻表等
04		旅游车 Station wagon	表示旅游车或提供旅游车服务的场所。 用于客运站公共场所建筑物、服务设施、方向指示牌、平面布置图信息板、时刻表、出版物等
05		长途汽车客运站 Long-distance bus station	表示提供长途客运服务的场所。 用于汽车客运站指示牌、导向牌、平面布置图、信息板、时刻表、出版物等
06		轮船 Boat	表示码头提供水运服务。 用于公共场所、建筑物、服务设施、方向指示牌、平面布置图信息板、车站站牌、时刻表、出版物等。 [ISO 7001:1990(024)]

表 1 (续)

序号	图形符号	名称	说明
07		公共汽车 Bus	表示提供公共汽车服务的场所。 用于公共场所、建筑物、服务设施、方向指示牌、平面布置图、信息板、车站站牌、时刻表、出版物等。 [ISO 7001:1990(005)]
08		无轨电车 Trolleybus	表示提供无轨电车服务的场所。 用于公共场所、建筑物、服务设施、方向指示牌、平面布置图、信息板、车站站牌、时刻表、出版物等。 根据具体情况可使用该符号的镜像图案
09		火车 Train	表示铁路车站或提供铁路运输服务。 用于公共场所、建筑物、服务设施、方向指示牌、平面布置图信息板、时刻表、出版物等
10		地铁 Subway station	表示地铁车站或提供地铁运输服务。 用于公共场所、建筑物、服务设施、方向指示牌、平面布置图信息板、时刻表、出版物等
11		有轨电车 Light rail	表示提供有轨电车服务的场所。 用于公共场所、建筑物、服务设施、方向指示牌、平面布置图信息板、车站站牌、时刻表、出版物等。 根据具体情况可使用该符号的镜像图形。 [ISO 7001:1990(004)]

表 1 （续）

序号	图形符号	名称	说明
12		停车场 Parking	表示停放机动车辆的场所。 用于公共场所、建筑物、服务设施、方向指示牌、平面布置图信息板、时刻表、出版物等
13		飞机 Aircraft	表示民用飞机或提供民用航空服务。 用于公共场所、建筑物、服务设施、方向指示牌、平面布置图信息板、时刻表、出版物等。 [ISO 7001:1990(022)]
14		自行车停放处 Parking for bicycle	表示停放自行车的场所。 用于公共场所、建筑物、服务设施、方向指示牌、平面布置图信息板、时刻表、出版物等。 [ISO 7001:1990(023)]
15		方向箭头 Direction	表示方向。 用于公共场所、建筑物、服务设施、方向指示牌、出版物等。 符号的方向视具体情况设置。 [ISO 7001:1990(001)]
16		入口 Way in	表示入口位置或指明进去的通道。 用于公共场所、建筑物、服务设施、方向指示牌、平面布置图、运输工具、出版物等。 设置时可根据具体情况改变符号的方向。 [ISO 7001:1990(026)]

表 1 （续）

序号	图形符号	名称	说明
17		出口 Way out	表示出口位置或指明出去的通道。 用于公共场所、建筑物、服务设施、方向指示牌、平面布置图、运输工具、出版物等。 设置时可根据具体情况改变符号的方向。 [ISO 7001:1990(027)]
18		紧急出口 Emergency exit	表示紧急情况下安全疏散的出口或通道。 用于公共场所、建筑物、服务设施、方向指示牌、平面布置图、运输工具、出版物等。 根据具体情况可使用该符号的镜像图案
19		楼梯 Stairs	表示上下共用的楼梯。不表示自动扶梯。 用于公共场所、建筑物、服务设施、方向指示牌、平面布置图、出版物等。 根据具体情况可使用该符号的镜像图案。 [ISO 7001:1990(011)]
20		上楼楼梯 Stairs up	表示仅允许上楼的楼梯。不表示自动扶梯。 用于公共场所、建筑物、服务设施、方向指示牌、平面布置图、出版物等。 根据具体情况可使用该符号的镜像图案
21		下楼楼梯 Stairs down	表示仅允许下楼的楼梯。不表示自动扶梯。 用于公共场所、建筑物、服务设施、方向指示牌、平面布置图、出版物等。 根据具体情况可使用该符号的镜像图案

表 1 (续)

序号	图形符号	名称	说明
22		自动扶梯 Escalator	表示自动扶梯,不表示楼梯。 用于公共场所、建筑物、服务设施、方向指示牌、平面布置图、出版物等。 根据具体情况可使用该符号的镜像图案
23		电梯 Elevator;Lift	表示公用电梯。 用于公共场所、建筑物、服务设施、方向指示牌、平面布置图、出版物等。 [ISO 7001:1990(021)]
24		病残人设施 Facilities for disabled person	表示供残疾人使用的设施,如轮椅、坡道等。 用于公共场所、建筑物、服务设施、方向指示牌、平面布置图、出版物等。 根据具体情况可使用该符号的镜像图案
25		卫生间 Toilet	表示卫生间。 用于公共场所、建筑物、服务设施、方向指示牌、平面布置图、运输工具、出版物等。 设置时符号中男、女图形的位置应根据具体情况确定
26		男厕 Male	表示专供男性使用的设施,如男厕所、男浴室等。 用于公共场所、建筑物、服务设施、方向指示牌、平面布置图、运输工具、出版物等。 [ISO 7001:1990(006)]

表 1 (续)

序号	图形符号	名 称	说 明
27		女厕 Female	表示专供女性使用的设施，如女厕所、女浴室等。 用于公共场所、建筑物、服务设施、方向指示牌、平面布置图、运输工具、出版物等
28		饮用水 Drinking water	表示可以饮用的水。 用于公共场所、建筑物、服务设施、方向指示牌、平面布置图、运输工具、出版物等
29		踏板放水 Pedal-operated facilities	表示用脚踏方式放水。 用于公共场所、建筑物、服务设施、运输工具、出版物等
30		废物箱 Rubbish receptacle	表示供人们扔弃废物的设施。 用于公共场所、建筑物、服务设施、方向指示牌、运输工具、出版物等。 [ISO 7001:1990(018)]
31		会议室 Conference room	表示供召开会议的场所。 用于公共场所、建筑物、服务设施、方向指示牌、平面布置图、信息板、出版物等

表 1（续）

序号	图形符号	名称	说明
32	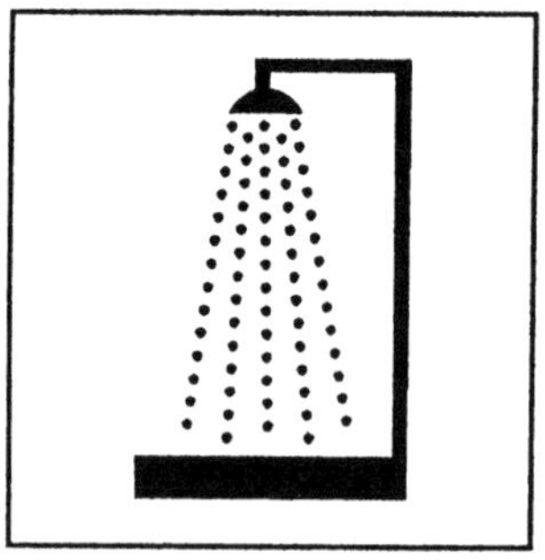	淋浴 Shower	表示提供淋浴设施的场所。 表示建筑物、服务设施、方向指示牌、平面布置图、时刻表、出版物等。 [ISO 7001:1990(046)]
33		商场(店) Shopping area	表示出售各种商品的场所，如商场、商店、购物中心等。 用于公共场所、建筑物、服务设施、方向指示牌、平面布置图、信息板、运输工具、时刻表、出版物等
34		旅馆；饭店 Accmmodation	表示提供膳宿服务的场所，如旅馆、饭店或其预订处等。 用于公共场所、建筑物、服务设施、方向指示牌、平面布置图、运输工具、时刻表、出版物等。 [ISO 7001:1990(030)]
35		候车室 Waiting room	表示供人们休息等候的场所，如车站的候车室、机场的候机室、医院的候诊室等。 用于公共场所、建筑物、服务设施、方向指示牌、平面布置图、出版物等。 [ISO 7001:1990(013)]
36		母婴候车室 Waiting room for mothers with babies	表示母婴候车的场所。 用于车站、码头、方向指示牌平面布置图等

表 1（续）

序号	图形符号	名称	说明
37		安全保卫 Guard police	表示安全保卫人员或指明安全保卫人员值勤的地点，如警卫室等。 用于公共场所、建筑物、服务设施、方向指示牌、平面布置图、运输工具、出版物等
38		检票口 Check ticket	表示检票的场所，如车站、码头等场所的检票处。 应设置于检票口的上方明显位置，或相关的围栏立地设置。并可与方向标志组合使用，指示通往检票口的方向
39		上车处 Get up	表示车辆停放处或站台。 设置于站台的停车位处，用于方向指示牌、平面布置图。可与班次号、方向箭头同时使用
40		票务服务 Ticket	表示出售各种票据的场所，如车站、码头等的售票处。 用于公共场所、建筑物、服务设施、方向指示牌、平面布置图、信息板、运输工具、时刻表、出版物等。 ［ISO 7001:1990(050)］
41		安全检查 Security check	表示对来客进行安全检查的通道

表 1（续）

序号	图形符号	名称	说明
42		旅客相约处 Appointment	表示旅客约定等候的标志。 设置本标志的地点为乘客约定相见的地点，或用于引导旅客到相约地点。可设置于相约处的墙面等明显位置，并可与方向标志组合使用，指示通往旅客相约处的方向
43		询问处 Information	表示提供问讯服务的场所。 用于公共场所、建筑物、服务设施、方向指示牌、平面布置图、信息板、运输工具、出版物等
44		外币兑换处 Currency exchange	表示提供各种外币兑换服务的场所。 用于公共场所、建筑物、服务设施、方向指示牌、平面布置图、信息板、出版物等。 [ISO 7001:1990(020)]
45		失物招领 lost and found; lost property	表示丢失物品的登记或认领场所。 用于公共场所、建筑物、服务设施、方向指示牌、平面布置图、信息板、运输工具、出版物等。 [ISO 7001:1990(049)]
46		走失儿童认领 Lost children	表示丢失儿童的登记或认领场所。 用于公共场所、建筑物、服务设施、方向指示牌、出版物等

表 1 （续）

序号	图形符号	名称	说　明
47		行李寄存 Left luggage	表示临时存放行李的场所。 用于公共场所、建筑物、服务设施、方向指示牌、平面布置图、信息板、出版物等。 ［ISO 7001:1990(028)］
48		行李手推车 Luggage trolley	表示供旅客使用的行李手推车的存放地点。 用于公共场所、建筑物、服务设施、方向指示牌、平面布置图、信息板、出版物等
49		行包托运 Check	表示托运行李的场所。 用于车站、码头、方向指示牌、平面布置图等
50		行李提取 Baggage claim area	表示提取行李的场所。 用于车站、码头、方向指示牌、平面布置图等
51		行李查询 Baggage inquiries	表示查询行李的场所。 用于车站、码头、方向指示牌、平面布置图等

表 1（续）

序号	图形符号	名称	说明
52		救生圈 Life buoy	表示存放救生圈的地点。 用于客船、方向指示牌、平面布置图等
53		带索救生圈 Life buoy with rope	表示存放带索救生圈的地点。 用于客船、方向指示牌、平面布置图等
54	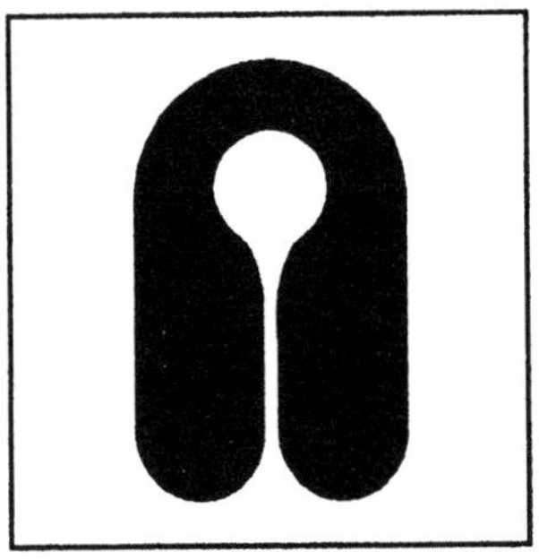	救生衣 Life jacket	表示存放救生衣的地点。 用于客船、方向指示牌、平面布置图等
55		儿童救生衣 Life jacket for children	表示存放儿童救生衣的地点。 用于客船、方向指示牌、平面布置图等
56		盥洗室 Washroom	表示浴洗的场所。 用于车站、码头、运输工具、方向指示牌、平面布置图等

表 1 (续)

序号	图形符号	名称	说明
57		登船口 Broadcast	表示上船的入口。 用于码头、方向指示牌、平面布置图等
58		广播室 Broadcast	表示广播的地点。 用于车站、码头、客轮、方向指示牌、平面布置图等
59		邮箱 Mailbox	表示可以投寄信件的邮政信箱。不表示邮箱以外的其他邮政业务、设施。 用于公共场所、建筑物、服务设施、方向指示牌、平面布置图、时刻表、出版物等
60		邮政 Postal service	表示出售邮票或邮寄各种邮件的场所,如邮局、车站、码头中办理此业务的部门。 用于公共场所、建筑物、服务设施、方向指示牌、平面布置图、信息板、运输工具、时刻表、出版物等
61		电话 Telephone	表示提供电话服务的场所。 用于公共场所、建筑物、服务设施、方向指示牌、平面布置图、信息板、运输工具、时刻表、出版物等。 [ISO 7001:1990(008)]

表 1 (续)

序号	图形符号	名称	说明
62		理发美容 Barker	表示提供理发、美容服务的场所，如理发厅(馆)等。 用于公共场所、建筑物、服务设施、方向指示牌、平面布置图、信息板、时刻表、出版物等
63		书报 Book and newspaper	表示出售各种书报的场所，如书报厅、书店等。 用于公共场所、建筑物、服务设施、方向指示牌、平面布置图、信息板、时刻表、出版物等
64		电影 Cinema	表示观看电影的场所，如电影院、电影观赏室等。 用于公共场所、建筑物、服务设施、方向指示牌、平面布置图、出版物等
65		西餐 Restaurant	表示提供西式餐饮服务的场所，如西餐厅等。不表示中餐。 用于公共场所、建筑物、服务设施、方向指示牌、平面布置图、出版物等。 [ISO 7001:1990(031)]
66		中餐 Chinese restaurant	表示提供中式餐饮服务的场所，如中餐厅、中餐馆等。不表示西餐。 用于公共场所、建筑物、服务设施、方向指示牌、平面布置图、出版物等

表 1 (续)

序号	图形符号	名称	说　明
67		快餐 Snack bar	表示提供快餐服务的场所。不表示酒吧、咖啡。 用于公共场所、建筑物、服务设施、方向指示牌、平面布置图、信息板、运输工具、时刻表、出版物等
68		酒吧 Bar	表示饮酒及其他饮料的场所。不表示快餐、咖啡。 用于公共场所、建筑物、服务设施、方向指示牌、平面布置图、信息板、时刻表、出版物等
69		咖啡 Coffee	表示喝咖啡及其他饮料的场所。不表示酒吧、快餐。 用于公共场所、建筑物、服务设施、方向指示牌、平面布置图、信息板、运输工具、时刻表、出版物等
70		医疗点 Clinic	表示提供简单医疗服务的场所,如医务室、医疗站、急救站等。不表示医院。 用于公共场所、建筑物、服务设施、方向指示牌、时刻表、出版物等
71	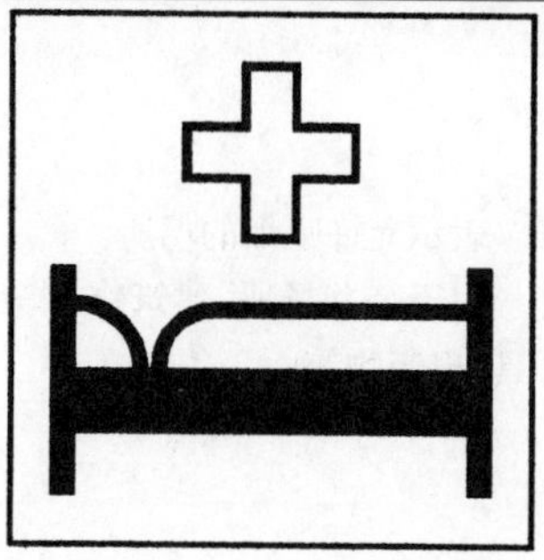	医院 Hospital	表示常设的医疗服务场所。不表示医疗点。 用于公共场所、建筑物、服务设施、方向指示牌、时刻表、出版物等。 [ISO 7001:1990(032)]

表 1 (续)

序号	图形符号	名称	说　　明
72		贵宾 Very important person	表示对贵宾提供服务的场所。 用于公共场所、建筑物、服务设施、出版物等
73		电视 Television	表示提供电视服务的场所。 用于车站、码头、运输工具、方向指示牌等
74		阅读灯 Light	表示灯开关。 用于运输工具等
75		通风调节 Accommodate vetilation	表示通风调节装置开关。 用于车站、码头、运输工具等
76		允许吸烟 Smoking allowed	表示允许吸烟的场所。 用于公共场所、建筑物、服务设施、运输工具、出版物等

表 1（续）

序号	图形符号	名称	说明
77		保持安静 Keeping silence	表示应保持安静的场所。 用于公共场所、建筑物、服务设施、出版物等
78		禁止吸烟 No smoking	表示禁止吸烟的场所。 用于公共场所、建筑物、服务设施、出版物等。 在与消防安全有关的场所，执行 GB 13495 的“禁止吸烟”标志
79		禁止通过 Passenger no entry	表示旅客禁止通过或进入的场所。 用于公共场所、建筑物、服务设施、出版物等
80	SOS	紧急呼救设施 Emergency signal	表示紧急情况下，供人们发出警报，以请求救援或帮助的设施。不用于发出特殊警报（如火情警报）的设施。 用于公共场所、建筑物、服务设施、方向指示牌、平面布置图、运输工具、出版物等
81		灭火器 Fire extinguisher	表示灭火器。 用于公共场所、建筑物、服务设施、工地、厂矿、桥梁、隧道、方向指示牌、平面布置图、运输工具、出版物等

表 1 (续)

序号	图形符号	名称	说明
82		火情警报设施 Fire alarm	表示能产生听觉或视觉警报信号的火情警报设施。不代表与消防部门通讯联系的设施。 用于公共场所、建筑物、服务设施、方向指示牌、平面布置图、运输工具、出版物等
83	10t	限制质量 Weight restrictions	表示禁止总质量超过标志所示数值的车辆通过。 用于滚装连接桥等交通设施
84	5	限制速度 Linmiting speed	表示机动车在该标志前方路段内,行驶速度不准超过标志所示值。 用于滚装连接桥等交通设施
85		禁止携带武器及仿真武器 Carrying weapons and emulating weapons prohibited	表示禁止携带武器及仿真武器。 用于车站、码头、运输工具等
86		禁止携带易燃、易爆物品 Carrying flammable explosive materials prohibited	表示禁止携带易燃、易爆物品。 用于车站、码头、运输工具等

表 1（续）

序号	图形符号	名称	说　明
87		禁止携带剧毒物品及有害液体 Carrying poison materials harmful liqaid prohibited	表示禁止携带剧毒物品及有害液体。 用于车站、码头、运输工具等
88		禁止触摸 No touching	表示禁止触摸的设备物体。 用于车站、码头、运输工具等设备和设施
89		禁止停留 No stopping	表示禁止停留的场所。 用于车站、码头和客轮等设备和设施
90		禁止停车 No parking	表示不准车辆停放的场所。 用于车站、码头等公共场所
91		当心滑跌 Caution slip	表示地面易造成滑跌。 用于车站、码头易造成滑跌的地点

表 1（续）

序号	图形符号	名称	说明
92		当心绊倒 Caution stumbling	表示地面有障碍物。 设置在车站、码头有障碍物易绊倒造成伤害的地点
93		当心落水 Caution	表示有落水危险性的场所。 用于码头、甲板等公共场所

5 标志尺寸的确定原则

5.1 标志尺寸的选择应以标志传递的信息所要保证的最大观察距离为准。要根据所要传递信息的要求(如安全要求)及客观环境的条件(场景的大小及标志所设的位置)确定最大观察距离,具体确定方法可参考附录A。

5.2 最大观察距离确定后,应按表2规定的尺寸系列选择合适的标志尺寸。

表 2 图形标志尺寸

单位:m

最大观察距离 L	正方形标志边长	圆形标志直径	三角形标志边长
$0<L\leqslant2.5$	0.063	0.070	0.088
$2.5<L\leqslant4.0$	0.100	0.110	0.140
$4.0<L\leqslant6.3$	0.160	0.175	0.220
$6.3<L\leqslant10.0$	0.250	0.280	0.350
$10.0<L\leqslant16.0$	0.400	0.450	0.560
$16.0<L\leqslant25.0$	0.630	0.700	0.880
$25.0<L\leqslant40.0$	1.000	1.110	1.440

5.3 不同几何形状(见图1)的图形符号最小尺寸以及超过表2规定范围的图形标志的最小尺寸与观察距离L的关系见表3。

表 3 各种几何形状的图形符号及图形标志的最小尺寸与观察距离 L 的关系

几何形状	最小符号尺寸(S_f)	最小标志尺寸(S_b)
正方形	$12L/1000$	$25L/1000$
圆形	$16L/1000$	$28L/1000$
等边三角形	$20L/1000$	$35L/1000$

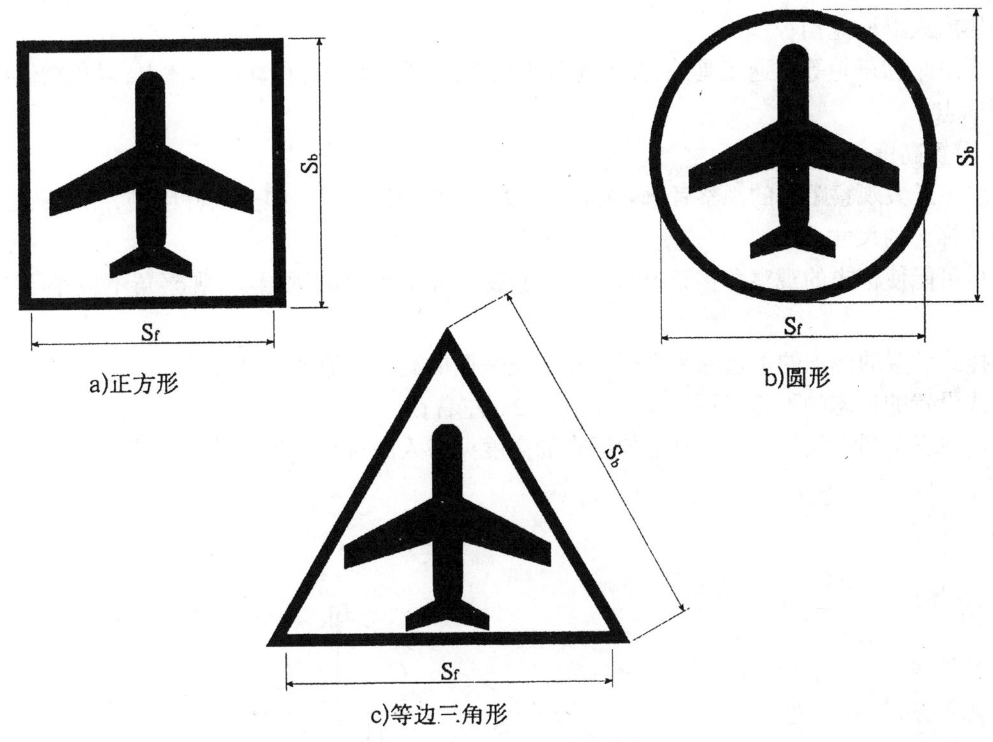

图 1

6 图形符号的颜色

6.1 图形符号的颜色范围应符合 GB 2893—1982 第 4 章的要求，若采用反光材料其表面色和逆向反射物色应符合 GB/T 8416 的规定。

6.2 表 1 中带有颜色的图形符号，应严格执行规定的颜色，其他图形符号应采用表 4 规定的颜色，首选蓝色和白色。

表 4 图形符号图形色、衬底色一览表

图形(衬底)	衬底(图形)
蓝色	白色
黑色	白色
绿色	白色

6.3 除在表 1 中明确标出用黄色和红色的标志，其他标志不得使用黄色和红色。

7 标志的设置和布置

7.1 标志的设置

7.1.1 设置原则

标志的设置要安全、醒目、便利和协调。

7.1.2 设置要求

7.1.2.1 位置选择

a)提示标志应设在所说明的设施、处所的上方或侧面，或足以引起旅客注意的位置；

b)导向标志应设在便于旅客选择方向的通道处，并按通向目标的最佳路线布置。如目标较远，可以适当间隔重复设置；

c)标志的正面或其邻近不得有妨碍人们视读的固定障碍物(如广告牌等),并尽量避免经常被其他临时性物体或人群所遮挡;

d)除了班车和班轮等交通工具外,标志通常不设在门、窗、架等可移动的物体上,以免物体移动后人们看不到标志。

7.1.2.2 设置高度

a)对位于最大观察距离的观察者,偏移角不宜大于15°(见图2)。如受条件限制,无法满足该要求,应适当加大标志的尺寸;

b)应尽可能使标志的观察角接近90°。对位于最大观察距离的观察者,观察角不应小于75°(见图2);

c)悬挂式设置的标志的下边缘距观察者行走地平面的高度不宜小于2m;

d)柱式设置的标志的下边缘距地面高度宜在2m左右;

e)设置在班车和班轮等交通工具上的标志的高度可与人眼视线高度大体一致或选用其他合适的设置高度。

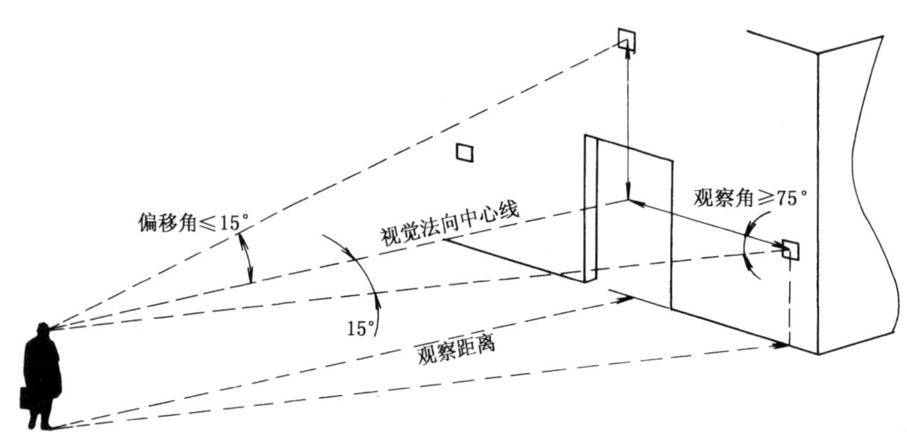

图 2

7.1.2.3 图形标志方向

a)设置含有方向性的图形标志时,应避免其方向与实际场景的方向相矛盾(见图3)。可使用标志的镜像来解决这一矛盾;

b)导向标志中的图形标志如含有方向性,则其方向应与箭头所指方向相一致(见图4a),如不一致,应改变图形标志的方向(如使用其镜像,见图4b)。

7.2 图形标志的布置

7.2.1 图形标志在与其他图形标志、箭头或文字共同显示时,有两种方式:一种是各种标志牌组合显示(见图5),另一种是显示在一块标志牌上(见图6)。布置时首选横向布置(见图5),亦可根据具体情况,采用纵向布置(见图6)。

7.2.2 图形标志之间的间隔

a)组合布置时,标志之间的距离至少应为标志尺寸的0.2倍(见图5);

b)两个引导不同方向的导向标志并列设置时,至少在两个标志之间应有一个图形标志的空位。

7.2.3 导向标志中箭头的方向不应指向图形标志,横向布置时:箭头指左向(含左上、左下)参见附录B图B.3,图形标志应位于右方,反之则应位于左方,箭头指上向或下向时,图形标志一般位于右方参见附录B图B.3;标志纵向布置时:除箭头指下向时,图形标志位于上方,其他情况下,图形标志均应位于下方。

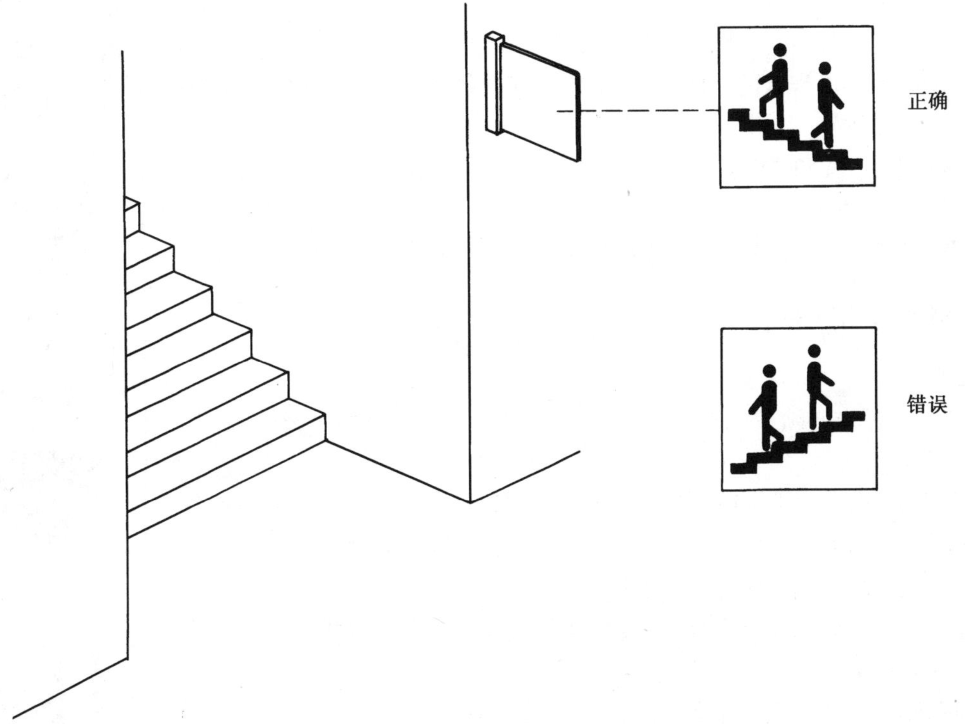

图 3

a)

b)

图 4

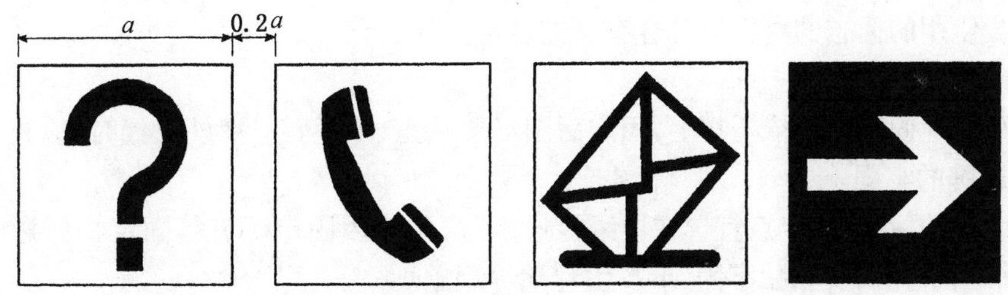

图 5

7.2.4 图形标志和文字可一起使用,但文字与图形标志间应留有适当距离。不得在图形标志内添加任何文字。文字横向排列时一般位于图形标志的右方或下方。文字竖向排列时位于图形标志下方。文字横向排列时的总高度或竖向排列时的总宽度一般不超过图形标志尺寸的0.6倍。文字必须书写工整,不得用行书或草书等难于辨认的字体,不得用繁体和异体字,文字一律按《简化字总表》书写,首选黑体字。

7.2.5 图形标志、箭头和文字组合时,文字不应位于箭头的头部,也不宜位于图形标志与箭头之间。

7.2.6 标志的各种布置形式参见附录B。

图 6

8 标志的制作和固定要求

8.1 标志的制作

8.1.1 各种图形标志必须按照规定的图案、线条宽度成比例放大或缩小制作,不得修改图案。

8.1.2 图形标志(公共信息图形标志除外)应带有衬边。除警告标志用黄色外,其他标志均使用白色作为衬边。衬边宽度为标志尺寸的0.025倍。

8.1.3 用灯箱显示标志时,应符合以下规定。

a)户内小型灯箱底材为硬质板材,透光率不低于30%,户内外大型灯箱底材为柔性灯箱布;

b)画面贴膜应与底衬粘贴牢固、无气泡、褶皱等现象;

c)在质量保证期内,户外灯箱于-40℃~+70℃之间使用时,应无贴膜皲裂、脱胶、灯箱布变黄、发霉、撕裂等现象;

d)柔性灯箱布在抵抗一般外力冲击时不应出现破损;

e)柔性灯箱布应为不助燃材料,防火等级达到GB 8624—1997 B Ⅱ标准;

f)贴膜画面户外灯箱的使用寿命应为五年,静电写真画面户外灯箱使用寿命应为四年;

g)因产品规格限制,大型灯箱允许出现底材及画面的拼接,但接缝应整齐,不影响视觉效果,同时,灯箱布的接缝强度不应小于9kg/cm^2;

8.1.4 标志一般选用薄钢板、铜板、铝板、塑料等耐久性材料制作。材料应具有一定的耐候、耐腐蚀等化学性能,以保证一定的使用寿命。

8.1.5 当公共信息图形标志牌为正方形,其边缘与标准中图形的正方形边线重合时,可省略该正方形边线。制作时可将标准中图形的正方形边线的四角做成圆角,正方形标志牌的四角亦可做成圆角。

8.1.6 在室外照明条件不好的场所以及室内的安全、紧急出口等地,标志宜用反光材料或蓄光材料制作,反光材料或蓄光材料应具有一定的耐候、耐腐蚀化学性能。

8.1.7 有触电危险的场所,应使用绝缘材料制作。

8.1.8 对防火有要求的标志应使用阻燃材料,否则应在其外面加设玻璃或其他阻燃透明材料制成的保护罩。

8.1.9 特殊场合使用的标志的材料应符合有关的规定。

8.2 标志的固定

8.2.1 标志应牢固地固定在其依托物上,固定后图形要端正、不歪斜。室外设置时,应充分考虑风压力的作用,保证标志牌的牢固。

8.2.2 附着式设置的标志,固定点宜选在边缘衬边部位,不能因固定螺钉等固定物体影响图形的原有图案。用胶粘贴的标志牌,要粘贴牢固,不产生卷翘等现象。

8.2.3 悬挂式设置的标志牌至少使用两根悬杆(线),杆、线的安装不能影响图形的原有图案。

8.2.4 柱式设置的标志应用螺栓、管箍等固定件固定在标志杆上。

附 录 A
(资料性附录)
最大观察距离(L)的确定方法

A.1 假设在 A 或 B 处设置标志(见图 A.1):如要求门口的观察者能看清标志,则最大观察距离分别为 L_{A1}和 L_{B1};如果要求室内任何位置的观察者都能看清标志,则最大观察距离以室内离标志最远位置的观察者为准,分别为 L_{A2}和 L_{B2}。

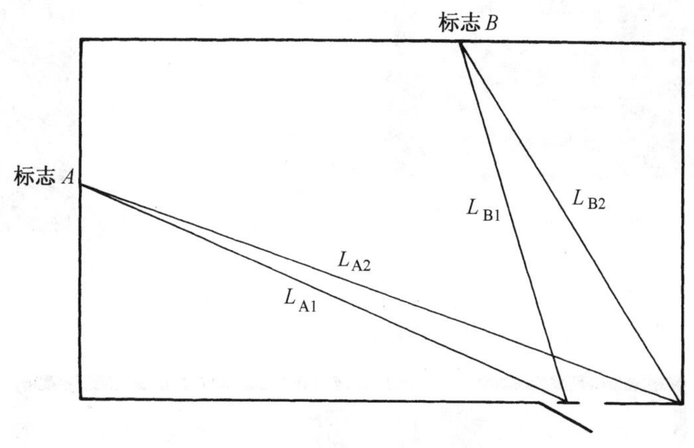

图 A.1

A.2 室外禁止标志、警告标志和指令标志的最大观察距离可根据标志的内容引起观察者做出反应的安全距离来确定。

附　录　B
（资料性附录）
交通客运标志布置形式举例

B.1　作为提示标志单个使用的图形标志见图 B.1。

图　B.1

B.2　作为导向标志单个使用的图形标志见图 B.2。

图　B.2

B.3　标志横向布置见图 B.3。

图　B.3

B.4　标志组合布置见图 B.4。

图　B.4

ICS 03.220.20
R 04
备案号

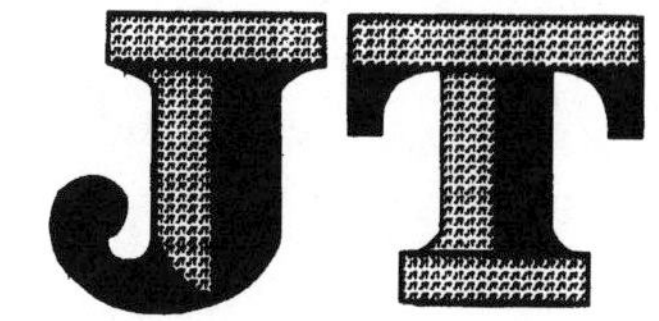

中华人民共和国交通行业标准

JT/T 490—2003
代替 JT/T 3127—1987

道路旅客运输服务人员职业服装款式和标志

Marks and uniform designed for passenger transportation staff on road

2003-05-15 发布

2003-09-01 实施

中华人民共和国交通部　发布

道路旅客运输服务人员职业服装款式和标志

1 范围

本标准规定了道路旅客运输服务人员职业服装款式、帽子样式、颜色、面料、缝制规定、成品外观质量要求；与服装配套的帽徽、领带、领带夹、胸章、臂章及领带等的样式、颜色、主要尺寸、图案及外观质量要求。

本标准适用于道路旅客运输站务、驾乘及其他直接为旅客服务人员。

2 规范性引用文件

下列文件中的条款通过在本标准的引用而成为本部分的条款。凡是注日期的引用文件，其随后所有的修订单(不包括勘误的内容)或修订版均不适用于本标准。然而，鼓励根据本标准达成协议的各方研究是否可使用这些文件的最新版本。凡是不注日期的引用文件，其最新版本适用于本标准。

GB 250　评定变色用灰色样卡
GB/T 1335　服装号型
GB/T 2660　衬衫
GB/T 5296.4　消费品使用说明　纺织品和服装使用说明
GB/T 6835　棉涤纶线
GB/T 6836　涤纶缝纫线
GB/T 14272　羽绒服装
GB/T 15557　服装术语
GB 18401　纺织品　甲醛含量的限定
FZ/T 54005　有色低弹丝
FZ/T 64008　机织热熔粘合衬布
FZ/T 64009　服装用衬布
FZ/T 81008　茄克衫

3 术语和定义

GB/T 15557 确立的下列术语和定义适用于本标准。

3.1 两用领　convertible collar
领子可敞可关的领型。

3.2 方领　square collar
领角呈方形的领型。

3.3 V 形领口　V-neckline
领圈呈 V 形。

3.4 手巾袋　breast pocket
胸部的开袋。

3.5 单嵌线袋　single piping pocket
袋口装有一根嵌线。

3.6 双嵌线袋　double piping pocket

袋口装有两根嵌线。

3.7 刀背缝 princess seam

弯形的开刀缝。

3.8 背缝 center back seam

后身中间缝合的缝子。

3.9 里襟 under lap

钉扣的衣片。

3.10 裤腰省 waist dart

裤子后身为配合人体曲线而缝合的省道。

3.11 裤裥 pleat

裤子前身在裁片上预留出的宽松量,经熨烫后塑出裥形。

3.12 腰头 waistband

与裤、裙身缝合的带状部件,可将裤、裙固持在腰部。

4 设计原则

服装式样"美观、大方、实用",标志与服装相配,突出道路旅客运输服务的职业特点。

5 号型规格

5.1 号型设置按 GB/T 1335 的规定选用。

5.2 成品主要部位规格按 GB/T 1335 的有关规定自行设计。

6 服装

6.1 站务人员服装

6.1.1 春秋季服装

6.1.1.1 颜色

藏青色、深宝石蓝色、墨绿色。

6.1.1.2 面料

毛呢、化纤。

6.1.1.3 男上装款式

6.1.1.3.1 单排三粒扣西服,效果及款式见附录 A 的图 A.1:平驳头领,直角下摆,左右胸省至袋,前身一个手巾袋,两个双嵌线有盖下袋,两个左右胸里袋,右胸里袋加扣袢,左下部一个双嵌线里袋,里襟三粒配色纽扣,袖口四粒配色纽扣,右胸里袋一粒配色纽扣;开背缝。

6.1.1.3.2 西服马甲,效果及款式见附录 A 的图 A.2:V 形领口,小尖角下摆,前身一个手巾袋,两个单嵌线下袋,收省至下摆,里襟四粒配色纽扣;后身收省至下摆,开背缝,腰部装腰袢带,落全里。

6.1.1.4 男下装款式

西服筒裤,效果及款式见附录 A 的图 A.1:前身四个裥,两个斜插袋和一个表袋。后身四个省和两个双嵌线口袋,腰头为直角尖嘴式,裤腿有膝盖绸。

6.1.1.5 女上装款式

6.1.1.5.1 V 领西服,效果及款式见附录 A 的图 A.1:V 形领口,直角下摆,前身两个双嵌线下袋,右下部一个里袋,开刀背缝,收腰,里襟四粒配色纽扣,袖口一粒配色纽扣;后身开刀背缝,开背缝。

6.1.1.5.2 西服马甲,效果及款式见附录 A 的图 A.2:V 形领口,小尖角下摆,前身两个单嵌线下袋,开刀背缝,收腰,门襟四粒配色纽扣;后身开刀背缝,开背缝,腰部装交叉形腰袢带,落全里。

6.1.1.6 女下装款式

西服筒裤,效果及款式见附录 A 的图 A.1:前身四个裥,两个斜插袋,后身四个省,腰头为直角,裤腿有膝盖绸。

6.1.2 夏季服装

6.1.2.1 颜色

上装颜色:白色、蓝色、绿色、碎花和相间颜色竖条纹系列;下装颜色:与上装配色。

6.1.2.2 面料

涤棉、棉布。

6.1.2.3 男上装款式

6.1.2.3.1 长袖衬衫,效果及款式见附录 A 的图 A.3:方形领,平下摆,前身一个上贴袋,直腰身,紧袖口,七粒配色纽扣,袖口横向两粒配色纽扣。

6.1.2.3.2 短袖衬衫,效果及款式见附录 A 的图 A.4:方形领,平下摆,门襟贴边,前身一个上贴袋,直腰身,散袖口,袖口贴边,两摆开小衩。七粒配色纽扣。

6.1.2.4 男下装款式

西服筒裤:采用 6.1.1.4 的规定,无膝盖绸。

6.1.2.5 女上装款式

6.1.2.5.1 长袖衬衫,效果及款式见附录 A 的图 A.3:方形领,平下摆,修腰身,紧袖口,两摆开小衩。前身七粒配色纽扣,袖口横向两粒配色纽扣。

6.1.2.5.2 短袖衬衫,效果及款式见附录 A 的图 A.4:方形领,平下摆,门襟贴边,修腰身,散袖口,袖口贴边,两摆开小衩。前身七粒配色纽扣。

6.1.2.6 女下装款式

6.1.2.6.1 筒裙,效果及款式见附录 A 的图 A.5:前身两侧打褶的筒状裙。

6.1.2.6.2 A 字裙,效果及款式见附录 A 的图 A.5:形状呈 A 字,可内做裙裤。

6.1.2.6.3 西服筒裤:采用 6.1.1.6 的规定,无膝盖绸。

6.1.3 冬季服装

防寒服

6.1.3.1.1 颜色

藏青色和深咖啡色。

6.1.3.1.2 面料

防雨透湿布。

6.1.3.1.3 胆料

羽绒、具有保暖性的天然或化学纤维棉。

6.1.3.1.4 男装款式

中长款防寒服(可配活动内胆),效果及款式见附录 A 的图 A.6:两用领,带帽,前身两个有盖下贴袋,内含两个斜插袋,左胸一个里袋,六粒四合纽扣并配有拉链,领两粒四合纽扣;开背缝,散袖口。

6.1.3.1.5 女装款式

中长款防寒服(可配活动内胆),效果及款式见附录 A 的图 A.6:两用领,带帽。前身两个有盖下贴袋,内含两个斜插袋,左胸一个里袋,六粒四合纽扣并配有拉链,领两粒四合纽扣;开背缝,散袖口。

6.2 驾乘人员服装

6.2.1 春秋季服装

6.2.1.1 颜色

藏青色、蓝色、绿色、紫色、红色和黄色系列。

6.2.1.2 面料

毛呢、化纤。

6.2.1.3 男上装款式

6.2.1.3.1 西服领职业服,效果及款式见附录A的图A.7:西服领,单排扣,直角下摆,前身一个手巾袋,两个下贴袋,左胸一个里袋,门襟五粒配色纽扣,袖口一粒配色纽扣。开背缝,两摆开衩。

6.2.1.3.2 茄克衫,效果及款式见附录A的图A.8:两用领,插肩,前身两个有盖斜插下袋,左胸一个里袋,下摆装调节袢,五粒四合纽扣并配有拉链,袖口两粒四合纽扣,下袋盖一粒四合纽扣;开背缝。

6.2.1.3.3 西服马甲:采用6.1.1.3.2的规定。

6.2.1.4 男下装款式

西服筒裤:采用6.1.1.4的规定。

6.2.1.5 女上装款式

6.2.1.5.1 V领职业服,效果及款式见附录A的图A.7:V形领口,前身腰部上下破开,开刀背缝至下袋,一个手巾袋,两个下贴袋,里襟四粒配色纽扣,袖口一粒配色纽扣:开背缝。也可做成圆形或V形领口单、双排扣西服。

6.2.1.5.2 茄克衫,效果及款式见附录A的图A.8:两用领,插肩,前身两个斜插下袋,下摆装调节袢,五粒四合纽扣并配有拉链,袖口两粒四合纽扣;开背缝。

6.2.1.5.3 马甲:采用6.1.1.5.2的规定。

6.2.1.6 女下装款式

西服筒裤:采用6.1.1.6的规定。

6.2.2 夏季服装

6.2.2.1 颜色

上装颜色:白色、黄色、蓝色、绿色、碎花和竖条纹相间色系列;下装颜色:与上装配色。

6.2.2.2 面料

涤棉、棉布。

6.2.2.3 男上装款式

6.2.2.3.1 长袖茄克衫,效果及款式见附录A的图A.9:翻领或西服领,前身两个下袋,下摆装调节袢,上下两粒四合纽扣并配有拉链,袖口一粒四合纽扣;开背缝。

6.2.2.3.2 短袖茄克衫,效果及款式见附录A的图A.10:西服领或小翻领,双层过肩,前身两个打褶有盖上贴袋,散袖口,下摆装调节袢,里襟六粒配色纽扣,袋盖一粒配色纽扣。

6.2.2.3.3 长袖衬衫:采用6.1.2.3.1的规定;短袖衬衫采用6.1.2.3.2的规定。

6.2.2.4 男下装款式

西服筒裤:采用6.1.1.4的规定,无膝盖绸。

6.2.2.5 女上装款式

6.2.2.5.1 长袖茄克衫:采用6.2.2.3.1的规定。

6.2.2.5.2 短袖茄克衫,效果及款式见附录A的图A.9:西服领或小翻领,前身两个下袋,散袖口,下摆装调节袢。开背缝。前身六粒配色纽扣。

6.2.2.5.3 长袖衬衫:采用6.1.2.5.1的规定;短袖衬衫采用6.1.2.5.2的规定。

6.2.2.6 女下装款式

西服筒裤:采用6.1.1.6的规定,无膝盖绸;女裙采用6.1.2.6的规定。

6.2.3 冬季服装

6.2.3.1 呢大衣

6.2.3.1.1 颜色

藏青色和深宝石蓝色。

6.2.3.1.2 面料

毛呢、化纤。

6.2.3.1.3 男装款式

长款大衣,效果及款式见附录A的图A.11:方形领,前身两个斜插下袋,左右胸部各一个里袋,里襟五粒配色纽扣;开背缝,背缝下部开衩。

6.2.3.1.4 女装款式

长款大衣,效果及款式见附录A的图A.11:方形领,前身两个斜插下袋,修腰身,右下部一个里袋,里襟五粒配色纽扣;开背缝,背缝下部开衩。

6.2.3.2 防寒服

男女防寒服采用6.1.3.1的规定。

7 领带

7.1 式样

分为直条形领带和定型形领带两种,见附录C的图C.6。

7.2 规格

7.2.1 直条形领带按长度不同分为145cm和138cm两种。

7.2.2 定型形(一拉得)领带按长度不同分为48cm和46cm两种。

7.3 颜色、图案

颜色为藏青色、宝石蓝色和红色三种,图案由多组斜条纹和下方织有一个客运徽标组成。高速客运公司也可自行设计体现品牌的图案。

7.4 面料、辅料

面料为桑蚕丝、涤丝和混纺三种机织材料;衬布采用收缩率和厚度与面料相适宜的羊毛、涤纶或混纺织物衬;里料选用与面料相适宜的材料;缝纫线颜色和质量与面料相适宜。

7.5 色差

成品表面颜色必须一致,非表面部位色差不小于GB 250规定的4级。

7.6 外观质量

成品表面整洁、手感柔软、花型清晰、不得有脱丝、拉丝等缺陷;带体两边顺直、平服无链形;熨烫平服无极光、无死褶、无水花;商标左右居中,不歪斜;色牢度符合相关国家标准的规定。

8 成品要求

8.1 安全性

8.1.1 按照GB 18401的规定,直接接触皮肤的衬衫、裤子和裙子等甲醛含量小于75mg/kg;非直接接触皮肤的外衣和外裤等甲醛含量小于300mg/kg。

8.1.2 面料和成品甲醛含量的抽样检查,按照GB 18401的规定执行。

8.2 标识

按GB/T 5296.4的规定执行。

8.3 里料

须采用与面料性能、色泽相适应的材料。

8.4 衬布

采用适合面料的衬布,其收缩率须与面料相适应。

8.5 缝线

选用适合所用衣料质量的缝线,钉扣线须与纽扣的色泽相适应。

8.6 纽扣、拉链、金属附件

纽扣、拉链、金属附件,无残疵。洗涤和熨烫不变形、不变色、不生锈;四合纽扣上下扣松紧适宜,牢固,不脱落。

8.7 商标

商标位置端正，钉商标线须与商标底色相适应。商标、号型、成分含量、洗涤方式等字样清晰准确。

8.8 填充料

质量须符合国家标准的规定，收缩率须与面料相适应。

8.9 其他规定

服装里料、辅料、工艺结构、经纬纱向、对条对格、拼接范围、色差、外观疵点、理化性能及整烫要求均应符合 GB/T 2660 和 GB/T 14272 优等品及 FZ/T 81008 一等品的规定。

8.10 缝制

8.10.1 基本要求

缝制线路顺直、整齐、平服、牢固。上下线松紧适宜、缝纫线迹不允许跳线、断线，起落针处须有回针。

8.10.2 领子

领子平服，领面松紧适宜。

8.10.3 滚条、压条

滚条、压条要平服，宽窄一致

8.10.4 口袋

口袋布的垫料要折光边或包缝，袋口两端应打结。

8.10.5 袖窿等部位

袖窿、领串口、袖缝、摆缝、底边、袖口、挂面里口等部位要叠针，袖、袖头及口袋和衣片的缝合部位均匀、平整、无歪斜。

8.10.6 锁眼

锁眼定位准确，大小适宜，扣与眼对位，整齐牢固。纽脚高低适宜，线结不外露。

8.10.7 金属扣

扣子上下扣松紧适宜，牢固、不毛、不脱落。

8.10.8 防寒服

绗线顺直，厚薄均匀。

8.11 外观质量

8.11.1 上装、马甲

8.11.1.1 领子

领面平服，领窝圆顺，左右领尖不反翘、不起泡、不渗胶。

8.11.1.2 驳头

串口、驳口顺直，左右驳头宽窄、领嘴大小对称。

8.11.1.3 止口

顺直平挺，门襟不短于里襟，不搅不豁，两圆头大小一致。

8.11.1.4 前身

胸部挺括、对称，面、里、衬服帖，省道顺直。

8.11.1.5 口袋

左右袋高、低、前、后对称。

8.11.1.6 后身

平服。

8.11.1.7 肩

肩部平服，表面没有褶，肩缝顺直，左右对称。

8.11.1.8 袖

绱袖圆顺,吃势均匀,两袖前后、长短一致。

8.11.2 下装

8.11.2.1 腰头

里、面、衬平服,松紧适宜,长短互差小于0.3cm。

8.11.2.2 门、里襟

里、面、衬平服,松紧适宜,门襟不短于里襟。

8.11.2.3 前、后档

圆顺、平服。

8.11.2.4 串带

长短、宽窄一致。位置准确、对称,前后互差小于0.6cm,高低互差小于0.3cm。

8.11.2.5 裤袋

袋位高低、前后大小互差小于0.5cm,袋口顺直平服。

8.11.2.6 裤腿

两裤腿长短、肥瘦互差小于0.3cm。

8.11.2.7 裤脚口

两脚口大小互差小于0.3cm。

8.11.3 衬衫

领型左右一致,折叠端正、平挺;领窝、门襟平挺;底领不外露,胸袋、袖头平服端正。

8.11.4 茄克衫

对称部位一致;粘合衬不准有脱胶及表面渗胶;拉链缉线整齐,拉链带顺直。

8.11.5 防寒服

成品各部位平服、整洁,不出现漏绒现象;绗线顺直,厚薄均匀。

8.12 整烫

成品内外熨烫平服、整洁、无烫黄、水渍;粘合衬不准有脱胶及渗胶。

9 帽子

9.1 颜色

藏青或与服装同色。

9.2 面料

化纤或与服装同种面料。

9.3 样式

分为工作便帽、船帽和棉帽三种样式。

9.3.1 工作便帽:样式见附录B的图B.1,由帽檐、前帽瓦、两片帽墙和帽顶组成。前帽瓦正中装帽徽,帽后中部装有调节袢。

9.3.2 船帽:样式见附录B的图B.2,船形式样的帽子,帽前正中装帽徽。

9.3.3 棉帽:样式见附录B的图B.3,由帽前档、帽耳和六块帽瓦组成。帽前档正中装帽徽,两旁有帽护耳,帽耳上钉帽丝带,带帽里。

9.4 缝纫线

颜色与各部位、部件颜色相匹配。

9.5 色差

成品表面颜色必须一致;非表面部位色差不小于GB 250规定的4级。

9.6 外观质量

产品整洁美观,平服、圆顺挺括,无烫光,线路顺直,左右对称。

10 皮鞋

10.1 男鞋:中跟黑色皮鞋。

10.2 女鞋:包头、中跟黑色皮鞋。

11 标志

11.1 帽徽

按照用途分为金属和机织两种。

11.1.1 金属帽徽

11.1.1.1 样式和结构

圆形镂空徽体,固定螺母和螺钉组成,样式见附录 C 的图 C.1。主要部位尺寸见附录 C 的图 C.1 和图 C.2。

11.1.1.2 图案

由麦穗、"公"字圆形路徽及道路图案组成。

11.1.1.3 颜色

银白色。

11.1.1.4 材料和工艺

徽体用合金材料,固定螺母和螺钉用铅黄铜棒,固定螺钉与徽体的结合采用铆合固定。磁漆用氨基烘干磁漆,清漆用氨基烘干清漆。所用材料规格及工艺质量要求应符合相关国家及行业标准的规定。

11.1.1.5 外观质量

11.1.1.5.1 成品图案、色相和结构等应符合使用部门认定标准样品。

11.1.1.5.2 正面图案完整、丰满、清晰和对称,不能有变形、残缺等缺陷。

11.1.1.5.3 成品表面整洁、不允许出现凹痕、背面毛刺、划伤、切边不正、漆膜边界不规整等影响外观质量的缺陷。

11.1.1.5.4 徽体与固定螺钉的铆合应牢固、端正,固定螺钉和螺母配合松紧适度;电镀须先经镀铜、镀镍处理,再镀铬,镀层应均匀,铜镀层大于 6μm,镍镀层大于 7μm。衬底漆膜层应均匀、完整和饱满。

11.1.2 机织帽徽

11.1.2.1 样式和结构

圆形徽体,样式及主要部位尺寸见附录 C 的图 C.2。

11.1.2.2 图案

由麦穗、"公"字圆形路徽及道路图案组成。

11.1.2.3 颜色

徽体衬底、背面衬布与帽子同色、麦穗、"公"字圆形路徽及道路图案为白色。

11.1.2.4 工艺

机织工艺。

11.1.2.5 主要材料和规格

主要材料和规格,应符合表 1 的规定。

11.1.2.6 外观质量

11.1.2.6.1 成品图案、面料颜色和结构等应符合使用部门认定标准样品。

11.1.2.6.2 成批产品颜色与标准样品色差不低于 GB 250 规定的 4 级。

表 1

用料名称	材料		采用标准
	名称	规格	
面料	涤纶低弹丝机织带	$150D \times 3$	FZ/T 54005
粘合衬	涤纶经编粘合衬	$28D \times 50D$	FZ/T 64008
底布	聚乙稀复合布	28/28 藏蓝棉布	FZ/T 64008
夹层衬	石蜡衬	EVA0.8mm	FZ/T 64009
绣花线	精梳专纺丝光线		GB/T 6835
填平衬	再生无纺布	δ0.8mm	—
缝纫线	涤纶缝纫线	11×3	GB/T 6836

11.1.2.6.3 成品表面整洁、无污渍。耐光、耐摩擦、耐水洗指标须符合有关国家标准的规定。

11.1.2.6.4 机织图案完整、清晰、对称,中心线不偏移,折边圆顺,边缘规整。

11.2 领带夹

与领带相配。

11.3 臂章

11.3.1 样式

菱形章体,绣有 12cm 宽的包边线,样式及成品主要部位尺寸见附录 C 的图 C.3。

11.3.2 图案

根据不同岗位分别绣制值班站长、调度员、安全员等字样,字样上方绣"公"字圆形路徽,下方绣企业简称。

11.3.3 颜色

绣有值班站长的臂章底为墨绿色,其他字样的臂章底为紫红色。"公"字圆形路徽和企业简称为白色,菱形线和包边线为金黄色。

11.3.4 材料和规格

主要材料和规格,应符合表 2 的规定。

表 2

用料名称	材料		采用标准
	名称	规格	
面料	植绒布	—	—
粘合衬	挂胶麻衬	58/58	FZ/T 64008
底布	聚乙稀复合布	28/28	FZ/T 64008
缝纫线	涤纶缝纫线	11×3	GB/T 6836
锁边线	涤纶低弹丝	$100D$	FZ/T 54005
袢带	藏蓝棉线带	宽 16mm	—
松紧袢带	松紧带	—	—

11.3.5 外观质量

11.3.5.1 成品图案、面料颜色和结构等应符合使用部门认定标准样品。

11.3.5.2 批产品颜色与标准样品色差不低于 GB 250 规定的 4 级。

11.3.5.3 成品表面平展、整洁、各棱角清晰,不脱丝、洗涤不掉色,不能有起翘、污迹、熨黄等缺陷。

11.3.5.4 缝制线路规整、针码均匀、缝制牢固，不得有开线、断线、返线等缺陷。

11.4 胸章

11.4.1 样式和结构

矩形章体，背面为别针结构，样式及主要部位尺寸见附录C的图C.5。

11.4.2 图案

由单位简称和四位数字编号组成。

11.4.3 颜色

章体底色为黑色，字为金黄色。

11.4.4 材料和工艺

章体用聚酯材料，采用喷砂工艺，文字用数码刻字，别针用化学溶解粘合，所用材料规格及工艺质量要求应符合相关国家及行业标准的规定。

11.4.5 成品外观质量

图案完整、清晰、饱满、边缘规整，外观不得有划痕、脏污、变形、歪偏和气泡等缺陷。

12 检验

12.1 生产检验

生产过程检验的程序、抽样方法和检验周期由生产厂自行规定，但必须保证出厂产品符合本标准规定，并出具合格证明文件。

12.2 验收检验

用户可以依据生产厂出具的合格证明文件认可做或不做验收检验，或做抽样检验。

13 包装

13.1 要求

包装箱内应附产品包装单和产品合格证，注明产品名称、号型、颜色、数量、检验日期和检验人员。

13.2 标志

包装箱外表面必须标注产品名称、规格、数量、颜色、生产单位和生产年、月、日，标志一律采用宋体黑字，内外包装所印刷内容必须与内在实物相符。

附　录　A
（规范性附录）
服装效果及款式图

A.1　站务人员春秋季服装

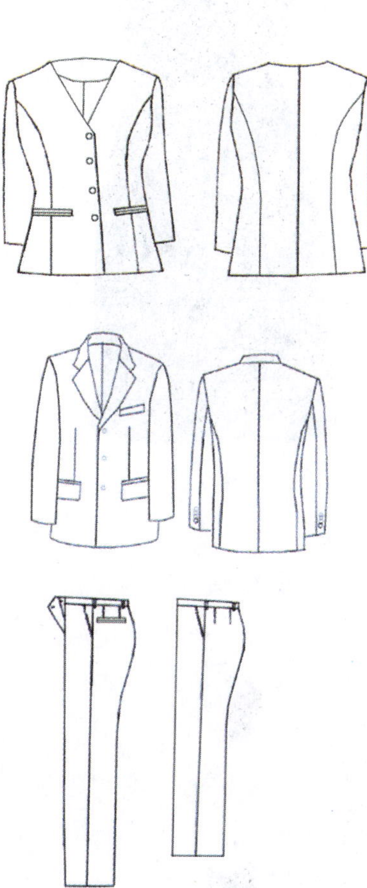

图　A.1

A.2 马甲

图 A.2

A.3 长袖衬衫

效果图

款式图

图 A.3

A.4 短袖衬衫

图 A.4

A.5 女裙

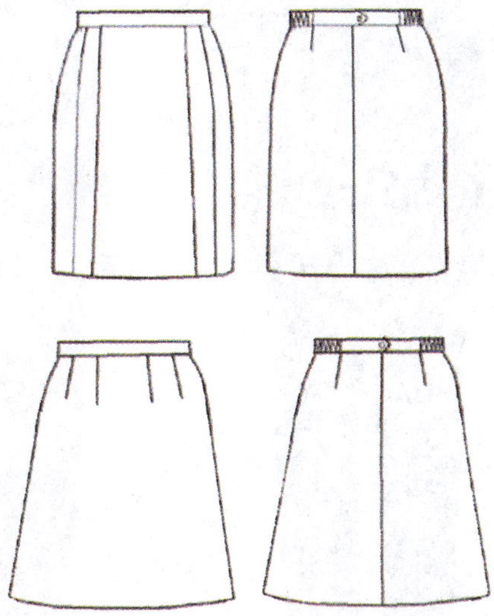

图 A.5

A.6 冬季防寒服

图 A.6

A.7 驾乘人员春秋季服装

效果图

款式图

图 A.7

A.8 驾乘人员春秋季茄克衫

效果图

图 A.8

A.9 驾乘人员夏季长袖茄克衫

图 A.9

A.10 驾乘人员夏季短袖茄克衫

图 A.10

A.11 冬季呢大衣

图 A.11

附　录　B
（规范性附录）
帽子样式图

B.1　工作便帽

样式见图 B.1

图　B.1

B.2　船帽

样式见图 B.2

图　B.2

B.3　棉帽

样式见图 B.3

图　B.3

附 录 C
(规范性附录)
标志样式及主要尺寸图

C.1 帽徽

C.1.1 金属帽徽样式及尺寸见图 C.1

单位为 mm

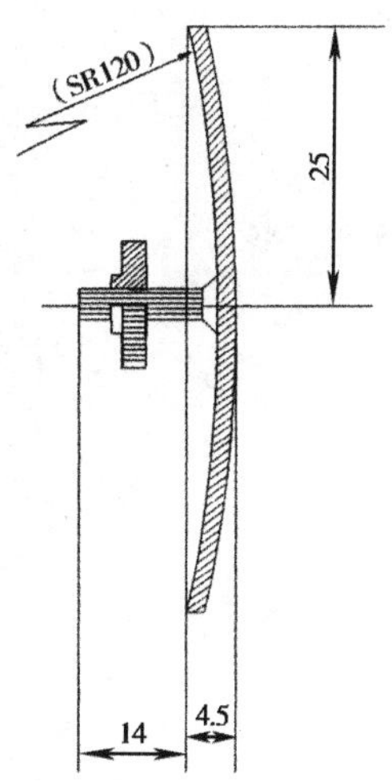

图 C.1

C.1.2 机织帽徽样式及尺寸见图 C.2

单位为 mm

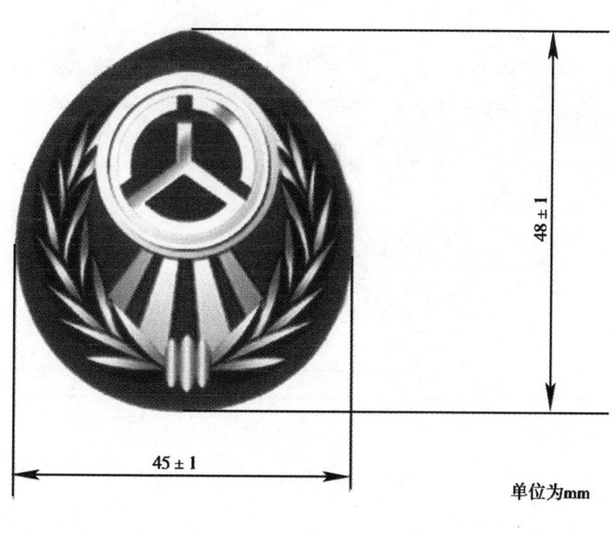

图 C.2

C.2 臂章

C.2.1 样式见图 C.3

单位为 mm

图 C.3

C.2.2 主要尺寸见图 C.4

单位为 mm

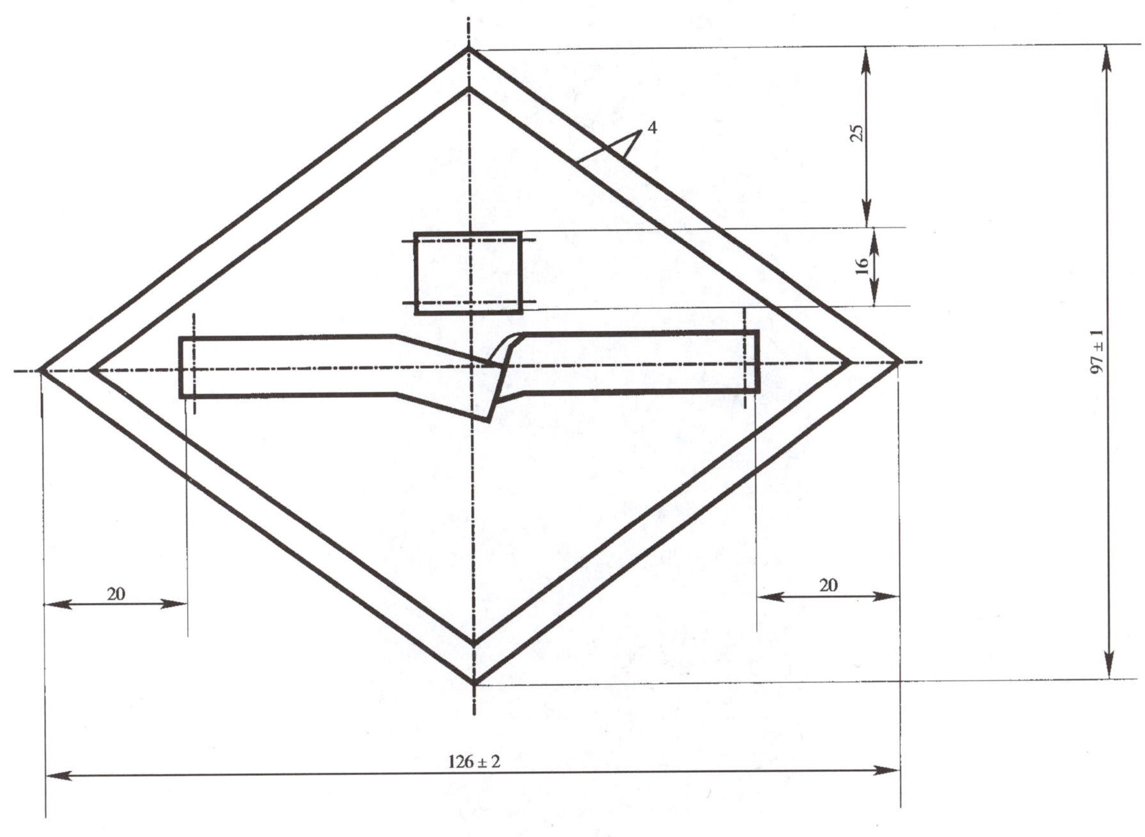

图 C.4

C.3 胸章

样式见图 C.5

单位为 mm

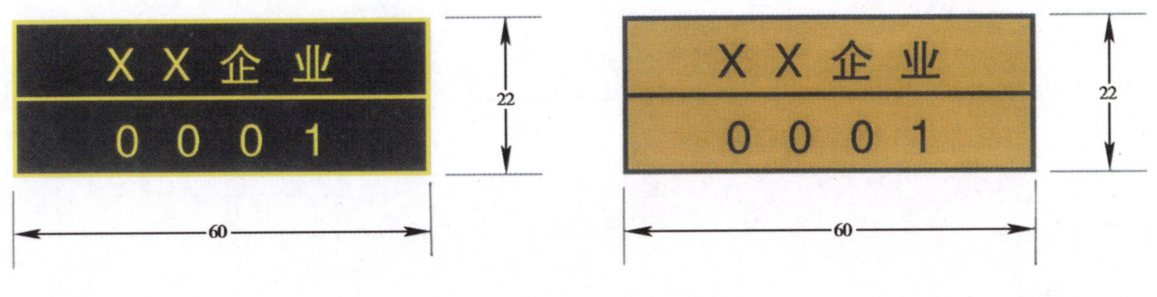

图 C.5

C.4 领带

样式见图 C.6。

图 C.6

ICS 03.220.20
R 11
备案号：

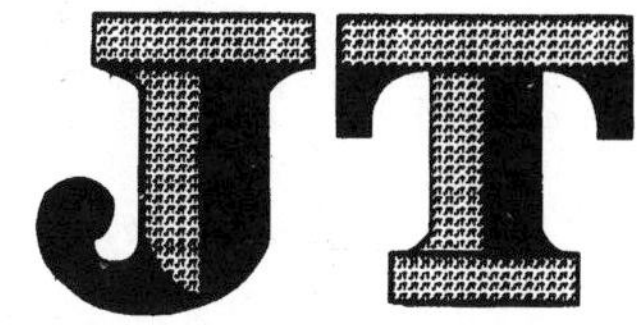

中华人民共和国交通行业标准

JT/T 498—2004

道路旅客运输计算机移动售票票样及使用规定

Specification for road-passenger transport computerized mobile ticket format and management

2004-04-16 发布　　2004-07-15 实施

中华人民共和国交通部　发布

道路旅客运输计算机移动售票票样及使用规定

1 范围

本标准规定了道路旅客运输应用计算机移动售票系统售票的客票式样及使用规定。

本标准适用于应用计算机移动售票系统发售客票的营运客车,也适用于汽车客运站及客票发售站(点)。

2 客票票样

2.1 客票类别、式样及尺寸

2.1.1 道路旅客运输计算机移动售票的客票为卷装单联式客票。

2.1.2 按照不同需要可以设为全价票、半价票、卧铺票、行李票、特种票、议价票、包车票等旅客用票,以及结算票、交班票、试机票等工作用票。

2.1.3 客票式样和尺寸分别见附录A、附录B和附录C。

2.2 客票底票

客票底票以印刷方式印制客票的名称、编号、标识、有效声明和底花纹图案等内容,其余内容在售票时由打印机打印填写。

2.3 客票票面内容及字体字号

2.3.1 客票名称

客票名称为"道路旅客运输客票",字体用12.5磅黑体。式样:**道路旅客运输客票**。

2.3.2 客票编号

客票编号用于客票底票的统计管理。

客票编号由七位以上阿拉伯数字或一个英文字母和七位以上阿拉伯数字组成,顺序编号,字体用10磅华文中宋体,红色或黑色。格式如下:

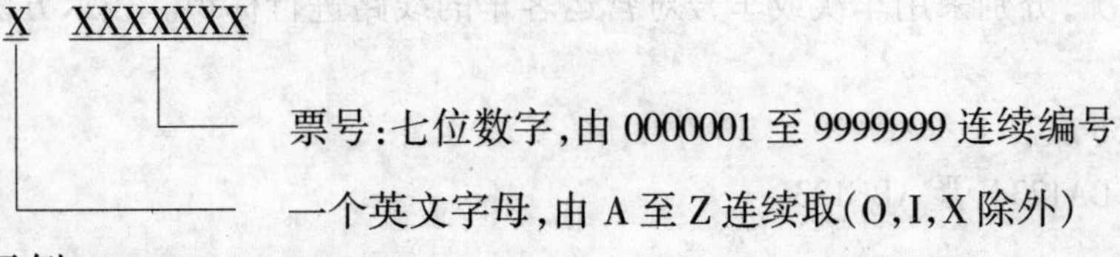

示例:1234567,A1234567。

2.3.3 客票标识

2.3.3.1 客票标识按年份,省、自治区、直辖市简称,客票主管标志,辅助管理标志,附加标志五项标识段组成,字体均用9磅华文中宋体。格式如下:

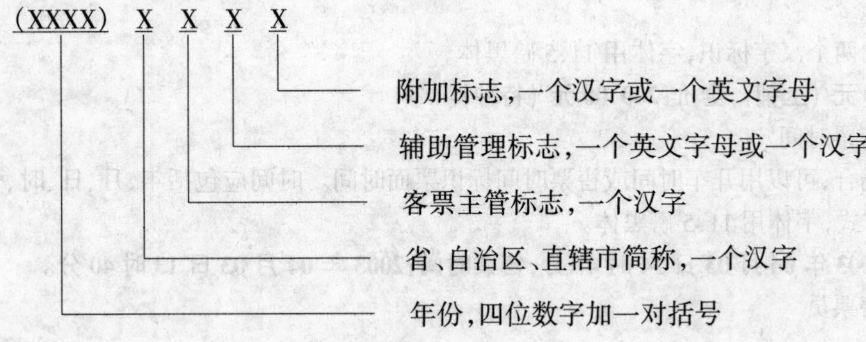

2.3.3.2 客票标识用于客票日常管理,具体标识方法见附录 D。

2.3.4 有效声明

有效声明为“机打客票,手写无效”,字体用 10 磅华文中宋体,外加黑色线条框。式样:

机打客票,手写无效

2.3.5 客票随机数字码

客票随机数字码用于客票惟一性和真实性辨识。

客票随机数字码由 14 位阿拉伯数字构成,数字由计算机随机数字生成程序自动产生,在售票时由打印机打印填写,字体用 8 磅华文中宋体。

示例:13579246801234。

2.3.6 起始站和到达站

起始站和到达站字体用 14 磅华文中宋体。起始站和到达站之间应留有两个汉字位置的空间,并插入带指向箭头的连线。

示例:太原→北京。

2.3.7 车次和车号

2.3.7.1 车次由一至六位数字或一个英文字母和一至六位数字与汉字“次”组合表示,字体用 11.5 磅黑体。格式如下:

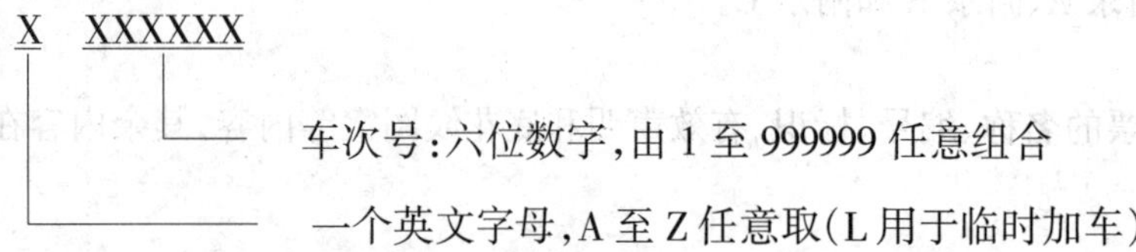

2.3.7.2 车号由一个汉字、一个英文字母、五位数字;或一个汉字、二个英文字母、四位数字;或一个汉字、三个英文字母、三位数字表示。字体均用 11.5 磅黑体。格式如下:

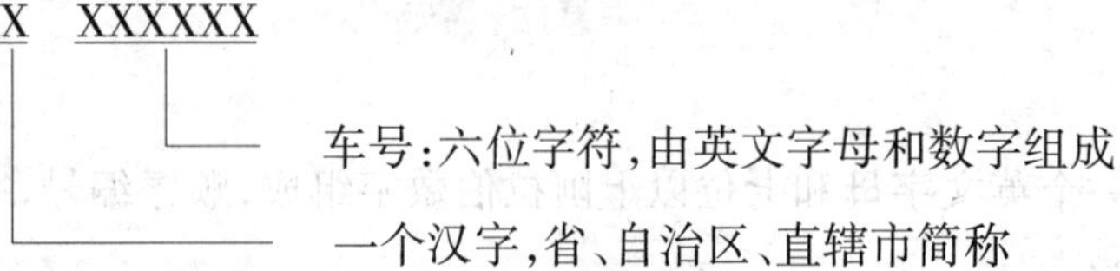

2.3.7.3 可以根据具体使用情况,分别采用车次或车号对营运客车的线路进行标识。表示方法见示例。

示例 1:车次:123 次,B123456 次。

示例 2:车号:晋 A12345,京 BA1234,晋 ABC123。

2.3.8 票价

票价由表示本张票为全价票还是半价票的标记和金额两部分组成,字体均用 11.5 磅黑体。金额以元为单位,保留两位小数。

示例:**全价:200.00 元,半价:120.00 元。**

2.3.9 票种

票种由附加括号的两个汉字标识,字体用 11.5 磅黑体。

示例:**半价:120.00 元(上铺),全价:200.00 元(特种)。**

2.3.10 开车时间与售票时间

根据不同的售票场合,可以用开车时间或售票时间标识票面时间。时间应包括年、月、日、时、分,时采用一日 24h 制表达方式,字体用 11.5 磅黑体。

示例:**开车时戒:2003 年 04 月 03 日 14 时 40 分,售票时间:2003 年 04 月 03 日 13 时 40 分。**

2.3.11 发售站点和售票员

发售站点由不超过八个汉字表示;售票员由一个至四个汉字表示。字体均用11.5磅黑体。

示例:**太原汽车站(售),售票员一。**

2.3.12 其他票面内容

2.3.12.1 工作用票上的票面文字内容,字体均用11.5磅黑体。例如,**测试完成、打印张数、交回张数**等。

2.3.12.2 时间段数字内容,字体均用11.5磅黑体。

示例:**03-02-03 14:15,030204 12:25-030205 12:25。**

2.3.13 必要说明

一般为:"当日当次有效"、"请交回"等汉字信息,字体用11.5磅黑体。式样:**当日当次有效,请交回。**

2.4 客票附加标识

2.4.1 撕纸线

撕纸线为虚线,位于两张车票之间。

2.4.2 打印位置标识符

为准确设定卷装客票打印位置,在票与票之间的撕纸线处设标识符。标识符为黑色矩形图形。

2.4.3 检票标识线

检票标识线为虚线,位于客票右下角。

2.5 客票纸张、颜色及图案

客票纸张应采用能够满足长期保存要求的70g以上热敏纸。客票票面需要加印由浅色不规则图案组成的底花纹图案,例如:与黑色反差大的浅蓝色、浅黄色图案等。底花纹图案中可以含有公路路徽或其他标志性图形。具体图案和颜色可由各地交通主管部门统一规定。

3 使用要求

3.1 售票时当场向旅客打印输出客票,作为旅客乘车和报销凭证,必要时可采用撕开检票标识线作为检票标志。

3.2 计算机移动售票所用的客票底票按客票编号顺序成卷印制,售票时打印的票面信息应正确、完整、清晰。

3.3 售票时需要作废已经打印输出的客票,应对欲作废的客票予以标记并收回。

3.4 可以根据使用需要在客票底票上打印与票务管理工作相关的内容,工作用票不能作为旅客乘车和报销凭证。

3.5 客票背面允许加印宣传性内容,加印的宣传性内容应符合国家相关法律法规的规定。

附 录 A
(规范性附录)
卷装单联式客票式样及尺寸

卷装单联式客票式样及尺寸见图 A.1。

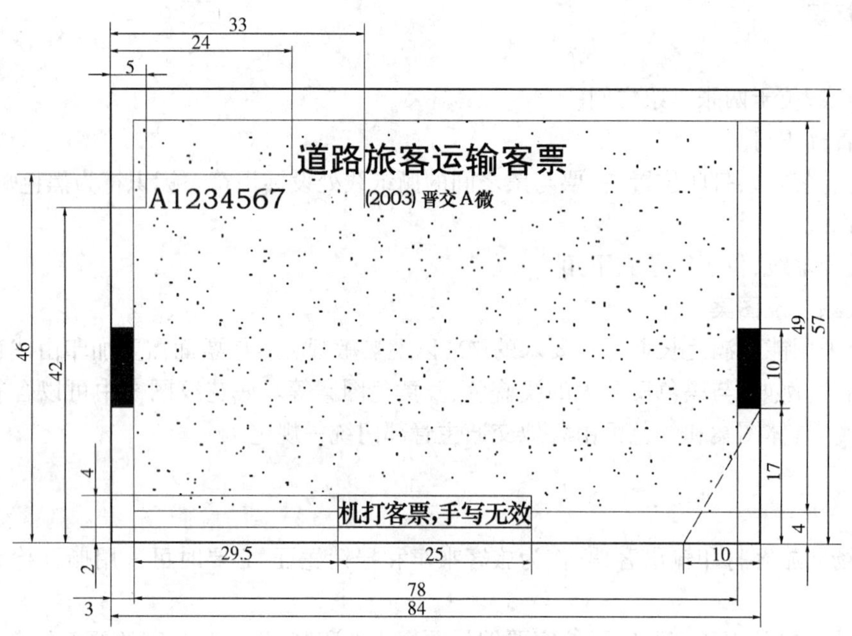

a)空白客票(比例:1:1)

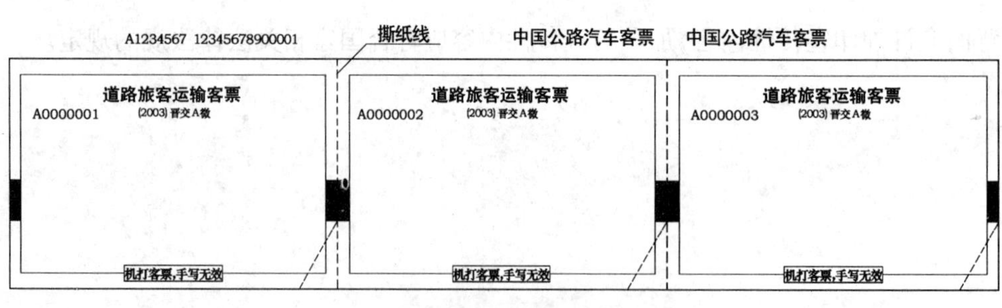

b)卷装单联客票

图 A.1 (尺寸单位:mm)

附 录 B
(规范性附录)
旅客用票式样及尺寸

旅客用票式样及尺寸见图 B.1。

a)客票

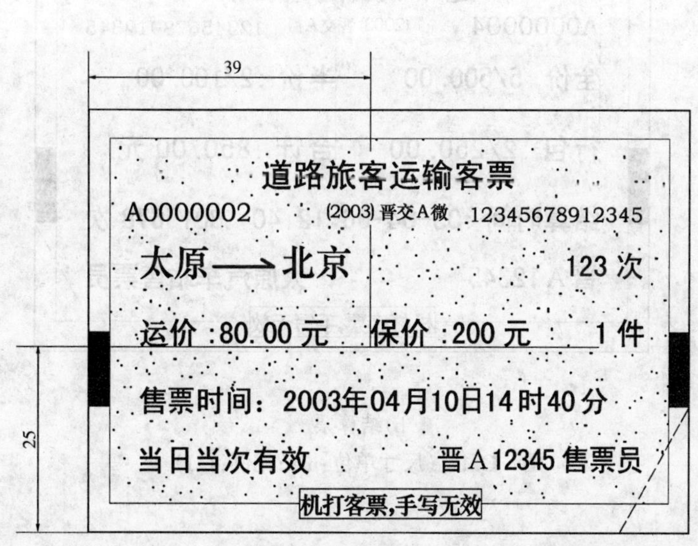

b)行李票

图 B.1 (尺寸单位:mm;比例:1:1)

附　录　C
（规范性附录）
工作用票式样及尺寸

工作用票式样及尺寸见图 C.1。

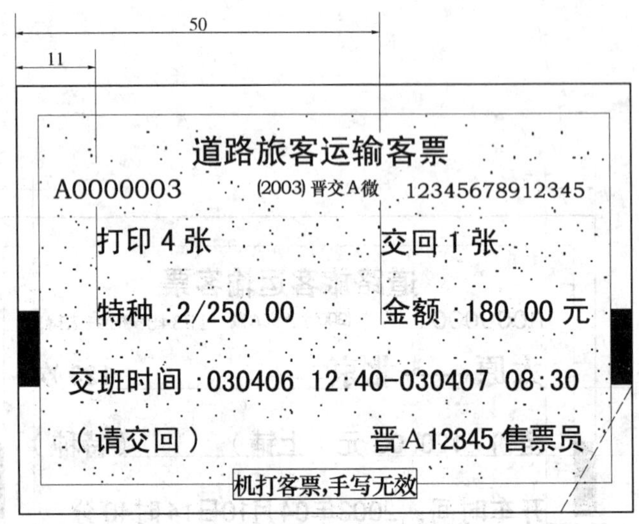

a)交班票

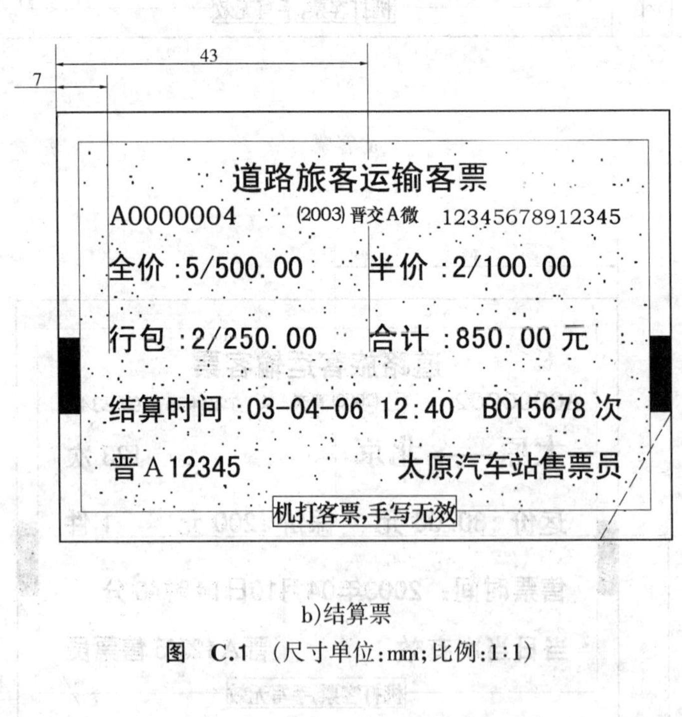

b)结算票

图　C.1（尺寸单位:mm;比例:1:1）

附 录 D
(规范性附录)
客票标识方法

D.1 年份

年份标识客票底票的印制年份,用公元年表示。

D.2 省、自治区、直辖市简称

省、自治区、直辖市简称标识客票属于哪个省、自治区、直辖市的主管部门管辖。全国省、自治区、直辖市简称见表D.1。

表 D.1

全 称	简称	全 称	简称	全 称	简称
北京市	京	浙江省	浙	甘肃省	甘
上海市	沪	江苏省	苏	青海省	青
天津市	津	江西省	赣	宁夏回族自治区	宁
重庆市	渝	福建省	闽	内蒙古自治区	蒙
黑龙江省	黑	湖北省	鄂	新疆维吾尔自治区	新
吉林省	吉	湖南省	湘	西藏自治区	藏
辽宁省	辽	广东省	粤	广西壮族自治区	桂
河北省	冀	海南省	琼	香港特别行政区	港
山西省	晋	四川省	川	澳门特别行政区	澳
山东省	鲁	贵州省	贵	台湾省	台
河南省	豫	云南省	云		
安徽省	皖	陕西省	陕		

D.3 客票主管标志

客票主管标志标识了客票的主管部门,例如:由交通运输管理局主管,标志为“**交**”;由道路运输管理局主管,标志为“**运**”。

D.4 辅助管理标志

辅助管理标志用于对客票的进一步标识。当客票主管标志位的一个汉字仍不能清晰表示客票主管部门时,可以用辅助管理标志位上的一个汉字,共同予以标识;当省级主管部门需要对所辖地区或企业进行分类管理时,可以根据管理要求自行编制代码表,在辅助管理标志位上用一个英文字母或一个汉字,对使用管理对象予以标识。

D.5 附加标志

当客票主管标志和辅助管理标志仍不能满足管理需求时,可以用附加标志位上的一个汉字或一个英文字母对客票作进一步标识。当不需要用附加标志位对客票进行标识时,附加标志位不能为空,应印制“微”字,表示客票专门用于计算机移动售票微型打印机。

示例:

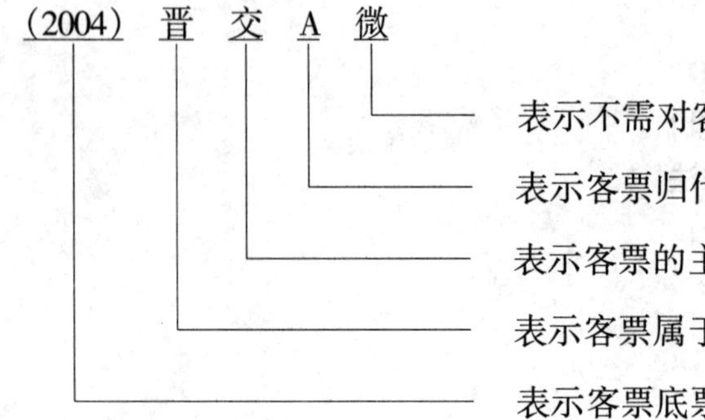
（2004）晋 交 A 微
表示不需对客票作进一步标识
表示客票归代码为 A 的地区或企业使用
表示客票的主管部门为交通运输管理局
表示客票属于山西省主管部门管辖
表示客票底票为 2004 年印制

ICS 43.080.20
T 42
备案号

中华人民共和国交通行业标准

JT/T 616—2004

乡村公路营运客车结构和性能通用要求

Structure and performance requirement for country bus

2004-11-12 发布　　　　2005-01-01 实施

中华人民共和国交通部　发布

乡村公路营运客车结构和性能通用要求

1 范围

本标准规定了乡村公路营运客车基本性能参数、结构及配置、环保和安全等要求。

本标准适用于在乡村公路上使用的营运客车。

2 规范性引用文件

下列文件中的条款通过本标准引用而成为本标准中的条款。凡是注日期的引用文件,其随后所有的修订单(不包括勘误的内容)或修订版均不适用于本标准,然而,鼓励根据本标准达成协议的各方研究是否可使用这些文件的最新版本。凡是不注日期的引用文件,其最新版本适用于本标准。

GB/T 3730.1 汽车和挂车类型的术语和定义

GB/T 3730.2 道路车辆质量 词汇和代码

GB/T 4780 汽车车身术语

GB 7258 机动车运行安全技术条件

GB/T 13056 客车乘客区尺寸术语

GB 18565 营运车辆综合性能要求和检验方法

3 术语和定义

GB/T 3730.1、GB/T 3730.2、GB/T 4780 和 GB/T 13056 中的术语和定义以及下列术语和定义适用于本标准。

3.1

乡村公路 country road

连接县至乡(镇),乡(镇)至乡(镇),乡(镇)至村,及村至村的非高速公路的道路。

3.2

乡村公路营运客车 country bus

在乡村公路上运送旅客及其随行物品的营运客车。

3.3

随行物品存放区 area for carry-luggage and personal articles

用于存放随行行李、物品的区域。

4 技术要求

4.1 基本性能参数、结构及配置见表 1。

4.2 环保要求及测试方法

环保要求及测试方法应符合国家有关标准的规定,并分阶段实施。

4.3 安全要求

安全要求应满足 GB 7258 及相关强制性国家标准的要求。

4.4 其他

4.4.1 门洞处设有扶手时,在扶手高度处乘客门宽度尺寸允许减少 100mm。

4.4.2 随行物品存放区允许加装中间水平面隔板,此时随行物品存放区面积 S 按客车地板的投影面积计算。

表1　基本性能参数、结构及配置

项　目			基本性能参数、结构及配置要求		
车长(L)系列,m			$4.8 \leq L < 6$	$6 \leq L < 7$	$7 \leq L < 7.5$
车身型式			一厢式车身		
最大允许总质量,kg		≤	4900	7000	8000
前轴载荷占总质量的最小百分比,　　%	空载		25		
	满载				
车顶静承载能力			车顶静承载能力≥客车最大设计总质量		
比功率,kW/t		≥	11	10.5	10
最高车速,km/h		≤	80[a]		
最大爬坡度,%		≥	25		
接近角/离去角,°		≥	17/12	15/12	13/10
座位数,个		≥	10	13	15
乘客门	位置		可车后[b]	—	
	数量,个	≥	1		
	车外开门装置离地高度,mm	≤	1800		
	宽度,mm	≥	700	750	750
	车门开启		在客车静止时,应能从车内外开启乘客门		
	乘客门观察		驾驶员在座位上应直接观察到乘客门内外情况		
安全出口	数量,个	≥	2	2	3
	面积,mm^2	≥	按 GB 7258 确定		
安全顶窗	数量,个	≥	—	—	1
	面积,mm^2	≥	—	—	按 GB 7258 确定
座椅	排列方向		按 GB 7258 确定		
	地脚固定结构		非滑道式[c]		
行李架	车内行李架		可设置		
	车外顶行李架		可设置		
车内随行物品存放区	车内位置		车内后部		
	随行物品存放区面积(S),m^2		$1/3A^{d} \geq S \geq 1/4A^{d}$		
	允许载重,kg/m^2	≤	100		
车后自行车挂(托)架			可设置		

注:[a] 车后设置自行车挂(拖)架的最高车速应低于 70km/h。

[b] 车后设置乘客门时,不得设置车后自行车挂(拖)架。

[c] 按 GB 18565。

[d] A-乘客区面积。A = 乘客区长 × 车内宽(m^2)。

4.4.3　随行物品存放区应用隔板或隔栅与乘客区隔离。隔栅的网眼尺寸应不大于 100mm ×

100mm;隔板或隔栅装置安装应牢固可靠,且能耐受制动等工况下随行物品的冲击,其安装高度应至车内顶。

4.4.4 车后自行车挂(拖)架允许挂一排及最多五辆自行车,宽度不得超过车宽,并要有足够的强度及固定措施,且不能遮挡尾部信号装置。

4.4.5 随行物品存放区应设有固定捆绑随行物品的装置。

4.4.6 车外顶行李架纵向长度不大于车长的三分之一,行李架护栏高度不大于 300mm,且载重量不大于 50 kg/m^2。

ICS 03.220.20
R 11
备案号：

中华人民共和国交通行业标准

JT/T 630—2005

道路旅客运输企业等级

Classification of road passenger transportation enterprises

2005-09-21 发布　　　　2006-01-01 实施

中华人民共和国交通部 发布

ICS 03.220.20
R 11
备案号：

中华人民共和国交通行业标准

JT/T 630—2005

道路旅客运输企业等级

Classification of road passenger transportation enterprises

2005-09-21 发布　　　　2006-01-01 实施

中华人民共和国交通部　发布

道路旅客运输企业等级

1 范围

本标准规定了道路旅客运输企业分级及等级条件。

本标准适用于从事营业性班车客运、包车客运、旅游客运的道路旅客运输企业(以下简称客运企业)。

2 规范性引用文件

下列文件中的条款通过本标准的引用而成为本标准的条款。凡是注日期的引用文件,其随后所有的修改单(不包括勘误的内容)或修订版均不适用于本标准,然而鼓励根据本标准达成协议的各方研究是否可使用这些文件的最新版本。凡是不注日期的引用文件,其最新版本适用于本标准。

JT/T 325 营运客车类型划分及等级评定

3 术语和定义

下列术语和定义适用于本标准。

3.1

客运企业等级 classifications of road passenger transportation enterprises

按照客运企业运输能力、资产规模、车辆条件、经营业绩、安全状况和服务质量等指标进行的分级。

3.2

车辆新度系数 depreciation coefficient of vehicles

表示营运车辆总体新旧程度的指标,本标准规定车辆按使用年限折旧。

计算公式为:

$$a = 1 - \frac{[\sum(V_1 \times t_1)]}{V_n \times 96}$$

式中:

a——车辆新度系数;

V_1——单车原值;

t_1——单车实际使用月数(超过96时按96算);

V_n——全部营运客车原值。

4 客运企业等级及条件

4.1 企业等级

客运企业分为一、二、三、四、五级。

4.2 企业条件

4.2.1 一级企业条件

4.2.1.1 运输能力

企业在上一年度完成客运量750万人次,或客运周转量75000万人公里以上。

4.2.1.2 资产规模

企业净资产4亿元以上,客运资产净值3亿元以上。

注:各级企业的客运资产包括车辆设备、车站设施等。

4.2.1.3 车辆条件

企业自有营运客车500辆以上,客位15000个以上且高级客车在150辆以上、客位4500个以上,或拥有高级营运客车200辆以上、客位6000个以上。营运客车新度系数0.60以上。营运客车等级应符合JT/T 325的规定。

注:以下各级企业营运客车等级均符合JT/T 325的规定。

4.2.1.4 经营业绩

上一年度总营业收入3亿元以上,其中客运营业收入2亿元以上。

4.2.1.5 安全状况

上一年度行车责任安全事故率不高于0.1次/车,责任安全事故死亡率不高于0.02人/车,责任安全事故伤人率不高于0.05人/车。

4.2.1.6 服务质量

上一年度旅客向行业主管部门投诉企业服务质量的次数不高于0.02次/车,省级及以上新闻媒体报道企业重大服务质量事故不高于两件,行业主管部门对企业不规范经营行为进行处罚的次数不高于0.1次/车。

注:各级企业均只统计属实的投诉次数和报道次数。

4.2.2 二级企业条件

4.2.2.1 运输能力

企业在上一年度完成客运量150万人次,或客运周转量15000万人公里以上。

4.2.2.2 资产规模

企业净资产4000万元以上,客运资产净值3000万元以上。

4.2.2.3 车辆条件

企业自有营运客车100辆以上、客位3000个以上且高级客车在30辆以上、客位900个以上,或拥有高级营运客车40辆以上、客位1200个以上;营运客车新度系数0.60以上。

4.2.2.4 经营业绩

上一年度总营业收入4000万元以上,其中客运营业收入3000万元以上。

4.2.2.5 安全状况

上一年度行车责任安全事故率不高于0.1次/车,责任安全事故死亡率不高于0.02人/车,责任安全事故伤人率不高于0.05人/车。

4.2.2.6 服务质量

上一年度旅客向行业主管部门投诉企业服务质量的次数不高于0.02次/车,省级及以上新闻媒体报道企业重大服务质量事故不高于两件,行业主管部门对企业不规范经营行为进行处罚的次数不高于0.12次/车。

4.2.3 三级企业条件

4.2.3.1 运输能力

企业在上一年度完成客运量90万人次,或客运周转量8000万人公里以上。

4.2.3.2 资产规模

企业净资产1500万元以上,客运资产净值1000万元以上。

4.2.3.3 车辆条件

企业自有营运客车50辆以上、客位1500个以上且中高级客车在15辆以上、客位450个以上;或拥有高级营运客车20辆以上、客位600个以上;营运客车新度系数0.55以上。

4.2.3.4 经营业绩

上一年度总营业收入1500万元以上,其中客运营业收入1000万元以上。

4.2.3.5 安全状况

上一年度行车责任安全事故率不高于0.12次/车,责任安全事故死亡率不高于0.03人/车,责任安全事故伤人率不高于0.08人/车。

4.2.3.6 服务质量

上一年度旅客向行业主管部门投诉企业服务质量的次数不高于0.04次/车,市级及以上新闻媒体报道企业重大服务质量事故不高于两件,行业主管部门对企业不规范经营行为进行处罚的次数不高于0.15次/车。

4.2.4 四级企业条件

4.2.4.1 运输能力

企业在上一年度完成客运量20万人次,或客运周转量1200万人公里以上。

4.2.4.2 资产规模

企业净资产300万元以上,客运资产净值200万元以上。

4.2.4.3 车辆条件

企业自有营运客车10辆以上、客位200个以上;营运客车新度系数0.5以上。

4.2.4.4 经营业绩

上一年度总营业收入300万元以上,其中客运营业收入200万元以上。

4.2.4.5 安全状况

上一年度行车责任安全事故率不高于0.15次/车,责任安全事故死亡率不高于0.1人/车,责任安全事故伤人率不高于0.12人/车。

4.2.4.6 服务质量

上一年度旅客向行业主管部门投诉企业服务质量的次数不高于0.1次/车,市级及以上新闻媒体报道企业重大服务质量事故不高于两件,行业主管部门对企业不规范经营行为进行处罚的次数不高于0.2次/车。

4.2.5 五级企业条件

未达到四级企业条件的客运企业。

5 客运企业等级评定

5.1 不符合企业法人条件的经营单位不评定企业等级。

5.2 客运企业等级评定工作由各级道路运输协会组织专家委员会评定。

货 运 类

JT

中华人民共和国交通行业标准

JT/T 385—1999

水路、公路运输货物包装基本要求

General requirements of packaging for transport cargo by water and road

1999-02-24发布　　　　1999-07-01实施

中华人民共和国交通部　发布

中华人民共和国交通行业标准

JT/T 385—1999

水路、公路运输货物包装基本要求

General requirements of packaging for transport cargo by water and road

1 范围

本标准规定了水路、公路运输非危险货物包装的一般要求、形式及其技术要求,适用于水路、公路运输的非危险货物包装。

2 引用标准

下列标准所包含的条文,通过在本标准中引用而构成为本标准的条文。在标准出版时,所示版本均为有效。所有标准都会被修订,使用本标准的各方应探讨使用下列标准最新版本的可能性。

GB 190—90 危险货物包装标志

GB 191—90 包装储运图示标志

GB 4122—83 包装通用术语

GB 4768—84 防霉包装技术要求

GB/T 4857.5—92 包装 运输包装件 跌落试验方法

GB/T 4857.10—92 包装 运输包装件 正弦变频振动试验方法

GB/T 4857.11—92 包装 运输包装件 水平冲击试验方法

GB/T 4857.16—90 包装 运输包装件 采用压力试验机的堆码试验方法

GB/T 4857.18—92 包装 运输包装件 编制性能试验大纲定量数据

GB 4879—85 防锈包装

GB/T 4892—1996 硬质直方体运输包装尺寸系列

GB 5048—85 防潮包装

GB 5398—85 大型运输包装件试验方法

GB 7350—87 防水包装技术条件

GB 8166—87 缓冲包装设计方法

GB/T 13201—1997 圆柱体运输包装尺寸系列

GB/T 13757—92 袋类运输包装尺寸系列

GB/T 15233—94 包装 单元货物尺寸

GB/T 16471—1996 运输包装尺寸界限

3 一般要求

3.1 货物包装应牢固、可靠,能满足公路、水路运输和多次装卸而不发生损坏的需要,并便于交接、点验、装卸、搬运、堆码等。

3.2 包装货物应满装成形,便于堆码,内装货物应均布装载,排列整齐、衬垫妥实,不窜动,重心居中靠下,封口严实牢固,不撒漏。

中华人民共和国交通部 1999-02-24 批准 1999-07-01 发布

3.3 货物包装尺寸应符合 GB/T 4892、GB/T 13201、GB/T 13757、GB/T 15233 和 GB/T 16471 的规定。

3.4 凡货物包装已制定国家标准、行业标准的,均应按相应标准设计、生产,并按所装货物特性及其流通环境采取必要的防震、防雨、防潮、防锈、防霉、防尘等防护措施,防护措施应符合 GB 4768、GB 4879、GB 5048、GB 7350、GB 8166 的规定。

3.5 货物包装标志应按货物的性质及其流通环境标示出其包装标志,包装标志见 GB 190 和 GB 191。标志必须正确、整齐、清晰、耐久。

3.6 货物包装术语应符合 GB 4122 的规定。

4 包装形式及限重

按水路、公路运输特点将运输包装分为箱类、桶类、袋类、筐(篓、笼)类、坛(罐、缸)类、包类、捆绑类、夹板类、轴盘类和特种包装类 10 类 25 种,其包装形式及限重见表 1。

表 1 包装形式及其限重

序号	包装类别	包装形式	限重(容)
1	箱类	普通木箱	~200kg
		框架木箱	500~20 000kg
		瓦楞纸箱	55kg
		钙塑瓦楞箱	30kg
		塑料箱	50kg
		金属箱	~2 000kg
2	桶类	钢桶	200L
		铝桶	50~200L
		木桶	50kg
		硬塑料桶	50~200L
		胶合板(纤维板、硬纸板)桶	30kg
3	袋类	麻袋	100kg
		塑料编织袋	60kg
		布袋	25kg
		纸袋	50kg
		集装袋	500~3 000kg
4	筐(篓、笼)类	筐、篓、笼	40kg
5	坛(罐、缸)类	坛、罐、缸	50kg
6	包类	布包	200kg
		纸包	20kg
7	捆绑类	捆扎	10 000kg
		局部包装	——
8	夹板类	夹板包装	230kg
9	轴盘类	轴盘	——
10	特种包装类	特种包装	——

5 技术要求

5.1 普通木箱

5.1.1 普通木箱分为封闭箱(A 型)和花格箱(B 型)两种,按货物的要求和用途分为两级:一级主要用于外贸货物及有较高要求的内贸货物包装用箱;二级主要用于内贸货物及放于主机箱内一同发运的出口货物附件包装用箱。

5.1.2 货物木箱类型选择见表 2。

表 2 货物木箱类型

类型	内装物量≤(kg)		示意图	主要特点
I 型	IA 型	15	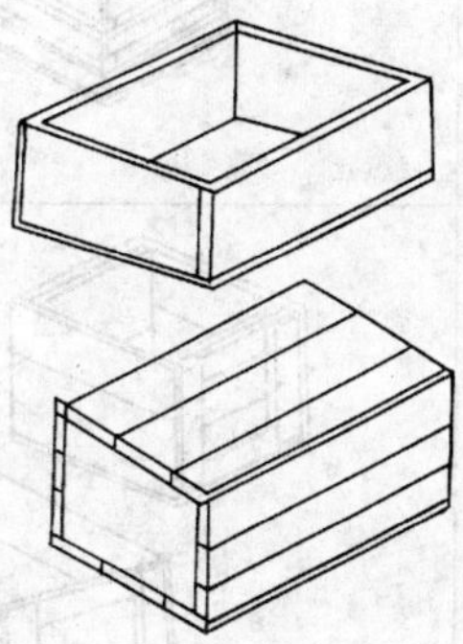	端面无箱档的整块板或拼合板制成的封闭箱
	IB 型	15	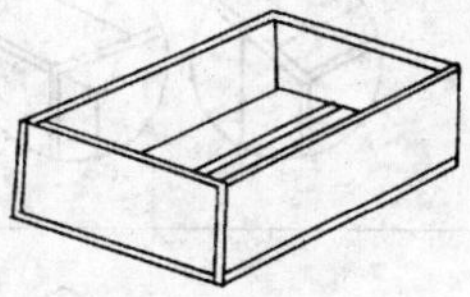	端面及侧面的无箱档的花格箱
II 型	IIA 型	50	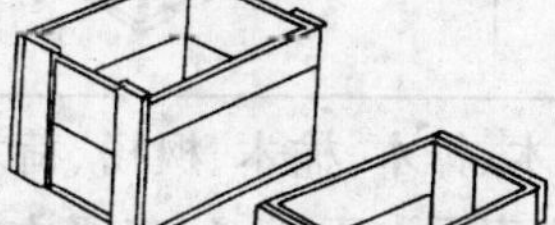	端面装有两根横档或两根立档的封闭箱
			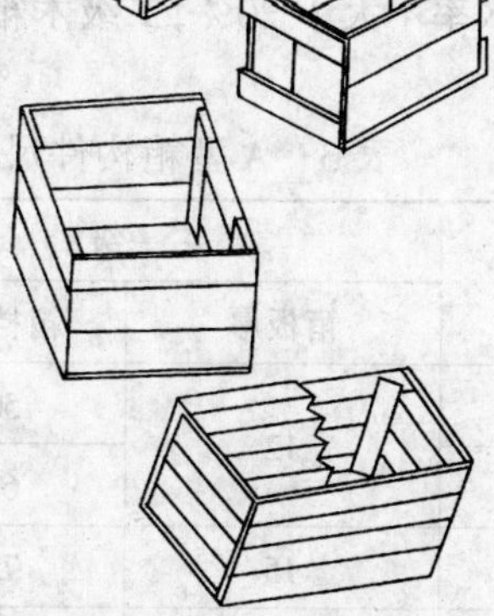	箱档装于端面内侧的封闭箱

表 2(完)

类型	内装物量≤(kg)		示意图	主要特点
II 型	IIB 型	50		端面装有两根横档或立档的花格箱 箱档装于端面内侧的花格箱
III 型	IIIA 型	200		端面同时装有横档和立档的封闭箱 端面箱档之间的组装方式,根据需要可采用图中所示的任一种型式
	IIIB 型	200		端面同时装有横档和立档的花格箱 箱档组装方式与 IIIA 型相同

5.1.3 箱用木材应选用落叶松、松木、桦木、榆木、枫杨、荷木以及其他软杂木,也可选用其强度与之相同或更大强度的材种,一级木箱含水率不大于 20%,二级木箱含水率不大于 25%。

5.1.4 构件尺寸选取见表 3、表 4。

表 3 A 型箱构件尺寸 mm

类型	内装货物限重(kg)	一级		二级	
		箱板厚	箱档宽与厚	箱板厚	箱档宽与厚
I	15	12	50×15	12	40×15
II	50		60×15		50×15
III	100	15	75×15	15	60×15
	150	18	75×18	18	75×18
	200	21	80×21		

表4 B型箱构件尺寸

封闭箱所需板厚（mm）	花格比率≤（%）	花格箱箱板厚（mm）
12	30	15
	45	18
15	30	18
	45	21
18	30	21
	40	25
21	30	25
	40	28

5.1.5 箱板最窄宽度：一级箱不小于50mm，二级箱不小于30mm，并置于拼合中间，每个箱面只允许一块，拼合的板、档厚度应适当搭配；拼合的边线应相互平行，拼缝缝隙不大于5mm，板长超过1 000mm的不大于7mm；花格箱箱板间隔应匀称适度，箱档应相互平行、垂直或对角对称，用钉长度为板厚加箱档厚加5～9mm，钉子钉实，双排平行交叉布钉，上下端部的布钉位置，距端面不应大于30mm，同排钉距不大于96mm。

5.1.6 木箱组装用钉长度为板厚两倍，钉距不大于50mm，余数大于30mm时加钉1只。

5.1.7 木箱应采取箱档、钢带或铁丝（铁丝只适用于长度在600mm以下的小型木箱）包棱、角铁和其他措施加固，端面箱档按货物重量和箱宽等由表2、表5及图1确定；侧面箱档由表5和图1确定，侧面最外侧箱档距端面的距离 C 应小于150mm；顶面与底面箱档均安装在与侧面箱档相连接的位置，按需要底面箱档可适当加厚；钢带间隔应在600mm以内，一级箱钢带间隔应在450mm以内，两端钢带距箱子端部的距离应不超过150mm。货物重量小于50kg时，钢带厚0.3～0.4mm，钢带宽12～15mm，货物重在50～200kg时，钢带厚0.3～0.5mm，钢带宽15～19mm；一级箱的侧面与底面和侧面与顶面箱档之间应用包棱角铁加固，其尺寸见表6；当货物重量在20kg以下，且箱体积在0.2～0.4m^3时，也可用塑料打包带捆扎加固。

表5 A型箱与B型箱箱档间隔 mm

箱板厚度	A		B	
	a≤	b≤	a≤	b≤
12	600	500	500	400
15	750	600	600	500
18	900	800	750	600
≥21	1 000	900	900	750

表6 包棱角铁尺寸

内装物重量（kg）	包棱角铁厚（mm）	包棱角铁宽	包棱角铁长
<50	0.4～0.5	箱档宽度的2/3以上	箱档宽度的1.5倍以上
50～200	0.5～1		

5.2 框架木箱

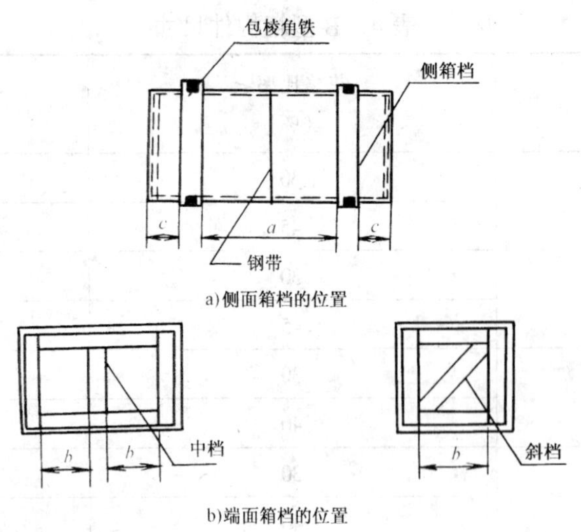

图 1 加固箱档的安装位置

5.2.1 框架木箱分六种,见表 7,按其结构分为两类:

——内框架木箱(I类):主要用于一般货物,见图 2;

——外框架木箱(II类):主要用于在长度方向上为整体,并且有足够刚性的货物,见图 3。

表 7 框架木箱的型式

型式		箱板的铺法	组装方式	适用范围
1 型	1.A 型	木板封闭箱	钢钉组装	用于需防水、防潮等防护的内装物
	1.B 型		螺栓组装	
2 型	2.A 型	胶合板封闭箱	钢钉组装	
	2.B 型		螺栓组装	
3 型	3.A 型	花格箱	钢钉组装	用于不需或只需简易防水、防潮等防护的内装物
	3.B 型		螺栓组装	

5.2.2 框架木箱主要受力构件用材以落叶松、松木、冷杉、云杉、槭木、榆木为主,也可使用其强度与之相同或更大的木材,其他构件用材应在保证木箱强度的前提下适当选用其他木材。木材缺陷限度见表 8。

表 8 木材的允许缺陷限度

缺陷名称	木材允许的缺陷限度	
	滑木、枕木、横梁、框架构件等主要常受力构件	箱板等其它构件
活节和死节	任意材长 1m 中,节子的个数不得超过 5 个,最大节子直径不得超过材宽的 30%(死节必须修补),直径不足 5mm 的节子不计。滑木的主要受力部位不得有死节	最大活节直径不得超过板宽的 40%,最大死节直径不得超过板宽的 25%(死节必须修补)。直径不足 5mm 的节子不计
腐朽	不允许	不允许
虫害	任意材长 1m 中,虫眼个数不得超过 4 个(已修补的虫眼例外),直径不足 3mm 的虫眼不计	任意材长 1m 中,虫眼个数不得超过 10 个(已修补的虫眼例外),直径不足 3mm 的虫眼不计
裂纹	裂纹长度不得超过材长的 20%(宽度不足 3mm 的裂纹不计),不允许有贯通裂纹	裂纹长度不得超过材长的 20%(宽度不足 2mm 的裂纹不计)
钝棱	钝棱最严重部分的缺角宽度不得超过材宽的 30%,高度不得超过材厚的三分之一	钝棱最严重部分的缺角宽度不得超过材宽 40%,高度不得超过材厚的二分之一
弯曲	顺弯、横弯不得超过 1%,翘弯不得超过 2%	顺弯、横弯不得超过 2%,翘弯不得超过 4%
斜纹	纹理的倾斜度不得超过 20%	

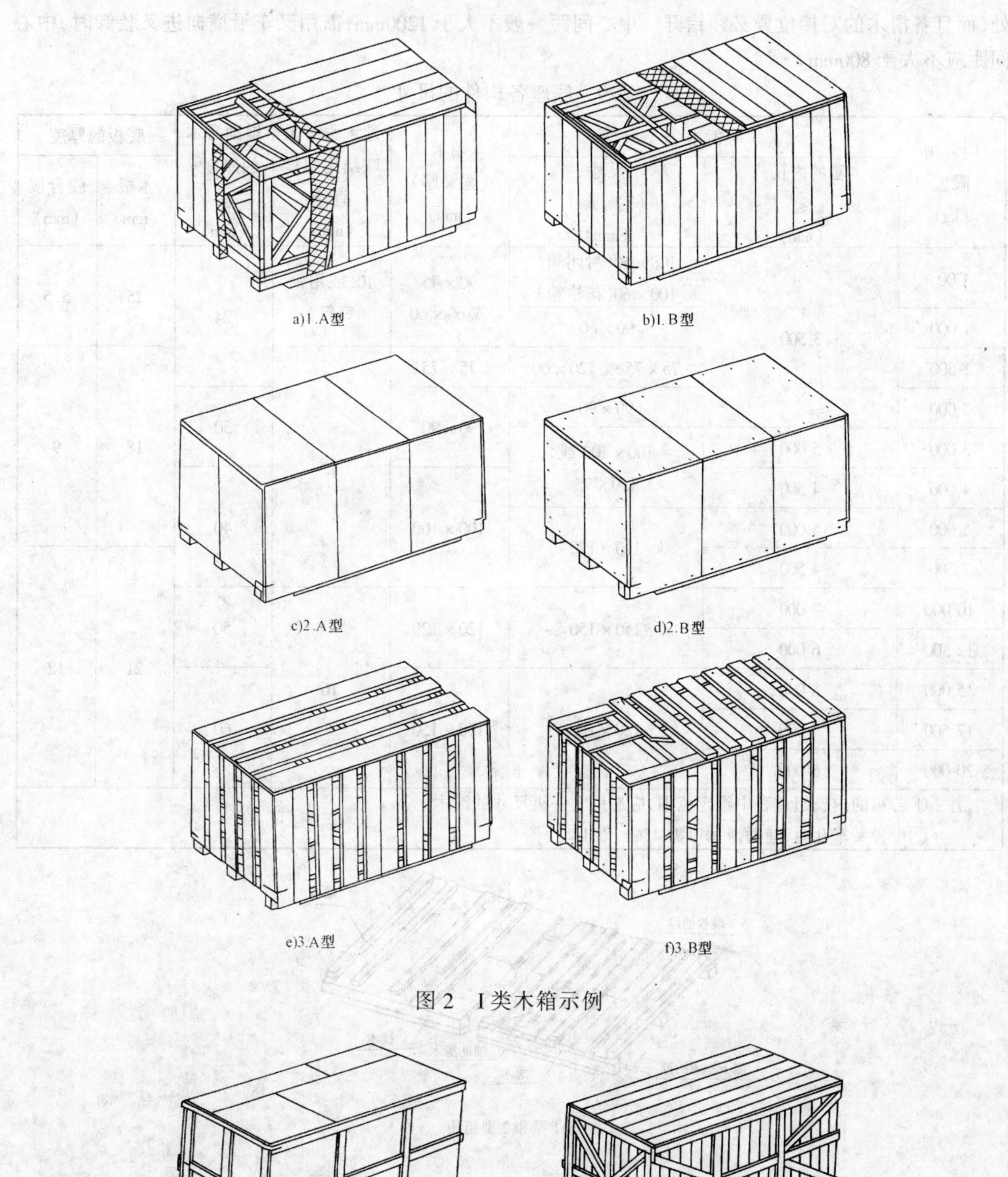

a)1.A型　b)1.B型

c)2.A型　d)2.B型

e)3.A型　f)3.B型

图 2　I 类木箱示例

图 3　II 类木箱示例

5.2.3　构件结构与尺寸

5.2.3.1　底座

底座结构见图 4、图 5,底座尺寸见表 9。

a)　滑木

滑木应尽量采用一根整木,均匀排布,若长度不够,应对接牢固,但对接的位置不能在长度的中心处,而且各滑木的对接位置必须错开。中心间距一般不大于1200mm,需用叉车沿横向进叉装卸时,中心间距应不大于800mm。

表9　底座各构件的尺寸

<table>
<tr><th rowspan="2">内装物
限重
(kg)</th><th colspan="2">滑木</th><th rowspan="2">端木
(宽×厚)
(mm)</th><th rowspan="2">端木与滑木
联结用螺栓
直径
(mm)</th><th rowspan="2">辅助滑木
的厚度②
≥
(mm)</th><th colspan="2">底板的厚度</th></tr>
<tr><th>箱的内长①
≤
(mm)</th><th>尺寸
(宽×厚)
(mm)</th><th>木板
(mm)</th><th>胶合板
(mm)</th></tr>
<tr><td>700</td><td rowspan="4">3 500</td><td>100×50(封闭箱)
100×60(花格箱)</td><td rowspan="2">90×45
或60×60</td><td rowspan="2">10(或用钢
钉钉)</td><td rowspan="3">24</td><td rowspan="2">15</td><td rowspan="2">5.5</td></tr>
<tr><td>1 000</td><td>90×60</td></tr>
<tr><td>1 500</td><td>75×75 或 120×60</td><td>75×75</td><td rowspan="6">12</td><td rowspan="5">18</td><td rowspan="5">9</td></tr>
<tr><td>2 000</td><td>90×90</td><td rowspan="2">90×90</td><td rowspan="2">30</td></tr>
<tr><td>3 000</td><td>5 000</td><td rowspan="2">100×100 或
150×75</td></tr>
<tr><td>4 000</td><td>4 500</td><td rowspan="3">100×100</td><td rowspan="3">40</td></tr>
<tr><td>5 000</td><td>5 000</td><td rowspan="2">120×120</td></tr>
<tr><td>7 500</td><td>4 500</td><td rowspan="6">21</td><td rowspan="6">12</td></tr>
<tr><td>10 000</td><td>7 000</td><td rowspan="2">150×150</td><td rowspan="2">120×120</td><td rowspan="5">16</td><td rowspan="2">50</td></tr>
<tr><td>12 500</td><td>6 000</td></tr>
<tr><td>15 000</td><td>8 000</td><td rowspan="3">180×180</td><td rowspan="3">150×150</td><td rowspan="3">60</td></tr>
<tr><td>17 500</td><td>7 000</td></tr>
<tr><td>20 000</td><td>6 000</td></tr>
<tr><td colspan="8">注:①若箱的内长超过表中给定范围,应选用大一级尺寸的滑木。
②设置叉车孔时,辅助滑木厚需45mm以上。</td></tr>
</table>

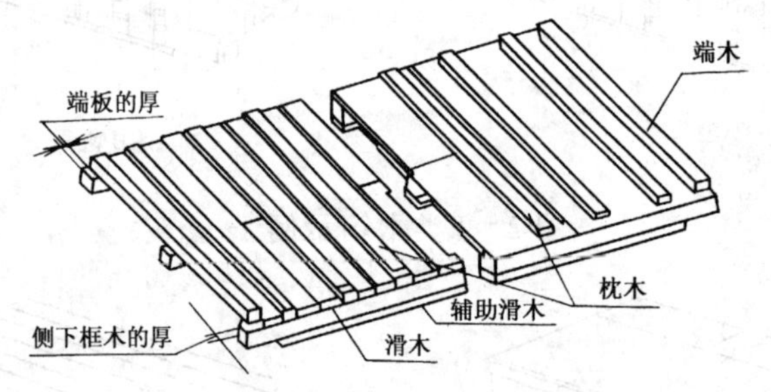

a)1型和2型箱用

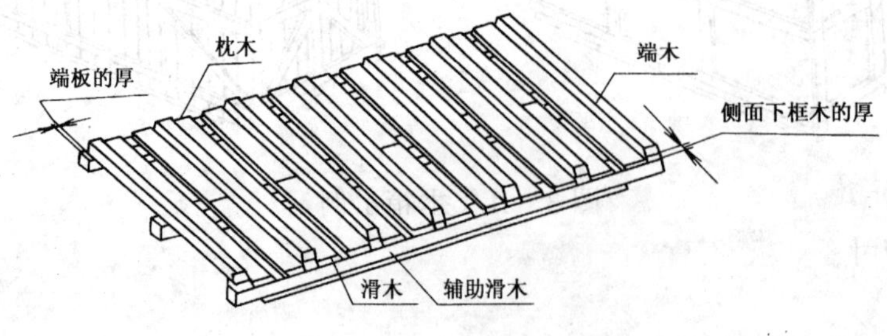

b)3型箱用

图4　I类木箱底座

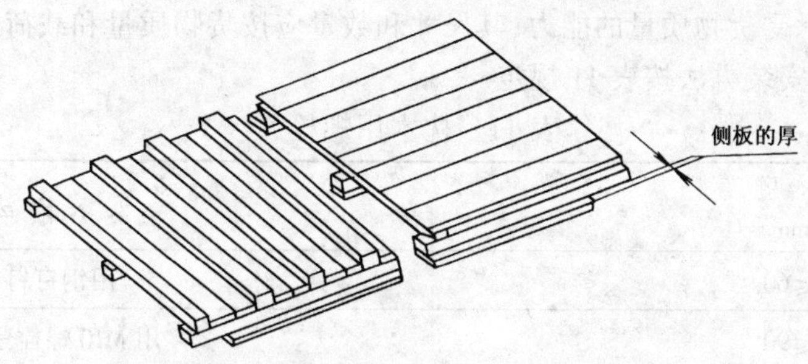

图5 Ⅱ类木箱底座

b)辅助滑木

辅助滑木应用钢钉钉在滑木底部,钢钉成两行错列,同一行中钢钉间隔不大于300mm,辅助滑木的厚度按表9规定,宽度不小于滑木宽度的80%,辅助滑木的两端应分别距滑木两端200mm以下或不大于滑木长的10%,也可按货物的重心位置适当调整。设叉车叉孔时的安装尺寸按表10和图6规定。木箱的中部设挂绳索口时的安装尺寸按图7的规定。需用滚杠装卸时,辅助滑木的两端应制成45℃的导角。

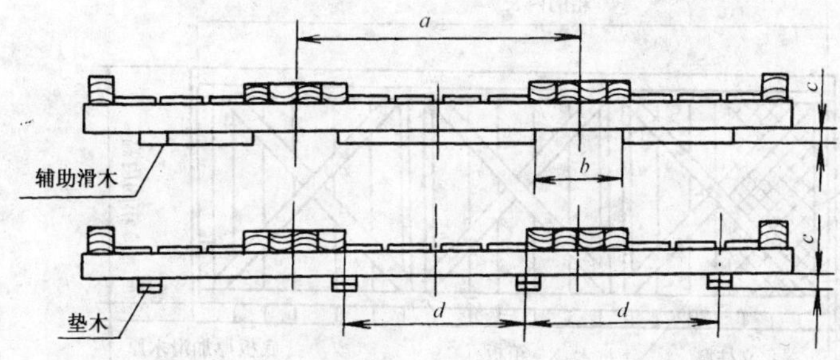

图6 叉车的叉孔

表10 叉孔的尺寸

包装件总重量≤ (t)	a≤ (mm)	b≥ (mm)	c≥ (mm)	d≤ (mm)
3	950	300	45	650
7	1 400	300	60	1 100
10	1 600	400	75	1 100

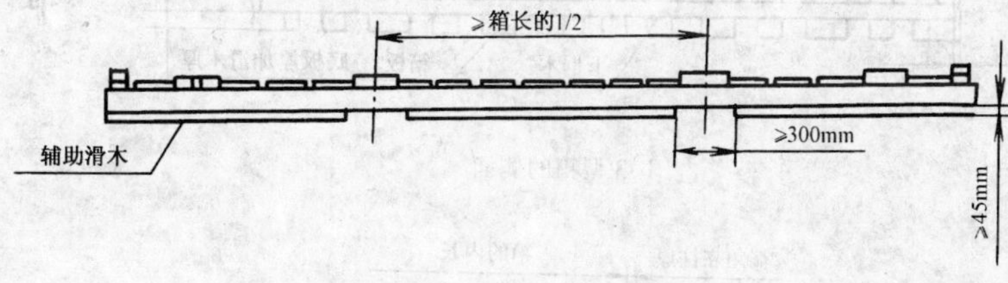

图7 中部挂绳索口

c)端木

端木应用螺栓或钢钉安装在滑木上,端木的尺寸及其与滑木联结用螺栓直径或钢钉按表9规定。

d)底板

封闭箱底板间距不大于10mm,花格箱底板间距不大于200mm,底板一般为整板,若须对接时,只能在中间滑木上对接,但对接板面积不应大于30%。

e)枕木

枕木必须具有足够承受货物质量的能力，其尺寸和数量应按货物质量和载荷形式确定，枕木应用螺栓或钢钉安装在滑木上，安装方法按表11规定。

表11 枕木用螺栓

枕木厚度 (mm)	安装方法
≤60	用钢钉钉
≤90	用M10螺栓紧固
<150	用M12螺栓紧固
≥150	用M16螺栓紧固
注：枕木的厚度不大于90mm时，也可用钢钉与中间滑木联结（枕木厚为90mm时，要用180mm长的钢钉，枕木厚为75mm时，要用150mm长的钢钉），每个联结处至少钉2个钢钉。	

5.2.3.2 侧面与端面

a)I类木箱

1型和3型箱的结构见图8和图9，2型箱的结构见图10和图11。

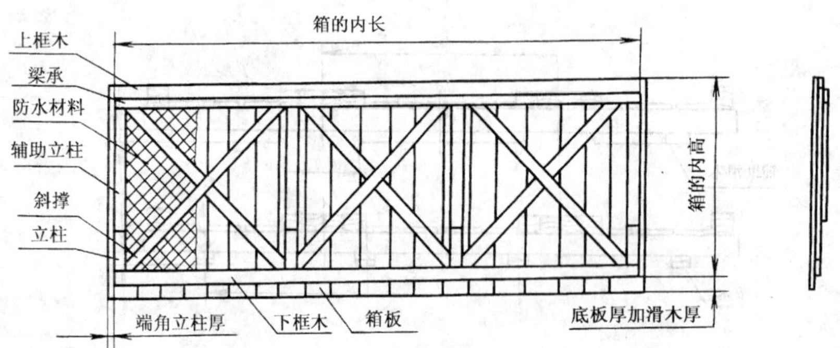

a)1型箱的侧面

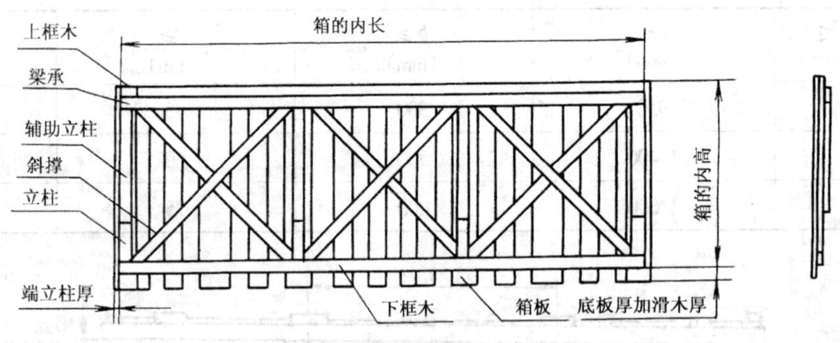

b)3型箱的侧面

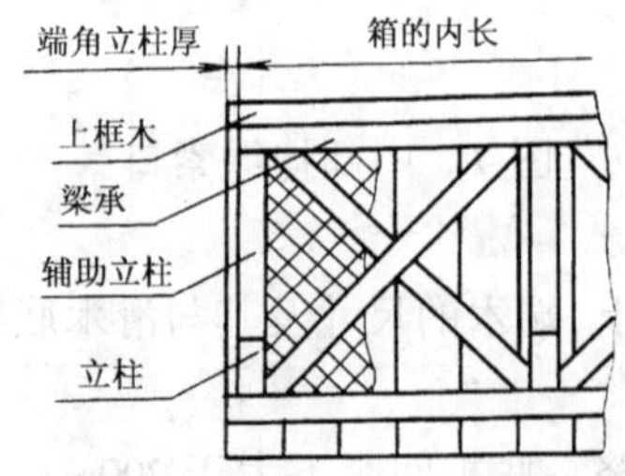

c)上、下框木与角立柱的另一种装配形式(1型、3型箱通用)

图8 侧面(I类的1型和3型箱)

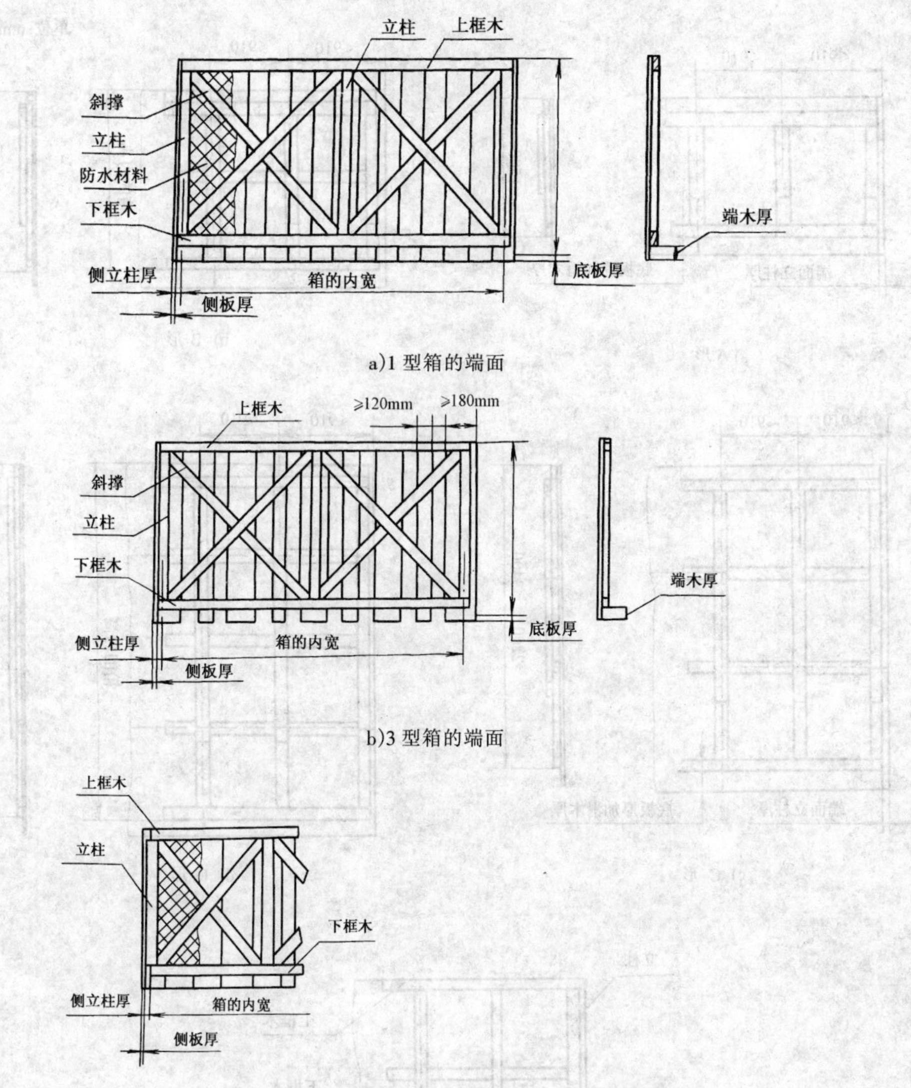

a)1 型箱的端面

b)3 型箱的端面

c)上、下框木与角立柱的另一种装配形式(1 型、3 型箱通用)

图 9　端面(I 类的 1 型和 3 型箱)

框架结构形式和尺寸应按有关规定执行,侧板和端板板厚按表 12 的规定执行;1 型和 3 型箱的箱板应竖铺,1 型箱的侧面、端面沿角立柱铺的箱板的板宽不小于 150mm;箱板的拼接一般采用对口拼缝,需要时也可采用压边接缝;3 型箱沿侧面和端面的角立柱及斜撑交叉的地方所铺的箱板的板宽不小于 180mm(也可用两块板对口拼)。箱板的间隔一般为 60mm,最大不大于 240mm;对于 2 型箱,应尽可能减少胶合板的拼接,如必须拼接时,一般在立柱或平撑的中心线交替平拼,同一箱面上胶合板的纹理方向应一致。

表 12　侧、端板的厚度

内装物重量 (kg)	木板 (mm)	胶合板 (mm)
1 000	15	9
5 000	18	
20 000	21	12

1 型箱的侧面及端面应在框架构件与箱板之间夹以防水材料,防水材料由上框木的上缘铺到下框木的下缘,如图 4 和图 5 所示。防水材料尽可能使用整块材料,需拼接时按 GB 7350 的规定进行拼接。

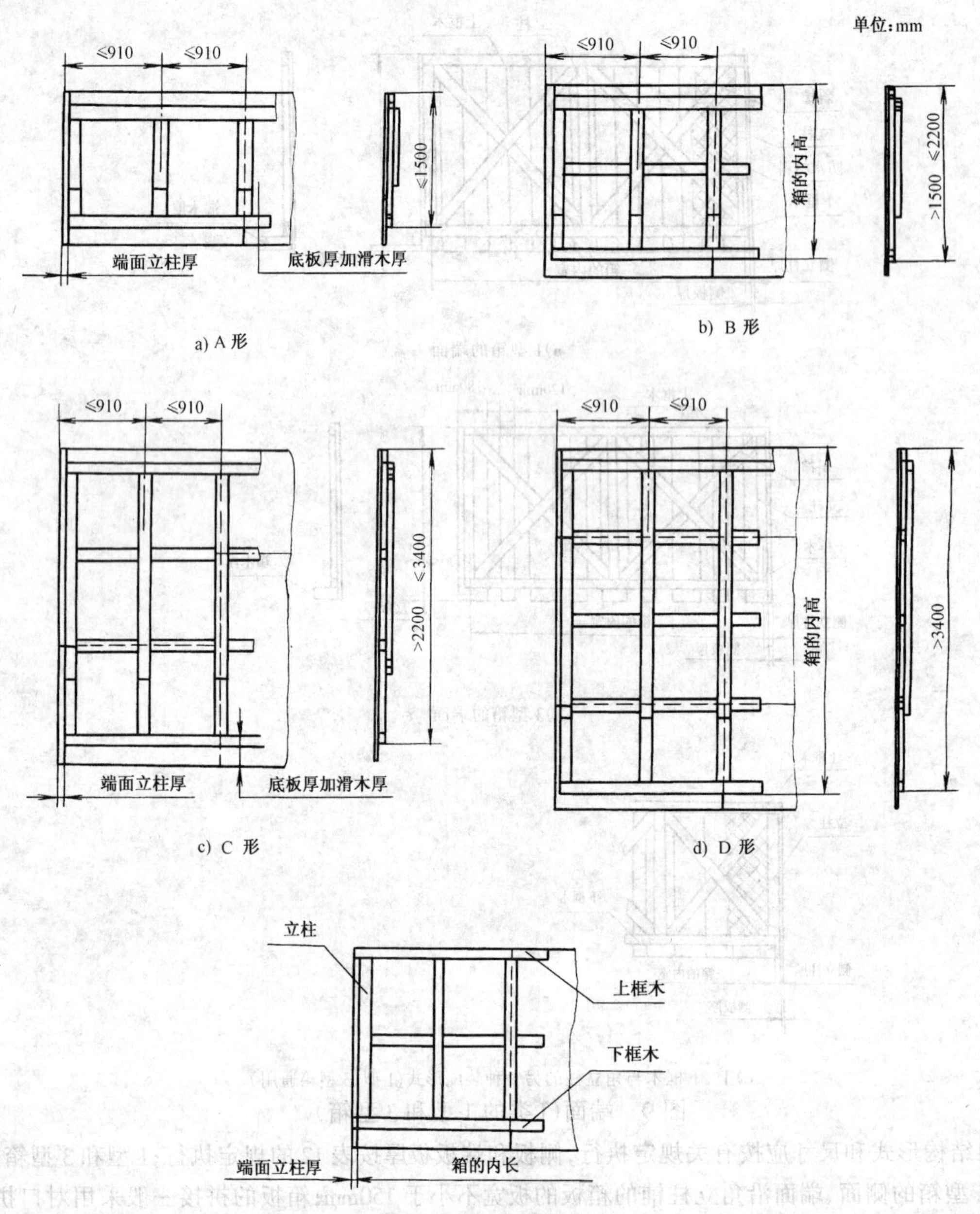

图 10　侧面(Ⅰ类的 2 型箱)

对于 1 型和 2 型箱，要在侧面或端面的上框木附近设置如图 12 所示的通风结构，通风孔上最好再钉上塑料丝窗纱，通风结构的个数按表 13 要求。

表 13　通风结构的个数

木箱的容积 (m^3)	通风结构的个数
≤12	2
>12～26	4
>26～35	6
>35	8

单位：mm

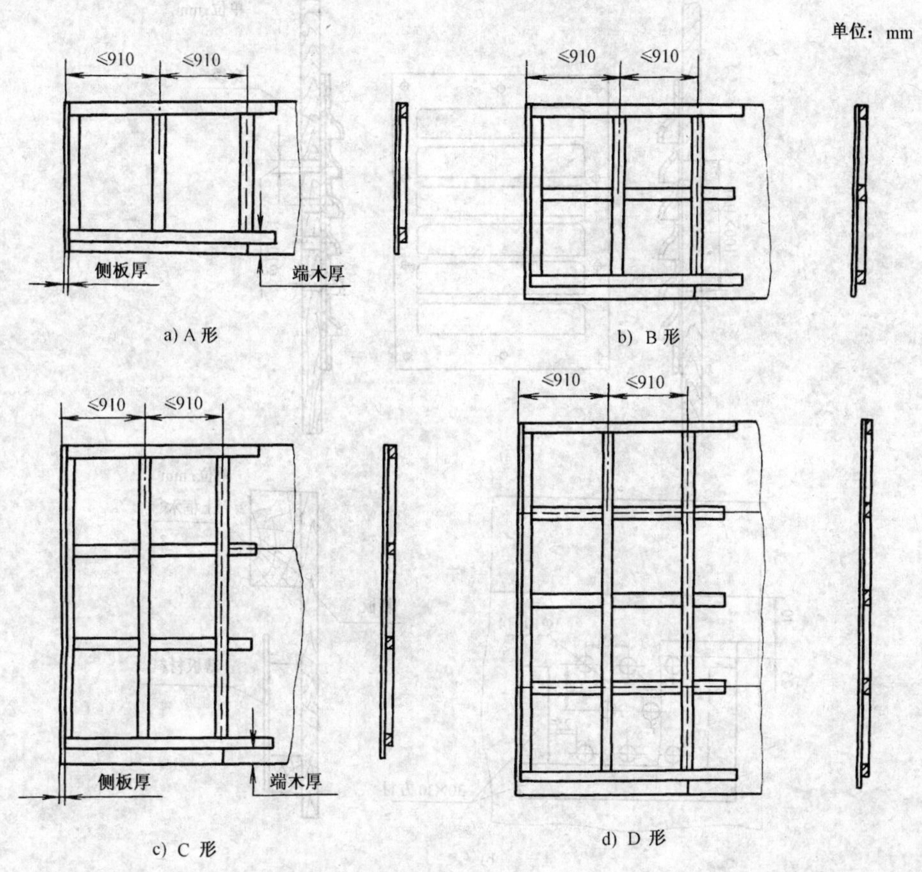

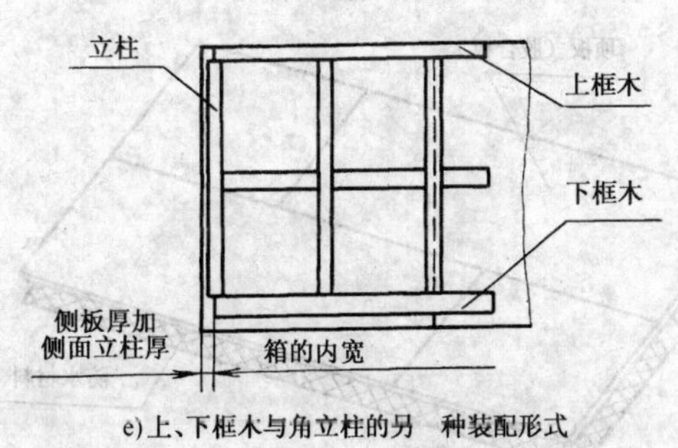

图 11 端面(I类的 2 型箱)

b)II 类木箱

结构见图 3 所示,框架结构形式按有关规定执行,其他规定与 I 类木箱相同。

5.2.3.3 顶盖

顶盖应由横梁、梁撑、连接梁,顶板等构件组成,如:2 型箱(见图 13),其他类型箱与 2 型箱基本相同,一层顶板的封闭箱的顶板下必须按要求铺好防水材料,二层顶板的封闭箱中的一层顶板必须用胶合板。

横梁尺寸应按有关规定选取,中心间隔一般不大于 600mm,若由于内装物上部的突出部分造成横梁中心间隔大于 600mm,且其间的上框木正好是起吊绳索通过的部位,或当木箱较宽时,应对上框及横梁进行加强,见图 14。

梁撑的宽度不小于 50mm,其厚度不小于横梁厚度的 2/3;箱的内宽不足 1 500mm 时不用梁撑,箱的内宽为 1 500 ~ 2 000mm 时仅顶盖的两端钉上梁撑,大于 2 000mm 时沿木箱的中心线在横梁间钉一排梁

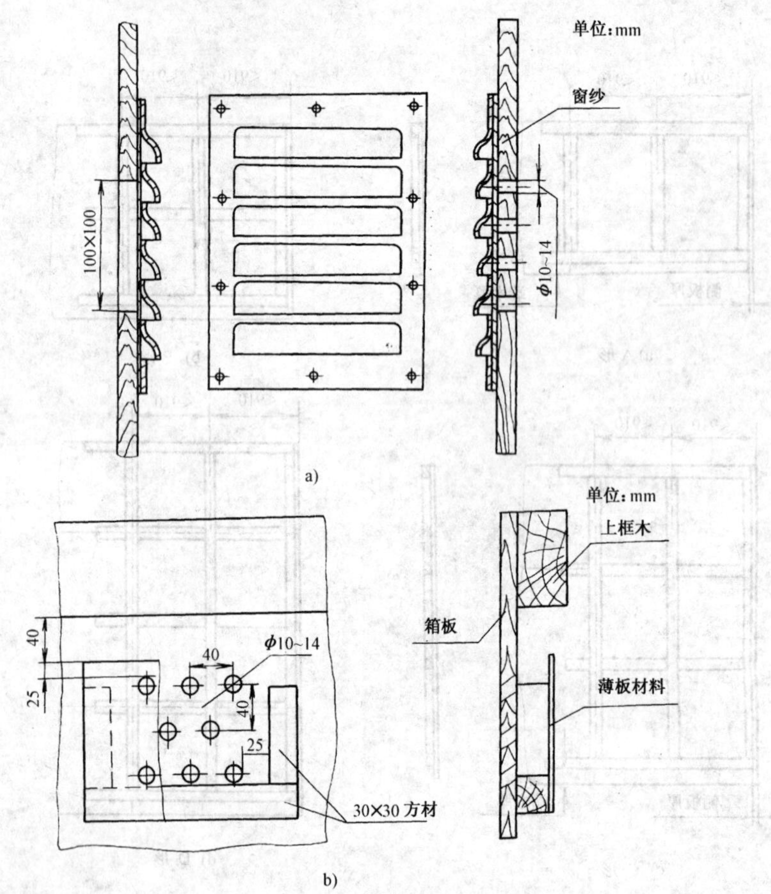

图 12　通风结构

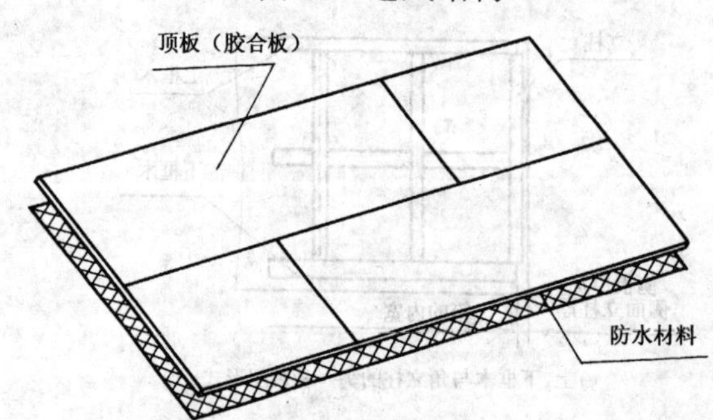

a)2.A 型箱的顶盖

注:与 1.A 型箱一样,可采用钢带或胶合板,纤维等托住防水材料

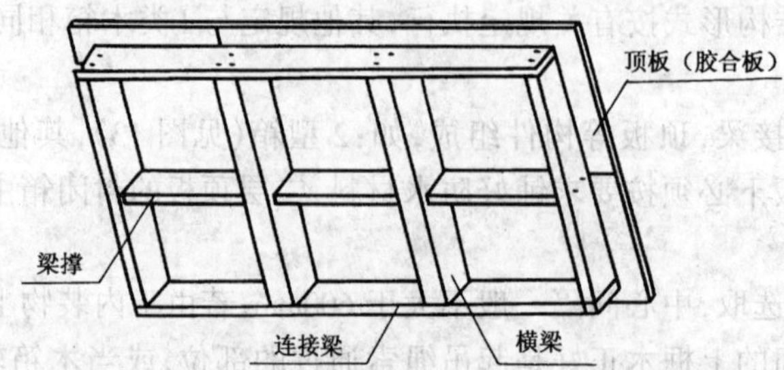

b)2.B 型箱的顶盖

图 13　2 型箱的顶盖

撑，大于 3 000mm 时要钉两排以上的梁撑，梁撑的中心间隔不大于 1 500mm，如图 15 所示。

在 B 型箱的横梁的两端需要有厚度与横梁厚度相同、宽度为 24mm 的连接梁，连接梁的对接方法如图 16 所示。

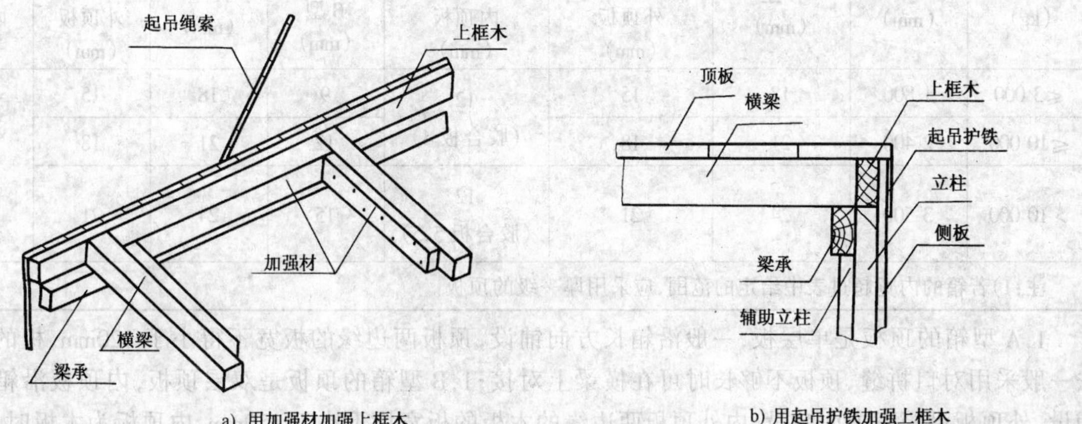

图 14　上框木的加强

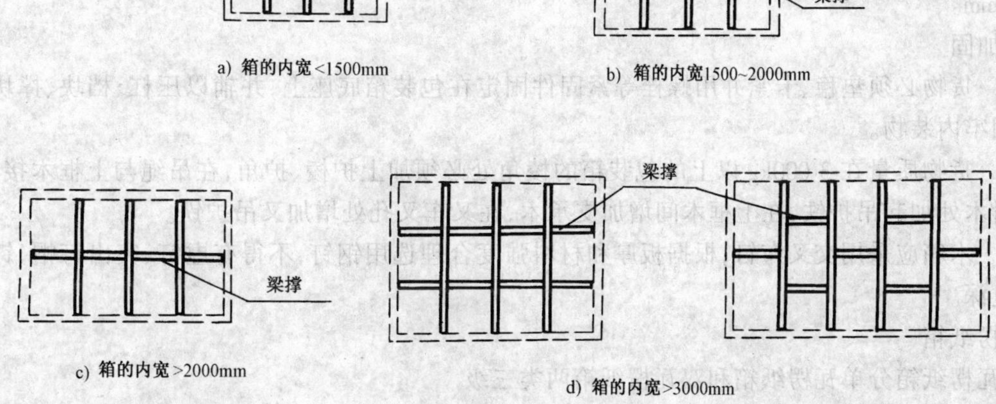

图 15　梁撑

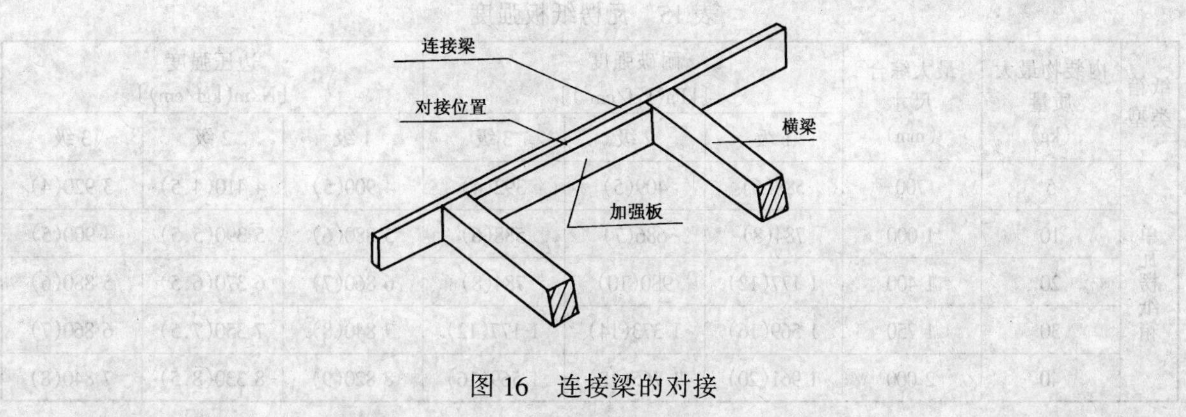

图 16　连接梁的对接

顶板的厚度应按表 14 的规定。

表 14 顶板的尺寸

内装物重量(kg)	箱的内宽[1)]≤(mm)	1 型			2 型	3 型		
		A 型(mm)	B 型		A 型和 B 型(mm)	A 型(mm)	B 型	
			外顶板(mm)	内顶板(mm)			外顶板(mm)	内顶板(mm)
≤3 000	1 800	18	15	12(胶合板 4)	9	18	15	12
≤10 000	2 400	21	18		12	21	18	
>10 000	3 500	24	21	12(胶合板 5.5)	15	24	21	

注:1)若箱的内宽超过表中给定的范围,应采用厚一级的顶板。

1.A 型箱的顶板是单层板,一般沿箱长方向铺设,顶板两边缘的板宽不得小于 120mm,板的拼接方法一般采用对口拼缝,顶板不够长时可在横梁上对接;1.B 型箱的顶板是双层顶板,内顶板沿箱长方向铺设,外顶板沿箱宽方向铺设,内外顶板两边缘的木板的板宽均不小于 150mm,内顶板为木板时,板的间隔不大于 200mm,内顶板不够长时可在横梁上对接;1.A 型箱如采用 B 型箱的双层顶板时,可用钢钉安装,且可不用连接梁;2 型箱的顶板是单层胶合板,其表面的纹理一般应顺箱长方向,胶合板的拼接应在横梁或梁撑的中心线上;3 型箱的顶板是单层板,其铺设方法同 1.A 型箱,板的间隔一般不大于 60mm,板宽不小于 150mm,但两边缘木板板宽不小于 240mm,3 型箱的顶板为双层板,内顶板顺箱长方向铺设板的间隔不小于 300mm,板宽不小于 150mm,外顶板顺箱宽方向铺设板的间隔一般不大于 60mm,板宽不小于 150mm。

5.2.4 加固

5.2.4.1 货物必须垫稳、卡紧并用螺栓等紧固件固定在包装箱底座上,并辅以压杠、档块、撑块、钢带、钢丝等固牢内装物。

5.2.4.2 货物质量在 3 000kg 以上的包装箱的棱角处必须加上护棱、护角,在吊绳与上框木接触处、吊绳通过滑木处加起吊护铁,在上框木间增加支承木,在叉车叉孔处增加叉吊护铁。

5.2.4.3 木箱应采用交叉布钉,根据板厚和材料强度合理选用钢钉,不得有虚钉、突出钉帽、钉尖或钉帽钉得过深。

5.3 瓦楞纸箱

5.3.1 瓦楞纸箱分单瓦楞纸箱和双瓦楞纸箱两类三级

1 级箱主要用于外贸及贵重货物的运输包装,2 级箱主要用于内贸货物的运输包装,3 级箱主要用于短途、低廉货物的运输包装。其制箱用纸板强度与瓦楞纸箱类型、内装物质量、最大综合尺寸(长+宽+高)有关,见表 15。

表 15 瓦楞纸板强度

纸箱类型	内装物最大质量(kg)	最大综合尺寸(mm)	耐破强度〔kPa(kgf/cm²)〕			边压强度〔N/m(kgf/cm)〕		
			1 级	2 级	3 级	1 级	2 级	3 级
单瓦楞纸箱	5	700	588(6)	409(5)	392(4)	4 900(5)	4 410(4.5)	3 920(4)
	10	1 000	784(8)	686(7)	588(6)	5 880(6)	5 390(5.5)	4 900(5)
	20	1 400	1 177(12)	980(10)	784(8)	6 860(7)	6 370(6.5)	5 880(6)
	30	1 750	1 569(16)	1 373(14)	1 177(12)	7 840(8)	7 350(7.5)	6 860(7)
	40	2 000	1 961(20)	1 765(18)	1 569(16)	8 820(9)	8 330(8.5)	7 840(8)

表 15 （完）

纸箱类型	内装物最大质量(kg)	最大综合尺寸(mm)	耐破强度〔kPa(kgf/cm²)〕			边压强度〔N/m(kgf/cm)〕		
			1级	2级	3级	1级	2级	3级
双瓦楞纸箱	15	1 000	784(8)	686(7)	588(6)	6 860(7)	6 370(6.5)	5 880(6)
	20	1 400	1 177(12)	980(10)	784(8)	7 840(8)	7 350(7.5)	6 860(7)
	30	1 750	1 569(16)	1 373(14)	1 177(12)	8 820(9)	8 330(8.5)	7 840(8)
	40	2 000	1 961(20)	1 765(18)	1 570(16)	9 800(10)	9 310(9.5)	8 820(9)
	55	2 500	2 550(26)	2 158(22)	1 960(20)	10 780(11)	10 290(10.5)	9 800(10)

5.3.2 纸箱接头钉合搭接舌边宽度应为 35～50mm，采用金属钉沿搭接部分中线的钉合方法制作，钉距均匀，单排钉距不大于 55mm，双排钉距不大于 75mm，头尾钉距底面压痕边线不大于 20mm。钉合接缝应钉牢、钉透、不得有叠钉、翘钉，不转角。

5.3.3 瓦楞纸箱装箱时应用隔档、垫板、底座插架等附件，以及其他防护物料衬垫妥实。

5.3.4 瓦楞纸箱可采用钉合、全粘合或用塑料胶带封箱等方式封箱，贵重及小件货物须采用全粘合加塑料胶带封箱，按货物质量及其流通条件，瓦楞纸箱还可用塑料打包带进行井字型捆扎加固，见图 17。

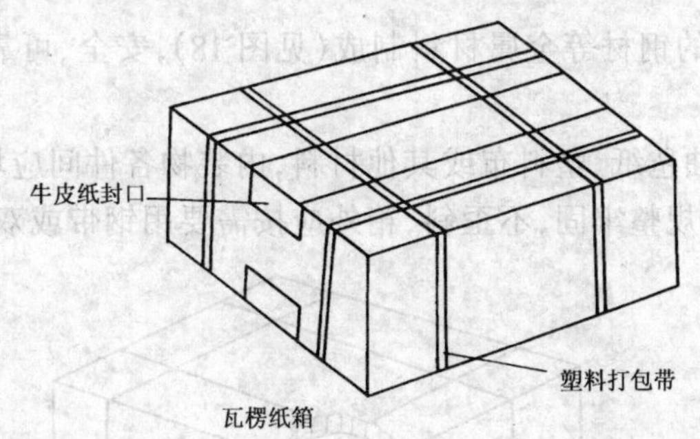

图 17 瓦楞纸箱封口、捆扎示意图

5.4 钙塑瓦楞箱

5.4.1 钙塑瓦楞箱分为二级，1 级主要用于内贸物品的运输包装，其空箱抗压力不得小于 5 500N；2 级主要用于短途、低廉物品的运输包装，其空箱抗压力不得小于 4 000N；钙塑瓦楞板物理机械性能见表 16，其厚度应大于 4mm，瓦楞筋数大于 13 根/100mm。

表 16 钙塑瓦楞板物理机械性能

项目	指标	
	1 级	2 级
拉断力≥(N)	350	300
断裂伸长率≥(%)	10	8
平面压缩力≥(N)	1 200	900
垂直压缩力≥(N)	700	550
撕裂力≥(N)	80	60
低温耐折	－40℃不裂	－20℃不裂

5.4.2 钙塑瓦楞箱钉箱应选用有镀层的低碳钢扁丝制成的箱钉,箱钉间距;单排钉不大于 55mm,双排钉不大于 75mm,头尾钉离上、下盖压痕线距离为 5~15mm。

5.4.3 钙塑瓦楞箱其它要求同 5.3.2~5.3.4。

5.5 塑料箱

5.5.1 塑料箱表面应光滑、平整、完整、无裂损,不允许有明显凹陷,边缘及端手部位无毛刺。绕口处不影响箱子平置,侧壁变形率每边不大于 1.0%。

5.5.2 塑料箱箱底应有配合牙槽,同型同规格箱应具有防滑垛性能。

5.5.3 塑料箱主要物理机械性能见表 17。

表 17 塑料箱主要物理机械性能

指标名称	指标
箱底承重变形量	箱底平面下弯量≤10mm
收缩变形率	箱体内对角线变化率≤1.0%
堆码强度	箱体承压后侧壁变形量<5mm
悬挂强度	不允许产生裂纹

5.6 金属箱

5.6.1 金属箱应用足够强度的钢材等金属材料制成(见图 18),安全、可靠,并有可供安全装卸的叉吊等装置。

5.6.2 箱内壁应根据需要衬油毡纸、塑料布或其他材料,内装物各件间应填实固定以防窜动碰撞。

5.6.3 金属箱应严密,箱体应规整牢固,不歪斜,箱外应按需要用钢带或双股铁线等方法捆扎加固。

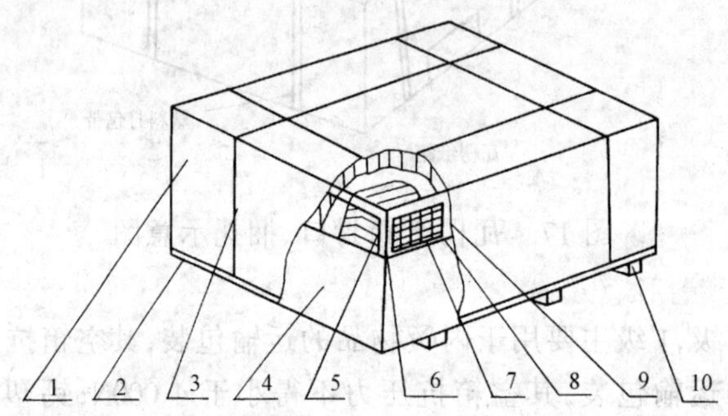

图 18 金属箱

1-包装铁盒;2-木垫板;3-捆带;4-围板;5-钢板;6-护角;7-气相锈纸;8-塑料薄膜;9-波纹纸;10-垫木

5.7 钢桶

5.7.1 应按内装物特性、密度等选择合适的桶型和制桶薄钢板厚度,钢桶按材料分类,见表 18。

5.7.2 桶身、桶顶、桶底均应由整张薄钢板制成,桶身至少有两道环箱或两端具有 3~7 道波纹,并采用电阻焊焊接焊缝,桶身与桶顶、桶底的卷封应充有密封性好且与内装物适应的密封填料。

5.7.3 封闭器应配套齐全,装配后密封良好,小开口钢桶装配后的高度应低于桶卷边沿口。

5.7.4 钢桶外观圆整、无毛刺、无机械损坏,卷边无铁舌。

5.8 铝桶

5.8.1 铝桶分为闭口铝桶和开口铝桶二种(见图 19、图 20)。

5.8.2 制桶材料应使用无杂质、无沙眼、厚度均匀的纯铝或铝合金板,制板厚度不得小于 3mm。

5.8.3 桶的全部接缝必须采用焊接,如有凸边接缝,应用与桶不相连的加强箍予以加强。

5.8.4 容积大于 60L 的桶,至少有两个与桶身不相连的金属滚箍套在桶身上,使其不得移动。滚箍采用焊接固定时,不允许点焊,滚箍焊缝与桶身焊缝不得重叠(见图 19)。

表 18　钢桶按材料厚度分类

容量(L)	重型桶(mm)	中型桶(mm)	次中型桶		轻型桶(mm)
			桶　身(mm)	桶顶底(mm)	
200	1.5	1.2	1.0	1.2	1.0
100	1.2	1.0	0.8	1.0	0.8
80					
63	1.0	0.8	——	——	0.5～0.6
50			0.6	0.8	
45	0.8	0.6	——	——	
35	0.6	0.5	——	——	0.3～0.4
25			——	——	
20			——	——	

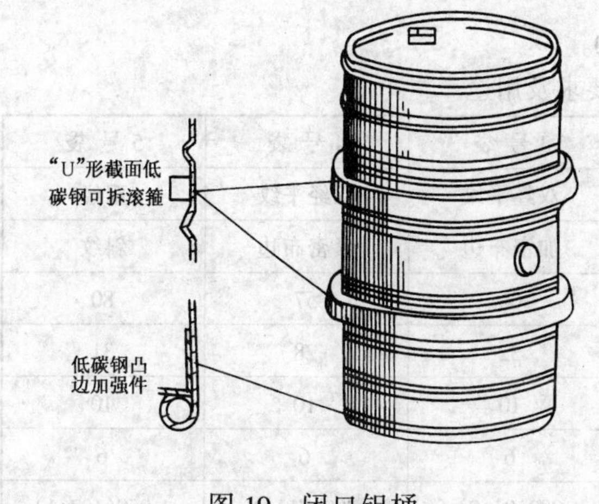

图 19　闭口铝桶

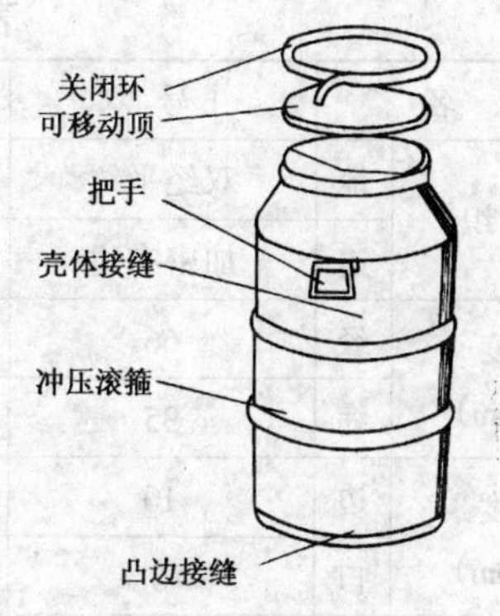

图 20　开口铝桶

5.9　木桶

5.9.1　木桶应选用无虫蛀、无裂纹、无腐朽的杉木、松木、椴木、柳木等材料，桶内壁、内盖、内底必须光滑，内底必须嵌入桶壁、板缝之间，桶壁和内底必须用脲醛树脂胶类粘合剂粘接，桶箍材料应用 12～15mm 宽，1～1.5mm 厚的镀锌铁皮，也可选用 8# 镀锌铁丝做箍；竹箍必须选用经防虫处理、韧性好、强度大的竹材，以厚 2mm，宽 5mm 的竹条编成 3 股作箍，内装质量为 25kg 时用三道箍，50kg 时用四道箍。

5.10　硬塑料桶

5.10.1　硬塑料桶由桶体、外盖、内盖装配组成，外盖与桶口要松紧适宜，并需有足够的强度。

5.10.2　桶体不裂、不漏、变形量小、无老化现象。

5.10.3　桶体最小壁厚、均匀性应符合表 19 的规定。

5.11　胶合板(纤维板、硬纸板)桶

5.11.1　应按内装物特性、密度等选择合适的板桶及桶厚度。

5.11.2　桶身、桶顶、桶底均应由整张板材制成，桶底、桶盖也可用木板或其他材料制成。桶口上、下部采用桶箍固定。

5.11.3　外观应圆整，无明显凹瘪、歪斜；桶体光滑，无机械损伤、无皱褶、无开胶；桶箍应牢固、平整，无锈蚀、剥层和龟裂；封闭器应连接牢固开启灵活，闭合后桶盖与桶体封闭良好。

5.11.4　盛装粉状、粒状、乳状物时应内衬适当塑料袋，并封牢袋口。

表 19　桶体最小壁厚及均匀性

规格(L)	最小壁厚(mm)	对称部位壁厚比
50	1.5	1.3:1
60	1.7	
70	1.9	
80	2.1	
100	2.2	
120	2.3	
140	2.4	
150	2.5	
160	2.7	
200	3.0	

5.12　麻袋

5.12.1　麻袋分为五种型号,其技术要求和用途见表 20。

表 20　麻袋技术要求及用途

品名		1号袋	2号袋	3号袋	4号袋	5号袋
组织	地	双经平纹	双经平纹	双经平纹	双经平纹	双经
	边	加密布边	加密布边	加密布边	紧密布边	斜纹
经纬密度(根/100mm)	经	66	66	66	57	80
	纬	35	32	32	28	31
缝针密度(针/100mm)	边	10	10	10	10	10
	口	6	6	6	6	6
断裂强力〔N(kgf)〕	经	920(93.8)	900(91.8)	900(91.8)	700(71.4)	1 050(107.1)
	纬	1 050(107.1)	1 000(102.0)	1 000(102.0)	700(71.4)	900(91.8)
	边	725(74.0)	675(68.8)	675(68.8)	480(49.0)	600(61.2)
尺寸(mm)	长	1 070	1 070	900	1 050	1 120
	宽	740	740	580	740	680
主要用途		盛装粮食	盛装一般颗粒物资	盛装一般颗粒物资	盛装颗粒较大物资	盛装颗粒较小物资

注:袋口缝针密度是指用双股线缝者,若用单纱缝时,其密度是 10 针/100mm。

5.12.2　麻袋应用一块或两块麻布用卷绕法或连锁法缝制,缝合不是布边时,应折边缝合。

5.12.3　麻袋可采用缝包机或手工进行缝口,袋口对齐,针距:固定机械缝包 12~14mm,手提机械缝包不大于 8.5mm,手工缝包不大于 30mm;缝线应使用脱胶、熟麻麻线:3~4 股,直径为 3~3.5mm,拉力为 22.5~29.4N。

5.12.4　在离袋边 50mm 处应做成马耳,两马耳的捆绳牢固,在搬运过程中不开线、不破包、不撒漏。

5.13　塑料编织袋

5.13.1　塑料编织袋分为三种型号,其主要技术参数见表 21。

5.13.2　塑料编织袋应采用足够强度的缝线缝制。外观应光滑、平整,无明显起毛,不允许缝边、底的缝线脱针、断线、未缝住卷折处。

5.13.3 塑料编织袋不适用于装坚硬棱角的块状物料，盛装粉状货物时，应按货物特性采取内衬薄膜袋或涂塑等措施防护，不渗、不喷。

表21 塑料编织袋主要技术参数

型号		A	B	C
允许载重（kg）		20～30	30～50	50～60
经密×纬密（根/100mm）		36×36	40×40	48×48
拉断力 ≥（N/50mm）	经向	550	650	800
	纬向	550	650	800
	缝边向	300	350	400
	缝底向	250	300	350

5.13.4 塑料编织袋充装温度应不超过80℃。

5.14 布袋

5.14.1 布袋用于粉状货物包装，分为三种型号，1号、2号袋为省、市间通用，3号袋为地产、地销使用，其主要技术参数见表22。

表22 布袋主要技术参数

型号		纯棉白布1号袋	维棉白布2号袋	维棉白布3号袋
密度（根/100mm）	经	236	236	271.5
	纬	220	220	271.5
断裂强度（N/15×200mm）	经	431.2	470.4	338.1
	纬	412.6	441	357.7

5.14.2 布袋应采用无裂口、破洞的整块新布料制袋。

5.14.3 布袋应采用强度不低于272.4×5N的棉线缝制，针距为(18～21)/100mm，袋侧边宽度为15mm，袋底边宽度为10mm。

5.14.4 布袋盛装后应采用272.4×3N棉线封口，针距不少于18针/100mm，留线长度大于15mm。

5.14.5 布袋制袋和封口均不得漏缝、跳线。

5.15 纸袋

5.15.1 纸袋应根据运输条件选用适当强度数层纸袋纸制作。纸袋纸分为U、A、B、C四级，其技术指标见表23，纸上不应有洞眼、裂口、折子等影响使用的外观纸病。

5.15.2 纸袋应采用足够强度的缝线缝制或粘胶剂粘制。外观应平整、无裂口、无脱线、无脱胶、无粘膛。

5.15.3 纸袋不适用于装坚硬棱角的块状物料。盛装粉状货物时，应按货物特性采取内涂塑等措施防护、货物不渗、不喷。

5.15.4 纸袋充装温度应不超过60℃。

5.16 集装袋

5.16.1 集装袋应采用聚烯烃材料制作，分为小于1、2、3吨袋三种，其主要技术参数见表24。

5.16.2 集装袋应平直，无脱针，断线，无浮线、吊针，起针和落针处回针不少于3针，吊带长度应相等，搭缝处要均匀、平直，不得有明显缺经少纬，不得有明显疵点，表面不允许有明显污迹。

5.17 筐、篓、笼

5.17.1 编制筐、篓、笼的荆、柳、藤、竹等应质地良好，不朽不烂、无虫蛀，编制紧密结实，并有提手，条尖向内、边缘整齐，当装质量较大的货物时应加立筋。

5.17.2　货物装筐(篓、笼)时，应按货物性质进行必要的衬垫、固定等防护。

5.17.3　上盖应大于筐(篓、笼)口，并用绳，铁丝等捆扎牢固。

表 23　纸袋纸主要技术指标

指标名称	单　位	规　定			
		U 级	A 级	B 级	C 级
定量	g/m^2	$80.0^{+3.0}_{-4.0}$			
撕裂度≥ (纵向)	mN (gf)	960 (98)	930 (95)	880 (90)	880 (90)
抗张强度≥ (横向)	kN/m (kgf/15mm)	2.95 (4.50)	2.15 (3.30)	2.95 (3.00)	1.95 (3.00)
伸长率≥ (纵向)	%	2.5	2.3	2.0	2.0

表 24　集装袋主要技术参数

型　　号	≤1 吨袋	≤2 吨袋	≤3 吨袋
纵横向抗拉强度 (N/50mm)	≥1 470	≥1 646	≥1 960
每根吊带、吊绳抗拉强度	$\geqslant 6W/n$		
W——最大载重量； n——吊带、吊绳根数；环形连接时为 $2n$。			

5.18　坛、罐、缸

5.18.1　坛(罐、缸)置于水平面上应平整稳定；不得有裂穿和渗漏现象，其缺陷按有关要求一般不得超过 5 种。封口牢固、严密。

5.18.2　坛(罐、缸)外应用竹箩、藤箩、花格木箱等套装，用松软物品隔垫妥实，或用绳索缠绕，防止破损。

5.19　布包

5.19.1　布包应选择足够强度的包布进行包装，内衬薄膜袋，包布不应有破口。覆盖完整严密，成包后布包搭头叠盖应不小于 60mm，包头布两端也应留出不小于 40mm 的折进，缝入包内。

5.19.2　布包必须缝严，包头必须缝牢，缝包针距一般不得超过 25mm。

5.19.3　布包应用绳索或铁线、钢带捆扎，捆扎应结实，均匀，做到不开口、不断线、不变形，捆扎道数与包长有关：包长在 680mm 以下的捆三道，包长在 680 ~ 1 000mm 的捆四道，包长在 1 000mm 以上的捆五道。

5.20　纸包

5.20.1　应选用克重不低于 $80g/m^2$ 的坚韧牛皮纸裹包。

5.20.2　纸包必须包严成型，并用塑料打包带或绳索以“井”字捆牢。

5.21　捆扎

5.21.1　捆扎应按被捆货物特性、件重、捆型选择合适的夹具和捆扎材料，重、长大件的捆扎应选用优质镀层截面或直径大的钢带、铁丝捆扎，并附有垫木或托架；其捆扎方式及捆扎道数因被捆货物的性质、规格、形式、质量的不同而不同，钢板、钢带、钢管、钢丝的捆扎要求见表 25 ~ 表 28，其捆扎图示见图 21 ~ 图 24。

表 25　钢板捆扎要求

品　　种	质量 (kg)	长、宽度 (mm)	捆扎道数≥	包　　装
冷轧薄钢板	<2 000	宽≤1 000	2	封闭包装,底用托架托起
		宽>1 000	3	
		长≤1 000	2	
		长 1 000~2 000	3	
		长>2 000	5	
一般热轧钢板	≤10 000	——	4	裸露包装
不锈钢板,酸洗钢板	≤3 000	——	纵 2 横 3	封闭包装,捆扎处加护角
电镀锡薄钢板	——	——	纵 2 横 3	封闭包装,底用垫木托起捆扎处加护角
彩色涂层钢板	≤2 000	——	纵 2 横 3	封闭包装,底用垫木托起捆扎处加护角

表 26　钢带捆扎要求

品　　种	质量 (kg)	宽度 (mm)	捆扎道数≥	包　　装
冷轧钢带	≤2 000	≤300	径向 3	封闭包装
	≤5 000	>300	周向、径向各 3	封闭包装,端部加内、外护角钢圈,钢板护圈或塑料护圈
热轧钢带	≤10 000	>300	周向 4 或 周向 3、径向 1	裸露包装,捆扎处径向加护角
电镀锡和 彩色涂层钢带	≤4 000	——	周向、径向各 3	封闭包装,端部加内、外护角钢圈、钢板护圈或塑料护圈

表 27　钢管捆扎要求

质量 (kg)	长度 (mm)	最少捆扎道数	包　　装
≤5 000	≤3 000	2	裸露包装
	3000~4 500	3	
	4 500~7 000	4	
	7 000~10 000	5	
	>10 000	6	

表 28　型钢捆扎要求

质量 (kg)	长度 (mm)	最少捆扎道数	包　装
≤2 000	≤6 000	4	裸露包装
	>6 000	5	
2 000~4 000	≤6 000	3	
	>6 000	4	
>4 000	≤6 000	3	
	>6 000	3	

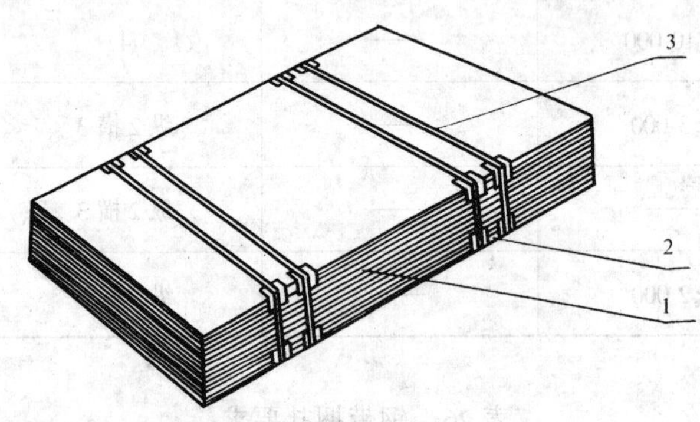

图 21　钢板捆扎

1-钢板;2-护角;3-捆带

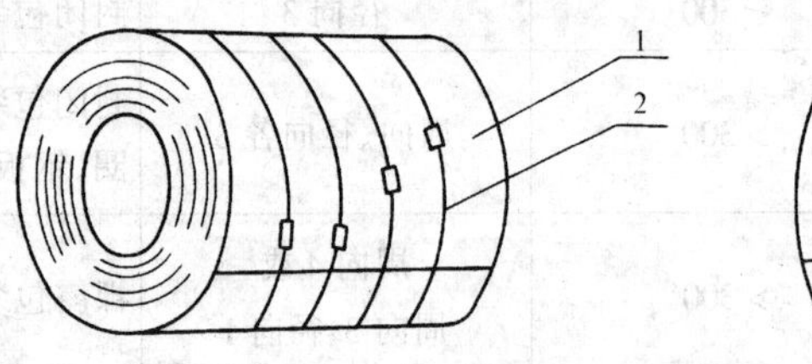

图 22　钢带捆扎

1-钢带;2-捆带

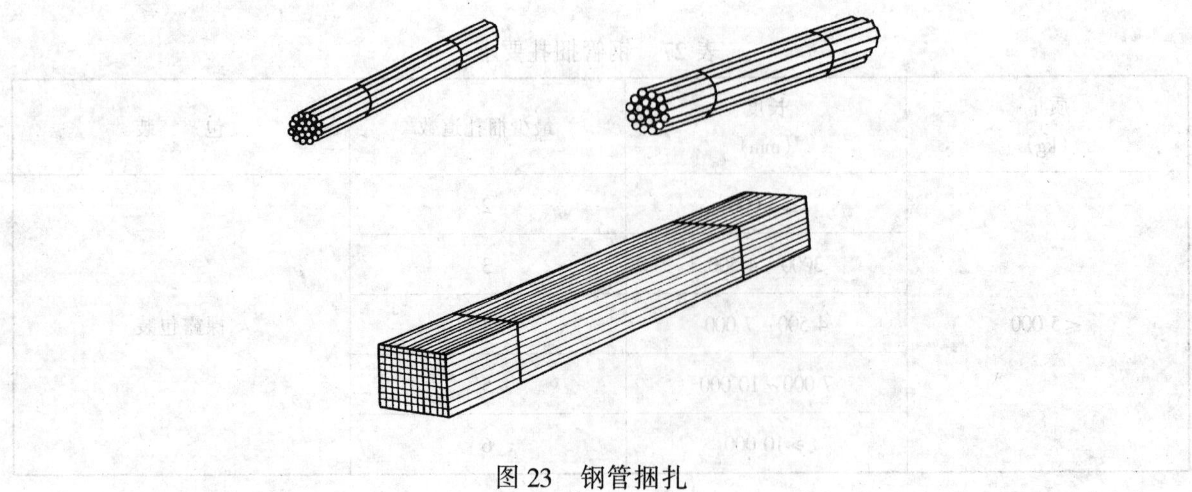

图 23　钢管捆扎

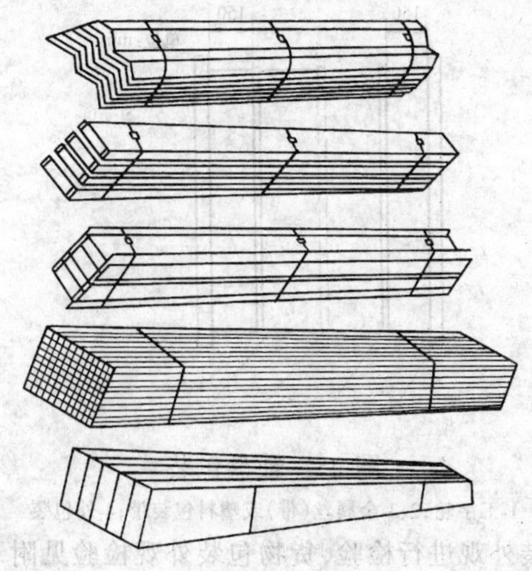

图 24　型钢捆扎

5.22　局部包装

5.22.1　局部包装应能保护货物本身安全，又不影响其他货物安全，同时货物包装应方便运输、装卸、储存。

5.22.2　对运输、装卸、储存中易损坏的部位应妥善包装防护，防护材料安全、可靠、牢固。

5.23　夹板包装

5.23.1　夹板包装一般应选用木夹板进行包装。

5.23.2　每块木夹板上应加数根横木档，木夹板长度在 1 000mm 以内的加三根横木档，在 1 000mm 以上的加四根木档。

5.23.3　木板含水不得超过 20%，木夹板厚度不应小于 12mm，木档尺寸不得小于 70mm × 30mm（或 80mm × 24mm）；木夹板的长宽应比被包装物的尺寸大 5 ~ 10mm；木夹板表面应平整，钉子不得突出在木夹板表面，板缝不得超过 5mm，板面不应有直径大于 30mm 的窟窿。

5.23.4　夹板夹护的货物应摆放整齐，不得搭接，并应采取适当的防护措施。

5.23.5　夹板包装必须以钢带或不小于 10# 的铁丝，在木档中央打紧、拧牢，不得偏斜，松紧适度，不得因运输搬运造成货物扭斜。

5.24　轴盘

5.24.1　轴盘应选用木材、钢、钢木或其他适当材料制成，应具有足够的强度，以保证正常的运输中不致损坏，木质轴盘中心轴孔一般应用金属材料加固。

5.24.2　绳、缆应在盘内紧密缠绕，排绕整齐，端头固定结实，轴盘外缘比绳缆最外层应高出绳、缆直径的 2 倍或 30mm。

5.24.3　轴心和缠绕外层应按需要衬垫防潮材料，并用金属丝（带）或塑料包装带在距轮缘内侧不大于 150mm 处捆扎两道，如两捆扎道间距大于 500mm 时，还应在中间部位增加一道，见图 25。

5.24.4　轴盘包装还可增加盘内侧衬防护材料，外层再用木板或其他相当的防护材料覆盖，最后用金属丝（带）捆扎。

5.25　特种包装

5.25.1　特种包装应按货物（如：大型动物、毒蛇、猛兽等）性质、重量和特殊要求设计，应能保证货物安全，便于搬运装卸，防止危及外界安全。

6　货物包装检验

6.1　包装外观检验

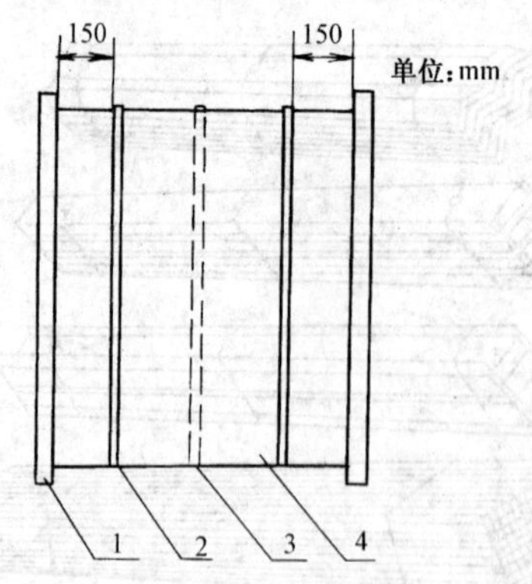

图25 轴盘包装

1-工字轮；2、3-金属丝（带）或塑料包装带；4-外包装

在交接货物时应对货物包装外观进行检验，货物包装外观检验见附录A（提示的附录）。对不合乎要求的项目加以记录，并由交接双方签字，以备查对。

6.2 包装验证

6.2.1 在货物包装破损，引起交接双方纠纷时，查阅交接记录，对包装外观检查合格的货物应按本标准进行包装验证。

6.2.2 包装验证应根据运输过程中的环境条件由双方确认选择试验项目，一般应做堆码、振动、垂直冲击跌落和水平冲击试验，试验方法应按 GB/T 4857.16、GB/T 4857.10、GB/T 4857.5、GB/T 4857.11 或 GB 5398 进行，试验量值见 GB/T 4857.18，试验样品一般应为实物。

6.2.3 货物按规定项目试验后，捆扎完好、包装完整、内货不外漏为包装合格。

附录 A （提示的附录）

货物包装基本要求提要

货物包装基本要求提要见表 A1。

表 A1　货物包装基本要求提要

序号	包装类别	包装形式	要　　求	限重(容)
1	箱类	普通木箱	(1)根据货物性质、价值、体积、重量,合理选用箱型和材种。 (2)封闭箱箱板厚度不少于 12mm,横档厚度不少于 15mm;花格箱箱板厚度不小于 15mm。木箱组装用钉长为箱板厚两倍,不得有虚钉。 (3)木箱应采取箱档、钢带或铁丝包棱、角铁和其他措施加固,当货物重量在 20kg 以下,且箱体积在 $0.2 \sim 0.4m^3$ 时,也可用塑料打包带捆扎加固。	~200kg
		框架木箱	(1)根据货物性质、价值、体积、重量,合理选用箱型和材种。 (2)木材应在允许的缺陷限度内使用,箱的侧、端板的木板厚度不少于 15mm;胶合板厚度不少于 9mm;木箱应采用交叉布钉,不得有虚钉、突出钉帽、钉尖或钉帽钉得过深。 (3)货物质量在 3 000kg 以上的包装箱的棱角处必须加上护棱、护角,在吊绳与上框木接触处、吊绳通过滑木处加起吊护铁,在上框木间加支承木,在叉车叉孔处增加叉吊护铁。	500~20 000kg
		瓦楞纸箱	(1)使用纸箱包装,箱内须有较适宜的内包装,并在纸箱上下各加 1 层硬纸板,以增强纸箱包装的抗压能力;对高档商品使用的纸箱,必须采用机制纸板制作。 (2)纸箱接头钉合搭接舌边宽度应为 35~50mm,采用金属钉沿搭接部分中线的钉合方法制作,钉距均匀,单排钉距不大于 55mm,双排钉距不大于 75mm,头尾钉距底面压痕边线不大于 20mm。钉合接缝应钉牢、钉透、不得有叠钉、翘钉,不转角。 (3)瓦楞纸箱装箱时应用隔档、垫板、底座插架等附件,以及其他防护物料衬垫妥实。 (4)瓦楞纸箱可采用钉合、全粘合或用塑料胶带封箱等方式封箱,贵重及小件货物须采用全粘合加塑料胶带封箱,按货物质量及其流通条件,瓦楞纸箱还可用塑料打包带进行井字型捆扎加固。	55kg
		钙塑瓦楞箱	(1)钙塑瓦楞箱箱板厚度应大于 4mm,瓦楞筋数大于 13 根/100mm。 (2)钙塑瓦楞箱钉箱应选用有镀层的低碳钢扁丝制成的箱钉,箱钉间距:单排钉不大于 55mm,双排钉不大于 75mm,头尾钉离上、下盖压痕线距离为 5~15mm。	30kg
		塑料箱	(1)塑料箱表面应光滑、平整、完整、无裂损,不允许有明显凹陷,边缘及端手部位无毛刺。 (2)塑料箱箱底应有配合牙槽,同型同规格箱应具有防滑垛性能。	50kg
		金属箱	(1)金属箱应用足够强度的钢材等金属材料制成,安全、可靠,并有可供安全装卸的叉吊等装置。 (2)金属箱应严密,箱体应规整牢固,不歪斜,箱外应按需要用钢带或双股铁线等方法捆扎加固。	~2 000kg

表 A1(续)

<table>
<tr><th>序号</th><th>包装类别</th><th>包装形式</th><th>要 求</th><th>限重(容)</th></tr>
<tr><td rowspan="5">2</td><td rowspan="5">桶类</td><td>钢桶</td><td>(1)应按内装物特性、比重等选择合适的桶型和制桶薄钢板厚度。
(2)桶身、桶顶、桶底均应由整张薄钢板制成,桶身至少有两道环筋或两端具有3~7道波纹,并采用电阻焊焊接焊缝,桶身与桶顶、桶底的卷封应充有密封性好且与内装物适应的密封填料。
(3)封闭器应配套齐全,装配后密封良好,小开口钢桶装配后的高度应低于桶卷边沿口。
(4)钢桶外观圆整、无毛刺、无机械损坏,卷边无铁舌。</td><td>200L</td></tr>
<tr><td>铝桶</td><td>(1)制桶材料应使用无杂质、无沙眼、厚度均匀的纯铝或铝合金板,制板厚度不得小于3mm。
(2)桶的全部接缝必须采用焊接,如有凸边接缝,应用与桶不相连的加强箍予以加强。
(3)容积大于60L的桶,至少有两个与桶身不相连的金属滚箍套在桶身上,使其不得移动。滚箍采用焊接固定时,不允许点焊,滚箍焊缝与桶身焊缝不得重叠。</td><td>50~200L</td></tr>
<tr><td>木桶</td><td>(1)木桶应选用无虫蛀、无裂纹、无腐朽材料,桶内壁、内盖、内底必须光滑,内底必须嵌入桶壁、板缝之间,桶壁和内底必须用脲醛树脂胶类粘合剂粘接。
(2)桶箍材料应用12~15mm宽,1~1.5mm厚的镀锌铁皮,也可选用8#镀锌铁丝做箍;竹箍必须选用经防虫处理、韧性好、强度大的竹材,以厚2mm,宽5mm的竹条编成3股作箍,内装质量为25kg时用三道箍,50kg时用四道箍。</td><td>50kg</td></tr>
<tr><td>硬塑料桶</td><td>桶体必须无老化、不裂不漏、无沙眼。桶盖拧紧不渗漏。严寒地区不得使用。</td><td>50~200L</td></tr>
<tr><td>胶合板(纤维板、硬纸板)桶</td><td>(1)桶身、桶顶、桶底均应由整张板材制成。桶口上、下部采用桶箍固定。
(2)外观应圆整,无明显凹瘪、歪斜;桶体光滑,无机械损伤、无皱褶、无开胶;桶箍应牢固、平整,无锈蚀、剥层和龟裂。</td><td>30kg</td></tr>
<tr><td rowspan="5">3</td><td rowspan="5">袋类</td><td>麻袋</td><td>(1)麻袋应用一块或两块麻布用卷绕法或连锁法缝制,缝合不是布边时,应折边缝合。
(2)袋口折叠密缝,缝线应使用脱胶熟麻线3~4股,针距均匀,内货不外露,不撒漏。</td><td>100kg</td></tr>
<tr><td>塑料编织袋</td><td>(1)塑料编织袋应采用足够强度的缝线缝制。外观应光滑、平整,无明显起毛,不允许缝边、底的缝线脱针、断线、未缝住卷折处。
(2)塑料编织袋不适用于装坚硬棱角的块状物料,盛装粉状货物时,应按货物特性采取内衬薄膜袋或涂塑等措施防护,不渗、不喷。</td><td>60kg</td></tr>
<tr><td>布袋</td><td>(1)布袋应采用无裂口、破洞的整块新布料制袋。
(2)布袋制袋和封口均不得漏缝、跳线。</td><td>25kg</td></tr>
<tr><td>纸袋</td><td>(1)纸袋应根据运输条件选用适当强度数层纸袋纸制作。纸上不应有洞眼、裂口、折子等影响使用的外观纸病。
(2)纸袋应采用足够强度的缝线缝制或粘胶剂粘制。外观应平整、无裂口、无脱线、无脱胶、无粘膛。</td><td>50kg</td></tr>
<tr><td>集装袋</td><td>集装袋应平直,无脱针、断线,无浮线、吊针,起针和落针处回针处不少于3针,吊带长度应相等,搭缝处要均匀、平直,不得有明显缺经少纬,不得有明显疵点,表面不允许有明显污迹。</td><td>500~3 000kg</td></tr>
</table>

表 A1(续)

序号	包装类别	包装形式	要求	限重(容)
4	筐(篓、笼)类	筐、篓、笼	(1)编制筐、篓、笼的荆、柳、藤、竹等应质地良好,不朽不烂、无虫蛀,编制紧密结实,并有提手,条尖向内、边缘整齐,当装质量较大的货物时应加立筋。 (2)货物装筐(篓、笼)时,应按货物性质进行必要的衬垫、固定等防护。 (3)上盖应大于筐(篓、笼)口,并用绳、铁丝等捆扎牢固。	40kg
5	坛(罐、缸)类	坛、罐、缸	(1)坛(罐、缸)置于水平面上应平整稳定;不得有裂穿和渗漏现象,其缺陷按有关要求一般不得超过5种。封口牢固、严密。 (2)坛(罐、缸)外应用竹箩、藤箩、花格木箱等套装,用松软物品隔垫妥实,或用绳索缠绕,防止破损。	50kg
6	包类	布包	(1)布包应选择足够强度的包布进行包装,内衬薄膜袋,包布不应有破口。覆盖完整严密,成包后布包搭头叠盖应不小于60mm,包头布两端也应留出不小于40mm的折进,缝入包内。 (2)布包必须缝严,包头必须缝牢,缝包针距一般不得超过25mm。 (3)布包应用绳索或铁线、钢带捆扎,捆扎应结实,均匀,做到不开口、不断线、不变形,捆扎道数与包长有关:包长在680mm以下的捆三道,包长在680~1 000mm的捆四道,包长在1 000mm以上的捆五道。	200kg
		纸包	(1)应选用克重不低于80g/m^{2}的坚韧牛皮纸裹包。 (2)纸包必须包严成型,并用塑料打包带或绳索以“井”字捆牢。	20kg
7	捆绑类	捆扎	捆扎应按被捆货物特性、件重、捆型选择合适的夹具和捆扎材料,重、长大件的捆扎应选用优质镀层截面或直径大的钢带、铁丝捆扎,并附有垫木或托架;其捆扎方式及捆扎道数因被捆货物的性质、规格、形式、质量的不同而不同。	10 000kg
		局部包装	对运输、装卸、储存中易损坏的部位应妥善包装防护,防护材料安全、可靠、牢固。	——
8	夹板类	夹板包装	(1)夹板包装一般应选用木夹板进行包装。 (2)每块木夹板上应加数根横木档,木夹板长度在1 000mm以内的加三根横木档,在1 000mm以上的加四根木档。 (3)木板含水不得超过20%,木夹板厚度不应小于12mm,木档尺寸不得小于70mm×30mm(或80mm×24mm);木夹板的长宽应比被包装物的尺寸大5~10mm;木夹板表面应平整,钉子不得突出在木夹板表面,板缝不得超过5mm,板面不应有直径大于30mm的窟窿。 (4)夹板夹护的货物应摆放整齐,不得搭接,并应采取适当的防护措施。 (5)夹板包装必须以钢带或不小于10#的铁丝,在木档中央打紧、拧牢,不得偏斜,松紧适度,不得因运输搬运造成货物扭斜。	230kg
9	轴盘类	轴盘	(1)轴盘应选用木材、钢、钢木或其他适当材料制成,应具有足够的强度,以保证正常的运输中不致损坏,木质轴盘中心轴孔一般应用金属材料加固。 (2)绳、缆应在盘内紧密缠绕,排绕整齐,端头固定结实,轴盘外缘比绳缆最外层应高出绳、缆直径的2倍或30mm。 (3)轴心和缠绕外层应按需要衬垫防潮材料,并用金属丝(带)或塑料包装带在距轮缘内侧不大于150mm处捆扎两道,如两捆扎道间距大于500mm时,还应在中间部位增加一道。 (4)轴盘包装还可增加盘内侧衬防护材料,外层再用木板或其他相当的防护材料覆盖,最后用金属丝(带)捆扎。	——

表 A1(完)

序号	包装类别	包装形式	要求	限重(容)
10	特种包装类	特种包装	根据货物性质、重量和特殊要求设计的,能保证货物安全,便于搬运装卸,能防止危及外界安全的货物包装。要求: (1)重件货物包装可用木箱包装。并能承受吊装作业的压力。重心和起吊标志明显。 (2)精密仪器包装,按货物性质设计,要求安全牢固、标志明显。 (3)大型动物、毒蛇猛兽等的包装,应保证绝对安全,不得发生损害事故。	—

中华人民共和国交通行业标准

JT/T 402—1999

汽车货运站(场)级别划分和建设要求

Classification and construction requirement of freight terminal

1999-09-03 发布　　　　1999-12-01 实施

中华人民共和国交通部 发布

中华人民共和国交通行业标准

汽车货运站(场)级别划分和建设要求

JT/T 402—1999

Classification and construction requirement of freight terminal

1 范围

本标准规定了汽车货运站(场)(以下简称货运站)的站址选择、站内布局原则、站级划分、各主要组成部分和建设要求、设备配备等。

本标准适用于汽车货运站的规划建设和级别核定。

2 引用标准

下列标准所包含的条文,通过在本标准中引用而构成为本标准的条文。本标准出版时所示版本均为有效。所有标准都会被修订,使用本标准的各方应探讨使用下列标准最新版本的可能性。

GB/T 12419—1990 集装箱公路中转站站级划分及设备配备

JT/T 3134—1988 汽车零担货运站站级与建设要求

3 定义

本标准采用下列定义:

3.1 货物吞吐量 handling capacity of freight

报告期内,货运站年发出与到达的货物数量。包括中转、收、发量的总和。计量单位:t。

3.2 换算货物吞吐量 equivalent handling capacity of freight

指把各类货物吞吐量换算为普通货物吞吐量后所得的吞吐量计算值。计量单位:t。

3.3 设计年度 design year

预计货运站生产规模达到设计规模的年度。

3.4 日均货物最大受理量 max operative volume of average dayly freight

在货物受理偏高期内,平均每日的货物受理量。以一年的日均货物受理量乘日均货物受理量系数β求得。

3.5 货物平均堆存期 average cluration of stock freight

报告期内,每吨货物自进库场开始至出库场为止所堆存的平均时间。

3.6 仓储 stock

货物验收入库、保管保养及发放出库的工艺过程。

3.7 仓储面积 employment area of stock

指存放货物区域所占面积之和,其中仓储面积为库房面积减去外墙、及固定设施所占面积后的剩余面积。计量单位:m^2。

3.8 仓储有效面积 effective area of stock

指仓储面积扣除必须的通道、墙距的面积后所剩余的面积。计量单位:m^2。

中华人民共和国交通部 1999－09－03 发布　　1999－12－01 实施

3.9 面积利用系数 utilization coefficient of area

仓储有效面积与仓储面积之比。

3.10 高架库 pallet warehouse

利用高层货架及托盘储存货物的库房。

4 汽车货运站主要业务功能

4.1 运输组织功能。

4.2 中转和装卸储运功能。

4.3 中介代理功能。

4.4 通信信息功能。

4.5 辅助服务功能。

5 站址选择原则和步骤

汽车货运站站址应符合公路主枢纽总体布局规划和所在地区货运站(场)发展规划。若尚无上述规划,选址时则须遵循下列原则和步骤。

5.1 站址选择原则

5.1.1 符合城镇总体布局规划

5.1.2 与综合运输网合理衔接,便于组织多式联运。

5.1.3 靠近较大货源点,并适应服务区域内的货运需求。

5.1.4 尽量利用现有设施,并留有发展余地。

5.1.5 具备良好的给排水、电力、道路、通讯等条件。

5.1.6 具备良好的地质条件。

5.2 站址选择步骤

5.2.1 收集城镇、路网、国土等有关规划和运输统计、站区内水文地质等有关资料。

5.2.2 确定汽车货运站的服务范围和功能。

5.2.3 测算设计年度货运站的生产规模和占地面积。

5.2.4 根据站址选择原则,提出若干货运站站址备选方案。

5.2.5 对备选站址进行现场勘查。

5.2.6 经方案比选,确定货运站站址。

6 站内布局原则

6.1 根据货运站的功能和生产规模统一布局,并结合货运业务的实际情况突出重点,分期实施。在布局中要优先考虑生产区域,重点是确保库、场位置。分期实施的建设项目,应考虑分期建设过程中相互的衔接要求。

6.2 与现有设施的改造利用相结合,减少用地和节约投资。

6.3 按货运业务不同,分区设置相应设施,并具有合理生产关系,生产设施、设备要符合生产工艺的要求。危险货物的储存与作业应在相对独立的专门区域内进行。

6.4 站内道路统一规划,合理利用,使站内车流、货流、机械流、人流便捷通畅,互不干扰。

6.5 符合国家和当地政府现行的安全、消防、环保等有关规定。

7 站级划分

7.1 主要依据:年换算货物吞吐量。

货运站各类货物吞吐量折算成换算货物吞吐量的方法见附录A(标准的附录)。

7.2　站级划分

7.2.1　一级

年换算货物吞吐量 600×10^3t 及以上。

7.2.2　二级

年换算货物吞吐量 300×10^3t ~ 600×10^3t。

7.2.3　三级

年换算货物吞吐量 150×10^3t ~ 300×10^3t。

7.2.4　四级

年换算货物吞吐量不足 150×10^3t。

8　设施构成和建设要求

汽车货运站设施包括生产设施、生产辅助设施和生活服务设施。其设施构成应根据货运站的业务范围和规模而定。

8.1　主要生产设施

8.1.1　业务办公设施

主要包括货运站站房、生产调度办公室和信息管理中心。有国际运输业务的货运站,可设置由海关、检疫、商检、商务等部门构成的国际联运代理业务办公室。

8.1.1.1　货运站站房由业务人员工作间和货主办理货物托运或仓储受理手续、提货手续的场所构成,其面积计算方法见附录 B(标准的附录)。

8.1.1.2　生产调度办公室及国际联运代理业务联合办公室的面积计算方法见附录 B(标准的附录)。

8.1.1.3　信息管理中心由放置信息管理硬件系统的机房与工作人员的办公场所和供信息发布及用户查询的场所构成。

8.1.1.4　业务办公设施的设置要方便货主,货物受理处业务人员工作间和联合办公室应按作业流程设置,货物受理处与仓库的距离应短捷。

8.1.2　库(棚)设施

包括中转库、零担库、集装箱拆装箱库、仓储库,分别用作货物的短期存放、集装箱拆装作业和货主待收或待发货物仓储;货棚则用于堆放不便进库但又不宜露天存放的零担或仓储货物。

8.1.2.1　中转库。为中转货物集中、分拣、换装、发货的场所。

a)中转、换装作业量大的一、二级货运站,可设置具有监控、传送、分拣设备的中转库。中转作业量小的三级以下货运站,可用相应仓库内的一定区域作为理货场地,不设中转库。

b)具有铁路专用线的货运站,中转库一侧设铁路装卸站台,宽度不小于 13.5m;另一侧或多侧设汽车装卸站台,站台高度 1.2m ~ 1.3m,宽度不小于 3m。

c)中转库面积计算方法见附录 B(标准的附录)。

8.1.2.2　仓储库

a)按建筑层数,仓储库可分为单层和多层仓储库。存放外形尺寸较小,单件重量较轻货物的仓储库可建成高架库。为适应各种外形尺寸货物的存放,高架库与单层库连接成建筑群体。

b)仓储库的仓储面积依据日均仓储货物最大吞吐量计算,其计算方法见附录 B(标准的附录)。

c)多层仓储库的楼梯及货梯的位置应处于中央部位,储存货物出入库的水平运输距离不应大于 30m。一幢仓储库设置两台货梯时,应集中布置,货梯多于两台时,应分两处设置。多层仓储库除设主楼梯外,还应设置疏散楼梯。

8.1.2.3　零担库和集装箱拆装箱库应建成高站台仓库,站台宽度不少于 3m,高度取 1.2m ~ 1.3m,两端设置斜坡,并装设货物装卸升降台。

8.1.2.4　仓库内货位宽度取 2.50m ~ 3.00m,货位间隔和操作通道宽度根据货物装卸方式和所用机械的型号、规格而定。

8.1.2.5 仓库的进、出仓门数按每一仓门日均货物吞吐量 30t ~ 50t 设置。仓门设置方式根据仓库吞吐量大小而定,吞吐量较大仓库的进、出仓门可双向设置或分开设置,仓门宽度不小于 2.50m。

8.1.2.6 仓库的窗地面积比宜为 1:10 ~ 1:18。窗功能以采光为主的仓库,采用固定窗,窗地面积比取较大值,窗功能以通风为主的仓库,采用中悬窗,窗地面积比取较小值。

8.1.2.7 货棚与零担库和仓储库的面积比取 1:4 ~ 1:5,其货位宽度、间隔和操作通道宽度按 8.1.2.4 的规定。

8.1.2.8 各类仓库应分区设置,并以道路衔接保持良好作业联系。零担货棚和仓储货棚应与相应仓库位于同一区域。

8.1.3 场地设施

主要包括集装箱堆场、装卸场或作业区、货场和停车场。

8.1.3.1 集装箱堆场

a)集装箱堆场应靠近装箱作业区,并与站内主要道路衔接。

b)场地强度应满足集装箱堆码需要,并有一定坡度以利排水。

c)堆存量较大的集装箱堆场应划分空、重箱及冷藏箱、危险品箱堆存区。

8.1.3.2 货场

a)货场应与仓储库一同位于仓储作业区内。

b)货场面层应根据货物性质、荷载、水文地质等因素和就地取材原则,通过技术经济比较确定。

c)货场排水应与站区总体排水系统衔接。货场应采用有组织排水,其竖向布置尽可能成龟背式向四周分散排水。较小货场也可设计成坡向一侧或坡向两侧,排水沟置于汇水线上。

d)货场面积计算方法见附录 B(标准的附录)。

8.1.3.3 装卸(作业)场

a)各类仓库、货场、铁路专用线一侧或两侧应设置装卸(作业)场,并与主要道路衔接。

b)铁路专用线装卸场宽度不宜小于 13.5m,汽车装卸货场宽度应满足车辆调头、装卸作业要求,其面积计算见附表 B(标准的附录)。

c)装卸(作业)场荷载设计值应满足装卸作业和车辆行驶的承载要求。

8.1.3.4 停车场

a)停车场可集中设置,也可在不同作业区域内分别设置,站内自备车辆和外来车辆应分区停放。

b)停车场宜临近装卸(作业)场布置。

c)停车场面积计算方法见附录 B(标准的附录)

8.1.4 道路设施

包括铁路专用线和站内道路。

8.1.4.1 在临近铁路线并有较大公铁联运作业量的一、二级汽车货运站,可引设铁路专用线。三、四级货运站或无条件的货运站可不设置。

8.1.4.2 站内道路应采用无交叉的环形行驶路线。

8.1.5 危险货物运输设施

危险货物运输设施建设,在选址、布局、结构、功能等方面,既要适应危险货物运输的技术条件、生产安全要求,又必须符合环境保护、消防安全、劳动保护、交通管理等方面的规定。

8.2 生产辅助和生活服务设施

8.2.1 生产辅助设施主要包括维修维护设施、动力设施、供水供热设施、环保设施等。

8.2.2 生活服务设施主要包括食宿设施和其它服务设施。

8.2.3 生产辅助和生活服务设施应按需设置。

8.3 集装箱和零担货物有关设施计算公式见 GB/T 12419 和 JT/T 3134。

9 设备配备

9.1 运输车辆

货运站应根据需要配置用于货物配送和装卸搬运工作的运输车辆。其车辆类型应根据运输方式、货物种类合理选择。

9.2 装卸机械

9.2.1 汽车货运站装卸机械包括货场和仓库装卸机械，集装箱堆场和作业区装卸机械等。

9.2.2 高架库房宜采用载重不大于0.5t的货格，单幢库房内货格数量宜在3 000～7 000个以内。货架层数不超过六层，高度5m～7m内的高架库房，宜采用高位叉车存取货物；超过六层或货架高度超过7m时，宜采用巷道堆垛机。较大作业量高架库的储货区与装卸区间可采用皮带输送机。

9.2.3 一、二级货运站的中转库可根据作业需要设置监控、传送、分拣设备。

9.2.4 装卸机械的数量应根据装卸工作和采用的装卸工艺方案确定，仓库、货场装卸机械数量的确定计算方法见附录C(标准的附录)，集装箱堆场装卸机械数量的确定计算方法见GB/T 12419。

9.3 计量设备

9.3.1 货运站应配备检定合格的计量设备或器具。

9.3.2 一、二级货运站应设置电子自动计量设备，各种电子自动计量设备均应并入货运站计算机网络或预留接口。

9.4 管理系统

9.4.1 一、二级货运站应设置管理和信息系统。包括：计算机监控系统、无线、有线通讯系统，站内和站间计算机网络系统，信息显示系统等。

9.5 维修设备

一、二级货运站应根据车辆、装卸机械和集装箱的维修工作量配备符合其工艺要求的清洁和维修设备。

9.6 安全、消防设备

汽车货运站安全，消防设备的配备应符合国家有关标准、规范的规定。

附录 A(标准的附录)

货运站换算货物吞吐量计算方法

货运站换算货物吞吐量计算方法。

$$Q_h = \sum_{i=1}^{n} \lambda_i Q_i \tag{A1}$$

式中：Q_h——货运站换算货物吞吐量,t;

Q_i——第 i 种货物吞吐量,t;

λ_i——第 i 种货物吞吐量换算系数,见表 A1;

n——货物类别数。

表 A1 各类货物吞吐量换算系数　　单位:t

类别 Q_i	换算系数 λ_i
快速货运	1.3
零担货物	1.25
集装箱拼箱货	1.25
仓储 配送 包装 半成品加工等	1.0 +0.2 +0.15~0.25 +0.20~0.50

附录 B(标准的附录)

货运站各主要部位面积计算

B1 货运站站房面积计算

$$A_1 = A_2 + A_3 \tag{B1}$$

式中：A_1——货运站站房面积，m^2；

A_2——货物受理处面积，m^2；

A_3——提货处面积，m^2。

B1.1 货物受理处面积

$$A_2 = A_4 + A_5 \tag{B2}$$

$$A_4 = R_1 \times a_1 \tag{B3}$$

$$A_5 = 1.20 \times D_m \tag{B4}$$

$$D_m = D \times \beta \tag{B5}$$

式中：A_4——受理处工作间面积，m^2；

A_5——办理受理手续、货物临时堆放场所，m^2；

R_1——受理处业务人员数，人；

a_1——每人需面积，取 $4m^2 \sim 6m^2$；

D_m——日均货物最大受理量，t/d；

D——日均货物受理量，t/d；

β——日均货物受理量系数，取 1.20～1.25。

B1.2 提货处面积

$$A_3 = A_6 + A_7 \tag{B6}$$

$$A_6 = R_2 \times a_2 \tag{B7}$$

$$A_7 = 1/2/A_6 \tag{B8}$$

式中：A_6——提货处工作间面积，m^2；

R_2——提货处业务人员数；

A_7——办理提货手续场所面积，m^2；

a_2——每人需面积，取 $8m^2 \sim 10m^2$。

B1.3 生产调度及联合办公室面积

$$A_8 = R_3 \times a_2 \tag{B9}$$

式中：A_8——生产调度或联合办公室面积，m^2；

R_3——生产调度或联合办公人员数。

B2 库(棚)面积

B2.1 中转库面积

$$A_9 = \frac{Q_1 \times T_1 \times K_1 \times a_3}{f_1} \tag{B10}$$

式中：A_9——中转库面积，m^2；

Q_1——日均中转货物最大吞吐量，t/d；

K_1——入库系数，取 0.5～0.7；

T_1——中转储存期,取 1d~2d;

a_3——平均每吨货物占地面积,取 $2m^2/t \sim 3m^2/t$;

f_1——面积利用系数,一般取 0.5~0.6。

B2.2 仓储库(棚)

$$A_{10} = \frac{Q_2 \times T_2 \times K_1 \times a_4}{f_2} \tag{B11}$$

式中: A_{10}——仓储库仓储面积,m^2;

Q_2——日均仓储货物最大吞吐量,t/d;

T_2——货物平均储存期,取 7d~9d;

a_4——平均每吨货物占地面积,根据仓储货物种类、堆码高度确定,对单层仓储库取 1.5~2.5m^2/t;

f_2——面积利用系数,一般取 0.6~0.75。

$$A_{11} = (0.2 \sim 0.25) A_{10} \tag{B12}$$

A_{11}——仓储货棚面积,m^2。

B3 场地设施

B3.1 货场面积

$$A_{12} = A_{13} + A_{14} \tag{B13}$$

$$A_{13} = \frac{Q_1 \times T_1 \times K_2 \times a_5}{f_2} \tag{B14}$$

$$A_{14} = \frac{Q_2 \times T_2 \times K_2 \times a_5}{f_2} \tag{B15}$$

式中: A_{12}——货场面积,m^2;

A_{13}——中转货场面积,m^2;

A_{14}——仓储货场面积,m^2;

K_2——入场系数,取 0.3~0.5;

a_5——平均每吨货物占地面积,取 $0.8m^2/t \sim 1.2m^2/t$。

B3.2 装卸(作业)场

B3.2.1 单面作业装卸(作业)场

$$A_{15} = 2 \times L \cdot L_t \tag{B16}$$

式中: A_{15}——单面作业装卸(作业)场面积,m^2;

L——仓库总长度,m;

L_t——运输车辆长度,m。

B3.2.2 双面作业装卸(作业)场

$$A_{16} = 2 \times A_{15} \tag{B17}$$

B3.3 停车场

$$A_{17} = 3 \times N \times F \tag{B18}$$

式中: A_{17}——停车场面积,m^2;

N——日停车数量;

F——车辆投影面积,m^2。

附录 C(标准的附录)

仓库、货场装卸机械数量计算

仓库、货场装卸机械数量按下式计算:

$$N_h = \frac{Q \times K_3}{J_h \times t} \tag{C1}$$

式中:N_h——仓库或货场装卸机械数量,台;

Q——仓库或货场日均货物最大吞吐量,t;

J_h——装卸机械工作能力,t/h;

K_3——不平衡系数,一般取 1.5~1.8;

t——日工作小时数,h/d。

ICS 03.220.20
R07
备案号:10295—2002

中华人民共和国交通行业标准

JT/T 473—2002

汽车货运站(场)代码编制规则

Coding rules for freight terminal

2002-04-26 发布　　　　2002-07-01 实施

中华人民共和国交通部　发布

ICS 03.220.30
R07
备案号:10295—2002

中华人民共和国交通行业标准

JT/T 473—2002

汽车货运站(场)代码编制规则

Coding rules for freight terminal

2002-04-26 发布　　2002-07-01 实施

中华人民共和国交通部　发布

汽车货运站(场)代码编制规则

1 范围

本标准规定了汽车货运站(场)的代码编制规则及其相关属性代码。

本标准适用于道路运输信息系统的开发和信息的处理与交换,企事业单位、有关的地理信息建设单位和地图出版单位可参照使用。

2 规范性引用文件

下列文件中的条款通过本标准的引用而成为本标准的条款。凡是注明日期的引用文件,其随后所有的修改单(不包括勘误的内容)或修订版均不适用于本标准,然而,鼓励根据本标准达成协议的各方研究是否可使用这些文件的最新版本。凡是不注明日期的引用文件,其最新版本适用于本标准。

GB/T 2260　中华人民共和国行政区划代码

GB/T 12419　集装箱公路中转站站级划分和设备配备

JT/T 3134　汽车零担货运站站级与建设要求

JT/T 415—2000　道路运政管理信息系统　编目编码规则

3 编制规则

3.1 代码结构

汽车货运站(场)代码由 14 位码组成,其结构为:

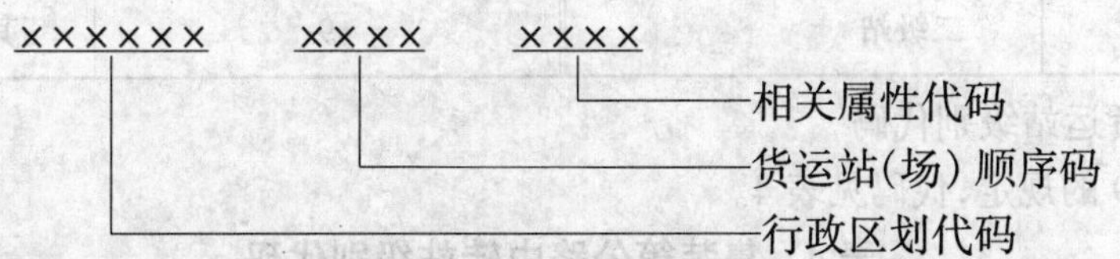

3.1.1 行政区划代码

采用 GB/T 2260 的规定,均截取货运站(场)所在的省(自治区、直辖市、特别行政区)、市(地区、自治州、盟)、县(自治县、市、市辖区、旗、自治旗)的行政区划代码。

3.1.2 货运站(场)顺序码

货运站(场)顺序码采用四位数字码,在同一行政区划内,从 0001 号起依自然数进行编码。为保证货运站(场)代码的惟一性,货运站(场)的地理位置发生变更,原代码废止,并按更换后的地理位置编排新代码,废止的代码不得用于当地新建货运站(场)的代码。

3.1.3 相关属性代码

相关属性代码由四位码组成,其结构为:

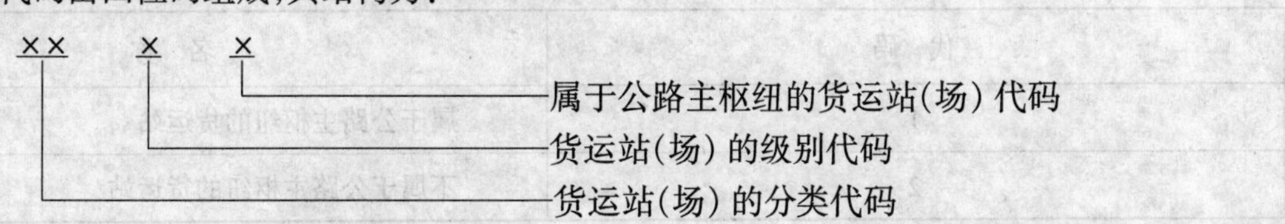

3.1.3.1 货运站(场)分类代码

部分采用 JT/T 415—2000 5.2.5.3 的规定,代码见表 1。

表 1 货运站分类代码

代 码	名 称	代 码	名 称
21	货运综合服务站	25	危险品货运站
22	专用物资货运站	30	货运交易市场
23	零担货运站	40	客货联运站
24	集装箱货运站	90	其他

3.1.3.2 货运站(场)的级别代码

3.1.3.2.1 货运综合服务站级别代码

部分采用 JT/T 415—2000 5.3.2 的规定,代码见表 2。

表 2 货运综合服务站级别代码

代 码	名 称	代 码	名 称
1	一级站	4	四级站
2	二级站	9	其他级别站
3	三级站		

3.1.3.2.2 零担货运站级别代码

采用 JT/T 3134 的规定,代码见表 3。

表 3 汽车零担货运站级别代码

代 码	名 称	代 码	名 称
1	一级站	3	三级站
2	二级站	9	其他级别站

3.1.3.2.3 集装箱货运站级别代码

采用 GB/T 12419 的规定,代码见表 4。

表 4 集装箱公路中转站级别代码

代 码	名 称	代 码	名 称
1	一级站	4	四级站
2	二级站	9	其他级别站
3	三级站		

3.1.3.3 属于公路主枢纽的货运站(场)代码

采用一位数字码,代码见表 5。

表 5 属于公路主枢纽的货运站代码

代 码	名 称
1	属于公路主枢纽的货运站
2	不属于公路主枢纽的货运站

3.2 汽车货运站(场)代码示例如表 6

表 6 汽车货运站(场)代码

代 码	汽车货运站(场)名称
210104 0001 21 1 1	沈阳运输集团有限公司望花货运站
210114 0002 21 1 1	沈阳运输集团有限公司中心货运站
210114 0003 21 1 1	沈阳运输集团有限公司沈辽货运站
210103 0001 21 2 2	沈阳市五爱西区货运站
210103 0002 40 2 2	沈阳市联运公司五爱联运站
210105 0001 40 2 2	沈阳市皇姑区塔滦联运站
210106 0001 21 2 2	沈阳运输集团公司九路公路运输服务处
210112 0001 40 2 2	沈阳市联运公司南塔联运站
210114 0001 21 2 2	沈阳市小东货运站

ICS 03.220.20
R 07
备案号:

中华人民共和国交通行业标准

JT/T 481—2002

道路货物运输交易信息服务系统技术要求

Specification of road freight transaction information service system

2002-08-01 发布　　2002-10-10 实施

中华人民共和国交通部　发布

ICS 03.220.20
R 07
备案号：

中华人民共和国交通行业标准

JT/T 481—2002

道路货物运输交易信息服务系统技术要求

Specification of road freight transaction information service system

2002-08-01 发布　　2002-10-10 实施

中华人民共和国交通部　发布

道路货物运输交易信息服务系统技术要求

1 范围

本标准规定了道路货物运输交易信息服务系统涉及的主要信息内容、数据格式、核心功能和系统运行所需网络及设备基本要求。

本标准适用于道路货物运输交易信息服务系统的开发与建设、信息的处理与交换。

2 规范性引用文件

下列文件中的条款通过在本标准中引用而成为本部分的条款。凡是注日期的引用文件,其随后所有的修改单(不包括勘误的内容)或修订版均不适用于本部分,然而,鼓励根据本部分达成协议的各方研究是否可使用这些文件的最新版本。凡是不注日期的引用文件,其最新版本适用于本部分。

GB/T 12991　　信息技术　数据库语言.SQL

GB/T 16649　　识别卡　带触点的集成电路卡标准(eqv ISO/IEC 7816)

3 术语和定义

下列术语和定义适用于本标准。

3.1

道路货物运输交易信息服务系统　road freight transaction information service system

为道路运输市场中的货物运输承托双方提供货物运输交易及驾驶员身份和营运车辆认证服务的信息系统。

3.2

货物信息　cargo information

描述货物属性及运输要求的信息。

3.3

货源信息　freight source information

描述待运货物的相关信息。包括货物信息、发布机构信息、运输信息及联系人信息。

3.4

货运交易信息　road freight transaction information

包括货源信息与运力信息。

3.5

车辆信息　vehicle information

描述车辆属性及与营运相关的信息。

3.6

运力信息　carrier information

描述待运营运车辆的相关信息。包括车辆信息、发布机构信息、运输信息及联系人和驾驶员信息。

3.7

用户信息　user information

描述用户类型的信息。

3.7.1

承运人　carrier

拥有道路运输营运车辆,可承运货物的运输企业、当事人或代理人,也称“车主”。包括机构信息、联系人、驾驶员等人员信息及其所属车辆信息。

3.7.2

托运人　shipper

拥有待运输的货物,可提送托运计划,能够直接办理托运手续的单位、当事人及其代理人,也称“货主”。包括机构信息、联系人信息。

3.7.3

货运代理人　freight forwarder/freight broker

从事空车配载、货运代理等货运信息服务的机构和个人,也称“中介代理机构”。包括机构信息、联系人信息。

4　使用代码

4.1　用户类型代码

由一位数字码表示,见表1。

表1

代　码	名　　称	代　码	名　　称
1	承　运　人	3	货运代理人
2	托　运　人	9	其　　他

4.2　用户状态代码

由一位数字码表示,见表2。

表2

代　码	名　　称	代　码	名　　称
1	启　　用	2	禁　　用

4.3　起讫点城市代码

采用起点和讫点城市电话的长途区号之间加一位连字符“-”表示。

为便于人工识别,应使用连字符“-”分隔起点城市代码与讫点城市代码。机读时连字符“-”省略。

代码结构:

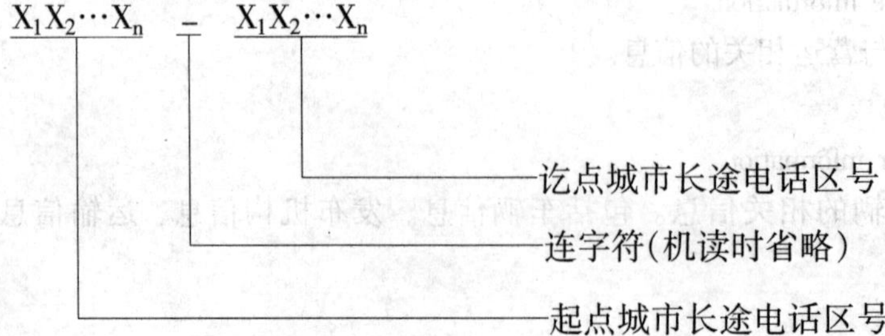

其中:3≤n≤5。

编码示例,见表3。

表 3

起点城市名称	起点城市长途电话区号	连字符（机读时省略）	讫点城市名称	讫点城市长途电话区号	起讫点城市代码
北京	010	—	太原	0351	010-0351
包头	0472	—	大连	0411	0472-0411

5 数据格式

5.1 定义的数据类型和字段长度是根据 ISO/IEC 9075 标准建立的。使用标准的各方在选用其他数据库软件时，应根据本标准要求进行定义和对应转换。

5.2 数据编号规则

5.2.1 按线分类法，分为数据集、数据子集、数据项三层；编号采用层次码结构，由五位字母数字混合码标识。

5.2.2 编号结构

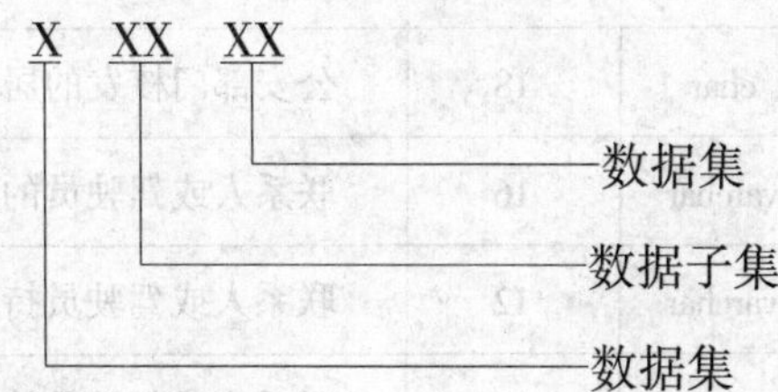

5.2.2.1 数据集用英文大写字母 A ~ E 表示。

5.2.2.2 数据子集用两位数字表示，编号区间为 00 ~ 99，00 表示无并列子集。

5.2.2.3 数据项用两位数字表示，编号区间为 01 ~ 99。

数据编号、格式及数据描述

5.3 数据编号、格式及数据描述见表 4。

表 4

数据编号	数据名称	数据类型	字段长度	数据描述
A	机构信息			
A0001	用户名称	varchar	50	企业应为企业法人登记主管机关核准的单位全称；机关事业单位应为机构编制机关批准的单位全称；社会团体应为社会团体登记管理机关核准登记的单位全称；其他机构应填写经主管部门批准或核准的单位全称；个体经营者应为经营人身份证所填姓名
A0002	用户类型	varchar	10	分为承运人、托运人和货运代理人三种，见 4.1 的规定
A0003	用户状态	varchar	10	分为启用、禁用两种，见 4.2 的规定
A0004	用户地址	varchar	100	单位注册地址。应包括省（自治区、直辖市）、地区（市、州、盟）、县（市、旗、区）、乡（镇）、村、街名称和门牌号
A0005	邮政编码	char	6	单位地址对应的邮政编码
A0006	联系电话	varchar	16	主要联系部门的电话号码

表 4(续)

数据编号	数据名称	数据类型	字段长度	数据描述
A0007	营业执照注册号	char	20	工商部门核发的营业执照注册号
A0008	税务登记号	char	20	在税务部门的登记号
A0009	道路经营许可证号	char	20	道路运政管理机构核发的道路运输经营许可证编号
A0010	法人代表	varchar	20	企业法人代表的姓名
B	人员信息			
B01	基本信息			
B0101	姓名	varchar	10	联系人或驾驶员的姓名
B0102	家庭住址	varchar	100	公安部门核发居民户口簿上注明的家庭住址
B0103	邮政编码	char	6	家庭住址所在地对应的邮政编码
B0104	身份证号	char	18	公安部门核发的居民身份证号码
B0105	联系电话	varchar	16	联系人或驾驶员的电话号码
B0106	移动电话	varchar	12	联系人或驾驶员持有的移动电话号码
B0107	寻呼号码	varchar	20	联系人或驾驶员持有的寻呼机号码
B02	驾驶员信息			
B0201	驾驶证号	char	10	公安交通管理部门核发的机动车驾驶证号码
B0202	驾驶证照片	BLOB	—	机动车驾驶证正证的图片
B0203	营业性道路运输驾驶员从业资格证号	char	10	市级以上人民政府交通主管部门运政机构核发的营运驾驶员从业资格证书证件号
B0204	营业性道路运输驾驶员从业资格证照片	BLOB	—	营业性道路运输驾驶员从业资格证的图片
C	货物信息			
C0001	货物品名	varchar	20	货物的规范化名称
C0002	货物代码	char	8	运输货物的代码,见附录 A.1
C0003	货物类别	varchar	20	运输货物的分类,代码见附录 A.2
C0004	重量	numeric	10,2	单位:kg
C0005	体积	varchar	20	长×宽×高,单位:m
C0006	件数	int	4	单位:件
C0007	运输要求	varchar	100	对承载车辆类型、长度、容量、数量以及其他特殊的运输要求

表 4(续)

数据编号	数据名称	数据类型	字段长度	数据描述
D	车辆信息			
D01	车辆营运信息			
D0101	道路运输证号	char	10	道路运政管理机构核发的道路运输证编号
D0102	道路运输证照片	BLOB	—	道路运输证正本的图片
D0103	发证时间	datetime	—	车辆以当前业户名称参与运营的具体时间,也是道路运输证的核发日期。单位:年月日
D0104	经营范围	varchar	100	车辆参与营运的核定范围
D0105	营运状态	varchar	4	车辆当前营运状态。营运或停运
D0106	营运状态代码	char	2	见附录 A.3
D0107	车辆技术等级	char	2	车辆的技术级别,见附录 A.6
D02	车辆属性信息			
D0201	车辆行驶证号	char	10	公安交通管理部门核发的机动车行驶证号码
D0202	车辆类型	varchar	12	车辆类型分类,代码见附录 A.4
D0204	厂牌型号	char	16	车辆生产厂家确定的,对同一款型产品的命名
D0205	车辆牌照号	char	12	公安交通管理部门核发的车辆牌照号码
D0206	发动机号	char	20	车辆发动机编号
D0207	底盘号	char	20	车辆的底盘编号
D0208	车辆吨位	numeric	8,2	车辆的核定载质量。单位:kg
D0209	车辆长度	numeric	5,2	单位:m
D0210	车辆照片	BLOB	—	反映车辆全貌的彩色照片,一般以行驶证内的照片为样板
D0211	机动车行驶证照片	BLOB	—	行驶证正证的图片
D03	年审信息			
D0301	年审日期	datetime	—	年度审核的具体日期。单位:年月日
D0302	年审结果	varchar	6	年度审核的具体情况。有合格或不合格两种
E	运输信息			
E0001	发运地	varchar	60	省地市三级行政区划名称
E0002	到达地	varchar	60	省地市三级行政区划名称

表4(续)

数据编号	数据名称	数据类型	字段长度	数据描述
E0003	地名代码	char	6	行政区划代码,见附录A.5
E0004	起讫点城市	char	12	运输货物起点和讫点的城市名称,代码见4.3的规定
E0005	信息发布时间	datetime	—	信息发布的具体日期。单位:年月日时分秒
E0006	发运日期	datetime	—	货物启运的具体日期。单位:年月日
E0007	到达日期	datetime	—	预计货物到达的具体日期。单位:年月日
E0008	意向运价	numeric	9,2	本次运输意向运输价格。单位:元
E0009	计费单位	varchar	4	单位:kg;箱;km
E00010	计费里程	umeric	5,1	单位:km
E00011	备注信息	varchar	100	其他运输信息的描述

注:varchar—可变长度字符型字段;char—固定长度字符型字段;numeric—数字类型字段;datetime—日期型字段;int—整数类型字段;BLOB—图像字段

6 核心功能

6.1 信息输入

6.1.1 呼叫中心

——用户可通过拨打本地货运交易信息热线电话的模式,通过接线人员人工输入需发布的货运交易信息。

——用户可通过自动电话语音模式输入需发布的货运交易信息。

——可由呼叫中心接线人员手动录入完成对中介与货运代理用户信息的注册。

6.1.2 互联网

——用户可访问货运信息互联网站,通过表单的方式发布货运交易信息。

——用户可通过表单提交的方式,完成用户信息的在线注册。

6.1.3 服务场所的终端设备

——用户可通过货运信息服务场所,由服务人员在计算机终端上通过客户端程序代为录入需发布的货运交易信息。

——可通过客户端用户管理应用程序在计算机终端上完成用户信息的注册。

6.2 信息处理

6.2.1 信息处理方式

对于信息量较大的情况,经客户端程序处理后,通过互联网与系统中心数据库进行数据交互;对于信息量较小的情况,或仅局限于信息检索查询时,可通过浏览器方式与系统数据库进行数据交互。

6.2.2 信息处理内容

货运交易信息的处理应包括对数据的存储、检索查询、修改、删除、统计分析、压缩、解压缩、加密、解密、导入、导出等处理。

6.2.2.1 信息检索查询

应包括按以下基本信息进行检索查询,并支持各种查询条件的组合检索查询。

a) 货源信息检索查询

——按起讫点省份、城市查询

——沿途货源信息查询

——按货物重量查询

——按货种(例如是否为危险品)查询

——按运输要求查询

——按意向运价查询

——按运输日期查询

b) 运力信息检索查询

——起讫点省份、城市查询

——沿途运力信息查询

——按吨位查询

——按车辆技术等级查询

——按意向运价查询

——按运输日期查询。

c) 用户信息检索查询

——按用户代码查询

——按联系人姓名查询

——按运输证号查询

——按车辆牌照号查询

——按机构名称关键词查询

6.2.2.2 信息删除

——用户登陆后可主动删除自己发布的已成交或不具有时效性的信息。

——系统可定期自动删除不具有时效性的信息。

——可在一定时期内禁用或注销用户使用系统的资格。

6.2.2.3 信息修改

对已发布的货运交易信息和注册的用户信息进行修改。

6.2.2.4 信息统计分析

按不同的统计条件对货运交易信息进行统计分析,并生成各类统计图表。

6.2.2.5 其他数据处理

可对系统数据进行压缩、解压缩、加密、解密、导入、导出等处理,实现系统间的数据共享,详见6.4.2。

6.3 信息发布

6.3.1 呼叫中心

用户可通过呼叫中心发布货源信息和运力信息,并同时进行匹配信息的检索查询。

6.3.2 互联网

网页可动态分类显示本地区或全国货源信息和运力信息,以及信息发布者的基本信息。

6.3.3 服务场所的显示终端

——大屏幕

可按去向分别滚动显示货源信息与运力信息。

——触摸屏

用户可自助手动查询各类货源信息和运力信息。

6.3.4 寻呼机

用户可通过寻呼机实时接收货源信息和运力信息。

6.3.5 手机短信息

用户可通过网站或短信中心的平台定制所需货源信息和运力信息。

6.4 信息共享

6.4.1 系统内部的数据传递

通过数据共享或采用 TCP/IP 协议,系统内各终端用户经过认证后,可访问本地系统数据库,进行数据的读写。

6.4.2 系统间的数据共享

6.4.2.1 实时数据共享

通过网页链接、HTTP 请求等方式可实现不同系统间数据的实时传递。

6.4.2.2 数据文件共享

通过应用程序的数据导入、导出功能,实现不同系统间的数据交换。

a) 将货源信息或运力信息导出成标准的 SQL 语句,SQL 语句必须符合 ISO/IEC 9075;

b) 将格式为标准 SQL 语句的货源或运力信息导入到本地系统中;

c) 将用户信息导出成标准的 SQL 语句,SQL 语句必须符合 ISO/IEC 9075;

d) 将格式为标准 SQL 语句的用户信息导入到本地系统中。

6.4.2.3 IC 卡用户信息共享

为了实现用户身份漫游,用户认证信息存储在 IC 卡中(见 6.5)。信息以 # 作为前缀和后缀。信息内容包括系统代码、用户代码和验证地址。系统代码为不同系统的系统名称,以 15 位以内的字母表示,用户代码为不同系统对用户的编码。为 10 位以内的数字,验证地址为 HTTP 格式的 URL。

具体格式:# 系统代码:用户代码,验证地址 #

示例:# Transonline:18365656,Http://www.transonline.com.cn/User Validate.jsp #

6.5 用户身份认证

6.5.1 身份漫游

系统针对车主用户需建立基于 IC 卡的身份认证系统,用户可使用统一的 IC 卡在本地和异地任意系统间进行驾驶员和营运车辆的认证,实现一定区域和全国范围的身份漫游,确保货物运输安全。

6.5.2 发卡

每个车主用户均需在营运车辆注册所在地办理注册手续,车主用户的注册图文资料统一存储在系统中心数据库中,以便验证时调用,以车为单位发放一张 IC 卡。

6.5.3 换卡

对于车主用户发生 IC 卡丢失、折损和其他不能使用的情况下,应可以更换 IC 卡,但其对应的注册信息不变。

6.5.4 验卡

将 IC 卡插入读卡设备中,可通过远程访问的方式将持卡人的注册用户信息(包括文字与图像信息)读出,通过与驾驶员随身携带的有效证件对比,进行驾驶员与营运车辆身份的查验。

6.6 数据安全

a) 只有被授予相应权限的用户才能进行信息输入、信息处理和信息发布等操作;

b) 系统间共享的用户信息必须加密;

c) IC 卡数据必须加密;

d) 加密与解密的密钥长度不能小于 64 位;

e) 为了实现系统间数据共享,必须提供加密和解密的使用接口。

7 系统运行网络及设备基本要求

7.1 网络及计算机设备

根据系统需要选择性能可靠的网络及计算机设备。

7.2 通信设备

有信息产业部入网许可证的电话机、寻呼、移动电话设备,移动电话支持中文短信功能。

7.3 显示设备

宜使用大屏幕显示装置及屏幕尺寸不小于 74cm 的数码电视作为显示设备。

7.4 触摸屏

宜采用表面声波触摸屏,具有不漂移,精度高,防刮伤等优点。

7.5 IC 卡

符合 GB/T 16649 的要求。

a) 带有写保护及保密逻辑的 EEPROM;

b) 具有密码保护功能;

c) 可擦写次数不得低于 10 万次;

d) 擦写访问数据时间小于或等于 2.5ms(毫秒);

e) 卡内数据必须能够保存 10 年以上;

f) 卡的数据容量不得低于 512 字节;

g) 在低温(≥-40℃)或高温(≤+60℃)情况下,仍然能够读写。

7.6 IC 卡读卡器

符合 GB/T 16649 的要求。

a) 在低温(≥-40℃)或高温(≤+60℃)情况下,仍然能够读写;

b) 能够与系统中的计算机终端进行数据通讯。

7.7 呼叫中心

a) 基于板卡或交换机等;

b) 支持来电显示;

c) 可以支持四路以上外线和四路以上内线;

d) 支持内线振铃;

e) 主叫号接收支持 DTMF 和 FSK 两种方式;

f) 可配置主叫号接收在振铃前或振铃后;

g) 可选择 DTMF 发送速度(快速、中速、慢速);

h) 可以配置信息音频率;

i) 可以选择工作方式(主动和被动)。

附　录　A
（资料性附录）
相关标准选用

A.1　货物代码

按货物的自然属性及其道路、水路运输的特点分类，采用 JT/T 19 规定的四位数字代码表示，大类代码见表 A.1。

表 A.1

代　码	名　　　称	代　码	名　　　称	代　码	名　　　称
01	煤炭及制品	07	木材	13	化工原料及制品
02	石油＼天然气及制品	08	非金属矿石	14	有色金属
03	金属矿石	09	肥料及农药	15	轻工、医药产品
04	钢铁	10	盐	16	农、林、牧、渔业产品
05	矿物性建筑材料	11	粮食	17	其他货类
06	水泥	12	机械设备、电器		

A.2　货物类别代码

按照《汽车货物运输规则》分类，采用 JT/T 415 规定的四位字母数字混合码表示，见表 A.2。

表 A.2

代　码	名　　　称	代　码	名　　　称	代　码	名　　　称
A	普通货物	A209	土产杂品	A225	盐
A1	一等货物	A210	皮毛、塑料	A226	泥、灰
A101	砂	A211	日用百货、一般纺织品	A227	废品及散碎品
A102	石	A212	药材	A228	真空包装容器
A103	非金属矿石	A213	纸、纸浆	A229	其他
A104	土	A214	文化体育用品	A3	三等货物
A105	渣	A215	印刷品	A301	蜂
A2	二等货物	A216	木材	A302	蚕、茧
A201	粮食及加工品	A217	橡胶、可塑材料及其制品	A303	观赏用花、木
A202	棉花、麻	A218	水泥及其制品	A304	蔬菜、瓜果
A203	油料作物	A219	钢铁、有色金属及其制品	A305	植物油
A204	烟叶	A220	矿物性建筑材料	A306	蛋、乳
A205	植物的种子、草、藤、树条	A221	金属矿石	A307	肉脂及制品
A206	肥料、农药	A222	煤	A308	水产品
A207	糖	A223	焦炭	A309	干菜、干果
A208	酱菜、调料	A224	原煤加工品	A310	橡胶制品

表 A.2(续)

代 码	名 称	代 码	名 称	代 码	名 称
A311	颜料、染料	A328	车辆	B301	一级
A312	食用香精、树胶、木腊	A329	污染品	B302	二级
A313	化妆品	A330	粉尘品	B303	三级
A314	木材加工品	A331	装饰石料	B304	四级
A315	家具	A332	带釉建筑用品	B305	五级
A316	交电器材	B	特种货物	B306	六级
A317	毛、丝、棉、麻、呢绒、化纤、皮革制品	B1	大型特型笨重物件	B307	七级
A318	烟、酒、饮料、茶	B101	一级	B308	八级
A319	糖果、糕点	B102	二级	B309	九级
A320	淀粉	B103	三级	B310	十级
A321	冰及冰制品	B104	四级	B4	鲜活货物类
A322	中西药品、医疗器具	B105	五级	B401	一级
A323	贵重纸张	B106	六级	B402	二级
A324	文娱用品	B2	危险货物类	B403	三级
A325	美术工艺品	B201	一级	B404	四级
A326	陶瓷、玻璃及其制品	B202	二级		
A327	机器及设备	B3	贵重货物类		

A.3 营运状态代码

采用 JT/T 415 规定的一位数字码表示,见表 A.3。

表 A.3

代 码	名 称	代 码	名 称
1	营运	2	停运

A.4 车辆类型代码

按参与道路运输经营的货运车辆用途和结构特征分类,采用 JT/T 415 的规定,截取使用后两位数字代码,后两位数字代码见表 A.4。

表 A.4

代 码	名 称	代 码	名 称	代 码	名 称
10	普通货车	22	大件运输车	27	危险品运输车
11	大型普通货车	23	保温车	28	平板车
12	中型普通货车	24	冷藏车	90	其他车
13	小型普通货车	25	罐车		
21	集装箱车	26	挂车		

A.5 行政区划代码

采用 GB/T 2260 的规定，由六位数字或三位字母代码按层次分别表示我国各省(自治区、直辖市、特别行政区)、市、(地区、自治州、盟)、县(自治县、市、市辖区、旗、自治旗)的名称，代码见表 A.5。

表 A.5

名　　称	数字码	字母码	名　　称	数字码	字母码
北京市	11000	BJ	湖南省	430000	HL
天津市	120000	TJ	广东省	440000	GD
河北省	130000	HE	广西壮族自治区	450000	GX
山西省	140000	SX	海南省	460000	HI
内蒙古自治区	150000	NM	重庆市	500000	CQ
辽宁省	210000	LN	四川省	510000	SC
吉林省	220000	JL	贵州省	520000	GZ
黑龙江省	230000	HL	云南省	530000	YN
上海市	310000	SH	西藏自治区	540000	XZ
江苏省	320000	JS	陕西省	610000	SN
浙江省	330000	ZJ	甘肃省	620000	GS
安徽省	340000	AH	青海省	630000	QH
福建省	350000	FJ	宁夏回族自治区	640000	NX
江西省	360000	JX	新疆维吾尔自治区	650000	XJ
山东省	370000	SD	台湾省	710000	TW
河南省	410000	HA	香港特别行政区	810000	HK
湖北省	420000	HB			

A.6 车辆技术等级代码

采用 JT/T 198 规定，代码见表 A.6。

表 A.6

代　码	名　　称	代　码	名　　称
1	一级车	3	三级车
2	二级车	4	四级车

参 考 文 献

[1] GB/T 2260 中华人民共和国行政区划代码

[2] JT/T 19 运输货物分类和代码

[3] JT/T 198 汽车技术等级评定标准

[4] JT/T 415 道路运政管理信息系统 编目编码规则

ICS 03.220.20
R 12
备案号：

中华人民共和国交通行业标准

JT 617—2004
代替 JT 3130—1988

汽车运输危险货物规则

The regulation of automobile transportation of dangerous goods

2004-12-30 发布　　　　2005-03-01 实施

中华人民共和国交通部　发布

汽车运输危险货物规则

1 范围

本标准规定了汽车运输危险货物的托运、承运、车辆和设备、运输、从业人员、劳动防护等基本要求。

本标准适用于汽车运输危险货物的安全管理。

2 规范性引用文件

下列文件中的条款通过本标准的引用而成为本标准的条款。凡是注日期的引用文件,其随后所有的修改单(不包括勘误的内容)或修订版均不适用于本标准,然而,鼓励根据本标准达成协议的各方研究是否可使用这些文件的最新版本。凡是不注日期的引用文件,其最新版本适用于本标准。

GB 150	钢制压力容器
GB 190	危险货物包装标志
GB/T 191	包装储运图示标志(eqv ISO 780)
GB 6944	危险货物分类和品名编号
GB 7258	机动车运行安全技术条件
GB 11806	放射性物质安全运输规定
GB 12268	危险货物品名表
GB 12463	危险货物运输包装通用技术条件
GB 13392	道路运输危险货物车辆标志
GB 15258	化学品安全标签编写规定
GB/T 16563—1996	液体气体及加压干散货罐式集装箱技术要求和试验方法 (idt ISO 1496—3:1995)
GB 18564	汽车运输液体危险货物常压容器(罐体)通用技术条件
JT/T 198	营运车辆技术等级划分和评定要求
JT 230	汽车导静电橡胶拖地带

3 术语和定义

下列术语和定义适用于本标准。

3.1

危险货物 dangerous goods

具有爆炸、易燃、毒害、腐蚀、放射性等性质,在运输、装卸和储存保管过程中,容易造成人身伤亡和财产损毁而需要特别防护的货物。

3.2

危险废物 dangerous disposal

列入国家危险废物名录或者根据国家规定的危险废物鉴别标准和鉴别方法认定的具有危险特性的废物。

3.3

医疗废物 medical disposal

医疗卫生机构在医疗、预防、保健以及其他相关活动中产生的具有直接或者间接感染性、毒性以及其他危害性的废物。

3.4

不可移动罐体车　vessel permanently fixed trailer

罐体永久性固定在车辆底盘上，与车辆不可分离的罐体运输车。

3.5

拖挂罐体车　semi-trailer

罐体永久性固定在挂车底盘上，与挂车不可分离，牵引车与挂车可分离的罐体运输车。

3.6

罐式集装箱　tank container

由箱体框架和罐体两部分组成的集装箱，有单罐式和多罐式两种（GB/T 1992—1985，定义 2.2.2.2）。

4　分类和分项

危险货物的分类和分项应符合 GB 6944 的规定。

5　包装、标志和标签

5.1　包装

危险货物的包装应符合 GB 12463、GB 11806 和 GB 18564 的规定。

5.2　标志

危险货物的标志应符合 GB 190 和 GB/T 191 的规定。

5.3　安全标签

危险货物的安全标签应符合 GB 15258 的规定。

5.4　安全技术说明书

危险货物的安全技术说明书应符合国家有关规定。

6　托运

6.1　托运人应向具有汽车运输危险货物经营资质的企业办理托运，且托运的危险货物应与承运企业的经营范围相符合。

6.2　托运人应如实详细地填写运单上规定的内容，运单基本内容见附录 A，并应提交与托运的危险货物完全一致的安全技术说明书和安全标签。

6.3　托运未列入 GB 12268 的危险货物时，应提交与托运的危险货物完全一致的安全技术说明书、安全标签和危险货物鉴定表，危险货物鉴定表见附录 B。

6.4　危险货物性质或消防方法相抵触的货物应分别托运。

6.5　盛装过危险货物的空容器，未经消除危险处理、有残留物的，仍按原装危险货物办理托运。

6.6　使用集装箱装运危险货物的，托运人应提交危险货物装箱清单。

6.7　托运需控温运输的危险货物，托运人应向承运人说明控制温度、危险温度和控温方法，并在运单上注明。

6.8　托运食用、药用的危险货物，应在运单上注明“食用”、“药用”字样。

6.9　托运放射性物品，按 GB 11806 办理。

6.10　托运需要添加抑制剂或者稳定剂的危险化学品，托运人交付托运时应当添加抑制剂或者稳定剂，并在运单上注明。

6.11　托运凭证运输的危险货物，托运人应提交相关证明文件，并在运单上注明。

6.12　托运危险废物、医疗废物，托运人应提供相应识别标识。

7 承运

7.1 承运人应按照道路运输管理机构核准的经营范围受理危险货物的托运。

7.2 承运人应核实所装运危险货物的收发货地点、时间以及托运人提供的相关单证是否符合规定，并核实货物的品名、编号、规格、数量、件重、包装、标志、安全技术说明书、安全标签和应急措施以及运输要求。

7.3 危险货物装运前应认真检查包装的完好情况，当发现破损、撒漏，托运人应重新包装或修理加固，否则承运人应拒绝运输。

7.4 承运人自接货起至送达交付前，应负保管责任。货物交接时，双方应做到点收、点交，由收货人在运单上签收。发生剧毒、爆炸、放射性物品货损、货差的，应及时向公安部门报告。

7.5 危险货物运达卸货地点后，因故不能及时卸货的，应及时与托运人联系妥善处理；不能及时处理的，承运人应立即报告当地公安部门。

7.6 承运人应拒绝运输托运人应派押运人员而未派的危险货物。

7.7 承运人应拒绝运输已有水渍、雨淋痕迹的遇湿易燃物品。

7.8 承运人有权拒绝运输不符合国家有关规定的危险货物。

8 车辆和设备

8.1 基本要求

8.1.1 车辆安全技术状况应符合 GB 7258 的要求。

8.1.2 车辆技术状况应符合 JT/T 198 规定的一级车况标准。

8.1.3 车辆应配置符合 GB 13392 的标志，并按规定使用。

8.1.4 车辆应配置运行状态记录装置（如行驶记录仪等）和必要的通讯工具。

8.1.5 运输易燃易爆危险货物车辆的排气管，应安装隔热和熄灭火星装置，并配装符合 JT 230 规定的导静电橡胶拖地带装置。

8.1.6 车辆应有切断总电源和隔离电火花装置，切断总电源装置应安装在驾驶室内。

8.1.7 车辆车厢底板应平整完好，周围栏板应牢固；在装运易燃易爆危险货物时，应使用木质底板等防护衬垫措施。

8.1.8 各种装卸机械、工、属具，应有可靠的安全系数；装卸易燃易爆危险货物的机械及工、属具，应有消除产生火花的措施。

8.1.9 根据装运危险货物性质和包装形式的需要，应配备相应的捆扎、防水和防散失等用具。

8.1.10 运输危险货物的车辆应配备消防器材并定期检查、保养，发现问题应立即更换或修理。

8.2 特定要求

8.2.1 运输爆炸品的车辆，应符合国家爆破器材运输车辆安全技术条件规定的有关要求。

8.2.2 运输爆炸品、固体剧毒品、遇湿易燃物品、感染性物品和有机过氧化物时，应使用厢式货车运输，运输时应保证车门锁牢；对于运输瓶装气体的车辆，应保证车厢内空气流通。

8.2.3 运输液化气体、易燃液体和剧毒液体时，应使用不可移动罐体车、拖挂罐体车或罐式集装箱；罐式集装箱应符合 GB/T 16563 的规定。

8.2.4 运输危险货物的常压罐体，应符合 GB 18564 规定的要求。

8.2.5 运输危险货物的压力罐体，应符合 GB 150 规定的要求。

8.2.6 运输放射性物品的车辆，应符合 GB 11806 规定的要求。

8.2.7 运输需控温危险货物的车辆，应有有效的温控装置。

8.2.8 运输危险货物的罐式集装箱，应使用集装箱专用车辆。

9 运输

9.1 危险货物运输车辆严禁超经营范围运输。严禁超载、超限。

9.2 运输危险货物时应随车携带“道路运输危险货物安全卡”，见附录 C。

9.3 运输不同性质危险货物，其配装应按“危险货物配装表”规定的要求执行，“危险货物配装表”见附录 D。

9.4 运输危险货物应根据货物性质，采取相应的遮阳、控温、防爆、防静电、防火、防震、防水、防冻、防粉尘飞扬、防撒漏等措施。

9.5 运输危险货物的车厢应保持清洁干燥，不得任意排弃车上残留物；运输结束后被危险货物污染过的车辆及工、属具，应按附录 E 的方法到具备条件的地点进行车辆清洗消毒处理。

9.6 运输危险废物时，应采取防止污染环境的措施，并遵守国家有关危险货物运输管理的规定。

9.7 运输医疗废物时，应使用有明显医疗废物标识的专用车辆；医疗废物专用车辆应达到防渗漏、防遗撒以及其他环境保护和卫生要求；专用车辆使用后，应当在医疗废物集中处置场所内及时进行消毒和清洁；运送医疗废物的专用车辆不得运送其他物品。

9.8 夏季高温期间限制运输的危险货物，应按有关规定执行。

9.9 运输危险货物的车辆禁止搭乘无关人员。

9.10 运输危险货物的车辆不得在居民聚居点、行人稠密地段、政府机关、名胜古迹、风景游览区停车。如需在上述地区进行装卸作业或临时停车，应采取安全措施。

9.11 运输爆炸物品、易燃易爆化学物品以及剧毒、放射性等危险物品，应事先报经当地公安部门批准，按指定路线、时间、速度行驶。

10 从业人员

10.1 运输危险货物的驾驶人员、押运人员和装卸管理人员应持证上岗。

10.2 从业人员应了解所运危险货物的特性、包装容器的使用特性、防护要求和发生事故时的应急措施，熟练掌握消防器材的使用方法。

10.3 运输危险货物应配备押运人员。押运人员应熟悉所运危险货物特性，并负责监管运输全过程。

10.4 驾驶人员和押运人员在运输途中应经常检查货物装载情况，发现问题及时采取措施。

10.5 驾驶人员不得擅自改变运输作业计划。

11 劳动防护

11.1 运输危险货物的企业(单位)，应配备必要的劳动防护用品和现场急救用具；特殊的防护用品和急救用具应由托运人提供。

11.2 危险货物装卸作业时，应穿戴相应的防护用具，并采取相应的人身肌体保护措施；防护用具使用后，应按照国家环保要求集中清洗、处理；对被剧毒、放射性、恶臭物品污染的防护用具应分别清洗、消毒。

11.3 运输危险货物的企业(单位)，应负责定期对从业人员进行健康检查和事故预防、急救知识的培训。

11.4 危险货物一旦对人体造成灼伤、中毒等危害，应立即进行现场急救，并迅速送医院治疗。

12 事故应急处理

运输危险货物的企业(单位)，应建立事故应急预案和安全防护措施。

附录 A
(规范性附录)
危险货物运单基本内容

危险货物运单应包括以下基本内容：

a) 托运、承运、收货者的单位名称、联系人、电话、传真、地址、邮编；

b) 收发货地点、收发货时间；

c) 危险货物品名、性质、编号、规格、数量、件重、包装形式、包装等级；

d) 凭证运输证明文件、运输特殊要求；

e) 运输注意事项。

附录 B
(规范性附录)
危险货物鉴定表

危险货物鉴定表见表 B.1。

表 B.1 危险货物鉴定表

<table>
<tr><td>品　名</td><td></td><td>别　名</td><td></td></tr>
<tr><td>英文名</td><td></td><td>分子式</td><td></td></tr>
<tr><td>理化性能[a]</td><td colspan="3"></td></tr>
<tr><td>主要成分[b]</td><td colspan="3"></td></tr>
<tr><td>包装方法[c]</td><td colspan="3"></td></tr>
<tr><td>中毒急救措施</td><td colspan="3"></td></tr>
<tr><td>撒漏处理和
消防方法</td><td colspan="3"></td></tr>
<tr><td>运输注意事项[d]</td><td colspan="3"></td></tr>
<tr><td>鉴定单
位意见</td><td colspan="3">属于________类________项危险货物
比照________________品名办理
比照危规第________号包装</td></tr>
<tr><td colspan="4">鉴定单位联系人：　　电话：　　传真：
地址：　　邮编：
鉴定单位及鉴定人________________(盖章)　年　月　日</td></tr>
<tr><td colspan="4">申请单位联系人：　　电话：　　传真：
地址：　　邮编：
申请鉴定单位________________(盖章)　年　月　日</td></tr>
<tr><td colspan="4">注：鉴定单位由国家安全生产监督管理局指定。</td></tr>
<tr><td colspan="4">a 性能包括色、味、形态、比重、熔点、沸点、闪点、燃点、爆炸极限、急性中毒极限及危险程度；
b 凡危险货物系混合物，应该详细填写所含危险货物的主要成分；
c 包装方法应注明材质、形状、厚度、封口、内部衬垫物、外部加固情况及内包装单位质量(重量)等；
d 对该种货物遇到何种物质可能发生的危险，提出防护措施。</td></tr>
</table>

附录 C
（规范性附录）
道路运输危险货物安全卡

道路运输危险货物安全卡正面样式见图 C.1。

<table>
<tr><td rowspan="2">表示危险性的图形符号</td><td rowspan="2">化学品中文名称
化学品英文名称
（或危险组分名称、含量）
分子式</td><td>UN NO.</td></tr>
<tr><td>CN NO.</td></tr>
<tr><td colspan="2">危险性

（主要危险性）

储运要求</td><td>泄漏处理

急　救

灭火方法</td></tr>
<tr><td colspan="3">防护措施：</td></tr>
</table>

图 C.1　道路运输危险货物安全卡正面样式

C.2 道路运输危险货物安全卡背面样式见图C.2。

（根据不同情况联系政府部门或其他相关部门的电话号码）

安全监督部门电话号码：
消防部门电话号码：
化学急救电话号码：
医疗急救电话号码：
环保部门电话号码：
公安交警电话号码：
运输单位电话号码：
XXX电话号码：

国家化学事故应急咨询电话：0532—3889090

图C.2 道路运输危险货物安全卡背面样式

表 D.2 隔开距离

单位为米

对　象	包装等级		
	一级	二级	三级
行李包裹	不隔离	不隔离	不得配装
普通货物	不隔离	不隔离	1.5
未定影的照相底片和感光材料	0.5	1	5

附录 E
（规范性附录）
车辆清洗消毒方法

E.1 凡装过危险货物的车辆，装卸后应进行清扫、洗刷和消毒工作。

E.2 对洗刷、消毒的车辆，车辆四周根据原装危险货物的性质，对渗留的残货彻底清扫后，分别用水（一定压力的水）、酸、碱溶液或其他药剂以及高压空气、水蒸气进行洗刷、消毒，具体方法见表 E.1。

表 E.1 车辆清洗消毒方法

编号	用品	方法
1	水（具有一定压力的水，如自来水）	用大量水冲刷
2	稀盐酸（如浓盐酸用水冲淡 20 倍）	药剂浸湿车辆木板后，用大量一定压力的水冲刷
3	碱或肥皂水、烧碱或纯碱（用水冲淡 50 倍）	
4	硫代硫酸纳（用水冲淡 30 倍）	
5	硫酸铜（用水冲淡 30 倍）	
6	高温高压水蒸气	冲熏，尤其注意木板缝隙内的残留物
7	高压空气（5kg 左右）	
8	放射性货物用大量水冲洗，遇有放射性物质散落污染时，应用肥皂水洗刷后，再用大量水冲洗	

E.3 凡经洗刷、消毒的车辆，应达到水清无异味、无污染的痕迹。

E.4 检查方法，用眼看、鼻嗅；对放射性货物污染的车辆，洗后用仪器测定。

E.5 车辆洗刷、消毒后应作好记录，注明原装危险货物品名和洗刷消毒方法及日期。

E.6 经常办理危险货物的车队，应备有一定设备和材料，指定专人负责，建立责任制度。

E.7 洗刷、消毒作业应在指定的地点进行，对洗刷消毒后的污水，应妥善处理。

E.8 在远离车队的运输中途需对车辆洗刷消毒时，收货单位或货主单位应提供水源、污水处理等方便。

参 考 文 献

1　GB/T 1992—1985　集装箱名词术语

ICS 03.220.20
R 12
备案号：

中华人民共和国交通行业标准

JT 618—2004
代替 JT 3145—1991

汽车运输、装卸危险货物作业规程

Rules of transportation, loading and unloading of dangerous goods by automobile

2004-12-30 发布　　2005-03-01 实施

中华人民共和国交通部　发布

ICS 03.220.20
R 12
备案号：

中华人民共和国交通行业标准

JT 618—2004
代替 JT 3145—1991

汽车运输、装卸危险货物作业规程

Rules of transportation, loading and unloading of dangerous goods by automobile

2004-12-30 发布　　2005-03-01 实施

中华人民共和国交通部　发布

汽车运输、装卸危险货物作业规程

1 范围

本标准规定了汽车运输、装卸危险货物的基本要求和安全作业要求。

本标准适用于爆炸品、压缩气体和液化气体、易燃液体、易燃固体自燃物品和遇湿易燃物品、氧化剂和有机过氧化物、毒害品和感染性物品、放射性物品、腐蚀品和杂类等危险货物的汽车运输和装卸。

2 规范性引用文件

下列文件中的条款通过本标准的引用而成为本标准的条款。凡是注日期的引用文件，其随后所有的修改单(不包括勘误的内容)或修订版均不适用于本标准，然而，鼓励根据本标准达成协议的各方研究是否可使用这些文件的最新版本。凡是不注日期的引用文件，其最新版本适用于本标准。

GB 190　危险货物包装标志

GB 4387　工业企业厂内铁路、道路运输安全规程

GB 6944　危险货物分类和品名编号

GB 7258　机动车运行安全技术条件

GB 8978　污水综合排放标准

GB 11806　放射性物质安全运输规定

GB 12268　危险货物品名表

GB 13392　道路运输危险货物车辆标志

JT 230　汽车导静电橡胶拖地带

JT 617—2004　汽车运输危险货物规则

3 术语和定义

下列术语和定义适用于本标准。

3.1

自行加速分解温度 self-accelerating decomposition temperature(SADT)

运输包装件中的自反应物质或有机过氧化物可能发生自行加速分解的最低温度。

3.2

控制温度 control temperature

自反应物质和有机过氧化物可以安全运输的最高温度。

3.3

应急温度 emergency temperature

对温度失去控制的自反应物质和有机过氧化物实施应急措施的最高温度。

3.4

最高容许浓度 threshold limit values(TLV)

又称极限阈值。健康成人长期经受而不致造成急性或慢性危害的最高浓度。

3.5

自反应物质 self-reactive substances

热不稳定物质，即使没有氧气(空气)参与也易产生强烈的放热分解，属于易燃固体(第4.1项)。

4 通则

4.1 基本要求

4.1.1 汽车运输危险货物应符合 JT 617—2004 的规定。

4.1.2 危险货物的装卸应在装卸管理人员的现场指挥下进行。

4.1.3 在危险货物装卸作业区应设置警告标志。无关人员不得进入装卸作业区。

4.1.4 进入易燃、易爆危险货物装卸作业区应：

a) 禁止随身携带火种；

b) 关闭随身携带的手机等通讯工具和电子设备；

c) 严禁吸烟；

d) 穿着不产生静电的工作服和不带铁钉的工作鞋。

4.1.5 雷雨天气装卸时,应确认避雷电、防湿潮措施有效。

4.1.6 运输危险货物的车辆在一般道路上最高车速为 60km/h,在高速公路上最高车速为 80km/h,并应确认有足够的安全车间距离。如遇雨天、雪天、雾天等恶劣天气,最高车速为 20km/h,并打开示警灯,警示后车,防止追尾。

4.1.7 运输过程中,应每隔 2 h 检查一次。若发现货损(如,丢失、泄漏等),应及时联系当地有关部门予以处理。

4.1.8 驾驶人员一次连续驾驶 4 h 应休息 20 min 以上;24 h 内实际驾驶车辆时间累计不得超过 8 h。

4.1.9 运输危险货物的车辆发生故障需修理时,应选择在安全地点和具有相关资质的汽车修理企业进行。

4.1.10 禁止在装卸作业区内维修运输危险货物的车辆。

4.1.11 对装有易燃易爆的和有易燃易爆残留物的运输车辆,不得动火修理。确需修理的车辆,应向当地公安部门报告,根据所装载的危险货物特性,采取可靠的安全防护措施,并在消防员监控下作业。

4.2 作业要求

4.2.1 出车前

4.2.1.1 运输危险货物车辆的有关证件、标志应齐全有效,技术状况应为良好,并按照有关规定对车辆安全技术状况进行严格检查,发现故障应立即排除。

4.2.1.2 运输危险货物车辆的车厢底板应平坦完好、栏板牢固,对于不同的危险货物,应采取相应的衬垫防护措施(如,铺垫木板、胶合板、橡胶板等),车厢或罐体内不得有与所装危险货物性质相抵触的残留物。

4.2.1.3 检查运输危险货物的车辆配备的消防器材,发现问题应立即更换或修理。

4.2.1.4 驾驶人员、押运人员应检查随车携带的“道路运输危险货物安全卡”是否与所运危险货物一致。

4.2.1.5 根据所运危险货物特性,应随车携带遮盖、捆扎、防潮、防火、防毒等工、属具和应急处理设备、劳动防护用品。

4.2.1.6 装车完毕后,驾驶员应对货物的堆码、遮盖、捆扎等安全措施及对影响车辆起动的不安全因素进行检查,确认无不安全因素后方可起步。

4.2.2 运输

4.2.2.1 驾驶人员应根据道路交通状况控制车速,禁止超速和强行超车、会车。

4.2.2.2 运输途中应尽量避免紧急制动,转弯时车辆应减速。

4.2.2.3 通过隧道、涵洞、立交桥时,要注意标高、限速。

4.2.2.4 运输危险货物过程中,押运人员应密切注意车辆所装载的危险货物,根据危险货物性质定时停车检查,发现问题及时会同驾驶人员采取措施妥善处理。驾驶人员、押运人员不得擅自离岗、脱岗。

4.2.2.5 运输过程中如发生事故时,驾驶人员和押运人员应立即向当地公安部门及安全生产管理部门、环境保护部门、质检部门报告,并应看护好车辆、货物,共同配合采取一切可能的警示、救援措施。

4.2.2.6 运输过程中需要停车住宿或遇有无法正常运输的情况时,应向当地公安部门报告。

4.2.2.7 运输过程中遇有天气、道路路面状况发生变化,应根据所装载危险货物特性,及时采取安全防护措施。遇有雷雨时,不得在树下、电线杆、高压线、铁塔、高层建筑及容易遭到雷击和产生火花的地点停车。若要避雨时,应选择安全地点停放。遇有泥泞、冰冻、颠簸、狭窄及山崖等路段时,应低速缓慢行驶,防止车辆侧滑、打滑及危险货物剧烈震荡等,确保运输安全。

4.2.2.8 工业企业厂内进行危险货物运输,应按 GB 4387 执行。

4.2.3 装卸

4.2.3.1 装卸作业现场要远离热源,通风良好;电气设备应符合国家有关规定要求,严禁使用明火灯具照明,照明灯应具有防爆性能;易燃易爆货物的装卸场所要有防静电和避雷装置。

4.2.3.2 运输危险货物的车辆应按装卸作业的有关安全规定驶入装卸作业区,应停放在容易驶离作业现场的方位上,不准堵塞安全通道。停靠货垛时,应听从作业区业务管理人员的指挥,车辆与货垛之间要留有安全距离。待装卸的车辆与装卸中的车辆应保持足够的安全距离。

4.2.3.3 装卸作业前,车辆发动机应熄火,并切断总电源(需从车辆上取得动力的除外)。在有坡度的场地装卸货物时,应采取防止车辆溜坡的有效措施。

4.2.3.4 装卸作业前应对照运单,核对危险货物名称、规格、数量,并认真检查货物包装。货物的安全技术说明书、安全标签、标识、标志等与运单不符或包装破损、包装不符合有关规定的货物应拒绝装车。

4.2.3.5 装卸作业时应根据危险货物包装的类型、体积、重量、件数等情况和包装储运图示标志的要求,采取相应的措施,轻装轻卸,谨慎操作。同时应做到:

a) 堆码整齐,紧凑牢靠,易于点数;

b) 装车堆码时,桶口、箱盖朝上,允许横倒的桶口及袋装货物的袋口应朝里;卸车堆码时,桶口、箱盖朝上,允许横倒的桶口及袋装货物的袋口应朝外;

c) 装载平衡;堆码时应从车厢两侧向内错位骑缝堆码,高出栏板的最上一层包装件,堆码超出车厢前挡板的部分不得大于包装件本身高度的二分之一;

d) 装车后,货物应用绳索捆扎牢固;易滑动的包装件,需用防散失的网罩覆盖并用绳索捆扎牢固或用毡布覆盖严密;需用多块毡布覆盖货物时,两块毡布中间接缝处须有大于 15cm 的重叠覆盖,且货厢前半部分毡布需压在后半部分的毡布上面;

e) 包装件体积为 450L 以上的易滚动危险货物应紧固;

f) 带有通气孔的包装件不准倒置、侧置,防止所装货物泄漏或混入杂质造成危害。

4.2.3.6 装卸过程中需要移动车辆时,应先关上车厢门或栏板。若车厢门或栏板在原地关不上时,应有人监护,在保证安全的前提下才能移动车辆。起步要慢,停车要稳。

4.2.3.7 装卸危险货物的托盘、手推车应尽量专用。装卸前,要对装卸机具进行检查。装卸爆炸品、有机过氧化物、剧毒品时,装卸机具的最大装载量应小于其额定负荷的 75%。

4.2.3.8 危险货物装卸完毕,作业现场应清扫干净。装运过剧毒品和受到危险货物污染的车辆、工具应按 JT 617—2004 中附录 E 车辆清洗消毒方法洗刷和除污。危险货物的撒漏物和污染物应送到当地环保部门指定地点集中处理。

5 包装货物运输、装卸要求

5.1 爆炸品

5.1.1 出车前

5.1.1.1 运输爆炸品应使用厢式货车。

5.1.1.2 厢式货车的车厢内不得有酸、碱、氧化剂等残留物。

5.1.1.3 不具备有效的避雷电、防湿潮条件时，雷雨天气应停止对爆炸品的运输、装卸作业。

5.1.2 运输

5.1.2.1 应按公安部门核发的道路通行证所指定的时间、路线等行驶。

5.1.2.2 运输过程中发生火灾时，应尽可能将爆炸品转移到危害最小的区域或进行有效隔离。不能转移、隔离时，应组织人员疏散。

5.1.2.3 施救人员应戴防毒面具。扑救时禁止用沙土等物压盖，不得使用酸碱灭火剂。

5.1.3 装卸

5.1.3.1 严禁接触明火和高温；严禁使用会产生火花的工具、机具。

5.1.3.2 车厢装货总高度不得超过1.5m。无外包装的金属桶只能单层摆放，以免压力过大或撞击摩擦引起爆炸。

5.1.3.3 火箭弹和旋上引信的炮弹应横装，与车辆行进方向垂直。凡从1.5m以上高度跌落或经过强烈震动的炮弹、引信、火工品等应单独存放，未经鉴定不得装车运输。

5.1.3.4 任何情况下，爆炸品不得配装；装运雷管和炸药的两车不得同时在同一场地进行装卸。

5.2 压缩气体和液化气体

此条款特指包装件为气瓶装的压缩气体和液化气体。

5.2.1 出车前

5.2.1.1 车厢内不得有与所装货物性质相抵触的残留物。

5.2.1.2 夏季运输应检查并保证瓶体遮阳、瓶体冷水喷淋降温设施等安全有效。

5.2.2 运输

5.2.2.1 运输中，低温液化气体的瓶体及设备受损、真空度遭破坏时，驾驶人员、押运人员应站在上风处操作，打开放空阀泄压，注意防止灼伤。一旦出现紧急情况，驾驶人员应将车辆转移到距火源较远的地方。

5.2.2.2 压缩气体遇燃烧、爆炸等险情时，应向气瓶大量浇水使其冷却，并及时将气瓶移出危险区域。

5.2.2.3 从火场上救出的气瓶，应及时通知有关技术部门另做处理，不可擅自继续运输。

5.2.2.4 发现气瓶泄漏时，应确认拧紧阀门，并根据气体性质做好相应的人身防护：

a) 施救人员应戴上防毒面具，站在上风处抢救；

b) 易燃、助燃气体气瓶泄漏时，严禁靠近火种；

c) 有毒气体气瓶泄漏时，应迅速将所装载车辆转移到空旷安全处。

5.2.2.5 除另有限运规定外，当运输过程中瓶内气体的温度高于40℃时，应对瓶体实施遮阳、冷水喷淋降温等措施。

5.2.3 装卸

5.2.3.1 装卸人员应根据所装气体的性质穿戴防护用品，必要时需戴好防毒面具。用起重机装卸大型气瓶或气瓶集装架(格)时，应带好安全帽。

5.2.3.2 装车时要旋紧瓶帽，注意保护气瓶阀门，防止撞坏。车下人员须待车上人员将气瓶放置妥当后，才能继续往车上装瓶。在同一车厢内不准有两人以上同时单独往车上装瓶。

5.2.3.3 气瓶应尽量采用直立运输，直立气瓶高出栏板部分不得大于气瓶高度的四分之一。不允许纵向水平装载气瓶。水平放置的气瓶均应横向平放，瓶口朝向应统一；水平放置最上层气瓶不得超过车厢栏板高度。

5.2.3.4 妥善固定瓶体，防止气瓶窜动、滚动，保证装载平衡。

5.2.3.5 卸车时，要在气瓶落地点铺上铅垫或橡皮垫；应逐个卸车，严禁溜放。

5.2.3.6 装卸作业时，不要把阀门对准人身，注意防止气瓶安全帽脱落，气瓶应直立转动，不准脱手滚瓶或传接，气瓶直立放置时应稳妥牢靠。

5.2.3.7 装运大型气瓶(盛装净重在0.5t以上的)或气瓶集装架(格)时，气瓶与气瓶、集装架与集装架之间需填牢填充物，在车厢后栏板与气瓶空隙处应有固定支撑物，并用紧绳器紧固，严防气瓶滚动，重瓶不准多层装载。

5.2.3.8 装卸有毒气体时，应预先采取相应的防毒措施。

5.2.3.9 装货时，漏气气瓶、严重破损瓶（报废瓶）、异型瓶不准装车。收回漏气气瓶时，漏气气瓶应装在车厢的后部，不得靠近驾驶室。

5.2.3.10 装卸氧气瓶时，工作服、手套和装卸工具、机具上不得沾有油脂；装卸氧气瓶的机具应采用氧溶性润滑剂，并应装有防止产生火花的防护装置；不得使用电磁起重机搬运。库内搬运氧气瓶应采用带有橡胶车轮的专用小车，小车上固定氧气瓶的槽、架也要注意不产生静电。

5.2.3.11 配装时应做到：

a) 易燃气体中除非助燃性的不燃气体、易燃液体、易燃固体、碱性腐蚀品、其他腐蚀品外，不得与其他危险货物配装；

b) 助燃气体（如，空气、氧气及具有氧化性的有毒气体）不得与易燃、易爆物品及酸性腐蚀品配装；

c) 不燃气体不得与爆炸品、酸性腐蚀品配装；

d) 有毒气体不得与易燃易爆物品、氧化剂和有机过氧化物、酸性腐蚀物品配装；

e) 有毒气体液氯与液氨不得配装。

5.3 易燃液体

5.3.1 出车前

根据所装货物和包装情况（如，化学试剂、油漆等小包装），随车携带好遮盖、捆扎等防散失工具，并检查随车灭火器是否完好，车辆货厢内不得有与易燃液体性质相抵触的残留物。

5.3.2 运输

装运易燃液体的车辆不得接近明火、高温场所。

5.3.3 装卸

5.3.3.1 装卸作业现场应远离火种、热源。操作时货物不准撞击、摩擦、拖拉；装车堆码时，桶口、箱盖一律向上，不得倒置；箱装货物，堆码整齐；装载完毕，应罩好网罩，捆扎牢固。

5.3.3.2 钢桶盛装的易燃液体，不得从高处翻滚溜放卸车。装卸时应采取措施防止产生火花，周围需有人员接应，严防钢桶撞击致损。

5.3.3.3 钢制包装件多层堆码时，层间应采取合适衬垫，并应捆扎牢固。

5.3.3.4 对低沸点或易聚合的易燃液体，若发现其包装容器内装物有膨胀（鼓桶）现象时，不得装车。

5.4 易燃固体、自燃物品和遇湿易燃物品

5.4.1 出车前

5.4.1.1 运输危险货物车辆的货厢、随车工、属具不得沾有水、酸类和氧化剂。

5.4.1.2 运输遇湿易燃物品，应采取有效的防水、防潮措施。

5.4.2 运输

5.4.2.1 运输过程中，应避开热辐射，通风良好，防止受潮。

5.4.2.2 雨雪天气运输遇湿易燃物品，应保证防雨雪、防湿潮措施切实有效。

5.4.3 装卸

5.4.3.1 装卸场所及装卸用工、属具应清洁干燥，不得沾有酸类和氧化剂。

5.4.3.2 搬运时应轻装轻卸，不得摩擦、撞击、震动、摔碰。

5.4.3.3 装卸自燃物品时，应避免与空气、氧化剂、酸类等接触；对需用水（如，黄磷）、煤油、石蜡（如，金属钠、钾）、惰性气体（如，三乙基铝等）或其他稳定剂进行防护的包装件，应防止容器受撞击、震动、摔碰、倒置等造成容器破损，避免自燃物品与空气接触发生自燃。

5.4.3.4 遇湿易燃物品，不宜在潮湿的环境下装卸。若不具备防雨雪、防湿潮的条件，不准进行装卸作业。

5.4.3.5 装卸容易升华、挥发出易燃、有害或刺激性气体的货物时，现场应通风良好、防止中毒；作业时应防止摩擦、撞击，以免引起燃烧、爆炸。

5.4.3.6 装卸钢桶包装的碳化钙（电石）时，应确认包装内有无填充保护气体（氮气）。如未填充的，在装卸前应侧身轻轻的拧开桶上的通气孔放气，防止爆炸、冲击伤人。电石桶不得倒置。

5.4.3.7 装卸对撞击敏感，遇高热、酸易分解、爆炸的自反应物质和有关物质时，应控制温度；且不得与酸性腐蚀品及有毒或易燃脂类危险品配装。

5.4.3.8 配装时还应做到：

a) 易燃固体不得与明火、水接触，不得与酸类和氧化剂配装；

b) 遇湿易燃物品不得与酸类、氧化剂及含水的液体货物配装。

5.5 氧化剂和有机过氧化物

5.5.1 出车前

5.5.1.1 有机过氧化物应选用控温厢式货车运输；若车厢为铁质底板，需铺有防护衬垫。车厢应隔热、防雨、通风，保持干燥。

5.5.1.2 运输货物的车厢与随车工具不得沾有酸类、煤炭、砂糖、面粉、淀粉、金属粉、油脂、磷、硫、洗涤剂、润滑剂或其他松软、粉状等可燃物质。

5.5.1.3 性质不稳定或由于聚合、分解在运输中能引起剧烈反应的危险货物，应加入稳定剂；有些常温下会加速分解的货物，应控制温度。

5.5.1.4 运输需要控温的危险货物应做到：

a) 装车前检查运输车辆、容器及制冷设备；

b) 配备备用制冷系统或备用部件；

c) 驾驶人员和押运人员应具备熟练操作制冷系统的能力。

5.5.2 运输

5.5.2.1 有机过氧化物应加入稳定剂后方可运输。

5.5.2.2 有机过氧化物的混合物按所含最高危险有机过氧化物的规定条件运输，并确认自行加速分解温度（SADT），必要时应采取有效控温措施。

5.5.2.3 运输应控制温度的有机过氧化物时，要定时检查运输组件内的环境温度并记录，及时关注温度变化，必要时采取有效控温措施。

5.5.2.4 运输过程中，环境温度超过控制温度时，应采取相应补救措施；环境温度超过应急温度，应启动有关应急程序。其中，控制温度低于应急温度，应急温度低于自行加速分解温度（SADT），三者之间的关系见附录A。

5.5.3 装卸

5.5.3.1 对加入稳定剂或需控温运输的氧化剂和有机氧化物，作业时应认真检查包装，密切注意包装有无渗漏及膨胀（鼓桶）情况，发现异常应拒绝装运。

5.5.3.2 装卸时，禁止摩擦、震动、摔碰、拖拉、翻滚、冲击。防止包装及容器损坏。

5.5.3.3 装卸时发现包装破损，不能自行将破损件改换包装，不得将撒漏物装入原包装内，而应另行处理。操作时，不得踩踏、碾压撒漏物，禁止使用金属和可燃物（如，纸、木等）处理撒漏物。

5.5.3.4 外包装为金属容器的货物，应单层摆放。需要堆码时，包装物之间应有性质与所运货物相容的不燃材料衬垫并加固。

5.5.3.5 有机过氧化物装卸时严禁混有杂质，特别是酸类、重金属氧化物、胺类等物质。

5.5.3.6 配装时还应做到：

a) 氧化剂不能和易燃物质配装运输，尤其不能与酸、碱、硫磺、粉尘类（炭粉、糖粉、面粉、洗涤剂、润滑剂、淀粉）及油脂类货物配装；

b) 漂白粉及无机氧化剂中的亚硝酸盐、亚氯酸盐、次亚氯酸盐不得与其他氧化剂配装。

5.6 毒害品和感染性物品

5.6.1 毒害品

5.6.1.1 出车前

除有特殊包装要求的剧毒品采用化工物品专业罐车运输外,毒害品应采用厢式货车运输。

5.6.1.2 运输

运输毒害品过程中,押运人员要严密监视,防止货物丢失、撒漏。行车时要避开高温、明火场所。

5.6.1.3 装卸

5.6.1.3.1 装卸作业前,对刚开启的仓库、集装箱、封闭式车厢要先通风排气,驱除积聚的有毒气体。当装卸场所的各种毒害品浓度低于最高容许浓度时方可作业。

5.6.1.3.2 作业人员应根据不同货物的危险特性,穿戴好相应的防护服装、手套、防毒口罩、防毒面具和护目镜等。

5.6.1.3.3 认真检查毒害品的包装,应特别注意剧毒品、粉状的毒害品的包装,外包装表面应无残留物。发现包装破损、渗漏等现象,则拒绝装运。

5.6.1.3.4 装卸作业时,作业人员尽量站在上风处,不能停留在低洼处。

5.6.1.3.5 避免易碎包装件、纸质包装件的包装损坏,防止毒害品撒漏。

5.6.1.3.6 货物不得倒置;堆码要靠紧堆齐,桶口、箱口向上,袋口朝里。

5.6.1.3.7 对刺激性较强的和散发异臭的毒害品,装卸人员应采取轮班作业。

5.6.1.3.8 在夏季高温期,尽量安排在早晚气温较低时作业;晚间作业应采用防爆式或封闭式安全照明。积雪、冰封时作业,应有防滑措施。

5.6.1.3.9 忌水的毒害品(如,磷化铝、磷化锌等),应防止受潮。装运毒害品之后的车辆及工、属具要严格清洗消毒,未经安全管理人员检验批准,不得装运食用、药用的危险货物。

5.6.1.3.10 配装时应做到:

a) 无机毒害品不得与酸性腐蚀品、易感染性物品配装;

b) 有机毒害品不得与爆炸品、助燃气体、氧化剂、有机过氧化物及酸性腐蚀物品配装;

c) 毒害品严禁与食用、药用的危险货物同车配装。

5.6.2 感染性物品

5.6.2.1 出车前

5.6.2.1.1 应穿戴专用安全防护服和用具。

5.6.2.1.2 认真检查盛装感染性物品的每个包装件外表的警示标识,核对医疗废物标签,标签内容包括:医疗废物产生单位、产生日期、类别及需要的特别说明等。标签、封口不符合要求时,拒绝运输。

5.6.2.2 运输

5.6.2.2.1 运输感染性物品,应经有关的卫生检疫机构的特许。

5.6.2.2.2 运输医疗废物,应符合 JT 617—2004 的 9.7 的要求。

5.6.2.2.3 运输医疗废物,应按照有关部门规定的时间和路线,从产生地点运送至指定地点。

5.6.2.2.4 车厢内温度应控制在所运医疗废物要求的温度范围之内。

5.6.2.3 装卸

5.6.2.3.1 根据不同的医疗废物分类,作业人员在工作中应穿戴好相应的防护服装、手套、防毒口罩、面具和护目镜等。

5.6.2.3.2 作业人员受到医疗废物刺伤、擦伤等伤害时,应采取相应的处理措施,并及时报告相关部门。

5.7 放射性物品

放射性物品的运输装卸应按 GB 11806 的有关规定执行。

5.8 腐蚀品

5.8.1 出车前

根据危险货物性质配备相应的防护用品和应急处理器具。

5.8.2 运输

5.8.2.1 运输过程中发现货物撒漏时，要立即用干砂、干土覆盖吸收；货物大量溢出时，应立即向当地公安、环保等部门报告，并采取一切可能的警示和消除危害措施。

5.8.2.2 运输过程中发现货物着火时，不得用水柱直接喷射，以防腐蚀品飞溅，应用水柱向高空喷射形成雾状覆盖火区；对遇水发生剧烈反应，能燃烧、爆炸或放出有毒气体的货物，不得用水扑救；着火货物是强酸时，应尽可能抢出货物，以防止高温爆炸、酸液飞溅；无法抢出货物时，可用大量水降低容器温度。

5.8.2.3 扑救易散发腐蚀性蒸气或有毒气体的货物时，应穿戴防毒面具和相应的防护用品。扑救人员应站在上风处施救。如果被腐蚀物品灼伤，应立即用流动自来水或清水冲洗创面 15min ~ 30min，之后送医院救治。

5.8.3 装卸

5.8.3.1 装卸作业前应穿戴具有防腐蚀的防护用品，并穿戴带有面罩的安全帽。对易散发有毒蒸气或烟雾的，应配备防毒面具。并认真检查包装、封口是否完好，要严防渗漏，特别要防止内包装破损。

5.8.3.2 装卸作业时，应轻装、轻卸，防止容器受损。液体腐蚀品不得肩扛、背负；忌震动、摩擦；易碎容器包装的货物，不得拖拉、翻滚、撞击；外包装没有封盖的组合包装件不得堆码装运。

5.8.3.3 具有氧化性的腐蚀品不得接触可燃物和还原剂。

5.8.3.4 有机腐蚀品严禁接触明火、高温或氧化剂。

5.8.3.5 配装时应做到：

a) 特别注意：腐蚀品不得与普通货物配装；

b) 酸性腐蚀品不得与碱性腐蚀品配装；

c) 有机酸性腐蚀品不得与有氧化性的无机酸性腐蚀品配装；

d) 浓硫酸不得与任何其他物质配装。

5.9 杂类

杂类危险货物汽车运输，应按货物特性采取相应措施。

6 散装货物运输、装卸要求

6.1 散装固体

6.1.1 运输散装固体车辆的车厢应采取衬垫措施，防止撒漏；应带好装卸工、属具和苫布。

6.1.2 易撒漏、飞扬的散装粉状危险货物，装车后应用苫布遮盖严密，必要时应捆扎结实，防止飞扬，包装良好方可装运。

6.1.3 行车中尽量防止货物窜动、甩出车厢。

6.1.4 高温季节，散装煤焦沥青应在早晚时段进行装卸。

6.1.5 装卸硝酸铵时，环境温度不得超过 40℃，否则应停止作业。装卸现场应保持足够的水源以降温和应急。

6.1.6 装卸会散发有害气体、粉尘或致病微生物的散装固体，应注意人身保护并采取必要的预防措施。

6.2 散装液体

6.2.1 运输易燃液体的罐车应有阻火器和呼吸阀，应配备导除静电装置；排气管应安装熄灭火星装置；罐体内应设置防波挡板，以减少液体震荡产生静电。

6.2.2 装卸作业可采用泵送或自流灌装。

6.2.3 作业环境温度要适应该液体的储存和运输安全的理化性质要求。

6.2.4 作业中要密切注视货物动态，防止液体泄漏、溢出。需要换罐时，应先开空罐，后关满罐。

6.2.5 易燃液体装卸始末，管道内流速不得超过1m/s，正常作业流速不宜超过3m/s。其他液体产品可采用经济流速。

6.2.6 装卸料管应专管专用。

6.2.7 装卸作业结束后，应将装卸管道内剩余的液体清扫干净；可采用泵吸或氮气清扫易燃液体装卸管道。

6.3 散装气体

6.3.1 出车前

6.3.1.1 根据所装危险货物的性质选择罐体。与罐壳材料、垫圈、装卸设备及任何防护衬料接触可能发生反应而形成危险产物、或明显减损材料强度的货物，不得充灌。

6.3.1.2 装卸前应对罐体进行检查，罐体应符合下列要求：

a) 罐体无渗漏现象；

b) 罐体内应无与待装货物性质相抵触的残留物；

c) 阀门应能关紧，且无渗漏现象；

d) 罐体与车身应紧固，罐体盖应严密；

e) 装卸料导管状况应良好无渗漏；

f) 装运易燃易爆的货物，导除静电装置应良好；

g) 罐体改装其他液体时，应经过清洗和安全处理，检验合格后方可使用。清洗罐体的污水经处理后，按指定地点排放。

6.3.2 运输

6.3.2.1 在运输过程中罐体应采取防护措施，防止罐体受到横向、纵向的碰撞及翻倒时导致罐壳及其装卸设备损坏。

6.3.2.2 化学性质不稳定的物质，需采取必要的措施后方可运输，以防止运输途中发生危险性的分解、化学变化或聚合反应。

6.3.2.3 运输过程中，罐壳(不包括开口及其封闭装置)或隔热层外表面的温度不应超过70℃。

6.3.3 装卸

6.3.3.1 装卸作业现场应通风良好。装卸人员应站在上风处作业。

6.3.3.2 装卸前要联好防静电装置。易燃易爆品的装卸工具要有防止产生火花的性能。装卸时应轻开、轻关孔盖，密切注视进出料情况，防止溢出。

6.3.3.3 装料时，认真核对货物品名后按车辆核定吨位装载，并应按规定留有膨胀余位，严禁超载。装料后，关紧罐体进料口，将导管中的残留液体或残留气体排放到指定地点。

6.3.3.4 卸料时，贮罐所标货名应与所卸货物相符；卸料导管应支撑固定，保证卸料导管与阀门的联接牢固；要逐渐缓慢开启阀门。

6.3.3.5 卸料时，装卸人员不得擅离操作岗位。卸料后应收好卸料导管、支撑架及防静电设施等。

6.4 液化气体

此条款的液化气体是指第5.2条“压缩气体和液化气体”中的液化气体。

6.4.1 一般规定

6.4.1.1 车辆进入贮罐区前，应停车提起导除静电装置；进入充灌车位后，再接好导除静电装置。

6.4.1.2 灌装前，应对罐体阀门和附件(安全阀、压力计、液位计、温度计)以及冷却、喷淋设施的灵敏度和可靠性进行检查，并确认罐体内有规定的余压；如无余压的，经检验合格后方可充灌。

6.4.1.3 严格按规定控制灌装量，做好灌装量复核、记录，严禁超量、超温、超压。

6.4.1.4 发生下列异常情况时，一律不准灌装，操作人员应立即采取紧急措施，并及时报告有关部门：

a) 容器工作压力、介质温度或壁温超过许可值，采取各种措施仍不能使之下降；

b) 容器的主要受压元件发生裂缝、鼓包、变形、泄漏等缺陷而危及安全；

c) 安全附件失效、接管端断裂或紧固件损坏,难以保证运输安全;

d) 雷雨天气,充装现场不具备避雷电作用;

e) 充装易燃易爆气体时,充装现场附近发生火灾。

6.4.1.5 禁止用直接加热罐体的方法卸液。卸液后,罐体内应留有规定的余压。

6.4.1.6 运输过程中应严密注视车内压力表的工作情况,发现异常,应立即停车检查;排除故障后方可继续运行。

6.4.2 非冷冻液化气体

6.4.2.1 非冷冻液化气体的单位体积最大质量(kg/L)不得超过50℃时该液化气体密度的0.95倍;罐体在60℃时不得充满液化气体。

6.4.2.2 装载后的罐体不得超过最大允许总重,并且不得超过所运各种气体的最大允许载重。

6.4.2.3 罐体在下列情况下不得交付运输:

a) 罐体处于不足量状态,由于罐体压力骤增可能产生不可承受的压力;

b) 罐体渗漏时;

c) 罐体的损坏程度已影响到罐体的总体及其起吊或紧固设备;

d) 罐体的操作设备未经过检验,不清楚是否处于良好的工作状态。

6.4.3 冷冻液化气体

6.4.3.1 不可使用保温效果变差的罐体。

6.4.3.2 充灌度应不超过92%,且不得超重。

6.4.3.3 装卸作业时,装卸人员应穿戴防冻伤的防护用品(如,防冻手套),并穿戴带有面罩的安全帽。

6.5 有机过氧化物(第5.5条)和易燃固体(第5.4条)中的自反应物质

此条款适用于运输自行加速分解温度(SADT)为55℃或以上的有机过氧化物和易燃固体项中的自反应物质。

6.5.1 罐体应配置感温装置。

6.5.2 罐体应有泄压安全装置和应急释放装置。在达到由有机过氧化物的性质和罐体的结构特点所确定的压力时,泄压安全装置就应启动。罐壳上不允许有易熔化的元件。

6.5.3 罐体的表面应采用白色或明亮的金属。罐体应有遮阳板隔热或保护。如果罐体中所运物质的自行加速分解温度(SADT)为55℃或以下,或者罐体为铝质的,罐体则应完全隔热。

6.5.4 环境温度为15℃时,充灌度不得超过90%。

6.6 放射性物质

6.6.1 运输放射性物质的可移动罐体不得用于装运其他货物。

6.6.2 运输放射性物质的可移动罐体的充灌度不得超90%或代以经主管机关批准的其他数值。

6.7 腐蚀品

6.7.1 运输腐蚀品的罐体材料和附属设施应具有防腐性能。

6.7.2 运输腐蚀品的罐车应专车专运。

6.7.3 装卸操作时应注意:

a) 作业时,装卸人员应站在上风处;

b) 出车前或灌装前,应检查卸料阀门是否关闭,防止上放下漏;

c) 卸货前,应让收货人确认卸货贮槽无误,防止放错贮槽引发货物化学反应而酿成事故;

d) 灌装和卸货后,应将进料口盖严盖紧,防止行驶中车辆的晃动导致腐蚀品溅出;

e) 卸料时,应保证导管与阀门的连接牢固后,逐渐缓慢开启阀门。

7 集装箱货物运输、装卸要求

7.1 装箱作业前,应检查所用集装箱,确认集装箱技术状态良好并清扫干净,去除无关标志、标记和标牌。

7.2 装箱作业前，应检查集装箱内有无与待装危险货物性质相抵触的残留物。发现问题，应及时通知发货人进行处理。

7.3 装箱作业前，应检查待装的包装件。破损、撒漏、水湿及沾污其他污染物的包装件不得装箱，对撒漏破损件及清扫的撒漏物交由发货人处理。

7.4 不准将性质相抵触、灭火方法不同或易污染的危险货物装在同一集装箱内。如符合配装规定而与其他货物配装时，危险货物应装在箱门附近。包装件在集装箱内应有足够的支撑和固定。

7.5 装箱作业时，应根据装载要求装箱，防止集重和偏重。

7.6 装箱完毕，关闭、封锁箱门，并按要求粘贴好与箱内危险货物性质相一致的危险货物标志、标牌。

7.7 熏蒸中的集装箱，应标贴有熏蒸警告符号。当固体二氧化碳（干冰）用作冷却目的时，集装箱外部门端明显处应贴有指示标记或标志，并标明"内有危险的二氧化碳（干冰），进入之前务必彻底通风！"字样。

7.8 集装箱内装有易产生毒害气体或易燃气体的货物时，卸货时应先打开箱门，进行足够的通风后方可装卸作业。

7.9 对卸空危险货物的集装箱要进行安全处理；有污染的集装箱，要在指定地点、按规定要求进行清扫或清洗。

7.10 装过毒害品、感染性物品、放射性物品的集装箱在清扫或清洗前，应开箱通风。进行清扫或清洗的工作人员应穿戴适用的防护用品。洗箱污水在未作处理之前，禁止排放。经处理过的污水，应符合GB 8978的排放标准。

8 部分常见大宗危险货物运输、装卸要求

8.1 液化石油气

此条款是指汽车罐车运输液化石油气。

8.1.1 运输

8.1.1.1 运输液化石油气罐车应按当地公安部门规定的路线、时间和车速行驶，不准带拖挂车，不得携带其他易燃、易爆危险物品。罐体内温度达到40℃时，应采取遮阳或罐外冷水降温措施。

8.1.1.2 运输过程中，液化石油气罐车若发生大量泄漏时，应切断一切火源，戴好防护面具与手套；同时应立即采取防火、灭火措施，关闭阀门制止渗漏，并用雾状水保护关闭阀门的人员；设立警戒区，组织人员向逆风方向疏散。一般不得起动车辆。

8.1.2 装卸

8.1.2.1 作业前应接好安全地线，管道和管接头连接应牢固，并排尽空气。

8.1.2.2 装卸人员应相对稳定。作业时，驾驶人员、装卸人员均不得离开现场。在正常装卸时，不得随意起动车辆。

8.1.2.3 新罐车或检修后、首次充装的罐车，充装前应作抽真空或充氮置换处理，严禁直接充装。

8.1.2.4 液化石油气罐车充装时须用地磅、液面计、流量计或其他计量装置进行计量，严禁超装。罐车的充装量不得超过设计所允许的最大充装量。

8.1.2.5 充装完毕，应复检重量或液位，并应认真填写充装记录。若有超装，应立即处理。

8.1.2.6 液化石油气罐车抵达厂（站）后，应及时卸货。罐车不得兼作贮罐用。一般情况不得从罐车直接向钢瓶直接灌装；如临时确需从罐车直接灌瓶，现场应符合安全防火、灭火要求，并有相应的安全措施，且应预先取得当地公安消防部门的同意。

8.1.2.7 禁止采用蒸汽直接注入罐车罐内升压，或直接加热罐车罐体的方法卸货。

8.1.2.8 液化石油气罐车卸货后，罐内应留有规定的余压。

8.1.2.9 凡出现下列情况，罐车应立即停止装卸作业，并作妥善处理：

a） 雷击天气；

b） 附近发生火灾；

c） 检测出液化气体泄漏；

d） 液压异常；

e） 其他不安全因素。

8.2 油品

此条款是指用常压燃油罐车运输燃油。

8.2.1 运输

当罐车的罐体内温度达到40℃时，应采取遮阳或罐外冷水降温措施。

8.2.2 装卸

8.2.2.1 在灌油前和放油后，驾驶人员应检查阀门和管盖是否关牢，查看接地线是否接牢，不得敞盖行驶，严禁罐车顶部载物。

8.2.2.2 燃油罐车可采用泵送或自流灌装。

8.2.2.3 罐车进加油站卸油时，要有专人监护，避免无关人员靠近。

8.2.2.4 卸油时发动机应熄火。雷雨天气时，应确认避雷电措施有效，否则应停止卸油作业。

8.2.2.5 卸油时应夹好导静电接线，接好卸油胶管，当确认所卸油品与贮油罐所贮的油品种类相同时方可缓慢开启卸油阀门。

8.2.2.6 卸油前要检查油罐的存油量，以防止卸油时冒顶跑油。卸油时应严格控制流速，在油品没有淹没进油管口前，油品的流速应控制在0.7m/s～1m/s以内，防止产生静电。

8.2.2.7 卸油过程要做到不冒、不洒、不漏，各部分接口牢固，卸油时驾驶人员不得离开现场，应与加油站工作人员共同监视卸油情况，发现问题随时采取措施。

8.2.2.8 卸油时，卸油管应深入罐内。卸油管口至罐底距离不得大于300mm，以防喷溅产生静电。

8.2.2.9 卸油要尽可能卸净，当加油站工作人员确认罐内已无贮油时方可关闭放油阀门，收好放油管，盖严油罐盖。

8.2.2.10 测量油量要在卸完油30min以后进行，以防测油尺与油液面、油罐之间静电放电。

附录 A
(规范性附录)
自行加速分解温度、控制温度和应急温度的关系

自行加速分解温度、控制温度和应急温度的关系见表 A.1。

表 A.1 自行加速分解温度、控制温度和应急温度的关系

单位为摄氏度

容器类别	自行加速分解温度(SADT)	控制温度	应急温度
单一包装和中型散装容器(IBCs)	<20	比 SADT 低 20	比 SADT 低 10
	20~35	比 SADT 低 15	比 SADT 低 10
	>35	比 SADT 低 10	比 SADT 低 5
可移动罐体	<50	比 SADT 低 20	比 SADT 低 5

ICS 03.220.20
R 12
备案号

中华人民共和国交通行业标准

JT/T 619—2005

汽车货物运输质量主要考核指标

The main assessment index for freight transport by road

2005-03-10 发布　　　　2005-06-15 实施

中华人民共和国交通部　发布

汽车货物运输质量主要考核指标

1 范围

本标准规定了汽车货物运输(以下简称货运)质量的主要考核指标。

本标准适用于对从事汽车货运经营性业户运输质量的评价和考核。

2 术语和定义

下列术语和定义适用于本标准。

2.1

汽车货运质量事故 accident of vehicle transport quality

承运责任期内,由于承运人责任造成的货物灭失、短少、变质、污染、损坏和运输延误。

3 货运质量考核内容

汽车货运质量考核主要包括以下几个方面:

a) 运输质量;

b) 服务质量;

c) 搬运装卸质量;

d) 运输安全质量。

3.1 运输质量指标

主要包括:正运量、正运率;准运量、准运率;货差量、货差率、货差值;货损量、货损率、货损值;货灭量、货灭率、货灭值;货物缺失数、货物缺失率、货物缺失值。

3.1.1 正运量

考核期内完成正常货运的总件(吨)数,单位为件(吨)。

3.1.2 正运率

考核期内完成的正运量与同期运输货物总件(吨)数的百分比。

计算公式:

$$正运率=\frac{正运量}{运输货物总件(吨)数}\times 100\%$$

3.1.3 准运量

考核期内准时运达目的地的货运总票(吨)数。单位为票(吨)。

3.1.4 准运率

考核期内完成的准运量与同期运输货物总票(吨)数的百分比。

计算公式:

$$准运率=\frac{准运量}{运输货物总票(吨)数}\times 100\%$$

3.1.5 货差量

考核期内出现的运输货物差错件(吨)数。主要包括票货分离、误运送、误交付、件数不符和重量不符等差错,单位为件(吨)。

3.1.6 货差率

考核期内出现的货差量与同期运输货物总件(吨)数的千分比。

计算公式：

$$货差率 = \frac{货差量}{运输货物总件(吨)数} \times 1000‰$$

3.1.7 货差值

考核期内出现的货差量的损失折款总金额，单位为元。

3.1.8 货损量

考核期内出现的运输货物损坏总件(吨)数。主要包括火灾、被盗、损坏、货物腐坏、货物被污染和货物湿损等质量上的损坏，单位为件(吨)。

3.1.9 货损率

考核期内出现的货损量与同期运输货物总件(吨)数的千分比。

计算公式：

$$货损率 = \frac{货损量}{运输货物总件(吨)数} \times 1000‰$$

3.1.10 货损值

考核期内出现的货损量的损失折款总金额，单位为元。

3.1.11 货灭量

考核期内由于不正常原因造成毁灭和丢失的运输货物的总件(吨)数，单位为件(吨)。

3.1.12 货灭率

考核期内造成的货灭量与同期运输货物总件(吨)数的千分比。

计算公式：

$$货灭率 = \frac{货灭量}{运输货物总件(吨)数} \times 1000‰$$

3.1.13 货灭值

考核期内造成货灭量的直接损失折款总金额，单位为元。

3.1.14 货物缺失数

考核期内发生的货差量、货损量、货灭量的和，单位为件(吨)。

3.1.15 货物缺失率

考核期内发生的货差率、货损率、货灭率的和。

计算公式：

$$货物缺失率 = 货差率 + 货损率 + 货灭率$$

3.1.16 货物缺失值

考核期内发生的货差值、货损值和货灭值的和，单位为元。

3.2 服务质量指标

3.2.1 合同兑现率

考核期内货物完好、准时送达收货人的运输货物件(吨)数与同期运输货物总件(吨)数的百分比。

计算公式：

$$合同兑现率 = \frac{货物准时送达件(吨)数}{运输货物总件(吨)数} \times 100\%$$

3.2.2 客户满意率

考核期内完成的客户满意票数与调查总票数中回复票数的百分比。

计算公式：

$$客户满意度 = \frac{满意票数}{回复票数} \times 100\%$$

3.2.3 客户投诉率

考核期内客户投诉票数与同期运输货物总票数的百分比。

计算公式：

$$客户投诉率=\frac{客户投诉票数}{运输货物总票数}\times 100\%$$

3.2.4 重大货运服务质量事故件数

考核期内由当事人投诉并经查证情节十分恶劣的服务质量事故的件数，单位为件。

3.3 搬运装卸质量指标

搬运装卸合格率

考核期内抽样检查符合运输货物搬运装卸工序标准的合格车次数与抽样检查总车次数的百分比。

计算公式：

$$搬运装卸合格率=\frac{抽样检查合格车次数}{抽样检查车次数}\times 100\%$$

3.4 运输安全质量指标

3.4.1 行车事故次数

考核期内，货运过程中发生的行车事故次数，单位为次。按照公安部发布的《道路交通事故等级划分标准》的规定，分为以下四级，见表1。

表1 道路交通事故等级划分标准

事故等级	划分标准
轻微事故	一次造成轻伤1至2人； 或者财产损失机动车事故不足壹千元；非机动车事故不足贰百元的事故
一般事故	一次造成重伤1至2人；或者轻伤3人以上； 或者财产损失不足叁千元的事故
重大事故	一次造成死亡1至2人；或者重伤3人以上，10人以下； 或者财产损失叁万元以上不足陆万元的事故
特大事故	一次造成死亡3人以上；或者重伤11人以上；或者死亡1人，同时重伤8人以上；或者死亡2人，同时重伤5人以上；或者财产损失陆万元以上的事故

3.4.2 行车事故率

考核期内货运过程中发生的行车事故次数与货物周转量的比。

计算公式：

$$行车事故率=\frac{行车事故次数}{货物周转量(百万吨公里)}$$

3.4.3 行车事故伤人量

考核期内发生货运行车事故造成的被伤害人数，单位为人。

3.4.4 行车事故伤人率

考核期内发生货运行车事故伤人数与货物周转量的比。

计算公式：

$$行车事故伤人率=\frac{行车事故伤人量}{货物周转量(百万吨公里)}$$

3.4.5 行车事故死亡量

考核期内发生货运行车事故造成的死亡人数，单位为人。

3.4.6 行车事故死亡率

考核期内发生货运行车事故死亡量与货物周转量的比。

计算公式：

$$行车事故死亡率 = \frac{行车事故死亡量}{货物周转量(百万吨公里)}$$

3.4.7 行车事故损失

考核期内发生货运行车事故所造成人员、车辆和财产直接损失折款总金额(如办理了财产保险，应含保险赔付)，单位为元。

3.4.8 货运赔偿率

考核期内货运质量事故赔偿金额与货运营业收入总金额的千分比。

计算公式：

$$货运赔偿率 = \frac{货运质量事故赔偿金额}{营运收入总金额} \times 1000‰$$

ICS 03.220.20
R 12
备案号

中华人民共和国交通行业标准

JT/T 620—2005

汽车快件货物运输操作规程

Operation regulations on express freight transport by road

2005-03-10 发布

2005-06-15 实施

中华人民共和国交通部 发布

汽车快件货物运输操作规程

1 范围

本标准规定了汽车快件货物运输的基本要求;规定了货物受理、理货、货物配装、货物接收、货物交付等业务流程的操作规则以及业务档案管理。

本标准适用于在全国境内经营汽车快件货物运输业务的业户。

2 规范性引用文件

下列文件中的条款通过本标准的引用而成为本标准的条款。凡是注日期的引用文件,其随后所有的修改单(不包括勘误的内容)或修订版均不适用于本标准,然而,鼓励根据本标准达成协议的各方研究是否可使用这些文件的最新版本。凡是不注日期的引用文件,其最新版本适用于本标准。

GB/T 191 包装储运图示(eqv ISO 780)

GB 18565 营运车辆综合性能要求和检验方法

JT/T 385 水路、公路运输货物包装基本要求

3 术语和定义

下列术语和定义适用于本标准。

3.1

快件货物运输 express freight transport

在约定的时间内,按托运人要求将快件货物交付收货人的过程。

4 基本要求

4.1 业务形式

汽车快件货物运输业务主要包括:普通快运、加急快运。

4.1.1 普通快运

按照快件货物进行处理的业务。

4.1.2 加急快运

按照托运人的要求,在限定或特定的时间,准时将货物送达收货人的业务。

4.2 营业网点

各营业网点应张贴必要的业务宣传品、收费表、本地至全国各地主要城市的全程运送承诺时限、禁运货物的种类和名称、业务单证样本、货物包装要求以及受理和领取货物程序的规定等。

4.3 营运车辆

4.3.1 营运车辆采用符合国家标准的厢式车辆。

4.3.2 营运车辆车容整洁、箱体内干净。其动力性、燃料经济性、制动性、转向操纵性、照明和信号装置及其他电气设备、排放与噪声控制、密封性、整车装备的基本技术要求应达到 GB 18565 的规定。

4.4 驾驶人员

驾驶员应取得营业性驾驶员从业资格证。

4.5 货物装载

运输货物符合装载配载要求,严禁超载、超限。

4.6 货物计量

4.6.1 快件货物以千克为主要计量单位。最小计费重量为 1kg。

4.6.2 货物重量分为实际重量和计费重量,受理人员应在"货物托运单"上真实填写货物尺寸、实际重量、计费重量。

4.6.3 对轻泡货物按体积折合重量,每立方米折合重量333kg。

4.7 仪器设备

使用的衡器应保持灵敏、准确、并定期检验合格。设备、机具处于完好状态。

4.8 业务单证

单证内容和格式见附录A。填写时禁止使用未经国务院公布的简化字,也不准用同音字或其他代号。地名要加注省、地(市)、县名称,所填内容应准确无误。

5 业务流程

汽车快件货物运输业务流程主要包括:货物受理、理货、货物配装、货物接收和货物交付。

5.1 货物受理

5.1.1 受理规定

5.1.1.1 承运人应当按照合同约定的期限,将货物运到目的地。

5.1.1.2 营业网点在受理货物时有权对货物名称、件数、运输包装、标记及加固材料等进行检查。国外进口货物,按原包装托运时,应注明"进口原包装"。

5.1.1.3 快件运输严禁运送危险、违禁货物,发现危险和违禁货物按国家有关规定处理。

5.1.1.4 受理货物时,遇有对其性质不能识别时,应请托运人提交有关部门出具的非危险物品或不妨碍公共卫生物品的鉴定证明后再予受理。相关证明随货同行。

5.1.2 受理方式

受理方式分为:营业网点受理、上门受理、异地受理和网上受理。

5.1.2.1 营业网点受理:托运人到营业网点办理货物托运手续,受理人员完成"货物托运单"(见附录A表1)的信息录入后,托运人在计算机打印出的"货物托运单"上签名。

5.1.2.2 上门受理:托运人通过电话告知上门取货及相关信息,承运人到托运人指定的地点收取货物,办理托运手续,并将"货物托运单"第三联交托运人存查。

5.1.2.3 异地受理:异地代办受理是一种特殊受理方式,其服务对象是收货人,收货人通过电话、传真、网上定单将所需货物信息通知受理网点,由其与货物所在地沟通,并办理相关手续。

5.1.2.4 网上受理:托运人通过网络平台,申请托运业务,并可选择在线或离线方式交付运费;承运人按托运人指定地点取货后将货物运达目的地,交付收货人。

5.1.3 货物检验

5.1.3.1 包装内的货物应与客户填写的"货物托运单"内容一致,如检查出不一致应按实际情况重新录入(填写)。

5.1.3.2 包装应符合JT/T 385的规定,出现包装不严、捆扎不牢等影响运输的货物,应请托运人重新包装、改装,或应托运人要求代其改包装。

5.1.3.3 货物的最小外包装为20cm×15cm×10cm,小于此规格的物品,应用专用包装箱进行包装。

5.1.3.4 验核货物的到达地址、邮政编码及收件人姓名,相关单证(如检疫证明、商品发票、准运证)是否齐全有效。

5.1.4 信息录入

货物受理完成后,受理人员应及时将相关信息录入管理系统,打印出托运单。

5.1.5 条码和标签

5.1.5.1 受理人员将含有货物名称、货物托运单票号、货物发运和到达站名等货物运输信息的条形码(一式两份)分别贴在"货物托运单"和货运标签上。

5.1.5.2 货物入库前应将货运标签贴于货物外包装明显位置,标签上注明货物名称、货物托运单编号、货物发运和到达站名等信息。

5.1.5.3 托运人应根据货物性质，按照 GB/T 191 的规定，在货物包装上做好包装储运图示标志。货件上与本批货物无关的运输标记和包装储运图示标志，托运人应撤除或抹消。

5.1.5.4 货运标签粘贴完成后，由工作人员负责安排搬运入库，并确认货物已入库。

5.1.6 运费结算

货物受理后，受理方根据收费标准用以下方式向托运人收取运费。

5.1.6.1 现结运费：货物受理后向托运人收取运费。

5.1.6.2 货到付款：收货人收到货物后向送货方付托运费。

5.1.6.3 合同结算：根据合同在规定时间向承运人结算运费。

5.1.6.4 在线结算：接受网上定单后，在线交付运费。

5.2 理货

理货应作好货物的分票、记数、清理残损、签单和交接等入库、出库及库存管理工作。

5.2.1 货物分拣

应由专门的生产组织在专用场地，根据货物的品种、流向、时限等进行处理作业。

5.2.2 货物堆存

5.2.2.1 库管人员应按到达站不同将货物分栈入位，遵循重不压轻、大不压小、不搭肩、箭头向上、标签朝外的规定进行合理码放。

5.2.2.2 库管人员应对入库货物适时地整理，做到同票货物不分离，异票货物不交叉，货票一致。按货物流向、出货时限调整位置和次序。

5.2.2.3 库管人员应作好仓库内的防火、防盗、防鼠、防水等工作，保证出入库货物准确完整。

5.2.3 信息汇总

每天数次通过管理系统将货物流向、流量传至数据库，以便调度人员了解各营业网点的配货量，科学合理地安排车辆。

5.3 货物配装

5.3.1 发运人员凭“货物托运单”同押运人员交接货物，并对货物名称、数量、到达地等信息进行确认，保证货票相符。装车人员要轻搬轻放，严格执行相关的操作规程。

5.3.2 配装货物应做到分类合理、装载均衡、先远后近、重不压轻，并与包装上的箭头向上一致。

5.3.3 货物配装完毕，核对无误后，应打印出“货物交接单”(见附录 A 表 2)，发运人员在“货物交接单”上注明发运时间，并与押运人员在“货物交接单”上签名。

5.3.4 发送完成后，发运人员应根据“货物交接单”将有关信息录入管理系统。

5.4 货物接收

5.4.1 货物到达后，“货物托运单(第二联)”交到达站，并按“货物交接单”对货物逐票逐件核对，核对无误后，接收和押运人员在“货物交接单”备注栏签名并填写到达时间。

5.4.2 出现有单无货(有货无单)，目的地相符的情况，应在“货物交接单”备注栏注明，通知发运方核查处理或由接收方处理。

5.4.3 出现货物流向错误，应在“货物交接单”备注栏注明，由发运方处理。

5.4.4 出现货物短缺、残损、包装破损，不得拒绝收货。交接双方共同验货、复磅，签字确认，通知发运方，由接收方负责处理，经济损失向责任方追偿。

5.4.5 货运标签脱落，应核对“货物托运单”查明收货人地址，重补标签；如未查出，立即通知上一流程核查处理，货物暂存，待查清后重贴标签，再行发运或配送。

5.4.6 货物到达交接完毕，接收人员填写或打印“货物配送单”。

5.5 货物交付

配送单位应在自己的行政区域内，合理划分配送区域，优化配送资源，制定切实可行的作业计划，及时准确地把货物交给收货人。

5.5.1 自提货物

5.5.1.1 货物到达后，应尽快通知收货人取货。自通知到收货人次日起，货物免费保管三天，逾期提取，承运人或其代理人按规定核收保管费。

5.5.1.2 单位提货应交验盖单位公章的介绍信及个人有效证件并由取货人签名、登记有效证件号码。

5.5.1.3 个人提货应交验个人有效证件，并由取货人签名、登记有效证件号码。

5.5.1.4 委托他人代领，凭收货人有效证件和代领人有效证件，并由代领人签名；或凭收货人盖章的委托书和代领人的有效证件，并由代领人签名。

5.5.1.5 收货人提货时，应当面与配送单位工作人员清点货物，如发现缺失、损坏、污染等事故，应在“货物托运单”备注栏注明。如提货人拒收，应将货物暂存，查明原因后处理。

5.5.1.6 自通知到收货人领取货物次日起，20日内收货人未到配送单位办理提货手续，配送单位应通知承运人，征求托运人对货物的处理意见，满30日无人提取又未收到托运人的意见时，按无法交付的货物处理。

5.5.2 上门送货

5.5.2.1 配送人员应看清、看全收货人地址、姓名，计划好送货路线，出发前应查看现场有无遗落货物，防止漏带而造成货物延误。

5.5.2.2 加急货物按合同约定的方式和时限将货物送达收货人；普通货物在营业网点承诺的时间内送达收货人。

5.5.2.3 货物送达时，应认真核对货物和有效证件，请收货人在“货物配送单”上签名或盖章；单位的货物，由接收单位加盖公章或收发专用章，并注明收到时间。如收货人不在或无人代收，应留“送货通知单”，通知收货人下次送货时间，两次未送出按收货人自提处理。

5.5.2.4 代收人接收货物，要进行身份认证，并请代收人签名、注明有效证件的名称与号码。

5.5.2.5 货物送出后，如发现错送，应及时取回。错送的货物如已被误拆，应对货物重新包装，注明误拆的原因并在重封处签章。

5.5.2.6 货物配送完毕应及时查看车内有无未送货物；查看货物配送单上是否遗漏接收人签名或盖章等。

5.5.2.7 配送人员对无法送出的货物应及时交回，并在货物配送单备注栏注明无法配送的原因。

5.5.2.8 配送人员送货完毕，应及时交回“货物配送单”和应收款额。

5.5.2.9 每班工作结束，配送单位应对上班留存、本班已配送货物及留存货物数量进行清点，将相关信息录入系统，保证进、出货物的一致。

6 其他业务

6.1 货物转发

6.1.1 托运人要求货物转发，应持“货物托运单”和有效证件到营业网点或通过网络办理货物转发手续。

6.1.2 查明该货物是否已交收货人，已交付的货物不予转发。

6.1.3 尽快查清货物目前所在地及所在车辆，通知按照新的到达地进行发运。

6.2 货物托运取消

货物受理后，托运人凭“货物托运单”可取消托运。营业网点向托运人退还该票货物运费、配送费，其他已支出费用不退。

6.3 无法交付货物

6.3.1 出现收货人地址不详或错误，原收货人地址查无此人，收货人迁址，收货单位撤消无合法代收单位，收货人死亡又无合法代收人，收货人拒收货物或拒付应付的费用，收货人自提逾期不领，托运人又未按规定期限提出处理意见等情况，无法将货物送到，保管时间超过180日的货物，属无法交付货物。

6.3.2 自通知到收货人领取货物次日起，满30日仍无人领取的货物，或者收货人书面通知配送单位拒绝领取的货物，配送单位应当通知托运人，托运人自接到通知之日起满30日未作答复的，由配送单位变卖或进行其他处理，所得价款在扣除保管等费用后尚有余款的，应当退还托运人，无法退还，按国家有关规定办理。

6.3.3 对限制运输的物品，应当移交公安机关或者有关部门处理，不得自行变卖。对不宜长期保存的物品，可以缩短处理期限。

7 信息服务

承运人应该采用最新的计算机通信、网络技术，向托运人提供货物信息实时查询服务，服务内容应包括：营业网点、营运网络、托运费用、货物位置、配送情况、配送时间、签约客户往来明细账等信息。

8 档案管理

8.1 业务档案(各种原始凭证)是各业务处理流程的原始记录，是查询货物和对外账务结算的依据。应按期归档，做到完整无缺。

8.2 业务档案如出现短少、缺号等情况，应立即查明追补。对到达、发运货物的货物托运单、货物交接单、货物配送单应仔细核对顺序，如有重号、缺号等现象应查明原因，及时采取措施进行补救。

8.3 业务档案应从填制单据的第二个月起，保存两年。保管期满可以销毁，但对尚未结案的查询或与争执案件有关的业务档案，应保存至结案后方可销毁。

8.4 业务档案在销毁前应制作清单，注明档案的编号、种类、托运日期、处理方法和处理日期等项，此项清单应保存一年。

8.5 业务档案不准无关人员查阅。有关单位因特殊需要查阅时，应经当地县级以上道路运政管理、公安、检察部门审查批准。查阅工作由承运工作人员办理，告知查阅结果，但不签署意见和盖章证明。

8.6 查阅单位不许将档案调走。道路运政管理、公安、检察部门调阅档案，应当依照法律规定程序办理。承运人内部因工作需要查阅档案时，应经主管领导批准。

8.7 营业网点接受查询或处理事故时，如因档案保管不善而无法查明责任时，应承担赔偿责任。

附　录　A
(规范性附录)
单　　证

A.1　货物托运单

A.1.1　正面格式及内容,见表1。

A.1.2　整张单证规格尺寸:长210mm、宽140mm。

A.1.3　背面格式及内容,见表1(背面)。

A.1.4　本单一式五联。第一联存根(营业网点存查);第二联随货单(到达站存查);第三联提货单(托运人存查);第四联记账凭证(财务留存);第五联备用单。

表1　货物托运单

××快运公司　货物托运单　　　　　　编号:

起运站		到达站		托运日期	年　月　日　时			
托运单位(人)			地址			电话		
收货单位(人)			地址			电话		
货物名称	包装方式	件数	实际重量(kg)	计费重量(kg)	运费(元)	保价费(元)	接货费(元)	送货费(元)
声明价值:　　元	运杂费合计(大写)		万　仟　佰　拾　元　角					
结算方式		交付方式		代收货款	元			
特约事项		提货人	有效证件名称、号码:					
			签字		提货日期	年　月　日　时		
托运人签字			承运人签字					

注:填写本单前,请阅读背面托运须知,您的签名意味着您理解并接受其内容。

货物托运须知　(托运单背面)

1.货物托运单是承运人与托运人之间,为运输货物而签订的运输合同。托运人应当如实填报,对所填报事项的真实性,应负完全责任。

2.托运人不得在托运货物中夹带有爆炸性、易燃性、腐蚀性和放射性等危险货物以及毒品和现金等禁运货物。

3.托运货物必须按国家、行业和相关运输规定包装。

4.运费按计费重量计算,搬运费、包装费、接货费、送货费和仓储费等费用按营业网点公布的价格为准。

5.快件是否保价由托运人确定。如需保价,托运人应据实申报保价金额并按规定交纳保价费。

6.保价货物如发生丢失、损毁或短少,按照实际价值赔偿,但最高不超过其相关货物的保价额。

7.未保价货物如发生丢失、损毁及短少,按照损失部分运费的3~5倍赔偿。

8.托运人未委托承运人代为保险的货物,承运人不承担任何第三者代位求偿的责任或其他损失。

9.运单内填写各栏有更改时,在更改处,属于托运人填记事项,应由托运人盖章证明;属于承运人记载事项,应由营业网点加盖戳记。

10.托运人凭货物跟踪号码到营业网点或相关网站查询托运货物相关信息。

跟踪查询网址:

A.2 货物交接单

A.2.1 格式及内容，见表 2。

A.2.2 整张单证规格尺寸：长 210mm、宽 29mm。

A.2.3 本单一式四联。第一联存根；第二联押运员收执；第三联接收处留存；第四联费用结算。

表 2 货物交接单

××快运公司　货物交接单　　　　编号：

<table>
<tr><td rowspan="3">本次</td><td>起运站</td><td></td><td colspan="9"></td></tr>
<tr><td>到达站</td><td></td><td colspan="9">车属单位：　　车号(自编顺序号)：　　驾驶员(随车押运员)：</td></tr>
<tr><td>里程(km)</td><td></td><td colspan="9"></td></tr>
<tr><td rowspan="2">序号</td><td rowspan="2">受理站</td><td rowspan="2">中转站</td><td rowspan="2">终点站</td><td rowspan="2">托运单号</td><td rowspan="2">货物名称</td><td rowspan="2">包装</td><td rowspan="2">件数</td><td colspan="2">重量(kg)</td><td rowspan="2">备　注</td></tr>
<tr><td>实际重量</td><td>计费重量</td></tr>
<tr><td></td><td></td><td></td><td></td><td></td><td></td><td></td><td></td><td></td><td></td><td></td></tr>
<tr><td></td><td></td><td></td><td></td><td></td><td></td><td></td><td></td><td></td><td></td><td></td></tr>
<tr><td></td><td></td><td></td><td></td><td></td><td></td><td></td><td></td><td></td><td></td><td></td></tr>
<tr><td></td><td></td><td></td><td></td><td></td><td></td><td></td><td></td><td></td><td></td><td></td></tr>
<tr><td></td><td></td><td></td><td></td><td></td><td></td><td></td><td></td><td></td><td></td><td></td></tr>
<tr><td></td><td></td><td></td><td></td><td></td><td></td><td></td><td></td><td></td><td></td><td></td></tr>
<tr><td></td><td></td><td></td><td></td><td></td><td></td><td></td><td></td><td></td><td></td><td></td></tr>
<tr><td colspan="2">合　计</td><td colspan="4">票</td><td colspan="3">件</td><td></td><td></td></tr>
<tr><td colspan="3">起运站发货人：</td><td colspan="2">制单人：</td><td colspan="3">年　月　日　时</td><td colspan="2">到达站收货人：</td><td>年　月　日　时</td></tr>
</table>

A.3 货物交付单

A.3.1 格式及内容，见表 3。

A.3.2 整张单证规格尺寸：长 160mm，宽 230mm。

A.3.3 本单一式二联。第一联交付单位留存；第二联送货人员存查。

表 3 货物交付单

××快运公司　货物交付单　　　　编号：

货物到达日期	起运站	托运单号	货物名称	件数	重量	收货单位(人)、联系电话、送货地址	送货人签字	出库时间	收货人签字及证件号码	备　注

ICS 03.220.20
R 12
备案号:

中华人民共和国交通行业标准

JT/T 631—2005

道路货物运输企业等级

Classification of road freight transportation enterprises

2005-09-21 发布　　2006-01-01 实施

中华人民共和国交通部　发布

道路货物运输企业等级

1 范围

本标准规定了道路货物运输企业分级及等级条件。

本标准适用于从事营业性道路货物运输的企业(以下简称货运企业)。

2 规范性引用文件

下列文件中的条款通过本标准的引用而成为本标准的条款。凡是注日期的引用文件,其随后所有的修改单(不包括勘误的内容)或修订版均不适用于本标准,然而鼓励根据本标准达成协议的各方研究是否可使用这些文件的最新版本。凡是不注日期的引用文件,其最新版本适用于本标准。

GB 1589 道路车辆外廓尺寸、轴荷及质量限值

JT/T 402 汽车货运站(场)级别划分和建设要求

3 术语和定义

下列术语和定义适用于本标准。

3.1

专用货车 special trucks

专供运送某种或某类货物的具有特殊装置或设备的货运车辆。如集装箱专用车、罐车、冷藏车、水泥搅拌车、大件货物车、危险品专用车等。

3.2

货运企业等级 classifications of road freight transportation enterprises

按照货运企业资产规模、车辆条件、站场设施、经营业绩、安全状况和服务质量等方面进行的分级。

3.3

营运车辆新度系数 depreciation coefficient of vehicles

表示营运车辆总体新旧程度的指标,本标准规定车辆按使用年限折旧。

计算公式为:

$$a = 1 - \frac{[\sum(V_1 \times t_1)]}{V_n \times 96}$$

式中:

a——车辆新度系数;

V_1——单车原值;

t_1——单车实际使用月数(超过96时按96算);

V_n——全部营运客车原值。

4 货运企业等级及条件

4.1 企业等级

货运企业分为一、二、三、四、五级。

4.2 企业条件

4.2.1 一级企业条件

4.2.1.1 资产规模

企业净资产4亿元以上,货运资产净值3亿元以上。

注:各级企业的货运资产包括车辆设备、车站设施等。

4.2.1.2 车辆条件

货运企业自有营运货车总载质量不少于7000t,其中:载质量为8t(含)以上货车的载质量不少于5000t或专用货车不少于货车总数的50%,或厢式货车和集装箱专用车不少于货车总数的60%;符合GB 1589规定的货车不少于货车总数的80%;营运货车新度系数0.60以上。

4.2.1.3 站场设施

货运企业至少自有或长期租赁一个一级货运站和两个二级货运站,或自有、长期租赁、投资参股的货运站场的建设规模及年完成的换算货物吞吐量相当于一个一级货运站和两个二级货运站。货运站场级别应符合JT/T 402的规定。

注1:货运站场包括仓储设施、物流基地等,各级企业均参照执行。

注2:以下各级货运站场级别均符合JT/T 402的规定。

4.2.1.4 经营业绩

上一年度总营业收入3亿元以上,其中货运营业收入2亿元以上。

4.2.1.5 安全状况

上一年度行车责任安全事故率不高于0.1次/车,责任安全事故死亡率不高于0.02人/车,责任安全事故伤人率不高于0.05人/车。

4.2.1.6 服务质量

上一年度托运人向行业主管部门投诉企业服务质量的次数不高于0.02次/车,省级及以上新闻媒体报道企业重大服务质量事故不高于两件,行业主管部门对企业不规范经营行为进行处罚的次数不高于0.15次/车。

注:各级企业均只统计属实的投诉次数和报道次数。

4.2.2 二级企业条件

4.2.2.1 资产规模

企业净资产1亿元以上,货运资产净值6000万元以上。

4.2.2.2 车辆条件

货运企业自有营运货车总载质量不少于1400t,其中:载质量为8t(含)以上货车的载质量不少于1000t或专用货车不少于货车总数的40%,或厢式货车和集装箱专用车不少于货车总数的50%;符合GB 1589规定的货车不少于货车总数的70%;营运货车新度系数0.60以上。

4.2.2.3 站场设施

货运企业至少自有或长期租赁两个二级货运站,或自有、长期租赁、投资参股的货运站场的建设规模及年完成的换算货物吞吐量相当于两个二级货运站。

4.2.2.4 经营业绩

上一年度总营业收入6000万元以上,其中货运营业收入4000万元以上。

4.2.2.5 安全状况

上一年度行车责任安全事故率不高于0.1次/车,责任安全事故死亡率不高于0.02人/车,责任安全事故伤人率不高于0.05人/车。

4.2.2.6 服务质量

上一年度托运人向行业主管部门投诉企业服务质量的次数不高于0.02次/车,省级及以上新闻媒体报道企业服务质量事故不高于两件,行业主管部门对企业不规范经营行为进行处罚的次数不高于0.2次/车。

4.2.3　三级企业条件

4.2.3.1　资产规模

企业净资产2000万元以上,货运资产净值1200万元以上。

4.2.3.2　车辆条件

货运企业自有营运货车总载质量不少于650t,其中:载质量为8t(含)以上货车的载质量不少于400t;或专用货车不少于货车总数的30%,或厢式货车和集装箱专用车不少于货车总数的45%;符合GB 1589规定的货车不少于货车总数的60%;营运货车新度系数0.55以上。

4.2.3.3　站场设施

货运企业至少自有或长期租赁两个三级货运站,或自有、长期租赁、投资参股的货运站场的建设规模及年完成的换算货物吞吐量相当于两个三级货运站。

4.2.3.4　经营业绩

上一年度总营业收入1200万元以上,其中货运营业收入1000万元以上。

4.2.3.5　安全状况

上一年度行车责任安全事故率不高于0.12次/车,责任安全事故死亡率不高于0.03人/车,责任安全事故伤人率不高于0.08人/车。

4.2.3.6　服务质量

上一年度托运人向行业主管部门投诉企业服务质量的次数不高于0.04次/车,市级及以上新闻媒体报道企业服务质量事故不高于两件,行业主管部门对企业不规范经营行为进行处罚的次数不高于0.25次/车。

4.2.4　四级企业条件

4.2.4.1　资产规模

企业净资产400万元以上,货运资产净值240万元以上。

4.2.4.2　车辆条件

货运企业自有营运货车总载质量不少于300t,其中:载质量为8t(含)以上货车载质量不少于150t或专用货车不少于车辆总数的20%,或厢式货车和集装箱专用车不少于货车总数的40%;符合GB 1589规定的货车不少于货车总数的60%;营运货车新度系数0.50以上。

4.2.4.3　站场设施

货运企业至少自有或长期租赁一个四级货运站,或自有、长期租赁、投资参股的货运场站的建设规模及年完成的换算货物吞吐量相当于一个四级货运站。

4.2.4.4　经营业绩

上一年度总营业收入400万元以上,其中货运营业收入240万元以上。

4.2.4.5　安全状况

上一年度行车责任安全事故率不高于0.15次/车,责任安全事故死亡率不高于0.1人/车,责任安全事故伤人率不高于0.12人/车。

4.2.4.6　服务质量

上一年度托运人向行业主管部门投诉企业服务质量的次数不高于0.1次/车,市级及以上新闻媒体报道企业服务质量事故不高于两件,行业主管部门对企业不规范经营行为进行处罚的次数不高于0.3次/车。

4.2.5　五级企业条件

未达到四级企业条件的货运企业。

5　货运企业等级评定

5.1　不符合企业法人条件的经营单位(企业所属的内部独立核算的非法人货运经营单位除外)不评定

企业等级。

5.2 货运企业等级评定工作由各级道路运输协会组织专家委员会评定。

ICS 35.240.60
R 07
备案号：

中华人民共和国交通行业标准

JT/T 648—2006

汽车运输货物条码编码规则

The rules of bar code for freight transport by vehicle

2006-02-20 发布　　2006-05-01 实施

中华人民共和国交通部　发布

ICS 35.240.60
R 07
备案号：

中华人民共和国交通行业标准

JT/T 648—2006

汽车运输货物条码编码规则

The rules of bar code for freight transport by vehicle

2006-02-20发布　　2006-05-01实施

中华人民共和国交通部　发布

汽车运输货物条码编码规则

1 范围

本标准规定了汽车运输货物条码的码制选择、编码规则、条码信息字段的定义及使用要求。

本标准适用于汽车运输货物的信息标识，其他运输方式的货物信息标识可参照使用。

2 规范性引用文件

下列文件中的条款通过本标准的引用而成为本标准的条款。凡是注明日期的引用文件，其随后所有的修改单（不包括勘误的内容）或修订版均不适用于本标准，然而，鼓励根据本标准达成协议的各方研究是否可使用这些文件的最新版本。凡是不注明日期的引用文件，其最新版本适用于本标准。

GB/T 2659 世界各国和地区名称代码（ISO 3166-1:1997, EQV）

GB/T 12905 条码术语

GB/T 17172 四一七条码（AIMI PDF417 规范，NEQ）

GB/T 18347 128 条码（ISO/IEC 15417:2000, IDT）

GA 36 中华人民共和国机动车号牌

JT/T 19 运输货物分类和代码

3 术语和定义

GB/T 12905 确立的术语和定义适用于本标准。

4 码制选择

汽车运输货物条码包括一维条码和二维条码：

——一维条码的码制为 128 条码，定义了基本的汽车运输货物信息；

——二维条码的码制为四一七条码，在一维条码所包括的基本信息的基础上，定义了更详细的汽车运输货物信息。

在汽车运输货物时可单独使用一维条码或二维条码。在使用二维条码时，宜同时使用一维条码。

5 编码规则

5.1 128 条码的编码规则应按照 GB/T 18347 所规定，采用 B 字符集。

5.2 四一七条码的编码规则应按照 GB/T 17172 所规定，采用的错误纠正等级不低于 5 级。

6 条码信息字段定义

6.1 一维条码信息字段定义见表 1，条码示例参见 A.1。

表 1 一维条码信息字段定义

序号	内　容	长度	类　型
1	办理托运时间	12	数字、字符
2	承运人代码	8	数字、字符
3	货票号	8	数字、字符
4	发货地邮政编码	6	数字

续 1(续)

序号	内　容	长度	类　型
5	收货地邮政编码	6	数字
6	特殊货物标识	2	数字
7	件数/第几件	4+4	数字
8	承运人预留	8	数字

6.2　二维条码信息字段定义见表 2,条码示例参见 A.2。

表 2　二维条码信息字段定义

序号	内　容	长　度	数据类型	说　明
1	办理托运时间	12	字符串	
2	承运人代码	8	字符串	
3	货票号	8	字符串	
4	发货地邮政编码	6	数字型字符串	
5	收货地邮政编码	6	数字型字符串	
6	特殊货物标识	2	数字型字符串	
7	件数/第几件	4+4	数字型字符串	
8	承运人预留	8	数字型字符串	
9	国家(地区)码	4	字符串	
10	货物类别	4	字符串	
11	包装物编号	4	数字型字符串	
12	运载车辆编号	10	字符串	
13	发货人识别码	6	字符串	
14	货物体积识别符	2	字符串	为 TJ
15	货物体积	≤6	数字型字符串	
16	货物质量识别符	2	字符串	为 ZL
17	货物质量	≤6	数字型字符串	
18	发货人名称识别符	2	字符串	为 FM
19	发货人名称	≤20	字符串	
20	发货人地址识别符	2	字符串	为 FD
21	发货人地址	≤20	字符串	
22	发货人电话识别符	2	字符串	为 FT
23	发货人电话号码	≤13	数字型字符串	
24	收货人名称识别符	2	字符串	为 SM
25	收货人名称	≤8	字符串	
26	收货人地址识别符	2	字符串	为 SD
27	收货人地址	≤20	字符串	
28	收货人电话识别符	2	字符串	为 ST
29	收货人电话	≤13	数字型字符串	
30	承运人自定义识别符	2	字符串	为 CY
31	承运人自定义字段	可变	字符串	
32	纠错等级	≥5 级		

7　条码信息字段使用要求

7.1　基本要求

字段长度以表中规定为最长,所有缺省值用 0 表示。固定长度字符串的长度值不够的情况下,如果是数字,在左侧加 0 表示;如果是字符或者数字与字符混合,在右侧加空格填充。

7.2 具体要求

7.2.1 办理托运时间

格式为 YYYY/MM/DD/HH/MM。

7.2.2 货票号

由承运人根据情况自行编制。

7.2.3 发货地和收货地邮政编码

依据邮政部门有关规定使用。

7.2.4 特殊货物标识

用于识别货物的特殊性质,其编码见表3。

表3 特殊货物标识

货物类型	代 码	货物类型	代 码
危险货物	01	贵重物品	03
鲜活货物	02	其他	09

7.2.5 承运人预留

承运人可根据自己的情况使用这一预留字段。

7.2.6 国家(地区)码

国家(地区)码采用 GB/T 2659 中的三位字母代码。

7.2.7 货物类别

货物类别按照 JT/T 19 的规定。

7.2.8 包装物编号

四位数字,承运人可自行编码。

7.2.9 运载车辆编号

运载车辆编号可以采用 GA 36 的规定,也可以由企业自行编制。

7.2.10 发货人识别码

发货人在托运货物的时候可加上的六位数字密码。

7.2.11 货物特征字段

货物的特征字段包括货物的体积字段和货物的质量字段,体积计量单位为立方米(m^3),质量计量单位为千克(kg)。

附 录 A
（资料性附录）
汽车运输货物条码示例

A.1 一维条码示例

此一维条码标示内容为：

办理托运时间 200412011330（2004 年 12 月 1 日 13 时 30 分）
承运人代码 CHD-EDU
货票号 00100100
发货地邮政编码 710064
收货地邮政编码 100736
特殊货物标识 00
件数/第几件 00010001
承运人预留 00000000

A.2 二维条码示例

此二维条码标示内容为：

办理托运时间 200412011330
承运人代码 CHD-EDU
货票号 00100100
发货地邮政编码 710064
收货地邮政编码 100736
特殊货物标识 00
件数/第几件 00010001
承运人预留 00000000

国家码	CHN(不足四个字符,后面填充空格)
货物类别	0000
包装物编号	0109
运载车辆编号	0000030405
发货人识别码	131416
货物体积识别符	TJ
货物体积	000001
货物质量识别符	ZL
货物质量	000010
发货人名称识别符	FM
发货人名称	XXXX
发货人地址识别符	FD
发货人地址	南二环中段
发货人电话识别符	FT
发货人电话号码	02982330000
收货人名称识别符	SM
收货人名称	XXX
收货人地址识别符	SD
收货人地址	东城区建国门内大街
收货人电话识别符	ST
收货人电话	01065290000
承运人自定义识别符	CY
承运人自定义字段	(省略)
纠错等级	5

挂 车 类

JT

中华人民共和国交通行业标准

JT/T 389—1999

厢式挂车技术条件

Specification for Van trailers

1999-04-12 发布　　1999-09-01 实施

中华人民共和国交通部　发布

中华人民共和国交通行业标准

厢式挂车技术条件

JT/T 389—1999

Specification for Van trailers

1 范围

本标准规定了厢式挂车的技术要求、试验方法、检验规则、标志、包装、运输及贮存。

本标准适用于货运厢式挂车。

2 引用标准

下列标准所包含的条文,通过在本标准中引用而构成为本标准的条文。本标准出版时,所示版本均为有效。所有标准都会被修订,使用本标准的各方应探讨使用下列标准最新版本的可能性。

GB1589—89 汽车外廓尺寸限界

GB/T 4744—1997 纺织织物 抗渗水性测定 静水压试验

GB 4785—84 汽车及挂车外部照明和信号装置的数量、位置和光色

GB 7258—1997 机动车运行安全技术条件

GB 7526—87 车辆门窗橡胶密封条

GB/T 11381—89 客车顶部静载试验方法

GB/T 12478—90 客车防尘密封性试验方法

GB/T 13873—92 货运挂车试验方法

GB/T 17275—1998 货运全挂车通用技术条件

JB/Z 111—86 汽车油漆涂层

JB 787—85 汽车标牌

JB/ZQ 4000.3—86 焊接通用技术条件

JT/T 328—1997 货运半挂车通用技术条件

3 定义

本标准采用下列定义。

3.1 厢式挂车 van trailer

具有独立的封闭结构车厢,用于运输货物的全挂车和半挂车,统称厢式挂车。

3.2 硬体车厢 stiff van body

全部以金属或非金属板材为厢板所构成的封闭车厢。

3.3 软体车厢 soft van body

以软体材料为覆盖层所构成的封闭车厢。

3.4 保温车厢 heating van body

以隔热材料构成并具有一定保温效能,用于保温运输的车厢。

中华人民共和国交通部 1999-04-12 批准 1999-09-01 实施

3.5 冷藏车厢 refrigerated van body

以隔热材料构成并设有制冷设备,用于冷藏运输的车厢。

4 技术要求

4.1 整车

4.1.1 厢式挂车与牵引车组成汽车列车时,其外廓尺寸应符合 GB 1589 的规定。

4.1.2 厢式挂车的总成及各种零部件均应符合有关标准的要求;外购件和外协件必须保证产品质量。

4.1.3 车厢的前后均应装有示廓灯,侧面应安装侧转向信号灯和侧反射器,后面应装有红色三角反射器。

4.1.4 外部照明及信号装置应符合 GB 4785 的规定。

4.1.5 厢式全挂车和半挂车的整车、各总成和零部件应分别符合 GB/T 17275 和 JT/T 328 的有关规定。

4.1.6 厢式挂车应装备有由牵引车驾驶员操纵的相互独立的行车制动系统、应急制动系统和驻车制动系统。

4.1.7 气制动传动装置应采用双管路结构;在汽车列车运行过程中,一旦厢式挂车与牵引车脱离,厢式挂车应能自行制动。

4.1.8 制动性能应符合 GB 7258 的有关规定。

4.1.9 厢式挂车在空载、静态并被牵引的状态下,向左侧和右侧倾斜的最大侧倾稳定角不得小于 35°。

4.1.10 所有连接件和紧固件必须连接可靠,不得松动。

4.1.11 油漆涂层应符合 JB/Z 111 的有关规定。

4.1.12 所有焊接件应符合 JB/ZQ 4000.3 的有关规定。

4.1.13 铆接应牢固,铆钉排列整齐;铆接件的接合面必须贴紧,贴合面局部间隙不大于 0.05 mm;铆钉头不得有裂纹、偏斜和残缺等现象。

4.1.14 各处润滑油嘴齐全有效,并按规定加注润滑脂。

4.1.15 备胎应固定牢靠,取用方便。

4.2 车厢

4.2.1 车厢外形规矩整齐,厢体与厢门外表面应光滑平整,圆角过渡平滑,无明显凹凸不平。

4.2.2 厢体左右应对称,与厢体纵向中心线垂直的任意横截面的外部轮廓应规矩,其相对误差不得超过 ±1.5 mm。

4.2.3 车厢门的开启角应不小于:

后门:270°(对开及单开式);90°(上掀式)。

侧门:180°

并在车厢的适当位置设置锁定装置,使车厢门开启后得以固定。

4.2.4 车厢纵向对称中心面与车架纵向对称中心面应重合,其偏差不大于 5 mm。

4.2.5 车厢骨架应有足够的强度与刚度,车厢与车架的连接应牢固可靠,车厢的覆盖件与骨架应贴合紧密,其外表应光滑,无划痕。

4.2.6 车厢应设有照明装置,厢体内每间隔 3 000 mm 应设置一处光源,应在厢门处或驾驶室内就可以对车厢内的照明装置进行控制。

4.2.7 车厢内部应设有对货物进行固定的装置,该装置的安装应牢固可靠。

4.2.8 车厢应具有良好的防雨密封性能,在进行淋雨试验时,车厢顶板、前后侧壁、门和窗处不应有渗漏现象。

4.2.9 车厢地板应平整,便于清洁。地板上下表面应采取防腐措施。采用木质地板时,木材需经干燥处理,使其含水率低于 15%。

4.2.10 车厢门应启闭灵活、轻便,门上应装有密封条,且固定可靠,密封良好;密封条应符合 GB 7526

的有关规定。

4.2.11 车厢门锁的锁紧机构应灵活可靠,开关方便,无卡滞现象,不得自行脱落和开启。

4.2.12 车厢装有门梯时,车厢门梯应取用方便,使用可靠,行车时不应自行滑出。

4.2.13 硬体车厢外表面平面度在1 000 mm×1 000 mm范围内不大于2 mm;在500 mm×500 mm范围内不大于1.5 mm。

4.2.14 硬体车厢应具有一定的刚度,在车厢顶部施加一定的均布载荷时,厢体不得有明显变形,并符合4.2.2的要求,车厢门应能打开。所施加的载荷应符合表1的要求。

表 1

厢式挂车载质量 kg	试验载荷与厢式挂车载质量之比 %
<10 000	100
10 000~20 000	70
>20 000	50

4.2.15 硬体车厢应具有良好的防尘密封性,其密封度应大于90%。

4.2.16 硬体车厢装有内壁板时,车厢内壁板应平整,压条应排列整齐并与板面靠紧。无压条处相邻两板的间隙不大于1 mm。

4.2.17 冷藏和保温车厢按气密性能可分为*A*、*B*、*C*三类,其漏气倍数应符合表2的规定。

表 2

内外压差 Pa	传热面积 m^2	漏气倍数 h^{-1}		
		A	*B*	*C*
100±10	>40	1.2	3.0	4.8
	20~40	1.5	3.8	6.0
	<20	2.1	5.0	8.4

注:C类车厢不应用于冷藏。

4.2.18 当冷藏和保温车厢的平均壁温为20℃~25℃时,可将其按隔热性能分为*A*、*B*、*C*三类,其总传热系数应符合表3的规定。

表 3

类　　别	*A*	*B*	*C*
总传热系数 *K*	<0.4	>0.4~0.6	>0.6~0.9

注:1. *C*类车厢不应用于冷藏。

2. 平均壁温为车厢内、外温度的算术平均值。

4.2.19 冷藏和保温车厢的厢体材料应符合食品卫生法中有关食品容器的规定。冷藏车厢应划出载荷装载限制线,并设有导流条以利于冷气循环。

4.2.20 软体车厢两侧的帘布应拉动灵活,不得有卡死现象,其帘布锁紧装置应转动灵活,锁紧可靠。

4.2.21 软体车厢帘布总成每标准单元的胶接剥离强力大于80 N,耐水性大于1.9kPa。其滑轮、塑料盒与帘布之间的连接应牢固可靠,每个标准单元组件的抗拉强力大于4 000 N。

4.2.22 软体车厢帘布总成在环境温度为-40℃~45℃范围内应能保证其使用性能。

5 试验方法

5.1 主要结构和技术参数的测定

主要结构和技术参数的测定按 GB/T 13873 的规定进行。

5.2 基本性能试验

基本性能试验按 GB/T 13873 的规定进行。

5.3 密封性能试验

5.3.1 防雨密封性

将车厢门、窗关闭后，在与铅垂方向成 45°角，强度为 5 mm/min ~ 7 mm/min，历时 30min 的人工降雨条件下进行淋雨试验。

5.3.2 防尘密封性

硬体车厢防尘密封性试验参照 GB/T 12478 进行。

5.4 保温性能试验

5.4.1 漏气倍数

采用恒压法，以送风机或空气压缩机对车厢内加压，使充入的空气量与车厢泄漏的空气量达到平衡，并建立起规定的车厢内外压力差(100 ± 10 Pa)。压差稳定后测量空气流量。用瞬时流量计时，每分钟至少取三个读数；用容积流量计时，每 5min 至少测量一次；也可用风速计进行间接测量。

5.4.2 总传热系数

采用内部加热法在测定车厢漏气倍数后进行此项试验。车厢内加热到稳定状态后 1h 开始测量，每隔 15min 记录一次读数，整个测试时间应不少于 4h。

5.5 运行试验

在车辆空载，平均车速不低于 50 km/h，行驶里程不少于 100km 的条件下进行运行试验，挂车应满足下列要求：

a)车轮不得有偏摆松动现象；

b)不得有异响；

c)不得有漏油、漏气和漏电等现象；

d)制动鼓和轮毂温升不得超过 30℃；

e)各处的连接件和紧固件不得松动，焊缝无裂纹；

f)车厢无明显变形，厢门启闭灵活，车厢门锁、铰链等无松脱现象。

5.6 车厢刚度试验

硬体车厢刚度试验参照 GB/T 11381 进行。

5.7 软体车厢帘布总成试验

5.7.1 剥离力

将试样剥开部分两端分别夹在试验机上、下夹具上，使试样剥开部分的纵轴与上、下夹具中心连线重合，进行剥离力试验。

5.7.2 耐水性

耐水性试验参照 GB/T 4744 进行。

6 检验规则

6.1 形式检验

6.1.1 凡属下列情况之一者应进行形式检验，检验项目为本标准第 5 章规定的全部试验项目。

a)新产品试制完毕，投产前；

b)停产两年的产品再生产；

c)产品转厂生产；

d)因产品设计、工艺或材料的改变而影响产品的主要性能时；

e)国家或上级质量监督机构提出型式检验要求时；

f)厢式挂车每生产50辆后。

6.1.2 产品检验数量为一辆。

6.1.3 若产品检验出现不合格项目,可加倍抽样重新进行全部项目检验,如仍不合格,则认定本次形式检验不合格。

6.2 出厂检验

每辆车必须进行出厂检验,检验合格后方可出厂。检验项目为本标准5.1、5.2、5.3.1条。

抽检不合格,可加倍抽样检验,如仍不合格,则认定该批产品不合格。

7 标志、包装、运输及贮存

7.1 厢式挂车必须安装标牌、标牌应符合JB 787的规定。

7.2 每辆厢式挂车应带有产品合格证、使用说明书、产品专用工具及明细表。

7.3 在运输及贮存期间,厢式挂车的气制动管路接头和电线接头应包扎密封。

7.4 厢式挂车停放一年以上,出厂时应按说明书进行维护,使之达到出厂时的要求。厢式挂车长期存放时,应按产品说明书的规定进行维护。

中华人民共和国交通行业标准

JT/T 426—2000

汽车列车性能要求及试验方法

Combination of vehicle performance requirements and test method

2000-09-29 发布　　2000-12-01 实施

中华人民共和国交通部 发布

中华人民共和国交通行业标准

汽车列车性能要求及试验方法

JT/T 426—2000

Combination of vehicle performance requirements and test method

1 范围

本标准规定了汽车列车的性能要求及试验方法。

本标准适用于在公路及城市道路上行驶的汽车列车及货运挂车的性能试验。

2 引用标准

下列标准包含的条文,通过在本标准中引用而构成为本标准的条文。在本标准出版时,所示版本均为有效。所有标准都会被修订,使用本标准的各方应探讨使用下列标准最新版本的可能性。

GB 1589—1989 汽车外廓尺寸限界

GB 4785—1998 汽车及挂车外部照明和信号装置的安装规定

GB 7258—1997 机动车运行安全技术条件

GB 11567—1994 汽车和挂车侧面及后下部防护装置要求

GB 15084—1994 汽车后视镜的性能和安装要求

3 性能要求

3.1 汽车列车轴载质量

汽车列车轴载质量应符合表1的规定。

表1 (kg)

单轴		双联轴			三联轴	
单轮	双轮	单轮+单轮	单轮+双轮	双轮+双轮	全单轮	全双轮
≤6 000	≤10 000	≤10 000	≤14 000	≤18 000	≤12 000	≤22 000

3.2 汽车列车最小转弯直径

汽车列车最小转弯直径不大于24m。

3.3 汽车列车直线行驶稳定性

挂车后轴中心相对于牵引车前轴中心的最大摆动幅度:

全挂汽车列车:不大于200mm;

半挂汽车列车:不大于100mm。

3.4 汽车列车制动力平衡性能

牵引车(或挂车)制动减速度与汽车列车制动减速度的比值不得小于牵引车(或挂车)质量与汽车列车总质量的比值的95%。

中华人民共和国交通部 2000-09-29 发布 2000-12-01 实施

3.5 汽车列车制动滞后时间

挂车最后轴制动动作滞后于牵引车前轴制动动作的时间不大于0.2s。

3.6 汽车列车制动系统密封性能

3.6.1 气压制动传动装置气压下降速率：

在贮气筒气压达到637kPa～735kPa时，

非制动状态：不大于10kPa/10min；

制动状态　：不大于10kPa/6min。

3.6.2 对于液压制动传动装置，在初始踏板力500N，保持踏板行程不变达1min后，踏板力下降不应超过25N。

3.7 汽车列车动力性能

3.7.1 汽车列车最高车速不小于90km/h。

3.7.2 汽车列车比功率 $P_d(kW/t) = P_e / m_t$

式中：P_e——汽车列车发动机功率，kW；

m_t——汽车列车最大总质量，t。

m_t 小于18t：P_e 不小于 $6.88m_t$

m_t 小于43t：P_e 不小于 $4.4m_t + 38.8$

m_t 不小于43t：P_e 不小于 $5.4m_t$

4 试验要求

4.1 装载质量

装载质量应均匀分布，装载物应固定牢靠，试验过程中不得晃动和移位。不应因潮湿、散失等条件变化而改变其质量和分布。

4.2 轮胎气压

轮胎冷充气压力应符合该车技术条件的规定，误差不得超过±10kPa。

4.3 燃料、润滑油(脂)和制动液

试验车辆使用的燃料、润滑油(脂)和制动液的牌号和规格应符合该车技术条件或现行国家有关标准的规定。

4.4 气象条件

试验时应是无雨、无雾天气；相对湿度小于95%；环境温度－10℃～＋40℃；风速不大于3m/s。

4.5 试验仪器、设备

试验用仪器、设备应经过计量鉴定，在有效期内使用；在使用前进行调校，确保功能正常，符合精度要求。

4.6 试验车辆

4.6.1 试验用的汽车列车中的牵引车和挂车必须符合国家有关标准规定。

4.6.2 试验检查

分别将牵引车和挂车的生产厂名、牌号、型号、底盘号记入附录A(标准的附录)表A1“汽车列车试验登记表”。

检查汽车列车装备完整性及装配调整情况，使之符合该车装配调整技术条件及有关标准的规定。

4.6.3 行驶检查

行驶里程不少于100km。保持匀速行驶，车速为该车设计最高车速的50%～80%。

行驶中注意观察汽车列车的运行状况，尤其注意转向、制动及灯光信号等机构和装备的效能。发现异常应停车检查，找出原因，排除故障后重新进行行驶检查。

5 试验项目及方法

5.1 汽车列车主要尺寸参数测量

5.1.1 测量条件

a)测量场地应具有坚实的水平支承表面。场地面积应能容纳汽车列车在水平面上的投影;

b)汽车列车应以直线前进状态置于测量场地上;

c)长度尺寸应在与车辆支承表面和车辆纵向对称平面平行的直线上测量;宽度尺寸应在与车辆纵向对称平面垂直平面的平行直线上测量;高度尺寸应在与支承表面垂直的直线上测量;

d)汽车列车装有可活动零、部件时,按如下规定进行测量:

货箱栏板应处于关闭状态。测量货台承载面高度时除外。

测量长度尺寸参数时,不包括车辆牌照,但包括车辆牌照架。

5.1.2 测量仪器、设备

a)钢卷尺:量程 30m,最小刻度 1mm;

b)重锤;

c)高度尺:最小刻度 1mm;

d)角度尺:量程 180°,最小刻度 0.5°;

e)水平仪。

5.1.3 测量方法

水平方向尺寸可直接测量,也可以借助于重锤将测量尺寸之两端投影到地面进行测量。垂直方向尺寸可用钢卷尺直接测量,也可以使用高度尺等专用量具进行测量。

5.1.4 测量结果

测量后的尺寸参数记入附录 A(标准的附录)表 A2"汽车列车主要尺寸参数测量记录表"。

5.2 汽车列车质量参数测量

5.2.1 测量条件

a)测量场地:使用车轮负荷计测量时的场地应为清洁、干燥、平坦的沥青路面或混凝土路面,并能保证各车轮负荷计的上平面在同一水平面上;使用地中衡测量时,其台面长度应能包容整组汽车列车的所有车轴,出入口应与台面保持在同一水平面上;

b)被测车辆清洁无杂物,无特殊规定时,均测量整备质量及最大总质量两种工况。

5.2.2 测量仪器、设备

a)地中衡:精度 0.5%;

b)车轮负荷计:量程大于 5 000kg,精度 0.5%。

5.2.3 测量方法

使用车轮负荷计测量时,车辆驶上车轮负荷计,分别测出各轴轴载质量。

使用地中衡测量时,车辆从一个方向依次称量各轴轴载质量及整车质量,反方向再依次测量。

5.2.4 测量结果

使用车轮负荷计测量后的显示值不需计算;使用地中衡测量后的结果取二次测量显示值的算术平均值。

当轴载质量测量值之和不等于整车质量时,以整车质量为基准,用各轴轴载质量占整车质量之比例重新计算分配,其结果为各轴的轴载质量参数。

将测出的各项质量参数记入附录 A(标准的附录)表 A3"汽车列车质量参数测量记录表"。

5.3 汽车列车最小转弯直径测量

5.3.1 测量条件

测量场地应为平坦、干燥和清洁的沥青或混凝土地面。其面积应能允许汽车列车做全圆周行驶。

牵引车的前轮最大转角应符合该车技术要求。

汽车列车各车轮的轮胎规格应分别符合牵引车和挂车的技术规定,并保证所有车轮全部着地。

5.3.2 测量仪器、设备

a)汽车列车行驶轨迹显示装置;

b)钢卷尺:量程30m,最小刻度1mm。

5.3.3 测量方法

在牵引车前外轮和挂车后内轮胎面中心的上方及牵引车车体离转向中心最远点和挂车车体离转向中心最近点垂直于地面的上方,分别安装行驶轨迹显示装置。

汽车列车以低速行驶。对于全挂汽车列车,将牵引车转向盘转到极限位置保持不动;对于半挂汽车列车,将牵引车转向盘逐渐转大,使汽车列车转弯直径逐步收缩,直到半挂车后内轮将要发生反转时,转向盘保持不动。

待车速稳定后启动轨迹显示装置,使各测点分别在地面上画出封闭的运动轨迹。将汽车列车驶出运动轨迹区域。

用钢卷尺在互相垂直的两个方向分别测量各测点在地面上形成的轨迹圆直径,取算术平均值做为测量参数。

汽车列车向左转和向右转各测定一次。

5.3.4 测量结果

测量轨迹见图1。

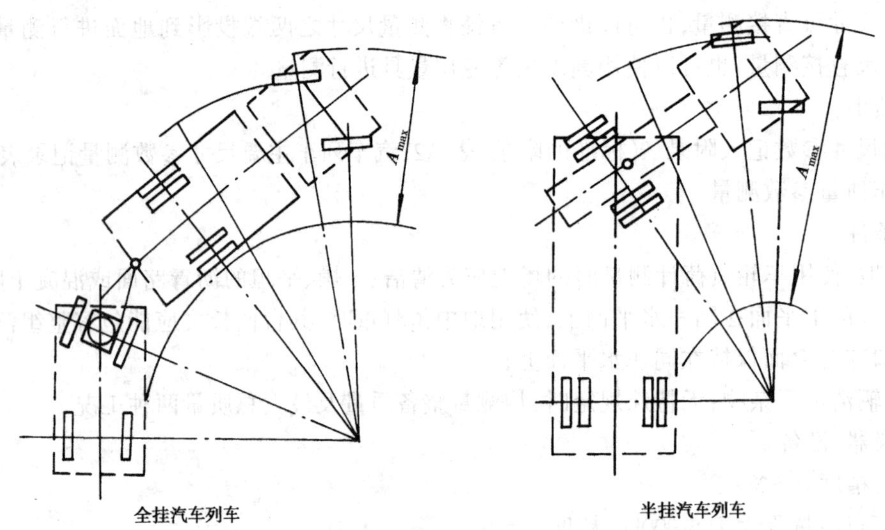

图1 汽车列车转弯直径轨迹示意图

汽车列车向左转或向右转时,牵引车前外轮胎面中心在地面上形成的最大轨迹圆直径即为汽车列车的最小转弯直径。车体离转向中心最远点在地面上形成的最大轨迹圆直径为汽车列车的最远点最小转弯直径。

汽车列车向左转或向右转时,车体离转向中心最远点与挂车车体离转向中心最近点所形成的轨迹圆半径的最大差值即为汽车列车的最大通道宽度。

将测量参数记入附录A(标准的附录)表A4"汽车列车最小转弯直径测量记录表"。

5.4 汽车列车行驶稳定性试验

5.4.1 试验条件

试验场地应为清洁、干燥、平坦的沥青或混凝土路面。道路长度2km~3km,宽度不小于8m,纵向坡度不大于0.1%。

试验在最大总质量和轻载(除人员及测试仪器外,无其它载荷的状态)两种工况下进行。汽车列车各轴轴载质量必须符合标准要求及该车技术条件之规定。

5.4.2 试验仪器、设备

a)汽车列车行驶轨迹显示装置；

b)非接触式速度分析仪；

c)钢卷尺。

5.4.3 试验方法

a)试验车速为30km/h,45km/h和60km/h三个车速。车速偏差不应超出试验车速的±5%。

b)试验前,行驶20km,使轮胎升温,各部件润滑正常。

c)将试验仪器分别安装在汽车列车上。对于全挂汽车列车,将轨迹显示装置分别安装在牵引车前、后轴中央位置和全挂车前、后轴中央位置;对于半挂汽车列车,将轨迹显示装置分别安装在牵引车前、后轴中央位置和半挂车后轴中央位置。

d)汽车列车按试验车速在试验道路上直线行驶。启动轨迹显示装置,记录行驶距离500m。

e)用钢卷尺测量汽车列车各车轴相对于牵引车前轴的摆动幅度 A(mm)及摆动周期 T(m)。

f)每个试验车速往返各做一次。

5.4.4 试验结果

试验数据测量见图2。

将三种试验车速中的挂车车轴相对于牵引车前轴的最大摆动幅度即做为汽车列车行驶稳定性参数。

将试验结果记入附录A(标准的附录)表A5"汽车列车行驶稳定性试验记录表"。

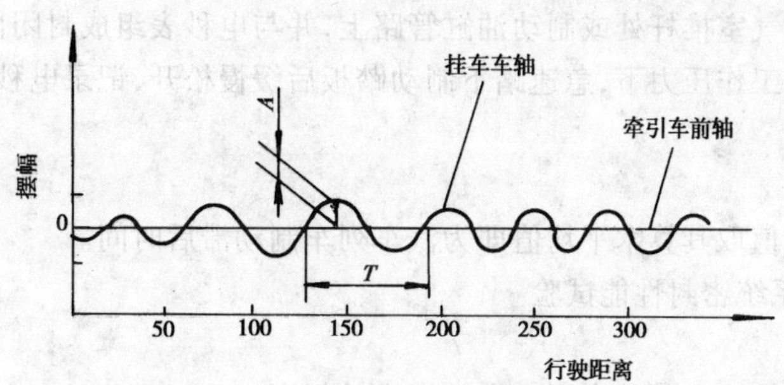

图2 汽车列车行驶稳定性示意图

5.5 汽车列车制动力平衡性能试验

5.5.1 试验条件

试验场地应为清洁、干燥、平坦的沥青或混凝土路面。道路长度2km~3km,宽度不小于8m,纵向坡度不大于0.1%。

试验在汽车列车最大总质量状态下进行。载荷分布均匀,各轴轴载质量符合该车技术要求。

试验车辆的车轮定位、轮胎压力、轮胎的磨损状态及其他与试验有关部分的状态均应为正常状态。根据需要可进行适当调整。

5.5.2 试验仪器、设备

a)制动踏板力测定仪:测量精度不低于2%;

b)减速度仪:测量精度不低于0.1m/s^2;

c)压力表:测量精度不低于5kPa;

d)测速仪:测量精度不低于1%;

e)非接触式速度分析仪。

5.5.3 试验方法

以30km/h的稳定车速,同样的仪表指示压力,进行三次急速停车制动。记录在下述各情况下得到

的制动减速度:

a)使用牵引车和挂车的全部制动器;

b)仅使用牵引车的制动器;

c)仅使用挂车的制动器。

但是,当预测到仅使用牵引车制动器或挂车制动器有危险时,可以使用“全部制动器的制动效能=牵引车制动器的制动效能+挂车制动器的制动效能”的方法对制动减速度进行计算作参考值。

5.5.4 试验结果

计算牵引车(或挂车)制动减速度与汽车列车制动减速度的比值和牵引车(或挂车)质量与汽车列车总质量的比值。

将测试结果记入附录A(标准的附录)表A6“汽车列车制动力平衡性能试验记录表”。

5.6 汽车列车制动滞后时间试验

5.6.1 试验条件

汽车列车各车轮制动器间隙及制动气室(或油缸)行程必须符合制造厂的技术要求。

汽车列车制动系统工作可靠、有效,符合该车技术规定。

5.6.2 试验仪器、设备

a)机械式微动开关或管路压力开关;

b)电秒表:最小刻度0.01s。

5.6.3 试验方法

试验时,关闭发动机,车辆空载停在场地上。将机械式微动开关或管路压力开关分别安装在牵引车前轴和挂车最后轴的制动气室推杆处或制动油缸管路上,并与电秒表组成封闭回路。

在车辆制动系统正常工作压力下,急速踏下制动踏板后缓慢松开,记录电秒表的时间显示值。试验进行三次。

5.6.4 试验结果

将三次试验的时间示值取其算术平均值即为汽车列车制动滞后时间。

5.7 汽车列车制动传动系统密封性能试验

5.7.1 试验条件

试验车辆的管路连接接头必须符合国家有关标准的规定。

试验车辆空载停置于场地上。

5.7.2 试验仪器、设备

a)气体压力表:精度0.4级,最小示值5kPa;

b)踏板力计;

c)踏板行程保持器;

d)秒表。

5.7.3 试验方法

a)对于气压制动传动装置的汽车列车,将气体压力表分别安装在牵引车和挂车的储气筒上,然后升高储气筒压力到规定值,关闭发动机。用气压表分别测量汽车列车制动器处于非制动状态和制动状态下在规定时间内的压力下降值。

试验进行二次。

b)对于液压制动传动装置的汽车列车,将踏板力计安装在牵引车制动踏板上,将踏板行程保持器调到规定的踏板力,在发动机工作的状态下进行。在规定的时间内读取踏板力计的示值。

试验进行二次。

5.7.4 试验结果

二次试验中的最大差值即为测试结果。

5.8 汽车列车最高车速试验

5.8.1 试验条件

试验道路应为清洁、干燥、平坦的沥青或混凝土路面。其直线长度2km～3km，宽度不小于8m，纵向坡度在0.1%以内。

试验车辆为最大总质量状态。

5.8.2 试验仪器、设备

a)记时及距离测定记录器；

b)计时秒表：最小读数0.01s；

c)钢卷尺；

d)标杆。

5.8.3 试验方法

在试验道路上选择200m为测量路段，插好标杆。其余两端为加减速路段。

根据汽车列车的功率及总质量情况，选定足够的加速路段，使汽车列车在驶入测量路段达到最高稳定车速，然后通过测量路段。

试验往返各进行一次，测量汽车列车通过测量路段的时间。

5.8.4 试验结果

试验结果按照下式计算：

$$V = \frac{3\,600 \times 0.2}{t}$$

式中：V——汽车列车最高车速，km/h；

t——往返试验所测时间的算术平均值，s。

将结果记入附录A(标准的附录)表A7"汽车列车最高车速试验记录表"。

5.9 汽车列车可靠性试验

5.9.1 试验条件

可靠性试验总里程及在各种路面上行驶的里程分配按表2中的规定执行。

表2 (km)

试验汽车列车类别	行驶里程			
	试验山路	凸凹不平坏路	高速跑道	总计
A类：汽车列车中的挂车采用定型生产、试验合格的挂车车轴总成(含制动器)或悬架总成	1 000	1 500	2 500	5 000
B类：A类以外的汽车列车	2 000	3 000	5 000	10 000

5.9.2 故障分类和统计

根据故障的危害程度将故障分为四类，其分类原则及当量故障数按表3中的规定执行。

表3

故障类别	名称	当量故障数	分类原则
1	致命故障	20	涉及行驶安全，可能导致人身伤亡或者引起主要总成报废，造成重大经济损失或对周围环境造成严重危害，达不到法规要求
2	严重故障	5	导致主要总成、零部件损坏或性能显著下降，且不能用随车工具和易损备件在短时间(约30min)内修复

表 3(完)

故障类别	名　称	当量故障数	分　类　原　则
3	一般故障	1	造成停驶或性能下降,但一般不会导致主要总成、零部件损坏,并可用随车工具和易损备件或价值很低的零件在短时间(30min)内修复
4	轻微故障	0.4	一般不会导致性能下降,不需要更换零件,用随车工具在短时间(5min)内能轻易排除

5.9.3 试验数据处理及评价指标计算

计算方法按附录 B(标准的附录)进行。

附 录 A
（标准的附录）

试 验 表 格

A1 试验表格应遵照本附录格式执行

表 A1 汽车列车试验登记表

项目	牌号	型号	底盘号（车架号）	发动机号	整备质量（kg）	最大载质量（kg）	生产厂家	列车最大载质量（kg）
牵引车								
挂车								
送车员：				接车员：			日期：	

表 A2 汽车列车主要尺寸参数测量记录表 （mm）

项 目		牵 引 车	挂 车	汽 车 列 车
长 L（空载）				
宽 W（空载）				
高 H（空载/满载）				
前悬 F（空载）				
轴距 $A_1+A_2+\cdots$（空载）				
轮距 $B_1+B_2+\cdots$（空载）				
货台承载面高 h（空载）				
半牵引挂车	牵引座接合面高度 M（空载）			
	牵引座前置距 E（空载）			
	前间隙半径 C_f（空载）			
	后回转半径 R_r（空载）			
全挂牵引车	牵引装置高度 M（空载）			
	牵引装置悬长 E（空载）			
半挂车	前回转半径 R_f（空载）			
	后间隙半径 C_r（空载）			
	防护栏下沿离地高 h_b（空载）			

表 A3　汽车列车质量参数测量记录表　　(kg)

项　　目	牵　引　车	挂　　车	汽　车　列　车
整车质量 G_0(空载/满载)			
轴载质量 $G_1+G_2+\cdots$(空载/满载)			
备　　注			

表 A4　汽车列车最小转弯直径测量记录表　　(m)

转弯直径测定位置	左	平均值	右	平均值
外侧车轮胎面中心				
外侧车体最远点				
内侧车体最近点				
结　　果	最小转弯直径		最大通道宽度	

表 A5　汽车列车行驶稳定性试验记录表

试验车速(km/h)	行驶车速(km/h)	行驶距离(m)	最小摆动周期 T(m)				最大摆动幅度 A(cm)			
			挂车一轴	挂车二轴	…	挂　车最后轴	挂　车一　轴	挂　车二　轴	…	挂　车最后轴
30										
45										
60										
汽车列车最大摆动幅度 A_{max}							载荷状况:轻载,满载			

表 A6　汽车列车制动力平衡性能试验记录表

试验车速 30km/h	汽车列车全部制动器			仅牵引车制动器			仅挂车制动器		
行驶车速	1	2	3	1	2	3	1	2	3
制动减速度(m/s^2)									
备　　注									

表 A7　汽车列车最高车速试验记录表

试验次数	行驶方向	测量路段长度(m)	通过测量路段时间(s)		最高车速(km/h)
			实　　测	平　　均	
1					
2					
备　　注					

附 录 B
（标准的附录）

试验数据处理及评价指标计算

B1 行驶工况统计

定期统计各种试验道路情况：实际行驶里程、平均技术车速、变速器各排档使用次数及里程或时间的百分率、制动次数和时间等。

B2 故障统计

B2.1 所有故障均按汽车列车，依发现故障的里程顺序，统计于故障统计表（表 B1）中。

B2.2 表中的故障种类应填写：“本质故障”、“误用故障”。

B3 可靠性数据统计

根据评价指标计算需要，按汽车列车分别统计各类故障频次和首次故障里程，当量故障数，实际行驶里程，平均技术车速，故障维修时间，预防维修时间和维修费用等（见表 B2）。

B3.1 故障统计原则

只考虑本质故障，误用故障不计入故障数。

未排除故障，只统计一次，故障类别按最严重情况划分，其对应里程为该故障里程。

同一里程不同零件发生故障应分别统计；同一零件出现不同模式故障也应分别统计；如果同一零件发生几处模式相同的故障，则只统计一次，故障类别按最严重的划分。

B3.2 当量故障数按下式计算

$$r_D = \sum_{i=1}^{4} \varepsilon_i r_i \tag{B1}$$

式中：r_D——当量故障数；

ε_i——第 i 类故障系数，其值分别为 $\varepsilon_1 = 100, \varepsilon_2 = 10, \varepsilon_3 = 1, \varepsilon_4 = 0.2$；

r_i——第 i 类故障数。

B4 可靠性评价指标及其计算方法

B4.1 平均首次故障里程（*MTTFF*）

当试验车辆数小于 5 时，按下式估算：

$$\widehat{MTTFF} = \frac{S'}{n'} \tag{B2}$$

$$S' = \sum_{j=1}^{n'} S'_j + (n - n')S_e \tag{B3}$$

式中：$\widehat{MTTFF}$——平均首次故障里程点估计值，km；

n'——发生首次故障车辆数；

S'——无故障行驶总里程，km；

S'_j——第 j 辆车首次故障里程，只计 1、2、3 类故障，km；

n——试验车辆数；

S_e——定时截尾里程数，km。

当试验车辆数大于或等于5时，用威布尔分布求可靠度为50%的估计值。

B4.2 平均故障间隔里程（$MTBF$）

按指数分布进行计算，其点估计值为：

$$\widehat{MTBF}=\frac{S}{r} \tag{B4}$$

式中：$\widehat{MTBF}$——平均故障间隔里程点估计值，km；

r——S 里程内发生1、2、3类故障总数；

S——总试验里程，km。

$$S=\sum_{j=1}^{k}S_j+(n-k)S_e \tag{B5}$$

式中：k——中止试验车辆数；

S_j——第 j 辆车中止试验里程，km；

S_e、n——含义同(B3)式。

单侧区间估计下限值按下式计算：

$$(MTBF)_L=\frac{2S}{x^2[2(r+1),\alpha]} \tag{B6}$$

式中：$(MTBF)_L$——平均故障间隔里程置信下限值，km；

$x^2[2(r+1),\alpha]$——自由度为 $2(r+1)$，置信水平为 α 的 x^2 分布值；建议取0.1或0.3；

S 含义同(B4)式。

B4.3 当量故障率

$$\lambda_D=1\,000\frac{\sum_{i=1}^{n}r_{Dj}}{S} \tag{B7}$$

式中：λ_D——当量故障率，次/1 000km；

r_{Dj}——第 j 辆车当量故障数；

n 含义同(B3)式，S 含义同(B4)式。

B4.4 千公里维修时间

$$MT_m=1\,000\frac{TR_m+TP_m}{S} \tag{B8}$$

式中：MT_m——千公里维修时间，h/1 000km；

TR_m——S 里程内故障后维修时间总和，h；

TP_m——S 里程内预防维修时间总和，h；

S 含义同(B4)式。

B4.5 千公里维修费用

$$MC=1000\frac{C}{S} \tag{B9}$$

式中：MC——千公里维修费，元/1 000km；

C——S 里程内维修费，包括材料、设备及工时费，元；

S 含义同(B4)式。

B4.6 有效度

$$A=\frac{S}{S+S_D} \tag{B10}$$

式中：A——有效度，%；

S_D——维修停驶里程，km。

$$S_D = \frac{1}{1\,000} \cdot V_a \cdot MT_m \cdot S \qquad (B11)$$

式中：V_a——平均技术车速，km/h；

其它含义同(B8)式。

快速可靠性试验，必要时可对上述评价指标计算方法进行修正。

表 B1 故障统计表

试验车编号：

序号	总成名称	零部件名称	故障里程[1] (km)	故障模式	故障描述	故障原因	排除措施	维修时间 (min)	维修费(元)		故障级别	故障种类
									材料	工时		
1												
2												
⋮ ↓												
注：1)故障里程为实际行驶里程。												

统计：　　　　审核：

表 B2 可靠性统计表

项目			车辆编号			
			1	2	3	…→
故障类别	1	故障频次(次)				
		首次故障里程(km)				
	2	故障频次(次)				
		首次故障里程(km)				
	3	故障频次(次)				
		首次故障里程(km)				
	4	故障频次(次)				
		首次故障里程(km)				
当量故障数 r_{Dj}(次)						
实际试验里程 S_j(km)						
平均技术车速 V_{aj}(km/h)						
故障维修时间 T_{mj}(h)						
预防维修时间 T_{Pmj}(h)						
维修费 C_j(元)						

统计：　　　　审核：

中华人民共和国交通行业标准

JT/T 427—2000

轿车运输挂车通用技术条件

Technical specifications for car transport towed vehicles

2000-09-29 发布　　　　2000-12-01 实施

中华人民共和国交通部　发布

中华人民共和国交通行业标准

JT/T 427—2000

轿车运输挂车通用技术条件

Technical specifications for car transport towed vehicles

2000-09-29发布 2000-12-01实施

中华人民共和国交通部 发布

中华人民共和国交通行业标准

JT/T 427—2000

轿车运输挂车通用技术条件

Technical specifications for car transport towed vehicles

1 范围

本标准规定了轿车运输挂车的定义、技术要求及检验规则。

本标准适用于在公路及城市道路上行驶的轿车运输挂车,运载其他类车辆的专用挂车可参照执行。

2 引用标准

下列标准所包含的条文,通过在本标准中引用而构成为本标准的条文。在本标准出版时,所示版本均为有效。所有标准都会被修订,使用本标准的各方应探讨使用下列标准最新版本的可能性。

GB 1589—1989　汽车外廓尺寸限界

GB 4785—1998　汽车及挂车外部照明和信号装置的安装规定

JT/T 426—2000　汽车列车性能要求及试验方法

QC/T 484—1999　汽车油漆涂层

3 定义

本标准采用下列定义。

3.1 轿车运输挂车 car transport towed vehicles

可装载多辆轿车,具有单层甲板或多层甲板的全挂汽车列车和半挂汽车列车。

3.2 轿车运输挂车专用装置 car transporters

装卸及固定轿车的装置,包括跳板、车轮停止器、车轮紧固带等。

4 技术要求

4.1 一般规定

4.1.1 轿车运输挂车应按照规定程序批准的图样和技术文件制造。

4.1.2 对轿车运输挂车有特殊要求时,应在产品技术文件中另行补充规定。

4.2 工作条件

轿车运输挂车在下列条件下应能正常工作:

a)环境温度 -40℃~40℃;

b)行驶道路等级不低于四级公路。

4.3 整车

4.3.1 轿车运输挂车的性能应符合 JT/T 426 的有关规定。

4.3.2 轿车运输挂车的最大轴载质量应符合有关规定。

4.3.3 外廓尺寸应符合 GB 1589 的规定。

4.3.4 外部照明及信号装置应符合 GB 4785 的规定。

中华人民共和国交通部 2000-09-29 发布　　　　2000-12-01 实施

4.3.5 焊接件的焊缝应平整均匀,无焊穿、漏焊、裂纹、气孔、夹渣等缺陷,焊渣应清除干净。

4.3.6 铆接应牢固,铆钉排列整齐,铆钉头不允许有裂纹、偏斜、残缺现象,铆钉头与金属贴合面的间隙不大于0.05mm。

4.3.7 紧固件均进行表面防锈处理,各连接部位应牢固可靠,不得松脱。

4.3.8 油漆涂层应符合QC/T 484的要求。

4.3.9 在便于接近,取用方便的地方应至少设置2个容量不低于5kg、并符合有关消防规定要求的灭火器。

4.3.10 备胎应装卸方便、固定可靠。

4.4 轿车运输挂车专用装置

4.4.1 轿车运输挂车最上层甲板左右两侧应设置防护栏(网),其距最上层甲板上平面的高度不小于800mm。

4.4.2 活动甲板的路轨面应具有防滑性能,以保证装卸轿车时不打滑,且能在甲板任意位置停留。

4.4.3 跳板收放灵活、可靠,跳板宽度不小于400mm。

4.4.4 甲板的各活动部位动作可靠,无阻滞、干涉现象。

4.4.5 轿车运输挂车应配备车轮停止器。

4.4.6 轿车运输挂车应配备车轮紧固带,紧固带最大拉力不小于15kN。

4.4.7 装载的轿车之间,其纵向间距不小于100mm,下层甲板停放的轿车其顶部与上层的间距不小于100mm。

4.4.8 装载的轿车其驾驶员一侧的前门开启角度应能保证驾驶员自由出入。

4.5 升降装置

4.5.1 升降操纵控制机构应设置在便于观察甲板升降位置,并且有操作指示标记。

4.5.2 升降系统应设置安全保护机构,能防止甲板自降,一旦升降系统失效,装车甲板不得跌落。

4.5.3 举升、下降工作平稳,无卡滞现象。

4.6 液压传动系统

装车甲板采用液压升降时应符合下列要求:

4.6.1 活动甲板在额定承载质量升降过程中,在任意位置停留5min,自降量不超过10mm(全升降式)或3°(斜面升降式)。

4.6.2 活动甲板在额定载质量状况下,连续升降3 000次后,液压传动装置的各零、部件不得出现任何损坏,自降量应符合4.6.1的规定。

4.6.3 液压系统应设置最大颗粒度不超过50μm的过滤装置,其各总成液压油的清洁度之和不得超过630mg。

4.7 装车甲板采用机械手动升降时应操作灵活方便,升降机构各零部件工作可靠,并能够自锁,其操纵力不得大于260N。

5 检验规则

5.1 型式检验

型式检验的产品不少于二辆。检验项目为:

a)主要尺寸参数的测定;

b)整备质量及最大总质量的测定;

c)轴载质量分配及重心位置的测定;

d)液压活动甲板自降量的测定;

e)3 000次连续液压举升试验;

f)机械升降最大操纵力试验;

g)制动性能试验;

h)灯光检验;

i)可靠性试验;

j)装卸轿车试验。

5.2 出厂检验

产品均应进行出厂检验,检验项目为:

a)机械升降最大操纵力试验;

b)制动性能试验;

c)灯光检验。

6 其它

6.1 经检验合格的产品应标志完整,标牌应符合国家有关标准的规定。

6.2 产品出厂时应配齐下述技术文件及备、附件:

a)产品合格证和使用说明书;

b)随车工具、备件及附件明细表。

ICS 43.080.10
T73
备案号:10297—2002

中华人民共和国交通行业标准

JT/T 475—2002
代替 JT/T 3139.1—1989,JT/T 3139.2—1989

挂 车 车 轴

Trailer axle

2002-04-26 发布 2002-07-01 实施

中华人民共和国交通部 发布

ICS 43.080.10
T73
备案号:10297—2002

中华人民共和国交通行业标准

JT/T 475—2002
代替 JT/T 3139.1—1989，JT/T 3139.2—1989

挂车车轴

Trailer axle

2002-04-26 发布　　2002-07-01 实施

中华人民共和国交通部　发布

挂车车轴

1 范围

本标准规定了挂车车轴(含车轮制动器总成及气室支架)的型式、基本参数、技术要求、试验方法和检验规则。

本标准适用于厂定最大总质量超过 8t 的货运挂车所使用的车轴。

2 规范性引用文件

下列文件中的条款通过本标准的引用而成为本标准的条款。凡是注日期的文件,其随后所有的修改单(不包括勘误的内容)或修订版均不适用于本标准,然而,鼓励根据本标准达成协议的各方研究是否使用这些文件的最新版本。凡是不注日期的引用文件,其最新版本适用于本标准。

JB/T 5000.3 重型机械通用技术条件 焊接件

QC/T 239 货车、客车制动器 性能要求

QC/T 479 货车、客车制动器台架试验方法

QC/T 484 汽车油漆涂层

3 型式

3.1 挂车车轴根据轮胎装用方式分为单轮式 S(single)型和双轮式 D(double)型二种型式(见图 1)。

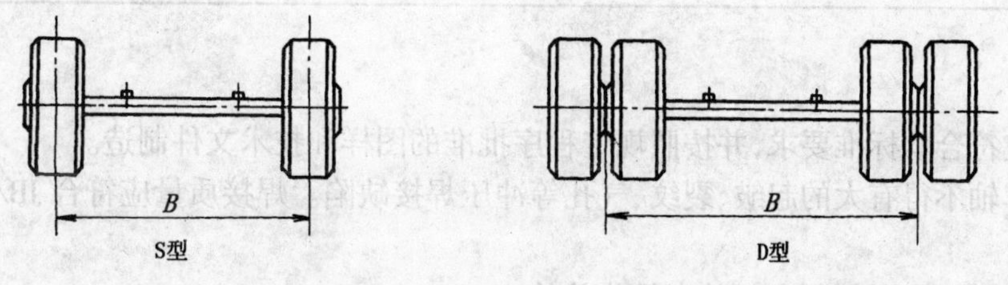

图 1 S 型和 D 型车轴型式示意图

3.2 挂车车轴型号表示方法

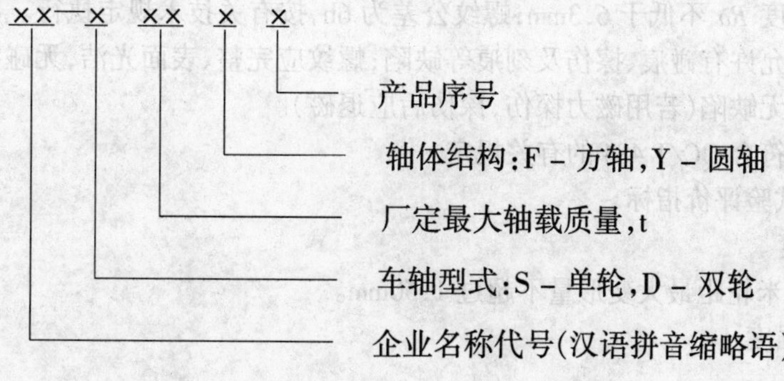

4 挂车车轴基本参数

挂车车轴基本参数如表1所示。

表1 挂车车轴基本参数表

<table>
<tr><th rowspan="2">车轴型号</th><th rowspan="2">厂定最大轴载质量
V = 105km/h
(t)</th><th rowspan="2">车轮螺栓</th><th rowspan="2">轮距 B
(mm)</th><th rowspan="2">适用轮辋</th><th rowspan="2">适用轮胎</th><th colspan="2">车轴质量(kg)</th></tr>
<tr><th>三段式</th><th>整体式</th></tr>
<tr><td rowspan="2">S04</td><td rowspan="2">4.0</td><td rowspan="2">8xM22x1.5</td><td rowspan="6">1920</td><td>6.5</td><td>8.25 – 20</td><td rowspan="2">300</td><td rowspan="2">260</td></tr>
<tr><td>7.0</td><td>9.00 – 20</td></tr>
<tr><td rowspan="2">S06</td><td rowspan="2">6.0</td><td rowspan="14">10xM22x1.5</td><td>7.5</td><td>10.00 – 20</td><td rowspan="2">360</td><td rowspan="2">310</td></tr>
<tr><td>8.0</td><td>11.00 – 20</td></tr>
<tr><td>S07</td><td>7.0</td><td>8.5</td><td>12.00 – 20</td><td>370</td><td>320</td></tr>
<tr><td>S08</td><td>8.0</td><td>10.0</td><td>14.00 – 20</td><td>400</td><td>340</td></tr>
<tr><td>D08</td><td>8.0</td><td>1840</td><td>7.0</td><td>9.00 – 20</td><td>380</td><td>325</td></tr>
<tr><td rowspan="3">D10</td><td rowspan="3">10.0</td><td>(1920)</td><td>7.0</td><td>9.00 – 20</td><td>420</td><td>360</td></tr>
<tr><td rowspan="2">1840</td><td>7.5</td><td>10.00 – 20</td><td rowspan="2">400</td><td rowspan="2">340</td></tr>
<tr><td>8.0</td><td>11.00 – 20</td></tr>
<tr><td rowspan="3">D13</td><td rowspan="3">13.0</td><td>(1850)</td><td>8.0</td><td>11.00 – 20</td><td>520</td><td>390</td></tr>
<tr><td rowspan="2">1820</td><td>8.5</td><td>12.00 – 20</td><td rowspan="2">500</td><td rowspan="2">380</td></tr>
<tr><td>8.5</td><td>12.00 – 24</td></tr>
<tr><td rowspan="3">D16</td><td rowspan="3">16.0</td><td>(1820)</td><td>8.5</td><td>12.00 – 24</td><td>580</td><td>450</td></tr>
<tr><td>(1760)</td><td>9.0</td><td>13.00 – 20</td><td>560</td><td>440</td></tr>
<tr><td>1690</td><td>10.0</td><td>14.00 – 20</td><td>550</td><td>430</td></tr>
<tr><td colspan="8">注:带括号( )表示不推荐系列</td></tr>
</table>

5 技术要求

5.1 挂车车轴应符合本标准要求,并按照规定程序批准的图样和技术文件制造。

5.2 冲压焊接车轴不得有大的起皱、裂纹、气孔等冲压焊接缺陷。焊接质量应符合 JB/T 5000.3 的有关规定。

5.3 各轴承位的圆柱度误差不大于其直径公差的 50%。

5.4 与轴承配合的轴径表面对零件轴心线的同轴度误差不大于 0.05mm。

5.5 与轴承配合的轴颈表面粗糙度 *Ra* 不低于 0.8mm。

5.6 螺纹的表面粗糙度 *Ra* 不低于 6.3mm;螺纹公差为 6h,按有关技术规定执行。

5.7 配合轴颈表面不允许有碰痕、擦伤及刻痕等缺陷;螺纹应完整、表面光洁,无碰痕等缺陷。

5.8 车轴经探伤后应无缺陷(若用磁力探伤,探伤后应退磁)。

5.9 车轴油漆涂层应符合 QC/T 484 的有关规定。

5.10 挂车车轴台架试验评价指标

5.10.1 垂直弯曲刚度

满载轴负荷时,每米轮距最大变形量不超过 1.50mm。

5.10.2 垂直弯曲静强度

垂直弯曲失效(断裂或严重塑性变形)后备系数 $K_n \geq 6$。

5.10.3 垂直弯曲疲劳寿命

疲劳寿命不低于 80×10^4 次。

5.10.4 车轮制动器的性能指标应符合 QC/T 239 的要求。

6 台架试验

6.1 基本要求

试验用仪器、仪表、各种测试设备应具有计量监督检验部门定期检验合格的合格证。

6.2 试验负荷

6.2.1 被试车轴厂定最大轴载质量的 2.5 倍即为最大试验负荷。

6.2.2 被试车轴厂定最大轴载质量的 0.25 倍即为最小试验负荷。

6.3 垂直弯曲刚度、静强度试验

6.3.1 试验目的

检查车轴的垂直弯曲刚度和垂直弯曲静强度,计算其抗弯曲后备系数。

6.3.2 试验装置

液压疲劳试验机(或材料试验机)、百分表(或位移传感器)、应变仪等。

6.3.3 试验程序

6.3.3.1 安装

将车轴水平安装在台架上,载荷作用点为左右钢板弹簧座中心,支撑点为该车轴轮距的相应点,支撑点应能滑动,以适应加载变形时不发生运动干涉。载荷作用点与支撑点位置可以互换。

6.3.3.2 预加载

加载方向应与车轴中心线垂直,预加载至额定轴负荷,重复三次后卸载。

6.3.3.3 测点

车轴测点不少于七点,测点位置在车轴两端内轴承位之间的长度上均匀分布,且弹簧座及车轴中间位置应布置测点,见图 2 所示。

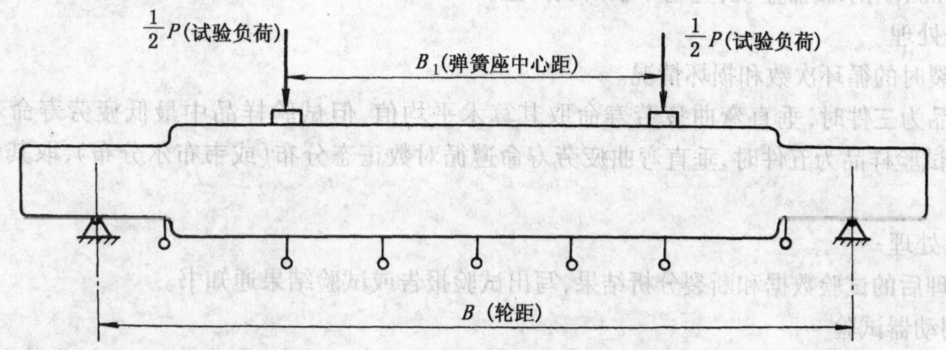

图 2 车轴试验力点、支点及测点的位置简图

6.3.4 测试

6.3.4.1 刚度试验

从零开始缓慢加载至最大试验负荷。分八挡记录各测点位移量(其中在额定轴负荷下和最大试验负荷下的位移量必须记录)。每件车轴测试三遍。每次试验开始时都应把百分表(或位移传感器)调至零位。

6.3.4.2 强度试验

在垂直弯曲刚度试验后,取下各测点的百分表(或位移传感器),连续加载至车轴破坏,记录此时的负荷(即为车轴的失效负荷)。

6.3.5 数据处理

6.3.5.1 计算车轴满载轴负荷下最大位移量与轮距之比的数值,并绘出满载轴负荷和最大试验负荷下各测点的位移量,将其连成折线。

6.3.5.2 计算车轴抗弯曲后备系数

$$K_n = P_n / P$$

式中:P_n——垂直弯曲失效负荷,kN;

P——额定轴负荷,kN。

6.3.6 结果处理

对试验样品数据进行分析,写出试验报告或试验结果通知书。

6.4 垂直弯曲疲劳寿命试验

6.4.1 试验目的

测定车轴垂直弯曲疲劳寿命。

6.4.2 试验装置

液压疲劳试验机、应变仪、示波器、应变片等。

6.4.3 试验程序

6.4.3.1 安装

试样安装同 6.3.3.1。

6.4.3.2 加载

加载方向应与车轴中心线垂直,预加载至最大试验负荷,重复三次后卸载。

6.4.3.3 测点

在车轴上粘贴一至两片起监测作用的应变片,贴片位置选在应力较大处。

6.4.4 测试

6.4.4.1 用应变仪分别测出最小试验负荷与最大试验负荷作用下车轴所对应的应变值。

6.4.4.2 试验负荷为脉动循环负荷,其工作范围为最小试验负荷与最大试验负荷,试验机工作频率不高于 500 次/min,用示波器监视,直至车轴断裂为止。

6.4.5 数据处理

记录断裂时的循环次数和损坏情况。

试验样品为三件时,垂直弯曲疲劳寿命取其算术平均值,但试验样品中最低疲劳寿命不得低于 50×10^4次。试验样品为五件时,垂直弯曲疲劳寿命遵循对数正态分布(或韦布尔分布),取其中值疲劳寿命。

6.4.6 结果处理

根据整理后的试验数据和断裂分析结果,写出试验报告或试验结果通知书。

6.5 车轮制动器试验

车轮制动器台架试验方法按 QC/T 479 的规定进行。

7 检验规则

7.1 出厂检验

7.1.1 每件车轴应经制造厂检验部门检验合格后方准出厂,并附有标明依据标准的证明产品质量合格的文件。

7.1.2 车轴应进行 4、5.2~5.9 规定项目的检验。

7.2 型式试验

7.2.1 抽样规则

检验机构从生产厂生产的合格品中随机抽样,抽样基数为每批的 5%,但每项台架试验项目的数量不得少于九件,检查三件。

7.2.2 试验结果处理

7.2.2.1 同一车轴的台架试验项目中有一项不合格,检验结果为不合格;其他不合格项目中超过二项(含),检验结果为不合格。

7.2.2.2 检验项目结果为不合格时,应加倍检查其他支承装置的该项目。

7.2.2.3 检验项目单项重复出现不合格时,检验结果为不合格。

7.2.3 新产品定型试验应进行4、5.2~5.10规定项目的试验。

7.2.4 产品转厂生产时应进行4、5.2~5.9、5.10.3规定项目的试验。

8 其他

8.1 每件车轴应固定产品标牌。标牌内容至少应包括:

a)按照3.2规定的产品型号;

b)厂定最大轴载质量,t;

c)执行标准代号;

d)生产厂家详细中文名称;

e)生产日期及编号。

8.2 车轴应附有能指导产品正常使用及维护的产品使用说明书。

ICS 43.080.10
T 73
备案号:10298—2002

中华人民共和国交通行业标准

JT/T 476—2002
代替 JT/T 3138.1—1989,JT/T 3138.2—1989

挂车支承装置

Trailer landing gears

2002-04-26 发布　　　　2002-07-01 实施

中华人民共和国交通部　发布

ICS 43.080.10
T73
备案号:10296—2002

中华人民共和国交通行业标准

JT/T 476—2002
代替 JT/T 3138.1—1989,JT/T 3138.2—1989

挂车支承装置

Trailer landing gears

2002-04-26 发布　　　　2002-07-01 实施

中华人民共和国交通部　发布

挂车支承装置

1 范围

本标准规定了机械传动的挂车支承装置的基本参数、技术要求、试验方法和检验规则。

本标准适用于在挂车上安装使用的支承装置。

2 规范性引用文件

下列文件中的条款通过本标准的引用而成为本标准的条款。凡是注日期的文件,其随后所有的修改单(不包括勘误的内容)或修订版均不适用于本标准,然而,鼓励根据本标准达成协议的各方研究是否使用这些文件的最新版本。凡是不注日期的引用文件,其最新版本适用于本标准。

JB/T 5000.3 重型机械通用技术条件　焊接件

QC/T 484 汽车油漆涂层

3 基本参数系列

3.1 型式

支承装置分为单动式和联动式二种型式。

3.1.1 单动式:左右支承装置的行程分别独立调节,代号为 D。

3.1.2 联动式:左右支承装置的行程在一侧同步调节,代号为 L。

3.2 底座类型

支承装置底座按其结构型式分为 A、G、R、S 和 T 型五种,如图 1 所示。

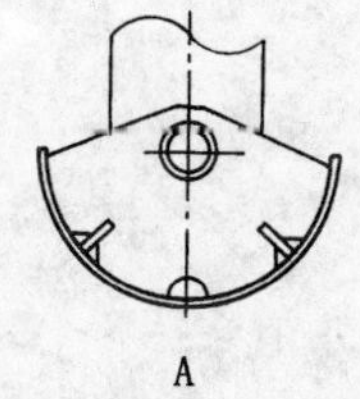

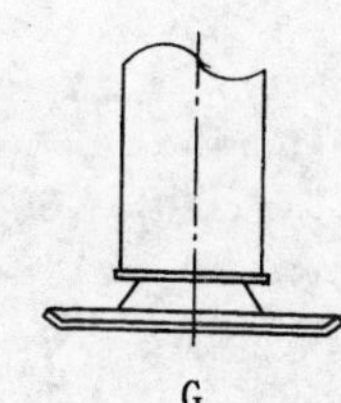

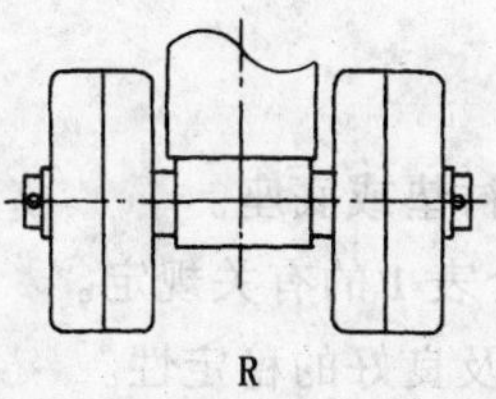

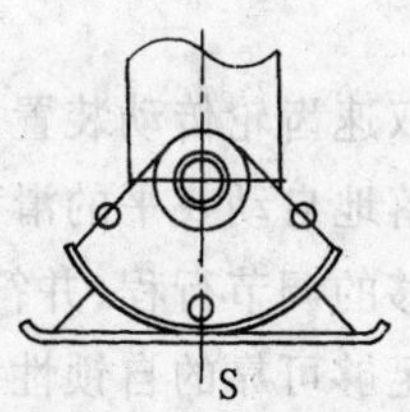

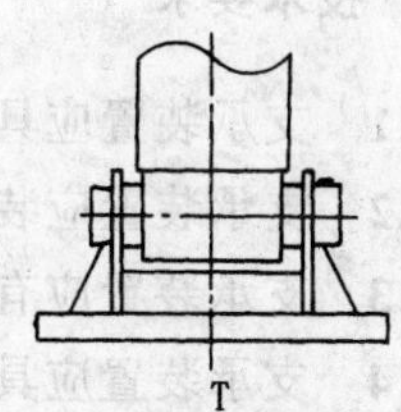

图 1　支承装置底座结构示意图

3.3 型号表示方法

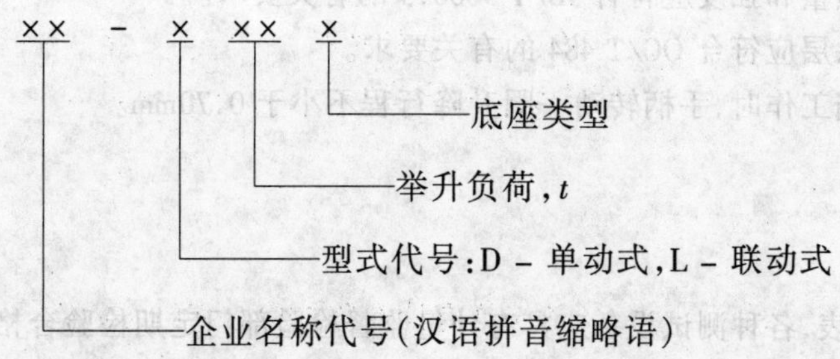

3.4 基本参数系列

3.4.1 互换性尺寸

支承装置互换性尺寸如图2所示。

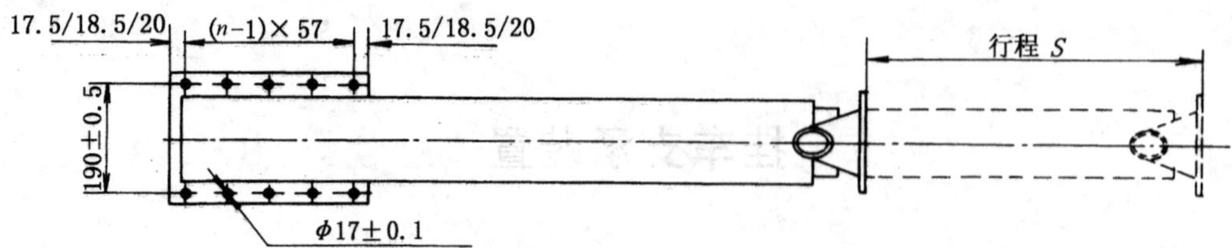

图2 支承装置互换性示意图

3.4.2 基本参数

挂车支承装置基本参数见表1。

表1 支承装置基本参数表

型 号	举升负荷 t/对	承载负荷 t/对	行程 S mm	自重 kg/对	手柄力 N (L = 360mm)
L10	⩾10.0	25.0	⩾370	⩽85	⩽150
D10			⩾450	⩽95	⩽75
L20	⩾20.0	50.0	⩾370	⩽90	⩽280
D20			⩾450	⩽105	⩽140
L30	⩾30.0	75.0	⩾350	⩽95	⩽340
D30			⩾450	⩽110	⩽170

4 技术要求

4.1 支承装置应具有双速齿轮传动装置。

4.2 支承装置应装有落地自动找平的滑移衬垫或底座。

4.3 支承装置应有足够的调节行程,并符合表1的有关规定。

4.4 支承装置应具有足够可靠的自锁性能及良好的稳定性。

4.5 支承装置应具有密封防护性能,防止可能减弱其功能和机械效率的杂质进入。

4.6 支承装置应具有润滑装置。工作时升降灵活、无阻滞现象。

4.7 支承装置的焊接质量和强度应符合 JB/T 5000.3 的有关要求。

4.8 支承装置的油漆涂层应符合 QC/T 484 的有关要求。

4.9 支承装置以慢速挡工作时,手柄转动一圈升降行程不小于 0.70mm。

5 试验方法

5.1 试验设备

5.1.1 试验用仪器、仪表,各种测试设备应具有计量监督检验部门定期检验合格的合格证。

5.1.2 试验装置

a)专用试验台架(或成品半挂车);

b)水平仪;

c)高度尺(或钢板尺):最小刻度 0.5mm;

d)游标卡尺:最小刻度 0.02mm;

e)车轮负荷计:精度 0.5%;

f)专用扭力扳手(或弹簧秤):最小刻度 1N。

5.2 试验负荷

5.2.1 静压试验负荷:被试支承装置的承载负荷。

5.2.2 举升试验负荷:被试支承装置举升负荷的 1.25 倍。

5.3 试验内容

5.3.1 静压试验

将支承装置垂直安装到专用试验台架上，行程调到最大，在快挡变速位置施加静压试验负荷 4h。

检查支承装置的稳定性、能否自锁及各零部件是否损伤或变形。

5.3.2 举升试验

将支承装置垂直安装到专用试验台架上,施加举升试验负荷,变速位置为慢挡,摇动手柄,使支承装置行程从零到最大值之间反复进行五次。

测量支承装置最大行程、慢速挡时的手柄力及转动 10 圈的总行程。

5.3.3 数据处理

对试验样品数据进行分析,计算出慢速挡时每圈行程及手柄力的平均值,写出试验报告或试验结果通知书。

6 检验规则

6.1 出厂检验

6.1.1 每件(套)支承装置应经过制造厂检验部门检验合格后方准出厂,并附有标明依据标准的证明产品质量合格的文件。

6.1.2 支承装置应进行 4.1～4.8 规定项目的检验。

6.2 型式试验

6.2.1 抽样规则

检验机构从生产厂生产的合格品中随机抽样,抽样基数为每批的 5%,但不得少于三件(套),检查一件(套)。

6.2.2 试验结果处理

6.2.2.1 同一件(套)支承装置的手柄力,举升试验项目中有一项不合格,检验结果为不合格;其他不合格项目超过二项(含),检验结果为不合格。

6.2.2.2 检验项目结果为不合格时,应加倍检查其他支承装置的该项目。

6.2.2.3 检验项目单项重复出现不合格时,检验结果为不合格。

6.2.3 新产品定型试验应进行 3.4、4.1～4.9 规定项目的试验。

7 其他

7.1 支承装置应固定产品标牌。标牌内容至少应包括:

a)按照 3.3 规定的产品型号;

b)举升负荷,*t*;

c)执行标准代号；

d)生产厂家详细中文名称；

e)生产日期及编号。

7.2 支承装置应附有能指导产品正常使用及维护的产品说明书。

ICS 43.080.10
T 74
备案号

中华人民共和国交通行业标准

JT/T 487—2003

货运挂车气压制动系统技术要求和试验方法

Specifications and test method for freight trailer air braking system

2003-05-15 发布

2003-09-01 实施

中华人民共和国交通部 发布

货运挂车气压制动系统技术要求和试验方法

1 范围

本标准规定了货运挂车气压制动系统的技术要求、性能要求和试验方法。

本标准适用于装有气压制动系统的、在公路及城市道路上行驶的货运挂车。

2 规范性引用文件

下列文件中的条款通过本标准的引用而成为本标准的条款。凡是注日期的引用文件,其随后所有的修改单(不包括勘误的内容)或修订版均不适用于本标准。然而,鼓励根据本标准达成协议的各方研究是否可使用这些文件的最新版本。凡是不注日期的引用文件,其最新版本适用于本标准。

GB 12534　　汽车道路试验方法通则

GB 13594　　汽车防抱制动系统性能要求和试验方法

JT/T 426—2000　　汽车列车性能要求及试验方法

3 技术要求

3.1 货运挂车应具有供给管路、控制管路分别独立的双管路制动系统。

3.2 驾驶员应能在驾驶员座位上使用单一动作对牵引车和货运挂车的行车制动装置进行直接操纵。

3.3 货运挂车应有一个或多个由牵引车供气的储气筒。储气筒应:有放水阀;有单向阀或等效装置,能防止由于充气管路失效或泄漏造成的压力下降。

3.4 货运挂车所使用的制动能应和牵引车一致,由同一能源供给。

3.5 货运挂车应能和牵引车以匹配的相位进行制动。

3.6 货运挂车制动装置应具有行车制动和驻车制动的功能。

3.7 货运挂车驻车制动装置应能够由站在地面上的人操纵。

3.8 货运挂车行驶中供给管路的气压全部损失时,制动装置应保证其自动停车。

3.9 厂定最大总质量超过 10 000kg 的货运挂车,应安装符合 GB 13594 要求的防抱制动装置。

3.10 货运挂车的所有车轮,均应具有行车制动器;其产生的制动力,应在各车轴之间合理地分配。

4 性能要求

4.1 储气筒

4.1.1 货运挂车储气筒应能满足在行车制动装置做八次全行程制动后,供给工作部件的压力不低于首次制动时压力的 50%。

4.1.2 储气筒的总容积至少是所有行车制动气室在活塞或膜片最大行程时,总容积的 8 倍。

4.1.3 储气筒应能承受 3.5MPa 的静液压 10min。

4.2 制动能力

4.2.1 行车制动距离

在满载、高附着系数($K_G = 0.8$)道路状态下,挂车储气筒气压 0.63MPa,车速 50km/h,不使用牵引车的制动,其制动距离应不大于[20×(汽车列车轴荷/挂车轴荷)]m;不得有任何部位偏离出 3.6m 宽的车道。

4.2.2 在制动过程中,当车速大于 10km/h 时,不得有车轮抱死,下列情况除外:

a)防抱系统所允许的受控制的车轮的抱死；

b)装有双轴(含)以上的挂车,除去最后端不能升降的非转向轴以外的其他非转向轴车轮的抱死；

c)同一车轴轴线上的车轮多于4个,除去两端最外侧的两个车轮以外的其他车轮的抱死。

4.2.3 制动促动时间

当挂车储气筒的初始气压为0.70MPa时,从行车制动阀开始启动时起,每一个制动气室的气压达到0.42MPa的时间不得大于0.3s。

4.2.4 制动放松时间

当行车制动气室的初始气压为0.67MPa时,从行车制动阀开始启动时起,每一个制动气室的气压降到0.035MPa的时间不得大于0.65s。

4.3 防抱系统

4.3.1 防抱系统中的任何电器故障不得使行车制动器的制动促动时间和放松时间延长。

4.3.2 在需要电源进行操纵防抱系统的挂车上,电源应由制动灯的线路或专用电源线路供给。

4.4 驻车制动系统

4.4.1 静态制动力

挂车驻车制动工作状态下,在向前或向后方向静态牵引时的静态制动力应为:

a)单后轴、双后轴挂车的每一车轴:静态制动力不小于额定轴荷的28%；

b)三联后轴及三联以上后轴的挂车:静态制动力不小于额定总质量的14%。

4.4.2 驻坡能力

挂车在额定总质量、驻车制动起作用时,在路面为平坦、干燥、坡度为20%的水泥车道上,车辆朝上坡或下坡方向都应保持静止不动。

4.5 制动力平衡性能

制动力平衡性能应符合JT/T 426—2000中3.4的规定。

4.6 制动滞后时间

制动滞后时间应符合JT/T 426—2000中3.5的规定。

4.7 制动系统密封性能

制动系统密封性能应符合JT/T 426—2000中3.6.1的规定。

5 试验方法

5.1 储气筒试验

5.1.1 试验条件

a)挂车储气筒的压力为0.85MPa;

b)断开与挂车制动无关的装置的供能;

c)如有感载比例装置,应处于“满载”控制状态;

d)试验中挂车的自动制动系统或驻车制动系统处于非工作状态。

5.1.2 试验仪器

气体压力表:测量精度不低于20kPa。

5.1.3 试验方法

a)切断储气筒的供气管路,挂车的自动制动系统处于非工作状态;

b)对挂车的行车制动进行7次全行程制动,每次制动需保持压力稳定后再放松,相邻两次制动的间隔不超过10s;

c)测量第8次制动时的挂车储气筒的压力。

5.1.4 试验结果

试验结果应符合4.1.1的要求。

5.2 行车制动距离试验

5.2.1 试验条件

a)挂车装载应使其轴荷达到额定轴荷值,而牵引销处于空车质量状态;

b)牵引车的鞍座应调整,使其轴荷分配最接近于牵引车车轴的轴荷值之比;

c)牵引车制动器应进行调整,使其不参与汽车列车的行车制动;

d)挂车储气筒的压力为0.63MPa;

e)挂车的行车制动气室压力应能在不小于0.2s、不大于0.3s的时间内达到0.42MPa;

f)试验车速度为50km/h。

g)试验道路符合GB 12534的规定。

5.2.2 试验仪器

a)气体压力表:测量精度不低于20kPa;

b)非接触式速度分析仪(五轮仪),精度不低于0.5%;

c)电秒表,最小读数0.1s;

d)标杆、钢卷尺。

5.2.3 试验方法

a)车辆在试验道路中央行驶,所达到的速度超过试验车速时,试验人员将变速器置于空档或离合器脱开。当车速达到4.2.1所规定的条件时进行制动,直到车辆完全停止。记录制动距离情况。

b)试验车速误差不超过±3.2km/h时,制动距离的校准公式为:

$$S_c = S_m \times \frac{v_d^2}{v_a^2} \tag{1}$$

式中:v_d——标准要求的制动初速度;

v_a——实际的制动初速度,km/h;

S_m——测量的制动距离,m;

S_c——以 v_d 计算的制动距离,m。

5.2.4 试验结果

试验结果应符合4.2.1的规定。

5.3 制动促动时间试验

5.3.1 试验条件

储气筒的初始气压为0.70MPa。

5.3.2 试验仪器

a)气体压力表:测量精度不低于20kPa;

b)秒表,最小读数0.1s;

c)电秒表及微动开关、气体压力开关;

d)挂车制动试验装置(见图1)。

5.3.3 试验方法

a)将试验车辆连接到挂车制动试验装置上,安装好气体压力表和时间记录装置;

b)操纵行车制动阀的同时,启动时间记录装置的开关,观察制动气室的气压变化。当制动气室的气压达到0.42MPa时,记录此时时间记录装置所记录的时间。

5.3.4 试验结果

试验结果应符合4.2.3的规定。

5.4 制动放松时间试验

5.4.1 试验条件

行车制动气室的初始气压为0.67MPa。

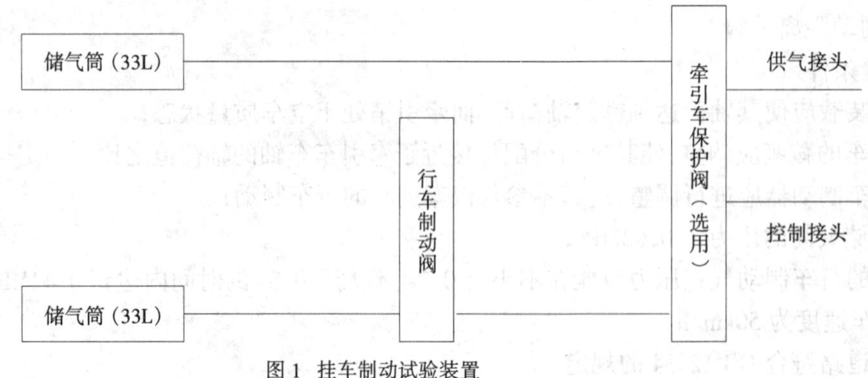

图 1 挂车制动试验装置

5.4.2 试验仪器

试验仪器同 5.3.2。

5.4.3 试验方法

a)将试验车辆连接到挂车制动试验装置上，安装好气体压力表和时间记录装置；

b)操纵行车制动阀的同时，启动时间记录装置的开关，观察制动气室的气压变化。当制动气室的气压降到 0.035MPa 时，记录此时时间记录装置所记录的时间。

5.4.4 试验结果

试验结果应符合 4.2.4 的规定。

5.5 驻车制动性能试验

5.5.1 试验条件

a)挂车装载为额定载质量，并使其轴荷分配符合车轴的轴荷值；偏差不大于 1%。

b)半挂车在进行驻车制动性能试验时，其前端由一个不制动的小车支承，小车的整备质量也包括在挂车的载荷里。

5.5.2 试验仪器

a)牵引力测定仪：精度不低于 2%；

b)牵引装置。

5.5.3 试验方法

5.5.3.1 静态制动力试验

a)试验挂车静止在水平路面上，挂车驻车制动器起作用，其他制动器不起作用；

b)用牵引装置牵引试验挂车，当试验挂车开始有移动趋势时，记录此时的牵引力即为挂车的静态制动力；

c)试验在相反方向再进行一次。

5.5.3.2 驻坡能力试验

a)用行车制动器将试验挂车停在 20% 的坡道上，使挂车驻车制动器起作用后，解除其他制动器的作用；保持 5min 时间，试验挂车应能静止不动；

b)试验在相反方向再进行一次。

5.5.4 试验结果

a)静态制动力试验应符合 4.4.1 的规定；

b)驻坡能力试验应符合 4.4.2 的规定。

5.6 制动力平衡性能试验

5.6.1 制动力平衡性能试验按 JT/T 426—2000 中 5.5 的规定进行。

5.6.2 试验结果应符合 4.5 的规定。

5.7 制动滞后时间试验

5.7.1 制动滞后时间试验按 JT/T 426—2000 中 5.6 的规定进行。

5.7.2 试验结果应符合 4.6 的规定。

5.8 制动系统密封性能试验

5.8.1 制动系统密封性能试验按 JT/T 426—2000 中 5.7 的有关规定进行。

5.8.2 试验结果应符合 4.7 的规定。

ICS 43.080.10
T 71
备案号

中华人民共和国交通行业标准

JT/T 488—2003

轿车运输挂车性能试验方法

Performance test method for car transport towed vehicles

2003-05-15 发布　　2003-09-01 实施

中华人民共和国交通部　发布

ICS 43.080.10
T 71
备案号：

中华人民共和国交通行业标准

JT/T 488—2003

轿车运输挂车性能试验方法

Performance test method
for car transport towed vehicles

2003-05-15 发布　　2003-09-01 实施

中华人民共和国交通部　发布

轿车运输挂车性能试验方法

1 范围

本标准规定了轿车运输挂车的性能试验方法。

本标准适用于在公路及城市道路上行驶的轿车运输挂车(以下简称挂车)的性能试验。

2 规范性引用文件

下列文件中的条款通过本标准的引用而成为本标准的条款。凡是注日期的引用文件,其随后所有的修改单(不包括勘误的内容)或修订版均不适用于本标准。然而,鼓励根据本标准达成协议的各方研究是否可使用这些文件的最新版本。凡是不注日期的引用文件,其最新版本适用于本标准。

GB/T 17275 货运全挂车通用技术条件

JT/T 328 货运半挂车通用技术条件

JT/T 426—2000 汽车列车性能要求及试验方法

JT/T 427—2000 轿车运输挂车通用技术条件

JT/T 487 货运挂车气压制动系统技术要求和试验方法

QC/T 572 汽车清洁度工作导则 测定方法

QC/T 573 汽车清洁度工作导则 人、物和环境

QC/T 575 汽车清洁度工作导则 杂质的分析方法

3 一般要求

3.1 试验车辆

3.1.1 试验牵引车应是符合国家有关标准规定、经过产品鉴定或形式认证的产品。

3.1.2 试验挂车应符合 JT/T 427 的规定。

3.1.3 试验挂车各总成、部件、附件及附属装置(包括备胎),应装备齐全、有效,符合 GB/T 17275 或 JT/T 328 的有关规定。

3.1.4 试验前,应按照 JT/T 426—2000 中 4.2、4.3、4.6.2、4.6.3 的规定,检查试验车辆。

3.2 气象条件

试验时应是无雨、无雾天气,空气相对湿度小于 95%;环境温度 -10℃ ~ 40℃;风速不大于 3m/s。

3.3 试验仪器、设备

试验用仪器、设备应经过计量检定,在有效期内使用;在使用前进行调校,确保功能正常,符合精度要求。

4 挂车性能试验

4.1 挂车性能试验

挂车性能试验项目及方法按照 JT/T 426—2000 中第 5 章的规定执行。

4.2 挂车制动性能试验

挂车制动性能试验项目及方法按照 JT/T 487 的有关规定进行。

4.3 专用装置试验

4.3.1 最上层甲板防护栏(网)高度参数测量

4.3.1.1 测量条件

试验场地应具有坚实的水平支撑表面;挂车应以直线前进状态置于测量场地上。

4.3.1.2 测量仪器、设备

钢板尺,量程大于1000mm,最小刻度0.5mm。

4.3.1.3 测量方法

使用钢板尺对防护栏(网)高度直接进行测量。测量位置:挂车前、中、后三点,左右分别进行。

4.3.1.4 测量结果

测量后的参数,取最小值作为测量结果。

测量结果应符合JT/T 427—2000中4.4.1的规定。

4.3.2 斜面升降式活动甲板防滑性能试验

4.3.2.1 试验条件

试验条件同4.3.1.1规定。

4.3.2.2 试验仪器、设备

角度尺:量程180°,最小刻度0.5°。

4.3.2.3 试验方法

a)将试验车辆的活动甲板放置最大倾斜角度,用角度尺测量出活动甲板最大倾斜角度;

b)被运轿车驶到活动甲板测试位置(被运轿车前轮到活动甲板最高点距离不大于0.5m);用行车制动停车,操作驻车制动控制装置,然后解除行车制动,将变速杆放到空档位置,关闭发动机。

4.3.2.4 试验结果

观察5min,记录被运轿车在斜面升降式活动甲板上的位移量。

试验结果应符合JT/T 427—2000中4.4.2的规定。

4.3.3 车轮紧固带拉力性能试验

4.3.3.1 试验条件

a)从宽度不小于50mm的织带上截取两件不小于340mm的试样。然后把试样置于温度15~25℃、相对湿度为60%~70%的环境中,进行24h的温湿处理。

b)车轮紧固带总成两件。

4.3.3.2 试验仪器、设备

a)材料拉伸试验机;

b)试验水槽。

4.3.3.3 性能要求

a)织带抗拉强度不小于15kN;

b)织带宽度不小于46mm;

c)伸长率不大于20%;

d)耐湿性强度不小于9kN;

e)紧固带总成抗拉强度不小于15kN。

4.3.3.4 试验方法

4.3.3.4.1 织带抗拉强度试验

试样经过温湿态处理后,立即进行试验。把试样装夹在拉伸试验机上,夹紧部位的间距为220mm±20mm,试验机以100mm/min的速度加载,测出试样断裂时的载荷。两件试样断裂时载荷的平均值,为试验结果。

试验结果应符合4.3.3.3a)的规定。

4.3.3.4.2 织带宽度试验

当按4.3.3.4.1的规定进行织带抗拉强度试验时,在试验机不停止试验的状态下,测定拉伸载荷为

10kN 时,试样中间位置的宽度值。两件试样中宽度最小的数值,为试验结果。

试验结果,应符合 4.3.3.3b)的规定。

4.3.3.4.3 伸长率试验

当按 4.3.3.4.1 的规定进行织带抗拉强度试验时,在试验机拉伸载荷达到 200N 时,在试样中间部位向两端各 100mm 处标明初始点位置,测定拉伸载荷为 10kN 时,两初始点的距离。织带伸长率按下式计算:

$$伸长率 = \frac{L-200}{200} \times 100\% \tag{1}$$

式中:L——织带承受 10kN 拉伸载荷时,两初始点间的距离,mm。

试验结果,应符合 4.3.3.3c)的规定。

4.3.3.4.4 织带耐湿性试验

将两件试样浸入由 $1dm^3$ 水添加 1g 增湿剂配制而成的试验用水中 3h,取出后立即按 4.3.3.4.1 的规定,进行抗拉强度试验。

试验结果应符合 4.3.3.3d)的规定。

4.3.3.4.5 紧固带总成抗拉强度试验

a)将带锁一端的紧固带总成调节到适当长度后,装夹在拉伸试验机上。试验机以约 100mm/min 的速度加载,测出试样断裂时的载荷。

b)检查织带、织带纤缝、带锁的损坏情况。

c)试样两件,取断裂时载荷的平均值为试验结果。

试验结果,应符合 4.3.3.3e)的规定。

4.3.4 液压升降装置性能试验

4.3.4.1 升降作业时间

4.3.4.1.1 试验条件

试验车辆额定载荷;液压油泵以额定转速运行。

4.3.4.1.2 试验仪器

a)钢卷尺:最小刻度 1mm;

b)秒表:精度不低于 0.1s;

c)角度尺:量程 180°,最小刻度 0.5°。

4.3.4.1.3 性能要求

举升(下降)作业时间不大于 20s。

4.3.4.1.4 试验方法

在额定载荷状态下,将活动甲板举升(下降)到标准停止位置,分别记录到达标准停止位置时的位置高度(角度)及所需时间。

4.3.4.1.5 试验结果

分别试验 3 次,试验结果取 3 次试验的平均值。

试验结果应符合 4.3.4.1.3 的规定。

4.3.4.2 活动甲板自降量

4.3.4.2.1 试验条件

试验条件同 4.3.4.1.1。

4.3.4.2.2 试验仪器

试验仪器同 4.3.4.1.2。

4.3.4.2.3 试验方法

活动甲板举升到额定举升高度(或角度)时,关闭液压系统,经 5min 后测量活动甲板自降量。

4.3.4.2.4 试验结果

分别试验3次,试验结果取3次试验中的最大值。

试验结果应符合JT/T 427—2000中4.6.1的规定。

4.3.4.3 可靠性试验

额定载荷状态下连续举升3000次后,按4.3.4.2测量活动甲板的自降量。

试验结果,应符合JT/T 427—2000中4.6.2的规定。

4.3.4.4 液压系统清洁度试验

4.3.4.4.1 试验条件

在进行4.3.4.3可靠性试验后,即对液压试验系统(泵、油箱、阀、管路、液压执行元件),进行解体清洁度测定。

4.3.4.4.2 试验仪器

试验仪器应符合QC/T 573规定的要求。

4.3.4.4.3 试验方法

试验方法按QC/T 572的有关规定进行。

4.3.4.4.4 试验结果

按QC/T 575中的重量分析法进行结果分析。

试验结果,应符合JT/T 427—2000中4.6.3的规定。

ICS 43.080.10
T 70
备案号：

中华人民共和国交通行业标准

JT/T 650—2006

冷藏保温厢式挂车通用技术条件

Technical specification for refrigerated and insulated van trailer

2006-02-20 发布　　2006-05-01 实施

中华人民共和国交通部　发布

ICS 43.080.10
T70
备案号：

中华人民共和国交通行业标准

JT/T 650—2006

冷藏保温厢式挂车通用技术条件

Technical specification for refrigerated and insulated van trailer

2006-02-20发布　　2006-05-01实施

中华人民共和国交通部　发布

冷藏保温厢式挂车通用技术条件

1 范围

本标准规定了冷藏保温厢式挂车的术语和定义、技术要求及试验方法。

本标准适用于在道路上使用的冷藏保温厢式挂车。

2 规范性引用文件

下列文件中的条款通过本标准的引用而成为本标准的条款。凡是注明日期的引用文件,其随后所有的修改单(不包括勘误的内容)或修订版均不适用于本标准,然而,鼓励根据本标准达成协议的各方研究是否可使用这些文件的最新版本。凡是不注明日期的引用文件,其最新版本适用于本标准。

GB 4785 汽车及挂车外部照明和信号装置的安装规定

GB/T 6420 货运挂车系列型谱

JT/T 426—2000 汽车列车性能要求及试验方法

JT/T 487 货运挂车气压制动系统技术条件

QC/T 484 汽车油漆涂层

3 术语和定义

下列术语和定义适用于本标准。

3.1

冷藏厢式挂车 refrigerated van trailer

具有冷藏功能的厢式货运挂车,包括牵引杆挂车和半挂车。

3.2

保温厢式挂车 insulated van trailer

具有保温功能的厢式货运挂车,包括牵引杆挂车和半挂车。

3.3

漏气量 leakage

单位时间内空气的泄漏量,用 V 表示,单位为立方米每小时(m^3/h)。漏气量用来衡量车厢的气密性能。

3.4

总漏热率 gross heat loss rate

单位温差内热功率的消耗量。总漏热率用来综合衡量车厢的漏热性能,用式(1)确定:

$$U_\theta = Q/(\theta_i - \theta_e) \tag{1}$$

式中:U_θ——总漏热率,单位为 W/K;

Q——车厢内加热稳定时的总耗功率,单位为瓦(W);

θ_i——车厢内部平均温度,即为各感温元件指示温度的算术平均值,单位为 K;

θ_e——车厢外部平均温度,即为各感温元件指示温度的算术平均值,单位为 K。

4 技术要求

4.1 一般规定

4.1.1 冷藏保温厢式挂车应按照规定程序批准的图样和技术文件制造。

4.1.2　对冷藏保温厢式挂车有特殊要求时，应在产品技术文件中另行补充规定。

4.2　整车

4.2.1　冷藏保温厢式挂车的性能应符合 JT/T 426 的有关规定。

4.2.2　冷藏保温厢式挂车的长度、车轴数量及最大轴载质量应符合 GB/T 6420 的规定。

4.2.3　外部照明及信号装置应符合 GB 4785 的规定。

4.2.4　焊接件的焊缝应平整均匀，无焊穿、漏焊、裂纹、气孔、夹渣等缺陷，焊渣应清除干净。

4.2.5　铆接应牢固，铆钉排列整齐，铆钉头不允许有裂纹、偏斜、残缺现象，铆钉头与金属贴合面的间隙不大于 0.05mm。

4.2.6　紧固件均进行表面防锈处理，各连接部位应牢固可靠，不得松脱。

4.2.7　油漆涂层应符合 QC/T 484 的要求。

4.2.8　在便于接近、取用方便的地方应至少设置一个容量不低于 5kg、并符合消防安全规定要求的灭火器。

4.2.9　备胎应装卸方便、固定可靠。

4.2.10　处于制冷工作状态的冷藏厢式挂车，在制动过程中应能保持正常工作。

4.3　冷藏保温厢式挂车专用装置

4.3.1　车厢内表面材料吸水性低、透气性小、导热系数小、抗腐蚀性好。

4.3.2　车厢内表面材料在283K ~ 343K 的使用温度范围内具有良好的温度稳定性，其性能不应降低。

4.3.3　车厢内表面材料应符合食品卫生容器的规定。

4.3.4　隔热材料应在车厢各部位填充严实。

4.3.5　车厢内、外表面应防水、阻燃、耐腐蚀、不透气、不吸湿，内壁易清洗。

4.3.6　冷藏厢式挂车应设置保证气密性能的排水孔和施划载荷装载限制线。

4.3.7　车厢外部应设置声响报警器，操作按钮安装在后门内侧醒目和便于操作的位置。

4.3.8　后门应采用能向外开启270°的全开结构；侧门应能开启 180°。车门应启闭轻便、灵活，开启后应能牢固地锁止在车厢侧壁上。

4.3.9　车厢内应设置照明装置。

4.3.10　车厢与挂车车架的连接必须牢固可靠。

4.3.11　制冷机组应采用与车厢相对独立的组装式结构。其连接方式应牢固可靠，装拆方便，并应保证连接处的密封性。

4.3.12　电气系统应安全可靠、标示醒目、操作方便。

4.4　性能

4.4.1　车厢应具有良好的防雨密封性，在进行淋雨试验时，车厢顶部、侧壁、门及制冷机与车厢联结处不应有渗漏现象。

4.4.2　气密性能

按指标不同将车厢分为一类和二类。

在车厢内外压差为(100 ± 10)Pa 的条件下，实测漏气量在标准状况(273K、1.013×10^5Pa)下应符合表 1 的要求。

表 1　漏　气　量

车厢容积(C)，m^3	漏气量(V)，m^3/h	
	一类	二类
$C \leqslant 10$	$\leqslant 10$	$10 < V \leqslant 20$
$10 < C \leqslant 20$	$\leqslant 18$	$18 < V \leqslant 35$
$20 < C \leqslant 30$	$\leqslant 25$	$25 < V \leqslant 50$

表 1(续)

车厢容积(C),m^3	漏气量(V),m^3/h	
	一类	二类
$30<C\leqslant40$	$\leqslant35$	$35<V\leqslant60$
$C>40$	$\leqslant40$	$40<V\leqslant70$

4.4.3 隔热保温性能

按指标不同将车厢分为一级、二级、三级。

4.4.3.1 在车厢平均壁温为293K~298K之间,内外温差不小于20K的标准状态时,其总漏热率应符合表2的要求。

表2 总 漏 热 率

车厢容积(C),m^3	总漏热率(U_θ),W/K		
	一级	二级	三级
$C\leqslant10$	$\leqslant10$	$10<U_\theta\leqslant15$	$15<U_\theta\leqslant23$
$10<C\leqslant20$	$\leqslant16$	$16<U_\theta\leqslant25$	$25<U_\theta\leqslant38$
$20<C\leqslant30$	$\leqslant25$	$25<U_\theta\leqslant35$	$35<U_\theta\leqslant53$
$30<C\leqslant40$	$\leqslant30$	$30<U_\theta\leqslant45$	$45<U_\theta\leqslant65$
$C>40$	$\leqslant50$	$50<U_\theta\leqslant70$	$70<U_\theta\leqslant100$
注:平均壁温规定为车厢内、外温度的算术平均值。			

4.4.3.2 冷藏厢式挂车不应采用三级车厢。

4.4.4 冷藏性能

当环境温度为303K时,冷藏厢式挂车的冷藏温度可调范围应符合表3的要求。

表3 冷藏厢式挂车的冷藏温度可调范围

类别	一	二	三	四	五	六
调温范围,K	285~273	285~263	285~253	≤275	≤263	≤253

5 试验方法

5.1 挂车性能试验

挂车性能试验项目及方法按照JT/T 426—2000中第5章的规定执行。

5.2 挂车制动性能试验

挂车制动性能试验项目及方法按照JT/T 487的规定执行。

5.3 淋雨试验

5.3.1 试验目的

考核车厢及制冷机组电气控制箱的密封性能。

5.3.2 试验条件

淋雨试验应在专门设置的淋雨装置下进行。车厢门、制冷机组电气控制箱门正常关闭,用内燃机驱动的制冷机组必须将其排烟管封堵。

5.3.3 试验方法

降雨强度为5mm/min~7mm/min,方向与铅垂成45°角,对车厢及电气控制箱进行30min淋雨试验,试验后擦干车厢及控制箱外部水,打开门,检查各处,应无进水和渗漏现象。

5.4 气密性能试验

5.4.1 试验目的

考核车厢的气密性能,漏气量的测量应安排在淋雨试验之后进行。

5.4.2 试验条件

具体要求见表4。

表4 气密性能试验条件

试验条件	可控制环境温度的人工气候室	遮阳和无其他热源影响的室内或同等条件的自然环境
车厢	空载,内部清洁,地板排水孔、蒸发器排水孔预先堵塞,门和通风装置处于正常关闭状态	
车厢内外压力差	(100 ± 10)Pa	
感温元件布置	距车厢外顶部中央上方和车厢内地板中央上方 0.1m 各设置一个测温点	
车厢内外温度	在 288K ~ 298K 范围内,每一感温元件稳定在 ± 1.5K 内,各元件间温差不大于 3K	大于 273K,每一个感温元件稳定在 ± 3K内

5.4.3 试验仪器

a) 温度计、感温元件;
b) 压差计;
c) 流量计;
d) 压力表。

5.4.4 试验方法

用增压法利用气源对车厢内部加压,使车厢内外压力差达到规定要求,并保证供气稳定。试验条件建立并稳定后,进行空气流量的测量,每隔 5min 测量一次,连续测量次数不得少于 6 次。

5.4.5 数据处理

试验所测流量应换算成标准状况(273K、1.013×10^5Pa)下流量,对容积式流量计采用式(2)加以修正。对其他流量计也应采用相应的修正方法,将测量结果换算成标准状况下的流量。

$$V = \frac{P_0 T}{P T_0} \times V_0 \qquad (2)$$

式中:V——标准状态下的漏气量,单位为立方米每小时(m^3/h);
V_0——流量计所测的漏气量,单位为立方米每小时(m^3/h);
T——标准状态下绝对温度 273K;
T_0——流量测量处空气的绝对温度,单位为 K;
P——标准大气压力 1.013×10^5Pa;
P_0——流量测量处空气的绝对压力,单位为帕(Pa)。

5.5 隔热保温性能试验

5.5.1 试验目的

考核车厢的隔热保温效果,应安排在气密性试验之后进行。

5.5.2 试验条件

具体要求见表5。

表 5　隔热保温性能试验条件

试验条件		可控制环境温度的人工气候室	遮阳和无其他热源影响的室内或同等条件的自然环境
气流速度		距车厢外表面 0.1m 处不大于 2m/s	
车厢		空载,内部清洁、干燥,地板排水孔、蒸发器排水孔处于正常状态,门和通风装置按正常方式关闭	
车厢内外压力差		(100 ± 10)Pa	
感温元件布置		设在距车厢内外表面 0.1m 处;在车厢内外 8 个顶角和车厢内外各 4 个纵向表面中心线上均匀布设 2 个,内外各设 16 个测点	设在距车厢内外表面 0.1m 处;在车厢 6 个面的中心线上内外各均匀布设 2 个,内外各设 12 个测点
温度	平均温度	293K ~ 298K	不高于 308K
	车内外温差	不小于 20K	
	车厢外温度	感温元件最大温差不大于 2K,平均温差不大于 1.5K	感温元件最大温差不大于 3K,平均温度稳定在 ±1.5K 内
	车厢内温度	感温元件最大温差不大于 3K,平均温差不大于 1.5K	感温元件最大温差不大于 3K,平均温度稳定在 ±1.5K 内
电功率波动		最大加热功率与最小加热功率之差不大于最小加热功率的 3%	

5.3.3　试验仪器

a)　瓦特表;

b)　温度计、感温元件;

c)　风速计。

5.5.4　试验方法

采用内部加热法,试验中所有加热器的工作温度应尽可能处于最低值,以减少热幅射的影响。为保证厢内温度符合表 5 的要求,可使用一台或数台风扇,其风量以足够循环为宜。各个感温元件均应有热辐射防护措施。达到试验条件后稳定 1h 开始测量,每隔 15min 测量一次,连续测试时间不少于 4h。在整个测试过程中,车厢内外温度及加热总功率均不得单调上升或下降。

5.5.5　数据处理

总漏热率用式(3)计算:

$$U_{\theta} = Q/(\theta_i - \theta_e) \tag{3}$$

式中:U_{θ}——平均壁温为 θ 时的总漏热率,单位为 W/K;

Q——车厢内加热稳定时的总耗功率,单位为瓦(W);

θ_i——车厢内部平均温度,即为各感温元件指示温度的算术平均值,单位为 K;

θ_e——车厢外部平均温度,即为各感温元件指示温度的算术平均值,单位为 K。

5.6　静态冷藏性能试验

5.6.1　试验目的

评价冷藏厢式挂车静止停车状态下，在给定环境温度 θ_e 条件下保持车厢内温度 θ_i 的功能。

5.6.2 试验条件

具体要求见表6。

表6 静态冷藏性能试验条件

试验条件	可控制环境温度的人工气候室	无直射阳光及其他热量影响的室内或同等条件的自然环境	遮阳无雨的自然环境
气流速度	距车厢外表面 0.1m 处不大于 2m/s		
车　厢	空载，新车，门和通风装置按正常方式关闭，地板排水孔和蒸发器排水孔处于正常使用状态		
感温元件布置	除表5规定的布置外，另在蒸发器空气进出口处各均布四个	除表5规定的布置外，另在蒸发器空气进出口处各均布两个	车厢内外各一个
温　　度	车厢外温度稳定在(303±0.5)K，感温元件间温差不大于 2K	车厢外温度可在 298K～308K 范围内任意选定，并稳定在±1.5K内，感温元件间温差不大于 3K，车厢内外温差不大于 3K	车厢外温度不低于 273K，车厢内外温度差不大于 5K

5.6.3 试验仪器

a) 瓦特表；

b) 温度计、感温元件；

c) 风速计。

5.6.4 试验方法

a) 在测定车厢漏气量和漏热率后进行此项试验。

b) 试验在没有附加热负荷的情况下，进行制冷试验，然后加入附加热负荷，制冷机组继续运行。附加热负荷按公式(4)确定：

$$Q_a \geqslant 0.25U(\theta_e - \theta_i) \tag{4}$$

式中：Q_a——附加热负荷，单位为 W；

U——漏热率，单位为 W/K，其值见表2。

c) 制冷机设备的运行应随内温(温控器调定温度按表3的规定)的波动运行 2h 以上，然后投入附加加热器(包括风扇)所产生的附加热负荷 Q_a，重新使试验工况达到平衡和稳定，此后继续运行 2h 以上。在上述两次运行期内，以不大于 15min 的间隙测取车厢内、外各测点的温度以及加热器和风扇所耗功率。

5.6.5 数据处理

试验结果填入表7。

表 7　冷藏性能静态试验记录表

冷藏厢式挂车试验车编号________________

制冷机型号________　　制 冷 量________　　环境温度________

试验地点 ________　　试验日期________　　试验人员________

时间										
车厢内温度，K	1									
	2									
	3									
	4									
	5									
	6									
	7									
	8									
	9									
	10									
	平均									
车厢内温度，K	1									
	2									
	3									
	4									
	5									
	6									
	平均									
加热总耗功率,W										

ICS 43.080.10
T 72
备案号：

中华人民共和国交通行业标准

JT/T 651—2006
代替 JT/T 3136.1—1989、JT/T 3136.2—1989

牵引杆挂车转盘

Draw-bar trailer turntable

2006-02-20 发布　　2006-05-01 实施

中华人民共和国交通部　发布

牵引杆挂车转盘

1 范围

本标准规定了牵引杆挂车转盘的型号、基本参数系列、技术条件、检验规则、标志、使用说明书、运输和贮存。

本标准适用于最大总质量不大于 20 000kg 的牵引杆挂车使用的转盘(以下简称转盘)。

2 规范性引用文件

下列文件中的条款通过本标准的引用而成为本标准的条款。凡是注明日期的引用文件,其随后所有的修改单(不包括勘误的内容)或修订版均不适用于本标准,然而,鼓励根据本标准达成协议的各方研究是否可使用这些文件的最新版本。凡是不注明日期的引用文件,其最新版本适用于本标准。

GB/T 308　滚动轴承　钢球

GB/T 1348　球墨铸铁件

GB/T 5676　一般工程用铸造碳钢

GB/T 6420—2004　货运挂车系列型谱表

GB 9969.1　工业产品使用说明书　总则

GB/T 13306　标牌

QC/T 484　汽车　油漆涂层

3 型号

牵引杆挂车转盘型号表示方法如下:

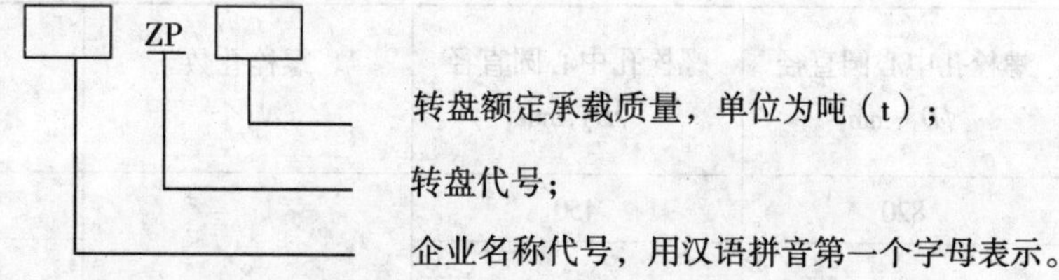

示例:××企业生产的牵引杆挂车转盘,其额定承载质量为 3.0t,型号表示为××ZP03。

4 基本参数系列

4.1　转盘主要由上、下转盘和钢球组成,按其结构可分为 A、B 两种型式(见图 1)。

4.2　转盘的基本参数系列应符合表 1 的规定。

表 1　转盘的基本参数系列

转盘型号	额定承载质量,kg	转盘高度,mm	牵引杆挂车最大总质量[a](推荐值),kg
ZP03	3.0×10^3	60	6.0×10^3
ZP06	6.0×10^3	60、70	12.5×10^3
ZP10	10.0×10^3		20.0×10^3

[a] 该推荐值见 GB/T 6420—2004 的表 1。

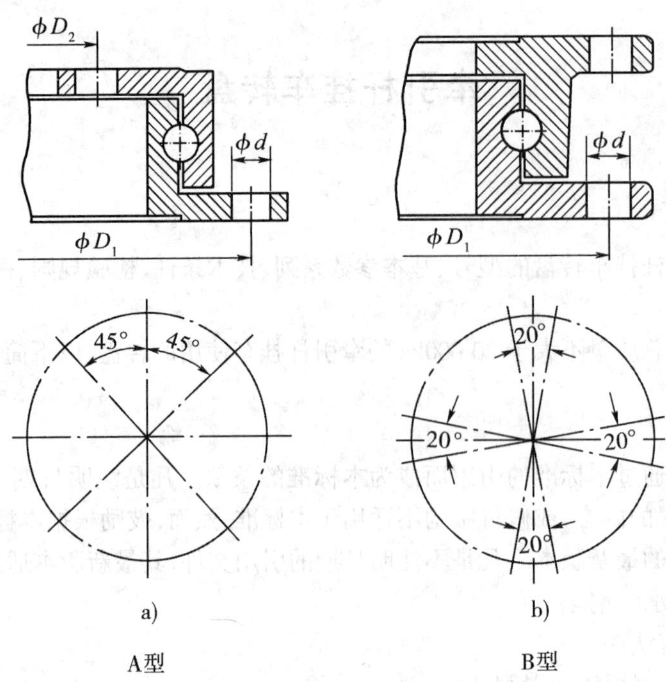

图1　转盘的结构型式及安装互换性尺寸

a)上转盘体；b)下转盘体

5　技术要求和试验方法

5.1　基本要求

转盘的安装互换性尺寸应符合图1及表2的规定，其螺栓孔之间的位置度公差为0.5mm。

表2　转盘的安装互换性尺寸

转盘型号	螺栓孔中心圆直径 ϕD_1，mm	螺栓孔中心圆直径 ϕD_2，mm	螺栓孔数 N，个	螺栓孔直径 ϕd，mm
ZP03	820	450	8	ϕ17
ZP06	1060	940		ϕ19
ZP10				

5.2　零部件

5.2.1　铸造碳钢零部件应符合 GB/T 5676 的规定，球墨铸铁零部件应符合 GB/T 1348 的规定。

5.2.2　转盘用钢球应符合 GB/T 308 的规定。

5.2.3　转盘体滚道表面不得有裂纹、夹渣、气孔和砂眼等铸造缺陷，其表面粗糙度应不大于3.2μm。

5.2.4　上下转盘滚道中心线与转盘中心线之间的位置度应不大于0.20mm。

5.3　装配

5.3.1　钢球装入滚道后，安装孔口应用堵头封住。

5.3.2　转盘滚道周围应设置数量足够的润滑点，油杯应齐全有效，滚道内应加足润滑脂。

5.3.3　转盘上下接合面之间的平行度公差应为1mm。

5.3.4　上、下转盘之间的间隙应为2.5mm～3.5mm。

5.3.5　转盘应转动自如、无阻滞现象；无荷载时，作用于转盘的圆周切向力应不大于80N。

5.3.6　转盘总成的外露表面应涂以防锈油漆，其油漆涂层应符合 QC/T 484 的有关规定。

5.4 强度

转盘按下述方法试验后,各零件应无断开、裂纹和永久变形,并应符合 5.3.3、5.3.4 的规定。

转盘承载强度试验方法如下:

a) 将转盘安装在专用试验台架上;

b) 向转盘施加相当于该种型号转盘 2 倍额定承载质量的垂直均布载荷;

c) 加载时间为 15min;

d) 试验时允许上下转盘作相对转动。

6 检验规则

6.1 出厂检验

6.1.1 转盘应经制造厂质检部门检验合格,并签发产品合格证后方可出厂。

6.1.2 出厂检验项目为 5.3.1、5.3.2、5.3.4 和 5.3.5。

6.2 型式检验

6.2.1 有下列情况之一时,应对产品进行型式检验:

a) 新产品或老产品转厂生产的定型鉴定;

b) 正式生产后,如结构、材料、工艺有较大改变,可能影响产品性能时;

c) 正常生产每两年时;

d) 产品停产一年以上,恢复生产时;

e) 质量监督机构提出型式检验的要求时。

6.2.2 型式检验项目为第 5 章的全部内容。

6.2.3 型式检验应从出厂检验合格的产品中随机抽取,抽样基数不少于 100 套,抽样数为 3 套。

6.2.4 型式检验中有任一项次指标不合格时,允许加倍抽样。对该项目进行重检,重检合格则本批产品判定为合格,否则为不合格。

7 标志、使用说明书、运输和贮存

7.1 每只转盘出厂均应有标牌,并符合 GB/T 13306 的有关规定。

7.2 使用说明书的基本要求和编制方法应符合 GB 9969.1 的有关规定。

7.3 转盘运输和贮存过程中应水平放置,并确保其不受机械损伤;长期存放时,应采取有效的防潮、防锈等措施。

ICS 43.080.10
T 71
备案号：

中华人民共和国交通行业标准

JT/T 652—2006
代替 JT/T 3137.1—1989、JT/T 3137.2—1989

道路车辆　牵引座

Road vehicles—Fifth wheel

2006-02-20 发布　　2006-05-01 实施

中华人民共和国交通部　发布

道路车辆　牵引座

1　范围

本标准规定了牵引座的术语和定义、型号、技术条件、检验规则、标志、使用说明书、运输和贮存。

本标准适用于分别与 GB/T 4606 规定的 50 号牵引销、GB/T 4607 规定的 90 号牵引销相连接的牵引座。

2　规范性引用文件

下列文件中的条款通过本标准的引用而成为本标准的条款。凡是注明日期的引用文件，其随后所有的修改单(不包括勘误的内容)或修订版均不适用于本标准，然而，鼓励根据本标准达成协议的各方研究是否可使用这些文件的最新版本。凡是不注明日期的引用文件，其最新版本适用于本标准。

GB/T 4357　碳素弹簧钢丝

GB/T 4606　道路车辆　半挂车牵引座 50 号牵引销主要尺寸和安装、互换性尺寸(GB/T 4606—2006，ISO 337:1981，IDT)

GB/T 4607　道路车辆　半挂车牵引座 90 号牵引销主要尺寸和安装、互换性尺寸(GB/T 4607—2006，ISO 4086:2001，Road vehicles—90 semi-trailer fifth wheel kingpin interchangeability，IDT)

GB 9969.1　工业产品使用说明书　总则

GB/T 13880　道路车辆　牵引座互换性(GB/T 13880—2006，ISO 3842:2001，IDT)

GB/T 13306　标牌

GB/T 20069　道路车辆　牵引座强度试验(GB/T 20069—2006，ISO 8717:2000，MOD)

HG/T 2196　机动车辆用橡胶材料

JB/T 5943　工程机械　焊接件通用技术条件

QC/T 484　汽车油漆涂层

3　术语和定义

下列术语和定义适用于本标准。

3.1

牵引座　fifth wheel

具有通过锁止机构自动接合半挂车牵引销的功能，并能够在牵引车与半挂车之间传递水平力和垂直力的装置。按照摆动轴线的数量，牵引座可分为单轴线牵引座和双轴线牵引座两种类型。

3.2

单轴线牵引座　single axial line fifth wheel(S)

能够围绕着牵引座横向轴线作纵向摆动的牵引座。

3.3

双轴线牵引座　double axial line fifth wheel(D)

能够同时围绕着牵引座的横向轴线作纵向摆动和纵向轴线作横向摆动的牵引座。

4　型号

牵引座型号表示方法如下：

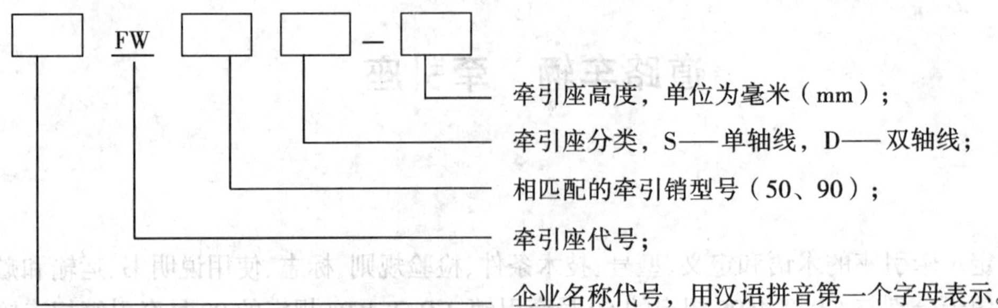

示例：× × 企业生产的单轴线牵引座，相匹配的牵引销型号为 50 号，牵引座高度为 185mm，其型号表示为：× × FW50S—185。

5 技术要求和试验方法

5.1 基本要求

5.1.1 牵引座互换性应符合 GB/T 13880 的有关规定。

5.1.2 牵引座等级及高度应符合 GB/T 13880 的规定，推荐值见表 1。

表 1 牵引座高度 单位为毫米

牵引座等级	等级 1	等级 2	等级 3	等级 4	等级 5	等级 6
高度范围	140 ~ 159	160 ~ 179	180 ~ 199	200 ~ 219	220 ~ 239	240 ~ 260
推荐值	150	170	185	200	225	250

5.1.3 牵引座牵引盘的纵向摆角应不小于 12°；横向摆角对于单轴线牵引座应不大于 3°，双轴线牵引座应不小于 3°、不大于 7°。单轴线牵引座应在转轴处设置减振套，双轴线牵引座应在其左右两侧增设缓冲装置。

5.1.4 牵引座安装板的结构形式有平板和波形板两种（见图 1）。平板的高度 H 系列尺寸为 12mm、20mm，波形板的高度 H 系列尺寸为 50mm、70mm、100mm。

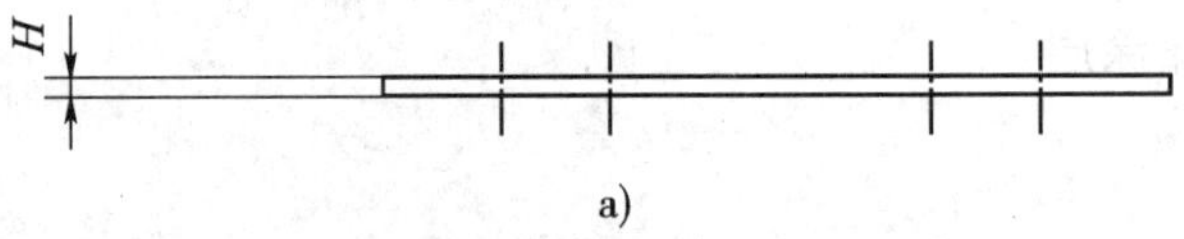

a)

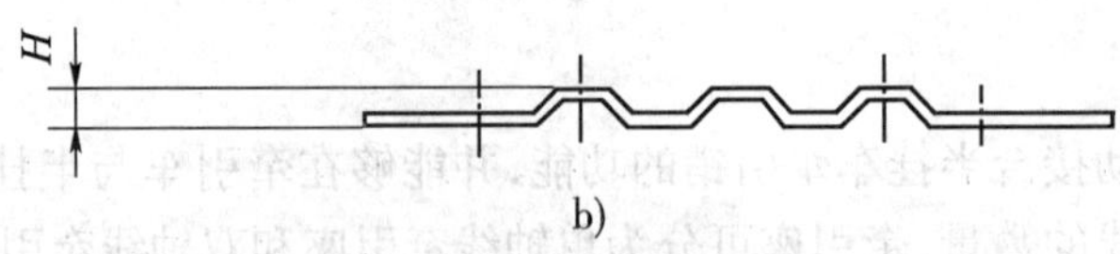

b)

图 1 牵引座安装板的结构形式

a）平板；b）波形板

5.2 额定承载质量

FW50 型牵引座额定承载质量为 20 000kg，FW90 型牵引座额定承载质量为 30 000kg。

5.3 零部件

5.3.1 牵引座弹簧用弹簧钢丝应符合 GB/T 4357 的规定。

5.3.2 牵引座用橡胶材料应符合 HG/T 2196 的有关规定。

5.3.3 零件的焊接质量应符合 JB/T 5943 的有关规定。

5.3.4 牵引座接合表面应分布有贮油槽，其接合面的平面度为 1.5mm。

5.3.5 牵引座锁钩与牵引销接合表面的硬度为 HRC45 ~ HRC50。

5.3.6 牵引座外露表面应作防锈处理，其油漆涂层应符合 QC/T 484 的有关规定。

5.4 装配

5.4.1 牵引座各运动部位应按需设置润滑点，油杯应齐全有效，安装在易接近处，并加足润滑脂。

5.4.2 牵引座的锁钩、楔形块、拉杆、支承座轴应运动灵活，不得有松旷、阻滞和卡死等现象。

5.4.3 牵引座锁钩与牵引销手动分离应方便，拉杆手柄设置在正常安装位置的右侧，其拉杆操纵力 50 号牵引座应不大于 450N，90 号牵引座应不大于 550N。

5.4.4 牵引座锁钩与牵引销之间的自动接合应可靠，并能够自动锁住，其配合间隙应可调，调节机构应能够锁止和保险。

5.5 强度

牵引座的强度要求及试验方法应符合 GB/T 20069 的有关规定。

6 检验规则

6.1 出厂检验

6.1.1 牵引座应经制造厂质检部门检验合格，并签发产品合格证后方可出厂。

6.1.2 出厂检验项目按 5.4.1、5.4.2 和 5.4.4。

6.2 型式检验

6.2.1 有下列情况之一时，应对产品进行型式检验：

a) 新产品或老产品转厂生产的定型鉴定；

b) 正式生产后，如结构、材料、工艺有较大改变，可能影响产品性能时；

c) 正常生产每两年时；

d) 产品停产一年以上，恢复生产时；

e) 质量监督机构提出型式检验的要求时。

6.2.2 型式检验项目为第 5 章的全部内容。

6.2.3 型式检验的牵引座应从出厂检验合格的产品中随机抽取，抽样基数不少于 100 套，抽样数为三套。

6.2.4 型式检验中有任一项次指标不合格时，允许加倍抽样，对该项目进行重检。重检合格则本批产品判定为合格，否则不合格。

7 标志、使用说明书、运输和贮存

7.1 每只牵引座出厂均应有标牌，并符合 GB/T 13306 的有关规定。

7.2 使用说明书的基本要求和编制方法应符合 GB 9969.1 的有关规定。

7.3 运输和贮存过程中应确保牵引座不受机械损伤；长期存放时，应采取有效的防潮、防锈措施。

驾驶员培训类

ICS 03.220.20
R 10
备案号：

中华人民共和国交通行业标准

JT/T 378—2005
代替 JT/T 378—1998

汽车驾驶培训模拟器

Automobile driving training simulator

2005-03-10 发布　　　　2005-06-15 实施

中华人民共和国交通部　发布

汽车驾驶培训模拟器

1 范围

本标准规定了汽车驾驶培训模拟器的分类、技术要求、试验方法、检验规则及标志、包装、运输和贮存等。

本标准适用于汽车驾驶培训模拟器的生产和检验。

2 规范性引用文件

下列文件中的条款通过本标准的引用而成为本标准的条款。凡是注日期的引用文件,其随后所有的修改单(不包括勘误的内容)或修订版均不适用于本标准,然而,鼓励根据本标准达成协议的各方研究是否使用这些文件的最新版本。凡是不注日期的引用文件,其最新版本适用于本标准。

GB/T 191 包装储运图示标志(eqv ISO 780)

GB/T 2423.1 电工电子产品环境试验 第2部分:试验方法 试验A:低温(idt,IEC 68-2-1)

GB/T 2423.2 电工电子产品环境试验 第2部分:试验方法 试验B:高温(idt,IEC 60068-2-2)

GB/T 2423.18 电工电子产品环境试验 第二部分:试验 试验Kb:盐雾,交变(氯化钠溶液)(idt,IEC 68-2-52)

GB/T 2423.49 电工电子产品环境试验 第2部分:试验方法 试验Fe:振动—正弦拍频法(idt,IEC 68-2-59)

GB/T 2681 电工成套装置中的导线颜色

GB/T 5095 电子设备用机电元件 基本试验规程及测量方法

GB/T 5095.2—1997 电子设备用机电元件 基本试验规程及测量方法 第2部分:一般检查、电连续性和接触电阻测试、绝缘试验和电力应力试验(idt,IEC 512-2)

GB/T 5095.8 电子设备用机电元件 基本试验规程及测量方法 第8部分:连接器、接触件及引出端的机械试验(idt,IEC 512-8)

GB 5768 道路交通标志和标线。

GB/T 6833.3 电磁测量仪器的电磁兼容性试验规范 静电放电敏感度试验

GB/T 6833.6 电磁测量仪器的电磁兼容性试验规范 传导敏感度试验

GB 9254 信息技术设备的无线电骚扰限值和测量方法

GB/T 9397 直接辐射式电动锥形扬声器通用规范

GB/T 18697 声学 汽车车内噪声测量方法(eqv,ISO 5128)

QC/T 659—2000 汽车空调(HFC-134a)用标识

3 术语和定义

下列术语和定义适用于本标准。

3.1

汽车驾驶培训模拟器 automobile driving training simulator

具有汽车驾驶操作功能的教学仿真装置。

3.2

座舱 cockpit

具有与所模拟的汽车驾驶室驾驶操作工位相似的空间,并由汽车驾驶操纵机件、仪表、座椅、后视镜、安全带等实物或仿真件组成。

3.3

视景系统 visual scene system

具有模拟汽车驾驶场景功能,由视景软件、播放器及显示部件组成的系统。

4 分类

按照视景系统的呈现方式分为两种类型:

——非互动型:视景显示不随模拟驾驶操作而变动的汽车驾驶培训模拟器;

——互动型:视景显示跟随模拟驾驶操作而变动的汽车驾驶培训模拟器。

5 技术要求

5.1 基本要求

5.1.1 工作环境

温度0℃~50℃,相对湿度20%~80%。

5.1.2 工作电源

工作电源要求:

a) 采用市供电压220×(1±10%)V、50Hz±2Hz;

b) 电气线路工作电压应小于30V;

c) 电源开关、熔断器应有明显标记。

5.1.3 非互动型汽车驾驶培训模拟器

具有座舱和独立显示用于引导汽车驾驶操作的视景系统,并有受离合器踏板控制的档位锁止机构,其操纵机件的相对位置应与所模拟的汽车一致,操纵机件的操纵力度应接近所模拟的汽车,操纵机件性能应工作可靠、操作灵活、低噪声。

5.1.4 互动型汽车驾驶培训模拟器

具有座舱和互动的视景系统,并具有错误驾驶操作记录和提示功能,其操纵机件的相对位置应与所模拟的汽车一致,操纵机件的操纵力度应接近所模拟的汽车或与所模拟的汽车一致,操纵机件性能应工作可靠、操作灵活、低噪声。

5.2 外观和结构

5.2.1 座舱

5.2.1.1 各型汽车驾驶培训模拟器座舱基本结构组成应符合表1的要求。

表1 各型汽车驾驶培训模拟器的座舱基本结构组成

序号	结构组成部件	非互动型	互动型
1	车门		√
2	安全带	√	√
3	外后视镜	√	√
4	座椅	√	√
5	转向盘	√	√
6	离合器踏板	√	√
7	制动踏板	√	√
8	驻车制动器操纵杆	√	√
9	加速踏板	√	√
10	变速器操纵杆	√	√

表 1(续)

序号	结构组成部件	非互动型	互动型
11	仪表盘	√	√
12	喇叭按钮	√	√
13	点火开关	√	√
14	信号灯开关	√	√
15	照明灯开关	√	√
16	刮水器开关	√	√
17	空调开关	–	√
18	扬声器	√	√
19	传感系统	–	√
20	视景显示屏(幕)	√	√
注:"√"表示必备结构;"–"表示可选结构			

5.2.1.2　座舱表面不应有明显的凹痕、划伤、裂缝、变形和污染等,表面涂镀层应均匀,不应起泡、龟裂、脱落和磨损,金属零部件不应有锈蚀及其他机械损伤。

5.2.1.3　座舱的零部件应紧固无松动,开关、键盘、按钮和操纵机件的控制应灵活可靠,图形标志端正清晰。

5.2.1.4　座舱的零部件可以采用相应的汽车部件。

5.2.1.5　连接器开关和插座的技术性能应符合 GB/T 5095 的要求,所有接插点均应保持电接触良好,并具有互换性。

5.2.1.6　连接导线应采用扁馈线或软绞线,导线端应有标号,标号应清晰、牢固、不脱色,导线的功能用不同的颜色区分,导线颜色应符合 GB/T 2681 的规定。

5.2.2　车门

单侧或双侧,硬质材料,表面光滑,启闭自如。

5.2.3　安全带

三点式。

5.2.4　座椅

可调节。

5.2.5　外后视镜

外后视镜位于两侧,可调节,均为凸面镜。

5.2.6　转向盘

5.2.6.1　转向盘的最大切向力应在 30N ~ 120N 范围内。

5.2.6.2　转向盘游离间隙在 ± 5°范围,转向盘不断转动其力矩不断变化,可以自动回位。

5.2.7　离合器踏板

5.2.7.1　离合器踏板总行程应在 50mm ~ 120mm 范围内。

5.2.7.2　踏板力应在 20 N ~ 150N 范围内。

5.2.8　制动踏板

5.2.8.1　制动踏板最大行程在 50mm ~ 135mm 范围内。

5.2.8.2　制动踏板力应在 100N ~ 500N 范围内。

5.2.9　驻车制动器操纵杆

驻车制动杆拉力应在 20N ~ 100N 范围内。

5.2.10 加速踏板

5.2.10.1 加速踏板总行程在 50mm ~ 100mm 范围内。

5.2.10.2 踏板力应在 20N ~ 100N 范围内。

5.2.11 变速器操纵杆

5.2.11.1 变速器操纵杆球头应标示档位设置。

5.2.11.2 装有受离合器踏板控制的档位锁止机构。

5.2.11.3 变速杆操纵力应在 10N ~ 50N 范围内。

5.2.12 仪表盘

5.2.12.1 仪表盘中各仪表均设有指示灯。

5.2.12.2 互动型汽车驾驶培训模拟器应设置能够走动的车速表、发动机转速表和水温表。

5.2.12.3 能够走动的仪表工作时指针应平稳,无跳动或卡滞,不工作时应回至零位。

5.2.13 信号灯开关

信号灯开关应包括转向灯开关、示警灯开关、示宽灯开关。

5.2.14 空调开关

标示应符合 QC/T 659—2000 中 HFC-134a 的规定。

5.2.15 扬声器

技术性能应符合 GB/T 9397 的规定,其最高声压级不超过 50dB(A)。

5.2.16 传感系统

记录模拟驾驶操作或/和提示错误模拟驾驶操作的结构机件应装配相应的传感器及其信息采集装置。

5.2.17 视景显示屏(幕)

5.2.17.1 投影视景显示屏幕尺寸不小于 100 in,单机视景显示屏尺寸不小于 17 in。

5.2.17.2 显示图像分辨率应不小于 800 × 600。

5.2.17.3 显示色彩不低于 16 位真彩。

5.3 功能要求

5.3.1 基本功能要求

5.3.1.1 各型汽车驾驶培训模拟器基本功能应符合表 2 的要求。

表 2 各型汽车驾驶培训模拟器基本功能要求

序号	功能	非互动型	互动型
1	启动	√	√
2	熄火	√	√
3	发动机声音	-	√
4	转向	-	√
5	离合	-	√
6	行车制动	-	√
7	驻车制动	-	√
8	加速减速	-	√
9	换档	√	√
10	鸣笛	-	√
11	转向指示灯声	-	√
12	撞车声	-	√

表 2(续)

序号	功能	非互动型	互动型
13	刹车声	-	√
14	刮水器刮动	-	√
15	灯光变化	-	√
16	驾驶视景	√	√
17	操作响应实时	-	√
18	错误操作提示	-	√
19	错误操作记录	-	√
注:"√"表示必备功能;"-" 表示可选功能			

5.3.1.2 启动

接通点火开关,电气线路通电,互动型应有发动机启动声音。

5.3.1.3 熄火

关闭点火开关,有发动机声音的应停止。

5.3.1.4 发动机声音

应能接近所模拟的汽车发动机声音变化,至少有五种递变声音,包括启动、起步、加速、减速、熄火。

5.3.1.5 转向

模拟驾驶运行中,转动转向盘互动视景同步变化。

5.3.1.6 离合

模拟驾驶运行中,踩下离合器踏板,发动机声音变化,互动视景呈减速变化;起步操作时,抬离合器踏板过快,系统自动熄火。

5.3.1.7 行车制动

模拟驾驶运行中,踩制动踏板,互动视景应同步变化且有紧急制动刹车声。

5.3.1.8 驻车制动

与所模拟的汽车驻车制动功能一致。

5.3.1.9 加速减速

模拟驾驶运行中,踩(抬)加速踏板,互动视景跟随加快(减慢)变化,发动机声音、车速表指针呈加速(减速)变化。

5.3.1.10 换档

与离合器配合能逐级换档,换档正确后,互动视景速度呈一致变化;档位设置不少于六个,各档位均为开关量信号。

5.3.1.11 鸣笛

按下喇叭按钮,扬声器发声,松开时声音立即停止;开关量信号。

5.3.1.12 转向指示灯声

与所模拟的汽车一致。

5.3.1.13 撞车声

撞车视景出现时有撞车声,录音合成实时播放与所模拟的汽车接近。

5.3.1.14 刹车声

紧急制动时有刹车声,录音合成实时播放与所模拟的汽车接近。

5.3.1.15 刮水器刮动

拨动刮水器开关,互动视景中有刮水器刮条双向刮动。

5.3.1.16 灯光变化

拨动照明灯开关,互动视景中远光与近光相应变化。

5.3.1.17 驾驶视景

驾驶视景应符合:

a) 视景范围:投影显示视景画面应大于70°水平视野,单机显示视景画面应大于30°水平视野;

b) 视景画面显示速率不小于每秒24帧;

c) 道路驾驶模拟训练驾驶视景平均路面信息处理量不少于每分钟三个;

d) 驾驶视景内容的编辑应按照附录A的要求。

5.3.1.18 操作响应实时性

互动式模拟驾驶运行时,操纵机件操作与视景显示响应的滞后时间差应小于50ms。

5.3.1.19 错误操作提示

模拟驾驶运行中,能实时提示学员的错误操作,提示实时性不超过1s,错误操作提示基本内容参照附录B的要求。

5.3.1.20 错误操作记录

模拟驾驶运行中,能全程记录学员错误驾驶操作次数和类型。

5.4 性能要求

5.4.1 操纵机件噪声

座舱操纵机件的噪声最高声压级不超过50dB(A)。

5.4.2 绝缘电阻

应大于20MΩ。

5.4.3 抗电强度

应能承受1500V、50Hz的电压。

5.4.4 电磁兼容性

5.4.4.1 无线电骚扰限值:系统正常工作时,电源端子骚扰电压的限值和辐射骚扰限值均符合GB 9254的A级要求。

5.4.4.2 静电放电敏感度:系统的静电放电敏感度应符合GB/T 6883.3的有关规定。

5.4.4.3 传导敏感度:系统传导敏感度应符合GB/T 6883.6的有关规定。

5.4.5 振动适应性

应符合GB/T 2423.49的规定。

6 试验方法

6.1 工作电源

在电源和被试机之间接入电压和频率可调装置,按表3所列的组合进行试验,系统工作正常。

表3 工 作 电 源

组 合	标 准 值		
	电源电压(V)	频率(Hz)	持续时间(min)
1	220	50	≥20
2	198	48	≥20
3	198	52	≥20
4	242	48	≥20
5	242	52	≥20

6.2 外观和结构

6.2.1 一般检查按 GB/T 5095.2—1997 试验 1a、试验 1b、试验 1c 规定进行检查。

6.2.2 各操纵机件操纵力度用测力计进行测试,应符合 5.2.6～5.2.11 的要求。

6.2.3 各仪表和开关按 GB/T 5095.2—1997 试验 1c 规定进行检查,达到 5.2.12～5.2.14 的要求。

6.3 功能试验

6.3.1 启动、熄火

在额定电压条件下启动,稳定运转 5min,切断电源,停止运转,反复三次。运转过程中同时耳听发动机声音变化,检查有无杂音、局部发热、机件脱落等异常现象。

6.3.2 操纵机件功能

接通电源,选择互动式模拟驾驶教学项目进行试验,各操纵机件功能应符合 5.3.1.5～5.3.1.16 的规定,功能正常。

6.3.3 驾驶视景

显示驾驶视景图像,应符合 5.3.1.17 和附录 A 要求

6.3.4 操作响应实时性

用示波器观察信号输出,结果应符合 5.3.1.18 的要求。

6.3.5 错误操作提示

接通电源,系统正常工作,选择任意三种错误操作,检查错误操作提示方式及其提示速度,应符合 5.3.1.19 的要求。

6.4 性能试验

6.4.1 操纵机件噪声

接通电源,踩下离合器踏板,踩加速踏板至发动机最大声音,同时操纵变速器杆,按 GB/T 18697 的检验方法测定操纵机件噪声最大声压级,应符合 5.4.1 的要求。

6.4.2 绝缘电阻

按 GB/T 5095.2—1997 试验 3a 规定测量座舱的绝缘电阻,应符合 5.4.2 的要求。

6.4.3 抗电强度

去除座舱内部电路,在输入端和保护地之间接上调压变压器,调节输入电压至 1500V、50Hz,持续时间 1min,绝缘层无击穿或飞弧现象。

6.4.4 电磁兼容性

6.4.4.1 无线电骚扰限值:按 GB 9254 的规定进行。

6.4.4.2 静电放电敏感度:按 GB/T 6833.3 的规定进行。

6.4.4.3 传导敏感度:按 GB/T 6833.6 的规定进行。

6.4.5 振动

按 GB/T 2423.49—1997 中的试验 Fe:振动—正弦拍频法的规定进行。

6.4.6 高、低温和湿度

高温试验、低温试验和湿度试验应按 GB/T 2423.1、GB/T 2423.2、GB/T 2423.18 的规定进行。

7 检验规则

7.1 检验分类和检验项目

7.1.1 汽车驾驶培训模拟器检验分出厂检验和型式检验。

7.1.2 各类检验项目按表 4 规定。

表4 检 验 项 目

序号	检验项目	技术要求	试验方法	出厂检验	型式检验
1	工作电源	5.1.2	6.1	-	√
2	外观和结构	5.2.1~5.2.14	6.2	√	√
3	操纵机件功能	5.3.1.2~5.3.1.20	6.3	√	√
4	操纵机件噪声	5.4.1	6.4.1	-	√
5	绝缘电阻	5.4.2	6.4.2	-	√
6	抗电强度	5.4.3	6.4.3	-	√
7	电磁兼容性	5.4.4	6.4.4	-	√
8	振动	5.4.5	6.4.5	-	√
9	高、低温和湿度	5.1.1	6.4.6	-	√
注:“√”为必选检验项目;“-”为可选检验项目					

7.2 出厂检验

7.2.1 每台产品在出厂前应按出厂检验项目进行出厂检验,检验中出现任何一项不合格时,应返修后重新进行检验。若复检再次出现任一项不合格时,该台产品则为不合格产品。

7.2.2 出厂检验由制造厂质量检验部门负责,并对合格产品出具合格证或标上合格标志。

7.3 型式检验

7.3.1 有下列情况之一时,应进行型式检验:

a) 新产品定型时;

b) 老产品转厂生产时;

c) 正式生产后,在设计、工艺或材料有重大改变,可能影响产品性能时;

d) 产品停产一年以上,再次恢复生产时;

e) 出厂检验结果与上次型式检验有较大差异时;

f) 国家质量监督机构提出进行型式检验要求时。

7.3.2 型式检验的样品应从出厂检验合格的产品中随机抽取,其数量不少于两台。

7.3.3 检验中出现故障或任一项通不过时,应查明故障原因,排除故障,提出分析报告。经修复后应重新做该项目检验,然后再顺序做以下各项检验。若再次出现故障或某项目通不过时,再查明故障原因,提出故障分析报告。再经修复后则应重新进行各项型式检验。在重新进行检验中又出现某一项通不过时,则型式检验不合格。

7.3.4 检验后应提交型式检验报告。

8 标志、包装、运输和贮存

8.1 标志

8.1.1 每台产品应有产品标牌,并固定在正面明显部位。标牌应包括下列内容:

a) 产品名称、型号;

b) 产品标准编号;

c) 出厂日期或生产批号;

d) 电源电压、频率、额定功率;

e) 制造厂名称。

8.1.2 产品包装箱外应有“小心轻放”、“向上”、“防潮”等符合 GB/T 191 要求的运输标志及下列内容,不应因运输条件和自然条件而褪色、脱落:

a） 产品名称、型号；

b） 外形尺寸(长×宽×高)；

c） 净重、毛重；

d） 出厂日期或生产批号；

e） 制造厂名称、地址。

8.2 包装

8.2.1 产品包装箱应有防潮、防尘、防震措施。

8.2.2 包装箱内应附有产品使用说明书、装箱清单及检验合格证。检验合格证上应有下列内容：

a） 制造厂名称；

b） 产品名称及型号；

c） 执行产品标准编号；

d） 检验项目及其结果或检验结论；

e） 检验日期、检验员签名或检验员代号。

8.2.3 包装后的产品应符合运输要求。

8.3 运输

产品运输途中不得露天放置，不允许和易燃、易爆、易腐蚀的物品一同装运。

8.4 贮存

产品应贮存在室内，环境温度为-20℃～50℃，相对湿度不大于85%，室内无腐蚀性气体，无易燃易爆品，不受灰尘、雨雪的侵害。

附 录 A
(规范性附录)
汽车驾驶培训模拟器驾驶视景内容编辑要求

A.1 视景内容应根据《中华人民共和国机动车驾驶员培训教学大纲》中的教学项目编排、摄制,每个驾驶教学项目相对独立。

A.2 教学示范操作者应着装整齐,举止文明,行为端庄,示范操作应动作规范。

A.3 示范车辆应清洁完备,示范车辆行驶应符合道路交通法律法规要求。

A.4 视景画面应清晰,无抖动、无漂移。

A.5 视景内容应使用普通话讲解,语言准确,通俗易懂,专业术语规范,且与操作动作配合,与画面同步。

A.6 道路驾驶模拟训练驾驶视景中应设有禁令标志、警告标志、指示标志、指路标志及交通标线,设置的内容、形状、颜色应符合 GB 5768 的要求。

附 录 B
（资料性附录）
汽车驾驶培训模拟器驾驶训练基本错误操作提示项目

汽车驾驶培训模拟器驾驶训练基本错误操作提示项目如下：

a） 上下车；
b） 系安全带；
c） 离合；
d） 制动；
e） 换档；
f） 转向；
g） 加速减速；
h） 信号灯；
i） 速度与档位、发动机声音配合；
j） 起步；
k） 停车。

参 考 文 献

1 《中华人民共和国机动车驾驶员培训教学大纲》(交公路发[2004]778号)

ICS 03.220.20
R 10
备案号:

中华人民共和国交通行业标准

JT/T 433—2004
代替 JT/T 433—2000

机动车驾驶培训机构资格条件

Qualifications for the vehicle driving training organization

2004-09-20 发布 2004-11-01 实施

中华人民共和国交通部 发布

机动车驾驶培训机构资格条件

1 范围

本标准规定了机动车驾驶培训机构分类、主体资格、组织机构、岗位职责和管理制度、人员、教练车、教练场地、教学设施设备、理论教室、经营性教练场等基本条件。

本标准适用于从事民用机动车驾驶培训机构，不适用于专门的拖拉机驾驶培训学校、培训班，是道路运输管理机构对机动车驾驶培训机构资格许可和实施动态监督管理的依据。

2 规范性引用文件

下列文件中的条款通过本标准的引用而成为本标准的条款。凡是注日期的引用文件，其随后所有的修改单(不包括勘误的内容)或修订版均不适用于本标准。然而，鼓励根据本标准达成协议的各方研究是否可使用这些文件的最新版本。凡是不注日期的引用文件，其最新版本适用于本标准。

GB 7258 机动车运行安全技术条件

JT/T 198 营运车辆技术等级划分和评定要求

JT/T 434 机动车教练场技术要求

3 术语和定义

下列术语和定义适用于本标准。

3.1

机动车驾驶培训机构 institute of vehicle driving training

各类机动车驾驶培训学校、培训班等的总称。

3.2

培训车型类别 type of training vehicle

机动车驾驶培训教练车车型的分类。培训车型分为大型客车、通用货车半挂车(牵引车)、城市公交车、中型客车、大型货车、小型汽车(含小型自动挡汽车)、低速汽车(含低速载货汽车、三轮汽车)、摩托车(含三轮摩托车、二轮摩托车、轻便摩托车)、其他车型(含轮式自行机械车、无轨电车、有轨电车)等九类。

4 培训机构分类

驾驶培训机构分为综合和专项两类。

4.1 综合类机动车驾驶培训机构

4.1.1 综合类机动车驾驶培训机构应具备两种以上(含两种)车型的培训能力，且每种车型教练车数量不少于五辆。

4.1.2 综合类机动车驾驶培训机构分为三级：

a) 一级机动车驾驶培训机构教练车不得少于50辆；

b) 二级机动车驾驶培训机构教练车不得少于20辆；

c) 三级机动车驾驶培训机构教练车不得少于10辆。

4.2 专项类机动车驾驶培训机构

4.2.1 专项类机动车驾驶培训机构只具备一种车型的培训能力。

4.2.2 专项类机动车驾驶培训机构分为三级：

a） 一级机动车驾驶培训机构教练车不得少于50辆；
b） 二级机动车驾驶培训机构教练车不得少于20辆；
c） 三级机动车驾驶培训机构教练车不得少于5辆。

5 主体资格

机动车驾驶培训机构应具有独立企业法人资格。

6 组织机构

机动车驾驶培训机构应设有教学、教练员、学员、质量、安全、结业考试和设施设备管理等组织机构。组织机构可以综合设置。

7 岗位职责和管理制度

7.1 岗位职责

培训机构应建立负责人、管理人员、教练员和其他人员的岗位职责。

7.2 管理制度

7.2.1 培训机构应建立诚信承诺制度、教学管理制度、教练员管理制度、学员管理制度、结业考试制度、培训预约制度、责任倒查制度、学员投诉受理制度、安全管理制度、教练车管理制度、教学设施设备管理制度、计算机教学管理制度、培训收费管理制度。

7.2.2 诚信承诺制度应包括诚信的内容、承诺的形式以及诚信承诺的落实等规定。

7.2.3 教学管理制度应包括落实国家统一的教学大纲的措施，教学实施计划的制定、检查，驾驶培训记录的使用和管理以及教学质量评估等规定。

7.2.4 教练员管理制度应包括教练员聘用、轮训、评议、考核（包括执教能力、培训质量、职业道德、廉洁自律等）和教练员培训质量排行榜的公布，并建立教练员文字和电子档案。

7.2.5 学员管理制度应包括学员学籍管理，并建立学员文字和电子档案（学员登记表、驾驶培训记录、结业考试成绩单），保留时间不少于四年。

7.2.6 结业考试制度应包括考试方式、监考、补考、考试成绩评定和结业证的发放。

7.2.7 培训预约制度应包括预约的方式、培训日期、培训学时、教练员或教练车、预约登记以及预约的撤销。

7.2.8 责任倒查制度应包括对学员取得驾驶证后，在三年内发生道路交通死亡事故的倒查方法、倒查程序及对责任人的处理。

7.2.9 学员投诉受理制度应包括投诉的方式、投诉的受理、处理结果和处理时限。

7.2.10 安全管理制度应包括安全组织、安全教育、安全措施、安全检查、事故的处理、重大事故报告、安全应急预案。

7.2.11 教练车管理制度应包括教练车的使用、维护、检查、检测和更新。

7.2.12 教学设施设备管理制度应包括教学设施设备的使用、维修、检查、更新，并建立教学设施设备的文字和电子档案。

7.2.13 计算机教学管理制度应包括多媒体教学、模拟考试等内容。

7.2.14 培训收费管理制度应包括公示培训收费标准、收费方式及收费的监督管理。

8 人员

8.1 管理人员

8.1.1 理论教学负责人应具有汽车及相关专业中专以上学历或汽车及相关专业中级以上技术职称，并持有机动车驾驶证。

8.1.2 驾驶操作训练负责人应具有汽车及相关专业中专以上学历或汽车及相关专业中级以上技术职称,并持有机动车驾驶证,有10年以上安全驾驶经历。

8.1.3 教练车管理人员应具有汽车及相关专业中专以上学历或汽车及相关专业初级以上技术职称,并持有机动车驾驶证。

8.1.4 结业考核人员应具有汽车及相关专业中专以上学历或汽车及相关专业初级以上技术职称,从事教练员工作五年以上,且具有八年以上安全驾驶经历。

8.1.5 计算机管理人员应具有计算机专业大专以上学历或持有专业计算机等级考试二级证书。

8.2 教练员

8.2.1 理论教练员

8.2.1.1 理论教练员应当具备下列条件:

a) 应持有机动车驾驶证,且具有两年以上驾驶经历;

b) 具有汽车及相关专业中专以上学历或汽车及相关专业中级以上技术职称;

c) 经省级道路运输管理机构对道路交通安全法律法规、汽车构造基本知识和教学授课能力考试合格。

8.2.1.2 理论教练员人数,一级培训机构不少于五人,二级培训机构不少于三人,三级培训机构不少于一人。

8.2.2 驾驶操作教练员

8.2.2.1 驾驶操作教练员应当具备下列条件:

a) 持有机动车驾驶证,且年龄不超过60周岁;

b) 具有汽车及相关专业中专或高中以上学历;

c) 安全驾驶经历和相应车型驾驶经历应满足下列要求:

1)大型客车驾驶操作教练员具有10年以上安全驾驶经历,且有五年以上驾驶大型客车的经历;

2)通用货车半挂车(牵引车)驾驶操作教练员具有10年以上安全驾驶经历,且有五年以上驾驶通用货车半挂车(牵引车)的经历;

3)城市公交车驾驶操作教练员具有10年以上安全驾驶经历,且有五年以上驾驶大型客车或城市公交车的经历;

4)中型客车驾驶操作教练员具有10年以上安全驾驶经历,且有五年以上驾驶中型客车的经历;

5)大型货车驾驶操作教练员具有10年以上安全驾驶经历,且有五年以上驾驶大型货车的经历;

6)小型汽车驾驶操作教练员具有五年以上安全驾驶经历,且有三年以上驾驶小型汽车的经历;

7)低速汽车驾驶操作教练员具有五年以上安全驾驶经历,且有三年以上驾驶低速汽车的经历;

8)摩托车驾驶操作教练员具有五年以上安全驾驶经历,且有三年以上驾驶摩托车的经历;

9)其他教练车的驾驶操作教练员具有五年以上安全驾驶经历,且有四年以上驾驶相应车辆的经历。

8.2.2.2 经省级道路运输管理机构对道路交通安全法律法规、驾驶技能和驾驶要领讲解、驾驶动作示范、指导驾驶、评教评学等教学能力考试合格。

8.2.2.3 驾驶操作教练员人数不少于教练车数量的1.1倍。

9 教练车

9.1 教练车技术状况应符合GB 7258的要求和JT/T 198所规定的二级车以上技术条件,并装有副后视镜、副制动踏板、灭火器及其他安全防护装置。道路驾驶教练车还需装有副加速踏板和副离合器踏板。

9.2 教练车技术参数应符合下列要求:

a) 大型客车、城市公交车车长不小于8m;

b) 通用货车半挂车(牵引车)车长不小于12m;

c) 中型客车车长不小于5.8m;

d) 大型货车车长不小于6m,轴距不小于3.6m;

e) 小型汽车(含自动挡汽车)、低速汽车车长不小于3.3m,轴距不小于2.3m,轮距不小于1.3m;

f) 二、三轮摩托车至少有四个速度挡位;

g) 其他教练车技术参数由省级道路运输管理机构确定。

9.3 培训机构应注意考试车辆要求的变化,教练车尽量与考试车辆要求一致。

9.4 教练车应有统一的教练车标识。

9.5 教练车应按国家规定的机动车报废标准及时更新。

10 教练场地

教练场地(含租用的教练场地)包括场地驾驶教练场、场内道路驾驶教练场和实际道路驾驶教练路线。

10.1 场地驾驶教练场

10.1.1 场地驾驶教练场应满足20%以上的教练车同时训练,其总面积应满足式(1)的要求:

$$S \geqslant 0.2\sum n_i \times \alpha_i \tag{1}$$

式中:S——场地驾驶教练场总面积,单位为平方米(m^2);

n_i——各类教练车总数量,单位为辆;

α_i——各类教练车单车使用面积,单位为平方米(m^2),见表1。

表1 各类教练车单车使用面积 单位为平方米

序 号	教练车型	单车使用面积
1	大型客车	750
2	通用货车半挂车(牵引车)	400
3	城市公交车	750
4	中型客车	500
5	大型货车	750
6	小型汽车	400
7	摩托车	40
注:其他教练车型单车使用面积按省级道路运输管理机构的有关规定计算。		

10.1.2 场地驾驶教练场应配置龙门骨架吊杆。

10.2 场内道路驾驶教练场

10.2.1 场内道路驾驶教练场单向行车道宽度不小于3.5m。

10.2.2 同向行驶的教练车,密度应在20辆/km以下。

10.2.3 场内道路驾驶教练场应设有连续障碍、单边桥、直角转弯、侧方停车、上坡路定点停车与坡道起步、限宽门、百米加减档、起伏路、曲线行驶等训练科目。

10.2.4 场内道路驾驶教练场道路长度,应满足30%以上的教练车同时训练,其长度应满足式(2)的要求:

$$L \geqslant (N-1) \times 50 \times 0.3 \tag{2}$$

式中:L——场内驾驶教练场道路长度,单位为米(m);

N——教练车总数量,单位为辆;

50——教练车辆安全间距为50m。

10.2.5 场内道路驾驶教练场道路长度应同时满足10.2.3所设训练科目的要求。

10.2.6 采用具有基础驾驶或特殊道路交通环境驾驶功能的汽车驾驶模拟器进行训练的,其数量一级培训机构配15台以上、二级培训机构配10台以上、三级培训机构配五台以上的,可减少25%的场内道路驾驶教练场总长度。

10.3 实际道路驾驶教练路线

实际道路驾驶教练路线长度和训练科目,应满足教学大纲的要求。

11 教学设施设备

11.1 应具备计算机单机或网络教学系统,满足运行多媒体理论教学软件和记录学时的要求。

11.2 机动车驾驶培训机构应使用多媒体软件进行理论教学。多媒体教学软件的内容应满足教学大纲的要求,并具有集文字、图片、声音、动画、视频为一体的功能。

11.3 驾驶培训机构教学设施设备见表2。

表2 教学设施设备

序号	名　称	序号	名　称
	电化教学设备	※13	离合器
1	多媒体教学设备	※14	变速器
2	多媒体理论教学软件	※15	自动变速器
※3	无纸化理论考试用计算机		模型教具
	教学挂图	16	发动机机体解剖模型
4	交通信号挂图	17	转向机构模型
	程控电教板	18	透明或实物解剖全车制动系统模型
※5	汽油机工作原理		其他教具、设备
※6	柴油机工作原理	19	培训学时计算机计时管理系统
※7	化油器式汽油机燃料供给系	20	教学磁板
※8	电控汽油喷射发动机燃料供给系	21	更换车轮工具(千斤顶和轮胎扳手)
※9	柴油机燃料供给系	22	车用灭火器
※10	发动机点火系	※23	红外线桩考仪
※11	发动机冷却系	※24	汽车驾驶模拟器
12	汽车气压制动系或汽车液压制动系		
注1:标“※”的为可选教具、设备。			
注2:摩托车、无轨电车、有轨电车、轮式自行机械车等车型专用教学设施设备由省级道路运输管理机构规定。			

12 理论教室

学员人均使用教室面积不小于1.2m^2,理论教室面积不少于50 m^2。

13 经营性教练场

经营性教练场应符合JT/T 434的要求。

中华人民共和国交通行业标准

JT/T 434—2000

机动车教练场技术要求

Specifications of vehicle driving training site

2000-12-25 发布　　2001-04-01 实施

中华人民共和国交通部 发布

机动车教练场技术要求

JT/T 434—2000

Specifications of vehicle driving training site

1 范围

本标准规定了机动车教练场应该具备的训练场地规模、功能、设施设备、环境、安全等条件。

本标准适用于从事机动车驾驶员培训的教练场，是教练场的设计以及道路运政管理机构对教练场开业审批和年度审验的依据。

2 引用标准

下列标准包含的条文，通过在本标准中引用而构成为本标准的条文。本标准出版时，所示版本均为有效。所有标准都会被修订，使用本标准的各方应探讨使用下列标准最新版本的可能性。

GB 5768—1999 道路交通标志和标线

JTJ 001—1997 公路工程技术标准

3 定义

本标准采用下列定义。

3.1 机动车教练场 vehicle driving training site

机动车教练场是为培训机动车驾驶员提供专用训练场地、配套设施设备和实施训练的场所。

4 场地规模条件

4.1 场地规模

4.1.1 教练场的训练场地建设规模应该根据预定的训练规模确定。

4.1.2 教练场的最小训练规模应该达到训练车辆总数不少于 50 辆。

4.2 训练平场

4.2.1 训练平场应该满足容纳训练车辆总数的 1/4 车辆同时进行基础训练和场地式样驾驶训练的要求。

4.2.2 训练平场总面积根据单车平场训练面积和训练车辆数按下式计算：

$$S_1 = \sum \frac{1}{4} m_i n_i$$

式中：S_1——训练平场总面积，m^2；

n_i——大型、小型训练车辆总数；

m_i——单车平场训练面积，大型车取值 750m^2/车，小型车取值 400m^2/车。

4.3 训练道路

4.3.1 训练道路应该满足容纳训练车辆总数的 3/4 车辆同时进行道路训练的要求。

中华人民共和国交通部 2000-12-25 发布 2001-04-01 实施

4.3.2 训练道路单车道总长度根据训练车辆平均间距和训练车辆数按下式计算：

$$L = \frac{3}{4}dn$$

式中：L——训练道路单车道总长度，m；

d——训练车辆平均间距，取值100m/车；

n——训练车辆总数。

4.3.3 训练道路总面积根据训练道路单车道宽度和总长度按下式计算：

$$S_2 = bL = \frac{3}{4}bdn$$

式中：S_2——训练道路总面积，m^2；

b——单车道宽度，m。

4.4 停车场

4.4.1 停车场应该满足全部训练车辆同时停放的要求。

4.4.2 停车场总面积根据单车停占面积和训练车辆总数按下式计算：

$$S_3 = cn$$

式中：S_3——停车场总面积，m^2；

c——单车停占面积，取值不少于$25m^2$/车。

4.5 训练场地

4.5.1 训练场地的建筑面积为训练平场总面积、训练道路总面积和停车场总面积之和。

$$S_j = S_1 + S_2 + S_3$$

式中：S_j——训练场地建筑面积，m^2。

4.5.2 训练场地总面积为训练场地建筑面积与训练场地利用率之比。

$$S_c = S_j/\eta$$

式中：S_c——训练场地总面积，m^2；

η——训练场地利用率，平原地区取值大于60%，丘陵地区取值大于40%。

4.5.3 训练场地总面积视占地和训练实际情况允许浮动5%～10%。

5 场地设施、设备条件

5.1 训练平场

5.1.1 训练平场要求路面压实、平整，其中沥青或水泥铺设面积不少于60%。

5.1.2 训练平场根据训练和场地情况可以分块设置。

5.2 训练道路

5.2.1 训练道路按JTJ 001的规定建设。

5.2.2 训练科目循环路段的路基和路面按四级公路、单车道建设，行车道宽度不小于3.5m。

5.2.3 训练道路循环路线网的路基和路面按三级公路、双车道建设，行车道宽度不小于6.0m。

5.2.4 训练道路应该充分利用地形，形成多种复杂的路型、路况。

5.2.5 训练道路应该形成各种训练道路联通的循环路线网，增加交叉点和汇合点。

5.2.6 训练场地应该依照GB 5768的要求，根据实际情况设置道路交通标志、标线和信号。

5.3 停车场

5.3.1 停车场要求压实、平整，或铺设沥青、水泥。

5.3.2 停车场根据训练和场地情况可以分块设置。

5.3.3 教练场应该为每一租用场地单位提供一块独立的停车场。

5.3.4 停车场应该尽量靠近办公区和汽车维修车间。

5.4 场地设备

场地包括以下主要设备:

a)交通标准牌　　按道路情况设置
b)交通信号灯　　至少两套
c)科目设置牌　　按需设置
d)桩杆、桩头　　按需配备
e)路障栏、路障堆　　按需配备
f)画线滚筒　　按需配备

5.5 场地训练科目

教练场应设置下列训练科目,见表1。

表1　练场设置的训练科目

序号	名称	设置方法与技术要求	图　示	数　量
1	曲线穿桩	1~6桩杆位于同一直线上,桩杆纵向间距 a=2倍车长,车道宽 b=车宽+(0.6~0.8)m	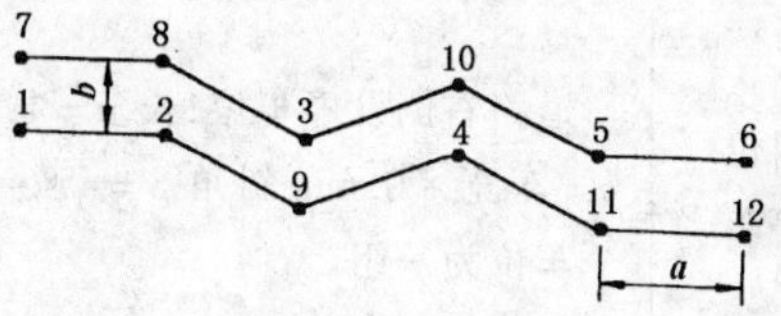 7 8 10 1 b 2 3 4 5 6 9 11 12 a	视训练情况摆设
2	倒车移位	两库长 a=2倍车长;宽 b=车宽+0.6m,回车场宽 c=1.5倍车长	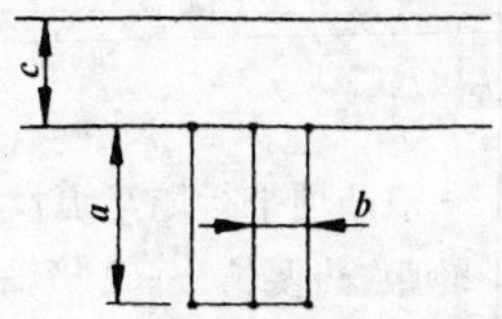 c a b	
3	限定距离换档	在直行路段设加档区长 a=(50~60)m;减档区长 b=(20~30)m,画出起始、减档和终止线,路边设标志杆		每50辆车设一个
4	"8"字形路	外圆径 R=(1.8~2)倍车长;路宽 c=车宽+1m;两内圆距 L=路宽+0.2m;入口长 a=车长、宽 b=3倍车宽	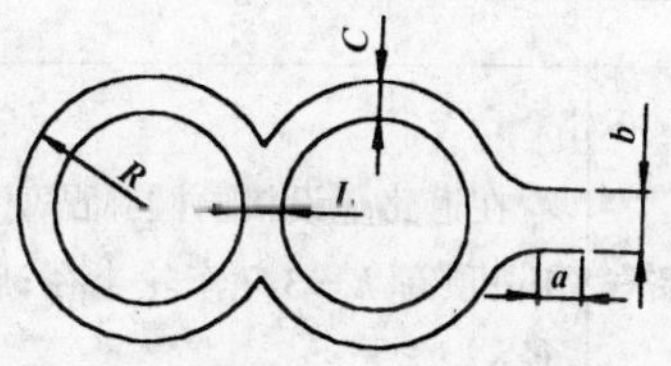 C R L b a	
5	直角弯路	路上设连续直角弯路,路宽 b=轴距+0.8m;路段长 a≥2倍车长	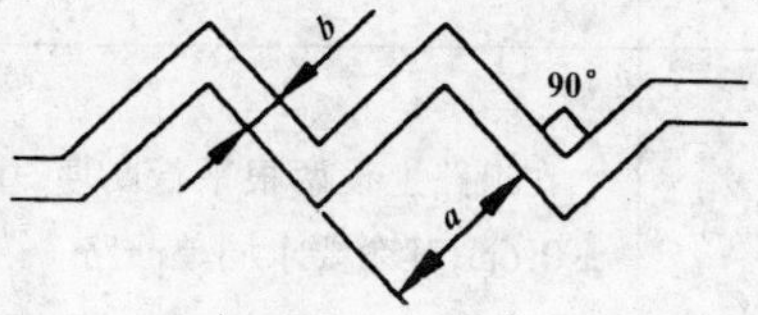 b 90° a	
6	蛇形路	路上设连续圆弧弯路,路宽 b=4m;内圆弧半径 R=9m;进、出口长 a=车长	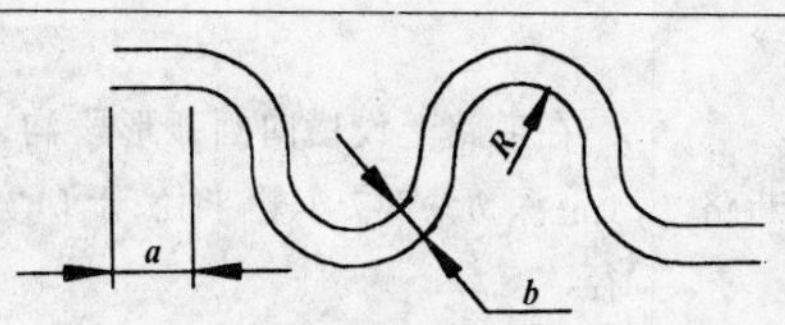 R a b	

表1 （续）

序号	名称	设置方法与技术要求	图示	数量
7	就位停车	道路右侧设停车带,长 $a=20m$、$b=10m$;宽 $c=3.5m$;隔离带长 $d=10m$、$e=0.5m$,其外侧与道路边缘在一条直线上,带内设停车线和标杆	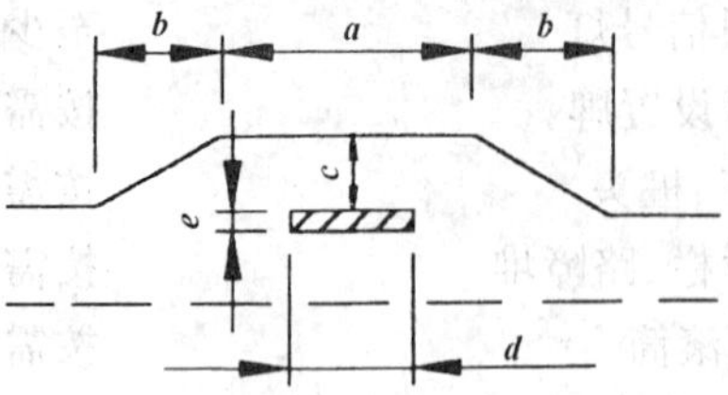 b a b c e d	每50辆车设一个
8	顺行停车	道路右侧设停车位,长 $a=1.5$ 倍车长;宽 $b=$ 车宽 $+0.6m$,库边设路障栏	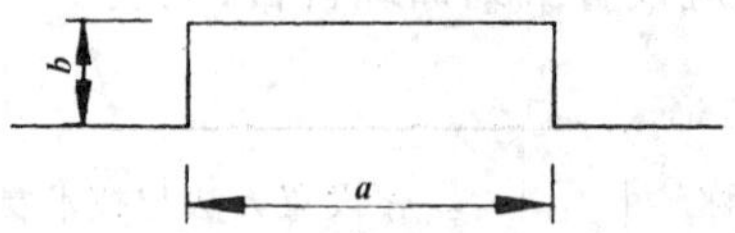 b a	
9	斜位停车	道路右侧设停车位,长 $a=1.5$ 倍车长;宽 $b=$ 车宽 $+0.6m$;斜角 $\beta=45°\sim60°$,每4~6个车位为一组	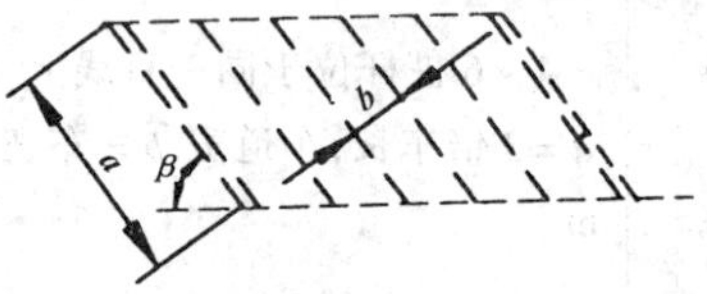 b a β	至少设一组
10	双边桥	双凸埂平行顺车道设置,中心距 $L=$ 前轮轮距,凸埂长 $a=2$ 倍轴距;宽 $b=$ 轮胎宽 $+0.1m$;高 $h=0.2m$;斜坡长 $c=0.5m$	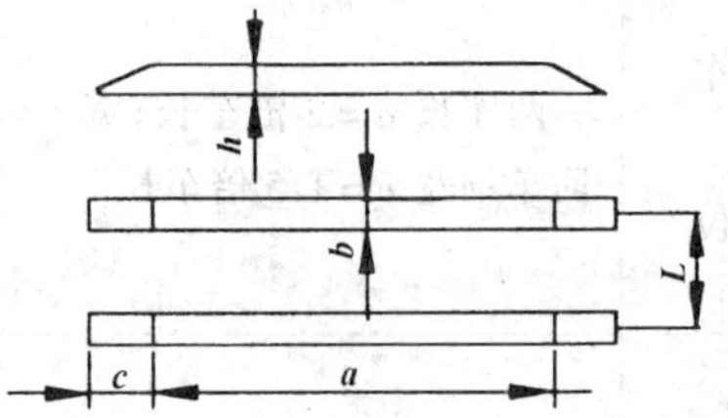 h b L c a	每50辆车设一个
11	右单边桥 左单边桥	单凸埂顺车道设置。右单边桥设在距道路右侧边缘0.8m处,左单边桥设在距道路右侧边缘2.5m处,其它同双边桥		
12	单凸路	在道路上设横向圆弧凸埂,埂长为车宽+1m;顶高 $h=3/7$ 车轮半径;底宽 $c=$ 车轮半径	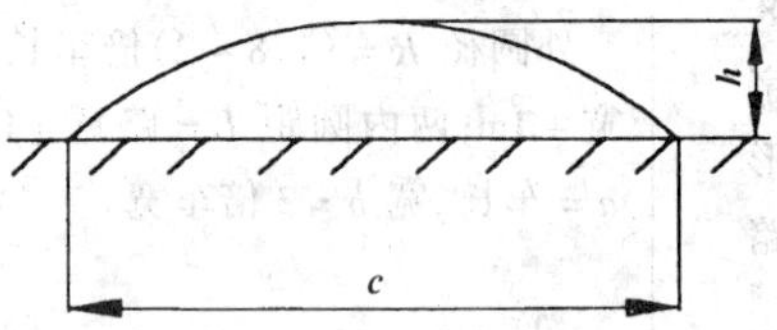 h c	
13	双凸路	在道路上设两根平行凸埂,中心距为轴距 $\pm0.6m$,其余要求同单凸路		
14	横断路	在道路上设横向圆弧形段沟,长为车宽+1m;深 $b=3/7$ 车轮半径;上口宽 $c\geqslant$ 车轮半径	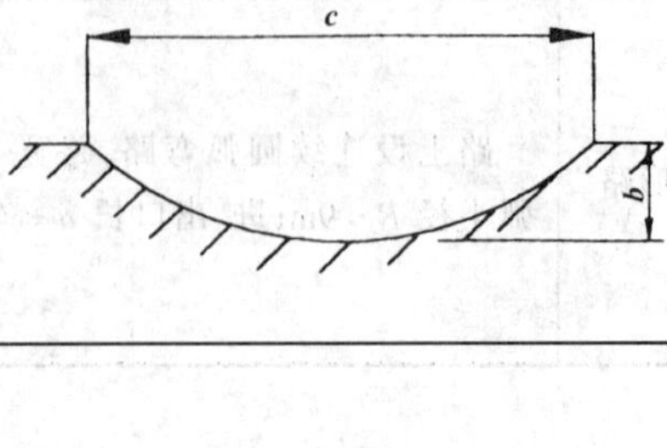 c b	

表 1 （完）

序号	名称	设置方法与技术要求	图　示	数量
15	骑越障碍	沿道路纵向设三个圆形凸台，高 $h=0.08$ m；半径 $R=1/2$ 最小轮内侧距－轮胎宽，纵向间距 $a=2$ 倍轴距；横向间距 $c=R$	R c a	每 50 辆车设一个
16	直坡	两侧坡度分别为训练车最大爬坡度的 70%和 60%，坡顶长 $b \geqslant$ 车轴距；坡长 $a \geqslant$ 1.5倍车长；坡宽 $c=7.5$m，坡道上标出换档区和停车线	a b c	至少一个，另每超过 100 辆车增设一个
17	交叉路口	利用道路交叉形成十字形、T字形、多岔路口和环形路口，设置交通标志和交通信号		每种型式至少一个
18	高速路	路长 $\geqslant$ 200m；路宽单向 8m，双向 2m×7.5 m，设专用进出匝道，道路标线、标牌齐全		视情选设
19	互通式立体交叉桥			

6 办公、教学和生活设施

6.1 教练场应该按照开办驾校的有关规定配有相应的办公、教学和生活用房。

6.2 教练场应该为租用者提供相应的食堂、寄宿生宿舍、学员休息室等设施。

7 维护服务设施

教练场应该配备与其训练规模相适应的汽车维修车间、加油站(或加油车)、车辆外部清洗等设备。

8 安全条件

8.1 教练场应该有围墙或利用天然屏障封闭，除有专人看守的通行口外，车辆、行人与外界不能通行。

8.2 训练区与公务、生活区之间应该有分隔设施，除有专人看守的通行口外，车辆不能通行。

8.3 教练场应该配备消防设施、设备。

8.4 教练场应该配备紧急救护药品和设备。

9 环境条件

在教学区、生活区、训练道路两侧及场区空地中应该进行植树绿化。

中华人民共和国交通行业标准

JT/T 442—2001

职业汽车驾驶员适宜性检测评价方法

Appraisal way of automobile driving suitability test

2001-04-10 发布　　2001-08-01 实施

中华人民共和国交通部　发布

中华人民共和国交通行业标准

JT/T442—2001

职业汽车驾驶员适宜性检测评价方法

Appraisal way of automobile driving suitability test

1 范围

本标准规定了职业驾驶员适宜性检测项目、评价指标和检测方法。

本标准适用于职业汽车驾驶员选用、上岗培训、轮训及对肇事汽车驾驶员进行再教育时的检测与评价。

2 定义

本标准采用下列定义：

2.1 驾驶适宜性 driving suitability

指驾驶员具有圆满完成职业驾驶工作所具备的心理、生理素质。

2.2 速度估计 Speed anticipation

指人对物体移动速度判断的能力。

2.3 选择反应 Choice reaction

指人对不同刺激做出选择性反应的能力。此项目包括选择反应时间和误反应次数。

2.4 处置判断 action judgement

指人对刺激信号的注意力分配和动作协调能力。

2.5 动体视力 movement vision

指人和视标处于运动(其中一方运动或两方都运动)状态时的视力。

2.6 暗适应 scotopia

指人在强光下突然进入黑暗后视力的适应能力。

2.7 深度知觉 depth perception

又叫距离知觉或立体知觉。是指人感知同一物体凹凸或不同物体前后距离的知觉能力。

3 检测项目

检测项目包括以下七项：

a) 速度估计检测；

b) 选择反应时间检测；

c) 选择反应误反应次数检测；

d) 处置判断检测；

e) 动体视力检测；

f) 暗适应检测；

g) 深度知觉检测。

4 检测环境条件

——正常室内温、湿度；

中华人民共和国交通部 2001-04-10 批准 2001-08-01 实施

——工作环境应光线柔和,不应有不舒服的刺眼光线和明显的噪声干扰;

——检查场所严禁吸烟,且应配有干粉灭火器;

——检测时各设备之间不得相互干扰,建议各自建立独立检测间。

5 检测方法

5.1 速度估计

5.1.1 检测原理

采用微电脑控制视标滑块在支架上的运动状态。仪器面板上有一横槽,横槽左侧被一定宽度的黑色挡板遮住。小灯泡以一定速度在横槽中自右向式移动,中途因黑色挡板遮蔽而消失。受检者用眼睛跟踪灯泡移动速度,估计灯泡到达挡板左端时,同步地按下手头按键。用估计时间与正确时间的差异,间接评判对速度估计的正确性。

5.1.2 仪器主要技术特征

视标运动速度 0.146m/s,通过遮挡区时间 2.08s。估计时间以 1/1000s 为单位,可读到 9.99s。

5.1.3 检测方法

被试者坐在距离仪器面板 1.5m 的地方,注意观察面板上指示灯移动的速度。指示灯进入遮挡区后,被试者估计到达遮挡区终点时按下开关,仪器记录指示灯进入遮挡区到按下开关的时间。

每个被试者练习三次,正式检测十次,对检测结果取算术平均值,用来评价被试者的速度估计能力和性格的焦躁性。

5.2 选择反应

5.2.1 检测原理

采用微电脑控制红、黄、蓝三种颜色刺激信号和蜂鸣器,要求受检者对不同刺激分别由左、右手和右脚做出不同反应。仪器记录每次反应时间,判断反应的正确性。

5.2.2 仪器主要技术特征

刺激信号在 5cm 处的照度分别为:

——红光 110 lx;

——黄光 230 lx;

——蓝光 60 lx;

蜂鸣器的声强在 1.5m 处为 40dB。

反应时间以 1/1000s 计,可读取到 9.99s。

5.2.3 检测方法

被试者坐在距离仪器面板 1.5m 的地方,注意观察面板上随机呈现的红、黄、蓝三种灯光信号,并倾听蜂鸣声。要求被试者分别以左手、右手和右脚对不同信号做出反应。仪器记录反应时间及错误反应次数。

每个被试者练习八次,正式检测 16 次,对反应时间求取算术平均值,用反应时间和错误次数评价被试者的机敏性。

5.3 处置判断

5.3.1 检测原理

电机通过齿轮带动视标圆盘转动,电机的旋转由微电脑控制。受检者通过操纵方向盘,使两根指针从视标箭头后边通过,仪器自动记录左、右错误次数。

5.3.2 仪器主要技术特征

圆盘直径 $\phi = 300$mm,其上疏密不等地分布着 16 个视标箭头。圆盘转速为:$n = 1.7$r/min。

5.3.3 检测方法

被试者通过操纵方向盘使两根指针移动,圆盘旋转时,要求被试者竭力使两指针均从箭头的后方绕过，若指针从箭头前方或上方通过，以及触碰圆盘边缘时均视为错误。

圆盘匀速转动六圈，仪器记录错误次数，用来评价被试者的注意分配和动作的协调能力。

5.4 动体视力

5.4.1 检测原理

采用计算机控制微型电子显示屏模赔视标（C环行，四个切口方向）运动状态（以一定的速度由远向近移动），在被检者看清视标环缺口方向的瞬间，用应答反应键和四位开关做出反应。

5.4.2 仪器主要郊术特征

视标模拟车速：30km/h。

测试范围：0.2～1.5。

5.4.3 检测方法

被试者坐在仪器前，双眼从窥视孔观察以一定速度由远而近移动的“C”型视标。当刚看清视标的开口方向时，立即按下应答开关，并指出C形环的开口方向。

每个被试者练习两次，正式检测五次（如果连续三次误答，应停止检测，待休息30min之后重新检测）。对检测数据求取算术平均值，用来评价被试者的动体视力。

5.5 暗适应

5.5.1 检测原理

采用计算机控制微型电子显示屏模拟视标（C形环，四个切口方向），配有白炽强光刺激信号。被检者在接受强光刺激后，黑暗中辨认视标缺口方向，并用应答反应键和四位开关做出反应，仪器记录黑暗中正确辨认视标所需的时间。

5.5.2 仪器主要技术特征

模拟视标视力：0.2

强光照度　2000 lx，刺激时间30s。

5.5.3 检测方法

被试者坐在仪器前，将头置于遮光罩内，双眼从窥视孔向内观察。强光刺激30s后，突然变暗。在微光中观察C型视标。当被试者刚一看清视标开口方向时，迅速按下应答开关。并指出开口方向，仪器记录暗适应时间。

此项检测不做练习，每个被试者检测一次。用其读数表示暗适应时间。

5.6 深度知觉

5.6.1 检测原理

仪器内有三根标杆，两侧的两根标杆固定不动，中间一根装在滑块上，滑块由微电脑控制运动。背景照明采用冷光灯泡。

5.6.2 仪器主要技术特征

视标运动速度：0.146m/s。

背景照明：75 lx。

5.6.3 检测方法

被试者坐在距离仪器2m的地方。从观察窗判断三根标杆的位置，两侧标杆固定不动，中间标杆匀速往复运动，当三根标杆处于同一平面时，按下开关，仪器记录误差值。

每个被试者练习两次，正式检测三次。取算术平均值，用来评价被试者的深度知觉能力。

6 驾驶适宜性评价指标与分级

6.1.1 **速度估计评价与分级**（见表1）

表 1　速度估计评价与分级

界　限	级　别					
	A	B		C		C
下限(ms)	1980	1360	2190	1150	2480	——
上限(ms)	2180	1970	2470	1350	—	1140

6.1.2　选择反应评价与分级(见表 2)

表 2　选择反应评价与分级

反 应 时 间				
界　限	级　别			
	A	B	C	D
下限(ms)	——	630	990	1350
上限(ms)	620	980	1340	——
误 反 应 次 数				
界　限	级　别			
	A	B	C	D
下限(次)	——	1	5	7
上限(次)	0	4	6	——

6.1.3　处置判断评价与分级(见表 3)

表 3　处置判断评价与分级

界　限	级　别			
	A	B	C	D
下　限(次)	——	77	121	141
上限(次)	76	120	140	——

6.1.4　动体视力评价与分级(见表 4)

表 4　动体视力评价与分级

界　限	级　别			
	A	B	C	D
下　限	0.9	0.4	0.2	——
上　限	——	0.8	0.3	0.1

6.1.5　暗适应评价与分级(见表 5)

表 5　暗适应评价与分级

界　限	级　别			
	A	B	C	D
下　限(S)	——	3	7	17
上　限(S)	2	6	16	——

6.1.6　深度知觉评价与分级(见表 6)

表 6　深度知觉评价与分级

界　限	级　别			
	A	B	C	D
下　限(mm)	——	3	11	16
上　限(mm)	2	10	15	——

6.2　综合评价模型与分级

6.2.1　综合评价模型

$$Y = 2.9953|X_1 - 2.08| - 2.3341X_2 - 0.5619X_3 - 0.4119X_4 - 0.1031X_5 - 0.0302X_6 - 0.0201X_7 - 2.335$$

式中：X_1——速度估计检测值；

X_2——动体视力检测值；

X_3——选择反应误反应次数；

X_4——选择反应时间值；

X_5——暗适应检测值；

X_6——深度知觉检测值；

X_7——处置判断检测值。

6.2.2　综合评价分级(见表 7)

表 7　综合评价分级

界　限	级　别			
	A	B	C	D
下　限	——	4.51	9.01	10.51
上　限	4.50	9.00	10.50	——